經學研究叢書·經學史研究叢刊

全臺首學：
府城科舉制度與文化影響

王淑蕙　著

目次

林序 ··· 1

廖序 ··· 1

緒論 ··· 1

　第一節　釋名與釋義 ··· 5
　　一　府城象徵 ··· 5
　　二　地域界定 ··· 6
　　三　儒學釋名 ··· 8
　　四　文化釋義 ·· 10
　　五　主要文獻 ·· 10
　第二節　各章主旨 ·· 12
　　一　上編・科舉時代 ·· 12
　　二　下編・後科舉時代 ·· 14

上編　科舉時代

第一章　城市之建置：商賈殖民與儒漢社會 ················· 19

　第一節　荷治時期：城鎮建置與異國文化 ···················· 23
　　一　城鎮的建置 ·· 24
　　二　異國文化的蘊含 ·· 32
　第二節　明鄭時期：廟學合一制 ····························· 43
　　一　儒學即顯學 ·· 44

二 文廟建置與試行科舉 ………………………………… 48

小結 ………………………………………………………… 55

第二章　科舉制度之設立：政策背景與施行 ………… 57

第一節　荷治時期：異國的商賈文化 ……………………… 59

　　一 四季如春、優異環境 ………………………………… 62

　　二 商旅輻輳、資贍內地 ………………………………… 64

第二節　明鄭時期：區域性的儒漢社會 …………………… 70

　　一 文廟與師儒 ………………………………………… 71

　　二 儒生與貞女 ………………………………………… 81

第三節　清領時期：科舉政策的制定與因應 ……………… 86

　　一 建構儒漢社會與擘劃制度 ………………………… 88

　　二 因應科舉考試的矛盾政策 ………………………… 96

小結 ………………………………………………………… 106

第三章　科舉教育之樂土：世風與女德 ……………… 109

第一節　理想社會與樂土神話 ……………………………… 112

　　一 《山海經》的運用 ………………………………… 113

　　二 樂土神話的再現 …………………………………… 115

第二節　自由的婦女樂土 …………………………………… 122

　　一 婦女樂土的背景 …………………………………… 123

　　二 婦女樂土的形成 …………………………………… 128

第三節　科舉教育的樂土 …………………………………… 135

　　一 海濱鄒魯的提出 …………………………………… 136

　　二 樂土的轉換 ………………………………………… 141

小結 ………………………………………………………… 152

第四章　現代化之挑戰：府城、儒者與經典質疑 ⋯⋯ 155

第一節　城市空間 ⋯⋯⋯⋯⋯⋯⋯⋯⋯⋯⋯⋯⋯⋯ 158

第二節　傲慢儒者 ⋯⋯⋯⋯⋯⋯⋯⋯⋯⋯⋯⋯⋯⋯ 171

第三節　質疑經典 ⋯⋯⋯⋯⋯⋯⋯⋯⋯⋯⋯⋯⋯⋯ 181

　　　一　儒教的內涵：日用倫常 ⋯⋯⋯⋯⋯⋯⋯⋯ 182

　　　二　儒教與其他宗教 ⋯⋯⋯⋯⋯⋯⋯⋯⋯⋯⋯ 184

　　　三　經典的質疑與詮釋 ⋯⋯⋯⋯⋯⋯⋯⋯⋯⋯ 187

小結 ⋯⋯⋯⋯⋯⋯⋯⋯⋯⋯⋯⋯⋯⋯⋯⋯⋯⋯⋯⋯ 197

下編　後科舉時代

第五章　後科舉時代之變革：教育政策與群儒詩述 ⋯ 203

第一節　殖民地教育政策 ⋯⋯⋯⋯⋯⋯⋯⋯⋯⋯⋯ 206

　　　一　尊重經書、利用科舉 ⋯⋯⋯⋯⋯⋯⋯⋯⋯ 206

　　　二　視察臺南、召見儒士 ⋯⋯⋯⋯⋯⋯⋯⋯⋯ 210

　　　三　書房教育、皇民化 ⋯⋯⋯⋯⋯⋯⋯⋯⋯⋯ 215

第二節　以儒為名：自述詩與他述詩 ⋯⋯⋯⋯⋯⋯ 221

　　　一　儒者自述詩 ⋯⋯⋯⋯⋯⋯⋯⋯⋯⋯⋯⋯⋯ 221

　　　二　儒者他述詩 ⋯⋯⋯⋯⋯⋯⋯⋯⋯⋯⋯⋯⋯ 235

小結 ⋯⋯⋯⋯⋯⋯⋯⋯⋯⋯⋯⋯⋯⋯⋯⋯⋯⋯⋯⋯ 252

第六章　後科舉時代之因應：讀經、傳經與用經 ⋯⋯ 255

第一節　塾師讀經與傳經 ⋯⋯⋯⋯⋯⋯⋯⋯⋯⋯⋯ 258

　　　一　延續科舉教育 ⋯⋯⋯⋯⋯⋯⋯⋯⋯⋯⋯⋯ 259

　　　二　王則修設帳傳經 ⋯⋯⋯⋯⋯⋯⋯⋯⋯⋯⋯ 262

第二節　主編讀經與用經 ⋯⋯⋯⋯⋯⋯⋯⋯⋯⋯⋯ 275

　　　一　跨代與跨界……………………………………276

　　　二　謝汝銓讀經用經…………………………………286

　　小結……………………………………………………301

第七章　後科舉時代新場域：《三六九小報》之
　　　　 儒學探究………………………………………305

　　第一節　南社與《三六九小報》………………………307

　　　一　南社之跨界活動…………………………………309

　　　二　發刊辭：創刊緣起與《小報》釋名……………313

　　　三　祝賀辭：後科舉時代之新連結…………………319

　　第二節　《小報》主筆之儒學論述……………………323

　　　一　發行人趙雅福：替孔子打筆戰…………………325

　　　二　主編洪坤益：儒者定義與外域譯介……………337

　　小結……………………………………………………349

第八章　後科舉時代新論述：《三六九小報》之
　　　　 《論語》詮釋…………………………………353

　　第一節　《論語》借鑒敘事……………………………356

　　　一　仿擬經典、評論世情……………………………357

　　　二　《論語》集句、脫聖入凡………………………373

　　　三　左翼文人之共同敘事……………………………380

　　第二節　《論語》新詮釋………………………………394

　　　一　鄉音與諧音………………………………………394

　　　二　聖性與俗性………………………………………397

　　　三　塾師新詮釋………………………………………404

　　小結……………………………………………………413

總結 ·· 417

一　科舉時代府城研究成果 ······················ 417

二　後科舉時代臺南研究成果 ···················· 422

附錄

一　後科舉時代・臺南群儒「自述、他述」列表 ········· 431

二　後科舉時代・臺南群儒「以詩論儒」列表 ··········· 455

三　後科舉時代・臺南群儒「讀經賦詩」列表 ··········· 471

總論 ·· 472

詩經 ·· 475

春秋 ·· 484

易經 ·· 491

書經 ·· 497

禮記 ·· 498

孝經 ·· 501

論語 ·· 502

孟子 ·· 505

中庸 ·· 505

四　後科舉時代・臺南群儒報刊職務表 ··············· 507

五　《三六九小報》「科舉敘事」列表 ················ 513

經典詮釋、敘事 ··································· 513

科舉士人、軼事 ··································· 522

參考書目 ··· 525

林序

　　王淑蕙博士在中央大學就讀碩士班時，請我指導她的碩士論文，擬好了題目《董仲舒《春秋》解經方法探究》，於一九九五年畢業，便來到南臺技術學院（今改名為南臺科技大學）任教，後來考上成功大學中國文學研究所博士班，由廖國棟教授指導她的博士論文《誌賦、試賦與媒體賦──臺灣賦之三階段論述》，於二○一二年畢業。

　　從此以後淑蕙對臺灣學術文化的研究興趣越來越濃厚，陸續寫了不少論文，她的論文有兩個特點，一是特別重視賦的研究，這是她的博士論文的研究範圍，當然自有她的見解，二是淑蕙在研究所專門研究經學，她的論文也就特別重視經學在現代的應用，如〈日治時期臺灣「燈謎」對《詩經》的應用〉，還有〈塾師與左翼文人──《三六九小報》中兩種「孔子」論述研究〉，像這種論文沒有經學的底子是寫不出來的。

　　這次淑蕙要我為她的專書《全臺首學──府城科舉制度與文化影響》寫序，她所以要寫這本書，主要是知識份子的社會關懷，她在府城臺南生活、工作、讀書及成家多年，對這裡有深厚的情感，總應該為臺南做點事情，於是花了數年的時間寫成此書。

　　本書分上下兩編，上編科舉時代分為：（1）城市之建置：商賈殖民與儒漢社會；（2）科舉制度之設立：政策背景與施行；（3）科舉教育之樂土：世風與女德；（4）現代化之挑戰：府城、儒者與經典質疑四章。主要是論述明鄭時期至清領時期如何建構儒漢社會與科舉制度的施行，充實儒漢社會的內涵。下編後科舉時代，也分四章：（5）後科舉時代之變革：教育政策與群儒詩述；（6）後科舉時代之因應：讀

經、傳經與用經；（7）後科舉時代新場域：《三六九小報》之儒學研究；（8）後科舉時代新論述：《三六九小報》之《論語》詮釋。

這下編主要是強調經典並非神聖不可侵犯的，而是可以為日常生活所用的，晚明時期就已經有這種觀念，他們評點經書，喜怒笑罵、詼諧滑稽，這不是跟《三六九小報》的活用經典相類似嗎？明朝學者又把經典當作類書來看，如施鼎湖和梁于喬都有《五經類語》，羅萬藻有《十三經類語》，將經書分成幾十類，如《十三經類語》卷之一，分為君臣類、君德類、君道類、德範類、敬天類、法祖類、正位類、敬勤類及君鑒類，各類下繫上經文，供有需要的人日常查閱之用，發揮了經書最大的價值。淑蕙研究《三六九小報》中的儒學，特別重視該報中《論語》的詮釋，有所謂〈嫖妓《論語》〉，還有〈飲酒《論語》〉，頗能聳動人心，有脫聖入凡的感覺。

臺灣學的研究現正蓬勃發展之中，但是研究者往往輕忽經典對臺灣文化的影響，所以很難寫出較高水平的論文，淑蕙有經學專門的訓練，又有愛護鄉土的心志，她所寫的論文或專著將在臺灣學的研究領域中發揮最大的影響力。

二〇一九年十二月二十四日
誌於臺北士林礦溪街知魚軒

廖序

　　王君淑蕙是位優秀的年輕學者,研究所就讀中央大學中文系,在林慶彰教授指導之下,一九九五年完成碩士論文《董仲舒《春秋》解經方法探究》。畢業後任職於南臺科技大學通識教育中心。二〇〇四年,我轉任南臺科技大學,有緣認識淑蕙,發現她除了教學表現傑出之外,對學術研究具有高度的熱忱。其後淑蕙考取成功大學中文系博士班,請我當她的博士論文指導老師。二〇一二年,她以《誌賦、試賦與媒體賦──臺灣賦之三階段論述》論文獲取博士學位,該文獲得口試委員一致的讚賞,本人忝為指導老師,與有榮焉。

　　淑蕙博士畢業後,延續科舉取士「賦類」文獻研究。如:〈敘經與解經──曹敬〈止子路宿賦〉研究〉(《2016賦學國際學術研討會論輯(二)》,2016年);〈企慕屈騷──洪棄生〈遊子賦〉之神遊與壯遊探究〉(《台灣文學學報》第33期,2018年);〈晚清《少嵒賦草》版本、流傳與在臺運用〉(《國文學報》第65期,2019年)。此外,科舉政策研究的論文有:〈從清初臺灣方志考察科舉政策研究〉(《臺灣文獻》第71卷第1期,國史館臺灣文獻館,2020年)。方志文獻研究的論文有:〈隱藏的參與者──《臺灣府志》纂修與沈光文貢獻研究〉(《臺陽文史研究》第3期,2018年)。數年之內,取得如此豐碩的研究成果,令人刮目相看。

　　淑蕙長期對臺灣學術文化研究有濃厚的興趣,同時深具臺南在地的關懷,有感於學者「清代臺灣儒者未能成就一家之言」的觀點,致使「臺灣儒學與科舉制度」之研究,長期受到侷限。基於知識分子的責任及愛鄉的情懷,遂傾其全力,發奮著作。將研究視野,由「個別

儒者」轉為「區域儒學」、將「全臺文獻」聚焦「府城／臺南」，由「區域儒學」探究「臺灣儒學」發展特色，歷經數載，完成《全臺首學：府城科舉制度與文化影響》的專著。

　　本書分為上下兩編：上編論述科舉時代府城研究成果，下編論述後科舉時代臺南研究成果。結構嚴謹，論述精闢，有其獨到的見解。如上編「科舉時代府城研究成果」提及學者曾提出「清代臺灣儒者未能成就一家之言」的論述，在於明清兩代發展時間短淺、臺廈道兼理學政主持而非名儒出任學政，淑蕙則認為朝廷一方面提出「臺字號」保障舉人員額的誘因、二方面默許「寄冒臺籍」的弊端，兩相矛盾的政策，亦為「清代臺灣儒者未能成就一家之言」眾因素之一，這是頗有見地的。除了矛盾的科舉政策之外，荷治時期商賈文化「先」於明清儒漢文化，跨國貿易公司管理「先」於科舉制度仕宦政治，「府城／臺南」曾經是全臺經濟重鎮、婦女地位之高為其他國家所不及。隨著科舉制度的施行，日漸深化的儒漢社會，不耕而食、階級平等、婚姻論財，轉向男耕女織、番女守節、府城文風，冠於全臺。「天末荒島」的神話樂土，終成「海濱鄒魯」的科舉樂土。此番論述，也是令人耳目一新。

　　下編「後科舉時代臺南研究成果」，林教授的序已經提出其精彩亮點，我則特別注意到所列的附錄諸表，從這些表格中，可見淑蕙蒐集資料之勤及其工夫之紮實。林教授於序末說：「淑蕙有經學專門的訓練，又有愛護鄉土的心志，她所寫的論文或專著將在臺灣學的研究領域中發揮最大的影響力。」我完全同意林教授對淑蕙的肯定，更高興與學界分享這本優質的研究成果。

二〇二〇年一月十八日

廖國棟　誌於國立臺南大學國語文學系

緒論

　　「臺灣儒學」置諸東亞區域的廣大視野中，於科舉制度漫長施行的歷史中孕育、發展。[1]學界對於「臺灣儒學與科舉制度」論述，有探究儒學學校之組織建置與教育功能者，如：葉憲峻〈清代臺灣儒學教育設施〉（1999）[2]、彭煥勝〈清代臺灣彰化儒學的建置與組織〉（2003）[3]、陳昭瑛〈清代臺灣鳳山縣的儒學教育〉（2008）[4]；有考證地方功名與文風者，如：王建竹〈清代臺灣科舉制度與臺中地區中舉者姓名表〉（1979）[5]、懷笨佬〈臺灣科舉史無名的進士黃世淵〉（1998）[6]；有梳理閩南朱子學東傳者，如：陳昭瑛〈清代臺灣教育

1　按：東亞區域儒學的廣大視野，指因仿中國科舉制度，東亞區域各國選取儒學經典作為科舉考試內容，以日本科舉制度為例，有奈良時代、平安時代、江戶時代等不同時期，郭齊勇認為「江戶時代（1603-1867年），日本儒學大盛。朱子學興起，門派甚多，而且逐漸官學化。此外還相繼形成了陽明學派、古學派等。」即奉朱子學的官學與陽明學派、古學派等私學，形成日本江戶時代儒學論述。詳參郭齊勇：〈東亞儒學核心價值觀及其現代意義〉，《現代儒家與東亞文明：問題與展望》（臺北市：秀威資訊，2004年12月），頁20。

2　葉憲峻：〈清代臺灣儒學教育設施〉，《臺中師院學報》第13期（1999年6月），頁187-203。

3　彭煥勝：〈清代臺灣彰化儒學的建置與組織〉，《教育研究集刊》49輯3期（2003年9月），頁113-141。

4　陳昭瑛：〈清代臺灣鳳山縣的儒學教育〉，《臺灣儒學：起源、發展與轉化》（臺北市：國立臺灣大學出版中心，2008年4月），頁121-123。

5　王建竹：〈清代臺灣科舉制度與臺中地區中舉者姓名表〉，《臺灣文獻》30卷3期（1979年9月），頁104-110。

6　懷笨佬：〈臺灣科舉史無名的進士黃世淵〉，《雲林文獻》第42輯（1998年6月），頁131-140。

碑文中的朱子學〉（1999）[7]、吳進安〈清朝臺灣儒學中的朱子學意涵與詮釋〉（2009）[8]。亦有探究書院教育者，如：吳進安〈清領時期臺灣書院教育的儒學思想〉（2005）[9]、潘豐慶《清代臺灣書院的儒學教育及其影響之研究》（2009）[10]、陳露棻《清領時期臺灣書院的儒學思想》（2014）。[11]或者綜論儒學教育與發展特色者，如：李建德《清代臺灣儒學研究》（2017）[12]。凡此厚實的研究成果，頗能映現清代「崇儒重道」的文化政策，以及施行科舉制度與儒學教育的發展概況。日治時期後科舉時代的儒學研究，有從報刊場域進行思辯者，如：翁聖峰〈日據末期的台灣儒學——以「孔教報」為論述中心〉（1997）[13]、〈日據時期臺灣的儒學與儒教——以《臺灣民報》為分析場域（1920-1932）〉（2000）[14]、〈日據時期台灣儒教與新舊文學論爭之糾葛〉（2002）[15]、〈一九三○年臺灣儒學、墨學論戰〉（2006）[16]，川路

7　陳昭瑛：〈清代臺灣教育碑文中的朱子學〉，《臺灣儒學：起源、發展與轉化》，頁43-72。按：原文發表於「儒學思想在現代東亞」國際會議，中研院中國文哲所主辦，1999年。

8　吳進安：〈清朝臺灣儒學中的朱子學意涵與詮釋〉，《漢學研究集刊》第8期（雲林縣：國立雲林科技大學漢學應用研究所，2009年6月），頁53-75。

9　吳進安：〈清領時期臺灣書院教育的儒學思想〉，《漢學研究集刊》創刊號（雲林縣：國立雲林科技大學漢學應用研究所，2005年12月），頁111-131。

10　潘豐慶：《清代臺灣書院的儒學教育及其影響之研究》（高雄市：國立高雄師範大學國文學系碩士論文，2009年）。

11　陳露棻：〈摘要〉，《清領時期臺灣書院的儒學思想》（雲林縣：國立雲林科技大學漢學應用研究所碩士論文，2014年）。

12　李建德：《清代臺灣儒學研究》（彰化縣：國立彰化師範大學國文學系博士論文，2017年）。

13　翁聖峰：〈日據末期的台灣儒學——以「孔教報」為論述中心〉，《第1屆台灣儒學研究國際學術研討會論文集》（臺南市：成功大學中文系，1997年4月），頁27-50。

14　翁聖峰：〈日據時期臺灣的儒學與儒教——以《臺灣民報》為分析場域（1920-1932）〉，《臺灣文獻》第51卷第4期（2000年12月），頁285-308。

15　翁聖峰：〈日據時期台灣儒教與新舊文學論爭之糾葛〉，《儒學與社會實踐——第3屆台灣儒學研究國際學術研討會論文集》（臺南市：國立成功大學中國文學系，2002年9月），頁377-422。

祥代〈1919年日本殖民地臺灣之〈孔教論〉〉（2001）[17]；有探究前清廟
學制之宗教與教育功能者，如：翁聖峰〈日治時期臺灣孔教宗教
辨──以臺灣文社及崇文社為論述中心〉（2009）[18]，謝宗榮〈臺灣儒
教的傳承與發展〉（2009）[19]、〈臺灣儒教的祀神與祭儀〉（2011）[20]；有
探究儒學人物者，如：方豪〈臺灣儒宗連雅堂先生〉[21]、李明輝〈李
春生與儒家思想〉（2004）[22]、李添進《日治時期臺灣儒學代表人物之
研究》（2005）[23]、黃麗生〈近代臺灣客家儒紳海洋意識的轉變：從吳
子光到丘逢甲〉（2006）[24]；有探究儒學論著者，如：洪銘水〈洪棄生
的「觀風」與「戰記」〉（2004）[25]、馮曉庭〈臺儒洪棄生論《詩》、
《書》〉（2008）[26]、張素卿〈張純甫《是左十說》析論〉（2008）[27]、

16 翁聖峰：〈一九三〇年臺灣儒學、墨學論戰〉，《國立臺北教育大學學報》第19卷第1
   期（2006年3月），頁1-21。

17 川路祥代：〈1919年日本殖民地臺灣之〈孔教論〉〉，《成大宗教與文化學報》第1期
   （2001年12月），頁1-32。

18 翁聖峰：〈日治時期臺灣孔教宗教辨──以臺灣文社及崇文社為論述中心〉，《文學
   視域》（臺北市：臺灣學生書局，2009年3月），頁399-424。

19 謝宗榮：〈臺灣儒教的傳承與發展〉，《宗教大同》第8期（2009年12月），頁25-56。

20 謝宗榮：〈臺灣儒教的祀神與祭儀〉，《宗教大同》第10期（2011年12月），頁30-65。

21 方豪：〈臺灣儒宗連雅堂先生〉，《中國一周》第1期（1950年5月），頁13。

22 李明輝：〈李春生與儒家思想〉，《儒家思想在現代東亞：中國大陸與臺灣篇》（臺北
   市：秀威資訊，2004年12月），頁229-254。

23 李添進：《日治時期臺灣儒學代表人物之研究》（臺北市：臺北教育大學應用語言文
   學研究所碩士論文，2005年）。

24 黃麗生：〈近代臺灣客家儒紳海洋意識的轉變：從吳子光到丘逢甲〉，《海洋文化學
   刊》第2期（2006年12月），頁123-173。

25 洪銘水：〈洪棄生的「觀風」與「戰記」〉，《儒家思想在現代東亞：中國大陸與臺灣
   篇》（臺北市：秀威資訊，2004年12月），頁255-280。

26 馮曉庭：〈臺儒洪棄生論《詩》、《書》〉，《儒學研究論叢》第1期（2008年12月），頁
   13-29。

27 張素卿：〈張純甫《是左十說》析論〉，《儒學研究論叢》第1期（2008年12月），頁
   47-65。

楊名龍〈張純甫《非墨十說》之非墨觀點〉（2008）[28]、葉純芳〈郭明昆的生平及其《儀禮・喪服》的研究〉（2008）[29]。凡此厚實的研究成果，頗能映現日治時期士人於「後科舉時代」儒學論述之內涵。

　　清代至日治「臺灣儒學與科舉制度」研究，已然積累豐厚成果的同時，林慶彰、蔣秋華首度集結「科舉時代」《清領時期臺灣儒學參考文獻》（2013）自清代臺灣方志檢選科舉制度、府縣儒學、文廟碑刻等文獻，收錄宦臺官員相關論著；[30]以及「後科舉時代」《日據時期臺灣儒學參考文獻》（2000）從海內外收集吳德功、洪棄生、連橫等十三位學者論著。[31]提供學者比對「清代『科舉時代』儒學教育」、梳理「日治時期『後科舉時代』文化影響」論述，以便探究臺灣儒學於時代相繼之影響連結。雖然《清領時期臺灣儒學參考文獻》、《日據時期臺灣儒學參考文獻》苦心孤詣數十年集結全臺各地文獻史料，然而陳昭瑛〈儒學在臺灣的移植與發展：從明鄭至日據時代〉認為：明清兩代發展時間短淺，又未能超越閩學的籠罩、蘊育原創性的學派，僅能是閩學在臺的一個支脈，因此「清代臺灣儒者未能成就一家之言」。[32]謝浩〈科舉制度在臺述略〉亦提及：臺灣的學校和科舉有三之二的時間由臺廈道兼理學政主持，既然無名儒出任學政，為生員傳道、授業、解惑，「臺士因此未曾有過博學鴻儒」。[33]陳、謝二氏之觀

---

28 楊名龍：〈張純甫《非墨十說》之非墨觀點〉，《儒學研究論叢》第1期（2008年12月），頁67-87。

29 葉純芳：〈郭明昆的生平及其《儀禮・喪服》的研究〉，《儒學研究論叢》第1期（2008年12月），頁163-178。

30 林慶彰、蔣秋華：《清領時期臺灣儒學參考文獻》（臺北市：華藝學術出版社，2013年11月）。

31 林慶彰、蔣秋華：《日據時期臺灣儒學參考文獻（上、下冊）》（臺北市：臺灣學生書局，2000年10月）。

32 陳昭瑛：〈儒學在臺灣的移植與發展：從明鄭至日據時代〉，《臺灣儒學：起源、發展與轉化》（臺北市：國立臺灣大學出版中心，2008年4月），頁2。

33 謝浩：〈科舉制度在臺述略〉，《科舉論叢》（南投市：臺灣省文獻委員會，1995年10月），頁115-116。

點，凸顯從事「臺灣儒學與科舉制度」之研究，長期以來所面臨的限制。

本書承襲「林慶彰教授集結『科舉時代至後科舉時代』文獻，欲以探究學術發展脈略」之理念，於「清代臺灣儒者未能成就一家之言」的論述困境下，將研究視野，由「個別儒者」轉為「區域儒學」、將「全臺文獻」聚焦「府城／臺南」，以「區域儒學」探究「臺灣儒學」發展特色。全臺各地儒漢社會成熟度不同、科舉制度時程不一，經搜採缺逸、梳理歸納、比對探究，「全臺首學：臺南府城」從明鄭時期建置文廟、太學，兼及教育與宗教功能，奠定科舉制度雛型，清領時期承襲明代科舉制度，以「臺灣府」為核心，建置一府三縣儒學學校，全面施行科舉制度拔取人才，從而孕育以四書、五經為正統思維，「士為四民之首」的儒漢社會，兩百餘年間由明清「科舉時代」至日治時期「後科舉時代」，形成不同階段的文化論述。因此聚焦「府城／臺南」，探究「全臺首學：府城科舉制度與文化影響」議題，從事「臺灣儒學」與「科舉制度」關連研究，展開「科舉時代」與「後科舉時代」之系列論述。

第一節　釋名與釋義

本書「臺灣儒學」與「科舉制度」關連研究，於文獻史料之擇取、探究議題之定義、論述內涵之擘劃，由「府城象徵」、「地域界定」、「儒學釋名」、「文化釋義」、「主要文獻」，依次釋名與釋義。

一　府城象徵

臺灣歷經荷治時期（1624-1661）、明鄭時期（1661-1683）、清領時期（1683-1895）、日治時期（1895-1945）不同政權治理。荷蘭東

印度公司於大員（今臺南市安平區）建立防禦城堡「熱蘭遮城（Zeelandia）」兼統治中樞、於赤嵌（今臺南市中西區）建置「普羅民遮城（Provintia）」為行政中心，舉辦臺灣評議會；明鄭時期改「普羅民遮城（Provintia）」為承天府、「熱蘭遮城（Zeelandia）」為王城；清領時期改「承天府」為「臺灣府」、晚清於「熱蘭遮城（Zeelandia）」遺址成立安平海關，臺灣建省（1885-1895）改臺灣府為臺南府；日治時期改臺南府為臺南縣、臺南州；國府時期設置臺南市、臺南縣，再升格為直轄市。自十七世紀至十九世紀末，臺南因不同政權治理而先後有不同行政區域劃分與地域名稱，多為政令所出的「行政中心」與教化所向的「核心地域」，其中以明鄭時期設置「全臺首學」文廟、清領時期設置「臺灣府」儒學學校、施行科舉制度，所代表的歷史地理與文化記憶最為深遠。雖然「全臺首學／文廟」建置於明鄭時期「承天府」，然而科舉制度施行於清代「臺灣府」，兩百年來「府城」因此成為全臺文化底蘊、士林精神的重要象徵。本書「全臺首學：府城科舉制度與文化影響」題名，為符合歷史事實：「府城」含括明清兩朝「明鄭（承天府）／清領（臺灣府）」之科舉教育、制度施行重鎮。

二 地域界定

臺灣曾經是「三代以來不通貢賦、不登記載」的天末荒島，[34]荷治時期（1624-1661）東印度公司以跨國貿易公司規模經營建置城鎮、明鄭時期（1661-1683）建置「全臺首學」的廟學制與科舉雛

---

34 〔清〕季麒光〈臺灣誌書前序〉云「臺灣天末荒島，無君長以別氏號也，無裘葛以時寒暑也，無父子、兄弟、伯叔、甥舅以正親疏上下也，無衣冠、宮室、歲時、伏臘以通往來，禋祭祀也。三代以來不通貢賦、不登記載。」詳參〔清〕蔣毓英：《臺灣府志》（臺北市：文建會，2004年11月），頁121。

型，清領時期（1683-1895）以「荷治時期的商賈文化與明鄭時期科舉雛型」為基礎，擘劃科舉制度作為治臺的第一要務。晚清因「北京專約」開放安平港，歐美人士經此觀察「比起其他中國城市，臺灣府更常見到讀書人，自傲中流露對外國人的敵意」，[35]映現府城已然是儒漢社會最成熟的城市之一。日治時期（1895-1945）臺南南社發表許多「以儒為名」自述詩與他述詩，創設《三六九小報》刊載「科舉時代的懷舊與後科舉時代的嘲諷」文章。漫長的歷史發展，「府城」由「赤崁、承天府、臺灣府、臺南縣、臺南州、臺南」歷經不同政權更迭，已然型塑「全臺首學、士林精神」的歷史文化意象，更是十七世紀至十九世紀末外來者想像臺灣的心靈地圖。

　　根據臺南市政府文化局建置的「府城歷史文化網際網路空間資訊平台」，標誌城市的文化記憶與歷史地理。[36]城市的地理範圍，因不同政權劃分不同的行政區域，隱約透顯「今之臺南」猶「昔之府城」的歷史空間與文化記憶，尤其探究「科舉時代」之重要文獻，清代臺灣方志經常有「府城外溢」至縣區之記述，致使「府城」的制度影響與文化象徵，不僅限於「舊府城地區」的行政空間。探究「全臺首學／府城」科舉制度與文化影響，亦難以「舊府城地區的行政空間」斷然

35　〔英〕甘為霖（William Campbell）著，林弘宣等譯，阮宗興校註：《素描福爾摩沙（Sketches From Formosa）：甘為霖台灣筆記》（臺北市：前衛出版，2009年10月），頁5-6。

36　臺南市政府文化局表示：「臺南市的舊府城地區經歷荷據、明鄭、清領、日治及民國等不同政權的治理與發展，累積了豐富的歷史與人文資產，也留下不同時代的地理圖資，文化局將府城歷史地圖歸納整理後，委託財團法人古都保存再生文教基金會建置『府城歷史文化網際網路空間資訊平台』，除文化局既有的文化資源調查成果，並加入都市計畫、測量地形圖及土地地籍等現況圖資。」並於二○一六年十二月二十二日先行舉辦「府城區歷史文化網際網路空間資訊平台（Web-GIS)-教學工作坊」。工作坊網址詳參：http://event.moc.gov.tw/sp.asp?xdurl=ccEvent2016/ccEvent_cp.asp&cuItem=2228008&ctNode=676&mp=1、「府城歷史文化網際網路空間資訊平台」網址詳參：http://crgis.rchss.sinica.edu.tw/info/news/2017021702（最後瀏覽日期：2019年7月1日）。

獨立於相關文獻史料之中，因此本書所探究「全臺首學：府城科舉制度與文化影響」議題，並不僅限於「舊府城地區」的行政空間，乃以「今之臺南」的地域界限，對應「昔之府城」的文獻史料。

三　儒學釋名

「儒學」一詞，於臺灣官方被記述、民間約定俗成被定義，始自康熙廿五年（1686）第一本上繳朝廷的《康熙福建通志臺灣府》〈學校志·臺灣府〉記載：

> 臺灣府儒學【在府治西南寧南坊。因偽時舊宇堂構卑狹……】
> 臺灣縣儒學【未建。康熙廿四年，知縣沈朝聘於東方坊就偽遺房屋修改。……】
> 鳳山縣儒學【未建。康熙廿四年，知縣楊芳聲於土墼埕就偽遺房屋修改。……】
> 諸羅縣儒學【未建。康熙廿四年，知縣季麒光於目加溜灣社草創堂構，權為大成殿。……】[37]

根據志書記載，「儒學」乃因科舉制度所設置之府級、縣級學校，「臺灣府儒學」取代明永曆廿年（1666）正月孔廟落成設立於「承天府太學」。[38]清代府學教授、縣學教諭不僅僅於「儒學」教授「儒生」，師儒經常協助地方首長執筆纂修地方志，參與、掌握「官方知識」傳播

---

37 〔清〕金鋐：《康熙福建通志臺灣府》（臺北市：文建會，2004年11月），頁68-69。

38 「康熙五年丙午（附永曆廿年）正月，建立先師聖廟成（今臺灣府府學是也），旁置明倫堂。又各社令設學校延師，令子弟讀書。議兩州三年兩試，照科、歲例開試儒童。州試有名送府，府試有名送院；院試取中，准充入太學。」詳參〔清〕江日昇：《臺灣外記》（臺北市：河洛圖書出版社，1980年7月），頁204。

權。[39]由此可知，清代臺灣「儒學」最初定義乃因科舉制度所設置之官學，因此美國學者本杰明・艾爾曼（Benjamin Elman）於《經學・科舉・文化史》「將『儒學』稱為「literati learning」（士學）或「classicism」（經典學）。[40]本書採取近似本杰明・艾爾曼的觀點，深入探索「科舉制度」建置之「儒學學校」、型塑之儒漢社會與文化影響。

---

39 志書由地方首長奉旨纂修，然而執筆者以師儒、生員為主，如康熙廿五年（1686）《康熙福建通志臺灣府》收錄福建學政按察使丁蕙〈福建通志敘〉所云「爰命儒臣纂修《皇清會典》，復詔各直省纂修《通志》，用備採輯於以同車書、宣政教。」另於〈纂修姓氏〉記錄志書：主修、監修、協理、督修、纂修總裁、同纂、分纂名單，自實際參與的「督修」以下，均由府、縣、儒學教授、教諭、訓導、舉人、貢生、監生、生員等承辦。可知纂修志書者，多由參與「科舉制度」而取得功名、職位者，如師儒（府、縣、儒學教授、教諭、訓導）、舉人、生員（貢生、監生）等協力完成。
〔清〕丁蕙：〈福建通志敘〉，收入〔清〕金鋐：《康熙福建通志臺灣府》，頁26。
〈纂修姓氏〉，收入〔清〕金鋐：《康熙福建通志臺灣府》，頁29-32。

40 按：本杰明・艾爾曼（Benjamin Elman）於〈自序・定義與術語〉中云「中文世界的讀者不難覺察，我在英文寫作中慎用「Confucianism」或「Neo Confucianism」（新儒學）等帶有時代誤植和目的論色彩的詞彙。我寧願將「儒學」稱為」「literati learning」（士學）或「classicism」（經典學）。因為我們尚不清楚，使用諸如「Confucianism」或」「Neo Confucianism」等當下慣用的術語來表達帝制中國的經學，是否足以涵蓋1900年以前的學術和宗教傳統。」、「現在我們都承認，現代西方將孔子（Confucius）個人視為中國「儒學」（Confucianism）的唯一代表，筆始於耶穌會傳教士。他們曲解了17世紀中國更為普遍存在的「士學」（learning of Scholars），從而掩蓋了「儒學」（Ruxue）一詞在古代及帝制中國（以及日本、韓國和越南）所具有的超越「孔子之學」的豐富意涵。在東亞，直到19世紀末，人們才使用「Confucianism」這一新詞來定義「儒學」。此外，頗為引人側目的是，中國學者並沒有抗拒「Confucianism」一詞所包含的以孔子為中心的意涵，雖然「儒」的學問傳統早於孔子之前就存在，只是後來通過孔子的追隨者加以傳播而已。」詳參〔美〕本杰明・艾爾曼（Benjamin Elman）：〈自序〉，《經學・科舉・文化史——艾爾曼自選集》（北京市：中華書局，2010年4月），頁2-3。

四　文化釋義

　　本書以兩百餘年間「府城」施行科舉制度，於社會文化影響之觀察，英國倫敦大學克里斯‧簡克斯（Chris Jenks）於《文化（Culture）》書中，總括「文化（Culture）」概念之源起，簡約為下述概念：文化為一智識，或認知的範疇，代表著社會中知識或道德發展的狀態，以及一個民族整體的生活方式。[41]儒漢社會為科舉制度基礎，「府城」異於中原各地施行科舉制度之處，在於「先」接觸商業殖民、[42]「後」培育儒漢社會，因此清初《臺灣府志》〈風俗〉記述較儒漢社會閨閣女性更開闊的生活空間，制定「科舉政策」作為治臺第一要務。待乾隆中期本土士人大量掘起，「天末荒島」成為「濱海鄒魯」儒漢社會成熟，因「北京專約」被迫開放的安平港（今臺南市安平區），歐美人士觀察府城穿藍袍文人較中原各城市為多，「府城」已然成為清國儒漢社會最成功的城市。乙未割臺之後，南社一方面維護傳統經史、二方面舉辦跨界的化妝集會、三方面創設《三六九小報》展現後科舉時代儒學論述。由克里斯‧簡克斯（Chris Jenks）文化（Culture）論點，觀察「府城／臺南」歷經：荷蘭商賈文化、明清儒漢社會、日治殖民時期，由明鄭科舉雛型至日治時期書房教育，映現科舉時代至後科舉時代，社會知識道德發展的狀態，民族整體的生活方式，可見一斑。

五　主要文獻

　　「府城／臺南」荷治時期（赤嵌）、明鄭時期（承天府）、清領時

---

41 〔英〕克里斯‧簡克斯（Chris Jenks）著，俞智敏、陳光達、王淑燕：《文化Culture》（臺北市：巨流圖書有限公司，2002年9月），頁22-25。

42 荷蘭東印度公司是「商業殖民」機構，他們占據臺灣的主要目的，就是透過貿易來獲得盡可能的利潤。因此各項產業政策的制定，無不以增加商業出口為主要目標。詳參楊彥杰：《荷據時代台灣史》（臺北市：聯經出版公司，2000年10月），頁157。

期（臺灣府）直到建省為止，乃全臺最早建城置鎮、設立府衙，最早接觸商賈殖民、形成儒漢社會之處，因此相關文獻史料保存豐富，為後科舉時代觀察文化影響之絕佳地域。

本書〈上編・科舉時代〉「前期」荷治時期商賈文化、「初期」明鄭時期試行科舉、「中期」清領時期科舉制度、「晚期」來自歐美人士挑戰，提供區域性的科舉文化探究，論述結構如下表所示：

上編・科舉時代				
項次＼分期	前期	初期	中期	晚期
章節主旨	第一章 城市建置	第二章 科舉制度設立	第三章 科舉教育樂土	第四章 現代化挑戰
論述時代	荷治時期 明鄭時期	明鄭時期 清領時期	清初期至清中期	清中期至清晚期
主要文獻	歐美學者譯著 清初臺灣方志	明鄭文獻 清初臺灣方志	清代臺灣方志	歐美學者譯著

〈下編・後科舉時代〉以日治時期「詩社」與「報刊」兩大類，分別就《全臺詩》臺南文士生平與詩作、臺南南社同人創立之《三六九小報》，提供區域性的後科舉文化探究，論述結構如下表所示：

下編・後科舉時代				
項次＼分類	詩社		報刊	
章節主旨	第五章 後科舉時代 變革	第六章 後科舉時代 因應	第七章 後科舉時代 新場域	第八章 後科舉時代 新論述
論述時代	日治時期	日治時期	日治時期	日治時期
主要文獻	「以儒為名」 《全臺詩》	科舉經典 《全臺詩》	儒學探究 《三六九小報》	《論語》詮釋 《三六九小報》

第二節　各章主旨

　　本書以「府城」為歷史空間，探究其文化記憶，論述其科舉制度與文化影響。〈上編・科舉時代〉臺灣府於商賈文化與儒漢社會的基礎上，施行科舉制度。從「天末荒島」至「海濱鄒魯」建立科舉教育樂土，儒漢社會成熟後面臨現代化挑戰等等「科舉時代」系列論述；〈下編・後科舉時代〉殖民地教育政策變革，科舉制度廢除，臺南文士於後科舉時代，群體「以儒為名」發表詩述，不僅從事塾師書房教育傳經，亦有於報刊媒體「賦詩用經」；臺南傳統文人社群「南社」舉辦跨界的化妝集會活動，創辦《三六九小報》發表「儒學論述、《論語》詮釋」等等「後科舉時代」系列儒學論述。

一　上編・科舉時代

　　儒漢社會「家庭」中的兩性角色，男性為家族榮顯而追求「科舉功名」，成就忠臣孝子；女性為家族清名而追求「旌表美名」，成就貞節烈女，映現儒漢社會乃「儒學教育與科舉制度」施行基礎。臺灣曾經是不登記載的天末荒島，荷治時期（1624-1661）先建城造鎮、繁榮富庶，傳播基督宗教、紅毛字教學以及「商賈文化」，其後由明鄭時期（1661-1683）建置區域性儒漢社會。清領時期（1683-1895）以臺灣府為施行科舉制度重鎮，然而「明鄭建置的區域性儒漢社會」與「荷治遺留的商賈文化」背景，因此制定「臺字號」保障舉人一名、默許閩生「寄冒臺籍」等政策。清乾隆中期儒漢社會成熟，「北京專約」開啟歐美人士經由安平進入府城，促使府城文人直接面臨現代化的挑戰。

　　〈第一章城市之建置：商賈文化與儒漢社會〉十七世紀臺灣先後歷經荷蘭東印度公司（The Dutch East India Company, VOC）跨國貿

易公司「崇商重利」的管理原則，於大員（今臺南市安平區）建造漢人城鎮；延平郡王鄭成功驅離荷人退守臺灣，設立承天府（清朝改臺灣府，即今臺南赤崁樓）生聚教訓，發展儒漢社會。大約一甲子的時間，截然不同的管理模式，一是荷蘭於亞洲重要貿易轉運站、一是南明建立的軍事據點，映現異國統治與管理模式之兩端。

〈第二章科舉制度之設立：政策背景與施行〉一九五〇年代拉威爾（H.D.Lasswell）與凱普蘭（A.Kaplan）在《權力與社會》一書中，指出「政策乃為了某目標價值與實踐而設計之計劃。」強調「政策」於政治決策中的重要性。本章以康熙年間「府城」作為一府三縣文武職官駐守的地域空間，執「荷治時期：異國的商賈文化」、「明鄭時期：區域性的儒漢社會」、「清領時期：科舉政策的制定與因應」三端，論述清廷如何於「商賈文化、區域性儒漢社會」的背景下，制定「臺字號」保障名額、默許閩生「寄、冒臺籍」取得科名兩相矛盾的科舉政策。

〈第三章科舉教育之樂土：世風與女德〉十七世紀臺灣女性在地氣和暖、物產豐饒、衣食侈華、階級平等之生活空間，普遍過著：不織而衣、艷妝市行、好遊成俗、婚姻論財、夫死再婚，女性人權之高為同時期其他國家所難項背，接近現代男女平權的生活模式，映現與所屬福建省會截然不同的女性婚俗。本章執「理想社會與樂土神話」、「自由的婦女樂土」、「科舉教育的樂土」三端，論述朝廷施行科舉政策，建立儒漢社會的過程，如何由「天末荒島」轉成「海濱鄒魯」的世風與女德。

〈第四章現代化之挑戰：府城、儒者與經典質疑〉歷經科舉制度施行，乾隆年間（1735-1795）無論「男性科舉功名／女性旌表美名」皆極致發展。然而乾隆十二年（1757）「一口通商」諭令，標誌著清廷被隔絕於廣大的世界之外閉關自守，匡限府城住民與世界對話的有利空間，使儒學學校更趨於固步自封，文士與現代化的距離更加

的遙遠。第二次鴉片戰爭（1856-1860），清廷再次敗戰，咸豐十年（1860）簽訂「北京專約」，使臺灣成為「通商口岸」，來自歐美各國的人士，基於外交公務、傳道宣教、研究探訪等因素，經由安平港進入、觀察府城。本章以歐美人士短期或長期寓臺等譯者為主要文獻，執「城市空間」、「傲慢儒者」與「質疑經典」三端，建構「現代化之挑戰：府城、儒者與經典質疑」議題論述。

二　下編・後科舉時代

　　光緒廿一年（明治廿八年，1895）四月十七日清國與日本簽訂「馬關條約」，割讓臺灣、澎湖列島給予日本。臺灣正式進入後科舉時代，由於荷治時期厚植的商賈文化、清領時期政治文教中心，使「府城／臺南」仍是全臺商業重鎮。總督府利用科舉、書房教育政策，提供跨代士人經營書房空間，於詩社雅集抒發「以儒為名」、「讀經、傳經與用經」詩作。南社跨代活動，充分映現文人的活力，創立詩社、報刊、以休閒娛樂的《三六九小報》提供全臺文人「詮釋、借鑑、論述」經典的新場域。

　　〈第五章後科舉時代之變革：教育政策與群儒詩述〉明治廿八年（1895）總督府廢止：清領時期各級教育單位，保留民間書房、義塾從事初等教育。明治二十九年（1896）民政局學務課批示書房教育多為崇清文字，自此書房教育受到嚴格的監控、取締。前清首邑之都「府城／臺南」文人，如何於殖民地教育教策的變革「自述」或「他述」？本章擇取《全臺詩》臺南文人詩作為文本，從「以儒為名」路徑，檢視「自敘詩」與「他敘詩」兩端，映現「以儒為名」的時代內涵。

　　〈第六章後科舉時代之因應：讀經、傳經與用經〉科舉時代透過各級儒學學校、通過嚴謹的考試制度取得功名，進階社會菁英、政治

菁英。菁英群體習於交流的文言文，即科舉制度「共同的經典語言」乃至於「共有的經典記憶」。本章檢視《全臺詩》後科舉時代臺南士人詩作，「以詩賦經」為路徑，由「傳經」與「用經」兩端，探究：部分士人由科舉時代「跨代」至後科舉時代，從事「塾師」讀經與傳經；部分士人由科舉時代「跨界」至後科舉時代，從事「主編」讀經與用經。合觀兩端，可知臺南文人如何於「殖民地」時空下，群體「以詩賦經」的時代內涵。

〈第七章後科舉時代新場域：《三六九小報》之儒學探究〉後科舉時代新興報刊媒體，成為「傳承科舉教育者」撰文發表的新場域。日治時期臺灣報刊因「殖民地」與「出資方」兩項因素，映現涇渭分明的立場差異，「日資」媒體配合總督府推行政令；「臺資」漢文雜誌大多「主張經史，維護漢學」之民族意識。昭和五年（1930）臺南南社同人創立《三六九小報》，以輕鬆詼諧的小報文化，於昭和五年（1930）九月九日至昭和十年（1935）九月六日期間出刊，成為日治時期臺灣《小報》代表刊物。本章以《三六九小報》發行人趙雅福「替孔子打筆戰」與主編洪坤益「儒者定義與外域譯介」為觀察路徑，執「南社與《三六九小報》」與「《小報》主筆之儒學論述」兩端，建構「後科舉時代新場域：《三六九小報》之儒學探究」議題論述。

〈第八章　後科舉時代新論述：《三六九小報》之《論語》詮釋〉清代因襲明制於臺灣施行科舉考試二百餘年，以《四書》、經義、論策取士。自康熙五十年（1711）起，欽定「武科」第三場策論題，出自《論語》、《孟子》，意指《論語》、《孟子》不僅僅是「文科」鄉試、會試之必考科目，亦為武童、武生、武舉人、武進士之必考項目。甲午（1894）海戰，清國失敗後，臺灣割讓給日本，明治廿八年（1895）廢除科舉考試。《論語》、《孟子》作為科舉考試最核心的科目，科舉時代終身默記《論語》、《孟子》等經典，跨代士人至後科舉

時代仍具有強大的默記能力，於報刊新場域轉化為「新詮釋」。臺南南社同人於昭和五年至十年之間（1930-1935）創辦的《三六九小報》，刊載有：《論語》借鑒敘事、《論語》新詮釋。本章以《三六九小報》刊載《論語》借鑒敘事，如「仿擬經典、評論世情」、「《論語》集句、脫聖入凡」、「左翼文人之共同敘事」；以及《論語》新詮釋，如「鄉音與諧音」、「聖性與俗性」、「塾師新詮釋」等等，建構「後科舉時代新論述：《三六九小報》之《論語》詮釋」議題論述。

上編
科舉時代

第一章
城市之建置：
商賈殖民與儒漢社會

　　十七世紀臺灣先後歷經荷蘭東印度公司（The Dutch East India Company, VOC）跨國貿易公司「崇商重利」的管理原則，[1]於大員（今臺南市安平區）奠定漢人城鎮的規模；延平郡王鄭成功率領反清復明的勢力，驅離荷人退守臺灣，設立承天府（清朝改臺灣府，即今臺南赤崁樓）生聚教訓，發展儒漢社會。一是荷蘭於亞洲重要貿易轉運站、一是南明建立的軍事據點，荷蘭、明鄭相繼一甲子的時間，映現「商賈殖民」與「儒漢社會」兩端，截然不同的管理模式。

　　荷治時期（1624-1661）荷蘭東印度公司以跨國海上貿易為原則，企圖壟斷亞洲市場、改變貿易格局，輾轉由澎湖至大員設立據點，[2]成為臺灣對外交涉的最初門戶。[3]東印度公司管理階層觀察島上

1　荷蘭東印度公司（The Dutch East India Company）是荷蘭文Vereenigde Oostindische Compagnie,（United East India Company，聯合東印度公司）的俗稱，或簡稱「VOC」。它是荷蘭商家為了專門從事東方貿易而成立的一家股份公司。荷蘭「國家議會」（States-General）是當時最高的國家權力結構，同意各家公司結合起來，於一六〇二年三月二十日成立了「東印度公司」。並授權「東印度公司」同當地統治者簽訂條約、建立統治和防禦系統，確立了該公司日後在臺灣建立統治政權和與中國軍隊（鄭成功軍隊）作戰的依據。隨著公司事業的擴張，現代資本主義的建制也跟著發展起來，為荷蘭帶來了史上所稱的「黃金時代」。在公司成立後不到十年，首都阿姆斯特丹銀行設置，現代資本主義社會建立，與同一時期遠在東方仍處於農業社會的中國，形成強烈的對比。詳參湯錦台：《前進福爾摩沙——十七世紀大航海年代的台灣》（臺北市：貓頭鷹出版社，2001年2月），頁111-113。

2　根據陳鴻圖《臺灣史》云「荷蘭進入臺灣之後，接續排除日本商人與中國海盜在臺灣的勢力，並於1642年驅逐在臺灣北部的西班牙人，同時不斷地討伐原住民部落，將臺灣完全納入其控制。貿易是荷蘭占領臺灣的主要目的。……荷蘭在臺灣貿易所

原住民驍勇善戰、漢人善於營生，先以武力制服原住民、自福建招徠
移墾的漢人，[4]建立醫療、宗教、養濟、學校等公共設施，制定法
律、契約、度量衡等公共制度。荷人據臺卅七年間，先後建築熱蘭遮
城（Zeelandia,1630）為統治中樞、營造普羅民遮城（Provintia,1653）
為行政中心，映現東印度公司經營的貿易轉運站獲利頗豐，有長期
「商業殖民」的考量。[5]

　　永曆十五年（1661）鄭成功進攻臺灣，十二月十三日揆一（Fre-
drick Coijet, 1620-？）獻熱蘭遮城投降，結束荷蘭東印度公司在臺勢
力。[6]鄭成功從屬戶都事官楊英《從征實錄》，記載鄭成功登臺前已擘
劃「安頓將領家眷，然後東征西討，無內顧之憂，並可生聚教訓」，
二階段的治臺方針。明鄭時期（1661-1683）廿二年間，依鄭成功治
臺方針，永曆廿年（1666）正月，文廟落成、設立太學制度，直到永
曆卅七年（1683）八月十八日，鄭克塽降清為止，十七年生聚教訓，
建立了科舉制度的雛形，[7]史學家普遍認同明鄭時期推行的科舉制

獲得的利潤相當高，臺灣是荷蘭在東方貿易中極重要的轉運站。」
陳鴻圖：《臺灣史》（臺北市：三民書局，2013年6月），頁23。

3　〔日〕仲摩照久主編，葉婉奇翻譯：《南台灣風土探勘》收入日本時代《台灣地理
　　風俗大系・資料彙編02》（臺北市：原民文化，2002年4月），頁79。

4　荷蘭統治時期，大陸向臺灣的移民主要是商業移民和農業移民兩部分，其中農業移
　　民占有更大比重。詳參楊彥杰：《荷據時代台灣史》（臺北市：聯經出版公司，2000
　　年10月），頁174。

5　荷蘭東印度公司是「商業殖民」機構，他們占據臺灣的主要目的，就是透過貿易來
　　獲得盡可能多的利潤。因此各項產業政策的制定，無不以增加商業出口為主要目
　　標。詳參楊彥杰：《荷據時代台灣史》，頁157。

6　吳密察監修，遠流臺灣館編著：《台灣史小事典》（臺北市：遠流出版公司，2009年
　　9月），頁28。

7　蔡相輝〈明末清初臺海政局之演變與臺灣社會之變遷〉提及：明鄭時代實施教育、
　　考試、用人合一之制，既可矯明季八股取士之弊，政府復可不虞人才匱乏，士子之
　　出路寬廣，可不必為前途擔憂而安心讀書，可謂為中國二千年科舉之一大突破。其
　　績效因其後克塽降清而未彰，但清初臺灣士習之佳，絕不容否認。詳參蔡相輝：
　　〈明末清初臺海政局之演變與臺灣社會之變遷〉，《臺灣文獻》36卷3期（1985年12
　　月），頁364。

度，已然為選才任官的依據。[8]

　　荷治時期（1624-1661）、明鄭時期（1661-1683）異國文化與截然不同的管理體系，雖然分屬不同時期治理，由於時間短暫，清代以來文獻多合併論述兩個時期。如鄭克塽降清十三年後，康熙三十五年（1696）第三任臺廈道高拱乾纂輯的《臺灣府志》，以「荷人規制甚小、鄭氏稍為更張」，合併論述：

> 崇禎間，荷蘭人居臺，亦舍澎湖；惟建臺灣、赤嵌二城【臺灣城，今安平鎮城；赤嵌城，今紅毛樓】，規制甚小，名城而實非城。設市於臺灣城外，遂成海濱一大聚落。順治間，鄭成功取臺灣，稍為更張；設四坊以居商賈，設里社以宅番漢；治漢人有州官，治番民有安撫。[9]

高《志》記述荷治時期建立的熱蘭遮城（臺灣城）、普羅民遮城（紅毛樓），惟此二城「規制甚小，名城而實非城」。明鄭時期於荷人的既有基礎下，以承天府為中心，設立東安坊、寧南坊、西定坊、鎮北坊，發展四坊為商賈輻輳之地。行政區域部分，漢人村落以「里」劃分、原住民部落以「社」劃分。設立行政官員治理漢人、安撫原住民。清廷領臺之後，按理應於荷蘭、明鄭的既有基礎下，持續城鎮的建構。

　　康熙四十三年（1704）江日昇《臺灣外記》〈凡例〉亦併論荷治時期、明鄭時期，作前後相繼之意：

> 臺灣係海外荒服，地將靈矣，欲入為中國之邦，天必先假手一人為之倡率，如顏思齊者，是為其引子；紅毛者，是為其規

8　陳鴻圖：《臺灣史》，頁28。

9　〔清〕高拱乾：《臺灣府志》（臺北市：文建會，2004年11月），頁70。

模；鄭氏者，是為其開闢。俾朝廷修入版圖，設為郡縣，以垂
萬世。[10]

江日昇由三階段論述臺灣開闢史，第一階段、海上領袖顏思齊開發臺
灣，吸引往來漢人暫居大員灣，乃漢人村落的開端；第二階段、荷人
建立公共制度與建設二城，營造漢人移墾宜居環境；第三階段、鄭氏
於荷人的基礎上加以開闢，其後清廷收入版圖，設置郡縣。

　　康熙三十五年臺廈道高拱乾纂輯《臺灣府志》乃官方志書，無疑
代表清廷觀點，康熙四十三年江日昇《臺灣外記》，作者父親曾追隨
明將鄭彩征戰多年，某種程度可傳達明鄭立場。荷蘭東印度公司本質
為商賈文化、明鄭王朝治臺「生聚教訓」成就儒漢社會，[11]既然《臺
灣府志》「荷人規制甚小、鄭氏稍為更張」、《臺灣外記》「紅毛為其規
模、鄭氏為其開闢」，二書皆認同兩代相繼發展。有如《論語》〈子
路〉第十三章所云：

　　子適衛，冉有僕。子曰：「庶矣哉！」冉有曰：「既庶矣，又何
　　加焉？」曰：「富之。」曰：「既富矣，又何加焉？」曰：「教
　　之。」[12]

荷蘭公司建城造鎮、繁榮富庶，其後由明鄭建置區域性儒漢社會，符
合孔子適衛，觀察城市「庶、富、教」的治理原則。本書稟持尊重歷

---

10 〔清〕江日昇：〈凡例〉，《臺灣外記》（臺北市：河洛圖書出版社，1980年7月），頁
　　403。

11 根據尹章義研究「延平王國已經奠定了『儒漢文化』移植臺灣的基礎。」詳參尹章
　　義：〈臺灣↔福建↔京師──「科舉社羣」對於臺灣開發以及臺灣與大陸關係之影
　　響〉，《臺灣開發史研究》（臺北市：聯經，1989年12月），頁533。

12 〔魏〕何晏注，〔宋〕邢昺疏：《論語注疏》，收入《十三經注疏本》（臺北市：藝文
　　印書館，1989年1月），頁116。

史文獻的論述觀點，依「荷治時期：城鎮建置與異國文化」、「明鄭時期：廟學合一制」兩端，探索府城歷經「荷人建城、明鄭科舉」，庶、富、教的發展歷程。

第一節　荷治時期：城鎮建置與異國文化

　　一六二三年荷蘭東印度公司（East India Company）基於向亞洲發展的貿易考量而登島探查，一六二四年於大員（今臺南市安平區）建立據點，[13] 一六三〇年於大員（今臺南市安平區）建立防禦城堡「熱蘭遮城（Zeelandia）」兼統治中樞、一六五三年於赤嵌（今臺南市中西區）建立「普羅民遮城（Provintia）」為行政中心，公司以二城為基礎，逐步建立醫院、教堂、孤兒院、學校等公共設施；設立取締槍械、逮捕走私者、海盜、偽幣犯、規定公共度量衡、匯率、強制執行契約、裁決爭端等公共制度。由公共設施與公共制度維護居住者的公共安全，映現荷蘭東印度公司以跨國貿易公司規劃模式經營成功，改變「顏思齊時代」漢人如候鳥般飄泊、暫居大員的生活模式，逐漸群聚、定居於熱蘭遮城、普羅民遮城外圍，至此具備了市街的面貌，[14] 成為明鄭時期發展儒學教育之基礎。

13　根據歐陽泰（Tonio Andrade）研究「一六二四年荷蘭人登陸後，跨過內海對面陸地稱為赤嵌處（當今臺南市所在）建造一個小屋以及畜欄，此外也建造了一座小農莊，以開墾菜園、栽種果樹。」詳參〔美〕歐陽泰（Tonio Andrade）著，鄭維中譯：《福爾摩沙如何變成臺灣府》（臺北市：遠流出版公司，2007年2月），頁228。

14　根據昭和7年（1932）仲摩照久主編《日本地理風俗大系》第15卷《臺灣》〈臺南州〉「中國明代天啟四年（1624）時，荷蘭人領有這裏，建普羅文蒂亞城，以該城為政務廳，臺南市也至此具備了市街的面貌。」
〔日〕仲摩照久主編，葉婉奇翻譯：《南台灣風土探勘》收入日本時代《台灣地理風俗大系・資料彙編02》，頁74。

一 城鎮的建置

十七世紀初，明代福建人陳第〈東番記〉是最早記載「大員」聚集漢人的文獻。一六〇三年間福建沿海受海寇侵擾，陳第〈東番記〉記述：明廷進剿倭寇的水師抵臺，多半於大員灣（臺江內海）一帶的區域走動。此地區生活的西拉雅原住民有性別分工的現象；女性從事耕作，男性則於集會所傳授狩獵與交戰的技能。[15]由〈東番記〉記述「倭復據其島，夷及商漁交病。……倭破，收泊大員，夷目大彌勒輩率數十人叩謁，獻鹿餽酒，喜為除害也。」[16]彼時島上漢人從事商販、漁民等流動性工作，以大員為中繼站，從事物品交易、遠洋捕漁等經濟活動。原住民以山林狩獵為主要營生，長期定居臺灣，已發展具有頭目管理的村落。因此當沈有容將軍剿平海寇，由原住民頭目「大彌勒」率數十人「獻鹿餽酒，喜為除害」，感恩勞軍。此後二十年，海寇蕩平吸引漢人定居的意願，逐漸發展為村落，同時吸引外來勢力荷蘭人的覬覦。

一六二三年荷蘭東印度公司派出第一批登陸探查的武裝士兵，士兵們根據造訪此地的漢人回報村落發展的情形：

> 有證據提到在荷蘭人抵達的早期，還另有兩個漢人的村子存在。其中較大的一個，位於臺江內海的陸連島[17]上。此地與原住民

---

15 〔美〕歐陽泰（Tonio Andrade）著，鄭維中譯：《福爾摩沙如何變成臺灣府》，頁68。

16 陳第：〈東番記〉，收入周婉窈：〈陳第〈東番記〉──十七世紀初臺灣西南平原的實地調查報告〉，《海洋與殖民地臺灣論集》（臺北市：聯經出版公司，2012年3月），頁150。

17 按：臺江內海的陸連島，即由臺南市外海沙洲（北線尾島、一鯤鯓、二鯤鯓、三鯤鯓、四鯤鯓、五鯤鯓、六鯤鯓、七鯤鯓）所組成。
〔清〕高拱乾：〈臺灣府總圖〉，《臺灣府志》，頁51。

地區隔水相望，……似乎在荷蘭人抵達前已存在年餘，這也是
荷蘭人決定在此建設據點的理由。另一個村則在本島上，其規
模較小，形成時間與荷蘭人抵達時不相上下，無論如何，它進
入此一時代後，將迅速成長，成為今日臺南市的前身。……根
據造訪此地的漢人回報，村裡住的是「漁民和海盜」。[18]

美籍學者歐陽泰（Tonio Andrade）檢視第一批荷蘭士兵記述漢人村落
的文獻史料，一六二三年臺南已有兩個漢人村莊。由當時訪查的文獻
記載，可知漢人村民大多從事漁民和海盜營生，較大的漢人村在陸連
島上，以臺江內海作為天然屏障與原住民隔水相望。另一個較小的漢
人村，則與荷蘭人抵達時間差不多。活躍於山林畋獵的原住民族，具
驍勇善戰的民族性格與出草示勇的部落習俗，對於仰賴農漁營生的漢
人而言，造成莫大的生存威脅。因此陸連島以臺江內海作為天然屏
障，逐漸形成大型的村落。漁民與武裝的海盜居住在陸連島上，同樣
是情勢上的必然：來自福建沿海一帶的「漁民」來臺捕漁，待與原住
民、商販完成交易後，返還原籍。彼時漁船行駛於各國勢力交滙海域
上，為確保生命財產安全，或者添購武裝配備，集結的武裝團隊，逐
漸形成「海盜」之名。海盜為了增加收益、添購武裝備配、壯大聲
勢，冒險掩護漁船走私地方官員不允許之高利潤項目，此為漢人漁
民與海盜往來於福建沿海與大員間的大概情形。漢人畏懼本島上驍勇
的原住民，直到荷蘭東印度公司僱用武裝士兵，以優勢的武裝部隊壓
制原住民無法定居大員，再於本島建立據點之後，方才改變。歐陽泰

18　〔美〕歐陽泰（Tonio Andrade）著，鄭維中譯：《福爾摩沙如何變成臺灣府》，頁80-
　　81。
　　按：眾多海上武裝集團中，屬鄭芝龍的勢力最為龐大。鄭芝龍於荷人據臺前已於臺
　　澎地區活動，此一歷史地緣為日後鄭成功驅逐荷人，登臺建立反清復明基地，確立
　　了正當性。

（Tonio Andrade）檢視的文獻史料中，所謂的「另一個漢人村則在本島上，其規模較小，形成時間與荷蘭人抵達時不相上下」，映現漢人依附荷蘭東印度公司武裝士兵的保護，並與荷人同時期定居下來，隨著荷治時期經營，逐漸擴展成為今日臺南的前身。

　　一六二三年島上「約有一千五百名漢人於臺灣西南平原生活或僑居，大部分是暫時到此從事漁撈、打獵、交易活動。」[19]千餘名漢人，多數「暫時、非定居」的移動形態，來臺從事補漁、打獵、交易等經濟活動，與廿年前陳第〈東番記〉的觀察變異不大。然而一六二四年荷蘭東印度公司登島建立據點後，觀察臺灣是塊「沃土」很適合生產稻米與甘蔗外銷，島上原住民僅生產日用所需，無意大量耕種經濟作物儲蓄金錢。相較之下，漢人能大量耕種稻米與甘蔗，符合經濟效益。荷人以武力積極鎮壓原住民的「出草」習俗，規劃漢人安居的生活環境，使漢人能於「沃土」耕耘、創造最大產值。於是擬定種種安全制度、優惠條件、公共建設，以此作為招徠漢人移墾的條件：

> 公司取締槍械，禁止賭博；管制飲酒；逮捕走私者、海盜、偽幣犯、規定公共度量衡、匯率；強制執行契約、裁決爭端；建築醫院、教堂、孤兒院，並維持公共安全、提供公共設施，打造一個無論對一貧如洗農民或腰纏萬貫頭家，都能安心移居、置產的一種穩定「可計算」的社會經濟環境。公司並且以免稅等措施來誘引漢人移民，原籍福建省的人們，橫渡海峽，紛紛

---

19 根據歐陽泰（Tonio Andrade）研究「大約有一千五百名漢人於臺灣西南平原生活或僑居，大部分人是暫時到此從事漁撈、打獵、交易活動，所以漢人數量會隨著每年冬季由福建來航的漁船漁期而呈現週期性的升降。」

按：一六二三年約有一千五百名漢人的估計，乃出自Blusse（包樂史），"Protestant Missionaries" 收錄「一位荷蘭人在一六二三年時的觀察，據他說，漢人自己估計有一千五百人」。詳參〔美〕歐陽泰（Tonio Andrade）著，鄭維中譯：《福爾摩沙如何變成臺灣府》，頁224、241。

　　加入此一殖民屯墾區。……一位荷蘭官員直言不諱的說：「漢人是這福爾摩沙島上唯一能釀蜜的蜂種。」[20]

　　荷蘭東印度公司不僅視臺灣為沃土，尤其視「漢人是這福爾摩沙島上唯一能釀蜜的蜂種」，故而以公司營運的方式，為身體強健、經濟貧困的漢人農夫，提供土地、耕牛、免稅、融資等管道；對於身心安頓的維護，提供醫院、教堂、孤兒院等公共設施；對於公共安全的保障，建立取締槍械、禁止賭博、管制飲酒、逮捕走私、海盜、偽幣犯等規範；甚至規定公共度量衡、匯率，建立外來的漢人能安心移居的「共構殖民地」[21]。

　　荷治時期（1624-1661）以「利益導向」建立漢人城鎮與村落；以「管理導向」建立「熱蘭遮城」城堡、「普羅民遮城」城堡，於樹立東印度公司的管理威權，具有關鍵性的意義。兩座城堡歷經明鄭時期（1661-1683）、清領時期（1683-1895），相較於清代臺灣府緩慢的建城速度，「古堡遺跡」映現荷人於建城工事之卓越能力，對於臺南之地域與文化，產生深遠的影響。康熙卅五年（1696）荷人已離臺卅五年，《臺灣府志》〈規制志・城池〉記載一府三縣「城池未築」，同時詳細描述「熱蘭遮城」城堡、「普羅民遮城」城堡建築、

---

20 〔美〕歐陽泰（Tonio Andrade）著，鄭維中譯：《福爾摩沙如何變成臺灣府》，頁21-22。

21 歐陽泰（Tonio Andrade）所提出的「共構殖民」現象，是在荷蘭東印度公司與漢人經營者間緊密合作的情況下逐漸呈現，這些漢人經營者同時是公司的事業夥伴，而事業始自漢人經營者參與公司的貿易活動，貿易正是公司於臺灣建立據點的原因。漢人經營者協助公司雇用漢人勞工、泥水師傅建立「熱蘭遮城」城堡、「普羅民遮城」城堡，許許多多的營建業延伸許多相關的手工業。若無開墾頭子及連帶的社會關係，邀請漢人墾殖者來臺灣，建立自己自足的殖民地，荷蘭將不會有辦法創造一個枝繁葉茂的殖民領地。

〔美〕歐陽泰（Tonio Andrade）著，鄭維中譯：《福爾摩沙如何變成臺灣府》，頁226-227。

工事：

> 府城卜在永康里。未築。附郭：臺灣縣。
>
> 鳳山縣城卜在興隆莊。未築。
>
> 諸羅縣城卜在善化里。未築。
>
> 安平鎮城：轄安平鎮一鯤鯓之上，係紅夷揆一所築，用大磚、桐油、灰共搗而成。城基入地丈餘，城牆各垛俱用鐵釘釘之。周圍廣二百二十七丈六尺、高三丈餘；城內屈曲如樓臺。辛丑年，鄭成功率舟師下之，即其城而居焉。今尚存。
>
> 赤嵌城：在府治西北隅。周圍廣四十五丈三尺、高約三丈六尺餘。無雉堞之設，名雖為城，其實樓臺而已；故又名紅毛樓。紅毛酋長居之。鄭氏因以貯火藥軍械。今仍之。[22]

荷人招徠漢人勞工以六年（1624-1630）的時間，於大員完工「熱蘭遮城」城堡，[23]即《臺灣府志》記述的「安平鎮城」；一六五三年建造「普羅民遮城」城堡，即《臺灣府志》記述的「赤嵌城」，二城堅實、巍峨的建築工事，樹立東印度公司的管理威權。

臺南歷經明鄭時期（1661-1683）設置承天府、清康熙廿三年（1684）設置府城、附郭臺灣縣，不僅康熙卅五年（1696）《臺灣府志》〈規制志‧城池〉記述一府三縣尚未築城，直到荷人離去百餘年後，乾隆卅九年（1774）《續修臺灣府志》〈規制志‧城池〉全臺統治中樞「府城」的城牆仍是木柵、刺竹、綠珊瑚等植栽，百年來世代居住於府城的居民，必然深刻感受：荷人短短六年即建築「周圍廣二百二十七丈六尺、高三丈餘；城內屈曲如樓臺」雄偉統治中樞「熱蘭遮城（安平鎮城）」。甚至官方志書詳細記載「用大磚、桐油、灰共搗而

---

22 〔清〕高拱乾：《臺灣府志》，頁93-94。

23 按：荷人於一六二四年登島、一六三〇年完工「熱蘭遮城」城堡。

成。城基入地丈餘，城牆各垛俱用鐵釘釘之」等建材與工法，映現「志書作者／士人階級」讚譽：東印度公司快速的執行能力與厚實的經濟實力，具體載明於清代臺灣方志的文本空間中。[24]

　　荷治時期（1624-1661）遺留的「熱蘭遮城」城堡、「普羅民遮城」城堡，給予大員、府城一帶居民巍峨城堡的「視覺空間」感受，遠較荷蘭東印度公司實際上的統治還要深遠。美國的博物學家史蒂瑞（Joseph Beal Steere, 1842-1940），曾於清同治十二年（1873）十月十一日的大員灣（今臺南安平），經由負責海關事務的英國人接待參觀「熱蘭遮城」城堡遺跡：

> 我們走過安平的漢人村落後，來到建立在古堡廢墟上的中國稅務司。我發現負責海關事務的是一個英國人。……這位負責海關事務的英國人，很親切地帶領我參觀這座古堡的遺跡。上方的城牆已嚴重毀壞，這可能是因為地震，也可能是漢人敲打挖掘造成的。漢人會敲下一整塊磚頭和灰泥的混合物，將它們從山丘上滾落下來。……事實上，大部分安平村莊的房子，都是用這種材料建成的。我在靠近漢人村落那邊，看見一道古時候面海的海堤，它仍保持得相當完整，城門上方還高高寫著：「TE CASTEL ZEELANDIA GEBOWED ANNO, 1630-」，即

---

24 比較臺南經歷的荷治時期（1624-1661）、明鄭時期（1661-1683）、清領時期（1683-1895）三階段行政效率。荷人於登島六年（1624-1630）間，即完工城基入地丈餘，城牆各垛俱用鐵釘之熱蘭遮城城堡建築，不久又於赤嵌（今臺南市中西區）完成普羅民遮城城堡。明鄭時期廿二年以「熱蘭遮城」城堡為王城，未及建城。清領時期臺南為府城所在地，府城之建城，有如中古世紀相當緩慢：「雍正元年（1723），以木柵為城。十一年（1733），周植刺竹。乾隆二十三年（1758），木柵缺壞重修。二十四年（1759），更植綠珊瑚，環護木柵。」直到荷人離開百年，臺灣府仍以「植栽」的古老方式作為外圍環護。
　〔清〕余文儀：《續修臺灣府志》（上）（臺北市：文建會，2007年6月），頁151。

「熱蘭遮城，建於1630」。……從這座古堡的整體建築工事判斷，可以得知當初的建造者打算在此長駐久留的心意。[25]

根據史蒂瑞（Steere）的記述：探索「熱蘭遮城」城堡於大員之兩項重大意義，頗耐人尋味。其一、咸豐十年（1860）簽訂「北京專約」，開放臺灣安平及淡水為通商口岸，安平熱蘭遮城內設立中國稅務司，委由歐洲的海關人員負責事務，意指清代同治年間熱蘭遮城仍延續著異國文化、商旅輻輳的效應，信任歐洲海關人員使國際港口運作順利。其二、古堡的磚造建築材料堅固，「漢人會敲下一整塊磚頭和灰泥的混合物，準備拿來做為建造房屋的材料。」何以地方官員默許居民「侵犯性」的取用城堡材料，任由居民逐漸瓦解巍峨城堡的視覺空間？或者晚清國勢衰頹，西方列強以武力脅迫簽訂種種不平等條約，激起普遍的「仇外」心態，因此默許居民「蠶」食熱蘭遮城建築。

清同治十三年（1874）一月三日至四日之間，史蒂瑞（Steere）造訪「普羅民遮城」城堡遺跡：

普羅民遮城座落在一塊小高地之上，大約在府城的中心位置附近，雖然周遭密集地圍繞著漢人的城鎮，但碉堡裡面除了蝙蝠外，並沒有任何人居住。……或許是漢民族對於任何古老的東西都敬而遠之吧！當地謠傳說，古堡內有紅毛番的鬼魂在作怪。[26]

「普羅民遮城」周圍廣四十五丈三尺，距離府城頗近，城外有密集的

---

25 〔美〕史蒂瑞著，林弘宣譯，李壬癸校註：《福爾摩沙及其住民：19世紀美國博物學家的台灣調查筆記》（臺北市：前衛出版，2009年3月），頁40-42。

26 〔美〕史蒂瑞著，林弘宣譯，李壬癸校註：《福爾摩沙及其住民：19世紀美國博物學家的台灣調查筆記》，頁115-116。

漢人城鎮，然而碉堡裡面除了蝙蝠外，並沒有任何人居住，或者出自於地方官員有意的廢棄，民間因此謠傳著「紅毛番鬼魂作祟」的說法，百姓於是「敬而遠之」，未有取用碉堡建築材料行為。「熱蘭遮城」周圍廣二百二十七丈六尺，約有「普羅民遮城」六倍之大，由「大磚、桐油、灰」共搗而成的建材，有益於大員地區海邊造屋功能。官府無意維護、管理鬆散，放任四方居民取用磚頭和灰泥建材。經由史蒂瑞（Steere）實地探勘二城、記述府城居民於「普羅民遮城」城堡與大員居民於「熱蘭遮城」城堡的態度明顯不同，可知地方官員一方面放任居民破壞「熱蘭遮城」、二方面任由「普羅民遮城」廢棄荒蕪。二城經居民長期的敲打破壞、廢棄荒蕪，曾經建立的威權，逐漸消解於晚清的歷史中。

　　清代宦臺官員雖然有意任由「普羅民遮城」廢棄荒蕪，然而荷人經營「普羅民遮城」及周遭的市街城鎮、闢建的主要道路依然存在。史蒂瑞（Steere）於清同治十二年（1873）十月十一日，探訪府城的筆記上，記述著臺灣府最主要的道路「看西街」，即荷蘭人所闢建：

> 我們很快地走入一條又窄又崎嶇的街道，聽說這就是臺灣府最主要的道路了。這條街道向東延伸，據說是荷蘭人所蓋的馬路。街道兩邊非常熱鬧，各種商店林立，各色人等來來往往。[27]

由道路兩旁非常熱鬧、各種商店林立、各色人等來來往往，可知荷治時期開闢的「看西街」，至同治年間仍為府城最主要的商業街、四方輻輳之地。

---

27 〔美〕史蒂瑞著，林弘宣譯，李壬癸校註：《福爾摩沙及其住民：19世紀美國博物學家的台灣調查筆記》，頁43-44。

二　異國文化的蘊含

　　十七世紀初福建沿海居民迫於生計由廈門出發，以澎湖為中繼站，航行兩日到達大員，以「漁民」或「海盜」（武裝漁船）身分短暫停留大員灣、往返兩地飄泊營生。直到一六二四年「荷蘭東印度公司」發覺臺灣沃土，登陸建立城堡為據點，規劃制度、提供安心勞作的移居環境，吸引數千漢人蹈海來臺耕種、捕魚、狩獵，甚至有取得贌社利益，承包工事，形成穩定的「荷漢共構殖民」制度，漢人村落因此成形、迅速成長，成為今日臺南的前身。由於漢人村落的成形，並非出自「荷蘭國版圖」的擴張，而是出自於「跨國貿易公司」向亞洲發展的利益，因此維護人民安居樂業，協助漢人由「流動人口」成為「定居戶口」，激發最高產值為最大管理策略。事實證明，維護漢人安居樂業的策略奏效，移民來臺的漢人於荷人保護下，投入生產、勤奮辛勞，獲取足夠的收益，「挨著他們（熱蘭遮城）城堡居住的漢人會支付一萬四千多披索出來，其中四千披索是購買捕鹿執照，一萬披索則是購買捕魚執照，……他們更逐步從島上每年收購一萬張在日本可值黃金的鹿皮。」[28]荷蘭公司於臺南建立「共構殖民地」之豐碩收益，能同時滿足「荷、漢」雙方，使長期仰賴馬尼拉殖民地輸運錢財，支付北臺灣的西班牙傳教士感到震驚。[29]臺南漢人村莊、城鎮的形成，有別於一水之隔的閩南各省，千年以來科舉制度建立建立「士」為四民之首的儒漢社會，[30]臺灣商人得以參與「市參議會

28　〔美〕歐陽泰（Tonio Andrade）著，鄭維中譯：《福爾摩沙如何變成臺灣府》，頁222。

29　註同上。

30　按：儒漢社會以「士」為四民之首，與科舉制度的施行有密切的關係。順治九年（1652），奉禮部頒行直省各府、州、縣，刊刻學宮遵守的〈御製臥碑文〉：「朝廷建立學校，選取生員，免其丁糧、厚以廩膳，設學院、學道、學官以教之，各衙門官以禮相待，全要養成賢才，以供朝廷之用。」只要具有科舉社群中生員的身分，

（Scheepenbanck）」的運作。荷治時期經濟訴求大於政治意圖，[31]同時滿足「荷、漢」雙方的「共構」殖民地特質，型塑異於「中原儒漢社會」之商業導向與異國文化特質，以下由「荷、日、漢的共居」、「地方會議的參與」、「紅毛字的教化」三端，探究東印度公司的管理模式、異國文化與社會風情。

（一）荷、日、漢的共居

　　荷蘭東印度公司所經營之漢人村落，成功滿足「荷、漢」雙方的「共構殖民地」，其蘊含「異種族與漢村落」之文化融合，不僅僅是「荷、漢」兩種民族，至少於一六二三年至一六三五年期間，漢人不僅依傍著荷蘭人城堡，還與日本人茅居隔鄰：

> 荷蘭人抵臺初期時，臺江內海（大員灣）的形貌。……漢人勞工替荷蘭人蓋城堡，……城堡為磚造，外側則為石造的防禦工事。在其下方，海灣的入口側，有個村落住著「中國漁民、海

可享有「免賦稅、差役的政治經濟、法律等特權」。詳參〔清〕劉良璧：《重修福建臺灣府志》（上），（臺北市：文建會，2005年6月），頁71。

雍正四年（1726）上諭之〈諭正士習〉：「上諭：為士者，乃四民之首、一方之望。凡屬編氓，皆尊之奉之，以為讀聖賢之書、列膠庠之選，其所言所行，俱可以為鄉人法則也。故必敦品勵學、謹言慎行，不愧端人正士；然後以聖賢詩書之道，開示愚民，則民必聽從其言、服習其教，相率而歸於謹厚。」雍正四年〈諭正士習〉中「為士者，乃四民之首、一方之望。」以帝王御令，取得「士」為地方四民之首的社會階層，賦予「士」得「以聖賢詩書之道，開示愚民，則民必聽從其言、服習其教」的權利。詳參〔清〕劉良璧：《重修福建臺灣府志》（上），頁88。

31 荷蘭人一開始選取大員這麼一個小得不能再小的島嶼作為其統治中心，反映他們的選擇取向。當時的大員只是臺南外海的一個小沙洲，長十二公里半、寬兩公里半，只能成為一個小小貿易站，並不適合作為一個永久治理中心，因此初期與其說想占領臺灣，不如說只想建立一個可對大陸和日本進行貿易的落腳點。荷蘭人東來亞洲的目的就是要賺錢，因此立足大員後，積極尋求對華貿易取得利益。詳參湯錦台：《前進福爾摩沙——十七世紀大航海年代的台灣》，頁160、163。

盜、貿易商……其前方靠在中國碼頭的船隻，運入織品、食物、漁貨，還有其他貨品。」在（熱蘭遮城）城堡與漢人村莊之間則聳立著為竹柵所圍繞的貨棧與小宿舍。[32]……沿岸更遠的地方則是日本人的區域，由狹小的茅居所組成。[33]直到一六三五年幕府將軍昭示所有日本人不得出國，任何不返國的日本人將被褫奪國籍。[34]

根據美國學者歐陽泰（Tonio Andrade）整理的「荷蘭東印度公司」檔案，映現荷蘭人抵臺初期大員灣景況，有：荷蘭人磚造的熱蘭遮城城堡，城堡外側有石造的防禦工事，自城堡高處往下看，可見竹柵圍繞著「荷蘭東印度公司」所屬的貨倉與宿舍。往大員灣內側走去，則有漢人漁民、海盜、商販組成的村落。沿著岸邊再往下走則是由狹小茅居組成的日本人區域。漢人村位於荷人「磚造城堡」與日人「狹小茅居」之間，映現受荷蘭國支持的「東印度公司」與不受幕府將軍支持的「日本海商」間勢力的消長。回顧荷日爭執大員灣的主權：一六二四年荷蘭人登陸建立大員灣據點，一六二七年日本人與荷蘭人持續爭執大員灣的貿易與領土權[35]，直到一六三五年幕府將軍實行鎖國的外

---

32 〔美〕歐陽泰（Tonio Andrade）著，鄭維中譯：《福爾摩沙如何變成臺灣府》，頁97。

33 〔美〕歐陽泰（Tonio Andrade）著，鄭維中譯：《福爾摩沙如何變成臺灣府》，頁98。

34 〔美〕歐陽泰（Tonio Andrade）著，鄭維中譯：《福爾摩沙如何變成臺灣府》，頁96，116。

35 「在大員灣附近平原上四個主要的原住民大村莊裡，跟公司最近也最親的聯盟是新港村，……一六二七年夏天十六位新港居民，由稱為『理加』的新港頭人帶領決定出訪日本，扮演臺灣『貢使』的角色，或許是因為他們覺得公司不夠強大而希望日本人能當他們更堅定的靠山。不管為何原因，他們被其日本朋友（也是生意上的對象）推上幕府的大堂，演出了呈送土地主權給日本的一幕。荷蘭人一開始以為新港人是被矇騙上船，……但荷蘭官員後來發現新港人根本就是自己想去。」
〈Pieter Nuyts長官與Pieter Muyser致Pieter de Carpentier總督函，1627-9-7〉,VOC

交政策，嚴令任何日本人不得出國，滯留國外的日本人若不依時程返
國，將終身褫奪國籍。幕府將軍的鎖國命令，完全消解了日本人覬覦
大員灣主權的野心。東印度公司從此少了來自東邊的隱患，全力投入
建立漢人村，移墾的漢人人口因此更迅速的成長。

（二）市參議會的參與

　　一六二三年荷蘭東印度公司首批登陸探查的武裝士兵抵達大員
灣，其中雷朋（Élie Ripon）上尉曾與原住民交戰，並留下「原住民
高大雄壯，有如大巨人一般」的觀察記述[36]。由體型普遍較亞洲人高
壯的歐洲士兵提出「大巨人」般的形容，映現島上驍勇善戰的原住民
難以掌控，反而「漢人是這福爾摩沙島上唯一能釀蜜的蜂種」。一六
三五年之後日本實施鎖國命令，解除日本人覬覦臺灣的壓力，使荷人
能專注於管理原住民與經營漢人城鎮。東印度公司發揮擅長的管理功
能，制定原住民、漢人需購買捕鹿、捕漁執照，方能合法的捕鹿、捕
漁的規定。原住民無意開拓海洋漁業，因而捕漁執照由漢人獨占，捕
鹿執照則漢人與原住民皆可購買。原住民依循「自然法則」捕鹿，漢
人「巧設陷阱」一次能獵補數百頭，獲取巨額的鹿皮收益。漢人購買
執照參與補鹿後，陷阱獵補使鹿隻數量大幅減少，原住民逐漸貧窮，
漢人日益富有。富有的漢人輕易取得贌社利益，壓榨原住民，荷蘭東

1094:171-173, fo.172〈Pieter Nuyts長官致Coen總督函，1628-2-28〉，二函之原刊文
未見，轉引自〔美〕歐陽泰（Tonio Andrade）著，鄭維中譯：《福爾摩沙如何變成
臺灣府》，頁138-139。

36 ÉlieRipon, *Voyages et ave=natures du capitaine Ripon aux grandesIndes: journal
inéditdun mercenaire,* 1617-1627, Yves Giraud, Ed. (Thonon-les-Bains, Haute-Savoie:
Éditions de ÍAlbaron, 1990), pp.105。

按：雷朋上尉在一六二三年被派到臺灣，並奉命於本島上築造一個具雛形的堡壘，
與原住民有短暫的接觸經驗，雷朋的手稿於一八六五年在瑞士地區某個小閣樓被發
現。原刊文未見，轉引自〔美〕歐陽泰（Tonio Andrade）著，鄭維中譯：《福爾摩
沙如何變成臺灣府》，頁76、81-82。

印度公司於是施恩原住民免除賦稅，加重漢人稅金。

　　原住民各社感恩服從荷人的治理，擅長管理的東印度公司於是分別舉辦「漢人與原住民族」地方會議。原住民地方會議，如下所示：

> 1644年3月所舉辦的地方會議，在原住民稱為赤嵌（今臺南市）的地方舉辦……一旦長老（頭人、首長）全都出席，並且在花園中就座後，長官與臺灣評議會評議員就步出公司的房舍。……長官歡迎長老並讚揚他們前來聚會的行為，然後把話語轉到各種事務上。例如觸及任命長老、教堂和學校修業、村落繳付的年貢[37]，以及漢人不可信賴等內容。[38]

荷人於赤嵌（今臺南市）建有「普羅民遮城」行政中心，巍峨城堡樹立管理威權，舉辦原住民各社參與的地方會議。荷人與原住民的地方會議，有任命年度長老的授杖儀式、處罰走私漢人宣誓主權、其他治理事項，達成收攏原住民效忠之目的。

　　荷人首創逐年「任命長老」、授予權杖。明鄭延續長老任命制度，以「社」作為部落單位，管理原住民的方式影響深遠，如《諸羅縣志》〈風俗志・雜俗〉記載：

> 土官之設，始自荷蘭，鄭氏因之。國家建設郡縣，有司酌「社」之大小，就人數多寡，給「牌」各為約束。有大土官、

37　一六四七年年初，最高的決策單位「臺灣評議會」削減了所徵年貢的數量，之後整個終止年貢，他們認同實際的數益都來自於漢人移民者，贌社的收入已遠大於撤廢年貢的數額。所以一六四八年，臺灣長官告知村落長老，他們毋須再繳納鹿皮與稻穀。詳參〔美〕歐陽泰（Tonio Andrade）著，鄭維中譯：《福爾摩沙如何變成臺灣府》，頁337。

38　〔美〕歐陽泰（Tonio Andrade）著，鄭維中譯：《福爾摩沙如何變成臺灣府》，頁342-343。

　　副土官名目，使不相統攝，以分其權，且易為制。[39]

荷人首創任命「長老」的管理方式，公司授予長老尊榮的地位。明鄭時期以「社」為部落單位。清領時期再依「社」之大小，而給予大土官、副土官「令牌」，執「令牌」者不互相管理，分散「土官」（頭目、長老）的權力，使其易於控制。

　　「荷蘭東印度公司」建立「共構殖民地」主要獲益對象是漢人，因此另有荷、漢雙方參與的「市參議會」（Scheepenbanck）：

　　漢人並沒有機會參與最高的決策單位：臺灣評議會，在所謂的市參議會（Scheepenbanck）中，漢人也僅佔兩席。[40]

「臺灣評議會」乃荷治時期，臺灣最高的決策單位，被管理者漢人本無列席資格。既然荷人期待「共構殖民地」穩定發展，因此提供兩席「市參議會」名額給漢人的頭人，使頭人藉此市參議會的參與，能配合公司管理上的制度與規範。雖然漢人名額占「市參議會」少數，無法憾動市參議會（Scheepenbanck）的重要決策，然而中原千年以來施行科舉制度，提倡「士」階層為「四民之首」，「士」階級長久領導地方，非「農、工、商」階級所能涉及。荷治時期漢人贌社頭人、墾殖經營者，都有可能是「農、工、商」背景者，因此崇尚商賈文化的跨國貿易公司，提供「農、工、商」背景的漢人參與「市參議會」，於十七世紀臺南漢人社會之多元異國文化體驗，有別於中原儒漢社會的特殊意義。

39　〔清〕周鍾瑄：《諸羅縣志》（臺北市：文建會，2005年6月），頁249。

40　〔美〕歐陽泰（Tonio Andrade）著，鄭維中譯：《福爾摩沙如何變成臺灣府》，頁227。

（三）基督教與紅毛字

　　「荷蘭東印度公司」於大員建立據點之後三年，為了強化島上漢族與原住民族認同公司的治理，基督教的傳布事業配合地方行政展開，映現欲深耕臺灣、長治久安的決心。東印度公司以跨國貿易經營、管理漢人城鎮，由漢人商人取得贌社承包利益，繁榮商業與城鎮的同時，控制了原住民的經濟，使其生活日趨困苦，再由公司免除賦稅。原住民更加服從公司的管理統治，樂於接受荷蘭文教學的學校、傳教士講解聖經的教堂。公司舉辦原住民的地方會議議題，有「任命長老、教堂和學校修業」可見兼顧「行政管理」與「宗教認同」兩種層面。連橫《臺灣通史》記述東印度公司於原住民部落「設立學校、配合布教」的方式：

> 荷蘭得之，始教土番，教以為隸而已。領臺之三年，乃派牧師布教，以崇信基督。其時歸化土番，曰新港、曰目加溜灣、曰蕭壠、曰麻荳、曰大目降、曰大傑顛，各設教堂。每逢星期，眾皆休息，群集於此，禱福講經，以是從者日多。永曆二年，各社始設小學，每學三十人，課以荷語荷文及新舊約。牧師嘉齊宇士又以番語譯耶教問答及摩西十誡，以授番童。拔畢業者為教習。於是番人多習羅馬字，能作書。削鵝管，略尖斜，注墨於中，揮寫甚速，凡契券公文均用之。故不數年而前後學生計有六百人。然其所以教之者，敬天也，尊上也，忠愛宗國也。故終荷蘭之世，土番無反亂者，則教化之力也。[41]

根據連橫《臺灣通史》的記述，「荷蘭東印度公司」領臺三年之後，

---

41 連橫：《臺灣通史》（臺北市：幼獅文化事業公司，1977 年1月），頁213。

於一六二七年派遣牧師登島傳播基督教，[42]新港、目加溜灣、蕭壟、麻豆、新化、旗山社，設立教堂，周日由牧師宣講聖經。一六四八年（永曆二年）各社設立三十人的小學，教授荷蘭文、聖經。聖經的主要內容為「敬天、尊上、忠愛宗主國」，原住民一方面服從「荷蘭東印度公司」的管理、學習荷蘭文，書寫重要契約公文。二方面學習聖經「敬天、尊上、忠愛宗主國」等內容，因此荷治時期原住民未發起大型的叛亂活動，得力於基督教義的傳布。

東印度公司以大員為據點，作為對日本、清廷的貿易轉運站，大員一帶村、社是接受「教化認同」最深刻的地域。根據一六三九年底教會視察的報告：

（昔）村社名稱	（今）村社名稱	人口數	受洗禮人數
新港社	臺南市新市區	1047	1047
大目降	臺南市新化區	1000	209
目加溜灣	臺南市善化區	1000	261
蕭壟	臺南市佳里區	2600	282
麻豆	臺南市麻豆區	3000	215

上述五社的人口共計8647人，受洗人數達2014人，受洗者占總人口數的23.3%。[43]直到日本幕府將軍執行鎖國政策（1635）、西班牙人結束北臺灣的統治期（1626-1642），「荷蘭東印度公司」擴大全境掌控權，劃分臺灣為四個地方會議區，分別是：大員以北的「北部會議區」、大員以南的「南部會議區」、臺東「卑南地方會議區」、「淡水會

---

42 荷蘭東印度公司於一六二四年於大員建立據點，一六二七年五月四日第一任牧師甘第丟斯（GeorgiusCandidius）抵達，他先在新港（今臺南市新市區）學習新港語。一六二九年第二位牧師尤紐斯（Robertus Junius）亦抵達，此後二人通力合作，以新港為基地，傳教事業始有進展。詳參楊彥杰：《荷據時代台灣史》，頁107。

43 楊彥杰：《荷據時代台灣史》，頁110。

議區」。一六五○年以後，隨著東印度公司掌控了全臺灣，以經濟利益為主的管理政策，不願投入更多金錢於傳教事業，缺乏傳教士以及建立教堂與學校的經費，導致其他地區的基督教事業逐漸衰落，然而大員附近的傳教仍有相當進展，根據「一六五九年教會視察報告：新港有諳悉教理的信教徒1056人、麻豆710人、蕭壟697人，目加溜灣412人，分別占各村人口的83%、51%、48%、76%。」[44]可知終荷治時期之世，新港附近村社接受教義、受洗成為教徒、舉行基督教婚禮的信徒比例頗高，成為當地習染異國文化、重要的生活信仰，具體映現於嘉慶年間新港社（今臺南市新市區）持續使用紅毛字（荷蘭文）書寫重要文件契約。

「荷蘭東印度公司」於一六二七年開始，派遣傳教士傳布基督教、設置學校、教堂，由於原住民沒有文字，因此教導原住民學習荷蘭文記載重要契約文件，即今日所見的「新港文書」。前美國密西根大學的動物學教授史蒂瑞（Joseph Beal Steere, 1842-1940），[45]於清同治十三（1874）年一月五日至九日期間拜訪府城東邊的平埔族，向崗仔林平埔族頭人購買：雍正、乾隆和嘉慶時期，荷蘭文「紅毛字」書寫共廿九份土地買賣、財產讓渡的文件。[46]這些「紅毛字文件」映現荷蘭人撤離臺灣之後，長達一百五十年，府城附近的平埔族仍持續使用荷蘭文書寫重要文件。[47]

---

44 註同上，頁110-111。

45 〔美〕史蒂瑞著，林弘宣譯，李壬癸校註：《福爾摩沙及其住民：19世紀美國博物學家的台灣調查筆記》，頁116，135。

按：前美國密西根大學的動物學教授史蒂瑞（Joseph Beal Steere, 1842-1940），從同治十二（1873）年十月三日至同治十三（1874）年三月三十一日，在臺灣待了六個月，從事民族學誌踏查與動植物標本採集，是最早描述臺灣自然史，以及五種南島民族語言的學者。

46 〔美〕史蒂瑞著，林弘宣譯，李壬癸校註：《福爾摩沙及其住民：19世紀美國博物學家的台灣調查筆記》，頁121。

47 「自從荷蘭人被驅逐出福爾摩沙之後，島上就未曾有過其他荷蘭或外國傳教士、學

清康熙廿五年（1686）首任臺灣知府蔣毓英纂修《臺灣府志》設立三所原住民社學，[48]十年後原住民社學的教學成果，康熙卅五年（1696）第三任臺廈道高拱乾纂輯《臺灣府志》〈土番風俗〉記載臺灣府附近原住民使用荷蘭文與學習漢文，如下所示：

> 身多刺記，或臂、或背，好事者竟至遍體皆文，其所刺，則紅毛字。
>
> 有能書紅毛字者，謂之「教冊仔」。凡出入之數，皆經其手。
>
> 削鵝毛管、濡墨橫書，自左至右，非直行也。今向化者設塾師，令番子弟從學，漸沐於詩書、禮義之教云。[49]

康熙卅五年府城一帶原住民仍使用荷蘭字記述文件契約，橫書的荷蘭文具有行雲流水的美感，符合原住民族飛走山林的性格，因此有好事者將荷蘭文作為身體刺青的素材。由康熙廿五年至康熙卅五年，十年社學教學成果，使原住民各社的漢化漸深，子弟讀書、學習漢文，頗能漸沐禮義之教。

康熙五十六年（1717）《諸羅縣志》〈風俗志·雜俗〉記載原住民學習紅毛字：[50]

校的記載（直到最近幾年，才又有外國傳教士、學校的進入），所以島上存在這批文件的唯一合理解釋，便是平埔番相當程度地保存了荷蘭人所遺留的教化知識，所以當他們之後與世隔絕，沒有受到其他勢力的影響時，就繼續用羅馬拼音來書寫自己的語言，時間長達一百四十年之久。」按：由於Steere對中國的歷史年代並不熟悉，若從荷蘭人於一六六一年離臺算起，到最晚的一件新港文書嘉慶二十三年（1818年），已有一百五十餘年之久。〔美〕史蒂瑞著，林弘宣譯，李壬癸校註：《福爾摩沙及其住民：19世紀美國博物學家的台灣調查筆記》，頁122。

48 〔清〕蔣毓英：《臺灣府志》（臺北市：文建會，2004年11月），頁206。

49 〔清〕高拱乾：《臺灣府志》，頁318、320。

50 按：清康熙二十三年，諸羅縣設縣治於諸羅山，因以命名，「置縣後，以民少番多，距郡遼遠，縣署、北路參將營皆在開化里佳里興，離縣治南八十里。康熙四十三年奉文：文武職官俱移歸諸羅山，縣治始定」。設縣長達二十年的時間，縣治官

習紅毛字，橫書為行，自左而右；字與古蝌篆相彷彿。能書
者，令掌官司符檄課役數目，謂之「教冊仔」。今官設塾師於
社，熟番子弟，俱令從學，漸通漢文矣。

紅毛字不用筆，削鵝毛管為鴨嘴，銳其末，搗之如毳，注墨瀋
於筒，湛而書之。紅毛紙不易得，箋代之，以紙背堪覆書也。[51]

《諸羅縣志》〈風俗志‧雜俗〉記述重點有二，其一、記異：「紅毛
字」、荷蘭文之書寫工具異於漢文，宦臺官員因罕見之故，特別記述
「削鵝毛管為筆」的書寫方式，以及「紅毛紙堅韌」可書寫於紙背，
較宣紙（竹紙或綿紙）更耐於書寫的特質。其二、記實：清領之初
「漢文教化」於原住民各社推行不及，為了管理上的便利，若「熟
番」平埔族人能書寫荷蘭文者，可在通譯的協助下，擔任地方行政和
賦稅繳交工作。總之、清廷採取「荷蘭文」作為書寫契約文件的過渡
期，直到官府於各社設立「義學」，延請塾師教導服從清廷治理的
「熟番」（平埔族）子弟學習漢文，有所成效為止，映現荷蘭文化影
響深遠。直到史蒂瑞教授調查筆記：「一些老人家對這種語言尚留有
一點點記憶，但他們根本不會使用這種語言。這種語言似乎在聽講讀
寫各方面同時銷聲匿跡」[52]。意謂同治十三年（1874）府城附近的平
埔族人，已無法聽、講、讀、寫使用荷蘭文。

員均於佳里（今臺南市佳里區）辦公。康熙五十三年，欽差大人繪畫地圖，勘丈里
數，道里遠近乃定。加上諸羅縣幅員遼闊，其縣南邊界與臺灣府城北邊交界，西南
界與臺灣縣（今臺南市南部）交界，《諸羅縣志》〈風俗志‧雜俗〉記載平埔族原住
民之習俗，與臺灣府城外平埔族原住民之習俗，行政區域多有重疊，頗值得臺南之
地域與文化探究者參酌。

〔清〕周鍾瑄：《諸羅縣志》，頁76-77。

51 〔清〕周鍾瑄：《諸羅縣志》，頁245。

52 〔美〕史蒂瑞著，林弘宣譯，李玉柔校註：《福爾摩沙及其住民：19世紀美國博物
學家的台灣調查筆記》，頁123。

第二節　明鄭時期：廟學合一制

　　一六六一年十二月十三日揆一（Fredrick Coijet,1620-？）獻熱蘭遮城投降，結束「荷蘭東印度公司」在臺三十八年的治理。明鄭王朝接收的臺灣，乃歷經跨國貿易公司「商賈文化」管理、規劃漢人城鎮。大員區的漢人人口數，由一六二三年暫居性質的一千五百名，一六六一年已成長為除婦孺外的二萬五千名壯丁。這些漢人聚落或城市，異於中原熟悉之「安土重遷」、「君臣父子」、「男耕女織」意識，而是蘊含「游移地域、異國管理、男多女少」的地域文化。由於鄭成功攻取臺灣的目的，乃作為「安頓將領家眷，然後東征西討，無內顧之憂」。沃野千里、餉稅數十萬，提供明鄭大軍休養生息、東征西討的空間，因此鄭成功改普羅民遮城為「承天府」，日後鄭氏三代首府所在，其子鄭經設十字街，將市街分成東安、西定、寧南、鎮北四坊，進行最早的市區重劃。[53]直到永曆十八年（1664）三月鄭經棄守金門、廈門，決心退守經營臺灣，改東都明京為東寧，改天興、萬年二縣為州。[54]採納陳永華興建文廟、籌劃儒學教育，永曆廿年（1666）正月臺南文廟落成，創立科舉選才制度。

　　鄭氏王朝退守臺灣施行科舉選才制度，奠定臺灣儒學教育的基礎，形成「儒士」為四民之首的時代氛圍，士人多以「儒者」自況，外國傳教士亦多以「儒士」身分作為傳教的「突破點」，映現儒學為時代顯學的現象。鄭成功於登臺前的部將會議中，作出兩階段治臺方針，第一階段：以臺灣為安頓家眷的基地，部眾可全力投入反清大業；第二階段「生聚教訓」，施行教化、育才。無論是見證明鄭史實的江日昇、抑或是後世美籍學者歐陽泰，皆看重鄭氏由「髫年儒生」

---

53 〔日〕仲摩照久主編，葉婉奇翻譯：《南台灣風土探勘》收入日本時代《台灣地理風俗大系・資料彙編02》，頁75。
54 吳密察監修，遠流臺灣館編著：《台灣史小事典》，頁30。

成長為「護主忠臣」的延平郡王。鄭成功英年早逝，鄭經於陳永華的協助下「建文廟、設學校、開科考」為臺灣儒學奠定基礎，完成第二階段「承父志、生聚教訓」的施政理想。

一　儒學即顯學

明代施行科舉考試為朝廷掄才大典，學子需歷經縣試、府試中式後成為童生。童生參與院試中式後成為秀才，方能赴省城鄉試，鄉試取中後赴京師參與會試。參與科舉考試的學子以「儒生」名之，主因在於鄉試、會試階段以「四書、五經」經義內容，作為八股文出題測試的重點，參與科舉制度的學子需嫻熟經書義理內容，方能通過鄉試階段榮登舉人、參與會試通過，方能榮登進士及第、賜進士出身、賜同進士出身。通達「儒學之榮」與功名「進士之顯」相互輝映，儒學儼然成為時代的顯學，儒生因此成為初期參與科舉考試者的統稱。

儒學為大明國之顯學，其盛況可由美國學者歐陽泰（Tonio Andrade）記述外國貢使謁見大明皇帝時，必須進行的「儒家式」拜見儀式：

> 明帝國嚴格的海禁，規定所有中國與外國商人間的接觸必須經過前來進貢外交使節的活動。……派出貢使的外國君主需接受自己相對於中國皇帝較低下的地位，並且由貢使在皇帝面前拜倒，行叩頭大禮，來象徵這種想像的秩序。其儀式表達了儒家式的理念：皇帝是家長，太子則儼然是嫡長子，外國諸王則是幼小的兄弟。[55]

---

55 〔美〕歐陽泰（Tonio Andrade）著，鄭維中譯：《福爾摩沙如何變成臺灣府》，頁24。

外國貢使抵達大明國，必須在明朝皇帝面前，行跪拜叩頭大禮，被視為「儒家孝悌」儀式的實踐，此「儒家儀式」可以想像為：明朝皇帝是家長，太子是嫡長子，外國諸王則是沒有繼承權的幼子。而外國諸王若欲與明朝皇帝交流，則代表本國國王的外國貢使必須先以拜倒、行叩頭大禮的「儒家」儀式，承認「本國國王」地位較「明朝皇帝」低下的儀式，明帝國藉由外國貢使「儒家式」的拜見儀式，作為儒家倫理的國際重建，確保明帝國為國際「大家長」的地位。明代儒學不僅僅是滿足國內朝野「補官、擢用、陞轉」的選才功能，甚至是放諸四海作為外國文化交流的「聯絡窗口」（contact person）。

萬曆十年（1582）天主教耶穌會義大利籍利瑪竇（1552-1610）至大明國傳教，脫掉僧服、穿著「儒服」，加入大明文人的交際圈：

> 利瑪竇脫掉僧服，以儒士自居，又有一目十行的絕技，加上具備先進的數理知識，在書生圈中人氣逐漸暢旺起來。此後，耶穌會便加入了大明國的文人圈，常以詩歌酬答，談論宇宙人生大道。到了十七世紀中期，江南各地紛紛造起教堂，在杭州、福州、廣州等地，都有天主教的教堂，並受到相當的禮遇。[56]

利瑪竇作為第一位來自異國的天主教傳教士，初至大明國明顯感受「儒學／顯學」之盛況，為了達成傳播天主神聖教義的使命，以其聰穎的天資，「改裝儒服、儒士自居」的策略，先由雷同的外在形象，使大明文士卸下「中原／邊夷」的心防，再由所具備的先進數理知識基礎，兼一目十行的聰穎天資，取得文士心理上的「認同」，進而逐步完成傳播天主神聖教義的任務。利瑪竇視「改裝儒服」為傳播教義

---

56 鄭維中：《製作福爾摩沙──追尋西洋古書中的台灣身影》（臺北市：如果出版社，2006年10月），頁95。

的權宜之計，並非代表「異族臣服」之意，然而立於倨傲一方的文士視角，「改裝」不僅僅是民族文化的「認同」確實為「臣服」的重大象徵[57]，於初期語言不慎通達、文化尚待理解之際，「改裝」為利瑪竇的傳教爭取時間與空間，終究以「泰西儒士」稱譽廣受尊敬。由利瑪竇採取「儒服、儒士」雷同形象的策略，傳播天主教等西方文化，映現「西學／傳教士」欲與大明國交流，「儒學／儒士」乃重要的「聯絡窗口」（contact person）的意涵。

　　大明國「儒學即顯學」的地位，一直延續到帝國的晚期。崇禎十六年（1643）義大利籍天主教耶穌會衛匡國（1614-1661）神父前往大明國，學習利瑪竇「改裝儒服」傳播天主教，映現「改裝儒服、儒士自居」已然為明朝異國傳教士普行的策略。值得注意的是，衛匡國神父曾於華南一帶活動時，聽聞不少臺灣（福爾摩沙）的傳聞，因而寫了地理誌，有助於理解異國傳教士所理解的臺灣社會與人民生活：

> 衛匡國神父於一六一四年出生於義大利北部城市他倫特。……在一六四〇年啟程前往中國，在一六四三年抵達澳門。一踏入大明國，他隨即換上儒服，取了漢名和字號，前往杭州傳教……[58]衛匡國本身雖然沒有到過臺灣，但是他在華南一帶活動，卻不時聽到有關臺灣的消息。……衛匡國神父特別幫福爾摩沙寫了個地理誌，如下：……居住在那裏的人過著自由自主的生活。……島上一度有漢人居住，但居民已忘記〔漢人〕風俗習慣甚久。可是他們的輪廓、特徵和〔漢人〕都很接近。這

---

57 按：明遺君臣以「剃髮易服／叛國臣服」作為烈殉身死前之重要宣誓，如明寧靖王朱術桂絕命詩「艱辛避海外，總為幾莖髮；於今事已畢，祖宗應容納！」映現明代士人視「易服／臣服」間的連結意義。朱術桂絕命詩，詳參〔清〕江日昇：《臺灣外記》，頁376-377。

58 鄭維中：《製作福爾摩沙——追尋西洋古書中的台灣身影》，頁95。

些人很粗壯，體型強健，可是非常懶惰，不適於任何勞動營生。……他們幾乎從來不耕種超過必須的、或者其他用途的土地。為了彌補所缺乏的糧食，他們獵取四處遊走的豐富鹿隻。他們沒有君王，沒有領袖，每個人都自由而各有主張。[59]

一六四三年為明代崇禎十六年，同時期為荷治臺灣（1624-1661）期間，當時衛匡國神父於傳教的華南一帶，記述來自臺灣居民的傳聞：「島上一度有漢人居住，但居民已忘記〔漢人〕風俗習慣甚久」，由於衛神父彼時改裝儒服、以「儒士」自居，因此廣義來看，衛匡國仍代表「儒士」觀察臺灣的多元視角。「荷蘭東印度公司」以商賈文化經營漢人村莊，與中原施行科舉制度的儒漢社會，截然不同。至於所記述的漢人體型與習性，「這些人很粗壯，體型強健，可是非常懶惰，不適於任何勞動營生。」比對清代臺灣方志可知，應是衛匡國神父誤植「原住民」為「漢人」：

女子健作，女常勞，男常逸。[60]（陳第，〈東番記〉，1603）

番婦耕穫、樵汲，功多於男；唯捕鹿不與焉。能織者少，且不暇及；故貿易重布。錢穀出入，悉以婦為主。[61]（《諸羅縣志‧雜俗》，康熙五十六年，1717）

……凡耕作皆婦人。[62]（《臺灣志略‧番情習俗》，乾隆三年，1738）

59 鄭維中：《製作福爾摩沙——追尋西洋古書中的台灣身影》，頁105。
60 〔明〕陳第：〈東番記〉，收入周婉窈：〈陳第〈東番記〉——十七世紀初臺灣西南平原的實地調查報告〉，《海洋與殖民地臺灣論集》，頁149。
61 〔清〕周鍾瑄：《諸羅縣志》，頁245、246。
62 〔清〕尹士俍：《臺灣志略》（臺北市：文建會，2005年6月），頁280。

番婦耕穫、樵汲，功多於男；惟出草不與【捕鹿謂之「出草」】[63]（《重修福建臺灣府志・土番風俗》，乾隆七年，1742）

漢人主張父系社會，兩性於家庭經濟工作分配，素來有「男耕女織」約定俗成的概念。原住民崇尚母系社會，兩性關係於婚姻或家庭生活皆與漢人不同。衛匡國神父記述之荷治時期（1624-1661）「這些人體型強健，可是非常懶惰，不適於任何勞動營生。」與荷蘭官員「漢人是這福爾摩沙島上唯一能釀蜜的蜂種」觀察不同，卻與〈東番記〉、《諸羅縣志》、《臺灣志略》、《重修福建臺灣府志》等記載雷同。原住民的兩性分工，女性耕種男性狩獵；平時不囤積食物、不累積財富以保持「人與自然」間和諧的生態關係。爬梳當時「荷蘭東印度公司」之文獻史料，公司最初派員登陸建立據點時，已能清楚分別「漢人、原住民」外貌、體能、生活習性皆異，並沒有混淆的情況。衛匡國神父未曾到訪臺灣，於華南一帶活動時，由臺灣傳播至華南一帶不符實情的訊息，在所難免。然而荷治時期臺灣住民與生活習性的傳播，映現十七世紀傳教士熱衷於異國教區彼此訊息的傳播與文化知識的交流，仍然值得重視。

二　文廟建置與試行科舉

荷治時期（1624-1661）僅僅卅七年，來自閩南沿海的漢人移民人口，大員（今臺南市安平區）由一千五百人，至永曆十五年（1661）鄭成功（1624-1662）收復臺灣前夕，據 C.E.S.〈被忽視的福爾摩薩〉記載，在大員附近已「形成一個除婦孺外，擁有二萬五千名壯丁的殖民區」[64]。四季如春的宜居沃土、大量漢人的豐厚賦稅，吸

63　〔清〕劉良璧：《重修福建臺灣府志》（上），頁208。

64　楊彥杰：《荷據時代台灣史》，頁168。

引鄭成功轉戰此地，作為反清復明的據點。永曆十五年鄭成功從屬戶
都事官楊英《從征實錄》，記載鄭氏召集諸部將之會議內容：

> 前年何廷斌所進臺灣一圖，田園萬頃，沃野千里，餉稅數十
> 萬，造船制器，吾民麟集，所為優者近為紅夷占據，城中夷
> 夥，不止千人，攻之可垂手得者。我欲克平臺灣，以為根本之
> 地，安頓將領家眷，然後東征西討，無內顧之憂，並可生聚教
> 訓也。[65]

根據楊英記載：何廷斌進獻的「臺灣」地圖，有田園萬頃、沃野千
里、餉稅數十萬，況且熱蘭遮城城堡內武裝士兵僅僅千名，易攻易
取，適合明鄭兵員屯墾為基地。何廷斌代表當時臺灣漢人欲借明鄭勢
力驅逐「荷蘭東印度公司」，因此所云「田園萬頃、沃野千里」的情
資與實際的耕地面積或有出入，然而《從征實錄》記述鄭成功於登臺
將領會議，有如下規劃：「克平臺灣，以為根本之地，安頓將領家
眷，然後東征西討，無內顧之憂，並可生聚教訓」，初步擬定兩階段
治臺方針。登臺驅逐荷人之後，明鄭確實依第一階段：「安頓家眷，
東征西討，無內顧之憂」，全心戮力於反清大業。永曆十六年
（1662）鄭成功猝逝，鄭經嗣位延平王，仍以北伐大業為主。直到永
曆十八年（1664）鄭經放棄金門、廈門，退守臺灣，改設於赤嵌（今
臺南中西區）的「東都明京」為「東寧」，正式以「東寧」為據點，
方有餘力實現鄭成功第二階段：「生聚教訓」的施政理想。「生聚教
訓」的施政理想，蘊含：孳生戶口，增強國力；教化百姓，培育人
才。

---

65 〔明〕楊英：《從征實錄》收入臺灣文獻叢刊第32種（臺北市：臺灣銀行經濟研究
　　室，1958年8月），頁185。

　　鄭成功欲以儒學教化於民，一方面承襲大明國儒學為時代顯學，
施行科舉制度，選拔六官所需人才，以利朝廷施政所用。二方面與自
身髫齡參與科舉赴考、青年護國守節的生命經驗相關。崇禎十一年
（1638）五月鄭成功十四歲「進南安學弟子員」，[66]考取秀才。崇禎十
五年（1642）八月十八歲赴福建省城參與鄉試，[67]隆武二年（1646）
三月廿歲擁戴流亡的唐王朱聿鍵而獲賜國姓。[68]江日昇《臺灣外記》
於鄭克塽降清後廿一年完成全書刊行，故而能蒐採缺逸明鄭遺事，乃
書寫鄭成功事蹟最近史實者。江日昇曾於〈自序〉說明甘冒大不韙，
書寫明鄭遺事之緣由：

> 臺灣鄭氏與二三故老，遵奉舊朔，孤承海外，恃波濤之險，來
> 往倏忽，騷擾邊疆，費朝廷無數金錢，以至遷移五省，屢勤南
> 顧之憂者四十年。……成功髫年儒生，能痛哭知君而舍父，克
> 守臣節，事未可泯。況有故明之裔寧靖王從容就義，五姬亦從
> 之死；是臺灣成功之踞，實為寧靖王而踞，亦蜀漢之北地王
> 然。故就其始末，廣搜輯成。誠閩人說閩事，以應纂修國史者
> 採擇焉。[69]

鄭成功以一介少年儒生，不畏懼海洋霸主鄭芝龍「降清」的父命，留
書「從來父教子以忠，未聞教子以貳，今吾父不聽兒言，後倘有不
測，兒只有縞素而已。」[70]舍父訣別。江日昇於《臺灣外記》以「成
功髫年儒生，能痛哭知君而舍父，克守臣節，事未可泯。」特別凸顯

66　〔清〕江日昇：《臺灣外記》，頁37。
67　〔清〕江日昇：《臺灣外記》，頁41。
68　〔清〕江日昇：《臺灣外記》，頁72。
69　〔清〕江日昇：〈自序〉，《臺灣外記》，頁391。
70　〔清〕江日昇：《臺灣外記》，頁80。

鄭氏「髫年儒生／忠臣護主」之轉折身分，加劇君王蒙難時「儒生」
恪守臣節之民族大義。事實上「鄭成功／儒生護主」的形象，亦為國
際研究學者所認可，如美籍學者歐陽泰（Tonio Andrade）論述鄭氏的
「儒者」出身：

> 鄭成功求知若渴，十五歲就取得秀才的資格[71]，然後進南京國
> 子監跟隨碩學大儒進修。他是個前程似錦、潛力無窮的儒者，
> 可是明清變局使他踏上了不同的道路。[72]

鄭氏幼年成長於日本，直到童子入學時回福建就學，天資聰穎。崇禎
十一年（1638）五月即取得秀才資格，進南京國子監跟隨江浙名儒錢
謙益門下讀書，錢謙益頗為看重其氣度與潛力。然而諷刺的是，隆武
二年（1646）正月錢謙益降清短暫赴任禮部侍郎，同年三月鄭氏年僅
廿歲擁戴流亡的唐王並受賜國姓，至此師徒走上不同生命道路與歷史
定位。明清之際家國劇變，明代臣屬部將多逢「勢變」而「適變」，
為保全身家性命而棄國族大義。何以鄭氏能違背父命，捨棄垂手可得
的富貴，由「髫年儒生」轉為「護主忠臣」延平郡王。究竟是著重君
臣之道的「儒學」內化？抑或是承襲尊王「攘夷」的華夏意志？總
之、無論是曾見證明鄭時代的江日昇、抑或是後代美籍學者歐陽泰，
不約而同看重鄭成功「秀才、儒者」的出身、延續南明國祚與持續清

---

71 按：根據江日昇《臺灣外記》崇禎十一年（1638）五月鄭成功（1624-1662）「進南
　安學弟子員」，若以華人習俗以「實歲」作為年紀歲數計，則鄭氏彼時為十四歲。
　若依歐陽泰（Tonio Andrade）引述之外國習俗以「虛歲」作為年紀歲數計，則鄭氏
　彼時為十五歲。

72 Earl Swisher, "Dhêng Ch́eng-kung,": ArthurHummel, *Eminent Chinese of the C
　hingPreiod*, Taipei: S.M.C. Publishing, Inc., 2002〔1943〕,pp. 108-109.
　原刊文未見，轉引自〔美〕歐陽泰（Tonio Andrade）著，鄭維中譯：《福爾摩沙如
　何變成臺灣府》，頁382。

廷對抗的歷史意義。

　　永曆十六年（1662）五月八日鄭成功猝逝，六月鄭經嗣位延平王。永曆十八年（1664）局勢轉變，鄭經棄守金門、廈門，退守臺灣，為延續南明國祚而持續對抗清廷，決心經營臺灣，生聚教訓。永曆廿年（1666）正月，由諮議參軍陳永華擘劃籌建，全臺第一座文廟落成於鄰近承天府（今臺南中西區），儒學融合「生聚教訓」之理想，於《臺灣外記》可見一斑：

> 康熙五年丙午（附永曆二十年）正月，建立先師聖廟成（今臺灣府府學是也）[73]，旁置明倫堂。又各社令設學校延師，令子弟讀書。議兩州三年兩試，照科、歲例開試儒童。州試有名送府，府試有名送院；院試取中，准充入太學，仍按月月課。三年居中試者，補六官內都事，擢用陞轉。
>
> 三月，經以陳永華為學院、葉亨為國子監助教，教之養之。自此臺人始知學。[74]

江日昇父親乃明將舊部，故而自云「故就其始末，廣搜輯成。誠閩人說閩事，以應纂修國史者採擇焉。」[75]以閩人立場，記述明鄭時期歷史，更較他人真實。康熙四十三年（1704）蒐採缺逸輯成《臺灣外記》，《臺灣外記》其後收錄於《四庫全書》中。謝國楨撰述〈《臺灣

---

73 按：江日昇《臺灣外記》寫作時代於清朝，因此「今臺灣府府學是也」註記明鄭時期之文廟，即清代臺灣府「府學」所在地。

74 〔清〕江日昇：《臺灣外記》，頁204。

　　按：連橫《臺灣通史》即據《臺灣外記》而記述之「凡民八歲入小學，課以經史文章。天興、萬年二州，三年一試。州試有名者移府，府試有名者移院，各試策論，取進者入太學。月課一次，給廩繕。三年大試，拔其尤者補六科內都事。」詳參連橫：《臺灣通史》，頁214。

75 〔清〕江日昇：〈自序〉，《臺灣外記》，頁391。

外記》提要〉曾云「其成書，在康熙甲申，距克塽之降，僅二十一年。況以閩人言閩事，視他書所述，固較可依據焉。」[76]以成書距離鄭克塽投降僅僅廿一年、閩人言閩事等因素，較其他記載明鄭歷史，更為可信。因此明鄭時期科舉制度與儒學政策，由《臺灣外記》「建立先師聖廟，照科、歲例開試儒童」之記述可見，建廟、設校、施教乃逐步落實「儒學教化」之施政理想：

（一）建立先師聖廟：於統治中心東寧，建立文廟。

（二）令各社設學校：原住民以「社」為村落單位，荷治時期亦有建立學校，故而沿用社學舊址，延請教師，教導子弟讀書。[77]

（三）科、歲開試儒童：天興、萬年二州，以三年為期，照科、歲例兩次開試。通過州政府考試的儒童，可參與府試。通過府試再送院試。院試考取後可入太學讀書，期間仍按月月課。

（四）取優異者擢用：太學讀書三年考課成績優異者，得補六官內都事，或者擢用陞轉任職。

　　永曆廿年（1666）三月，鄭經任命陳永華為學政，葉亨為國子監助教，開啟臺灣科舉制度、儒學發展的新頁。科舉制度的施行、設立學校養成儒士，一方面源自於「明朝儒學與顯學」的大時代因素，二方面是鄭成功「儒者」出身內化為民族大義，所積累的時代能量與承父遺志的理想，由陳永華輔助鄭經，設立儒學教化臺民、科舉考試選拔六部人材，持續對抗清廷、延續南明國祚。明代末年「經義八股」學風之弊，隨著科舉制度的施行影響士林甚鉅。明鄭時期在臺奠定科舉制度的雛型，蔡相輝以為「州試有名送府，府試有名送院；院試取

---

76 按：謝國楨〈《臺灣外記》提要〉原載於《四庫全書提要》〈史部・雜史類〉。詳參謝國楨：〈《臺灣外記》提要〉，〔清〕江日昇：《臺灣外記》，頁2。

77 按：明鄭主臣在臺灣，除實地屯墾，全力拓殖，興販外洋之外，對土番之教化亦頗為重視。……對土著能令其子弟就鄉塾讀書者，蠲其徭役，以漸化之。
　　蔡相輝：〈明末清初臺海政局之演變與臺灣社會之變遷〉，頁363。

中，准允入太學，仍按月月課。三年取中式者，補六官內都事，擢用
陞遷」制度之施行，可謂為中國二千年科舉之一大突破：

> 其特點是將教育、考試、用人三種制度合而為一，最基礎之社
> 學由政府辦，結業生童可循序參加州、府、院之三級考試，考
> 試及格者乃得入太學研讀。在太學三年研讀過程中，每月皆有
> 考課，乃不會有學生擁書不讀之弊，三年讀畢，即可參加政府
> 之用人考試，考試及格者便分發至政府各部門服務。此一制
> 度，既可矯明季八股取士之弊，政府復可不虞人才匱乏，士子
> 之出路寬廣，可不必為前途擔憂而安心讀書，可謂為中國二千
> 年科舉之一大突破。明鄭時代實施教育、考試、用人合一之
> 制，其績效因其後克塽降清而未彰，但清初臺灣士習之佳，絕
> 不容否認。[78]

歸納來說，有以下特點：

（一）太學三年，每月考課，因此學生必須擁書而讀，去除套用八
　　　股程式、流於空疏之弊。

（二）三年讀畢，參加政府徵才考試，考試及格者分發至政府各部
　　　門服務。

（三）出路寬廣，士子不必為前途擔憂而安心讀書。

（四）三合一制，將教育、考試、用人三種制度合而為一的良好制
　　　度。此套制度自永曆廿年（1666）開始施行，直到永曆卅七
　　　年（康熙廿二年1683）八月十八日，鄭克塽降清為止共有十
　　　七年。十七年施行科舉考試，奠定科舉制度雛型，提供承天
　　　府、天興州、萬年州六官內都事人員之用。

---

78 蔡相煇：〈明末清初臺海政局之演變與臺灣社會之變遷〉，頁364。

小結

　　十七世紀臺灣最早於大員（今臺南市安平區）奠定漢人城鎮的規模，歷經荷蘭東印度公司（The Dutch East India Company, VOC）跨國貿易公司「崇商重利」的管理原則；延平郡王鄭成功率領反清復明的勢力，驅離荷人退守臺灣，設立承天府（清朝改臺灣府，即今臺南赤崁樓）生聚教訓，發展儒漢社會。清代文獻多合併論述「荷治時期（1624-1661）、明鄭時期（1661-1683）」異國文化與截然不同的管理體系，如江日昇《臺灣外記》〈凡例〉所云「紅毛者，是為其規模；鄭氏者，是為其開闢。」荷治時期建置之漢人城鎮與異國文化，實為明鄭時期教化儒學奠定厚實的基礎。

　　一、「荷治時期」漢人城鎮與異國文化，有：「城鎮的形成」、「異國文化的蘊含」。如下所示：

　　（一）城鎮的建置：十七世紀初，明代陳第〈東番記〉最早記載「大員」聚集漢人的文獻。一六二四年荷蘭東印度公司登島建立據點後，觀察臺灣是塊「沃土」很適合生產稻米與甘蔗以供外銷，是以「利益導向」建立漢人城鎮與村落；以「管理導向」建築「熱蘭遮城」城堡、「普羅民遮城」城堡，作為長治久安的據點，樹立東印度公司的管制威權。荷治時期開闢府城的商業街、四方輻輳之地，直到清同治年間仍為「臺灣府」重要的道路。

　　（二）異國文化的蘊含：荷蘭公司於臺南建立漢人村莊、城鎮，有別於一水之隔的閩南各省，千年以來科舉制度建立「士」為四民之首的儒漢社會，臺灣商人得以參與「市參議會（Scheepenbanck）」的運作。「荷蘭東印度公司」的管理原則，同時滿足「荷、漢」雙方的「共構殖民」特質，其商業導向與異國文化特質，異於「中原儒漢社會」。由「荷、日、漢的共居」、「地方會議的參與」、「紅毛字的教化」三端，映現跨國貿易公司的管理模式、異國文化與社會風情。

二、「明鄭時期」廟學合一制，有：「儒學即顯學」、「文廟建置與試行科舉」。如下所示：

（一）儒學即顯學：明代施行科舉考試為朝廷重要的掄才大典，參與科舉考試的學子以「儒生」名之，通達「儒學之榮」與功名「進士之顯」，相互輝映，儒生因此成為初期參與科舉考試者的統稱。美國學者歐陽泰（Tonio Andrade）記述外國貢使謁見大明皇帝時，必須進行的「儒家式」拜見儀式。天主教耶穌會義大利籍利瑪竇（1552-1610）至大明國傳教，脫掉僧服、穿著「儒服」，方能加入文人的交際圈，因此明代儒學不僅僅是滿足國內朝野「補官、擢用、陞轉」的選才功能，甚至是放諸四海作為外國文化交流的「聯絡窗口」（contact person）。

（二）文廟建置與試行科舉：鄭成功（1624-1662）收復臺灣前夕，臺南安平附近已形成一個除婦孺外，擁有二萬五千名壯丁的城鎮。鄭成功因此以臺灣為反清復明基地，施行儒學教化人民。永曆十六年（1662）鄭成功猝逝，鄭經嗣位延平王。永曆廿年（1666）正月，由諮議參軍陳永華擘劃籌建，全臺第一座文廟落成於鄰近承天府（今臺南中西區），建廟、設校、施教，「廟學合一制」逐步落實「儒學教化」之施政理想。

第二章
科舉制度之設立：
政策背景與施行

　　臺灣地理位置鄰近西太平洋各大小島嶼，曾經為各國海上霸權所爭奪，先後歷經荷西時期（1624-1661）、明鄭時期（1661-1683），不同政權更迭，擁有臺灣主權，可輕易掌控整個西太平洋要塞。康熙廿二年（永曆卅七年1683）八月十八日，末代延平王鄭克塽投降清廷，終結南明在臺政權，清廷費時多年才剿平明鄭在臺勢力，考量原住民族較漢族人口多，人口結構異於中原各地；兼孤懸海外，距離遙遠，最初沒有收納版圖的打算。康熙廿二年靖海將軍施琅上呈〈請留臺灣疏〉舉證「臺灣一地，雖屬外島，實關四省之要害」[1]，極力爭取。翌年朝廷從其請，將臺灣納入版圖，派遣官員抵臺赴任，從而展開為期二百一十二年清領時期（1683-1895）的治理。諸多宦臺官員上呈治臺策文，如季麒光〈條陳臺灣事宜文〉、藍鼎元〈論治臺灣事宜書〉、鄭光策〈平臺策八條〉等，然而直到嘉慶十二年（1807）《續修臺灣縣志》〈續修臺灣縣志序〉仍然提出「臺灣難治」的觀點：

　　　　吾謂治臺灣難，志臺灣尤難；然非志之詳，則治之亦必不備。
　　　　臺灣，海島隩區，古圖牒所未載，語言不通，袒裸盱睢，僅據

1　施琅從戰略地位，論述臺灣乃江蘇、浙江、福建、廣東四省屏障，建請清廷收納臺灣。
　　〔清〕施琅：〈請留臺灣疏〉，王禮：《臺灣縣志》（臺北市：文建會，2005年6月），頁287。

「毗舍耶國」、「華嚴婆娑世界」之說一一書之，其能無屚以粺乎？[2]

〈續修臺灣縣志序〉作者政清華擔任「福建臺澎兵備道兼提督學政」一職，即福建省臺灣、澎湖「兵備道兼提督學政」，兼掌臺灣文治武備之最高行政首長。〈續修臺灣縣志序〉作於嘉慶十二年（1807），彼時臺灣已歸入版圖一百廿四年，施行科舉制度一百廿年，最高行政首長尚且有「治臺灣難，志臺灣尤難」的觀點。探究其「難治」之因，在於「語言不通，袒裸盯睢」；「難志」之因，在於「古圖牒所未載」。「語言不通，袒裸盯睢」，意謂：不僅語言不通，原住民袒裸馳騁於山林的狩獵習性、質樸自然的生活模式，與來自福建移民的漢族不同。而中原漢族於帝制思維的治理原則下，儒臣擘劃推行科舉制度，已然千年。清廷延續明代科舉制度，上以安撫士族階層，下以教化庶民百姓，使國家快速進入長治久安的施政正軌。〈續修臺灣縣志序〉提及「臺灣難治」之因，在於原住民族的生活習性與漢族不同，科舉制度施行不易，無法有效建立儒漢社會。清廷領臺之初，靖海將軍施琅上呈〈移動不如安靜疏〉，建請朝廷將明宗室、遺臣、兵員盡數移回內地，根除明鄭勢力、剿平反清復明的可能，此舉撼動了明鄭於臺南一帶建立的區域型態的儒漢社會，直接或間接影響科舉政策之施行。

一九五〇年代拉威爾（H.D.Lasswell）、凱普蘭（A.Kaplan）於《權力與社會》書中，指出：「政策乃為了某目標價值與實踐而設計之計劃。」[3]強調「政策」於政治決策中的重要性。一般而論，政策之制定、推行、發展、乃至成效，有其歷史進程。康熙廿三年

2　〔清〕政清華：〈續修臺灣縣志序〉，謝金鑾、鄭兼才：《續修臺灣縣志》（臺北市：文建會，2007年6月），頁25。

3　張明貴：《政策分析》（臺北市：五南圖書出版有限公司，1998年8月），頁5。

（1684）十一月一府三縣官員陸續抵臺赴任，官員抵臺先暫居安平渡口天妃宮，康熙廿四年才移居府城居住，康熙廿五年首任臺廈道周昌〈詳請開科考試文〉擘劃「設置儒學學校、施行科舉政策」為治臺的「海天第一要務」，翌年朝廷從其請，設置一府三縣儒學學校，選定府學教授、縣學教諭來臺赴任，由第二任臺廈道兼理學政王效宗於臺灣府主持科舉考試，通過後由府造冊送交福建省會，朝廷特編「臺字號」取中舉人一名，以示開恩、鼓勵臺生。最初制定科舉制度為政策施行的「海天第一要務」，自康熙廿六年（1687）至嘉慶十二年（1807）已然一百廿年，然而福建臺澎兵備道兼提督學政清華尚且有「治臺灣難」的感歎，映現宦臺官員認同臺灣「科舉政策」有其難行之處。「府城／臺南」一帶，異於中原發展千年的科舉文化與社會，先後歷經：荷蘭東印度公司建立的亞洲重要貿易轉運站、明鄭時期發展儒漢社會及建立反清復明據點，六十年間承受迴異的統治與管理模式，本章以康熙年間「府城／臺南」作為一府三縣文武職官駐守的地域空間，執「荷治時期：異國的商賈文化」、「明鄭時期：區域性的儒漢社會」、「清領時期：科舉政策的制定與因應」三端，論述臺灣府如何於商賈文化、區域性儒漢社會的背景下，施行科舉制度。

第一節　荷治時期：異國的商賈文化

荷治時期（1624-1661）卅七年間建立的跨國貿易與商賈文化，異於重視「君君、臣臣、父父、子子」親疏之倫、禮儀之別、上下之制的儒漢社會。清廷領臺之初，藉由「儒臣」撰修前朝史取得「歷史」的詮釋權、纂修地方志取得「知識」的傳播權，[4]倡議編修《大

4　《康熙福建通志臺灣府》收錄福建學政按察使丁蕙〈福建通志敘〉「爰命儒臣纂修《皇清會典》，復詔各直省纂修《通志》，用備採輯於以同車書、宣政教。」〔清〕丁蕙：〈福建通志敘〉，金鋐：《康熙福建通志臺灣府》（臺北市：文建會，2004年11月），頁26。

清一統志》，「康熙廿三年下令各道遍設志局，並詔令全國各州縣修志」[5]，康熙廿三年（1684）四月清廷於臺灣設置一府三縣，隸屬福建省。同年十一月首任宦臺官員陸續到任，[6]康熙廿五年（1686）一月廿九日江南道御史嚴魯榘疏言，《福建通志》必須納入臺灣府，[7]同年完成第一本上繳福建志局的《臺灣府志》。由於《臺灣府志》（1686）距離荷治時期（1624-1661），僅僅廿五年，經由儒臣「儒漢社會」視角記述、梳理、纂修《臺灣府志》，可建構與想像：荷蘭東印度公司於一六二四年登島設置據點的緣由，以及如何建構、蘊涵商賈文化的成效。

康熙廿五年《臺灣府志》〈臺灣誌書前序〉記述臺灣地理環境與客觀條件：

> 臺灣天末荒島，……自海盜顏思齊竊踞其地，乃有臺灣之名，而中國民實始居之。思齊死，紅彝因其餘眾，用以耕作，民番雜處，漸成殷阜。辛丑鄭成功京口之敗，知金廈不守，攻而有之，招降納叛，窺掠海徼，一時軍儲兵備悉仰給於臺灣。故算丁極於老幼，取利盡於魚蝦。二十餘年之間，內資供給，外修戰守，竟成負嵎之勢。[8]

根據〈臺灣誌書前序〉記述，臺灣命名與島上住民，始於顏思齊；荷人招徠移墾，逐漸形成繁盛且富足的城鎮。鄭成功退守臺灣，人口、

5　任建雲：〈方志源流與縣志編纂〉，《江西社會科學院》1997年第11期，頁70。

6　康熙廿三年（1684）十一月的時間點，是根據首任諸羅縣令季麒光於康熙廿三年（1684）十一月八日到任來推斷。
　　王淑蕙：〈從《蓉洲詩文稿選輯、東寧政事集》論季麒光宦臺始末及與沈光文之交遊〉，《臺灣古典文學研究集刊》第5期（2011年6月），頁142。

7　按：江南道御史嚴魯榘疏言：「近禮部奉命開館纂修《一統志》書，適臺灣、金門、廈門等處已屬內地，設立郡縣文武官；請敕禮部增入《通志》之內。」詳參：《大清聖祖仁皇帝實錄》卷124（臺北市：臺灣華文書局，1964年），頁1662。

8　〔清〕蔣毓英：《臺灣府志》（臺北市：文建會，2004年11月），頁121-122。

物產、軍需、兵備皆自給自足，提供明鄭維持抗清的態勢。長達六十年期間，臺地物產豐饒獨特的地理環境，先後提供荷人經營為繁盛富足的城鎮、鄭氏負嵎抵抗的物產資糧。

荷蘭東印度公司於今臺南安平建立十七世紀亞洲極重要的貿易轉運站，洋販獲利可觀，雷同現代資本主義影響深遠。康熙四十四年春（1705）孫元衡（1661-？）抵臺赴任海防同知，期間撰寫第一本宦臺詩人別集《赤嵌集》，集中第一首詩〈除臺灣郡丞，客以海圖見遺，漫賦一篇寄諸同學〉「中原十五州，無地託我足。銜命荷蘭國，峭帆截海腹。」[9]映現荷治時期（1624-1661）卅七年影響深遠，直到荷人勢力已遠離四十四年，臺地早已劃歸清廷版圖，孫氏仍以「荷蘭國」代稱臺灣。

乾隆七年（1742）福建分巡臺灣道按察使司副使劉良璧纂輯《重修福建臺灣府志》，於卷十九〈雜記・紅毛〉記述荷人重利的商賈文化：

> **紅毛**
>
> 即荷蘭，又曰「紅夷」，一名「波斯胡」。在臺海極西，實西洋附庸也。性貪狡，能識寶器；善貨殖，重利輕生，貿易無遠不至。其船最大，用板兩層，斬而不削，製極堅厚。……海洋相遇，常遭其劫。
>
> 蓋臺灣先年，琉球、日本、紅毛相繼竊踞，鄭氏踵之，為閩、廣、江、浙邊患數十年。[10]

9　〔清〕六十七，范咸：《重修臺灣府志》（下）（臺北市：文建會，2005年6月），頁899。

10　〔清〕劉良璧：《重修福建臺灣府志》（下）（臺北市：文建會，2005年6月），頁670-671。

　　按：劉良璧，字省齋，湖南衡陽人。清康熙四十七年（1708）舉人，雍正二年（1724）進士，雍正五年任諸羅縣知縣，七年秩滿，八年調補福建龍溪縣令。乾隆

根據《重修福建臺灣府志》〈紅毛〉的記述，荷蘭東印度公司以「善貨殖，重利輕生」的商賈文化，挾其船堅利器，橫行洗劫外來船隻，選擇於臺灣大員灣（今臺南市安平區）設立亞洲新據點，美國學者歐陽泰（Tonio Andrade）整理「荷蘭東印度公司」檔案，記述某位荷蘭官員直言不諱的說法：「漢人是這福爾摩沙島上唯一能釀蜜的蜂種。」[11]映現東印度公司觀察十七世紀的臺灣，正處於四季如春、物產充足的客觀環境，鼓勵漢人移墾、營造城鎮，開闢出一片廣袤的耕地，充足的物產可支持貿易轉運站。因此據臺卅七年間，「四季如春的地理環境」、跨國轉運站的經營管理，使臺南安平一帶「商旅輻輳、資贍內地」的商賈文化，於焉形成。

一　四季如春、優異環境

十七世紀荷蘭東印度公司觀察臺灣四季如春、物產充足，位居「掌控西太平洋」的絕佳地理位置，基於經濟訴求大於政治意圖的主觀因素，自福建沿海招徠移墾漢人，於大員一帶建立跨國貿易轉運站。康熙廿五年（1686）第一本上繳朝廷的《康熙福建通志臺灣府》，距離荷治時期（1624-1661）僅僅廿五年，卷十九〈土風〉呈現彼時氣候、環境的第一手觀察：

臺灣僻在東南隅，地勢最下，去中州最遠，東西朔南皆負大

二年（1737）改知臺灣府事，五年陞任分巡臺灣道按察使司副使。劉氏在臺前後十一年，於分巡臺灣道任內，除撰述《臺灣風土記》外，更纂修《重修福建臺灣府志》。

楊永彬：〈《重修福建臺灣府志》點校說明〉，〔清〕劉良璧：《重修福建臺灣府志》（下），頁383。

11 〔美〕歐陽泰（Tonio Andrade）著，鄭維中譯：《福爾摩沙如何變成臺灣府》（臺北市：遠流出版公司，2007年2月），頁22。

海，氣候與內地不同，大約燠多於寒，恆十之七。秋無霜，冬
無雪，故土番、窮戶無衣褐，亦可卒歲。春頻旱，秋頻潦，田
穀之登，歲不能再熟。花卉則不時常開，木葉則歷年未脫；瓜
蒲菜茄之屬，雖嚴冬榮秀。[12]

根據《康熙福建通志臺灣府》〈土風〉的記述，彼時臺灣氣候宜人、
全年如春、植物常綠、花卉繽紛、蔬果盛產，農作物長成容易，不必
勞苦於田作之間，即可豐年有餘。秋天無霜、冬天無雪，窮戶單衣可
以過冬；春天多旱、秋季多潦，然而一年一熟，五穀豐登，實為宜居
樂土。

　　康熙三十五年（1696）第三任福建分巡臺廈道兼理學政高拱乾
〈初至臺灣曉諭兵民示〉亦有類似的觀點：「臺灣地氣和暖，無胼手
胝足之勞，而禾易長畝，較內地之終歲勤者，其勞逸大異，此臺農之
足樂也。」[13]福建分巡臺廈道為彼時臺灣最高行政首長，比較「臺灣
地氣和暖、禾易長畝／內地終年辛勤、勞苦躬耕」，凸顯臺地「氣候
因素」為安居特質之一。乾隆十二年（1747）《重修臺灣府志》〈風
土〉：「土壤肥沃，種植後，聽其自生，不事耘鋤。」[14]，記載「土壤
因素」為安居的特質之二。臺地土壤肥沃種植後聽其自生，不事耘鋤

12　〔清〕金鋐：《康熙福建通志臺灣府》，頁93。
　　按：康熙二十五年（1686）一月底，禮部下達《福建通志》應含臺灣之旨令。根據
　　〈臺灣誌書前序〉記述：臺灣府僅費時三個月，即完成條目清晰的《臺灣府志》，
　　並上繳福建志局。福建志局根據上繳的《臺灣府志》補刻《福建通志》臺灣府，完
　　成禮部敕令。根據黃美娥〈《臺灣府志》點校說明〉的研究：《臺灣府志》乃首任知
　　府蔣毓英任滿攜帶抄本離臺，委由家屬於中原刊行出版。因此蔣毓英《臺灣府志》
　　當時僅上呈福建志局，作為稿本，金鋐主修的《康熙福建通志臺灣府》乃第一本上
　　繳朝廷的臺灣志書。
　　黃美娥：〈《臺灣府志》點校說明〉，〔清〕蔣毓英：《臺灣府志》（臺北市：文建會，
　　2004年11月），頁114。
13　〔清〕高拱乾：《臺灣府志》（臺北市：文建會，2004年11月），頁406。
14　〔清〕六十七、范咸：《重修臺灣府志》（下），頁530。

即可豐收。不必多加耕耘，亦可豐收。康熙五十九年（1720）《鳳山縣志》〈風土・漢俗〉甚至記載：「男不耕而食者有之，女不織而衣者有之。」[15]說明臺灣氣候溫和、土壤肥沃，人民得以「不耕而食、不織而衣」，再現上古神話《山海經》〈大荒南經〉中巫臷民「不績不經，服也；不稼不穡，食也」的樂土世界。[16]

綜觀康熙廿五年（1686）《康熙福建通志臺灣府》、康熙三十五年（1696）《臺灣府志》、康熙五十九年（1720）《鳳山縣志》、乾隆十二年（1747）《重修臺灣府志》四志，可知：因地氣和暖、土壤肥沃，種植瓜蒲菜茄之屬任憑自生，雖入冬而榮秀，無須胼手胝足之勞。人民甚至不耕而食、不織而衣、不勞而獲，安居於綠樹常春、花卉常開的繽紛世界，為荷治時期招徠移墾農戶的重要基礎，也為跨國轉運站形成商賈文化的成功基石。

二　商旅輻輳、資贍內地

十七世紀的臺灣不僅是地氣和暖、土壤肥沃、不事耕耡、物產充足的樂土，荷蘭東印度公司登陸後首先建立「大員」（今臺南市安平區）據點，經營具規模的跨國轉運站、[17]建築巍峨的熱蘭遮城

---

15 〔清〕李丕煜：《鳳山縣志》（臺北市：文建會，2005年6月），頁147。

16 袁珂校注：《山海經校注》（臺北市：里仁書局，2004年8月），頁371-372。

17 荷蘭人在臺灣的轉口貿易，是以大員為據點，收購從大陸運來或在臺灣獲得的商品，運往巴達維亞和日本各地出售；再將巴達維亞和日本各地運來的商品，返銷中國大陸或轉運其他地方，透過這種輾轉販運來獲取商業利潤。荷蘭東印度公司在亞洲各地都設有商館，主要有日本、臺灣、東京、暹羅、廣南、柬埔寨、巴達維亞、萬丹、錫蘭、蘇拉特、哥羅曼德爾、波斯等等。這些商館相互連結，形成一個巨大的商業網絡，而臺灣商館是這個網絡中的一個重要環節。臺灣商館負責接受從各地商館發來的訂單，按要求購買所需商品，再運往各個目的地。同樣，它也向各地商館發出訂單，讓它們代購所需貨物。

楊彥杰：《荷據時代台灣史》（臺北市：聯經出版公司，2000年10月），頁121。

（Zeelandia, 1630），於明鄭時期為三代延平郡王居住的「王城」，國際洋行貿易往來之獲利可觀，荷治迄清，兩百餘年間富足榮盛。當東印度公司觀察大員一帶無法容納更多移墾的漢人居住，遂於對岸的赤崁（今臺南市中西區）建立普羅民遮城（Provintia, 1653），於明鄭時期改置「承天府衙門」、鄭經（1642-1681）又改存置火藥庫的重地。「普羅民遮城」周圍自荷人開闢熱鬧街市，直到清領時期仍為府城最主要的道路。「荷蘭東印度公司」商業利益重於政治意圖，於四季如春的地理環境下，配合跨國轉運的經營管理，遂以熱蘭遮城、普羅民遮城為核心，形成奢侈競麗、資贍內地的風氣，自府城蔓延至他邑。

　　歷經荷蘭、明鄭兩代經營，府城不僅為全臺政治、經濟、文化中心，也是亞洲重要的轉運站，具有商旅輻輳、資贍內地的城市特質。清康熙六十一年（1722）巡臺御史黃叔璥《臺海使槎錄》抄錄《諸羅雜識》，有云「洋販之利歸於臺灣，故尚奢侈、競綺麗、重珍旨，彼此相傚。」[18]記述臺灣安平一帶國際商港、國際洋行往來之獲利可觀，故而於漢人之間形成尚奢侈、競綺麗、重奇珍的風氣。漢人奢侈、綺麗的風氣與《裨海記遊》描述原住民的無欲無求、擊壤鼓腹，映現「漢人／原住民」兩種極端的生活型態與價值取向，於亞熱帶島嶼合成一種奇異的景觀。

　　無欲無求、擊壤鼓腹只能建立在物產充足、不耕而食的環境條件上；尚奢侈、競綺麗也只能建立在商業發達的國際商港條件上。乾隆十七年（1752）《重修臺灣縣志》〈風俗〉同時記載府城附郭，臺灣縣「物產充足、商業發達」景況：

18　〔清〕黃叔璥：《臺海使槎錄》，收入《清代巡臺御史巡臺文獻》（北京市：九州出版社，2009年12月），頁247。又刊行於同治十年（1871）《道光福建通志臺灣府》〈風俗・臺灣府〉同樣抄錄〈諸羅雜識〉此段引文。詳參〔清〕陳壽祺：《道光福建通志臺灣府》（上）（臺北市：文建會，2007年12月），頁269-270。

> 臺地……易種植，凡樹藝芃芃鬱茂，稻米有粒大如小豆者。露
> 重如雨，旱歲遇夜轉潤。又近海無潦患，晚稻豐稔，資贍內
> 地。更產糖蔗、雜糧，有種必穫。故內地窮黎襁至，商旅輻
> 輳，器物流通，價雖倍而購者無吝色。貿易之肆，期約不愆。
> 傭人計日百錢，趦趄不應召。屠兒牧豎，腰纏常數十金。[19]

府城附郭「臺灣縣」生活空間得天獨厚，從事農耕者凡種必穫，不擔
心乾旱、亦無潦患災害；從事傭工者於貿易商港容易找到器物流通與
商旅服務的相關工作，無論農商都容易累積資財。尤其府城上自官宦
富戶、下至平民百姓，逐漸形成衣食普遍奢華的氛圍。這股氛圍，以
府城為核心逐漸流行到其他縣區。康熙五十六年（1717）諸羅縣令周
鍾瑄主修《諸羅縣志》〈風俗志‧漢俗〉記載諸羅縣衣食奢華的風氣
乃自「郡治／府城」流行而來：「衣食侈靡，濫觴郡治；宴會之設，
上下通焉。……一會中人之產、一飯終歲之蓄，漸染成風，流及下
邑。」[20]根據《諸羅縣志》的記載，這股奢華的風氣不僅流行於上層
階級官宦富戶之間，「上下通焉」說明即使下層（平民）階級也能過著
「宴會之設」的奢華生活。康熙五十九年（1720）《臺灣縣志》〈輿地
志‧雜俗〉記載「內地之人初至者恆以為奢，久之，習為固然。」[21]
來自中原的禮教人士，最初抵臺時認為人民生活太過奢侈，日久天長
也頗能接受這類奢華風俗。

清廷崇儒重道、文治天下，設置儒學學校、儒學教授、儒生以延
續明代科舉制度，四書中《論語》乃儒家創始人孔子的語錄，為科考
經義、策問出題重要參考依據。《論語》中孔子談論「奢／儉」的內
容，即〈述而〉篇「子曰：奢則不孫，儉則固。與其不孫也，寧

---

19 〔清〕王必昌：《重修臺灣縣志》（下）（臺北市：文建會，2005年6月），頁532。
20 〔清〕周鍾瑄：《諸羅縣志》（臺北市：文建會，2005年6月），頁219。
21 〔清〕王禮：《臺灣縣志》，頁122。

固。」[22]論述奢侈容易流於不遜、節儉容易流於固陋，比對二端，寧可
崇尚節儉。〈雍也〉篇亦有「賢哉，回也！一簞食，一瓢飲，在陋巷。
人不堪其憂，回也不改其樂。」[23]顏回的賢名，經孔子讚譽而流傳千
古。可知崇尚勤節乃孔子的主張，亦為儒家的道德實踐，儒漢社會的
重要內涵。宦臺官員於臺民普遍奢華的風氣，採取「宣講聖諭廣訓」
的治理策略，如乾隆三年（1738）《臺灣志略》〈民風土俗〉：

> 首邑華靡競尚，且习悍不免；鳳、諸、彰次之。郡邑大小職員
> 仰體皇仁，時以教養黎元為急務，每逢朔望，宣講聖諭廣訓，
> 俾知敦孝弟、重農桑、崇節儉、息爭訟，⋯⋯較往日習氣，大
> 為蒸變。[24]

根據《臺灣志略》〈民風土俗〉的記載，這股競尚華靡的風氣以府城
最盛，其次是鳳山、諸羅、彰化，幾乎含括淡水廳以南的西半部平
原。朝廷於是每逢初一、十五，由當地首長宣講君王聖諭，使自府城
流行而來的奢華風氣有所調整。

　　乾隆廿九年（1764）《重修鳳山縣志》〈風土〉記載更詳細的奢華
宴席內容，以及變本加厲的高物價：「宴客必豐，酒以鎮江、惠泉、
紹興，殽醬山海；青蚨四千，粗置一席。臺屬物價之騰，甲於天
下。」[25]宴席菜餚傾盡山珍海味，備酒以鎮江、惠泉、紹興為佳，大
約估算一席至少花費四千，臺灣物價之高，冠於天下。道光九年
（1829）纂修、同治十年（1871）刊行的《道光福建通志臺灣府》收

---

22 〔魏〕何晏注，〔宋〕邢昺疏：《論語注疏》，收入《十三經注疏本》（臺北市：藝文
　　印書館，1989年1月），頁65。
23 〔魏〕何晏注，〔宋〕邢昺疏：《論語注疏》，收入《十三經注疏本》（臺北市：藝文
　　印書館，1989年1月），頁53。
24 〔清〕尹士俍：《臺灣志略》（臺北市：文建會，2005年6月），頁278。
25 〔清〕王瑛曾：《重修鳳山縣志》（上）（臺北市：文建會，2006年6月），頁112。

錄藍鼎元〈論治臺灣事宜書〉，記載臺灣平民宴會的豪奢風俗：「臺俗
豪奢，平民宴會，酒席每筵必二兩五、六錢以上或三兩、四兩不等，
每設十筵、八筵，則費中人一、二家之產矣。」[26]根據康熙末年來臺
平亂的藍鼎元觀察，臺民一席酒宴必定耗費二兩五錢到四兩之間，十
席大約是中產之家的所有家產。藍鼎元特別以「平民宴會」十席對比
「中產之家」家產，有意凸顯臺灣平民豪奢的程度與僭越的行為。
《重修鳳山縣志》及《道光福建通志臺灣府》〈論治臺灣事宜書〉記
載臺灣平民違禮僭越、耗費中產之家的豪奢饗宴，藍鼎元及許多宦臺
官員從「中土平民」的財富水準作為評論點，而非「臺灣平民」的財
富水準作為評論點，或有立足點不同的問題。

　　府城華靡競尚的風氣，引發官員「違禮僭越」的評論，如乾隆廿
九年（1764）鳳山縣令王瑛曾主編《重修鳳山縣志》〈風土〉中云：

> 人情約則知儉、侈則傲放，大致然也。村野之家，日用食飲猶
> 存儉樸；城市紛華之地，矜炫耀以飾觀。近年以來，生齒日
> 繁，山窮樵採、澤竭罟網，物力甚詘，用度益肆。儲無甔石，
> 衣必綺紈；下至牛醫馬傭之輩、僕隸輿儓之賤，絲帛綾羅搖曳
> 都市，古所謂服妖也。計長久者，當早見而防維之。《記》
> 曰：「國奢示儉，尤在長民。」加之意也。[27]

根據《重修鳳山縣志》〈風土〉記載，鳳山縣令王瑛曾從《禮記》及
「服妖」評論「下至牛醫馬傭之輩、僕隸輿儓之賤，絲帛綾羅搖曳都
市」的現象，其中「牛醫馬傭之輩、僕隸輿儓之賤」特別從「輩」與
「賤」的階級意識，斥責下層階級平民穿著絲帛綾羅於都市行走，正

---

26 〔清〕陳壽祺：《道光福建通志臺灣府》（上），頁283。
27 〔清〕王瑛曾：《重修鳳山縣志》（上），頁112。

是「服妖」的現象。各類服妖意涵中「僭禮逾制、奢侈靡費」[28]，前朝異端殷鑑不遠，正是晚明服妖亡國的徵兆，再引述《禮記・檀弓》「國奢，則示之以儉；國儉，則示之以禮」，[29]總結臺民奢侈的理論依據。

　　《重修鳳山縣志》〈風土〉以「服妖」及《禮記》作為評論臺俗的觀點，有值得商榷的空間。王瑛曾從「生齒日繁，山窮樵採、澤竭罟網，物力甚詘，用度益肆」作為反對奢華的推論，若「物力甚詘，用度益肆」為事實，那麼從「志書即治書」的纂修原則，〈風土〉應記述生計困難的流民造成治理上的困難，然則康熙五十九年（1720）《臺灣縣志》記載「臺人雖貧，男不為奴、女不為婢」[30]表示無論多麼貧困，臺民都不至於需要賣身為奴為婢，更遑論淪為社會底層的乞食流民。總之「臺人雖貧，男不為奴、女不為婢」的說法，持續記述於乾隆廿九年（1764）《重修鳳山縣志》〈風土〉、道光十四年（1834）《淡水廳志稿》〈風俗〉、道光廿年（1840）《噶瑪蘭志略》〈風俗志〉諸志。[31]荷蘭東印度公司經營的商賈文化，由來自中原儒漢社會的宦臺官員，一方面批評「絲帛綾羅搖曳」的都市景觀；二方面引述儒家經典作為立論基礎，具體映現於志書記述互相矛盾的內容。如乾隆廿九年（1764）《重修鳳山縣志》〈風土〉同時記載：「物力維艱」、「服妖僭越」、「貧不為奴婢」三種互為矛盾的論述面向。牛醫馬傭之輩、僕隸輿儓之賤，穿著絲帛綾羅搖曳過市，本為富庶與自在的象徵。更何況臺灣地氣和暖，無須勞苦於農事，貧者因此不必賣身為奴婢；商

---

28 林麗月：〈衣裳與風教——晚明的服飾風尚與「服妖」議論〉，《新史學》1999年第3，頁111。

29 〔漢〕鄭玄注，〔唐〕孔穎達疏，收入《十三經注疏本》（臺北市：藝文印書館，1989年1月），頁174。

30 〔清〕王禮：《臺灣縣志》，頁122。

31 〔清〕王瑛曾：《重修鳳山縣志》（上），頁113。
　　〔清〕鄭用錫：《淡水廳志稿》（臺北市：文建會，2006年12月），頁190。
　　〔清〕柯培元：《噶瑪蘭志略》（臺北市：文建會，2006年12月），頁370、374。

旅輻輳之地，童工也能腰纏數十金，資財累積容易，迥異於衣冠尊卑、上下有別的儒漢社會，映現荷蘭東印度公司經營跨國貿易轉運站，洋獲之利可觀形成的商賈文化，於清領時期自府城一帶蔓延至他邑的現象。

第二節　明鄭時期：區域性的儒漢社會

十七世紀荷治時期（1624-1661）卅七年間以跨國貿易公司管理臺灣，於四季如春的地理環境，營造資贍內地的商賈文化，成為明鄭時期（1661-1683）內需供給、域外戰守的物資補給基礎。明鄭在臺廿二年間，前三年仍著力於復明大業，東征西討，直到永曆十八年（1664）鄭經棄守金門、廈門，決心退守經營臺灣，採納陳永華興建文廟、籌劃教育、考試制度，永曆廿年（1666）正月文廟落成，設置學校延聘師儒、令各地子弟讀書。天興州、萬年州，依科、歲例考試選拔儒童，選中儒童造冊函送承天府進行府試，通過府試、院試者，入學國子監，就學三年期間按月考課，成績優良者補入六部官職。此套制度周詳而綿密，既教化地方百姓、又養成行政人才，其施行成效因鄭克塽降清而未能彰顯。[32]清廷代明而興，延續明代科舉制度，然而陳昭瑛〈儒學在臺灣的移植與發展：從明鄭至日據時代〉認為：「清代臺灣儒者未能成就一家之言」。[33]探究其因，約有以下兩項原因。首先、鄭克塽降清後，靖海將軍施琅為根除明鄭在臺勢力，上呈〈移動不如安靜疏〉，建議朝廷下旨，將明宗室、遺臣、兵員盡數移

---

32 蔡相煇：〈明末清初臺海政局之演變與臺灣社會之變遷〉，《臺灣文獻》36卷3期（1985年12月），頁364。

33 陳昭瑛：〈儒學在臺灣的移植與發展：從明鄭至日據時代〉，《臺灣儒學：起源、發展與轉化》（臺北市：國立臺灣大學出版中心，2008年4月），頁2。

回內地。[34]由於鄭氏在臺經營廿二年，遣送一人即拔除一家，遣送回籍政策，不僅僅根除明鄭勢力，更撼動區域性的儒漢社會。其次、十七年於一人之教養可成、於一地之教化時程尚短。陳永華所擘劃的儒學教化、科舉制度，僅於現今臺南一帶，形成區域性質的儒漢社會，未能擴展全臺。

一　文廟與師儒

明鄭時期（1661-1683）儒學學校建置與師儒教授記載，流傳至今之文獻史料不多，由跨代文人江日昇《臺灣外紀》、清代臺灣方志〈學校志〉、〈縉紳流寓〉、宦臺官員文集等文獻史料內容，可粗略勾勒「廟學合一的建置」、「官學與私學師儒」概況。

（一）廟學合一的建置

科舉制度之施行，含有儒學學校設置與文廟祭祀的「廟學制」特色，[35]因此建置儒學學校與文廟一體的廟學制，相較單獨建置儒學學校，更加符合教育與宗教的雙重功能。康熙廿五年（1686）蔣毓英《臺灣府志》卷五〈學校志〉記述明鄭時期「廟學合一」之建築特色：

> 臺灣府學：在府治西南寧南坊，因偽時文廟而修改焉。前後三

---

34 施琅〈移動不如安靜疏〉「從前投誠官兵，屢有反側，皆安插外省，所以解散而消彌也。……一面派撥船隻，將各官陸續載入內地。……，其偽卒願歸農者；則聽其歸農；願逐伍者，則暫撥在從征各鎮、營逐伍。……鄭克塽等納土歸附，並其親族與劉國軒、馮錫範等皆遵旨進京，明宗室朱桓等移就山東、河南安插。是臺灣之窠穴已破，根株已盡，可保其永無後患。」
〔清〕施琅：〈移動不如安靜疏〉，《臺灣史料集成・明清臺灣檔案彙編》第2輯第9冊（臺北市：遠流出版公司，2006年），頁44、45。
35 黃淑清：〈談臺灣孔廟與清代儒學〉，《臺北文獻》第91期（1990年3月），頁95-104。

層、兩廡，矮屋二十四間。先師殿設至聖先師孔子神位及四配
堂，左右列十哲暨先賢先儒姓氏牌。……聖殿止有一間，以欂
閣壁，不設旁柱，不過偽時草創，實非興朝郡學之觀瞻也。
臺灣縣學：未建。康熙二十四年，原任知縣沈朝聘就偽遺房屋
修改文廟，崇奉先聖先賢牌位，春、秋祭祀，在東安坊。
鳳山縣學：未建。康熙二十四年，知縣楊芳聲就偽遺房屋修改
文廟，崇奉先聖先賢牌位，春、秋祭祀，在土墼埕。
諸羅縣學：未建。康熙二十四年，原任知縣季麒光草創茅茨為
文廟，崇奉先聖先賢牌位，春、秋祭祀，在目加溜灣社。[36]

由於康熙廿六年朝廷始設置臺灣府學、縣學，調派儒學教授、儒學教
諭抵臺赴任，因此康熙廿五年《臺灣府志》〈學校志〉所記述「臺灣
府學、臺灣縣學、鳳山縣學」僅先行計劃書，此先行計劃乃建立於明
鄭時期科舉制度的成果之上。因此梳理蔣《志》〈學校志〉的記述，
可建構與想像明鄭時期廟學合一的概況：

其一、規制：前後三層、兩廡，乃文廟建築常見的基本架構。矮
屋廿四間，作為儒學學校配置師儒公館、學生校舍使用，整體展現文
廟與儒學學校合一的規制。

其二、聖殿：聖殿以欂閣壁，不設旁柱。殿內設置至聖先師孔子
神位，及顏子、曾子、子思、孟子之四配堂，左右列閔子騫、冉伯
牛、仲弓、宰我、子貢、冉有、季路、子游、子夏等十哲，暨先賢先
儒姓氏牌。

明鄭時期文廟規制，映現「廟學一體」的宗教建築與教育制度設
計，符合教育與祭祀雙重功能。除了承天府原址建有文廟（現今臺南
文廟）之外，天興、萬年二州並未設置文廟，未有官方建置的儒學學

---

36 〔清〕蔣毓英：《臺灣府志》，頁206。

校。無官方建置的儒學學校，亦無法舉辦科考選拔儒童。由明鄭時期僅於承天府原址建置文廟，映現其科舉制度僅於臺南一帶區域施行，因科舉制度所建構的儒漢社會亦未能擴及全臺。《臺灣府志》〈學校志〉另記載：臺灣縣學未建，暫置「偽遺房屋修改文廟，春、秋祭祀，在東安坊（現今臺南市中西區）」、鳳山縣學未建，暫置「偽遺房屋修改文廟，春、秋祭祀，在土墼埕（現今臺南市中西區、南區）」、諸羅縣學未建，「草創茅茨為文廟，春、秋祭祀，在目加溜灣社（現今臺南市善化區）」，可見康熙廿五年規劃的臺灣府學置於明鄭時期文廟，至於臺灣縣學、鳳山縣學也僅能就府城一帶「偽遺房屋」修改成文廟暫行祭祀，諸羅縣學於較遠的目加溜灣社茅茨為文廟，值得注意者，臺灣縣學、鳳山縣學、諸羅縣學僅具宗教祭祀功能，以鳳山縣學為例，康熙五十八年（1719）鳳山縣儒學教諭富鵬業於東安坊（今臺南市中西區）「鳳山儒學公館」後，建茅亭小屋為諸生講習之所，[37]直到乾隆十七（1752）重建，文廟整體建築規制方始完備。[38]臺灣府學建置最早，故稱之為「全臺首學」。

（二）官學與私學師儒

明鄭時期設置官學國子監，官學師儒自陳永華、葉亨之下未有記

---

37 《鳳山縣志》〈公館〉「鳳山縣公館在府治東安坊。儒學公館歷任教官居之，在東安坊。（康熙）五十八年，教諭富鵬業建茅亭小屋於署後，為講學之地。參將公館在府治鎮北坊。」可見康熙四十三年奉文移歸治後，鳳山縣儒學教諭、鳳山縣參將等文武官員，仍居於府城。尤其康熙五十八年，建茅亭小屋為講學之地，東安坊於今臺南市中西區，府城亦於今臺南市中西區，可見清康熙年間臺南一帶不僅為行政中心、教育中心，更為一府三縣文武官員重要活動區域。
〔清〕李丕煜：《鳳山縣志》，頁75。

38 根據《重修鳳山縣志》〈學校志〉記載「乾隆二年，本縣兵馬司指揮施世榜修。大抵瓦屋數椽，規制未備。乾隆十七年，知縣吳士元重建，中為大成殿，東西廡；前為大成門，又前為櫺星門，兩旁為義路、禮門坊；殿後為崇聖祠。」
〔清〕王瑛曾：《重修鳳山縣志》（上）（臺北市：文建會，2006年6月），頁230-231。

載；私學師儒於原住民部落設帳授徒，自沈光文之外亦未有記載。
「師儒」除了擔任官學、私學教授，仍需肩負地方志之纂修工作，首
任臺灣知府蔣毓英奉旨意、設志局、修志書時，科舉制度尚待規劃，
朝廷尚未派任府學教授、縣學教諭抵臺襄助纂志事宜，康熙廿五年
《臺灣府志》僅僅兩個月即完成上繳福建志局，〈臺灣誌序〉「召耆
老，集儒生」說明耆老與儒生擔任纂志工作，此耆老與儒生，應為明
鄭師儒與生員「跨代」的歷史記錄。雖然如此，明鄭時期官學與社學
之師儒與儒生記載，仍嫌不足，映現明鄭時期儒學推行之時期尚短，
未能擴及於全臺，僅形成區域性質的儒漢社會。

1 官學師儒

明鄭時期「官學師儒」文獻，有：鄭成功延請李茂春為師、鄭經
聘陳永華為學院、葉亨掌國子監助教等記載。

（1）李茂春

康熙廿五年蔣毓英《臺灣府志》卷九〈縉紳流寓‧李茂春列
傳〉，記述鄭成功為鄭經延請李茂春為師：

> 李茂春，字正青，漳州府龍溪人，登明隆武丙戌科鄉榜。遁跡
> 至臺，偽藩延以教其子經。其為人好吟詠，喜著述，日自放於
> 山水間，跣足岸幘，旁若無人。知經非令器，素不加禮。搆一
> 禪宇，匾曰「夢蝶處」；與住僧禮誦經文為娛，自號「李菩
> 薩」。尋卒於臺，因葬焉。[39]

弘光元年（1645）福王朱由崧五月被清兵所擄殺，六月唐王朱聿鍵於

---

39 〔清〕蔣毓英：《臺灣府志》，頁254。

福州即位，改元隆武。隆武二年歲次丙戌（1646）於福建省福州府開科取士，李茂春自漳州府前往赴考，登鄉試舉人，頗受鄭成功賞識，延請負責教導鄭經。《臺灣府志》〈縉紳流寓‧李茂春列傳〉謂「日自放於山水間，跣足岸幘，旁若無人。知經非令器，素不加禮。」明宗室遺臣隨大軍退守來臺，臺地炎熱、四季如春，衣飾禮儀不必謹守如中原內地，何況李氏平日與僧人往來禮誦經文為娛，自號「李菩薩」雖曾執教席於鄭經，既有出世之想，自然與其餘吏員依禮尊奉鄭經有所不同。

（2）陳永華、葉亨

明鄭在臺史實，以《臺灣外記》為學界所肯定。[40]根據《臺灣外記》記述：「康熙五年丙午（永曆廿年）正月，建立先師聖廟。三月，經以陳永華為學院、葉亨為國子監助教，教之養之。自此臺人始知學。」[41]由於採取「廟學一體」的教育制度設計，建置廿四間配置師儒公館、學生校舍，[42]除了陳永華擔任院長、葉亨為國子監教師之外，另設相對科目與師儒教授。由諮議參軍陳永華於承天府原址擘劃建置的全臺首學，直到永曆廿年（1680）陳永華病逝為止，於臺灣科舉制度、人文化成貢獻卓著，陳氏作為明鄭時期官學師儒之代表，當之無愧。由於《臺灣外記》作者江日昇〈自序〉「成功髫年儒生，能痛哭知君而舍父，克守臣節，事未可泯。……故就其始末，廣搜輯成。」[43]因此《臺灣外記》全書敘事偏向鄭成功「弱冠書生，以半旅

---

40 按：根據謝國楨〈《臺灣外記》提要〉云：「其成書，在康熙甲申，距克塽之降，僅二十一年。況以閩人言閩事，視他書所述，固較可依據焉。」可知《臺灣外記》成書於康熙四十三年（歲次甲申，1704）。詳參謝國楨：〈《臺灣外記》提要〉，〔清〕江日昇，《臺灣外記》（臺北市：河洛圖書出版社，1980年7月），頁2。

41 〔清〕江日昇：《臺灣外記》，頁204。

42 〔清〕蔣毓英：《臺灣府志》，頁206。

43 〔清〕江日昇：〈自序〉，《臺灣外記》，頁391。

師，踞金廈島彈丸之地，抗天下兵」，至鄭克塽納土歸附為止事蹟，[44]
對於設文廟、考選制度、師儒配置等等，僅以二百餘字「編年紀事」
的形式書寫，未能留下明鄭師儒的著述論說，殊為可惜。

（3）協助纂志之師儒群

永曆卅七年（康熙廿二，1683）靖海將軍施琅終結南明在臺政
權，為根除反清復明勢力，上呈〈移動不如安靜疏〉建請朝廷將明宗
室、遺臣、兵員遣返移回內地。明鄭跨代師儒群是否為「遣返遺臣名
單」之列？遭遣返回內地之師儒人員有多少？文獻未載不得而知。其
中未隨軍遣返者，於清初《大清一統志》之纂修工作，隱約留下協助
纂修地方志的歷史記錄。

康熙廿五年（1686）《康熙福建通志臺灣府》收錄福建學政按察
使丁蕙〈福建通志敘〉所云「爰命儒臣纂修《皇清會典》，復詔各直
省纂修《通志》，用備採輯於以同車書、宣政教。」[45]意指鼎革易代後
的新朝廷藉由「儒臣」修前朝史取得「歷史」詮釋權、修地方志取得
「知識」傳播權，由志書〈纂修姓氏〉可知：當地「師儒、生員」乃
協助修纂地方志的主力群。[46]康熙廿五年一月廿九日江南道御史嚴魯
棨疏言，《福建通志》必須納入臺灣、金門。首任宦臺官員由赴任至
奉命修志僅僅一年多，映現奉命修志的官員於人文地景熟悉程度不

---

44 〔清〕鄭應發：〈鄭序〉，江日昇：《臺灣外記》，頁396。

45 〔清〕丁蕙：〈福建通志敘〉，金鋐：《康熙福建通志臺灣府》（臺北市：文建會，
　　2004年11月），頁26。

46 志書由地方首長奉旨纂修，然而執筆者以師儒、生員為主，如康熙二十五年《康熙
　　福建通志臺灣府》〈纂修姓氏〉所見：主修、監修、協理、督修、纂修總裁、同
　　纂、分纂名單，自實際參與的「督修」以下，均由府、縣、儒學教授、教諭、訓
　　導、舉人、貢生、監生、生員等承辦。可知纂修志書者，多由參與「科舉制度」而
　　取得功名、職位者，如師儒（府、縣、儒學教授、教諭、訓導）、舉人、生員（貢
　　生、監生）等協力完成。
　　〔清〕金鋐：《康熙福建通志臺灣府》，頁29-32。

足。康熙廿五年一月底開啟《臺灣府志》修志工作時，臺灣府學、臺
灣縣學、鳳山縣學、諸羅縣學尚未設立，府學教授、縣學教諭皆未抵
臺赴任，科舉制度尚未施行，因此無一府三縣師儒、無府縣學生員提
供協助纂志事宜。不僅如此，纂修《臺灣府志》尚有以下幾點困難：

其一、無文獻可徵：臺地三代以來不通貢賦，不如中原各地有歷
代文獻史料、人文薈萃可供參酌。

其二、時間不足以熟悉人文：康熙廿三年（1684）十一月一府三
縣官員陸續抵臺赴任，官員抵臺先暫居安平渡口天妃宮，康熙廿四年
才移居府城居住，康熙廿五年一月底開啟《臺灣府志》修志工作，彼
時官員抵臺僅一年多，即奉命「設志局、修臺志」，時間倉促尚不足
以熟悉在地人文特色。

其三、空間不足以認知地景：纂修《臺灣府志》需含括一府三
縣，三縣中的臺灣縣即府城附郭，開發最早鄰近府城。由於漢人集中
於府城，因此諸羅縣與鳳山縣文武職官皆駐守於府城附近，直到康熙
四十三年方才奉文歸原縣治，東部各地，空間廣袤。康熙五十三年朝
廷始派欽差大人繪製地圖。[47]可以想見《臺灣府志》主修者，於康熙
廿五年纂修志書的當下，無圖文可供對比，在地風土之空間認知，恐
有不足。

康熙廿五年《臺灣府志》纂修工作，於「無文獻可徵、時間不足
以熟悉人文、空間不足以認知地景」的條件下，奉旨設局纂志。首任
諸羅縣令季麒光〈臺灣誌序〉記述宦臺官員如何於「文獻無徵、無官
學師儒生員、時間不足以熟悉人文、空間不足以認知地景」的情況
下，僅費兩個月時間完成：

　　皇上簡命史臣弘開館局，修一統之誌，所以誌無外之盛也。臺

---

47 〔清〕周鍾瑄：《諸羅縣志》，頁77。

灣既入版圖，例得附載；但洪荒初闢，文獻無徵，太守暨陽蔣
公召耆老，集儒生，自沿革、分野，以及草木、飛潛，分條析
目，就所見聞詳加蒐輯。余小子亦得珥筆於其後，書成上之太
守，從而旁參博考，訂異較訛，歷兩月而竣事。[48]

根據〈臺灣誌序〉所云，臺灣既已歸入版圖，設置一府三縣，隸屬於
福建省，依全國各地慣例，由知府肩負《臺灣府志》纂修工作，於是
「召耆老，集儒生」就所見聞，蒐採缺逸。由於彼時府學、縣學尚未
設置，所召之耆老，所集之儒生，應為明鄭時期養成之「師儒與生
員」。明鄭時期師儒與生員在臺生活廿餘年，故能於兩個月的時間，
蒐輯在地見聞、分條析目，完成府志纂修，映現鼎革易代之後，明鄭
時期師儒、生員留下的歷史記錄。

2 私學師儒

明鄭時期「官學師儒」記述不多，僅能由《臺灣外記》、《臺灣府
志》蒐採缺逸，「私學師儒」則更為有限。根據施琅〈移動不如安靜
疏〉主張遣返移回內地的遺臣、師儒名單中，明代工部郎中加太僕少
卿沈光文（1612-1688）應在其內，然而康熙廿五年蔣毓英《臺灣府
志》收錄〈沈光文列傳〉記述沈氏於目加溜灣番社設塾：

沈光文，字文開，別號斯菴，浙江鄞縣人，故相文恭公世孫，
以副車恩貢，歷仕紹興、福州、肇慶之間，由工部郎中加太
僕少卿。
辛卯年，從肇慶至潮州，由海道抵金門。壬寅，八閩總制李公
率泰聞其名，遣員致書幣邀之，斯菴不就。七月，挈其眷，買

---

48 〔清〕季麒光：〈臺灣誌序〉，蔣毓英：《臺灣府志》，頁125。

舟欲入泉州，過圍頭洋，遇颶風，飄泊至臺，不能返棹，遂寓
居焉。

及鄭大木掠有其地，斯菴以客禮相見。鄭經嗣爵，多所變更，
斯菴知經無能為，……乃改服為僧，入山不出，於目加溜灣番
社傍教授生徒，兼以醫藥濟人。[49]

根據蔣毓英〈沈光文列傳〉記載，沈光文乃明朝宰相沈文恭後裔，系
出名門，於明末追隨南明魯王，顛沛流離間遭颶風意外飄泊來臺，生
活卅餘年（1651-1688），鄭成功抵臺時以客禮待之，其後得罪鄭經改
僧服避世，因此當永曆廿年（1666）正月文廟落成，天興州、萬年州
照科、歲例考試選拔儒童，施行科舉考試時，沈光文未能擔任國子監
教授，已於目加溜灣（今臺南市善化區）教授生徒，兼以醫藥濟人，
康熙廿五年（1686）諸羅縣學未建，文廟由首任季麒光草創茅茨，崇
奉先聖先賢牌位，春、秋祭祀於目加溜灣社，[50]即得力於沈光文襄
助，故而於臺南一帶教化有大貢獻，後世以「海東文獻初祖、臺灣孔
子」稱譽之。

康熙廿三年（1684）十一月初八首任諸羅縣令季麒光抵臺，沈
光文為創立臺灣第一詩社「福臺閒詠」會員，前往邀約季氏，「第二
日，先生就館後，即往謁上憲。至晚，抵神宮。余投刺，先生即過
我，……，依然名士風流也。……先生出舊刻示余，余亦以存艸呈
教。」[51]隨著諸羅縣文武職官駐守於開化里佳里興（今臺南市北
區），[52]季麒光與沈光文唱酬知交更加密切，由於季氏宦臺期間與詩

---

49 〔清〕蔣毓英：〈沈光文列傳〉，蔣毓英：《臺灣府志》，頁254。

50 〔清〕蔣毓英：《臺灣府志》，頁206。

51 〔明〕沈光文：〈題梁溪季蓉洲先生海外詩文序〉，〔清〕季麒光著，李祖基點校：
《蓉洲詩稿選輯》（香港：香港人民出版社，2006年1月），頁1。

52 鄭廷桂：〈《東寧政事》跋〉「甫入境，見深蒿蔓棘，一望蕭然。諸番長迎謁車前，
雕題文項，不裈不履，不通言語，因就嘉里興遺室而居焉。」

友唱和作品最多的就是沈光文，相知甚深，可見一斑。如季麒光〈跋沈斯菴《襍紀詩》〉中所云：

> 從來臺灣無人也，斯菴來而始有人矣；臺灣無文也，斯菴來而始有文矣。[53]

映現沈光文寓臺卅年間，或者教授生徒、或者協助纂修《臺灣府志》，[54]對於地方文化、志書纂修有大貢獻。又如季麒光於《蓉洲詩稿選輯》收錄〈壽沈斯菴〉：

> 先生魯國儒，掉臂慣經史。致身早不成，棲泊在海渚。及余蠻天來，笑談無依倚。先生獨昵余，不以簿書鄙。官衙寂如冰，一日常倒屣。論書肆網羅，究古別疑似。解帶發高吟，欣賞時撫几。[55]

〈壽沈斯菴〉記述沈光文「先生魯國儒，掉臂慣經史」的師儒形象，二人日常往來讀書討論的情景，生動而鮮明。再如季麒光〈沈斯菴雙壽序〉：[56]

〔清〕鄭廷桂：〈東寧政事跋〉，季麒光著，李祖基點校：《東寧政事集》（香港：香港人民出版社，2006年1月），頁147。

53 〔清〕季麒光：〈跋沈斯菴《襍紀詩》〉，季麒光著，李祖基點校：《蓉洲文稿選輯》（香港：香港人民出版社，2006年1月）：頁98

54 王淑蕙：〈隱藏的參與者──《臺灣府志》纂修與沈光文貢獻研究〉，《臺陽文史研究》第3期（2018年1月），頁70-72。

55 〔清〕季麒光：〈壽沈斯菴〉，季麒光著，李祖基點校：《蓉洲詩稿選輯》，頁15。

56 按：〈沈斯菴雙壽序〉中云：「歲乙丑，前岡卿斯菴先生年七十有四，菊月二十四日為先生懸弧之夕，而是月二十八日為孫太夫人六十壽辰。長君紹宏為先生夫婦羅長筵，考鐘鼓，稱雙壽觴。」得知沈光文生日為一六一二年九月二十四日，其夫人孫氏生日為一六二六年九月二十八日，當時長男沈紹宏隨侍在側，為父母盡孝祝壽。

二南之化，被于江漢，而麟趾騶虞，詩人風始，歸美后妃。惟
其幽貞靜穆，始能炳蔚光華，相其夫為真儒，教其子為令士，
此鮑宣之妻、陶侃之母所以見美於史冊也。今太夫人之左右先
生者，豈在古人之下？[57]

〈沈斯菴雙壽序〉即季麒光為沈光文及夫人孫氏，撰寫賀壽詩文，文
中引述《詩經》二〈南〉文王之時、后妃之德，如〈周南・麟之趾〉
「振振公子，于嗟麟分！」[58]、〈召南・騶虞〉「于嗟乎騶虞！」[59]引
述「麟」與「騶虞」兩種仁獸，讚譽夫人貞靜，「相其夫為真儒，教
其子為令士」，美稱夫人懿德，如此人倫既正，如同鮑宣之妻、陶侃
之母，為沈光文留下家庭生活記述。

二　儒生與貞女

明鄭自永曆廿年（1666）正月設置文廟，至康熙廿二年（永曆卅
七年1683）八月十八日為止，隨著儒學學校設置、儒家經典教學，十
七年間生聚教訓，兩性逐漸建立「夫為妻綱」的互動模式與儒漢社
會。尤其明清鼎易代之際，明鄭時期儒生與貞女的道德實踐，具體記
述於清初臺灣方志。

　　〔清〕季麒光：〈沈斯菴雙壽序〉，季麒光著，李祖基點校：《蓉洲文稿選輯》，頁
　140-1。

57　〔清〕季麒光：〈沈斯菴雙壽序〉，季麒光著，李祖基點校：《蓉洲文稿選輯》，頁
　141。

58　〔宋〕朱熹：《詩集傳》（臺北市：中華書局，1991年3月），頁7。

59　〔宋〕朱熹：《詩集傳》，頁14。

（一）儒生

　　康熙廿五年（1686）首任臺廈道兼理學政周昌履任之初，朝廷尚未同意設置官學，跨代生員仍維持文廟祭祀、儒學讀書之風氣。學政有視察各地官學、社學、書院學風之職責，周昌擔任臺灣最高行政首長又兼學政，因此視察學風、士習，擘劃科舉制度計劃書。〈詳請開科考試文〉有如下記述：

> 本道自履任後，竊見偽進生員猶勤藜火，俊秀子弟亦樂絃誦。……
> 臺灣雖僻處海外，而詩書弦誦不乏其人。本道甫下車，知士為四民之首，欲正風俗以善人心，即行月課、鄉約，海濱士子皆喁喁然慕義向風。[60]

映現明鄭時期養成之生員勤於讀書、樂於學習。〈詳請開科考試文〉因此以「明鄭跨代生員」為科舉制度計劃書基礎，建立「士為四民之首」的社會風氣，施行科舉制度，成就雍熙和諧的社會。

　　首任諸羅縣令季麒光〈條陳臺灣事宜文〉同樣記述周昌履任視察跨代生員、儒童，肯定學風良好之事蹟：

> 崇建學校之宜議也。從來士居民首，為詩書禮讓之原，不可不優崇而鼓舞之。今臺灣自道、府蒞任以來，即搜羅偽時業儒之人，試以文藝，行見士類可風矣。[61]

根據〈條陳臺灣事宜文〉記述「偽時業儒之人」為明鄭跨代師儒群體

60　〔清〕周昌：〈詳請開科考試文〉，高拱乾：《臺灣府志》，頁396、399。
61　〔清〕季麒光：〈條陳臺灣事宜文〉，王禮：《臺灣縣志》，頁293。

之代稱，以儒學為業，不僅僅是國子監教授、地方社學師儒，尚有領取廩、餼的優秀生員，映現其「士類可風」的成果。

（二）貞女

「貞女」為亡故的未婚夫守節或殉死，乃明清時期特有的現象。明朝推翻蒙古族的統治，「旌表」守節或殉死的貞女，即是清除蒙古文化，復興儒家道德秩序的重要國策。尤其注意的是，彼時儒家學者以一種強烈而普遍的酷烈態度來鼓勵實踐這種「極端道德主義」，當時儒家菁英表彰「為身亡未婚夫殉死」的貞女，反對再婚的態度已經深化而極為普遍。菁英家庭的年輕女性從道德楷模得到感召，將儒家道德理想付諸實現。[62]於明鄭、清廷鼎革易代之際，女性「面臨王朝覆滅、丈夫死亡，自殺作為道德品格的終極表達成為風尚。」[63]這股推崇「貞女」的風尚，具體記載於福建巡撫金鋐《康熙福建通志臺灣府》〈敘〉及〈凡例〉之中，有開卷明義的意思：

> 貞女烈婦，風化攸關；閩地兵燹頻仍，里老闕於申報，茲特加搜採，用闡幽光。……[64]臺灣新隸版圖，志內特加詳悉。……（〈凡例〉）
>
> 所謂烈女，必苦節奇貞、敦勵末俗、青陵載詠、柏舟興歌者然後入，不然弗敢也。[65]（福建巡撫金鋐〈敘〉）

---

62 〔美〕盧葦菁著，秦立彥譯：《矢志不渝——明清時期的貞女現象》（南京市：江蘇人民出版社，2012年1月），頁38-41。

63 註同上，頁4。

64 〔清〕金鋐：《康熙福建通志臺灣府》，頁33、34。
　按：繼承《康熙福建通志臺灣府》觀點的，有王禮〈凡例〉「義行、孝行、節烈，風化攸關，凡一節可採者必錄，善善從長也。」詳參〔清〕王禮：《臺灣縣志》（臺北市：文建會，2005年6月），頁34。

65 〔清〕金鋐：〈敘〉，《康熙福建通志臺灣府》，頁22。

大之忠臣孝子、名宦列女之必詳道存鼓勵；小之藝文方技、名
勝物產之必登識資博採，無非以鳴國家物華天寶、人傑地靈之
盛。[66]（福建學政按察使丁蕙〈福建通志敘〉）

由上述引文可知，金鋐將「貞女烈婦，風化攸關」列入纂修臺志之要
務，因此福建巡撫金鋐〈敘〉文，以「苦節奇貞」為烈女條件，烈女
立傳能「敦勵末俗」。福建學政按察使丁蕙〈福建通志敘〉「大之忠臣
孝子、名宦烈女之必詳道存鼓勵」，忠臣孝子、名宦烈女乃人傑之
盛，男子通過科舉考試者，可作忠臣、名宦；未通過科舉考試者，男
作孝子、女為烈女。[67]「忠臣孝子／名宦烈女」之比，不僅將烈女納
入忠臣、孝子等同地位，更視「烈女」為科舉制度配置下，女性品格
道德的終極表達。

　　明鄭時期科舉制度推行之時程尚短，未能擴及於全臺，僅形成區
域性質的儒漢社會，彼時除了明宗室、遺臣、將士相關之外，無論原
住民或漢族女性，普遍沒有夫死身殉的習俗。《康熙福建通志臺灣府》
〈敘〉及〈凡例〉認為「貞女烈婦」攸關風化，因此參酌上繳福建志
局的稿本蔣毓英《臺灣府志》〈節烈女貞〉鄭氏、沈氏、陳氏、鄭宜
娘、阮氏、黃氏等傳記，[68]又取寧靖王朱術桂之滕姜袁氏、蔡氏、秀
姑、荷姐、梅姐等，合併補入《康熙福建通志臺灣府》卷十八〈列
女〉，相關事蹟，臚列如下：

66　〔清〕丁蕙：〈福建通志敘〉，金鋐：《康熙福建通志臺灣府》，頁27。
67　順治九年（1652）由禮部頒行直省各府、縣刊刻學宮之〈臥碑文〉第二條：「生員
　　立志，當學為忠臣清官。」詳見〔清〕周鍾瑄：〈學校志〉，《諸羅縣志》，頁149。
68　按：《臺灣府志》卷九〈節烈女貞〉：〈節烈鄭氏列傳〉鄭氏（鄭斌女）、〈節烈陳氏
　　列傳〉陳氏（陳永華女）、〈節烈鄭宜娘列傳〉鄭氏（宜娘）、〈節烈阮氏列傳〉阮氏
　　（蔭娘）、〈節烈黃氏列傳〉黃氏（氣娘）。蔣《志》為〈節烈女貞〉逐一立傳，事
　　蹟敘述詳細，金鋐《康熙福建通志臺灣府》取蔣《志》內容為稿本，補錄內容較簡
　　約，額外加入寧靖王殉死五妃事蹟。詳參〔清〕蔣毓英：《臺灣府志》，頁255-257。

臺灣府

陳氏【鄭克𡏳妻，偽總制陳永華女也，少適克𡏳。……偽藩弟溫有憾於克𡏳，即於是夜格殺之。氏旦暮泣，絕粒不食……自縊而逝。】

黃氣娘【黃堂女也，年十九，適偽賓客司傅為霖次子。……氣娘聞為霖父子受戮，哭辭其父兄曰：「鬼錄中有妹，人世間無妹矣。」遂自縊而死。】

鄭宜娘【漳郡人，年十八，歸謝燦。燦貧，遠賈三載，歸病卒。宜娘……自縊死，年二十一。偽藩時建坊旌之。】

阮氏【漳之南門人，……年十六，適王尋。尋……貧食於兵，……尋以病卒，阮……後卒自縊死，時年二十九云。】[69]

袁氏【明寧靖王朱術桂之妾也。康熙二十二年，我師至澎湖，朱聞，具冠服投環死，氏與蔡氏俱殉難焉。】

蔡氏【亦朱妾也。事見前。】

秀姑【明寧靖王朱術桂之媵也。朱投環死，姑與荷姐、梅姐俱從死焉。】

國朝

鄭氏【偽禮部鄭斌女也，續順公沈瑞者，……沈來臺，時沈尚幼未婚，經以斌女妻焉。辛西，傅為霖謀事洩，被戮，用事者株及沈，囚其眷屬，斌女發歸鄭，以父故也。女歸泣謂其父曰：「兒適沈家，生死以之，豈有沈罹重禍，兒獨享安樂之理？願父遣兒同囚。」父從其請，遂送逮所。後瑞自縊，斌女亦縊氣絕，顏色如生。】

沈氏【瑞同母妹，年十六。聞瑞死，撫胸大慟，亦自縊死。】[70]

69　〔清〕金鋐：《康熙福建通志臺灣府》（臺北市：文建會，2004年11月），頁91。

70　〔清〕金鋐：《康熙福建通志臺灣府》，頁92。

《康熙福建通志臺灣府》〈列女〉分「臺灣府」與「國朝」二端，「臺灣府」即清代府城範疇之行政區域、「國朝」則指為鄭清對抗期間，因「鄭清對抗」受難而死者。無論「臺灣府」與「國朝」，所有臚列之列女，「某之妻」或「某之女」，其身分與明宗室、遺臣、將士相關者，如：陳氏（鄭克壓之妻）、黃氣娘（賓客司傅為霖次子之妻）、阮氏（明鄭士兵王尋之妻）、袁氏（寧靖王之妾）、蔡氏（寧靖王之妾）、秀姑（寧靖王之媵）、荷姐（寧靖王之媵）、梅姐（寧靖王之媵）、鄭氏（禮部鄭斌之女）、沈氏（續順公沈瑞之妹）。鄭宜娘是唯一與明宗室、遺臣、將士無關者。鄭宜娘乃漳州府人，十八歲于歸謝燦，隨夫來臺，謝燦因家貧遠地經商，三年後歸家病逝，雖然夫妻相守時日極短，宜娘仍毅然自縊從死，此為明鄭時期唯一庶民婦女殉夫烈女，延平郡王特別「旌表」鄭宜娘，樹立貞節牌坊表彰其懿德永昭。[71]由大多數烈女相關明宗室、遺臣、將士者，唯一「旌表」鄭宜娘，其生活地區位於府城鎮北坊，即今日臺南市北區，映現明鄭時期建立臺南一帶區域性儒漢社會，未能擴及全臺。

第三節　清領時期：科舉政策的制定與因應

臺灣新闢之地，顏思齊時始有漢人聚集，荷治時期（1624-1661）東印度公司選定大員（今臺南市安平區）建立亞洲重要的國際貿易轉運站，涵養商旅輻輳、資贍內地的商賈文化；明鄭時期（1661-1683）於荷治富庶的基礎，建置「廟學合一」的教化形式、科舉選才的考試制度，展開廿二年生聚教訓，形成臺南一帶區域性質的儒漢社會。清廷領臺之後，康熙廿五年（1686）首任臺廈道兼理學政周昌研擬科舉政策，上呈〈詳請開科考試文〉計劃書。政策

---

71 按：《臺灣府志》卷六〈坊亭〉記有「貞節坊：在府治鎮北坊。偽藩時豎以旌鄭宜娘。」府城鎮北坊，即現今臺南市北區。詳參〔清〕蔣毓英：《臺灣府志》，頁209。

（Policy）的制定，乃為了某目標價值與實踐而設計之計劃。清廷於施行科舉制度已然千年的中原各地，延續明代的科舉政策，主張士為四民之首，舉行全國性掄才大典，保持「教授、生員」群體於一方之望的士族階級，使擁有科名的跨代文人，接受鼎革易代的事實，安撫地方百姓，此為朝廷施行科舉政策的原因。

　　朝廷以鼓吹儒家經典為治理方針，科舉制度以儒家經典為重要考試科目，於此原則下，「廟學合一」所建置的學校為「儒學」、就讀學子稱為「儒童或儒生」、府學教師稱為「儒學教授」、縣學教師稱為「儒學教諭」。這套透過科舉制度，設置的儒學學校，以儒學經典作為取士的考試內容，所選取的「士人／吏員」精熟儒學經典，因此形成儒漢社會。清廷領臺之初，施行科舉制度，面臨異於中原地區的諸多問題。首先、荷治時期蘊含的商賈文化與「重義輕利」的儒家思維，存在著本質上的差異。其次、明鄭時期施行的科舉考試時程過短，僅形成區域性的儒漢社會，與中原各地普及的儒漢社會不同。當儒漢社會越不成熟，則投入科舉考試的意願越低；投入科舉制度的意願越低，則更不利於儒漢社會的成熟。兩項因素，彼此互為因果，最終形成宦臺官員不樂見的成果，即嘉慶十二年（1807）臺灣施行科舉制度已一百廿年，福建臺澎兵備道兼提督學政清華〈續修臺灣縣志序〉尚且有「治臺灣難，志臺灣尤難；臺灣，海島陬區，古圖牒所未載，語言不通，袒裸盱睢」之說，[72]直指原住民語言與漢族不同，原住民袒裸馳騁於山林的狩獵習性，亦與漢族不同，簡言之，原住民人口多於漢人，儒漢社會成熟緩慢，此為科舉政策施行困難，臺灣難以治理的主要原因。雖然如此，宦臺官員仍制定「另編臺字號，保障取中舉人一名」，默許閩生「寄、冒臺籍生」等兩相矛盾的政策，保障取中舉人政策，立意良善，可惜鳳山縣學、諸羅縣學默許閩生寄、冒

---

72 〔清〕政清華：〈續修臺灣縣志序〉，謝金鑾、鄭兼才：《續修臺灣縣志》，頁25。

臺籍，使康熙廿六年的開臺舉人由泉州府同安縣蘇峨取得，打擊臺灣府學（以明鄭跨代生員為主要生源）的整體「士氣」，影響臺生及其家長投入科舉制度的意願，儒漢社會成熟更趨於緩慢，「治臺灣難，志臺灣尤難」的說法，遂歷久不衰。

一　建構儒漢社會與擘劃制度

　　清廷繼明朝施行科舉、考四書文，作為推行儒學最具成效、立竿見影的「仁政王道」政策。當科舉考試成為推行儒學的全國性制度時，朝廷可取得施行「仁政」的美名，各層級單位也能擁有源源不絕的「儒生」擔任文官。當「儒生」取得功名分發至各單位成為文官，一方面進入國家體制維持運作正常，成就朝廷施行「仁政」美名；二方面協助科舉制度運行而進入書院成為教諭或訓導，培育「儒生」後進。當「儒生→文官」、「文官→儒生」源源不絕的循環系統漸趨於穩定，於「士為四民之首」的主張下[73]，則「儒生→文官」、「文官→儒生」養成系統，頗能安定國家與社會，此為滿清入關一統天下後推行科舉制度以定家邦的重要原因。

　　一般而言，士人參與科舉考試的動機，首先動機是能「逃離凍餒死亡」、其次是「獲得功名」躲避官府特權的壓迫欺凌。[74]清代臺灣志書記述順治帝、康熙帝提供生員「保身家」的御令。順治九年（1652）禮部因襲明制，刊臥文於學宮左方，明訂對生員實際生活、

---

[73] 根據雍正四年（1726）上諭之〈諭正士習〉：「上諭：為士者，乃四民之首、一方之望。凡屬編氓，皆尊之奉之，以為讀聖賢之書、列膠庠之選，其所言所行，俱可以為鄉人法則也。故必敦品勵學、謹言慎行，不愧端人正士；然後以聖賢詩書之道，開示愚民，則民必聽從其言、服習其教，相率而歸於謹厚。」
　　〔清〕劉良璧：《重修福建臺灣府志》（上）（臺北市：文建會，2005年6月），頁88。

[74] 何懷宏：〈人累科舉〉，《二十一世紀雙月刊》（香港：香港中文大學中國文化研究所，1997年2月）第39期，頁108。

社會地位的優待事項：「朝廷建立學校，選取生員，免其丁糧、厚以
廩膳，設學院、學道、學官以教之，各衙門官以禮相待；全要養成賢
才，以供朝廷之用。」[75]「免其丁糧、厚以廩膳」為實際經濟上的助
益[76]，而「各衙門官以禮相待」顯示生員社會地位較庶民為高，生活
壓力遠比庶民小。康熙四十一年（1702）〈御製訓飭士子文〉：「國家三
年登造，束帛弓旌，不特爾身有榮，即爾祖、父亦增光寵矣。逢時得
志，寧俟他求哉？」[77]明言獲得科舉功名者，得以崢嶸三代。朝廷直
接撥銀獎勵書院教育科舉人才[78]，若逢天災，朝廷散賑又特別照顧府
學生員、童生，如「（光緒）七年辛巳夏，不雨，早季粱黍失收。……
時巡撫岑毓英聞澎地災重，……飛飭臺灣府發米一千石散賑。復康查
學中貧生，給米度歲，童生經面試者，每人給米有差」[79]，顯示朝廷
厚待具科舉功名者。由此可知康熙廿五年（1686）臺廈道周昌〈詳請
開科考試文〉公移提出「建學校、行考校」為海天第一要務，即新闢
之地、新朝之民，也能等同中原百姓透過科舉考試而提昇家族地位與
物質條件。

75　〔清〕周鍾瑄：〈學校志〉，《諸羅縣志》（臺北市：文建會，2005年），頁149。

76　部分地區官員甚至對童生即開始實質上的經濟助益，如：於乾隆三十一年（1755）
　　澎湖通判胡偉建撰〈職事十六條〉「海外之人，必使之明理義，然後可以為良民。
　　故每到各澳，必赴社學，親為指點，即蒙童小館，亦必親到。如童子能背誦經書，
　　能講解字義者，即獎賞之，給以紙筆錢文，以示鼓勵。其生監俊秀，授以程氏課
　　程，必令讀四書、五經、小學、《近思錄》、《性理綱目》諸書，以端其心術、正其
　　識見，為國家有用之材。澎湖向來讀書人少，余行之兩載，漸見鼓舞，各澳皆有書
　　聲；蓋長上之教比父兄之教，事半而功倍也。」詳參〔清〕胡建偉：《澎湖紀略》
　　（臺北市：文建會，2004年），頁95-96。

77　〔清〕康熙：〈聖謨〉，劉良璧：《重修福建臺灣府志》（上），頁79。

78　雍正十一年〈諭建立書院〉：「上諭：各省學校之外，地方大吏每有設立書院，聚集
　　生徒講誦肄業者。……各賜帑金一千兩，將來士子群聚讀書，須預為籌畫，資其膏
　　火，以垂永久。其不足者，在於存公銀內支用。」詳參〔清〕雍正：〈聖謨〉，劉良
　　璧：《重修福建臺灣府志》（上），頁102-3。

79　〔清〕林豪：《澎湖廳志》（下）（臺北市：文建會，2006年），頁483。

（一）建構儒漢社會的困難

　　清廷領臺之初，宦臺官員奉旨纂寫地方志，由「第一本」上繳福建志局的蔣毓英《臺灣府志》，收錄〈臺灣誌書前序〉記述第一手觀察、治理之道：

> 臺灣天末荒島，無君長以別氏號也，無裘葛以時寒暑也，無父子、兄弟、伯叔、甥舅以正親疏上下也，無衣冠、宮室、歲時、伏臘以通往來，禮祭祀也。三代以來不通貢賦、不登記載。[80]

「天末」作為地域意義遠離中土；「荒島」作為儒漢社會意涵的荒蕪。〈臺灣誌書前序〉乃首任諸羅縣令季麒光代筆，由彼時最高臺灣行政首長福建分巡臺廈道周昌掛名載述，意欲將「無」親疏上下、衣冠歲時、貢賦文獻，治理為「有」親疏上下分別、衣冠歲時、貢賦、文獻記載之儒漢社會。蔣《志》上繳福建志局後，經抄錄補入「臺灣府」部分，完成「第一本」上繳朝廷的《康熙福建通志臺灣府》。[81]福建巡撫金鋐《康熙福建通志臺灣府》〈敘〉傳達朝廷的文治主張：

> 聖天子崇尚文治，四海同風，既命文學諸臣編摩史館，復以東漸西被，疆域之廣，前古未聞，爰有一統通志之命。……藉我皇上神武，削平逆窟，臺灣數千里，舉國內附。開闢以來，未

80　〔清〕蔣毓英：《臺灣府志》，頁121。

81　按：二〇〇四年文建會「臺灣史料集成」計劃分批出版《臺灣史料集成‧清代臺灣方志彙刊》，自《福建通志》抽印「臺灣府」部分，即今日所見：康熙廿五年（1686）《康熙福建通志臺灣府》與《臺灣府志》合輯為首冊，映現「臺灣史料集成」計劃研究成果，認同《臺灣府志》、《康熙福建通志臺灣府》並列為「第一本」臺志。

奉約束之遐陬絕域，一旦盡入版圖，豈非極盛？[82]

根據《康熙福建通志臺灣府》福建巡撫金鋐〈敘〉記述，康熙帝「崇
尚文治，四海同風」，大修《大清一統志》。臺地自明鄭開闢以來未受
朝廷約束，一旦歸附清國版圖，即應施行文治教化，以洗滌逆竄思
維，呈現朝廷大一統，長治久安的決心。由「志書即治書」的概念，
觀察清初「第一本」《臺灣府志》〈臺灣誌書前序〉、《康熙福建通志臺
灣府》〈敘〉，可知清廷雖然延續明朝施行科舉制度，然而所欲施行的
「崇儒重道」的政策，在於建立「君君、臣臣、父父、子子」，易於
治理、可納貢賦、守禮法的有序社會，而非儒家深層結構中安身立命
的文化內涵。

　　清廷以少數滿人治理多數漢人，施行科舉制度，主張「士為四民
之首」，建立士族為首的儒漢社會，如此文治武功、恩威並施之下，
由中原推行至於臺灣，達成社會快速平定的目的。因此科舉制度施行
之初，福建陸路提督張雲翼〈題請另編額中部覆疏〉同意另編臺字
號，特取中舉人一名，以加恩臺士之德政，施行於臺竟未獲得預期的
成效，本地考生並不踴躍參與，細究其因，約有如下三種思考面向：

　　其一、荷治時期蘊含的商賈文化：臺地四季如春的地理環境，秋
天無霜、冬天無雪，平民單衣可以過冬；禾易長畝，田穀豐登，無胼
手胝足之勞，為宜居的樂土。荷蘭東印度公司亦經營大員為具規模的
國際商港，府城一帶商旅輻輳、資贍內地，「傭人計日百錢，趑趄不
應召。屠兒牧豎，腰纏常數十金。」[83]人民生活如此容易，相較寒窗
苦讀未必能科名的科舉考試，映現荷治時期重利的商賈文化，影響臺
民參與科舉的意願。

---

82 〔清〕金鋐：〈敘〉，金鋐：《康熙福建通志臺灣府》（臺北市：文建會，2004年11
　　月），頁21-22。
83 〔清〕王必昌：《重修臺灣縣志》（下），頁532。

其二、明鄭時期區域性的儒漢社會：根據蔣毓英《臺灣府志》卷五〈學校志〉記載，清廷領臺之初，僅臺灣府城留有明鄭時期文廟建築，周昌〈詳請開科考試文〉「本道自履任後，竊見偽進生員猶勤藜火，俊秀子弟亦樂絃誦」、季麒光〈條陳臺灣事宜文〉「自道、府蒞任以來，即搜羅偽時業儒之人」，加上一府三縣文武職官均駐守於府城一帶，以至於府城之外的諸羅縣與鳳山縣文廟設置較遲，根據《重修鳳山縣志》〈學校志〉乾隆十七年鳳山文廟方才完備。依彼時「廟學合一」的制度設計，可以推斷康熙廿六年首開科考時，縣童就學意願不高，鳳山縣學亦未設置，映現明鄭時期僅建立府城一帶區域性的儒漢社會。

其三、破壞明鄭生員群體結構的政策：清領之初施琅為根除明鄭勢力，上呈〈移動不如安靜疏〉建請朝廷遣返明宗室、遺臣，移回中原。其中當有明鄭時期通過考試而任六部的吏員、國子監師儒、太學生等，此項政策直接破壞明鄭師儒、生員群體結構的完整性，間接影響一府三縣官學師儒、生員之教授與傳承學習，使區域性的儒漢社會，經此政策而更加薄弱。

（二）府學、縣學的規劃

康熙廿五年（1686）首任臺灣知府蔣毓英《臺灣府志》卷五〈風俗〉記述臺灣歷經荷蘭東印度公司、鄭氏父子治理下的臺灣實況：

> 臺灣自紅彝僭竊以來，因仍草昧；鄭氏父子相繼，民非土著；逋逃之淵藪，五方所雜處，未盡同風而易俗。[84]

〈風俗〉從中原儒漢社會的視角，評論「臺灣自紅彝僭竊以來，因仍

---

84 〔清〕蔣毓英：《臺灣府志》，頁195。

草昧」，意指荷人學校以「聖經、紅毛字」為授課內容，彼時臺民未
曾受「說《詩》敦《禮》」的薰陶培育。鄭成功驅逐荷人之後，隨軍
移民來臺者，有來自明朝宗室、遺臣、各地滙集的將領士兵、閩南一
帶逋逃人民，皆非本地住民，彼此風俗不盡相同，臺地因此成為吸收
潛逃海外淵藪，多年來形成朝廷隱患。

　　歷朝各代多以設置學校、施行科舉制度，作為教化百姓，成為
「忠於君、孝於親、立於國」的良民。如今臺灣既收歸版圖，理當制
定教化政策與管理方針。因此〈風俗〉繼「逋逃淵藪」論述之後，基
於設校施教的政策，再由「臺民聰穎、頗知讀書」的觀點論述：

> 人亦頗知讀書，兒童五、六歲便教就學，及稍長，即命輟業，
> 雖有穎悟傑出之姿，亦言不及義而好行小慧，深可惜也，亦可
> 慮也。若不亟設學校，開科取士，動其功名之念，恐無以格其
> 非僻之心矣。[85]

〈風俗〉前段批評臺地「逋逃淵藪」、後段誇讚臺民「頗知讀書」，兒
童五、六歲便能入學，「逋逃淵藪／頗知讀書」二者存在世俗與士風
的差異。看似矛盾的兩端記事，於「志書即治書」的撰述原則下，可
以理解為：因臺地「逋逃淵藪」必須教化，又因臺民「穎悟傑出、言
不及義、好行小慧」，受到荷治時期商賈文化的影響，既然大員一帶
洋獲之利可觀、商旅輻輳，於是稍長便自行輟學、汲汲營生，未受聖
賢詩書教化的聰明孩子，往往有「言不及義，好行小慧」的問題，必
須以「功名之念」取代「非僻之心」的理念設立儒學學校、推行科舉
制度。

　　康熙廿五年二月廿四日福建巡撫部院發文要求臺廈道周昌提出

---

85 〔清〕蔣毓英：《臺灣府志》，頁196。

「儒學教育與科舉制度」計劃書，經過一府三縣官員會商、臺廈道議決，詳細記述於〈詳請開科考試文〉公移：

> 看得風俗之原，由於教化，學校之設，所以明倫。臺灣既入版圖，若不講詩書、明禮義，何以正人心而善風俗也？本道自履任後，竊見偽進生員猶勤藜火，俊秀子弟亦樂絃誦。士為四民之首，正可藉此以化頑梗之風，而成雍熙之治。[86]

首任宦臺官員履任之初，朝廷尚未設置儒學，〈詳請開科考試文〉記述周昌視察明鄭跨代生員仍勤於讀書、樂於學習，由此可知學風端肅嚴整，若能以此為基礎開科選士，則「士為四民之首」得以引領風氣、成就雍熙諧和的儒漢社會，因此「開科考試」計劃書，是以明鄭跨代生員為施行基礎。然而此提議，福建巡撫部院最初以「稅收不足」為由駁回：

> 臺灣錢糧無徵，係因人民凋殘；而一時又以士子焚膏繼晷、設立學校上請，切恐錢糧終不能免，益知學校先不得興；……。初闢之區，勤求生聚，衣食足而後禮讓崇。[87]

〈詳請開科考試文〉記述福建巡撫部院駁回理由，表面原因，是：「先」繁衍人口、「再」衣食足、「最終」興學校、崇禮讓。內在原因，是：朝廷派任文武職官、兵員駐守，然而因漢人稀少，年度錢糧稅收，不足以支持上述人員駐臺費用，設置學校、興建文廟、師儒公館，皆須增加預算。映現朝廷無意再額外增加金援，臺校必須待稅收能自給自足，方可設置。周昌與一府三縣官員商議後，再提出建學

---

86 〔清〕周昌：〈詳請開科考試文〉，高拱乾：《臺灣府志》，頁396。
87 〔清〕周昌：〈詳請開科考試文〉，高拱乾：《臺灣府志》，頁396。

校、行考校與「經國、致治」存在著內在關聯：

> 從來經國之要，莫重於收人心；而致治之機，莫先於鼓士氣。
> 臺灣既入版圖，萬年起化之源，正在今日。此移風易俗，厚生
> 與正德相維為用。憲臺與道憲之請建學校、行考校，誠審乎教
> 養之根本，為海天第一要務也。況今自設立郡縣以來，憲臺與
> 道憲月課、季考獎勵生童，與夫卑縣等按季分題課業，士子蔚
> 然興起，燦然有文章之可觀矣。亟須乘時設官考試，以培養海
> 國之人才。……臺灣府與臺、鳳、諸三縣，應各設一儒學。府
> 學應設教授一員、訓導一員，各縣每學應設教諭一員、訓導一
> 員。內地叢爾小邑，教職俱經全設；車書一統，應無異同。[88]

〈詳請開科考試文〉公移提出：經理國事以「收服人心」為首要，士
既為四民之首，則鼓舞士氣可達治理之先機。臺灣入版圖之初，應掌
握治理先機，「建學校、行考校」，於經國大業上，可鼓舞士氣、收服
人心；於生聚教訓上，可移風易俗、厚生正德，可說是「海天（治
臺）第一要務」。雖然設立一府三縣之後，福建省學政、臺廈道均可
「月課、季考」督促學習，然而未正式設立府、縣官學，則無法考定
廩生、增生、附生等生員名冊，無造冊上呈省會，自然無法參與三年
大比、一例的科舉考試。中原內地所有郡縣，皆設立官學，如今天下
一統，應依一府三縣設立官學、教職員等。周昌於〈詳請開科考試
文〉公移末後，重申「臺灣雖僻處海外，而詩書弦誦不乏其人。本道
甫下車，知士為四民之首，欲正風俗以善人心，即行月課、鄉約，海
濱士子皆喁喁然慕義向風。」[89]肯定具備儒漢文化的基礎。經此巡撫

88　〔清〕周昌：〈詳請開科考試文〉，高拱乾：《臺灣府志》，頁397、398。
89　〔清〕周昌：〈詳請開科考試文〉，高拱乾：《臺灣府志》，頁399。

部院、道臺府縣，公移來回往復，朝廷最終接納「致治之機，莫先於鼓士氣」的觀點，同意正式施行科舉制度，隔年派任儒學教授、儒學教諭，設立府學、縣學，並招收明鄭時期生員為首屆儒生。

二　因應科舉考試的矛盾政策

明鄭時期施行科舉制度時程過短，僅於府城一帶形成區域性質的儒漢社會，致使宦臺官員於康熙廿六年（1687）施行首度科考前，提出兩項因應科舉制度的政策，一為「另編號中式」，二為「內地寄籍」。「另編號中式」即臺字號保障名額，意欲提高臺生投入科舉考試的意願。「內地寄籍」即默許閩生寄、冒臺籍，意欲提昇臺籍考生水平。兩項因應之道，互為矛盾，對於臺灣儒學的發展有深遠的影響。

（一）臺字號保障名額

康熙廿三年（1684）全臺共劃分一府三縣的行政區，「臺灣府」設置於現今臺南市，直到光緒十三年（1887）臺灣建省，府治遷移至中部為止，長達二百零四年，府治作為縣治的上級單位，臺灣府管轄全境之行政中心與教育中心。康熙廿五年（1686）首任臺廈道周昌〈詳請開科考試文〉擘劃「設置儒學學校、施行科舉政策」為治臺的「海天第一要務」。隔年朝廷從其請，選定府學教授、縣學教諭來臺赴任，設置一府三縣儒學學校。臺灣府生員額數之規制如下：

> 康熙二十五年，總督王命新、巡撫張仲舉題請歲進文、武童各二十名，科進文童二十名，廩膳二十名，增廣如之；歲貢，照以廩生食餼淺深為先後，一年貢一人。雍正元年，特恩加泮額一次，多進七名。乾隆元年，特恩加泮額一次，名數如前。原照陝西延安、廣東瓊州例，以臺道兼理學政，冊附福建學院達

部。雍正五年，奉旨以漢巡察兼理學政。[90]

根據《重修福建臺灣府志》康熙廿六年（1687）首開丁卯科考，規劃錄取文童廿名，廩膳生廿名，增生、廣生各廿名，臺灣府學總計錄取生員八十名。臺灣縣、諸羅縣、鳳山縣亦開科考，三縣儒學錄取之生員額數相同，以諸羅縣為例：

> 康熙二十三年，置諸羅縣。二十五年，臺廈道周昌詳請督、撫兩院題定諸羅縣學照中縣例，科、歲兩考取進文生員各一十二名，廩生照內地之半各十名，增廣生各十名；歲貢照內地例，每二年貢一人。提督學政事務，以臺灣兩隔重洋，學使不能遠涉；照陝西延安、廣東瓊州之例，就臺廈道提督學政，兼行試事。[91]

根據《諸羅縣志》康熙廿六年丁卯科考，諸羅縣學依規定錄取儒生十二名，廩膳生十名，增生、廣生各十名。單一縣，錄取四十二名生員。臺灣府學錄取生員八十名、臺灣縣學、諸羅縣學、鳳山縣學各四十二名，一府三縣總計錄取二百零六名生員。

首任臺廈道兼理學政周昌於臺灣府主持科舉考試，一府三縣生員皆參加府試，府試通過後名單造冊送交負責舉人鄉試的福建省會。彼時臺灣儒漢社會成熟度不足，參與科舉考試的意願普遍不高，以轄區最廣、原住民最多的諸羅縣為例，首任諸羅縣令季麒光繼〈臺灣誌書前序〉提出「三代以來不通貢賦、不登記載」的天末荒島論述之後，於儒漢社會成熟度不足、參與科舉考試意願不高的基礎上，於〈條陳臺灣事宜文〉提議保障臺生考中舉人一名：

---

90 〔清〕劉良璧：《重修福建臺灣府志》（下），頁489。
91 〔清〕周鍾瑄：《諸羅縣志》，頁153。

　　既有儒生，自當送試省闈，請另編號中式，如遼東宣府之例可
　　也。如此，則教育作興，菁莪棫樸之休，庶幾可望於東寧僻壤
　　矣。[92]

季麒光於〈條陳臺灣事宜文〉提議「舉人保障名額」的主要目的，是
教育作興於東寧僻壤。康熙廿六年（1687）四月，福建陸路提督張雲
翼〈題請另編額中部覆疏〉回應：

　　臺灣新經歸附，文教初開，應將臺灣一府三縣生員等，亦照甘
　　肅、寧夏例，另編字號，額外取中舉人一名，以鼓勵士子。[93]

福建陸路提督張雲翼〈題請另編額中部覆疏〉同意：為鼓勵新納入版
圖的臺生，特編「臺字號」取中舉人一名，以示開恩、鼓勵新闢生
員。清代科舉考試取中員額的設定，是依各地文風、人口數而調節，
因此四十八年後，雍正十三年（1735）依當時人口數，再增加保障考
中舉名額一名，至此保障臺生取中舉人兩名。[94]

（二）寄、冒臺籍的政策

　　康熙廿三年（1684）十一月首任諸羅縣令季麒光抵臺赴任，[95]先

92　〔清〕季麒光：〈條陳臺灣事宜文〉，收入〔清〕王禮，《臺灣縣志》，頁294。
93　〔清〕劉良璧：《重修福建臺灣府志》（下），頁684。
94　〔清〕劉良璧：《重修福建臺灣府志》（下），頁686。
95　〔清〕季麒光於〈華蒼崖傳〉中自述「甲子六月，謬以才能，調補海外。」季麒光
　　於〈詳請署印文〉中自述「二十三年，蒙各憲謬以才能，簡調諸羅，八月初六日啟
　　印，十一月初八日到任。」
　　〔清〕季麒光：〈華蒼崖傳〉，收入〔清〕季麒光著，李祖基點校，《蓉洲文稿選輯》，
　　頁126。
　　〔清〕季麒光：〈詳請署印文〉，收入〔清〕季麒光著，李祖基點校，《東寧政事集》，
　　頁214。
　　按：其他一府三縣官員抵臺時間應相去不遠。

暫居安平渡口天妃宮[96]，康熙廿四年才移居府城居住[97]，季麒光曾記述視察縣邑新設的情景「渡海以來，諸羅新設之邑，無城郭，無衙舍，無街市都聚之會。一望蓁茅，村墟蕭散，民襍而貧，地疏而曠。所隸土番，皆文項雕題，鳩形鵠面，重譯而始通一語。」[98]原住民擁有馳騁山林的生活習慣，漢人則習於建立城郭、衙舍、街市的都會生活。諸羅縣邑新設，轄區人口結構，原住民較漢人為多，因此呈現「無城郭，無衙舍，無街市都聚之會」，其縣邑景觀迥異於以漢人為主的中原城鎮。康熙廿五年擘劃一府三縣官學，約二百餘名學額，假設開科考於文風鼎盛之地，儒童需竭盡心力方能錄取。然而清廷領臺之初，〈移動不如安靜疏〉破壞生員傳承結構，此項政策的執行，撼動明鄭時期建立府城一帶區域性的儒漢社會，影響科舉制度於全臺的施行。

　　臺灣府學因襲明鄭時期「廟學合一」建築，府學生員有明鄭跨代生員，招生不成問題。臺灣縣府城附郭（今臺南市中西區），荷人建築的熱蘭遮城（Zeelandia,1630）為明鄭時期王城所在地，大員距離府城（今臺南市中西區）僅一水之隔，臺灣縣雖無文廟設置，然而臺灣府設置於東安坊，臺灣縣學亦設置於東安坊，[99]與府城皆為臺灣最早開發地，亦為漢人集聚地，縣學生源亦不成問題。至於諸羅縣、鳳

---

96 沈光文〈題梁溪季蓉洲先生海外詩文序〉「甲子……仲冬八日，身入鹿耳門，風濤大作，不克登岸，遣人假館於天妃宮。」詳參〔清〕季麒光著，李祖基點校，《蓉洲詩稿選輯》，頁1。

97 沈光文〈題梁溪季蓉洲先生海外詩文序〉「越明年，先生移署郡中。」
　〔明〕沈光文：〈題梁溪季蓉洲先生海外詩文序〉，收入〔清〕季麒光著，李祖基點校，《蓉洲詩文稿選輯》，頁2。

98 〔清〕季麒光：〈華蒼崖傳〉，季麒光著，李祖基點校，《蓉洲文稿選輯》，頁126。

99 康熙卅五年（1696）第二任臺廈道高拱乾纂輯《臺灣府志》〈規制志・衙署〉記載：「臺灣府治在東安坊」、〈規制志・學校〉記載：「府學在寧南坊【仍鄭氏基築】。臺灣縣學在東安坊。」
　〔清〕高拱乾：《臺灣府志》，頁94，98-99。

山縣，原住民族多於漢人，以諸羅縣為例證，來自中原的諸羅縣文武職官，為了安全起見，駐守在離府城（今臺南市中西區一帶）較近的開化里佳里興（今臺南市北區），直到康熙四十三年（1704）始奉文歸治諸羅山。[100]諸羅縣文武職官，駐守府城附近，諸羅縣學設置於善化里（今臺南善化區），[101]文風不興、生源不足。鳳山縣文武職官亦駐守府城附近，直到康熙四十三年奉文歸治興隆庄（今高雄左營），[102]則鳳山縣學同理亦設於府城附近，同樣面臨諸羅縣學的招生問題。然

---

100 周鍾瑄《諸羅縣志》「（康熙）廿三年，設縣治於諸羅山（地為鄭氏故營址），因以命名，取諸山羅列之義也。縣隸臺灣府，地南自蔦松、新港，東北至雞籠山後皆屬焉，極海而止（置縣後，以民少番多，距郡遼遠，縣署、北路參將營皆在開化里佳里興，離縣治南八十里。四十三年奉文：文武職官俱移歸諸羅山，縣治始定）。」可見清廷領臺之初，於原住民掌控不易，諸羅山距離府城較遠，若文武職官發生事故，支援不易，因此駐守於開化里佳里興（今臺南市北區），康熙43年始遷回諸羅山。
〔清〕周鍾瑄：《諸羅縣志》（臺北市：文建會，2005年6月），頁76。
按：清代度量衡為500公尺1華里，臺灣全長394公里，換算為清代度量衡為788華里，康熙廿二年施琅〈請留臺灣疏〉所云「臺灣地方，北連吳會，南接越嶠，延袤數千里。」映現彼時丈量無法準確，或者有誇飾浮報，企圖吸引朝廷重視。臺灣府位於「東安坊」即現今臺南市中西區，距離諸羅縣官員駐守的「佳里興」即現今臺南市北區，依目前goole地圖僅2.2公里，可見康熙四十三年以前，諸羅縣署確實依傍臺灣府建置。
〔清〕施琅：〈請留臺灣疏〉，收入〔清〕王禮，《臺灣縣志》（臺北市：文建會，2005年6月），頁285。
101 康熙二十五年（1686）首任臺灣知府蔣毓英《臺灣府志》〈學校志〉記述「諸羅縣學：未建。康熙二十四年，原任知縣季麒光草創茅茨為文廟，崇奉先聖先賢牌位，春、秋祭祀，在目加溜灣社。」詳參〔清〕蔣毓英：《臺灣府志》，頁206。
康熙三十五年高拱乾纂輯《臺灣府志》〈規制志‧學校〉記載：「諸羅縣學原在善化里西保」。目加溜灣社即現今臺南市善化區。詳參〔清〕高拱乾：《臺灣府志》，頁100。
102 《鳳山縣志》〈衙署〉「鳳山縣署在興隆庄。四十三年奉文歸治，知縣宋永清建。」未記載康熙二十三年設縣之初，縣署建於府城何處，僅記述康熙四十三年奉文移歸治興隆庄，知縣宋永清始建縣署。詳參〔清〕李丕煜：《鳳山縣志》（臺北市：文建會，2005年6月），頁73。

而府城附近學子，已有府學員額八十名、臺灣縣學員額四十二名，因〈移動不如安靜疏〉政策而減少的考生結構，城附近學子還能有多少府寄籍、冒籍諸羅縣與鳳山縣赴考呢？康熙廿五年（1686）蔣毓英《臺灣府志》〈風俗〉記述「兒童五、六歲便教就學，及稍長，即命輟業」，學習基本應對、記簿帳冊、管理能力，便可中輟學業，投入營生。映現當地商旅輻輳、資贍內地的商賈文化。於文風未起之時，從諸羅縣與鳳山縣官員的角度來看，諸羅縣與鳳山縣籍生員，通過府試之後，由府學教授造冊送交福建省會，可渡海赴福建省會福州參與鄉試。若諸羅縣與鳳山縣籍的考生，始終未能通過鄉試，則不免有文學施政教化不力等問題。

1 諸羅縣學之內地寄籍

　　諸羅縣、鳳山縣儒學不振、文風不興、生源不足，一府三縣宦臺官員來自承襲科舉制度施行千年的中原，面對「另編臺字號，特取中舉人一名」的誘因，深諳「取中舉人」，對於詩禮簪纓之族的意義，在於維持世家榮顯；對於家世清白百姓的意義，在於「由庶而士、由商而政」提高家族的社會階級。朝廷選派閩地官員抵臺赴任，如諸羅縣令季麒光先擔任福建閩清知縣，再調任臺灣諸羅知縣。[103]康熙廿六年（1687）臺灣首開科考，首任宦臺官員因此默許不得志於科場的閩地考生，寄籍、冒籍臺灣生員，赴福州省應舉人試。

　　清廷領臺之初，康熙廿六年（1687）諸羅縣與鳳山縣文武職官駐守於府城一帶，縣學亦設置於府城一帶。丁卯科考施行在即，儒童不

103　〔清〕季麒光〈詳請署印文〉「自康熙二十二年五月授知閩清縣事。」詳參〔清〕季麒光：〈詳請署印文〉，季麒光著，李祖基點校，《東寧政事集》，頁214。
　　　季麒光《《東寧倡和集》敘》「癸亥春，余始從西清改授，筮仕梅溪。越一年，調補東寧之諸羅。」詳參〔清〕季麒光：〈《東寧倡和集》敘〉，季麒光著，李祖基點校，《蓉洲文稿選輯》，頁95。

足，於是默許外地考生「寄籍、冒籍」臺生，可於短時間有效提高儒生素質的難題。康熙廿三年（1684）由閩地調任至新設縣邑的首任諸羅縣令季麒光，默許丁卯（1687）科考閩生寄籍諸羅縣的弊端，直到康熙五十六年（1717）《諸羅縣志》〈學校志〉明載於官修志書中：

> 諸羅建學三十年，掇科多內地寄籍者。庠序之士，泉、漳居半，興、福次之，土著寥寥矣。……內郡之不得志於有司者，群問渡而東焉。科、歲兩試，此邦之人拱手而讓之；一登解額，即飛揚而歸故里，海外人文何日而興乎？……寄籍不必杜，藉其博雅宏通，為土著之切磋可也。[104]

根據〈學校志〉記述，自康熙廿六年（1687）至康熙五十六年（1717），諸羅縣學建學共卅年，考取科名者多為內地寄籍生，映現內地生排擠本地生現象。諸羅縣學錄取的四十六名生員中，超過一半來自泉州府、漳州府，其次是興化府、福州府。由於在地生投入科舉考試稀少，諸羅縣令周鍾瑄以為「內地士子博雅宏通，可與本地生切磋交流」，有助於在地之教化文風，因此諸羅縣令周鍾瑄贊成「寄籍不必杜」的理念，明確記述於上繳朝廷的《諸羅縣志》，映現朝廷亦默許「閩生寄冒臺生」的現象。

2 鳳山縣學之內地寄籍

閩生寄籍鳳山縣，最著名的例證，是「開臺舉人」是由泉州府同安縣蘇峨寄鳳山籍取中舉人。二○○九年「開臺舉人」蘇峨墓誌銘出土，記述其家世、生平、寄籍鳳山生員之緣由：

104　〔清〕周鍾瑄：《諸羅縣志》（臺北市：文建會，2005年6月），頁157、159。

蘇君諱峨，字眉生，巍庵其別號也。系出宋宰相、崇祀名宦，
諱頌公，簪纓世代，曆傳至曾祖鄉進士、郡司馬喬嶽公，有政
績可稱，再傳至少鯤公，生雁行四，公居其次，出嗣童吉公。
君生而聰穎，方質有氣，形貌魁碩，司馬公即深器之，令從名
宿周碻岩先生學，講貫經史詩歌，為時文不事雕琢，而自合乎
矩度。眾咸謂蘇氏繼起有人矣。……屢試未遊泮，益篤志勵
學。為浮海計，家務悉委葉孺人理之。癸亥年，王師底定臺
灣，置郡建學，君遂以鳳山弟子員登丁卯賢書。昔閩之科目，
歐陽詹開其先，今台之科目，巍庵開其先，俱稱盛事焉。[105]

二〇〇九年蘇峨墓誌銘於泉州同安縣後倉村一農家出土，銘文記述其
家世可遠溯自「宋宰相頌公、曾祖鄉進士喬嶽公、少鯤公、童吉
公」，可謂簪纓世家。蘇峨原籍為「泉州府同安縣」人氏，由於屢次
參與科考而未能考取生員，康熙廿二年（1683）歲次癸亥，臺灣納入
福建省，康熙廿六年（1687）設置一府三縣官學，首開科考，因朝廷
特編「臺字號」取中舉人一名政策，於是家務委由妻葉氏打理，渡海
來臺寄籍鳳山，當年蘇峨五十一歲，以鳳山縣儒學附生，赴福州府參
與丁卯科鄉試而中舉，成為「開臺舉人」。

3 寄籍政策侵害府城生員權益

首任臺廈道周昌〈詳請開科考試文〉視察而肯定的明鄭跨代生員
為「首屆臺灣府儒學」主要生源，臺灣府學因此相較臺灣縣學、鳳山
縣學、諸羅縣學，更加優異，然而「康熙廿六年首屆科考」因宦臺官
員默許寄、冒臺籍政策，使「開臺舉人」為泉州同安蘇峨所得，此開

---

105 王淑蕙：《志賦、試賦與媒體賦──臺灣賦之三階段論述》（臺北市：花木蘭出版
社，2018年9月），頁289-290。

通閩生走「臺字號保障名額」捷徑的政策，乃康熙朝曾嚴禁之重大弊端，康熙四十一年（1702）〈御製訓飭士子文〉發布嚴禁「改竄鄉貫」的飭令：

> 國家建立學校，原以興行教化、作育人材，典至渥也。……士子果有真才實學，何患困不逢年？顧乃標榜虛名，暗通聲氣，夤緣詭遇，罔顧身家；又或改竄鄉貫，希圖進取，囂凌騰沸，網利營私。種種弊端，深可痛恨！[106]

清廷崇儒重道政策，延續明代科舉制度，以優渥制度厚待生員，以期教化地方、作育人才，「改竄鄉貫之弊端，深可痛恨！」映現朝廷絕對不能容忍，「出身文學鼎盛地域考生」為提高中舉機率而竄改籍貫，頂替為「文風衰頹地域考生」。長期以往，影響在地儒者養成甚劇。

寄冒臺籍之弊，直到本地士人崛起，文風漸熾，請求地方官員維護臺籍士子權益之輿論出現，雍正五年（1727）明定「臺地之人有田、有屋入籍既定者，取具里鄰結狀，方准考試」[107]。乾隆六年福建分巡臺灣道劉良璧〈重修臺灣府志序〉：

> 《郡志》修於康熙三十四年，維時天造草昧，三邑各自為志，略具規模而已。今者縣析而四，戶口日增、田疇日闢、人文日盛，皆已百倍於前；舟車輻輳、物產豐饒，屹然為一大郡。衣冠、禮樂、服物、彩章，郁郁彬彬，漸成海濱鄒魯。[108]

---

106 〔清〕劉良璧：《重修福建臺灣府志》（上），頁78-79。

107 「雍正五年，總督高其倬題准：臺地文風漸盛，嗣後歲、科兩試，飭令該地方官查明現在臺地之人有田、有屋入籍既定者，取具里鄰結狀，方准考試。」詳參〔清〕六十七，范咸：《重修臺灣府志》（上）（臺北市：文建會，2005年6月），頁377。

108 〔清〕劉良璧：《重修福建臺灣府志》（上），頁35-36。

   按：除了劉良璧〈重修臺灣府志序〉之外，閩浙總督策楞〈重修臺灣郡志序〉亦

劉良璧云「郡志修於康熙三十四年，維時天造草昧」，意指第三任臺廈道高拱乾於康熙三十四年（1695）纂修、翌年刊行的《臺灣府志》一事，至乾隆六年（1741）時隔四十六年，三縣以府城為行政、教育中心，施行科舉制度以來，府城人文薈萃，已然具備「海濱鄒魯」的教育願景。乾隆二十年（1755）諸羅縣紳豎立「嚴禁冒籍應考條例碑」，碑文明訂「憤冒籍之縱橫，……入籍三十年，有廬墓、眷產者，方准考試。」[109]為臺灣科舉社羣合力抵制「冒籍應考」最具代表性的宣言。然而「冒籍應考」弊端既久，直到乾隆二十九年（1764）御史李宜青〈遵旨議奏臺灣冒籍〉奏稱寄冒臺籍問題：

> 考校首嚴冒籍及鎗手頂替等弊，……臺灣四縣應試，多福、興、泉、漳四府之人，稍通文墨，不得志本籍，則指同姓在臺居住者認為弟姪，公然赴考、教官不及問，廩保互結不暇詳，至竊取一衿，輒褰裳以歸。是按名為臺之士，實則臺地無其人。……今臺屬南北二路，廣袤一千數百餘里，計其莊戶，不下數萬，而博士弟子寥寥不少概見，則皆內地竄名之所致也。查臺地考試，從前具有明禁，非生長臺地者，不得隸於臺學，聖朝作養邊陲之至意，人所共見。又定例入籍二十年亦無原籍可歸者，方准予寄籍考試。……嗣後府縣試及該道考試，應作何設法稽查、識認精細，其廩保等不敢通同徇隱及受賄等弊。斯則海邦皆鄒魯，而作人之化無遠弗屆矣。[110]

云「我國家一道同風之化，而孤懸海外者永永為海濱之鄒魯也夫。」詳參〔清〕劉良璧：《重修福建臺灣府志》（上），頁22。

109 尹章義：《臺灣開發史研究》（臺北市：聯經書局，1989年12月），頁549-550。

110 按：尹章義《臺灣開發史研究》引述乾隆二十年（1755）諸羅縣紳豎立「嚴禁冒籍應考條例碑」明訂「入籍三十年，有廬墓、眷產者，方准考試。」而陳壽祺《道光福建通志臺灣府》乾隆二十九年（1764）御史李宜青〈遵旨議奏臺灣冒籍〉奏稱寄冒臺籍問題，則稱「入籍二十年亦無原籍可歸者，方准予寄籍考試。」映現地方

經乾隆帝交部議事，按款核議後，作出：「入籍二十年以上並無原籍可歸者，方准考試，如有冒籍赴考者，除將本童及廩保照例治罪外，地方官一併查參議處。至現在已經冒籍入學各生，亦應照乾隆二十一年清查順天冒籍之例，勒限一年改歸原籍。如地方官奉行不力，該督、撫即行指名參處。」[111]由於寄冒臺籍弊端，始自首任宦臺官員之默許，乾隆二十九年由督、撫嚴令地方官員執行，此乃正本清源之舉。存在多年的閩、粵子弟寄冒臺籍的弊端徹底終結。

小結

　　康熙廿二年（永曆卅七年1683），末代延平王鄭克塽投降清廷，終結南明在臺政權，「臺灣府」設置於現今臺南市，從而展開為期二百一十二年清領時期（1683-1895）治理。「府城／臺南」一帶，異於中原發展千年的科舉文化與社會，先後歷經：荷蘭東印度公司建立的亞洲重要貿易轉運站、明鄭時期發展儒漢社會及建立反清復明據點，六十年間承受迥異的統治與管理模式，本章以康熙年間府城作為一府三縣文武職官駐守的地域空間，執「荷治時期：異國的商賈文化」、「明鄭時期：區域性的儒漢社會」、「清領時期：科舉政策的制定與因應」三端，論述清廷如何於商賈文化、區域性儒漢社會的背景下，施行科舉制度。

　　一、荷治時期：異國的商賈文化，有：「四季如春、優異環境」、「商旅輻輳、資贍內地」二端。如下所示：

　　（一）四季如春、優異環境：康熙廿五年（1686）《康熙福建通

　　士人對於此弊端之深惡痛絕。
　　〔清〕陳壽祺：《道光福建通志臺灣府》（上）（臺北市：文建會，2007年12月），頁63-64。

111 〔清〕陳壽祺：《道光福建通志臺灣府》（上），頁64。

志臺灣府》〈土風〉「秋無霜，冬無雪，窮戶無衣褐，亦可卒歲，瓜蒲菜茹之屬，雖嚴冬榮秀。」臺灣氣候溫和、土壤肥沃、禾易長畝，人民不需終年辛勤、勞苦躬耕。

（二）商旅輻輳、資瞻內地：十七世紀臺灣不僅是地氣和暖、土壤肥沃、不事耕耡、物產充足的樂土，荷蘭東印度公司先於「大員」（今臺南市安平區）建立據點，經營具規模的國際商港、建築巍峨的熱蘭遮城（Zeelandia,1630），國際洋行貿易往來之獲利可觀，兩百餘年間富足榮盛。府城上自官宦富戶、下至平民百姓，逐漸形成衣食奢華的普遍氛圍。因此有康熙五十九年（1720）《臺灣縣志》記載「臺人雖貧，男不為奴、女不為婢。」以及乾隆三年（1738）《臺灣志略》〈民風土俗〉「首邑華靡競尚」等記載。

二、明鄭時期：區域性的儒漢社會，有：「文廟與師儒」、「儒生與貞女」二端。如下所示：

（一）文廟與師儒：明鄭時期文廟規制，映現「廟學一體」的建築與教育制度設計，符合教育與祭祀雙重功能。明鄭時期設置官學國子監，「官學師儒」之相關記載，有：鄭成功延請李茂春為師、鄭經聘陳永華為學院、葉亨掌國子監助教等記載。「私學師儒」記述沈光文於目加溜灣番社（今臺南市善化區）教授生徒，兼以醫藥濟人。

（二）儒生與貞女：明鄭時期「儒生」記載，有：康熙廿五年首任臺廈道兼理學政周昌〈詳請開科考試文〉「偽進生員猶勤藜火，俊秀子弟亦樂絃誦。」首任諸羅縣令季麒光〈條陳臺灣事宜文〉「今臺灣自道府蒞任以來，即搜羅偽時業儒之人，試以文藝，行見士類可風矣。」映現明鄭生員勤於讀書、樂於學習。明鄭時期「貞女」記載，有：寧靖王朱術桂之媵妾袁氏、蔡氏、秀姑、荷姐、梅姐等，以及鄭氏、沈氏、陳氏、鄭宜娘、阮氏、黃氏等。

二、清領時期：科舉政策的制定與因應，有：「建構儒漢社會與擘劃制度」、「因應科舉制度的矛盾政策」二端。如下所示：

（一）建構儒漢社會與擘劃科舉制度：即使荷治時期建立商賈文化、明鄭時期培養生員，然而「第一本」上繳福建志局，首任臺灣知府蔣毓英《臺灣府志》〈臺灣誌書前序〉「臺灣天末荒島，無君長以別氏號，無父子、兄弟，無衣冠、宮室。三代以來不通貢賦、不登記載。」比較於中原施行科舉制度千年，彼時臺灣區域性質儒漢社會、科舉制度尚待擘劃。

（二）因應科舉制度的矛盾政策：康熙廿六年（1687）清廷於臺灣施行科舉制度，張雲翼〈題請另編額中部覆疏〉為鼓勵新納入版圖的臺生，特編「臺字號」取中舉人一名，以示鼓勵新闢生員。然而宦臺官員以為：明鄭時期於臺南建立區域性的儒漢社會以及培養生員，尚不足比肩中原生員資質，因此開啟閩生寄籍、冒籍臺生赴鄉試，直到乾隆二十九年（1764）御史李宜青〈遵旨議奏臺灣冒籍〉奏稱寄冒臺籍問題，由督、撫嚴令地方官員廩保不敢通同、徇隱及受賄等，存在多年的寄冒臺籍弊端徹底終結，本地士人始大量崛起。

第三章
科舉教育之樂土：
世風與女德[*]

　　康熙廿六年（1687）科舉制度正式在臺施行，配合科舉制度需要成熟的儒漢社會。「家庭」乃「社會」基本組織單位，儒漢社會之特質，可觀察家庭核心的兩性角色、追求的理想人格、展現的形象特質。儒漢社會的「家庭」，男性為家族榮顯而追求科舉功名，成就忠臣孝子；女性為家族清名而追求旌表美名，成就貞節烈女。明鄭治臺廿二年，施行科舉制度僅十七年，「男性為家族榮顯而追求科舉功名」，符合人性追求美好生活的普世價值，鼎革易代後，「偽進生員猶勤藜火，俊秀子弟亦樂絃誦」、「偽時業儒之人，試以文藝，行見士類可風矣」，[1]映現明鄭生員跨代至清，仍勤於舉業，備受首任臺廈道兼理學政周昌、首任諸羅縣令季麒光讚譽。然而檢視臺志記述明鄭治臺時期文獻，可知「家庭」中的兩性角色，男性追求科舉功名的比例較女性為高，康熙廿五年（科舉制度正式施行的前一年）臺灣知府蔣毓

---

[*] 本章部分內容曾以〈清代臺灣方志中女性「逸樂／節烈」形象之轉折研究〉發表於《第五屆近現代中國語文國際學術研討會》（國立屏東教育大學中國語文學系，2013年12月6日至7日）感謝會議討論人惠賜寶貴意見，經修改為本章第二節、第三節。

[1] 周昌：〈詳請開科考試文〉，收入〔清〕高拱乾：《臺灣府志》（臺北市：文建會，2004年11月），頁396。

　　按：季麒光〈條陳臺灣事宜文〉同樣記述明鄭時期生員、學子良好的學習成效：「崇建學校之宜議也。從來士居民首，為詩書禮讓之原，不可不優崇而鼓舞之。今臺灣自道、府蒞任以來，即搜羅偽時業儒之人，試以文藝，行見士類可風矣。」季麒光：〈條陳臺灣事宜文〉收入〔清〕王禮：《臺灣縣志》（臺北市：文建會，2005年6月），頁293。

英《臺灣府志》纂修〈節烈女貞〉，其身分背景多為明代宗室、遺臣、將士妻女。[2]映現明鄭時期開拓的儒漢社會，「男性」投身科舉考試的風氣凝聚於府城一帶；「女性」追求貞節烈女者，亦僅限於生活於府城地區的明鄭宗室、遺臣、將士妻女，因此若無「鄭清對抗」、政權交替的動蕩時期，女性無須「面臨王朝覆滅、丈夫死亡，自殺以作為道德品格的終極表達」[3]，則殉身的烈女更將寥寥可數。

清廷接續明朝實行科舉制度，延續儒漢社會的治理模式，由「志書即治書」的概念，檢視清代臺灣志書所映現儒漢社會的道德秩序，康熙廿五年蔣毓英《臺灣府志》完稿後，上繳福建志局，補入臺灣府部分的《康熙福建通志臺灣府》（1686），與康熙廿三年《康熙福建通志》（1684）赫然發現二志收錄「搭檯死節」與「夫死再婚」兩種極端風俗：

> 柯旺使，永福人，適林士章，士章卒，女不食五日，遺書，族親構木設臺自縊死。（《康熙福建通志》）[4]
> 婚姻論財，不計門戶。夫死即再醮，白首嫠婦，猶字老夫。（《康熙福建通志臺灣府》）[5]

2　〔清〕蔣毓英：《臺灣府志》（臺北市：文建會，2004年11月），頁255-259。

3　〔美〕盧葦菁著，秦立彥譯：《矢志不渝──明清時期的貞女現象》（南京市：江蘇人民出版社，2012年1月），頁4。

4　〔清〕金鋐主修，鄭開極、陳軾編纂：《康熙福建通志》卷五十三《北京圖書館古籍珍本叢刊》第三十六冊《史部・地理類》（南京市：鳳凰出版社，2011年），頁2482。

5　〔清〕金鋐：《康熙福建通志臺灣府》（臺北市：文建會，2004年11月），頁93。
　　按：蔣毓英《臺灣府志》有記載漢人的〈風俗〉，與記載土番的〈土番風俗〉，本段文字是節錄自蔣毓英《臺灣府志》記載漢人的〈風俗〉，也就是說「夫死即再醮，白首嫠婦，猶字老夫」是清廷領臺之初，漢人的婚俗，而非原住民婚俗。詳參〔清〕蔣毓英：《臺灣府志》，頁196。

福建省會福州有「搭檯死節」舊俗，根據《康熙福建通志》（1684），記載林士章未娶而亡，未過門的媳婦「柯旺使」決定殉夫守貞，過程為「柯旺使」先絕食五日，再由親族構木搭臺協助「柯旺使」完成公開自盡的儀式。公開自盡的儀式具有強烈的情緒感染力：架設高臺、鄉親圍觀、高懸素帛、臨時設祭、烈女上臺、父母拜別、烈女縊訖、迎尸歸殮。[6]朝廷下詔旌表、烈女親人於地方廣受崇敬。「搭檯死節」設祭殉死的儀式，可謂為崇尚烈女風氣的極致。臺灣行政區域被納入烈女風氣極盛的福建省，其「婚姻論財，夫死再婚」的婚姻觀同樣被記載於《康熙福建通志臺灣府》（1686）卷十九〈土風〉。十七世紀臺灣女性在地氣和暖、物產豐饒、衣食侈華、階級平等之生活空間，普遍過著：不織而衣、艷妝市行、好遊成俗、婚姻論財、夫死再婚，女性人權之高為同時期其他國家所難項其背，接近現代男女平權的生活模式，映現與所屬福建省會截然不同的女性婚俗觀。

康熙廿六年（1687）一府三縣儒學學校皆置於府城，映現清廷於「明鄭時期建置府城一帶儒漢社會」的基礎上設置官學，便利投身舉業的青年學子報考就讀，府城因此具備「儒漢社會」試驗區，作為日後拓展至全臺的企圖。康熙卅五年第三任臺廈道兼理學政高拱乾《臺灣府志》提出「生聚既繁，教育日殷，昔屬蠻邦，今為樂土」的治臺願景。[7]高氏所指「蠻邦」即禮教未建立的婚俗觀，「樂土」願景乃建

6　根據清人施鴻保寫於道光二十五年（1845）至咸豐八年（1858）年間的《閩雜記》，其中關於福建省會福州「搭檯死節」習俗的記載，由於彼時臺灣隸屬福建省，因此福州之俗可與臺地相對照。「福州舊俗，以家有貞女節婦為尚，愚民遂有搭檯死節之事，凡女已字人，不幸而夫死者，父母兄弟皆迫女自盡。先日，於眾集處，搭高臺，懸素帛，臨時設祭。扶女上，父母皆拜臺下。俟女縊訖。乃以鼓吹迎尸歸殮。女或不願，家人皆詬詈羞辱之，甚有鞭撻使從者。……蓋藉以請旌建坊，自表為禮教家也。」詳參〔清〕施鴻保：〈搭臺死節〉，《閩雜記》，收入王錫祺輯：《小方壺齋輿地叢鈔》（臺北市：廣文書局，1962年），頁113。

7　高拱乾：〈初至臺灣曉諭兵民示〉，收入〔清〕高拱乾：《臺灣府志》（臺北市：文建會，2004年11月），頁406。

立於儒學教育與科舉制度的長久施行。直到乾隆廿九年「閩生寄冒臺籍」弊端根除，儒漢社會成熟度接近福建內地，完成「科舉樂土」的治臺願景。然而十九世紀以「女性自主」作為判斷文明高低的依據，則早在十七世紀末至十八世紀間，臺灣於地氣和暖、物產豐饒、衣食侈華、階級平等之空間基礎上，女性普遍過著：不織而衣、艷妝市行、好遊成俗、婚姻論財、夫死再婚的自主生活，彼時臺灣女性人權之高為同時期國家所難項背。歷經清朝兩百年的統治，乙未割臺、明治維新後現代化日本在臺始政，內政上積極掃除諸多侵害女性身體權的陋習。由於學界普遍認為臺灣婦女解放意識的萌芽與日治時期臺灣殖民地整體解放運動密不可分。[8]使得清代「自由的婦女樂土」轉成「科舉教育的樂土」歷史未被彰顯。本章以清代臺灣方志援引《山海經》，映現撰志師儒於「神話樂土」有所理解，只因囿限於千年型塑的禮教意識，使其不能理解臺灣再現的神話樂土。故而執「理想社會與樂土神話」、「自由的婦女樂土」與「科舉教育的樂土」三端，建構「科舉教育之樂土：世風與女德」議題的闡述。

第一節　理想社會與樂土神話

康熙廿五年（1686）《康熙福建通志臺灣府》卷一〈建置志〉開志首卷首句「臺灣府，本古荒裔之地。」[9]康熙卅五年（1696）來臺採硫的郁永河於《裨海記遊》中記述：「平地近番，不識不知，無求無欲，日遊於葛天、無懷之世，有擊壤鼓腹之遺風。」由中原禮教視角，以「葛天、無懷」形容平地原住民生活在上古淳樸的社會。康熙

8　楊翠：《日據時期臺灣婦女解放運動──以《臺灣民報》為分析場域（1920-1932）》（臺北市：時報文化，1993年5月），頁6。

9　〔清〕金鋐：《康熙福建通志臺灣府》，頁35。

六十一年（1722）巡臺御史黃叔璥《臺海使槎錄》延用其說，[10]逐漸
形成清初描繪臺灣的重要論述。上古、淳樸、荒裔既然為志書記述臺
灣的普遍論述，爬梳清代臺灣志書，赫然可見諸多援引《山海經》之
運用釋例。

一　《山海經》的運用

　　茲將清代臺灣志書運用《山海經》於各項類別詮釋資料，臚列
如下：

（一）撰志源流：康熙廿五年（1686）《臺灣府志》諸羅縣令季麒
　　　光代福建分巡臺廈道周昌撰寫的〈臺灣誌書前序〉談論志書
　　　歷史，有云：「故夏之《禹貢》、周之《職方》……《山海》
　　　諸書，莫不專其掌故。」[11]

（二）異域記事：乾隆十二年（1747）《重修臺灣府志》〈藝文三〉
　　　記載巡臺給事中六十七〈臺海采風圖序〉談論宦臺記異，有
　　　云：「考古伯翳著《山海經》、桑欽撰《水經》，諸史地理有
　　　志；……凡名人使絕域外島，亦每彙其群碎清異者而錄之，
　　　蓋以考異俗、資宏覽也。」[12]

10　〔清〕尹全海等：《清代巡臺御史巡臺文獻》（北京市：九州出版社，2009年12月），
　　頁325。

11　〔清〕蔣毓英：《臺灣府志》，頁121。
　　按：清代臺灣方志運引述《山海經》於「撰志源流」者，尚且有：閩浙總督喀爾吉
　　善〈序〉「《山經》《海記》之瑰琦，軼於往古。」福建巡撫陳大受〈序〉「《齊諧》
　　之志、《山海》之圖，用廣異聞而已。」臺灣道莊年〈序〉「夫豈等《山經》、《水
　　注》，侈乘槎之瑰奇，資操觚之博贍已哉。」以上資料，詳參〔清〕六十七，范
　　咸：《重修臺灣府志》（上）（臺北市：文建會，2005年6月），頁25、27、34。

12　〔清〕六十七、范咸：《重修臺灣府志》（下）（臺北市：文建會，2005年6月）），頁
　　835。按：清代臺灣方志引述《山海經》於「異域記事」者，尚有如下例證：庶吉
　　士吳王坦〈題黃玉圃巡使「臺陽花果圖」〉「《爾雅》自姬公，蒐討窮大塊；後有

（三）物產釋名：乾隆十七年（1752）《重修臺灣縣志》〈風土〉引
《山海經》注解〈土產・藥之屬〉，有云：「天門冬（《山海
經》所謂『釐冬』，葉細有刺，蔓生。）」[13]

（四）潮汐釋義：乾隆十七年（1752）《重修臺灣縣志》〈山水〉引
《山海經》注解潮汐現象，有云：「古今之論潮汐詳矣。《山
海經》以為『海鰌出入』。」[14]

（五）詩文序跋：光緒廿年（1894）《苗栗縣志》〈文藝〉收錄吳子
光，〈關聖帝君祀典序〉，有云：「百蟲將軍著《山海經》，備
言神道中有魍犁、尸魃、武羅諸目。」[15]

（六）賦作引述：乾隆十七年（1752）《重修臺灣縣志》〈藝文〉收
錄王必昌〈臺灣賦〉，賦文引《山海經》記敘臺地之瑰奇，
有云：「非人跡所能遍，亦《山經》所未鐫。」[16]

《山海經》，所言同誌怪。」詳參〔清〕六十七、范咸：《重修臺灣府志》（下），頁
924。

13 〔清〕王必昌：《重修臺灣縣志》（下）（臺北市：文建會，2005年6月），頁560。
按：清代臺灣方志引述《山海經》於「物產釋名」者，尚有如下數則：〈水產紀・
水產〉「則有《爾雅》之書所不及詳、《山海》之經所不能紀者焉。」詳參〔清〕胡
建偉：《澎湖紀略》，（臺北市：文建會，2004年12月），頁213。〈物產・果之屬〉
「橘……《山海經》：『洞庭之山，其木多橘。』」詳參〔清〕屠繼善：《恒春縣志》
（臺北市：文建會，2007年12月），頁186。〈土產・果之屬〉「薯蕷……《山海經》
曰：『景山北望，少澤，多諸蕷。』」、〈土產・蟲之屬〉「蛇：按《本草》、《山海
經》、《爾雅》等書曰……」、〈土產・蟲之屬〉「蠹：……《山經》云：『衣魚三食神
仙字，化此』。」詳參〔清〕王禮：《臺灣縣志》（臺北市：文建會，2005年6月），
頁86、116、117。〈物產・木之屬〉「楠……《山海經》：『柟負霜騰翠，今古以為美
材』」、〈物產・介之屬〉「鯪鯉……《山海經》：『龍鯉陵居』是也』」。詳參〔清〕周
鍾瑄：《諸羅縣志》（臺北市：文建會，2005年6月），頁292、314。

14 〔清〕王必昌：《重修臺灣縣志》（上）（臺北市：文建會，2005年6月），頁157。

15 〔清〕沈茂蔭：《苗栗縣志》（臺北市：文建會，2006年12月），頁279。按：清代臺
灣方志收錄之詩文序跋，論述及《山海經》者，尚有如下數則：巡道劉良璧〈瀛壖
百詠跋〉「山川景物，歷歷如繪，令觀者如閱《山海經》、如讀《水經注》。」、莊年
〈婆娑洋集跋〉「其怪譎瑰異、典麗清新，如《山經》、《水注》」。詳參〔清〕王必
昌：《重修臺灣縣志》（下），頁609、615。

16 〔清〕王必昌：《重修臺灣縣志》（下），頁633。按：清代臺灣方志收錄之「賦作引

　　前述分類歸納可知清代臺灣諸志廣泛運用《山海經》於：撰志源流、異域記事、物產釋名、潮汐釋義、詩文序跋、賦作引述等各類別中，映現《山海經》乃纂志作者群（官員、儒士）之重要參考書。

二　樂土神話的再現

　　康熙廿五年（1686）《臺灣府志》以下諸志廣泛運用《山海經》，顯示纂志作者群認同《山海經》可用於詮釋臺灣。《山海經》是保存最多神話的一本奇書，記載許多上古時期的樂土神話，其中再現臺民樂土生活者，有如下兩則：

> 有沃之國，沃民是處。沃之野，鳳鳥之卵是食，甘露是飲。凡其所欲，其味盡存……鸞鳳自歌，鳳鳥自舞，爰有百獸，相羣是處，是謂沃之野。（〈大荒西經・沃國〉）[17]

沃國民飲食的鳳鳥卵與甘露水極其珍貴，非凡間所有，因此象徵性大於真實性，至於「凡其所欲，其味盡存」更象徵一種隨心所欲的生活。鸞鳳歌舞與百獸共處，凸顯神鳥與百獸間無階級的平等自然法則。可見〈大荒西經・沃國〉之樂土條件，為：飲食珍貴、階級平等、隨心生活。類似的記載還可見於〈大荒南經〉中：

> 有载民之國。帝舜生無淫。降载處。是謂巫载民。巫载民盼

述」《山海經》者，尚有張從政：〈臺山賦〉「嘉樹雜植，更《山經》所難述。」詳參〔清〕余文儀：《續修臺灣府志》（下）（臺北市：文建會，2007年6月），頁1048。

17 袁珂校注：《山海經校注》（臺北市：里仁書局，2004年8月），頁397。

姓，食穀，不績不經，服也；不稼不穡，食也。爰有歌舞之
鳥，鸞鳥自歌，鳳鳥自舞。爰有百獸，相群爰處。百穀所聚。
（〈大荒南經‧載民國〉）[18]

〈大荒南經〉巫載民是聖王帝舜的後裔，載民國物產豐饒，「不績，
服也；」指不辛勤紡織而有衣服穿，「不稼不穡，食也。」指不勞苦
農事而有食物吃。顯然載國人民享有「不織而衣、不耕而食、鸞鳥自
歌、鳳鳥自舞、百獸共處」等隨心所欲的自在生活。爬梳〈大荒西
經‧沃國〉、〈大荒南經、載民國〉兩處樂土神話，其樂土的基本條
件，為：不耕而食、階級平等、隨心所欲等自在生活。

　　康熙卅五年（1696）《臺灣府志》記述「臺灣地氣和暖，無胼手
胝足之勞，而禾易長畝，較內地之終歲勤者，其勞逸大異，此臺農之
足樂也。」[19]乾隆十二年（1747）《重修臺灣府志》記述「土壤肥沃，
種植後，聽其自生，不事耘耡。」[20]不事耘耡即可豐收，加上安平港
商旅輻輳，形成奢侈競麗、資贍內地的風氣，自府城一帶蔓延至他
邑。如康熙五十六年（1717）《諸羅縣志》「衣食侈靡，濫觴郡
治；……一飯終歲之蓄，漸染成風，流及下邑。」[21]記載諸羅縣衣食
奢華的風氣乃自府城流行而來。乾隆三年（1738）《臺灣志略》〈民風
土俗〉：「首邑華靡競尚」。[22]府城一帶的奢華風氣，為中原禮教人士憂
慮。如乾隆五十二年鄭光策上〈平臺策八條〉「臺地初尚敦樸，近年
以來，侈靡成風，酒館歌樓，通宵達旦。輿臺皂隸，裝服輕華。揆其
所由，皆開自上。在官丁役，流寓雜流，以不耕不織之財，為逾制無

18　袁珂校注：《山海經校注》，頁371-372。

19　〔清〕高拱乾：《臺灣府志》（臺北市：文建會，2004年11月），頁406。

20　〔清〕六十七、范咸：《重修臺灣府志》（下），頁530。

21　〔清〕周鍾瑄：《諸羅縣志》，頁219。

22　〔清〕尹士俍：《臺灣志略》（臺北市：文建會，2005年6月），頁278。

等之舉。觀者仿效，到處蔓延。財源幾何不竭？是侈靡不可不禁也。」[23]究其實，鄭光策所云「侈靡成風，酒館歌樓」反映富裕歌舞昇平的生活；「輿臺皁隸，裝服輕華」映現無以衣冠區分上下階級的社會；「以不耕不織之財」則再現《山海經》〈大荒南經〉中巫載民「不績不經，服也；不稼不穡，食也」的樂土生活。

（一）階級平等

《山海經》記載的樂土神話中，如〈大荒西經〉「鸞鳳自歌，鳳鳥自舞，爰有百獸，相群是處，是謂沃之野。」〈大荒南經〉「有歌舞之鳥，鸞鳥自歌，鳳鳥自舞。爰有百獸，相群爰處。」都以鸞鳳歌舞、百獸和群共處象徵階級平等的和樂景象。彼時臺灣人無貴賤普遍穿戴奢華是富庶平等的象徵，嘉慶十二年（1807）《續修臺灣縣志》記述「視疏若親，窮乏貧苦，民雖貧不為奴婢。」[24]頗能再現《山海經》記載「階級平等」的樂土神話。

（二）衣冠平等

自《周禮》制定服飾制度，作為昭名分、辨等威、別貴賤的區分方式，再經禮法制度推展逐漸形成中土社會文化的一環。久而久之，衣冠材質與形式映現穿戴者的經濟能力與社會地位，成為區別上下尊

---

23 〔清〕鄭光策：〈平臺策八條〉，收入〔清〕陳壽祺：〈國朝儒林傳〉，《道光福建通志臺灣府》（臺北市：文建會，2007年12月），頁1094。
　　按：鄭光策，字蘇年，乾隆庚子進士，歸，主講泉州。詳參〔清〕陳壽祺：〈國朝儒林傳〉，《道光福建通志臺灣府》，頁1093。
24 按：根據嘉慶十二年（1807）《續修臺灣縣志》〈風俗〉記載：「俗信巫鬼，病者乞藥於神，輕生喜鬥，善聚黨，亦皆漳、泉舊俗，然有其異者，《舊志》云：……視疏若親，窮乏貧苦，相為周卹。民雖貧不為奴婢。」說明臺民中「輕生喜鬥，善聚黨者」是來自漳、泉之舊俗。至於視疏若親，窮乏貧苦，相為周卹。民雖貧不為奴婢，屬於臺民自成的風俗。詳參〔清〕謝金鑾、鄭兼才：《續修臺灣縣志》（上）（臺北市：文建會，2007年6月），頁140。

卑的標識。同理可知，若一地區人民能由衣冠輕易區分階級與貴賤，那麼此地人民當為「知尊卑、尚禮教」社會；反之，若一地區人民無分貴賤一致穿戴華美衣冠，那麼此地人民當為「尚奢侈、競綺麗」無上下尊卑的蠻邦。

康熙五十六年（1717）《諸羅縣志》記載由府城流行而來的奢侈風氣，如何展現在諸羅縣民的日常衣著上：「人無貴賤，必華美其衣冠，色取極豔者。靴襪恥以布，履用錦，稍敝即棄之。下而肩輿隸卒，褲皆紗帛。」[25]《諸羅縣志》記載府城傳來的奢侈風氣，並不僅流行於上層階級，甚至肩輿隸卒多穿戴豔色衣冠、輕軟細薄的絲織褲裝，不屑布製鞋襪而崇尚錦鞋，鞋稍舊即更新。平民也能穿戴華美衣冠，當然是建立在物產充足、商業發達的基礎上。至於傭工階級如何有能力穿戴華美的衣冠？根據乾隆十七年（1752）《重修臺灣縣志》記載「傭人計日百錢，趑趄不應召。屠兒牧豎，腰纏常數十金」[26]，記載一般傭人與僮工都能快速的累積資財，這些資財使傭工階級具備購買華美衣冠的消費能力。

康熙五十九年（1720）《鳳山縣志》〈風土・漢俗〉注意到女性配戴的飾品：「噫！衣食者，民生之大命也。而臺俗宴會之設，動費中產；即廝役牧豎衣曳綺羅，雖販婦村姑粧盈珠翠。」[27]鳳山縣令李丕煜從中土平民的財富水準作為評論點，認為平民經濟普遍拮据，衣食為維生之命脈，然而臺民設宴可比內地中產之家，廝役牧豎穿著士宦階級的綺羅袖袍、販婦村姑日常亦能盛加妝飾，衣食奢華又違禮僭越。類似的評論，還有康熙五十九年（1720）《臺灣縣志》〈輿地志・

25　〔清〕周鍾瑄：《諸羅縣志》，頁228。

26　〔清〕王必昌：《重修臺灣縣志》（下），頁532。

27　〔清〕李丕煜：《鳳山縣志》，頁147。

　　按：乾隆二十九年（1764）《重修鳳山縣志》〈風土〉「夫服飾僭侈，應酬豪華，全臺之敝俗也」。詳參〔清〕王瑛曾：《重修鳳山縣志》（上），頁113。

雜俗〉記載：「俗尚華侈，衣服悉用綾羅。不特富厚之家為然也，下而輿隸之屬、庸販之輩，非紗帛不袴。」[28]華侈的風氣下，一般平民衣服使用綾羅材質，至於傭工階級示穿著內地富戶階級使用的紗帛褲。乾隆三年（1738）《臺灣志略》〈民風土俗〉亦有類似的記載：「俗尚奢侈，宴會必豐。男子衣服多用綾綢，即傭販之輩，非紗帛不褲。」[29]嘉慶十二年（1807）《續修臺灣縣志》〈風俗〉亦如此記載：「習尚華侈，衣服概用綾羅，雖輿隸庸販，衣褲率多紗帛。」[30]直到嘉慶十二年志書記載衣食奢華仍為常態，男子衣服多用綾羅綢緞，傭販之輩示能穿著紗帛褲，映現彼時臺灣沒有所謂的窮戶布衣。外來者初見以為奢侈，但因平民階層能輕易累積資財，富庶榮景處處可見，久之亦視為當然。這種不以衣冠區別地位貴賤的均富現象，實為階級平等的樂土。

　　清廷治臺之初即主張「藉科舉功名吸引臺民，轉移非僻心思」，因此常有斥責臺民違禮僭越的評論，如康熙六十一年（1722）巡臺御史黃叔璥《臺海使槎錄》抄錄〈諸羅雜識〉的評論：「尚奢侈、競綺麗、重珍旨，彼此相傚；即傭夫、販豎不安其常，由來久矣。」[31]所謂「傭夫、販豎不安其常」，即下層階級違禮僭越使用上層階級之衣食用度，如此紊亂上下階級的用度分別，不利施政者建立昭名分、辨等威、別貴賤的階級社會。乾隆廿九年（1764）《重修鳳山縣志》鳳山縣令王瑛曾主編〈風土〉也有類似的批評：

　　　　昔雷陽陳璸觀察臺灣時，躬以節儉訓俗，衣惟布素、食無兼

28　〔清〕王禮：《臺灣縣志》，頁122。

29　〔清〕尹士俍：《臺灣志略》，頁273。

30　〔清〕謝金鑾、鄭兼才：《續修臺灣縣志》（上），頁140。

31　〔清〕黃叔璥：《臺海使槎錄》收入《清代巡臺御史巡臺文獻》（北京市：九州出版社，2009年12月），頁247。

味，禁諸服飾奢侈者；積習已錮，亦未盡改。[32]……夫服飾僭
侈，應酬豪華，全臺之敝俗也。[33]

鳳山縣令王瑛曾舉康熙年間宦臺十餘年的陳璸推行「禁服飾奢侈」為
例，陳璸以身作則「衣惟布素、食無兼味」，發布禁服飾奢侈令，然
而積習已深未能改變，直到乾隆廿九年鳳山縣令王瑛曾主編《重修鳳
山縣志》仍將人民「衣食用度、違禮僭越」列為全臺敝俗。由王瑛曾
從禮教觀點評論臺民逾制，而不能從《山海經》樂土條件論述，映現
官方立場的侷限性與僵化性。

（三）不蓄奴婢

　　一八九五年日本在臺始政，內政上積極展開掃除諸多侵害女性身
體權的陋習，如纏足、買賣養女等。然而檢視志書記載，臺灣本無纏
足、買賣等侵害身體權的風俗，如康熙五十六年（1717）《諸羅縣
志》記載：「夫婦自相親暱，雖富無婢妾、僮僕。」[34]富戶蓄有婢妾、
僮僕本為中土常見之風俗，然而「臺民不為奴婢」之主因，男性的部
分在於：從農者物產豐盛、從商者資財累積容易，因此貧者不必為
奴。女性的部分在於：彼時男多於女的人口結構，女性地位高，婚後
夫婦親暱不蓄奴婢。如乾隆十七年（1752）《重修臺灣縣志》〈風土·
風俗〉記載：「民雖貧不為奴婢；凡臧獲之輩，俱從內地來。此亦風
俗之不多覯者。」[35]臺民貧者不至於賣身為奴，若官員有蓄養奴婢的

---

32 〔清〕王瑛曾：《重修鳳山縣志》（上），頁112。
33 〔清〕王瑛曾：《重修鳳山縣志》（上），頁113。
34 〔清〕周鍾瑄：《諸羅縣志》，頁245。
35 〔清〕王必昌：《重修臺灣縣志》（下），頁532。
　按：乾隆7年（1742）時任分巡臺灣道按察使司副使的劉良璧，纂輯《重修福建臺
　灣府志》〈風俗志〉時亦有相同的記錄，詳參〔清〕劉良璧：《重修福建臺灣府志》
　（上）（臺北市：文建會，2005年6月），頁194。

需求，則多由內地攜帶奴婢而來。

（四）異姓相親

探求臺民貧者不賣身為奴婢，除了物產充足、資財累積容易之外，此地人際關係平等和諧、互助互濟也是重要原因。康熙五十九年（1720）《鳳山縣志》〈風土・漢俗〉記載：「鄰里詬誶，檳榔可以解紛；有無相通，傾囊亦所不惜。」[36]、「親異姓，全臺之敝俗也。」[37]鳳山縣令李丕煜認為「親異姓」為全臺敝俗，然而正因為異姓相親、濟助窮苦，使貧民不必賣身為奴婢。人際關係的平等和諧與互助濟貧對於地方治理很有助益，如下數則記載：

> 兄弟同居，或至數世；鄰里詬誶，片言解紛。通有無、濟緩急，失路之夫望門投止，鮮閉而不內者。（乾隆十二年（1747）《重修臺灣府志》〈風土一〉）[38]
>
> 臺灣縣……視疏若親，窮乏疾苦相為周恤。（乾隆廿七年（1762）《續修臺灣府志》〈風俗〉）[39]
>
> 視疏若親，窮乏貧苦，相為周卹。民雖貧不為奴婢。（嘉慶十二年（1807）《續修臺灣縣志》〈風俗〉）[40]
>
> 歲一收穫，豐盈常足。……孤獨廢疾之人則鄉社人共餔之。（道光廿二年（1842）嘉慶重修《清一統志臺灣府》〈風土〉）[41]

又，臺民不為奴婢的記載一直持續到光緒20年（1894）《苗栗縣志》〈風俗考〉記載：「貧者不為婢，或紡綿為線，或織草為席。」詳參〔清〕沈茂蔭：《苗栗縣志》，頁170。

36　〔清〕李丕煜：《鳳山縣志》，頁146。

37　〔清〕李丕煜：《鳳山縣志》，頁147。

38　〔清〕六十七、范咸：《重修臺灣府志》（下），頁530。

39　〔清〕余文儀：《續修臺灣府志》（中）（臺北市：文建會，2007年6月），頁636。

40　〔清〕謝金鑾、鄭兼才：《續修臺灣縣志》（上），頁140。

41　〔清〕穆彰阿：《清一統志臺灣府》（臺北市：文建會，2007年6月），頁45-46。按：

《清一統志臺灣府》記載：由於農穫豐足，孤獨廢疾者皆由地方人士共同贍養。《重修臺灣府志》記載：兄弟成家同居，若有失和則片言得以解紛，[42]親異姓的結果，路人急難借宿少有不接納的。《續修臺灣府志》、《續修臺灣縣志》同樣記載：對待疏離貧苦者，若親人相互濟助。綜觀諸志所載內容，映現臺民貧者不必賣身成為奴婢的工作，近似「四海之內皆兄弟」、「故人不獨親其親，不獨子其子，……鰥寡孤獨廢疾者皆有所養」的大同世界、再現上古神話的樂土世界。

第二節　自由的婦女樂土

　　遠古時期許多民族最初實行母系社會，女權之高自不待言。隨著人類經濟活動由採集、狩獵轉向畜牧農業，多數人類社群由母系社會轉向父系社會，父系社會形成父權體制，除了少數世家大族祖輩女性掌有內宅的權力之外，多數女性於家族結構中是父權體制的附屬者，附屬者必須配合父、夫、子的決定與利益，因此兩性關係中多處於弱勢。從西方社會的發展來看女性角色：在農業時代與工業革命之前，婦女投入勞動市場，再辛苦的工作女人也得做，[43]婦女的人權普遍處於亟需改善的情況。如：一七九一年九月法國大革命正處於早期階段，奧林柏·德·古杰（Olympe de Gouges, 1748-1793）在巴黎散發

　　纂修時代自嘉慶十七年（1812）至二十五年（1820），道光二十二年（1842）方進呈清史館。

42 按：志書記載臺地訟師多來自內地稍通筆墨而姦猾無依者，如：康熙五十六年（1717）諸羅縣令周鍾瑄《諸羅縣志》記載：「內地稍通筆墨而無籍者，皆以臺為淵藪；訓蒙草地或充吏胥。輾入比未久者，科、歲猶與童子試。其姦猾而窮無依者，並為訟師。……遂為地方大害。是此地之驅除訟師，宜尤嚴於內地也。」詳參〔清〕周鍾瑄：《諸羅縣志》，頁231。

43 〔美〕羅莎琳·邁爾斯（Rosalind Miles），刁筱華譯：《女人的世界史》（*The Women's History of the World*）（臺北市：麥田出版社，2006年5月），頁198。

一本名為《婦女的權力》的街頭小冊子，她因此被送上了斷頭臺。[44]
一八四○年某位母親攜帶人身保護令（habeas corpus）想營救被丈夫
禁足的女兒，英國法院的宣判是：

> 女人生來就要服從父親或丈夫，一進入婚姻，她們就要守著婚
> 姻至死。……英國法律賦與先生統治妻子的權力……〔他〕可
> 以用武力挾持她……他可以打她。[45]

雖然工業革命提高女性社會地位，[46]但一八八○年代，理想的女性典
型仍是發揚母性與守貞的女人，[47]直到一九五○年代，把女人當做人
看待（woman as person）的觀念才建立。[48]一九六○年代女性主義在
世界各地展開，女性自主意識始逐漸提高。[49]

　　十七世紀末至十八世紀間臺灣女性在地氣和暖、物產豐饒、衣食
侈華、階級平等之樂土空間的基礎上，普遍過著：不織而衣、艷妝市
行、好遊成俗、婚姻論財、夫死再婚的自由自主生活，女性人權之高
為同時期其他國家所難項其背。

一　婦女樂土的背景

　　十七世紀末臺灣儒漢社會尚未成熟，富庶的經濟營造出自由的婚
姻市場；男女人口比例失衡，使女性擁有身價百金與傲視世界的自主

44　〔美〕約瑟芬・多諾萬（Josephine Donovan）：《女權主義的知識分子傳統》（南京
　　市：江蘇人民出版社，2003年1月），頁1-2。

45　〔美〕羅莎琳・邁爾斯（Rosalind Miles）：《女人的世界史》，頁278。

46　宋鎮照：《社會學》（臺北市：五南圖書出版，1997年8月），頁359。

47　宋鎮照：《社會學》，頁360。

48　宋鎮照：《社會學》，頁360。

49　宋鎮照：《社會學》，頁378。

空間。然而十七世紀末清代志書貶視臺女自由的生活空間，十九世紀
英國長老教會宣教師、日治時期總督府同情臺灣婦女落後的人權，映
現十七世紀臺灣女性自主歷史未被正視的實情。

（一）失衡的男女比例

十七世紀二○年代荷治時期（1624-1662）曾經作過漢族移民的
調查，女性占男性比重大約是在百分之八～十之間，[50]鄭氏時期
（1662-1683）與清領時期（1683-1895）因戰亂與〈渡臺禁令〉政
策，直到十九世紀二○年代男女性別比例較正常為止，約有兩百年間
處於「男多女少」的人口比例。[51]失衡的男女比例造成男性結婚困
難、女性高身價的社會氛圍，如康熙廿五年（1686）《康熙福建通志
臺灣府》〈土風〉所云「民男多女少，匹夫猝難得婦。」[52]與康熙五十
六年（1717）《諸羅縣志》〈風俗志・雜記志〉記載：「男多於女，有
村庄數百人而無一眷口者。蓋內地各津渡婦女之禁既嚴，娶一婦動費
百金；故庄客佃丁稍有贏餘，復其邦族矣。」[53]男多女少的人口結
構，使婚姻市場中女性的需求人口遠大於供給人口。若將失衡的男女
比例，置諸於窮困的社會，可能產生販賣人口的問題；置諸於富庶的
社會，則可能產生女性高身價，形成經濟能力高的男性較容易娶妻生
子的現象。

---

50 按：一六四九年十一月十八日，費爾堡及大員評議會致巴城總督及東印度參事會的
信件，說明女性與男性的比例是1：12.5，婦女僅占男子總數的8%。又據《熱蘭遮
城日記》記載的移民資料，在一六五五年三月至一六五八年二月乘船前往臺灣的
17,808個移民中，共有男性16,241人，女性1,567人。女性與男性的比例為1：10.4，
婦女約占男子人數的9.6%。詳參楊彥杰：《荷據時代台灣史》（臺北市：聯經出版
社，2000年10月），頁170-171。

51 楊彥杰：《荷據時代台灣史》，頁170-171。

52 〔清〕金鋐：《康熙福建通志臺灣府》，頁93。

53 〔清〕周鍾瑄：《諸羅縣志》，頁362。

　　由於荷治時期以安平（大員）為臺灣轉口貿易的據點，[54]島上最大
的國際商港「安平」為明鄭時期王城所含括的範圍，國際商港帶來商
旅輻輳的效應，形成富庶繁華的城市榮景。此地傭人計日百錢、屠兒
牧豎常腰纏數十金，資財累積相對容易，形成以府城為核心「一會中
人之產，一飯終歲之蓄」的奢華風氣，逐漸影響至全臺。毫無疑問，
臺灣失衡的男女比例乃置諸於富庶社會，富庶社會中失衡男女比例將
產生何種現象？據此現象可進一步追索臺灣兩性家庭的發展傾向。

（二）自由的婚姻市場

　　社會學家常把婚姻看做是一種市場上的交易，[55]十七世紀末至十
八世紀間失衡的男女比例，使女性於婚姻市場中占據有利的一方。由
於「需求大於供給」將造成物價上漲，這種「物以稀為貴」的簡單經
濟學原理，能充份解釋康熙五十六年（1717）《諸羅縣志》〈風俗志・
雜記志〉記載「娶一婦動費百金」的現象。繼身價百金之後，自然形
成「婚姻論財」的風俗。如康熙廿五年（1686）《臺灣府志》〈風俗〉
記載：「婚姻論財，不擇婿，不計門戶」。[56]再如康熙五十九年（1720）
《鳳山縣志》〈風土・漢俗〉記載：「夫服飾僭侈、婚姻論財……全臺
之敝俗也。」[57]以及乾隆廿七年（1762）《續修臺灣府志》〈風俗〉記
載：「諸羅縣 ……衣飾僭侈，婚姻論財，其敝俗也。」[58]從女方的立
場思考：身價高的女性生長於富庶之地，婚後若要維持原本的消費水
準，自然首要考量「求娶者的財力」。

　　清領之初來自內地的官員們侷限於時代的視野，從禮教觀點評

---

54 楊彥杰：《荷據時代臺灣史》，頁121。

55 蔡文輝：《社會學》（臺北市：三民書局，1995年8月），頁339-340。

56 〔清〕蔣毓英：《臺灣府志》，頁196。

57 〔清〕李丕煜：《鳳山縣志》，頁147。

58 〔清〕余文儀：《續修臺灣府志》（中），頁636。

論：漢女身價百金為「奢俗」、臺民衣食侈華與婚姻論財的擇偶標準為「敝俗」。臺灣婚姻市場中「百金身價、婚姻論財」，頗能符合當代社會學的觀點：

> 男女雙方的擇偶過程仍然是像市場交易一樣。其交換的東西包括社會所重視的特質，如家庭背景、經濟地位、教育程度、年齡與容貌。[59]
> 個人的生命機會（life chance）也常因社會地位之不同而不同。譬如高地位者總是比較容易取得好的職業，娶得較漂亮的妻子……。[60]所得愈高者通常社會地位愈高。[61]

當代社會學學者以為：適婚男女於自由婚姻市場中，彼此以社會價值標準所看重的「家庭背景、經濟地位、教育程度、年齡與容貌」進行交換。男性的社會地位愈高則比較容易取得好職業、累積較多的財富、娶得漂亮的妻子，如此在男女比例均衡的情況下，男性是以「經濟地位」換取條件佳的女性。同理，當科舉制度尚未形成風氣之前，當代社會學家提出的「家庭背景、經濟地位、教育程度、年齡與容貌」四項條件中，可去除「教育程度」一項，至於「家庭背景」與「經濟地位」可合併一項，則清代臺灣男多女少的人口比例下，女性本身具備百金身價的條件，因此占人口數多的男性是以「經濟地位」換取人口少數的「女性本身」，以達成婚姻的目的。也就是說，占人口結構少數的女性本身即是足以被條件良好（經濟地位）交換的對象，如下表所示：

---

59 蔡文輝：《社會學》，頁339-340。
60 蔡文輝：《社會學》，頁270。
61 蔡文輝：《社會學》，頁271。

時代＼性別條件	男性 交換條件	女性 交換條件
清代社會	經濟地位	女性本身
當代社會	經濟地位	容貌條件

從清代到當代社會，自由市場引導自由價格機制，映現一個有趣的現象：當婚姻市場的自由度不變，則經濟條件良好的男性在性別比例均衡的當代社會，可選擇容貌條件較佳的女性；若置身於性別比例失衡的清代社會則僅能娶到妻子。

在「物以稀為貴」的簡單經濟學原理下，女性不僅能選出經濟較佳的配偶，甚至喪偶的婦女於婚姻市場仍持續受到歡迎。康熙廿五年（1686）《臺灣府志》〈風俗〉記載：「婚姻論財，不擇婿，不計門戶。夫死則再醮，或一而再而三，白首媭婦，猶字老夫，柏舟之誓，蓋亦鮮矣。」[62]年輕女性被經濟地位良好的男性求娶，年長白首的喪偶婦女在性別失衡的自由婚姻市場中也受到歡迎。

臺灣於珍視女性的氛圍下，不同階級的女性地位也被整體提昇，如乾隆三年（1738）《臺灣志略》〈民風土俗〉：「臺地男多女少，養女及笄，即行遣嫁，從無溺女之陋習。紳士齊民少畜婢女，間有一二，年至二十內外，便為擇配，更無錮婢之澆風。」[63]臺地資財賺取容易因此有男不為奴、女不為婢的習俗，根據乾隆十七年（1752）《重修臺灣縣志》〈風土·風俗〉記載，即使有少數的奴婢也是由內地帶來。[64]這些婢女在廿歲前必為之擇配，絕無長久禁錮的惡習，由此可知彼時臺灣女性之地位。

62　〔清〕蔣毓英：《臺灣府志》，頁196。

63　〔清〕尹士俍：《臺灣志略》，頁278。

64　〔清〕王必昌：《重修臺灣縣志》（下），頁532。
　　按：乾隆七年（1742）《重修福建臺灣府志》〈風俗志〉亦有相同的記錄。詳參
　　〔清〕劉良璧：《重修福建臺灣府志》，頁194。

二　婦女樂土的形成

　　清初臺灣男女性別比例失衡，從自由經濟市場的角度來看：物以稀為貴的準則下，女性於婚姻市場中身價高漲，故以「婚姻論財」的市場機制，需花費百金迎娶新婦[65]。經由「婚姻論財」的擇偶機制，女性婚後多生活於富足的家庭氛圍。爬梳文獻，十七世紀「婦女樂土」具體表現在：父兄御車陪伴看戲、婦女艷妝市行成俗、擁有充分的金錢、社交與再婚自由。

（一）御車、陪伴與看戲

　　臺灣漢人多來自閩南地區的移民人口，閩南地區崇尚父權體制，女性三從四德的禮教深厚，然而這群來自父權體制深厚的閩南移民，於十七世紀末至十八世紀間冒險蹈海來臺，因為男多女少的人口結構，形成與父權體制相反，呵護女性的友善空間。

　　康熙五十六年（1717）《諸羅縣志》卷八〈風俗志‧雜俗〉記載：「演戲，不問晝夜，附近村庄婦女輒駕車往觀，三五群坐車中，環臺之左右。有至自數十里者，不豔飾不登車，其夫親為之駕。」[66]看戲是清代臺灣重要的民間娛樂，劇團演出時間無論早晚，都有丈夫親自陪伴妻子觀戲，凸顯自「婚姻論財」競賽中勝出的丈夫財力，以及對百金身價妻子的重視。擁有相當財力的丈夫不必為經濟操勞，有充分的時間陪伴盛裝出席的妻子看戲，將車駕停駐於戲臺左右，營造出類似包廂的個人空間，凸顯其身分地位，此等寵妻風俗違反「夫為妻綱」的內地禮教，因此地方官員視為亟待改進臺俗之列。

65　康熙五十六年（1717）《諸羅縣志》卷十二〈雜記志‧外紀〉記載：「男多於女，有　　村庄數百人而無一眷口者。蓋內地各津渡婦女之禁既嚴，娶一婦動費百金」。詳參　　〔清〕周鍾瑄：《諸羅縣志》，頁362。
66　〔清〕周鍾瑄：《諸羅縣志》，頁231。

（二）艷妝市行與好遊成俗

　　工業革命前許多西方國家以「夫為妻綱」作為父權體制的實踐方式，婚後妻子附屬於丈夫、家庭，女性的生活空間被限制，尤其要求投入大量的家務與勞動，如：

> （希臘）女人一嫁入夫家，便有如被丈夫囚禁，過著大門不出二門不邁的生活。[67]
> 在農業與工業革命之前，幾乎沒有什麼工作是女人不加入的，再辛苦的工作女人也得做。[68]

歐洲希臘女性婚後被限制生活空間，以及要求投入大量勞動於家務與營生。如同清國內地長期形成的社會氛圍：無論家庭如何，女子多被要求不出閨門、勤作家務、負擔家計的女德行為。明代名儒歸有光〈先妣事略〉有云：「不憂米鹽，乃勞苦若不謀夕」，歸有光記述家庭經濟能力良好，母親仍自我要求，終生辛勤不輟，以此贏得丈夫、兒子的敬重，乃禮教普遍形成之女德典範。女性存在的價值與生活的重心，均以父、兄、夫為主軸，如此女德典範，普遍存在於來自內地的宦臺官員意識中。康熙五十九年（1720）臺灣知縣王禮主修《臺灣縣志》從內地禮教之女德典範觀點，細數臺女不守閨儀「艷妝市行」的根源，在於父兄丈夫的寵溺：

> 婦人……衣必麗都，飾必華艷。女子之未字者亦然。夫閨門不出，婦人之德宜爾也；今乃艷妝市行，其夫不以為怪，父母兄弟亦恬然安之，俗之所宜亟變也。[69]

67　〔美〕羅莎琳‧邁爾斯（Rosalind Miles）：《女人的世界史》，頁194-195。

68　〔美〕羅莎琳‧邁爾斯（Rosalind Miles）：《女人的世界史》，頁198。

69　〔清〕王禮：《臺灣縣志》，頁124。

王禮從「閨門不出」的女德標準，檢視臺灣婦女（在家、出嫁）都喜歡華服艷妝的出門，父兄、丈夫均予以充分的尊重並且視為自然，顯然臺灣婦女「艷妝市行」乃出自於父兄縱容、夫綱不振、父權崩壞所形成的敝俗。其實衣食奢華為臺灣普遍的風氣，不同階級的男性如此、女性更是如此，由志書記載：女性「衣必麗都，飾必華艷」的內容，有衣與飾的區別。

1 衣必麗都

臺灣「人無貴賤，必華美其衣冠，色取極豔。」[70] 從事勞動工作者「衣皆綾羅、褲皆紗帛」，凸顯臺民著衣普遍有「競麗」的時尚傾向，也就是臺灣知縣王禮所謂的「衣必麗都」。除了豔色布匹之外，刺繡主題也是競麗內容。康熙五十六年（1717）《諸羅縣志》卷八〈風俗志·漢俗·衣食〉記載刺繡競麗內容：「女好逸樂，即女紅不事紡績，以五絲刺雲日、花草、麟鳳、魚龍、美男子、婦人之狀相矜耀為觀美。」[71] 根據《諸羅縣志》記載取五色絲線制成「雲日、花草、麟鳳、魚龍、美男子、婦人」等題材，分析其題材，有來自：大自然的雲日、花草，神話中的麟鳳、魚龍，以及男女形象的創作。值得注意的是，由志書所記「美」男子、婦人，凸顯女性可創作、欣賞男性之美，這與傳統父權體制中男性創作者「觀看」描繪女子體態、或以「同情」視角敘述柔弱女性，「男高女低」的視角完全不同。

2 飾必華艷

臺灣知縣王禮所謂「飾必華艷」顯示女性飾品亦有「競艷」的傾向，由各種志書的記載可見其內含。女性配戴飾品的質地以珍珠翠玉為多，如康熙五十六年（1717）《諸羅縣志》卷八〈風俗志·漢俗·

---

70 〔清〕周鍾瑄：《諸羅縣志》，頁228。
71 〔清〕周鍾瑄：《諸羅縣志》，頁219。

衣食〉記載：「廝童牧卒衣疊綺羅、販婦村姑妝盈珠翠。」[72]直到同治十年（1871）《道光福建通志臺灣府》卷十八〈風俗・附文〉收錄康熙年間來臺的藍鼎元〈論治臺灣事宜書〉：「婦女衣綺羅，妝珠翠。」[73]值得注意的是，「珠翠」除了說明飾品的質地以珍珠翠玉為多，與「綺羅」連詞同用具有華服盛飾的意思。至於飾品的項目，有髮簪及耳環，如康熙五十六年（1717）《諸羅縣志》〈風俗志・雜俗〉的記載：「婦女過從，……衣服必麗，簪珥必飾。」[74]華麗衣裝之餘，特別強調髮簪及耳飾的配載。

3 好遊成俗

同治十年（1871）《道光福建通志臺灣府》卷十八〈風俗・附文〉收錄藍鼎元〈論治臺灣事宜書〉：「臺地不蠶桑，不種棉苧，故其民多遊惰。婦女衣綺羅，妝珠翠，好遊成俗，則桑麻之政，不可緩也。」[75]康熙六十年來臺平定朱一貴亂事的藍鼎元，未能從神話樂土視角看待臺灣豐盛的物產特性，反而評論「臺地不蠶桑，不種棉苧，故其民多遊惰」的負面觀點。對於身價百金的臺女，衣綺羅、妝珠翠，不勞動、艷妝市行，給予「好遊成俗」的負評。

臺女艷飾華服，未依內地禮教外出乘坐輕便的軟轎，反而撐傘略為遮面，即自在行走於外，如康熙五十六年（1717）《諸羅縣志》〈風俗志・雜俗〉記載：「婦女過從，無肩輿，則以傘蒙其首；衣服必麗，簪珥必飾。貧家亦然。」[76]及同治十年（1871）《道光福建通志臺灣府》〈風俗・臺灣府〉收錄《臺海見聞錄》：「臺俗婦女，靚妝入

72　〔清〕周鍾瑄：《諸羅縣志》卷八，頁219。
73　〔清〕陳壽祺：《道光福建通志臺灣府》（上），頁284。
74　〔清〕周鍾瑄：《諸羅縣志》，頁231。
75　〔清〕陳壽祺：《道光福建通志臺灣府》（上），頁284、285。
76　〔清〕周鍾瑄：《諸羅縣志》，頁231。

市，無肩輿，以傘蒙首而行。」[77]由富戶至平民婦女均擁有「靚妝入市、艷妝市行」自主出遊的生活空間，映現所謂貧家（平民人家）仍保有一定的生活水準，自由自主活動空間幾近於現代婦女。

（三）金錢、社交與再婚的自由

臺灣知縣王禮認為「閫門不出，婦人之德宜爾也」，[78]顯示從刻版的閨閣禮教來看：理想的女性典型應為父、兄、夫、子奉獻一生心力。至於臺灣婦女不僅隨心所欲的盛裝艷飾、自在出遊，還擁有金錢使用及社交空間等自由。

1 金錢使用自由

由婦女靚妝入市、艷妝市行的風俗，可見婦女擁有充分妝扮自己與自主的生活空間。至於金錢使用及社交空間有多大呢？就金錢使用度而言，除了妝扮自我的部分之外，根據志書記載，彼時婦女重要的生活娛樂「看戲與拜佛」均需投入相當金錢。如康熙五十六年（1717）《諸羅縣志》卷八〈風俗志‧雜俗〉記載：「家有喜，鄉有期會、有公禁，無不先以戲者。蓋習尚既然，又婦女所好，有平時慳吝不捨一文，而演戲則傾囊以助者。」[79]平時慳吝不捨一文的女性，為了邀請戲班參與家中喜慶或是鄉里聚會演出，大多願意傾囊相助，顯示女性於公私領域均有支配金錢權力。艷妝市行與傾囊邀約劇團表演的行為，均迥異於〈先妣事略〉中終生辛勤不輟的女德典範，官員視生活逸樂為惡俗而於志書（治書）中多所批評，其中府城附郭縣「臺灣知縣」王禮的批評最為強烈，康熙五十九年（1720）王禮於《臺灣縣

---

77 〔清〕陳壽祺：《道光福建通志臺灣府》（上），頁270。

78 〔清〕王禮：《臺灣縣志》，頁124。

79 〔清〕周鍾瑄：《諸羅縣志》，頁228。

志》〈雜俗〉評論佛誕作戲時，婦女由子弟親自駕車護送之事：

> 臺俗演戲，其風甚盛。凡寺廟佛誕，擇數人以主其事，名曰
> 「頭家」；斂金於境內，作戲以慶。鄉間亦然。每遇唱戲，隔
> 鄉婦女駕牛車，團集於臺之左右以觀，子弟之屬代為御車；風
> 之未盡美也。[80]

根據《臺灣縣志》記載：由主事者集資延請劇團搭檯作戲慶祝佛誕，
本為地區活動，由於臺俗婦女不必為經濟勞苦營生，故而熱衷參與各
種娛樂生活，當跨區觀戲由丈夫駕車陪伴、或由子弟駕車護送，與內
地恪守夫為妻綱的相處方式不同。婦女將金錢投入所喜好的生活娛
樂，如此的金錢使用習慣亦近似現代女性。

2 社交空間自由

　　地方官員從中原閨閣禮教觀點，評論臺灣婦女艷妝市行於戶外空
間乃父兄縱容的結果，並嚴加斥責男女信眾同聚佛寺的禮佛行為。康
熙廿五年（1686）臺灣知府蔣毓英《臺灣府志》〈風俗〉評論：「無論
男女老幼，常相率入禮拜堂誦經聽講，僧俗罔辨，男女混淆，廉恥既
喪，倫常漸乖，故異端之教不可不距也。」[81]佛寺於有限的空間同納
男女信眾，由閨閣禮教的觀點「僧俗罔辨，男女混淆，廉恥既喪，倫
常漸乖」，恪守禮教官員從儒家倫常觀點視為「異端之教」，人民應予
排拒。雖然曾公告禁止男女相率入寺禮拜聽講，然而無法有效執行，
如康熙五十九年（1720）臺灣縣令王禮主修《臺灣縣志》〈輿地志‧
雜俗〉記載：

80　〔清〕王禮：《臺灣縣志》，頁124。
81　〔清〕蔣毓英：《臺灣府志》，頁196。

> 婦女入寺燒香，臺俗最熾。閒時尚不多覯，一遇佛誕，則招群
> 呼伴，結隊而行，遊人遍於寺中，邂逅亦不相避。前臺廈道雷
> 陽陳公示禁特嚴，其風稍息；年久法弛，仍蹈故轍。豈盡婦人
> 之過乎？為之夫者與其父兄，實不得辭其咎也。[82]

每逢佛誕婦女招群呼伴，結隊入寺燒香。寺中信眾肩踵雜沓，異性相遇不避。康熙四十九年（1710）臺廈道陳璸曾下令禁止，但由於父兄、丈夫給予女性出遊的充分自由，社會氛圍既然如此，禁令不到十年，約於康熙五十九年（1720）《臺灣縣志》又恢復如初。同年（1720）《鳳山縣志》〈風土・漢俗〉記載：「婦入僧寺、好觀劇、親異姓，全臺之敝俗也」。[83]《鳳山縣志》歸納臺灣三大敝俗：入僧寺、好觀劇、親異姓，皆攸關女性的自由社交空間。究其實，如此開闊的婦女社交空間，近似於現代女性生活。

3 再婚的自由

彼時婦女享有艷妝市行、觀戲、入寺禮佛不避異性的生活，傲視同時期世界各國的女性生活空間。自由的婦女生活空間，一方面來自於父權體制尚未形成，兩性相較平等的社會氛圍；二方面是男多於女的人口比例，形成女性終身受到婚姻市場歡迎，形成「夫死則再醮，白首嫠婦，猶字老夫」[84]的風氣。因為自由婚姻市場的自然發展，婦女不受父權體制下守貞的女德約束，夫死自由再婚，直到超過適婚年齡在婚姻市場仍受到歡迎。如此社會風氣，給予嫁入富戶的女性享有娛樂生活與社交空間，父兄、丈夫於珍視女性的社會氛圍下，並不約束婦女艷妝市行、觀戲禮佛、避諱異性。

---

82 〔清〕王禮：《臺灣縣志》，頁124。
83 〔清〕李丕煜：《鳳山縣志》，頁147。
84 〔清〕蔣毓英：《臺灣府志》，頁196。

　　清代志書記載彼時婦女享有自由與自主空間，然而「老婦在性別失衡的婚姻市場受到歡迎」這點，實為現代婦女難以企及。根據現代社會學者的研究：

> 男人與女人隨著年齡的不同，其在社會的身價也有所不同。男人過了四十歲，可以說正值壯年，事業也到了一定的成就，其身價可說百倍。而女人過了四十歲，花容漸失，年老色衰的折舊率非常高，相對男人來說，不可同日而語。女人本身也會覺得自己可用價值已經不多，而喪失自尊心。[85]

　　在男女性別均衡的現代社會，女性的年齡直接影響孕育下一代的生理限制，加上婚姻市場中「男大女小」的刻版印象使大齡女性經常居於弱勢一方。當清朝轄下地區將殉夫烈女、守貞節婦作為「苦節奇貞、敦勵末俗」的女德典範，蒐羅相關事蹟記載於志書〈人物〉引領風俗的同時，臺灣女性因普遍嫁入富戶不需為勞苦營生，享有各種娛樂生活：跨區看戲無論日夜有丈夫或子弟駕車陪伴、佛誕節日邀約親友赴寺禮拜，寺中信眾如織，男女相逢不必相避，女性生活空間無禮教約束，顯得自信、自由、自在而且開濶。

第三節　科舉教育的樂土

　　康熙廿五年（1686）朝廷展開《大清一統志》纂修工程，首波志書記述宦臺官員的觀察與政策。如：從朝廷為核心視角，以「逋逃淵藪」[86]評論前朝（明鄭）治臺成為「罪犯島」；從內地為核心視角，以

85　宋鎮照：《社會學》，頁366。

86　〔清〕蔣毓英：《臺灣府志》，頁195。

「荒裔草昧」[87]作出臺灣地域與文化上的定位；在「志書即治書」的概念下，以「荒裔草昧」為基礎提出「海濱鄒魯」建校施教的治臺政策，以期達到「化蠻邦，為樂土」的治理目標。「教化一方」本為世界各國現今肯定而普行的政策，然而「教育樂土」的提出，卻解構了十七世紀臺灣的「神話樂土」。

臺灣的樂土生活空間，建立在物產豐富、階級平等上。首任臺灣知府蔣毓英主張「藉科舉功名吸引臺民心力，轉移非僻心思」，科舉考試引入儒家經典，例如《周禮》以服飾制度，作為昭名分、辨等威、別貴賤，從衣冠材質與樣式作為區別上下尊卑的標識，此舉解構「人無貴賤，必華美其衣冠」之無階級著衣空間。當儒家「君臣父子」思維隨著科舉制度深入民間，父權體制建構完成，撼動臺灣貴女寵妻的社會氛圍，女性失去艷妝、市行、逸樂、再婚等自由，成為後院中無條件付出一生的閨閣女性時，則「纏足」等傷害身體風氣逐漸形成，婦女樂土解構，直到十九世紀臺灣婦女卑微與束縛的處境成為英國宣教師解救的對象、日本殖民臺灣宣布禁止纏足等風俗為止。

一　海濱鄒魯的提出

康熙廿三年（1684）清廷納臺灣入版圖後，康熙卅五年（1696）臺廈道高拱乾編纂《臺灣府志》收錄的〈楊序〉、〈初至臺灣曉諭兵民示〉、〈捐修諸羅縣學宮序〉，依次提出「海濱鄒魯」為治臺願景：

---

[87] 按：「荒裔」，如康熙二十五年（1686）《康熙福建通志臺灣府》卷一〈建置志〉開志首卷首句「臺灣府，本古荒裔之地。」詳參〔清〕金鋐：《康熙福建通志臺灣府》，頁35。

又「草昧」，如康熙二十五年（1686）《臺灣府志》卷五〈風俗志〉「臺灣自紅彝偕竊以來，因仍草昧；……叢爾郡治之外，南北兩路，一望盡綠草黃沙，綿邈無際。故郭外之鄉不曰『鄉』，而總名之曰『草地』」。詳參〔清〕蔣毓英：《臺灣府志》，頁195、197。

數十年後，既富且教，不幾為海濱之鄒魯耶？（福建布政使楊
廷耀〈《臺灣府志》序〉）[88]

臺灣地氣和煖，無胼手胝足之勞，……生聚既繁，教育日殷，
昔屬蠻邦，今為樂土；（臺廈道兼理學政高拱乾〈初至臺灣曉
諭兵民示〉）[89]

臺以海外地，明季通商，始有漢人。迨鄭氏遁踞，舊家世族或
從而東，生聚有年，而絃誦猶未廣也。越至於今，輸誠納土，
島民得睹天日。分設郡縣，招徠愈眾，十餘年間，聲教大通，
人文駸駸蔚起；即深山邃谷、文身黑齒之番，皆知向風慕學。
有識之士，咸謂治以道隆、道隨治廣；從此海波不揚，內外如
鄒魯矣。（臺廈道兼理學政高拱乾〈捐修諸羅縣學宮序〉）[90]

楊廷耀〈序〉、高拱乾〈初至臺灣曉諭兵民示〉均肯定臺地富庶，高拱
乾又於〈捐修諸羅縣學宮序〉說明臺灣自歸入清廷版圖十餘年間，聲
教大通、人文蔚起，人知向學，臺灣由「蠻邦」教化成「樂土」，唯
此樂土非指《山海經》的神話樂土，而是「海濱鄒魯」的科舉樂土。

（一）天末荒島

康熙廿三年（1684）首任宦臺官員懷抱「任滿即陞」的預期，[91]

88　〔清〕高拱乾：《臺灣府志》，頁28。按：文末落款「康熙乙亥（卅四年）仲秋，福
　　建等處承宣布政使司布政使加三級楊廷耀譔」。
89　〔清〕高拱乾：《臺灣府志》，頁406。
90　〔清〕高拱乾：《臺灣府志》，頁435。
91　康熙三十年，奉旨：「臺灣各官自道員以下、教職以上，俱照廣西南寧等府之例，
　　將品級相當現任官員內揀選調補。三年俸滿，即陞。如無品級相當堪調之員，仍歸
　　部選。著為令。」、乾隆八年，奉上諭……又議准：臺灣訓導三年報滿，准其調回
　　內地即陞。遇應陞月分，以縣丞、府經等官陞用。如該員俸次應陞學正、教諭之
　　時，吏部截定俸次，令該督、撫挨次論俸陞用』。又議准：『嗣後臺灣府、廳、縣，
　　准其照道員、佐雜、教職等官一體三年期滿，報明該督、撫照例具題分別陞用，免
　　其留臺協辦。」詳參〔清〕六十七、范咸：《重修臺灣府志》（上），頁203-4。

冒險橫渡黑水溝赴臺任職，擘劃治臺願景。康熙廿五年（1686）《臺灣府志》卷五〈風俗〉取中原禮教觀點，對比臺灣風俗：

> 風俗之奢儉貞淫，始於人心，而終於國運。故觀化於國，不如觀化於鄉。然中土之民，人世其籍，家世其業。有父兄以教之，有姻族以維之，相安其舊，百年而不變者，習於其方也。臺灣自紅彝僭竊以來，因仍草昧；鄭氏父子相繼，民非土著；逋逃之淵藪，五方所雜處，未盡同風而易俗。[92]

〈風俗〉首段「奢儉貞淫」為開端，以「國、內地、儉貞」對比「鄉、臺灣、奢淫」的論述模式，列舉內地「父兄以教，姻族以維」凸顯父權體制的家庭教育與社會倫理功能。再舉臺灣歷經紅夷（荷蘭、西班牙）文化草昧、鄭氏治臺成為「逋逃淵藪、五方雜處」之地，人口來源複雜。然而維繫家國「儉貞」良俗是個抽象的概念，要移風易俗必須設立學校、推行教化，方能深入人心達成朝廷期待的「雍熙之治」。

（二）擘劃願景

康熙廿五年（1686）《臺灣府志》收錄首任臺廈道周昌〈詳請開科考試文〉，提出：「建學校、行考校」為海天第一重要政策，如此可將「天末荒島」轉化為「雍熙之治」。康熙卅五年（1696）《臺灣府志》收錄第三任臺廈道高拱乾〈初至臺灣曉諭兵民示〉「生聚既繁，教育日殷，昔屬蠻邦，今為樂土」之政策宣誓，[93]第三任臺廈道高拱乾承繼首任臺廈道周昌的政策，爾後歷任臺灣最高行政首長多以「海濱鄒魯」作為治臺願景，長期形成「科舉教育、鄒魯樂土」的政策論述。

---

92 〔清〕蔣毓英：《臺灣府志》，頁195。

93 〔清〕高拱乾：《臺灣府志》，頁406。

　　由臺廈道擬定推行科舉教育、達成鄒魯樂土的施政策略，歷任最高臺灣行政首長持續延用並記載於志書，乾隆卅九年（1774）刊行的《續修臺灣府志》閩浙總督楊廷璋〈明志書院碑記〉記述臺灣由荷治、明鄭、清領時期的歷史，以及清朝施行教化轉為樂土的政績：

> 往昔荷蘭鳩處、鄭氏蟷爭，斯固虎狼之窟宅、鯨鯢之淵藪也。今則海不揚波、野皆樂土，易戰攻以禮樂、化甲冑為詩書，摩義漸仁，山川煥色。聖朝愷澤之敷、聲教之遠，載稽史冊，未或前聞。[94]

歸納閩浙總督論述荷蘭、鄭氏、清廷時期的歷史發展，有兩項重點，一是「猛獸化」前朝荷人與鄭成功；二是「樂土化」清廷治臺的政績。獸化荷人與鄭成功的內容，有：以「鷸蚌相爭」的成語故事詮釋鄭成功趕走荷蘭人，再以「西洋／虎狼」、「鄭成功／鯨鯢」[95]的獸化比喻為清廷治臺的樂土政策預作鋪陳。獸化荷人與鄭成功的目的，在於強化臺灣納入清廷版圖後，「易戰攻以禮樂、化甲冑為詩書」二句，包含《詩經》、《尚書》、《三禮》多種經典的教化的作用，使曾經

---

94 臺灣知府余文儀於乾隆二十五年至二十七年（1760-1762）間主修《續修臺灣府志》，遲至乾隆三十九年（1774）刊行，故收錄有閩浙總督楊廷璋撰寫之〈明志書院碑記〉。詳參〔清〕余文儀：《續修臺灣府志》（下）（臺北市：文建會，2007年6月），頁1020。

95 「鄭氏、大鯨」傳說，分別被記載於七本臺灣志書，內容大同小異，七本臺灣志書之收錄來源有：（1）《重修福建臺灣府志》收錄的《臺海使槎錄》版；（2）《重修臺灣府志》、《續修臺灣府志》、《道光福建通志臺灣府》、《重修臺灣縣志》、《續修臺灣縣志》等五本志書收錄《臺灣志略》版；（3）《澎湖廳志》收錄的尹東泉版等。詳參〔清〕劉良璧：《重修福建臺灣府志》（下），頁653。〔清〕范咸：《重修臺灣府志》（下），頁741。〔清〕余文儀：《續修臺灣府志》，頁880-881。〔清〕陳壽祺：《道光福建通志臺灣府》（下），頁1281-1282。〔清〕王必昌：《重修臺灣縣志》（下），頁722。〔清〕謝金鑾、鄭兼才：《續修臺灣縣志》（下），頁510。〔清〕林豪：《澎湖廳志》（下）（臺北市：文建會，2006年6月），頁474。

虎狼之窟宅、鯨鯢之淵藪的臺灣成為「外海無揚波之戰船、島上荒野皆樂土」的理想國。類似「推行教育、達成樂土」的論述方式，經常見於清代臺灣志書中，茲列表如下：

清代臺灣志書「教育與樂土」列表

志書（年代）	教育與樂土
《臺灣府志》 康熙卅五年（1696）	生聚既繁，教育日殷；昔屬蠻邦，今為樂土。[96]（高拱乾〈初至臺灣曉諭兵民示〉）
《臺灣府志》 康熙卅五年（1696）	至今歌樂土焉。修葺文廟，建明倫堂，訂期課士，文風為之丕振。[97]（〈陳縣令傳〉）
《重修臺灣縣志》 乾隆十七年（1752）	慶文教之誕敷，群入學而鼓篋。……樂土興歌，人民踵接。[98]（王必昌〈臺灣賦〉）
《彰化縣志》 道光十六年（1836）	漸興學校，頗進生童·始之畏途，今之樂土。[99]（〈御製平定臺灣告成熱河文廟碑文〉）
《道光福建通志臺灣府》 同治十年（1871）	邇來士知讀書，民務稼穡，漳、泉子弟視為樂土，相率而往者歲數千人。[100]（〈風俗〉）
《恒春縣志》 光緒廿年（1894）	以上五條，《四書》、《十三經》無不賅載。……今該塾生日夕教訓，使番童轉告父兄，由一人而人人、由一家而家家、由一社而社社，將見痛除積習，勉為良民，番社皆樂土矣。[101]（〈義塾〉）

宦臺官員施行教化以科舉制度拔取人才，逐步建立「君君、臣臣、父父、子子」之儒家倫常與父權體制。父權體制的建立動搖了階級平等、

96　〔清〕高拱乾：《臺灣府志》，頁406。
97　〔清〕高拱乾：《臺灣府志》，頁443。
98　〔清〕王必昌：《重修臺灣縣志》（下），頁632-633。
99　〔清〕周璽：《彰化縣志》（上）（臺北市：文建會，2006年12月），頁76。
100　〔清〕陳壽祺：《道光福建通志臺灣府》（上），頁269。
101　〔清〕屠繼善：《恒春縣志》，頁248。

女性自由自主的逸樂生活，使原有的上古神話、婦女樂土解構崩落。

二　樂土的轉換

　　十七世紀臺灣的樂土生活，建立在：物產充足，人民不勞苦於農事甚至不耕而食；資財累積容易，人人衣食奢華；不必委身為奴婢，階級平等。婦女身價百金，因此於父、兄、夫、子的維護下，享有：金錢使用、娛樂空間與再婚自由。整體生活接近現代社會，甚至優於現代社會，再現上古神話樂土。

　　由首波官修志書〈風俗〉內容可知，從內地的禮教觀看「十七世紀臺灣的神話樂土」其實是草昧未開的蠻邦，故而設學校、興教化，引導「男子追求科舉功名、女子追求旌表美名」的風氣，達成「化蠻邦為樂土」的施政目標，下表比較十七世紀臺灣的「神話樂土」與朝廷施行科舉的「教育樂土」，於臺民生活的影響或改變：

「神話樂土」與「科舉樂土」比較表

條件 樂土	成年男性	成年女性	成年經濟	童工經濟
神話樂土	◎物產充足、不耕而食、民多遊惰。	◎女好逸樂、不織而衣、艷妝市行、好遊成俗。 ◎夫婦親暱，富無婢妾、夫死再醮。	◎資贍內地、衣食侈靡、傭人計日百錢、僕隸輿儓之賤，絲帛綾羅搖曳都市、販婦村姑妝盈珠翠。	◎腰常纏數十金、貧者不為奴婢。
教育樂土	◎重農桑、力耕不讓中土。	◎女織、苦節奇貞、夫死殉身、纏足。	◎傭夫、販豎安其常、重節儉。	◎不詳。

由上表可知治臺政策以推行科舉制度完成「教育樂土」為目標，意在改變「荒裔草昧」成為「濱海鄒魯」，使臺地商賈文化轉化為中原儒漢社會。

（一）宣講教化與風俗變易

清領之初由於臺民入學讀書意願不高，為使儒家經典教化功能更普及，朝廷於雍正四年（1726）上諭之〈諭正士習〉賦予儒士崇高地位與教化職責：

> 上諭：為士者，乃四民之首、一方之望。凡屬編氓，皆尊之奉之，以為讀聖賢之書、列膠庠之選，其所言所行，俱可以為鄉人法則也。故必敦品勵學、謹言慎行，不愧端人正士；然後以聖賢詩書之道，開示愚民，則民必聽從其言、服習其教，相率而歸於謹厚。[102]

清順治帝開科取士、康熙帝崇儒重道政策，雍正帝更賦予儒士「四民之首」的地位，宣講聖賢詩書「開示愚民」之職責，使風俗歸於謹厚。臺灣風俗宜變易者，如：康熙六十年來臺平定朱一貴亂事的藍鼎元於〈論治臺灣事宜書〉即提出「臺地不蠶桑，不種棉苧，故其民多遊惰。婦女衣綺羅，妝珠翠，好遊成俗，則桑麻之政，不可緩也。」[103] 藍鼎元認為臺灣不蠶桑、不種棉苧，人民因此「好遊怠惰」，婦女已養成艷妝出遊的風俗，若提倡「桑麻之政」則或可改善。

乾隆三年（1738）臺灣道尹士俍《臺灣志略》〈民風土俗〉提出「宣講」策略，對治臺灣府「華靡競尚」的風俗：

---

102 〔清〕劉良璧：《重修福建臺灣府志》，頁88。
103 〔清〕陳壽祺：《道光福建通志臺灣府》（上），頁284。

> 首邑華靡競尚，……以教養黎元為急務，每逢朔望，宣講聖諭
> 廣訓，俾知敦孝弟、重農桑、重節儉，息爭訟，三令五申，不
> 啻家喻戶曉。復嚴保甲、儆游惰，故宵小之輩漸覺革面洗心；
> 而豐裕之家，漸從儉約，較往日習氣，大為蒸變。[104]

府城流行華靡競尚風氣，外溢至縣區影響廣大。尹士俍因此提出地方
官員每半個月宣講君王誥誡詔令，強化農桑，改善不耕不織的問題，
再由奢華轉向儉約的生活。上述志書記載宜變的臺俗內容，無不針對
神話樂土條件：「府城華靡競尚、男不耕女不織、婦女艷妝好遊」等
問題，官員視神話樂土為蠻邦草昧，普遍採用「宣講」的方式對應。

　　康熙五十九年（1720）《鳳山縣志》〈風土・漢俗〉記載「男不耕
而食者有之，女不織而衣者有之」的現象，[105]大約維持至乾隆廿九年
（1764）《重修鳳山縣志》〈風土〉：

> 昔稱農不加糞、女不紡織，此自開闢之初言之。近今生齒日
> 繁，墟壤近磽，小民薙草糞壚，悉依古法行之；勤耘耨、濬溝
> 洫，力耕不讓中土。紡織之業，如嘉祥里，村莊機抒聲聞。篝
> 燈掩映，童而習之；女子之嫁者，轉相傳授。數年來，男耕女
> 織，風丕變也。[106]

宦臺官員自內地引入「薙草糞壚」的耕耘方法，使臺民逐漸接受勤耘
耨、濬溝洫，力耕不讓內地的生活。既然男子的生活型態，由「不耕
而食」轉為「力耕不讓」內地，則女子「不織而衣」也轉變為「機抒
聲聞」，從此風氣丕變而為男耕女織。值得注意者，乾隆廿九年（1764）

104　〔清〕尹士俍：《臺灣志略》，頁278。
105　〔清〕李丕煜：《鳳山縣志》（臺北市：文建會，2005年6月），頁147。
106　〔清〕王瑛曾：《重修鳳山縣志》（上），頁111。

正值朝廷嚴禁「閩生寄冒臺籍」弊端之年，象徵儒漢社會成熟。[107]

（二）女德確立與風俗變易

1 確立女德

　　明清以來內地崇尚貞節烈女的風氣，異於臺女自由自主的生活方式。康熙廿三年（1684）清廷初納臺灣入版圖，宦臺官員對治臺灣婚俗與對策之道，記述於《康熙福建通志》（1684-1686）中。《康熙福建通志》分兩階段編纂完成，第一階段是福建巡撫金鋐甫上任即奉命主修《康熙福建通志》，刊行於康熙廿三年（1684）。第二階段是首任臺灣知府蔣毓英奉命主修《臺灣府志》，刊行於康熙廿五年（1686）並上繳福建省，同年金鋐補入臺灣府的部分於《康熙福建通志》，因此後來抄出另刊的《康熙福建通志臺灣府》（1686）其實是康熙廿五年（1686）《康熙福建通志》版的補編，二志可視為同一本志書看。[108]

　　合觀《康熙福建通志》（1684）與《康熙福建通志臺灣府》（1686）二志，赫然發現這兩本志書收錄「搭檯死節」與「夫死再婚」兩種極端風俗。

> 　　柯旺使，永福人，適林士章，士章卒，女不食五日，遺書，族親構木設臺自縊死。（《康熙福建通志》）[109]

---

107 〔清〕陳壽祺：《道光福建通志臺灣府》（上），頁63-64。

108 按：清代康熙朝《福建通志》目前版本有兩種，二者之差別在於有關臺灣府的存載與否。文建會二〇〇四年出版的《康熙福建通志臺灣府》，即昭和五年（1930）臺灣總督府圖書館派人抄錄影寫其中有關臺灣府部分，題為《康熙福建通志抄錄》，並典藏於總督府圖書館內，一九八三年成文出版社影印刊行，並改題為《康熙福建通志臺灣府》。詳參黃美娥：〈點校說明〉，收入〔清〕金鋐：《康熙福建通志臺灣府》，頁13。

109 〔清〕金鋐主修，鄭開極、陳軾編纂：《康熙福建通志》卷五十三《北京圖書館古籍珍本叢刊》第三十六冊《史部‧地理類》（南京市：鳳凰，2011年），頁2482。

　　婚姻論財，不計門戶。夫死即再醮，白首娶婦，猶字老夫。
（《康熙福建通志臺灣府》）[110]

　　福建省會福州有「搭檯死節」舊俗，《康熙福建通志》（1684），記載「林士章」未娶而亡，未過門的媳婦「柯旺使」決定守貞殉夫，過程為「柯旺使」先絕食五日，再由親族構木設臺公開自盡的儀式。公開自盡的儀式具有強烈的情緒感染力：架設高臺、鄉親圍觀、高懸素帛、臨時設祭、烈女上臺、父母拜別、俟女縊訖、迎尸歸殮。[111]接著請朝廷旌表、烈女親族於地方廣受崇敬。總之「搭檯死節」設祭殉死的儀式，乃內地崇尚烈女風氣的極致。臺灣隸屬烈女風氣極盛的福建省，其「夫死再婚」的婚姻觀同樣記載於《康熙福建通志臺灣府》（1686）〈土風〉中：「婚姻論財，不計門戶。夫死即再醮，白首娶婦，猶字老夫。」比對《蔣志》與金鋐抄錄的版本，可知後者簡略了「或一而再而三」等部分，[112]意即臺女一生可多次再婚。
　　「志書即治書」的概念下，福建巡撫金鋐將對治「臺灣婚俗觀」之道，記載於《康熙福建通志臺灣府》的〈敘〉及〈凡例〉之中，〈敘〉及〈凡例〉於志書纂修有開卷明義之意：「貞女烈婦，風化攸

110　〔清〕金鋐：《康熙福建通志臺灣府》，頁93。
　　按：本段文字節錄自蔣毓英《臺灣府志》，詳參〔清〕蔣毓英：《臺灣府志》，頁196。
111　根據清人施鴻保寫於道光二十五年（1845）至咸豐八年（1858）年間的《閩雜記》，其中關於福建省會福州「搭檯死節」習俗的記載，由於彼時臺灣府隸屬於福建省，因此省會福州之俗可與臺地相對照。
　　「福州舊俗，以家有貞女節婦為尚，愚民遂有搭檯死節之事，凡女已字人，不幸而夫死者，父母兄弟皆迫女自盡。先日，於眾集處，搭高臺，懸素帛，臨時設祭。扶女上，父母皆拜臺下。俟女縊訖。乃以鼓吹迎尸歸殮。女或不願，家人皆詬詈羞辱之，甚有鞭撻使從者。……蓋藉以請旌建坊，自表為禮教家也。」
　　〔清〕施鴻保：〈搭臺死節〉，《閩雜記》，收入王錫祺：《小方壺齋輿地叢鈔》（臺北市：廣文書局，1962年），頁113。
112　〔清〕蔣毓英：《臺灣府志》，頁196。

關；閩地兵燹頻仍，里老闕於申報，茲特加搜採，用闡幽光。」[113]由上述引文可知，金鋐將「貞女烈婦，風化攸關」列入臺志纂修〈凡例〉，期待為烈女立傳能有「敦勵末俗」之效。然而金鋐遇到的難題是，彼時臺女普遍沒有夫死殉身的習俗，為編列〈列女〉而特加搜採貞女烈婦事蹟的結果，只能收錄包含寧靖王五妃等鄭氏遺臣眷屬，臚列如下：

康熙廿五年（1686）志書〈列女〉表

志書名	列女	備註
《康熙福建通志臺灣府》〈列女〉	〈臺灣府〉 陳氏（諮議驍軍陳永華女）、黃氣娘（適偽賓客司傅為霖次子）、鄭宜娘（偽藩時建坊旌之）、阮氏（適王尋，尋貧食於兵）、袁氏、蔡氏、秀姑（寧靖王之媵妾） 〈國朝〉 鄭氏（偽禮部鄭斌女、續順公沈瑞之妻）、沈氏（續順公沈瑞之妹）[114]	俱與鄭氏時期相關
《臺灣府志》〈節烈女貞〉	〈節烈鄭氏列傳〉（鄭斌女）、〈節烈陳氏列傳〉陳氏（陳永華女）、〈節烈鄭宜娘列傳〉鄭氏（宜娘）、〈節烈阮氏列傳〉阮氏（蔭娘）、〈節烈黃氏列傳〉黃（氣娘）[115]	同上

　　包含寧靖王五妃等鄭氏遺臣眷屬的殉死行為其實是戰爭的延續，屬於戰爭時期的殉死行為能否代表太平時期的女德典型？又彼時臺

---

113 〔清〕金鋐：《康熙福建通志臺灣府》（臺北市：文建會，2004），頁33。
　　按：繼承《康熙福建通志臺灣府》觀點的，有王禮〈凡例〉「義行、孝行、節烈，風化攸關，凡一節可採者必錄，善善從長也。」詳參〔清〕王禮：《臺灣縣志》（臺北市：文建會，2005年6月），頁34。
114 〔清〕金鋐：《康熙福建通志臺灣府》，頁91-92。
115 〔清〕蔣毓英：《臺灣府志》，頁255-259。

灣人口是「原住民多漢人少」的結構，漢人多集中於府城，府城之外
為原住民多於漢人的草地，為安全起見一府三縣之官衙均集中於府
城[116]。名列〈列女〉者多是住在府城的漢人身分，僅占當時人口比例
的少數，因此所謂〈列女〉中的貞女節婦無法代表大部分的臺灣婦
女，甚至連風氣都談不上。

2 儒士之妻

　　志書〈風俗〉經常可見「全臺敝俗」的評論，康熙五十九年
（1720）《鳳山縣志》云「婦入僧寺、好觀劇、親異姓，全臺之敝俗
也」，指出婦女擁有娛樂、社交空間上的自由是全臺皆有的敝俗。同
年《臺灣縣志》提及「（婦人）艷妝市行，其夫不以為怪，父母兄弟
亦恬然安之，俗之所宜亟變也」特別指出「夫綱不振」的兩性關係與
社會氛圍。清廷治臺欲改變原本「夫綱不振、女好逸樂」的風俗，大
約從兩方向著手，先於志書〈列女〉確立女德典範，再推行科舉制度
使社會普遍建立「君為臣綱，父為子綱，夫為妻綱」的倫理架構，逐
漸達到「鄒魯樂土」之施政目標。實現「鄒魯樂土」的目標，必須借
重科舉社群「士（儒生）」之力，雍正四年（1726）〈諭正士習〉先肯
定「士（儒生）」為四民之首要地位，再賦予將聖賢詩書之道（科舉考
試的儒家經典）宣講於平民的權力，從此這群熟讀聖賢詩書的士成為
朝廷改變地方風俗的主力。康熙卅五年（1696），福建分巡臺廈道兼理
學政高拱乾纂輯《臺灣府志》〈人物志・貞節〉就是個典型的例子。
　　高拱乾纂輯《臺灣府志》〈貞節〉收錄之烈女延續前志原有的鄭
氏遺臣眷屬，〈續貞節〉則續編收錄三烈女殉夫事件，分別是趙氏
（鎮北坊人）、鄭氏月娘（泉州南安人）、紀氏險娘（武定里人）三烈

---

116 以諸羅縣治為例，因距離府城較遠，若文武職官發生事故，支援不易，因此清為安
　　全起見，文武職官駐守在離諸羅縣治八十里遠的開化里佳里興，遲至康熙四十三年
　　（1704）文武職官始移歸諸羅山駐守。詳參〔清〕周鍾瑄：《諸羅縣志》，頁76。

女。比較三烈女殉夫情節，地方官員特別重視鄭氏月娘殉夫事件，顯然鄭氏月娘有特別值得表彰之處。依志書記載製簡表如下：

三氏旌表比較表[117]

條件 事件	年代	籍貫	旌表
趙氏投繯殉夫、22歲	康熙39年	府城鎮北坊人	盧承德縣令給匾。
鄭氏月娘投繯殉夫、19歲	康熙43-45年間[118]	泉州南安人	宋永清縣令親祭、給匾、臺廈道王敏政等十八名官員徵詩頌揚[119]。
紀氏險娘未過門自經殉夫、18歲	不詳	武定里人	縣令給匾。

地方官員審度「烈女」節烈條件而決定旌表內容，通常訂婚還未行婚禮而殉夫的烈女最引人同情，其次是少婦殉夫或守節。由上表所述，未過門的紀氏殉夫最為年幼，已過門的鄭氏月娘非臺籍人士，已過門的趙氏為府城人士。依循往例，未過門的紀氏最符合福建巡撫金鋐〈敘〉文所謂的「苦節奇貞、敦勵末俗」條件，若志書（治書）欲改變風俗，應以「紀氏少女殉夫」作為徵詩主題，何以臺廈道王敏政以下十八名官員為泉州南安人鄭氏月娘隆重頌揚？茲將鄭氏月娘事件簡述如下：

---

117 「三氏旌表比較表」之年代、籍貫、旌表等資料，乃參考《高志》〈續貞節〉製成。詳參〔清〕高拱乾：《臺灣府志》，頁368-374。

118 按：《高志》〈貞節〉記載「鄭氏月娘投繯」未列時代，但有「邑侯宋公嘉其節……」可見此事由鳳山縣令宋永清上報朝廷，此事必發生於宋永清任職鳳山縣令期間（康熙43-45年間）。詳參〔清〕高拱乾：《臺灣府志》，頁142，368。

119 〔清〕高拱乾：《臺灣府志》，頁368-373。

> 鄭氏月娘者，泉之南安石井人也。年十九，歸儒士王曾儒家。
> 曾儒食貧志學，甫閱年，以病卒。……月娘曰：「吾當夫病劇
> 時，即以死許之，義不可移」。比後提防稍疏，投繯而逝。[120]

原來鄭氏月娘嫁儒士王曾儒為妻，王曾儒病逝後鄭氏殉夫。若進一步
追索，則此事件仍有許多不合時空之處，首先、此事由鳳山縣令上報
朝廷，顯然王曾儒籍貫鳳山，然而清領之初即有〈渡臺禁令〉禁止渡
臺者攜帶家眷，鄭氏月娘嫁鳳山王曾儒，又稱為「泉州南安石井
人」，則王曾儒或為寄籍或冒籍鳳山生員，王曾儒病逝後留守泉州的
鄭氏殉夫，此事流傳於宦臺官員間，為確立臺灣女德，臺廈道王敏政
以下官員十八人藉此進行徵詩頌揚。

　　朝廷於鄭氏月娘身殉儒士特別隆禮對待，映現對另二烈女的持平
處理：

　　1. 府城人趙氏廿二歲殉夫事件發生於康熙卅九年（1700），彼時
漢人多集中於府城，府城外以原住民居多，基於安全考量，一府三縣
文武職官，多駐守於府城附近。趙氏殉夫之後由臺灣縣令盧承德列憲
旌表，其他駐守於府城的官員未發起頌揚活動。反而鄭氏月娘殉夫於
康熙四十三至四十五年間（1704-1706）文武職官多回到原轄地，對
於遠在泉州安南的儒士妻「鄭氏投繯」事件發起全臺性的徵詩頌揚活
動。

　　2. 紀氏險娘為武定里人，武定里屬於府城附郭臺灣縣，距離府城
衙門僅二十里[121]，然而記載最為簡略，既無發生年代、無請求旌表的
地方官員列名，亦無府城官員徵請頌揚。

　　三烈女中臺灣最高行政首長臺廈道王敏政以下官員十八人特別頌
揚「鄭氏」，相較之下另二烈女「趙氏、紀氏」記述平常。唯一因素，

120　〔清〕高拱乾：《臺灣府志》，頁368。

121　〔清〕高拱乾：《臺灣府志》，頁108。

就是鄭月娘具備「儒士妻」的身分，儒士妻的身分使泉州人鄭氏月娘受到最高旌表層級的待遇，彰顯官員欲藉儒生改變地方風俗的用意。

3 風俗變易

清廷領臺之初，制定「藉科舉功名，吸引臺民」的政策，賦予儒士宣講教化平民，並隆禮對待殉夫的儒士妻，使儒士成為改變臺俗的有力群體。初期臺地物產豐富，人民資財累積快速，因此投身科舉的意願不高，然而朝廷為鼓勵臺民向學，每逢鄉試保障臺籍舉人名額一名。[122]臺民既然意願不高，地方官員為了臺籍舉人的素質，容許閩粵儒生寄冒臺籍。隨著本地儒生增加、「夫為妻綱」的倫理架構確立，志書收錄殉夫守節之事蹟漸多，達到朝廷確立女德之施政目的。乾隆七年（1742）福建分巡臺灣道劉良璧纂輯《重修福建臺灣府志》於〈列女·節孝〉收錄首位原住民女性：

> 番婦大南蠻，諸羅目加溜灣社番大治賦妻。生一男。大治賦死，婦年二十；願變番俗，不更適人，自耕以撫其男。至五十六歲，知縣陸鶴為請旌獎。[123]

雍正年間目加溜灣社（今臺南市善化區）原住民女性大南蠻，廿歲喪夫後開始為亡夫守節，獨自撫養孩子直到五十六歲去逝為止，由於原

---

122 康熙二十六年臺灣首開科考，首任諸羅縣令季麒光〈條陳臺灣事宜文〉提議「既有儒生，自當送試省闈，請另編號中式，如遼東宣府之例可也。如此，則教育作興，菁莪棫樸之休，庶幾可望於東寧壤矣。」詳參〔清〕季麒光：〈條陳臺灣事宜文〉，收入〔清〕王禮：《臺灣縣志》，頁294。

康熙26年（1687）4月，福建陸路提督張雲翼〈題請另編額中部覆疏〉「臺灣新經歸附，文教初開，應將臺灣一府三縣生員等，亦照甘肅、寧夏例，另編字號，額外取中舉人一名，以鼓勵士子。」同意所請。詳參〔清〕劉良璧：《重修福建臺灣府志》（下）（臺北市：文建會，2005年），頁684。

123 〔清〕劉良璧：《重修福建臺灣府志》（下），頁623。

住民族崇尚母系社會，與父權體制下鼓勵婦女節孝的習俗不同，諸羅知縣陸鶴申請朝廷旌表褒揚。

隨著儒漢社會的成熟，女性生活呈現深層變化。諸羅知縣陸鶴申請「朝廷旌表加溜灣社原住民女性大南蠻」事件，映現清廷推行科舉政策已達成重要的成果：

（一）府城引領的外溢現象：雍正年間目加溜灣社，其行政區域隸屬於諸羅縣，然而與府城相距不遠，即現今臺南市善化區。府城作為全臺的行政中樞、教育中心，對於臺灣縣、諸羅縣、鳳山縣風俗皆有引領作用。[124]明鄭時期在臺南一帶建立區域性的儒漢社會，儒漢社會中「貞女」乃女性追求的道德表現，明鄭時期貞女多為王室、遺臣女眷。康熙廿五年（1686）蔣毓英《臺灣府志》〈風俗〉「夫死即再醮。」[125]映現清廷領臺之初，府城民間婦女尚未養成「貞女」的女德風俗。《重修福建臺灣府志》記述「朝廷旌表加溜灣社原住民女性大南蠻」事件，大南蠻身為第一位被方志收錄〈列女‧節孝〉的原住民女性，旌表的時間點約於雍正十一年（1733）陸鶴任職諸羅縣令左右[126]，映現府城一帶的儒漢社會風俗，已由「士人」普及「庶民」，並由府城外溢至鄰近諸羅縣，甚至影響原住民婦女婚俗的現象。

（二）商賈文化的轉變：康熙廿五年蔣毓英《臺灣府志》〈風俗〉「婚姻論財，不計門戶。夫死即再醮，白首婺婦，猶字老夫。」[127]意指荷治時期建立於臺南一帶的商賈文化，映現於府城「婚姻論財」的

---

124 根據美籍學者理查德‧利罕的研究：「城市與鄉村呈現出一種共生的關係，在政治、經濟、文化方面都相互促進。」意指：可從政治、經濟、文化方面，探究城市與鄉村之間，密不可分的關係。詳參〔美〕理查德‧利罕著，吳子楓譯：《文學中的城市：知識與文化的歷史》（上海市：上海人民出版社2009年10月），頁15。

125 〔清〕蔣毓英：《臺灣府志》，頁196。

126 〔清〕劉良璧：《重修福建臺灣府志》（下），頁538。

127 〔清〕蔣毓英：《臺灣府志》，頁196。

婦女擇偶觀。商賈文化「重利輕義」，因此婚姻以財產衡量，丈夫去
世後，即可再婚，甚至白髮老婦亦有老夫求娶。康熙廿五年金鋐《康
熙福建通志臺灣府》〈凡例〉「貞女烈婦，風化攸關；閩地兵燹頻仍，
里老闕於申報，茲特加搜採，用闡幽光。」由來自中原的儒漢社會觀
點，說明志書「貞女烈婦」項，攸關風俗，故而特加搜採的纂修方
針。目加溜灣社大南蠻廿歲起為亡夫守節，可作為府城「商賈文化」
轉變為「儒漢社會」的風俗參考。

　　（三）樂土的轉換：清廷領臺初期志書記載，臺民生活於階級平
等、衣冠平等、不蓄奴婢、異姓相親，甚至是「男不耕、女不織」的
上古神話樂土。相較於中原詩禮冠纓的禮教風俗，臺女享有金錢、社
交與再婚的自由。自康熙廿六年設置儒學學校，推行科舉制度，擬定
濱海鄒魯的儒漢理想社會，鼓勵儒生妻追求「苦節奇貞」的終極道德
實踐。隨著雍正、乾隆年間，本土士人大量崛起，乾隆七年（1742）
《重修福建臺灣府志》〈列女・節孝〉收錄首位原住民女性大南蠻的
旌表事蹟，落實清廷推行的「海濱鄒魯」政策。時移勢易，隨著世風
與女德的改變，清初臺灣方志中「神話樂土」，最終轉換為「鄒魯樂
土」。

小結

　　康熙廿六年（1687）科舉制度在臺施行，配合科舉制度施行的儒
學學校，有：臺灣府學（臺南市寧南坊）、臺灣縣學（臺南市東安
坊）、諸羅縣學（今臺南市善化區）、鳳山縣學（臺南市東安坊），皆
依傍漢人聚集的府城而建置，映現儒漢社會乃「儒學教育與科舉制
度」施行基礎。儒漢社會「家庭」中的兩性角色，男性為家族榮顯而
追求科舉功名，成就忠臣孝子；女性為家族清名而追求旌表美名，成
就貞節烈女。明鄭時期開拓的儒漢社會，「男性」投身科舉考試的風

氣凝聚於府城一帶；「女性」追求貞節烈女典型，僅限生活於府城地區的明鄭宗室、遺臣、將士妻女。十七世紀臺灣女性普遍過著：艷妝市行、好遊成俗，女性人權之高為同時期其他國家所難項其背，接近現代男女平權的生活模式，映現與所屬福建省「搭棧死節」截然不同的女性婚俗觀。本章由清代臺灣方志廣泛運用《山海經》及其樂土神話，比對「理想社會與樂土神話」，論述儒漢社會形成之前「自由的婦女樂土」、以及科舉制度施行之後，轉化成「科舉教育的樂土」於世風與女德之影響。

　　一、理想社會與樂土神話，有：「《山海經》的運用」、「樂土神話的再現」。如下所示：

　　（一）《山海經》的運用：康熙廿五年（1686）《臺灣府志》、乾隆十二年（1747）《重修臺灣府志》、乾隆十七年（1752）《重修臺灣縣志》諸志，廣泛運用《山海經》於各類別中。映現纂志作者群（官員、儒士）對於《山海經》內容有一定的認同與理解。

　　（二）樂土神話的再現：《山海經》〈大荒西經・沃國〉之樂土條件，為：階級平等、隨心所欲的生活。〈大荒南經〉之樂土條件，為：人民享有不織而衣、不耕而食、百獸和平共處等。康熙五十九年（1720）《臺灣縣志》〈輿地志・雜俗〉記載：「俗尚華侈，衣服悉用綾羅。不特富厚之家為然也，下而輿隸之屬、庸販之輩，非紗帛不袴。」乾隆十二年（1747）《重修臺灣府志》記述「土壤肥沃，種植後，聽其自生，不事耘耡。」嘉慶十二年（1807）《續修臺灣縣志》記述「民雖貧不為奴婢。」凡此皆再現《山海經》樂土神話。

　　二、自由的婦女樂土，有：「婦女樂土的背景」、「婦女樂土的形成」。如下所示：

　　（一）婦女樂土的背景：十七世紀末臺灣漢人社會尚未形成嚴峻的父權體制，富庶的社會營造出自由的婚姻市場；男女人口比例失衡，營造出女性身價百金與傲視世界的自主與自由。凡此，為婦女樂

土的背景。然而十七世紀末清代志書貶視臺女自由的生活空間，十九世紀英國長老教會宣教師、日治時期總督府同情臺灣婦女低落的人權，映現了兩百多年來囿於時代視野的局限性。

（二）婦女樂土的形成：清初臺灣男女性別比例失衡，女性於婚姻市場身價百金。由於經過「婚姻論財」的方式擇偶，嫁入富戶的女性無需憂懼經濟與操勞家務，生活於富足的家庭氛圍中。爬梳文獻，十七世紀臺灣婦女樂土具體表現在：父兄親自御車陪伴看戲，婦女艷妝市行與好遊成俗，以及擁有充分的金錢、社交與再婚自由。

三、科舉教育的樂土，有：「海濱鄒魯的樂土」、「樂土的轉換」。如下所示：

（一）海濱鄒魯的提出：康熙廿五年（1686）《臺灣府志》「天末荒島」說，康熙廿六年（1687）施行科舉制度，自康熙卅五年（1696）《臺灣府志》「生聚既繁，教育日殷，昔屬蠻邦，今為樂土」，提出「海濱鄒魯」作為治理的願景，逐步建立「君君、臣臣、父父、子子」之儒家倫常與父權體制。父權體制的建立動搖階級平等、女性自由自主的生活，使原有的上古神話、婦女樂土社會逐漸崩落。

（二）樂土的轉換：治臺政策以推行科舉完成「教育樂土」為目標，意欲改變「荒裔草昧」成為「濱海鄒魯」。由於清領之初臺民參與科舉考試意願不高，朝廷首先以科舉社群中的儒士作為宣講員，從事宣講教化、移風易俗。其次以通過科舉考試授予官職的官員，旌表烈女事蹟收入志書，逐漸達成風俗變易的目標。

第四章

現代化之挑戰：

府城、儒者與經典質疑[*]

　　荷治時期（1624-1661）、明鄭時期（1661-1683）至清領時期（1683-1895），兩百餘年間「臺南」，不同政權鼎革易代，有「普羅民遮城」、「承天府」、「臺灣府」幾度異名。荷治時期（1624-1661）荷蘭東印度公司於臺南安平區建立亞洲重要的貿易轉運站；[1]清領之初，府城「衣食侈靡」的商賈文化，外溢至其他縣區；府城婦女曾經享有「婚姻論財，不計門戶。夫死即再醮，白首孀婦，猶字老夫」的自由婚姻，[2]安平婦女曾經過著「衣必麗都，飾必華艷、艷妝市行」的自在生活。[3]然而隨著科舉制度的施行日久，無論「男性科舉功名／女性旌表美名」皆極致發展，加上康熙六十一年（1722）下達禁止傳教、傳入西方科學技術，雍正年間驅逐大部分的耶穌會士，乾隆九年（1744）制定《管理澳夷章程》盡量防範中外交流，乾隆十二年（1757）諭令只准在廣州「一口通商」，「一口通商」的實行，標誌著清廷被隔絕於廣大的世界之外，於閉關自守的道路上，邁出了決定性

* 本章為104年度執行科技部「記憶與蓄意：《三六九小報》之儒學研究」計畫MOST 104-2410-H-218-021-部分執行成果，感謝南臺科技大學應日系黃幼欣副教授，協助本章國分直一《壺を祀る村:南方台灣民俗考》引文翻譯。

1　荷蘭東印度公司在亞洲各地都設有商館，臺灣的轉口貿易，是以大員（今臺南市安平區）為據點。臺灣商館負責接受從各地商館發來的訂單，再運往各個目的地，於此巨大的商業網絡中，臺灣商館是這個商業網絡中的一個重要環節。
　　楊彥杰：《荷據時代台灣史》（臺北市：聯經出版公司，2000年10月），頁121。

2　〔清〕金鋐：《康熙福建通志臺灣府》（臺北市：文建會，2004年11月），頁93。

3　〔清〕王禮：《臺灣縣志》（臺北市：文建會，2005年6月），頁124。

的一步。[4]

　　乾隆朝排拒外國勢力的閉關鎖國政策，匡限府城住民與世界對話的有利空間，儒學學校培育童生、生員、舉人、進士，直到任職六部官員，儒學思想全面發展為各類政治、經濟、生活，控制家庭與社會的道德制序。擁有功名的文士更趨於固步自封，與現代化的距離更加的遙遠。第一次鴉片戰爭之後，英國與法國欲取得在華更大的利益，持續發動英法聯軍，史稱第二次鴉片戰爭（1856-1860），再次戰敗的結果，是咸豐十年（1860）簽訂「北京專約」，開放臺灣安平及淡水為通商口岸，英國在臺設立領事館，怡和洋行及 DENT 洋行進駐臺灣。[5]不僅如此，鴉片戰爭以後，中國文化與中國人成為西方人嘲笑、輕蔑或是同情的對象。軍事上的失利、政治上的昏聵、經濟上的貧弱，使得儒學在西學、新學面前一無是處。某種程度上，西方傳教士對中國科舉、八股的批評、在中國推廣基督教義、發展信徒的目的，對科舉、八股的批評，實際是對儒學的批評，通過對儒學的批判促進基督教在中國的傳播。[6]荷治時期（1624-1661）府城鄰近的大員（今臺南市安平區）曾經是亞洲重要的貿易轉運站，時隔兩百年後，府城居民再度自安平港迎進歐美人士。府城居民與歐美人士頻繁接觸交流互動，長期在儒家父權體制壓抑下的女性人權，[7]遭受到嚴格的審視與挑戰。十九世紀以來，學者多以「女性的自由與自主」作為判

4　鄭佳明：〈清朝閉關自守的整體考查〉，《清政府封閉狀態和心態研究》（長沙市：湖南人民出版社，2010年1月），頁8-15。

5　吳密察監修，遠流臺灣館編著：《台灣史小事典》（臺北市：遠流出版公司，2009年9月），頁72。

6　陳興德：《二十世紀科舉觀之變遷》（武漢市：華中師範大學出版社，2008年11月），頁44-45。

7　蘇維霖：〈我的婦女觀〉，《臺灣民報》第2卷第17號（1924年9月11日），頁11。
　　按：蘇維霖（1902-1986）新竹人，名維霖，以字行，北京大學哲學系畢業，曾在一九二四年《臺灣民報》發表〈我的婦女觀〉提出令婦女地位低落的原因之一，是：儒教「男尊女卑」的文化觀。

斷社會文明高低的依據。一八四〇年英國法院類似有「夫為妻綱」的判決條文，[8]諷刺的是廿七年之後，一八六七年英國長老教會「體認臺灣婦女的卑微與束縛」，故而派遣宣教師來臺傳教：

> 一八六七年英國長老教會駐臺第一位宣教師李麻（Hugh Ritchie）及牧師娘伊萊莎・庫克（Eliza C. Cooke）到臺灣。李麻與伊萊莎是臺灣興辦女學的「先覺者」。看到臺灣女性地位卑弱，溺女嬰及鬻女賣妻為婢妾的陋俗時有所聞。[9]……李麻與伊萊莎深切體認臺灣婦女的卑微與束縛，努力要在民智未開、重男輕女的臺灣社會推動女子教育，改變婦女生活。[10]
> 一八八五年英國長老教會女宣道會派朱約安（Miss Joan Stuart）女教士和文安（Miss Anne E. Butler）女教士到府城，主要任務之一就是辦女學。……入學最要緊的條件就是「解開妳的纏足」。[11]

十九世紀英國長老教會宣教師未能接觸十七世紀荷蘭東印度公司管理臺灣時的文獻資料，也未能接觸清初臺灣方志〈風俗〉記載府城漢人女性「身價百金、艷妝市行」的逸樂生活，因此見到「一口通商」閉

8　一八四〇英國婦女攜帶人身保護令（habeas corpus）想營救被丈夫禁足的女兒，英國法院的宣判是：「女人生來就要服從父親或丈夫，一進入婚姻，她們就要守著婚姻至死。……英國法律賦與先生統治妻子的權力……〔他〕可以用武力挾持她……他可以打她。」詳參〔美〕羅莎琳・邁爾斯〔Rosalind Miles〕：《女人的世界史》（*The Women's History of the World*）（臺北市：麥田出版社，2003年），頁278。

9　范情：〈臺灣百年女學校——長榮女中〉，范情等著《女人屐痕——臺灣女性文化地標》（臺北市：女書文化出版社，2006年6月），頁30。

10　范情：〈臺灣百年女學校——長榮女中〉，范情等著《女人屐痕——臺灣女性文化地標》，頁31。

11　范情：〈臺灣百年女學校——長榮女中〉，范情等著《女人屐痕——臺灣女性文化地標》，頁32。

關自守政策施行多年之後，婦女地位卑微與身分束縛，因此先後派遣宣教師、牧師娘來臺推動女子教育，改變婦女生活。映現歐洲最早完成工業革命的英國，於工業革命成功後，女性地位急速提昇的成果。

「北京專約」使臺南安平成為通商岸口，來自歐美各國的人士，基於外交公務、傳道宣教、研究探訪等原因，經由安平港進入、觀察、凝視府城。安平港乃全臺最早為歐美各國所熟知的著名港口，對外貿易極為興盛，英、美、德、法各國設有領事館。[12]經由工業革命、現代化洗禮的歐美人士，帶著什麼樣的視角「凝視」府城？或者可以參考「凝視對象的建構仰賴符號（signs），而旅遊也可以說是一種蒐集符號的過程」觀點[13]。本章將以歐美人士短期或長期寓臺，由「城市空間」、「傲慢儒者」與「質疑經典」所蒐集的三種「符號」，建構出「現代化之挑戰：府城、儒者與經典質疑」議題的闡述。

第一節　城市空間

第二次鴉片戰爭（1856-1860）清廷戰敗後以舉國之力，積極邁向現代化，如：一八七五年五月，清廷同意李鴻章等人分別在直隸和臺灣試辦煤礦，後來臺灣基隆媒礦成效顯著，年產量達到五千四百萬噸，是中國第一座近化代煤礦。電報業的產生，出自於抵禦外侮的用兵需要，一八八五年中國沿海、沿江各省都架了電線，廈門、臺灣之間也架設了海底電纜，於中法戰爭（1884-1885）起了作用。[14]這些現代化的科技加速通訊效果，徹底翻轉朝堂上的政事、社會各階層的經濟、日常生活的感觀與思維。對於臺灣的衝擊，是咸豐十年（1860）

12　〔日〕仲摩照久主編，葉婉奇翻譯：《南台灣風土探勘》收入日本時代《台灣地理風俗大系・資料彙編02》（臺北市：原民文化，2002年4月），頁79-80。

13　何信華：〈旅遊者的地方感與空間再現〉，《巴黎視野》2014年第9期，頁12。

14　鄭佳明：〈清朝閉關自守的整體考查〉，《清政府封閉狀態和心態研究》，頁29。

簽訂「北京專約」，開放安平為通商口岸，英國在安平設立領事館，洋行的進駐帶來了傳道師、研究學者、外交人員。這些歐美人士，經由安平港進入府城，由現代化的視角觀察「以儒為業」的文人，同時質疑「四書五經」與現代世界脫節，由於府城乃全臺文教核心、同時鄰近接納世界窗口的安平港，乃外來人士必定造訪之處，使府城文人與儒學經典首當其衝，面臨百年來最嚴峻的挑戰。

　　臺南約有四百年期間，置身於「政策與教化」異常緊密的古老體制，政令所出的統治中心即教化所向的核心地域。不僅是全臺政治中樞，也是儒學教育中心，乃全臺文化形成與發展的核心地域。因此當咸豐十年（1860）簽訂「北京專約」，開放安平（今臺南市安平區）為通商口岸，英國在安平設立領事館，洋行的進駐開啟歐美研究學者、外交人員、傳道師等人的到訪。例如同治十二年（1873）美國人史蒂瑞（Joseph Beal Steere, 1842-1940）大學畢業後由親戚提供經費支持他海外探險。每到一處就蒐集動物、植物、民俗器材、自然史學所需之標本等東西，一箱箱運回美國博物館。李壬癸於〈《福爾摩沙及其住民》及其作者 Steere〉一文，說明史蒂瑞（Steere）來臺後，與外交人員、傳道師於府城會合，結伴進入中部內陸的情景：

> Steere 於1873年10月從香港搭船到淡水，他再從淡水搭船到高雄港。……他在高雄港附近探險之後，就從高雄坐船趕到臺南的安平港，要跟蘇格蘭傳教士甘為霖（William Campbell）、英國駐外領事通譯 Bullock 會合，三個歐美人士要一起結伴到中部內陸去調查或傳教。[15]

---

15 李壬癸：〈《福爾摩沙及其住民》及其作者Steere〉，〔美〕史蒂瑞著，林弘宣譯，李壬癸校註：《福爾摩沙及其住民（*Formosa and Its Inhabitants*）：19世紀美國博物學家的台灣調查筆記》（臺北市：前衛出版，2009年12月），頁xi。

史蒂瑞（Steere）是美國民俗動物學家、甘為霖（William Campbell）
是蘇格蘭傳教士、布魯克（Bullock）是英國駐外領事通譯，不同國
籍、身分的三人，於臺南安平會合後，結伴由府城北上赴中部內陸進
行辦公、博物調查、傳道宣教。史蒂瑞（Steere）的臺灣調查筆記
《*Formosa and Its Inhabitants*》記述第二次鴉片戰爭（1856-1860）之
後，簽訂「北京專約」開放安平為通商口岸，歐洲海關官員負責安平
港稅收的情形：

> 我們走過安平的漢人村落後，來到建立在古堡廢墟上的中國稅
> 務司。我發現負責海關事務的是一個英國人，……[16]
> 原註：最近這次戰爭結束之後（1860年），中國把各通商口岸
> 的海關事務，委由歐洲的海關官員來負責，讓他們收取對外貿
> 易的關稅，以支付中國所積欠的賠款。中國政府發現這樣做，
> 比透過中國官員來收稅更安全，也更有效率，所以在償清賠款
> 後，仍繼續維持這種安排。全中國的海關事務都掌握在一個主
> 要官員手中，再由他直接向中國政府負責。各地港口的官員，
> 都是這位主要官員派遣任命的，這些官員皆來自文明國家，諸
> 如美國人、英國人、法國人、德國人、俄國人等。這些海關官

---

16 〔美〕史蒂瑞（Joseph Beal Steere）著，林弘宣譯，李壬癸校註：《福爾摩沙及其住
民（*Formosa and Its Inhabitants*）：19世紀美國博物學家的台灣調查筆記》，頁40。
按：美籍學者Joseph Beal Steere（史蒂瑞）曾經於1873-1874年間在臺灣調查研究長
達半年之久，而且在1878年撰成一部書稿：*Formosa and Its Inhabitants*（《福爾摩沙
及其住民》），收藏在密西根大學圖書館Bentley Historical Library，一直都沒有出
版。中央研究院語言學研究所李壬癸教授於二〇〇一年十二月及二〇〇二年六月，
兩度前往密西根大學的班特利歷史博物館，檢視史蒂瑞的手稿資料，影印有關臺灣
的重要部分，《福爾摩沙及其住民》的親筆手稿，提供了一八七三至一八七四年間
臺灣的概略情形。詳參李壬癸：〈李壬癸序〉，〔美〕史蒂瑞（Joseph Beal Steere）
著，林弘宣譯，李壬癸校註，《福爾摩沙及其住民（*Formosa and Its Inhabitants*）：
19世紀美國博物學家的台灣調查筆記》，頁v-vi。

員享受優渥的待遇，而且，一旦戰事爆發，也不需替中國效
勞。[17]

荷治時期安平港（大員灣）一帶即有漢人村落，到了同治年間亦然。
於荷蘭安平古堡上建置中國稅務司的負責人，是英國海官。值得注意
者，史蒂瑞（Steere）從經手金錢的操守、行事高效率，凸顯這些
「享受優渥待遇」、不參與戰爭、來自「文明國家」的歐洲海關官
員，深受清廷信賴與重用，所以在償清賠款後，仍繼續委由歐洲海關
官員負責中國稅務司的這種安排。臺灣的基隆港、淡水港、安平港因
有歐洲海關官員負責稅務司，使前來商務活動、博物調查、傳道宣教
的歐美人士感到便利，並不視赴臺為畏途。[18]

　　美籍學者理查德‧利罕（Richard Lehan）《文學中的城市：知識與
文化的歷史》論述城市的三種原始機構：寺廟、城堡和市集。[19]其中
「城堡就像是護城牆，護衛著整座城市。……城堡是城牆的一部分，
規模與設計，以及所展示出來的氣派，象徵著該城市的地位。」[20]因
此史溫侯（Robert Swinhoe）咸豐十一年（1861）至同治元年（1862）、
同治三年（1864）至同治五年（1866）任英國駐臺領事三年，調查過
澎湖與臺灣西南海岸，從臺灣府到南岬等地，發表〈福爾摩沙民族學
記事〉（*Notes on the ethnology of Formosa*）的府城觀察報告：

17　〔美〕史蒂瑞（Joseph Beal Steere）著，林弘宣譯，李壬癸校註：《福爾摩沙及其住
　　民（*Formosa and Its Inhabitants*）：19世紀美國博物學家的台灣調查筆記》，頁40。
18　根據史蒂瑞（Joseph Beal Steere）的調查筆記「我在基隆港時，得到了中國海關基隆
　　辦事處的官員蘭德先生（Land）和提塔需金先生（Tituschkin）眾多的協助。」詳參
　　〔美〕史蒂瑞（Joseph Beal Steere）著，林弘宣譯，李壬癸校註：《福爾摩沙及其住
　　民（*Formosa and Its Inhabitants*）：19世紀美國博物學家的台灣調查筆記》，頁105。
19　〔美〕理查德‧利罕著，吳子楓譯：《文學中的城市：知識與文化的歷史》（上海
　　市：上海人民出版社，2009年10月），頁15。
20　〔美〕理查德‧利罕著，吳子楓譯：《文學中的城市：知識與文化的歷史》，頁16、
　　18。

　　臺灣府大而零散，有公園、花園和高牆，位於離海岸線約五英
里處，在一頗大而略呈波狀起伏的平原邊緣，居民純為漢
人。……此城市約有十二萬人，來自中國各地，但主要為福
建。……有一天一位看來純似漢人的軍官來拜訪我，告訴我其
祖先是紅髮人（即荷蘭人），是國姓爺時留在島上的三千兵士
之一。他們剃髮以示效忠中國。他的村莊新港（Sinkang）在
北門外十英哩處，主要為那些兵士的後裔組成，他們仍保存先
人的衣服和文件。……他們族群裡其他的人則與漢人通婚，分
散在島上各地。[21]

臺灣府大而零散，意指「未規劃」的大城，高牆內建有公園和花園。
自康熙廿三年（1684）清廷領臺之初，府城居民即以漢人為主。史溫
侯（Robert Swinhoe）任職英國駐臺領事期間，觀察清廷官員有意隔
絕原住民於府城之外。不過也有看來純似漢人，原來是荷蘭人與漢人
幾代通婚後明鄭時期留臺軍隊，康熙廿二年〈移動不如安靜疏〉遣送
明鄭遺臣、兵員回內地時，這遺留的三千士兵，一方面非追隨鄭氏來

21　〔英〕史溫侯（Robert Swinhoe）：〈福爾摩沙民族學記事〉，收入費德廉、羅效德編
　　譯：《看見十九世紀台灣──十四位西方旅行者的福爾摩沙故事 Curious investing-
　　ations: 19th-century American and European impressions of Taiwan》（臺北市：如
　　果出版社，2006年12月），頁34。
　　按：史溫侯（Robert Swinhoe，1836-1877），英國人，在大英帝國統治下的印度出
　　生，大學教育是在倫敦的皇家學院和倫敦大學修習的，尚未畢業就考上英國外交
　　官考試，被派往中國當翻譯官，後來升為副領事及領事。在臺灣時間前後三年左
　　右，一八六一至一八六二及一八六四至一八六六任英國駐台領事三年，調查過澎湖
　　與臺灣西南海岸，從臺灣府到南岬。本文引述〈福爾摩沙民族學記事〉中的府城觀
　　查，發表於一八六三年八月在民族學學會及英國「科學促進協會」上所宣讀的論
　　文，因此本文大約寫於（清同治元年至二年）1862至1863年間。史溫侯生平資料，
　　詳參〔美〕費德廉、羅效德編譯：《看見十九世紀台灣──十四位西方旅行者的福爾
　　摩沙故事 Curious investigations: 19th-century American and European impressions
　　of Taiwan》，頁14。

臺的閩人、二方面是荷蘭人後裔、三方面已剃髮以示效忠，因此成為
〈移動不如安靜疏〉政策外留臺的士兵。

　　同治四年（1865）英國派任必麒麟（W. A. Pickering）主持安平
海關，同治九年（1870）離臺，晚年撰寫《歷險福爾摩沙》回憶錄
（Pioneering in Formosa），府城的觀察記述如下：

> 臺灣府方圓約五哩，四面修築高大的中國式城垛，有四個城
> 門，每個城門設有瞭望樓。整座城的形式，完全仿效北京的萬
> 里長城。城牆高約二十呎，以磚鋪造，表面塗上灰泥。這座城
> 牆早無防禦功能，因暴雨和地震的關係，牆面不僅破損不堪，
> 也有多處缺口，敵軍可以很容易地從缺口處攻進城內。[22]

第二次鴉片戰爭（1856-1860）之後，清廷戰敗簽訂「北京專約」開
放安平為通商岸口，必麒麟（Pickering）如同其他任職府城的歐美人
士，觀察到府城並無都市計劃，官員、武器「早無防禦功能」的事
實，並慎重其事的寫入遊記之中。不僅如此，必麒麟（Pickering）還
具體提出讚美府城的記述：

> 沿著城牆散步，卻是十分有趣的一件事。越過城牆朝海面望
> 去，可看見一大片城郊，商市就在那裏，這片地區就像所有漢
> 人的城鎮一樣，吵雜、貧窮又污穢。若將視線轉向城區內部，
> 會驚奇地發現令人愉悅的濃蔭、綠色的小徑，以及像公園一般
> 空曠的原野。碧綠的小竹林和繁茂的老榕樹，為這座城市增色

22　〔英〕必麒麟（W. A. Pickering）著，陳逸君譯述，劉還月導讀：《歷險福爾摩沙》
　　（Pioneering in Formosa: recollections of adventures among Mandarins, wreckers &
　　head-hunting savages）（臺北市：原民文化事業有限公司，1999年1月），頁41。

不少。[23]

越過城牆朝海面望去，應是大員（今臺南市安平區）方向漢人村，該區「像所有漢人的城鎮一樣」，具有吵雜、貧窮又污穢的缺點，與之相反的府城「城區內部」，驚奇地、令人愉悅的濃蔭、綠色小徑，以及像公園一般空曠的原野。必氏的愉悅能透過筆觸，穿越時空感染後世的讀者。

同治十年（1871）卅歲的英國長老教會牧師甘為霖（William Campbell）被派到臺灣府傳教，[24]於《素描福爾摩沙》（*Sketches Form Formosa*）細緻的觀察都市計畫、記述府城外觀：

> 臺灣府，其砌磚的城牆約有十五呎厚，二十五呎高，周長大概五哩，四個大門都設有高大的崗哨，主要的寺廟和衙門（即文武官員的所在地）佔用了城內的大量空間。臺灣府真是個亟需進行都市改造計畫的地方。當然，這裡也有令人愉悅的散步時光，有些店家的外觀還相當吸引人，但整體而言，這裡的街道是既狹窄又曲折，不僅路面崎嶇不平，而且還瀰漫著異味。[25]

23　〔英〕必麒麟（W. A. Pickering）著，陳逸君譯述，劉還月導讀：《歷險福爾摩沙》（*Pioneering in Formosa: recollections of adventures among Mandarins, wreckers & head-hunting savages*），頁41。

24　根據甘為霖《臺灣筆記》記載「1871年7月19日，在戴維森牧師（Rev. Dr. Tbain Davidson）所帶領的艾靈頓（Islington）教會中，莊嚴地冊封我為第一位海外宣教師，宣教的地點是臺灣府（Taiwan-fu，也叫府城，即今臺南），也就是當時福爾摩沙的首府。」詳參〔美〕甘為霖（WilliamCampbell）著，林弘宣等譯，阮宗興校註：〈初到福爾摩沙〉，《素描福爾摩沙（*Sketches From Formosa*）：甘為霖台灣筆記》（臺北市：前衛出版，2009年10月），頁1。

25　〔英〕甘為霖（William Campbell）著，林弘宣等譯，阮宗興校註：《素描福爾摩沙（*Sketches From Formosa*）：甘為霖台灣筆記》，頁4-5。

甘為霖（William Campbell）從現代化的觀點，客觀的記述：府城有四個大門，磚砌城牆的厚度、高度與長度。主觀的提出：府城需要進行都市改造、空間需要配置，如：寺廟和官署、街道狹窄又曲折、而且瀰漫著異味。映現清代官府未能重視居民公共生活空間、交通工具停留於牛車、未能普遍提昇衛生習慣等等。

　　同治十三年（1874）美籍探險家史蒂瑞（Joseph Beal Steere）《福爾摩沙及其住民》（*Formosa and Its Inhabitants*）臺灣調查筆記，記述由打狗（高雄）搭乘商人用來傳遞訊息的小輪船，北上臺灣府。航行二十英里，四、五個小時之後到達安平（今臺南市安平區），穿越安平進入臺灣府，以下是史蒂瑞所見到的安平景像：

> 安平島是一塊沙洲，頂端有荷蘭人建造的古堡遺跡，高出海面約四、五十英尺，臨海處則有一棟比較現代化的小型建築物，那是漢人用來保護錨地的要塞。[26]

從「現代化」的視角，對比荷蘭人建造的古堡遺跡，檢視安平臨海處有一棟「現代化」的小型建築物。史蒂瑞（Steere）另外發表於密西根州《安阿伯新報》（*Ann Arbor Courier*）的〈來自福爾摩沙的信件〉（Published letters describing expedition to Formosa），則有更細緻的記述：

> 一八七四年，一月十日，臺灣府
> 次日，我們抵達臺灣府，通過慣見的景致，即平坦的甘蔗與稻田。小徑上有大量粗糙多刺的露兜樹（screw pine）遮蔭。就

---

26 〔美〕史蒂瑞（Joseph Beal Steere）著，林弘宣譯，李壬癸校註：《福爾摩沙及其住民（*Formosa and Its Inhabitants*）：19世紀美國博物學家的台灣調查筆記》（臺北市：前衛出版，2009年12月），頁39。

在離此城市很近時，我們通過一個很大的空曠廣場，一端有個
小廟，並有個旗杆用來升清朝官吏旗幟。我被告知，這是刑
場。約三十到四十年前，就在此地，將近有一百名英國與東印
度人，因所乘的兩艘船在福爾摩沙海岸翻覆，流落到此，而遭
到砍頭。[27]

同治十三年（1874）史蒂瑞（Steere）行經府城外刑場，聽聞四十年
前（道光十四年，1834）一段血腥的記憶，官員尊奉朝廷的鎖國政
策，將漂流來臺的英國及印度水手公開斬首示眾，以宣誓拒絕外來人
士的決心。然而僅僅四十年過去，英國以鴉片戰爭戰勝國之姿，強硬
要求淡水、安平的通商，派遣傳道士、外交領事、稅務人員，堂而皇
之、登堂入室的「凝視」府城建築：

此城的圍牆從很遠就可見到。高約為十八到二十五英尺之間，
頂上寬約十二到十四英尺，用磚蓋成，周長七英里，有八個大
門。牆頭上蓋有許多小的守望塔，在大門上蓋著約兩、三層樓
的寶塔一樣的建築物，做為防衛用，一般都有幾個兵士留守其

---

27 〔美〕史蒂瑞（Joseph Beal Steere）〈來自福爾摩沙的信件〉摘自《安阿伯新報》
（密西根州）一八七四年四至七月。詳參〔美〕史蒂瑞（Joseph Beal Steere）：〈來
自福爾摩沙的信件〉，〔美〕費德廉、羅效德編譯：《看見十九世紀台灣——十四位
西方旅行者的福爾摩沙故事*Curious investigations: 19th-century American and
European impressions of Taiwan*》，頁102-103。

按：史蒂瑞（Joseph Beal Steere,1842-1940）大學畢業後由親戚提供經費讓他到處探
險。每到一處就蒐集動物、植物、民俗器材、自然史學所需之標本等東西，一箱箱
運回美國博物館去。〈來自福爾摩沙的信件〉當時都登在密西根州安阿伯城的報紙
（*Ann Arbor Courier*）上，代表史蒂瑞對臺灣島所見所聞最早的感想，因此相當可
貴。史蒂瑞生平，詳參〔美〕費德廉、羅效德編譯：《看見十九世紀台灣——十四位
西方旅行者的福爾摩沙故事*Curious investigations: 19th-century American and
European impressions of Taiwan*》，頁74。

中。沿著主牆上面外圍處又建蓋一道狹窄的牆，四或五英尺高，一英尺半厚。這道牆上截滿小且狹窄的槍眼，用來放射步槍或弓箭。每個槍眼都有編號，這樣防守的兵士可以知道自己的位置。然並無用炮來防衛城牆的安排，大炮只要發射第一次，就可把此脆弱的圍牆上部夷平，而讓防衛者的掩蔽全失。雖然此牆或許是這一百年內建蓋的，但卻跟一千年前的中國城牆完全一個模樣。[28]

史蒂瑞（Steere）與甘為霖（William Campbell）記述府城周長有些許差異，比較可議的是四個大門與八個大門的差別，其實是大東門、大南門、大西門、大北門之間，又各自有小東門、小南門、小西門、小北門，因此有倍數上的差異。二氏記述最大的相同點，在於清廷建城的武裝需求與一千年前的中國城牆完全一個模樣，再次點明清廷鎖國政策使國力整體下降，跟不上歐美現代化的迅速。例如史蒂瑞（Steere）〈來自福爾摩沙的信件〉中云：

> 我們進入的每一邊的大門口，都有一個十二英尺高，拿著戰斧的巨大戰士，以慣常幻想式的中國風格畫在牆上。在牆內的一個廣場，有幾個清朝官員正在用弓箭練習。在中國，即使在已有裝彈機與設有來福槍的大炮等現代武器的今天，軍隊升職仍比較看重射箭與用劍的技術。[29]

府城四大門、四小門口，皆畫有十二英尺高，拿著戰斧的巨大戰士，以震懾四方來到的人們，然而一走入城內，眼現官員面對牆內使用弓

---

28 註同上。

29 註同上。

箭練習，使習慣裝彈機、來福槍、大炮等現代化防衛武器的歐美人士，沒有震懾感、只有滿腹疑惑。

史蒂瑞（Steere）〈來自福爾摩沙的信件〉（Published letters describing expedition to Formosa）是為了回饋資助他的親戚而寫，另外《福爾摩沙及其住民》（Formosa and Its Inhabitants）臺灣調查筆記，行文間直接表露府城官員的落後武器：

> 我們走進（臺灣府）東門後，在一塊空地上，看到幾位中國官員在練習射箭。在今日這個後膛槍和大砲的時代，他們竟然還在練習弓箭！[30]

史蒂瑞回饋資助親戚而寫的〈來自福爾摩沙的信件〉記述較詳盡而平和，《福爾摩沙及其住民》的調查筆記，流露出「竟然、還在」練習弓箭的情感用語，映現探險者與自我對話的筆記呈現。

同治十三年（1874）十二月愛沙尼亞廿二歲青年艾比斯（Pavel Ivanvich Ibis, 1852-1877）隨著俄國海防艦「Askolda號」到達香港，艾比斯（Ibis）趁著「Askolda號」停留修補期間，向長官請兩個月的假，同治十四年（1875）搭船來臺灣看看，將所見聞撰寫〈福爾摩沙：民族學遊誌〉（Auf Formosa：EthnographischeWanderungen），發表於一八七七年《地球》（Globus）第卅一卷：

> （臺灣）除了臺灣府以外，其他沒有一個（城市）值得詳述，就是一般的中國城市而已。……然而，你可在臺灣府停留一整天而不覺無聊，但再久就不行了。最值得一看的景致之一，就

---

30 〔美〕史蒂瑞（Joseph Beal Steere）著，林弘宣譯，李壬癸校註：《福爾摩沙及其住民（Formosa and Its Inhabitants）：19世紀美國博物學家的台灣調查筆記》（臺北市：前衛出版，2009年12月），頁115。

是熱蘭遮城的遺跡。……臺灣府的寺廟實不值得一看，既不豪華，也沒有建築設計上的特色，同時還很不乾淨。多半的寺廟祭拜孔子，其教義是此島最主要的。[31]

艾比斯（Ibis）來臺主要目的是想瞭解原住民文化、語言、體格等。[32]停留兩個月期間，自「島南走訪到島北」進行全島旅行，比對當時的一府五個縣，得出「可在臺灣府停留一整天而不覺無聊」的結論，原因是「熱蘭遮城的遺跡」景致值得一看。值得注意的是，拿歐洲的教堂與府城的寺廟對比，府城寺廟既不豪華、無設計特色、也不乾淨，而且多半的寺廟祭拜孔子，儒教是福爾摩沙島最主要的信仰。由於府城內有儒學學校與文廟祭祀的「廟學制」，原只有文廟學宮一間，隨著科舉制度的施行，有海東書院、崇文書院等，皆設有孔子像供學子祭拜，因此「多半的寺廟祭拜孔子」。城內街景的描繪，相較史溫侯（Robert Swinhoe）、甘為霖（William Campbell）、史蒂瑞（Joseph Beal Steere）等人，艾比斯（Ibis）〈福爾摩沙：民族學遊誌〉更具有

31　〔俄〕艾比斯（Pavel Ivanvich Ibis）：〈福爾摩沙：民族學遊誌〉，收入〔美〕費德廉、羅效德編譯：《看見十九世紀台灣——十四位西方旅行者的福爾摩沙故事Curious investigations: 19th-century American and European impressions of Taiwan》，頁162-163。

按：艾比斯（Pavel Ivanvich Ibis, 1852-1877）愛沙尼亞人，農家出生。艾比斯自一八六八年自俄國海軍軍校畢業後，就開啟他航海的日子。此時正是沙皇擴展大俄帝國時代，一八七二年十月艾比斯被編入海防艦「Askolda號」艦隊中，開始預備全球遠征。因此任務使艾比斯有機會到訪日本、清帝國、韓國等國家之海港。一八七五年三月艾比斯離開了福爾摩沙島回香港，重新入隊，兩年後不幸生病過逝。艾比斯生平，詳參〔美〕費德廉、羅效德編譯：《看見十九世紀台灣——十四位西方旅行者的福爾摩沙故事Curious investigations: 19th-century American and European impressions of Taiwan》，頁154。

32　〔美〕費德廉、羅效德編譯：《看見十九世紀台灣——十四位西方旅行者的福爾摩沙故事Curious investigations: 19th-century American and European impressions of Taiwan》，頁154。

畫面感的細膩描繪：

> 臺灣府本身占地很廣，周圍的城牆周長有四英里。有八個門。
> 每個門都有一個很高的瞭望塔。街道只有八到十英尺寬，是直
> 的，鋪小石子，難得的倒是很乾淨，這在中國城裡是少見的。
> 較大的貿易街道則鋪有木板的天頂。這些鋪設得很均勻的間隔
> 小段，都鑲有珠貝的嵌飾，使街道在白天能有足夠的光線。夜
> 晚的照明更是明亮，滿足我們的一切需求。裡裡外外掛了無數
> 的紙燈籠，一個緊接著一個，讓街道跟一波波的人群看起來相
> 當的奇特。[33]

艾比斯（Ibis）於同治十四年（1875）一、二月來臺旅行，此為歐美
人士喜愛旅臺的季節，他形容：府城鋪著小石子的筆直街道很乾淨。
此與同治十年（1871）甘為霖（William Campbell）《素描福爾摩沙》
（*Sketches Form Formosa*）府城「街道是既狹窄又曲折，不僅路面崎
嶇不平，而且還瀰漫著異味。」艾比斯（Ibis）來臺僅兩個月，或者
存在著旅行心境與季節變幻的差異。甘為霖（William Campbell）在
臺宣教的時間長達四十七年之久，[34]甘氏記述的準確性應較艾氏為
高。然而〈福爾摩沙：民族學遊誌〉記載居民善用海洋資源珠貝的嵌
飾，使街道在白天能有足夠的光線。夜晚，因有無數紙燈籠、嵌飾珠

---

33 艾比斯（Pavel Ivanvich Ibis）〈福爾摩沙：民族學遊誌〉摘自《地球》第卅一卷
　（1877年）。詳參〔俄〕艾比斯（Pavel Ivanvich Ibis）：〈福爾摩沙：民族學遊誌〉，
　〔美〕費德廉、羅效德編譯：《看見十九世紀台灣——十四位西方旅行者的福爾摩
　沙故事*Curious investigations: 19th-century American and European impressions of
　Taiwan*》，頁163。

34 〔美〕費德廉、羅效德編譯：《看見十九世紀台灣——十四位西方旅行者的福爾摩
　沙故事*Curious investigations: 19th-century American and European impressions of
　Taiwan*》，頁118。

貝的互映下，更顯明亮。這類記述，使後世讀者能透過艾氏之筆，建
構、想像晚清府城的日夜街景。

第二節　傲慢儒者

　　清代府城文風鼎盛，文人的優越感，其來有自。雍正八年
（1730）巡臺御史兼攝學政夏之芳〈海天玉尺編二集序〉云府城生
員：「大約文人之心，類從其地之風氣。臺士之文多曠放，各寫胸
臆，不能悉就準繩。」[35]乾隆十四年（1749）巡臺御史楊開鼎〈梯瀛
集序〉與夏之芳有類似的看法：「余視學斯土，歷試諸生文，其中有
清者、濃者、奇者、正者、窅而深者、沛然決者，各成一家言，而不
能以一律繩。」[36]乾隆五十二年（1787）鄭光策（1759-1804）[37]〈平
臺策八條〉「臺地文學，府城為最，縣城即已疏闊，至窮鄉僻壤，有
一村無一識字者。淡水以北，尤為支離。」[38]道光廿八年（1820）福
建臺灣道兼理學政徐宗幹（1796-1866）[39]〈上彭詠莪學使書〉亦云

35　〔清〕夏之芳：〈海天玉尺編二集序〉，收入謝金鑾、鄭兼才：《續修臺灣縣志》
　　（下）（臺北市：文建會，2007年6月），頁574。

36　〔清〕楊開鼎：〈梯瀛集序〉，收入謝金鑾、鄭兼才：《續修臺灣縣志》（下），頁580-
　　581。

37　鄭光策初名天策，字憲光；瓊河，閩縣（今福州人）。乾隆四十四年（1779）舉
　　人，名列第二。次年，成為進士，隨後回到閩地講學。喜讀「經世有用之書」。嘉
　　慶二年（1797）主講福州鰲峰書院。詳參劉廣利：《衛國英雄林則徐》（瀋陽市：遼
　　寧人民出版社，2017年1月），頁78。

38　〔清〕陳壽祺：〈國朝儒林傳〉，《道光福建通志臺灣府》（下）（臺北市：文建會，
　　2007年12月），頁1095。

39　徐宗幹（1796-1866）字伯楨，號樹人，江南通州（今江蘇南通縣）人。嘉慶廿五年
　　（1820）進士。道光廿八年（1848）四月授福建臺灣道。至即振興文教；對內山番
　　社，設官治理。咸豐三年（1853）四月鳳山林恭起事，陷縣治，撲郡城，宗幹與民
　　守禦，督率將弁，防剿兼施。六月，官軍復鳳山縣。八月，逆匪擾及噶瑪蘭廳，亦
　　經督兵討平之。其後迭任藩、臬，經辦團練，同治元年（1862）陞福建巡撫。是年

「臺郡城內庠塾相望，晝夜時有書聲，此即各郡邑所罕聞。」[40]映現
府城乃全臺文教中心、全臺學風核心。府城文人，置身於統治中心、
教化所向的核心地域，相較於縣區文人自然湧現優越感。然而不僅府
城文人，整個清代官員處理對外關係，普遍有「華夷」等級觀念：

> 所謂「華夷」等級觀念，就是中國漫長的封建社會裏逐漸形成
> 的處理對外關係的準則。「華」指「華夏」，起初主要指中原
> 「漢」民族，「夷」則指除漢族以外的其他少數民族。……隨
> 著清王朝統治地位的確立，「華」與「夷」的內涵發生巨大變
> 化，……「華」的含義逐漸從原來的專指漢族擴展到包括滿族
> 在內的各民族，而與「華」相對的「夷」的含義也從原來指
> 「漢族以外的少數民族」擴展成指「中國」以外的外族和外
> 藩。[41]

清朝官員以輕蔑的視角，處理國際外交事務。曾於荷治時期（1624-
1661）被某位荷蘭長官記載下來：「如果不是海盜猖狂，中國官員不
免態度『妄自尊大（hoochmoedigh）』根本不與（荷蘭東印度）公司
接觸。」[42]清代的「華夷」等級觀念，以「天朝、上國」自尊，而不
與蠻夷接觸，映現於「最瞭解十九世紀福島每一個社群狀況的『臺灣

彰化戴潮春起事，全臺騷擾，即命前署臺灣鎮曾玉明渡臺，又奏簡丁曰健為臺灣
道，會辦軍務，次第平之。同治五年卒，年七十一。諡清惠，祀福建名宦祠。著有
《斯未信齋文集》，輯《治臺必告錄》五卷以授丁曰健，為治臺史之重要文獻。
張子文：〈徐宗幹〉，收入張子文、郭啟傳、林偉洲：《臺灣歷史人物小傳——明清暨
日據時期》（臺北市：國家圖書館，2003年12月），頁371-372。

40 〔清〕徐宗幹：〈上彭詠莪學使書〉收入林慶彰主編：《清領時期臺灣儒學參考文獻》
（新北市：華藝學術，2013年12月），頁5。

41 鄭佳明：〈清朝閉關自守的整體考查〉，《清政府封閉狀態和心態研究》，頁99。

42 〔美〕歐陽泰（Tonio Andrade）著，鄭維中譯：《福爾摩沙如何變成臺灣府》（臺北
市：遠流出版公司，2007年2月），頁95

通』」：必麒麟（W. A. Pickering, 1840-1907）」[43]筆下記述。同治元年（1862）廿二歲的英國水手必麒麟（Pickering）「利用空暇學習中國話，直到可以用方言與當地人閒聊。他們很驚訝地輕拍我的肩膀，恭維我不再是蠻子，而是一個人。」[44]可見「鴉片戰爭」戰敗後的清國人民仍具有「華夷」等級之優越感。

「北京專約」開放安平、淡水為通商口岸後，來臺的歐美人士中，必麒麟（Pickering）是很特殊的一位。同治元年（1862）必麒麟（Pickering）於中國閩江、福州沿海一帶緝私，學習中文、研讀四書五經。優異的語文能力，使其同治四年（1865）新年後轉往臺灣府，主持安平海關業務，[45]其後辭去海關，轉任「天利行」職員。[46]必氏聘請教師學習四書五經、中文讀寫，使其《歷險福爾摩沙》（*Pioneering in Formosa*）具有文人與儒學視野，異於其他歐美人士的記述內涵：

> （府城）城區內部，……鮮翠的樹叢間，可以瞥見政府官吏和
> 重要人物的房舍，還有漢人的三大宗教──儒教、佛教和道教
> 的廟宇。幾間房屋在屋前的竹籬和仙人掌叢的襯托下，呈現出

---

43 〔美〕費德廉、羅效德編譯：《看見十九世紀台灣──十四位西方旅行者的福爾摩沙故事*Curious investigations: 19th-century American and European impressions of Taiwan*》，頁200。

44 〔英〕必麒麟（W. A. Pickering）著，陳逸君譯述，劉還月導讀：《歷險福爾摩沙》（*Pioneering in Formosa: recollections of adventures among Mandarins, wreckers & head-hunting savages*），頁15-16。

45 陳逸君：〈必麒麟在台小史〉，〔英〕必麒麟（W. A. Pickering）著，陳逸君譯述，劉還月導讀：《歷險福爾摩沙》（臺北市：原民文化事業有限公司，1999年1月），頁19。

46 按：「天利行」是麥克菲爾兄弟公司（Messrs. McPhail Brothers）的漢式字號，該公司是歐洲人在臺灣南部的主要商號，得到香港和廈門一些重要的英美公司支持，擁有極佳的信譽。詳參〔英〕必麒麟（W. A. Pickering）著，陳逸君譯述，劉還月導讀：《歷險福爾摩沙》（*Pioneering in Formosa: recollections of adventures among Mandarins, wreckers & head-hunting savages*），頁137。

一種田園隱遁的況味。[47]

同治十四年（1875）愛沙尼亞廿三歲青年艾比斯（Ibis）曾短暫來臺
兩個月，根據其所見聞撰寫的〈福爾摩沙：民族學遊誌〉記載「（府
城）多半的寺廟祭拜孔子，其教義是此島最主要的。」[48]混淆了文
廟、佛教及道教的廟宇。必麒麟（Pickering）不僅能清楚分辨「儒
教、佛教和道教」的廟宇，甚至能欣賞「幾間房屋、竹籬和仙人掌
叢、田園隱遁、況味」，這類傳統社會中文化菁英階層之知識縮影與
內在理想。[49]

必麒麟（Pickering）學習中文、研讀四書五經的歷程，使其關注
於朝廷掄才大典的科舉考場：

> 道台衙門府旁邊是一間大考場，內有花崗石板桌椅，足以容納
> 一千名應考秀才的人。[50]……

---

47 〔英〕必麒麟（W. A. Pickering）著，陳逸君譯述，劉還月導讀：《歷險福爾摩沙》
（*Pioneering in Formosa: recollections of adventures among Mandarins, wreckers &
head-hunting savages*），頁41。

48 〔俄〕艾比斯（Pavel Ivanvich Ibis）：〈福爾摩沙：民族學遊誌〉，〔美〕費德廉、羅
效德編譯：《看見十九世紀台灣──十四位西方旅行者的福爾摩沙故事*Curious
investigations: 19th-century American and European impressions of Taiwan*》，頁
163。

49 「山水畫可說是中國傳統社會中文化菁英階層獨享的藝術……為一種需要豐富之知
識條件為前提的『精緻藝術』。雖然畫面上不外是樹木、坡石、高山、流水與煙雲
等自然界中常見之景物，但它強調的卻是那些表象之外的某種內在理想。」詳參石
守謙：〈名山奇勝之旅與二十世紀前期中國山水畫的現代轉化〉，收於蘇碩斌主編：
《旅行的視線：近代中國與臺灣的觀光文化》（臺北：國立陽明大學人文與社會科
學院，2012年7月），頁14。

50 〔英〕必麒麟（W. A. Pickering）著，陳逸君譯述，劉還月導讀：《歷險福爾摩沙》
（*Pioneering in Formosa: recollections of adventures among Mandarins, wreckers &
head-hunting savages*），頁42。

由臺灣道台衙門旁設有能容納一千多名秀才的考場，映現府城兼具行政中樞與教化中心的地位。同治四年（1866）當西南風來襲，船隻不敢貿然靠岸的閒暇時光，必麒麟（Pickering）與洋行夥伴一同騎馬到府城附近探險，拜訪距離府城以北一日行程的秀才宅第：

> （距離府城以北一日的行程）一位秀才（Siutsai）的宅第，他是這個大家族裏最了不起的人物。……我用官話禮貌性地對話：「我們可以進來拜訪大老爺嗎？」……我們走進這座大宅院。院裡有艷麗的花朵、綠色的假山和清涼的噴水池。……這位紳士的確是一位偉大的人物，他的先祖是隨國姓爺來到臺灣的。這種情形，在漢人的眼裡，就如同我們英國人誇稱「和征服者威廉一世來到英國」一樣。……食物方面，有一頭肥美的乳豬……還有魚翅及其他美味珍饈，佐以紹興酒和米酒。[51]

明清科舉制度下，「士」為四民之首，然而生員俗稱為秀才，乃「士」階級中的最底層，大多取得生員身分的士人，仍持續投入科舉考試。必麒麟（Pickering）因行程耽擱之故，於距離府城一日路程的中途，拜訪一位秀才（Siutsai）的宅第。透過必麒麟（Pickering）的筆觸，讀者彷彿隨著必氏跨入「華麗氣派」的中國官邸門口，見到「先祖是隨國姓爺來到臺灣」的秀才大宅院，接受熱忱的款待，以及見識「尊貴漢人紳士家庭」的真實生活：居住於大宅院、綠色的假山和清涼的噴水池，待客食物有乳豬、魚翅、紹興酒、米酒等其他美味珍饈，物質生活頗為富裕。這位秀才的生活與清代被「賑濟」的生員生

51　〔英〕必麒麟（W. A. Pickering）著，陳逸君譯述，劉還月導讀：《歷險福爾摩沙》（*Pioneering in Formosa: recollections of adventures among Mandarins, wreckers & head-hunting savages*），頁140、143。

活，[52]有雲泥之別。清廷領臺之初，施琅上呈〈移動不如安靜疏〉
後，將明宗室、遺臣、兵員盡數移回內地，[53]秀才的祖先未遭受遣
返，代代營生累積成富裕生活？又或者是府城「一會中人之產、一飯
終歲之蓄，」招待外客的侈靡風俗遺留？[54]

> 他竟然會講人話（漢語）！⋯⋯這位紳士是個飽學之士，絕頂
> 聰明的人。⋯⋯這些漢人，對於英國的地理完全一無所知，所
> 以認為我們是蠻子，來自野蠻世界中貧困的鄉村。在漢人心
> 中，唯有天朝皇帝統治的區域，才有文明，其他的世界都是未
> 開化的，屬於「蠻子」的故鄉，而非「人」的家鄉。⋯⋯我向
> 他們解釋水蒸氣做為推進器的奧秘，並談及機器發明。不過，
> 他們完全不當一回事，儘管其中有人看過或乘坐過汽船，但他
> 們認為那不算什麼。⋯⋯當談到星辰和西方科學的推論時，才
> 又引起他們的興趣，我還引用了中國的四書五經，很得他們的

---

52 根據張建民〈飢荒與斯文：清代荒政中的生員賑濟〉所云「明清時期，各府州縣學
　生員各有定額，但童生生源卻無太多限制，大多願讀書者皆可應考。且因人口急劇
　增長，州縣生員數目隨之增加，生員定額呈不斷擴大之勢。報考人口急劇增長這一
　因素與明清生員問題有極大干係。在潛在的功名、利祿的誘惑下，越來越多人投入
　科舉考試行列。有的甚至不惜變賣家產、借貸而為之。有不少甚至已八九十歲、上
　百歲仍在以生員身分參加科舉考試的。生員群體的膨脹，獲取更高層次功名的出路
　有限，勢必造成生員群體流動的壅滯，加劇生員貧困化的程度。」詳參張建民：
　〈飢荒與斯文：清代荒政中的生員賑濟〉，《武漢大學學報（人文科學版）》2006年
　第11期，頁54。

53 施琅：〈移動不如安靜疏〉，《臺灣史料集成·明清臺灣檔案彙編》第2輯第9冊（臺
　北市：遠流，2006年8月），頁44、45。

54 根據康熙五十六年（1717）諸羅縣令周鍾瑄主修《諸羅縣志》〈風俗志·漢俗〉記
　載諸羅縣衣食奢華的風氣乃自府城流行而來：「衣食侈靡，濫觴郡治；宴會之設，
　上下通焉。⋯⋯一會中人之產、一飯終歲之蓄，漸染成風，流及下邑。」詳參
　〔清〕周鍾瑄：《諸羅縣志》（臺北市：文建會，2005年6月），頁219。

讚賞。[55]

必麒麟（Pickering）認同秀才是一位絕頂聰明的飽學紳士，但是交流的過程，一同作客的文人對於機器的發明、水蒸氣作為動力的奧秘，完全不當一回事，只對於星辰和西方科學的推論感興趣，映現文人普遍被「華夷」等級觀念所匡限，認為清廷是「天朝、文明上國」世界的中心，又以四書五經為百科知識的核心，不需要再汲取科技新知、探求世界地理，因此認為英國是野蠻世界中貧困的鄉村，是不文明的「蠻子」故鄉，而非「人」的家鄉。長期鎖國政策的封閉影響，第二次鴉片戰爭戰敗後，地方士紳仍然輕視工業革命後的科技變化，「士」為四民之首，既有如此認知，更遑論其他百姓觀點。[56]

　　清同治十年（1871）艾靈頓（Islington）教會冊封甘為霖（William Campbell）為第一位前往海外臺灣府的宣教師，對於彼時府城文人留下特殊的印象：

---

55 〔英〕必麒麟（W. A. Pickering）著，陳逸君譯述，劉還月導讀：《歷險福爾摩沙》（*Pioneering in Formosa: recollections of adventures among Mandarins, wreckers & head-hunting savages*），頁141、142、143。

56 按：必麒麟（Pickering）認為臺灣漢人對於世界地理完全一無所知，唯有天朝皇帝統治的區域，才有文明，其他的世界都是未開化的，甚至對於機器發明、科技新知，完全不當一回事。同時期，在中國的歐美人士也有類似的觀察與記述，如：
其一，安保羅認為中國科舉取士的結果，是「問以天文，天文不答；問以地理，地理不知。」詳參李楚材編：《帝國主義侵華教育史資料：教會教育》（北京市：教育科學出版社，1987年7月），頁409。
其二，英籍傳教士麥嘉溫（John Macgowan, 1835-1922）認為「中國學生們所需要的所有知識就是對儒家經典深刻而又透徹的理解。……數學、天文學、幾何學、地質學等等，這些名詞對中國學生幾乎是完全陌生的，至於英國年青人必須學習的一些純科學的課程更是中國文人聞所未聞的。」詳參〔英〕麥嘉溫（J.Macgowan）著，朱濤、倪靜譯：《中國人生活的明與暗》（*Lights and Shadows of Chinese Life*）收入（新竹市：花神出版社，2002年10月），頁48。

路邊的乞丐相當悲慘，其中很多人都患了痲瘋病，他們坐在路邊，就像在工作一樣，露出身上的潰傷，盡最大的努力來激發鄉人的憐憫。然而，這些過路人雖然比他們幸運，卻不見得有多一點的同情心。走在路上，常常可以遇到一副可憐虛弱模樣的佛教和尚。比起我曾造訪過的其他中國城市，在臺灣府似乎更常見到讀書人。他們總是穿著藍色長袍，大模大樣地走著，在自傲中也流露出對外國人士的敵意。[57]

清代生員皆穿藍袍，若受罰則改穿青衫。[58]

清代的秀才……雖非官吏，也沒有什麼了不起的學問，可是具有「頂戴」，不同於尋常的老百姓。秀才若發生一些小小事故，只有「學老師」可以處罰，在沒有革去「頂戴」之前，縣官是不可以隨便辦他們的。[59]甘為霖（Campbell）奉派至府城擔任宣教師，基於教會的天職，首先、關注「患了痲瘋病的路邊乞丐」，對比「路人沒有同情心」的景況。其次、關注「可憐虛弱模樣的佛教和尚」，對比「大模大樣地走著」的秀才（生員）。甘氏的兩項對比，映現儒學是社會主流思維，「以儒為業」的秀才地位較佛教和尚更高，然而雍正四年（1726）〈諭正士習〉中「為士者，乃四民之首、一方之望。」之御令，[60]為「士」取得地方四民之首的社會階層。甘為霖（Campbell）

---

57 〔英〕甘為霖（William Campbell）著，林弘宣等譯，阮宗興校註：《素描福爾摩沙（*Sketches From Formosa*）：甘為霖台灣筆記》（臺北市：前衛出版，2009年10月），頁5-6。

58 李新達：《千年仕進路──古代科舉制度》（臺北市：萬卷樓圖書有限公司，2000年4月），頁68。

59 《學政全書》康熙九年（1670）「生員關繫取士大典，若有司視同齊民撻責，殊非恤士之意，今後如果犯事情重，地方官先報學政，俟黜革後，治以應得之罪，若詞訟小事，發學責懲。」

謝浩：《科舉論叢》（南投縣：臺灣省文獻委員會，1995年10月），頁102。

60 〔清〕劉良璧：《重修福建臺灣府志》（上），（臺北市：文建會，2005年6月），頁88。

的觀察，映現「秀才」具有「頂戴」，不同於尋常的老百姓，未革去
「頂戴」之前，縣官不能隨意處置。不僅如此，自十七世紀至十九世
紀末，臺灣府因不同政權治理而先後有不同行政區域劃分與地域名稱，
多為政令所出的行政中心與教化所向的核心地域，府城比其他中國城
市似乎更常見「穿著藍色長袍，大模大樣地走著」的秀才，映現文人
對「府城」作為全臺首邑的自信、自傲，流露對外國人士的敵意。

　　同治十三年（1874）美籍探險家史蒂瑞（Joseph Beal Steere）在
臺半年期間蒐羅各種博物研究，其所著作《福爾摩沙及其住民》
（*Formosa and Its Inhabitants*）的臺灣調查筆記，提及困難的「中
文」學習經驗，使通過科舉考試後的文人容易產生「驕傲與墮落」的
負面影響：

> 　　中文的另一個重大缺點，就是要充分地學會它，得耗費一番相
> 當大的力氣才行。因此，中國學子在達到一定的能力，足以理
> 解任何現代思想的中文譯本之前，早就變得過於驕傲與墮落，
> 根本不會去重視這些現代知識。基督教在中國的傳教過程中，
> 總是遭受到文人或知識階層最激烈的反對，照理說，他們應該
> 是最有能力理解基督教真理的人才對。相反的，基督教總是在
> 最低下和最無知的階層之間，獲得最熱烈的回應。……中國文
> 人所受的教育，所閱讀的典籍，本質上就是反基督教的，中國
> 的經典教育和基督教教義，兩者似乎水火不能相容。中國的宗
> 教、教育和政府體系，似乎如此緊密地聯繫在一塊。[61]

史蒂瑞（Steere）認為「基督教在中國的傳教過程中，總是遭受到文
人或知識階層最激烈的反對」，映現文人階層與朝廷沆瀣一氣，都具

---

61 〔美〕史蒂瑞（Joseph Beal Steere）著，林弘宣譯，李玉箬校註：《福爾摩沙及其住
　　民（*Formosa and Its Inhabitants*）：19世紀美國博物學家的台灣調查筆記》，頁265。

有「華夷」等級觀念，因此相當的排斥外國人。史蒂瑞（Steere）進一步分析文人排外的心理因素，有如下兩項因素：

（一）累人的科舉考試：史蒂瑞（Steere）認為科舉考試的學習歷程太過艱辛，「中文的重大缺點，就是充分地學會中文，得耗費一番相當大的力氣，」此處「學會中文」顯然並非一般應對進退的日常對話，而是需要「窮經穴史」的研讀四書五經，事實上「科舉累人，人累科舉」的觀點，於乾隆五年（1740）十月二十九日上諭，引朱子對科舉之論評：「……朱子云：『非是科舉累人，人累科舉。……居今之世，雖孔子復生，也不免應舉；然豈能累孔子也。』……。」[62]乾隆帝引朱子之言期勉士子，認為即使孔子復生於科舉取士的時代，要實現淑世的理想任官居職，無法再依周遊列國之途，還是得循應試之徑，顯然士子苦於科舉應試，為當時通論。「因此，中國學子在達到一定的能力，足以理解任何現代思想的中文譯本之前，早就變得過於驕傲與墮落，根本不會去重視這些現代知識。」達到一定的能力，指的是取得生員（秀才）資格，進入「士」的最低階層，穿上藍色長袍、具有「頂戴」，不同於尋常的老百姓。甘為霖（Campbell）曾於《素描福爾摩沙》（*Sketches From Formosa*）記述府城秀才「總是穿著藍色長袍，大模大樣地走著，在自傲中也流露出對外國人士的敵意。」秀才即使是「士」的最低階層，也還是「四民之首」，從此更全力投入科舉考試，同治年間朝廷不鼓勵士人學習西方科技新知，彼時來臺的歐美人士，甘為霖、史蒂瑞、必麒麟等人所見到的府城文人，正是「驕傲與墮落」於「士為四民之首」的優越意識中，自然無暇也不重視西方現代知識。

（二）儒教、教育和政府體系的關係緊密：清廷領臺之初，最高行政官員臺廈道兼理學政，提出科舉制度的施行政策，主因在於制度

---

62 〔清〕王瑛曾編纂：《重修鳳山縣志》（上）卷六《學校志》（臺北市：文建會，2006年6月），頁258。

本身就是：建立儒學學校培育「儒生」，「儒生」通過科舉考試，進入
制度成為「文官」，文官中有進入儒學學校成為教諭或訓導，又培育
下一代的「儒生」後進。當「儒生→文官」、「文官→儒生」源源不絕
的循環系統漸趨於穩定，則「業儒之人」成為科舉時代重要的終身職
業選項，則「儒生→文官」、「文官→儒生」養成系統，成為儒漢社會
的底蘊，男性為「家族榮顯」而追求「科舉功名」，成就忠臣孝子；女
性為「家族清名」而企慕「旌表美名」，成就貞節烈女。一個成熟的
儒漢社會，頗能使上位者安心治理，此為滿清入關一統天下後推行科
舉制度以定家邦的重要原因。因此，當科舉制度本身即朝廷的掄才大
典，那麼「廟學合一」的儒學學校為「科舉考試、朝廷選才」提供研
讀儒學經典的學生，千年科舉政策成為歷代文官與儒生養成系統，形
成史蒂瑞（Steere）所謂的「中國的宗教（儒教）、教育和政府體系，
緊密地聯繫在一塊」。既然儒教、教育和政府體系關係緊密，當咸豐
十年（1860）清廷簽訂「北京專約」被迫開放的安平及淡水，來自歐
美的基督教宣傳師，如甘為霖（Campbell）於府城設置盲人學校、[63]馬
偕（George Leslie MacKay）於淡水設置五間學校，[64]逐漸衝擊「儒學
學校、科舉考試、朝廷選才」的緊密關係，因此基督教在中國的傳教
過程中，總是遭受到文人或知識階層最激烈的反對。

第三節　質疑經典

　　咸豐十年（1860）清廷簽訂「北京專約」，被迫開放臺灣安平及淡
水為通商口岸，英國籍必麒麟（W. A. Pickering）是來臺的歐美人士

63　〔英〕甘為霖（William Campbell）著，林弘宣等譯，阮宗興校註：《素描福爾摩沙
　　（*Sketches From Formosa*）：甘為霖台灣筆記》，頁246。

64　〔美〕史蒂瑞（Joseph Beal Steere）著，林弘宣譯，李壬癸校註：《福爾摩沙及其住
　　民（*Formosa and Its Inhabitants*）：19世紀美國博物學家的台灣調查筆記》，頁256。

中，「四書五經」造詣最高者，因此歐美人士如何看待晚清時期儒家經典的地位與影響，必麒麟（Pickering）《歷險福爾摩沙》（*Pioneering in Formosa*）有許多值得參酌之處。

一　儒教的內涵：日用倫常

必麒麟（Pickering）觀察科舉制度為國家掄才大典，想要謀得一官半職，必須信奉孔子的學說，因為那是治理人民的圭臬：

> 在中國，文人和官吏都是儒教的信徒。如果想要謀得一官半職，必須要信奉孔子的學說，因為那是治理人民的圭臬，而且通曉經書，表示自己比平民百姓優越，畢竟，一般人所能理解的孔子學說，不過是教人做順民，並且提供一些準則，作為指導社會和家庭生活的方針。[65]

必麒麟（Pickering）認為，從中國士人的觀點：「通曉經書，表示自己比平民百姓優越」。也就是說取得生員身分，晉升「士」階級成為四民之首，即明代顧炎武〈生員論〉中云：「一得為此，則免於編氓之役，不得受侵於里胥；齒於衣冠，得於禮見官長，而無笞捶之辱。」[66]身為生員榮獲「頂戴」，相較於庶民百姓更具有法律與尊嚴的保障。然而從庶民百姓觀點：就是《論語》〈顏淵〉第十一篇，齊景公問孔子「為政治國」的方針，孔子回應「君君，臣臣，父父，子子。」[67]君

65　〔英〕必麒麟（W. A. Pickering）著，陳逸君譯述，劉還月導讀：《歷險福爾摩沙》（*Pioneering in Formosa: recollections of adventures among Mandarins, wreckers & head-hunting savages*），頁67。

66　〔明〕顧炎武：〈生員論〉，《新譯顧亭林文集》（臺北市：三民書局，2000年5月），頁72。

67　「君君，臣臣，父父，子子」語出《論語》〈顏淵〉第十一章：齊景公問政於孔

臣父子之道，即君臣有義、父慈子孝等等家庭生活準則，以促進社會詳和的良方，因此文人和官吏都是儒教信徒。如果想謀得一官半職，必須要信奉孔子的學說，因為那是治理人民的圭臬。

必麒麟（Pickering）其實不能理解：孔子的儒家思想，如何歷經千年成為「漢人一向以儒家自豪」的宗教，[68]然而他點明「對祖先的崇祀」無疑才是漢人真正的宗教，以及清朝皇帝如何「大力鼓吹」儒家古聖先賢的經典：

> 漢人真正的宗教，無疑是對祖先的崇祀，並且早在孔子之前已流行多年。孔子雖然大力反對鬼神崇拜，[69]卻提倡敬拜祖先，政府方面也是大力鼓吹孝道，每月初一和十五，全國官員必須當眾宣讀皇帝的聖諭，內容不外是勸告人民勿將金錢浪費在佛、道兩教上，要聽從古聖先賢的教誨，崇拜自己家裡的兩位神明——父母，在其生時要孝順，其死後也要誠心祭祀。[70]

漢人崇尚祭祀祖先，早於孔子的儒家思想，然而孔子確實為「守喪三年」的古制提出：「子生三年，然後免於父母之懷」，因此「三年之

子。孔子對曰：「君君，臣臣，父父，子子。」公曰：「善哉！信如君不君，臣不臣，父不父，子不子，雖有粟，吾得而食諸？」詳參〔魏〕何晏注，〔宋〕邢昺疏：《論語注疏》，收入《十三經注疏本》（臺北市：藝文印書館，1989年1月），頁108。

68 〔英〕必麒麟（W. A. Pickering）著，陳逸君譯述，劉還月導讀：《歷險福爾摩沙》（臺北市：原民文化，1999年1月），頁67。

69 按：必麒麟（W. A. Pickering）曾於〈殺嬰的國度・儒教與孔子學說〉「孔夫子否定上帝與人類的關係，除非是父母的靈魂，他不承認靈魂世界的存在。孔子曰：『敬鬼神而遠之。』及『未知生，焉知死？』詳參〔英〕必麒麟（W. A. Pickering）著，陳逸君譯述，劉還月導讀：《歷險福爾摩沙》（*Pioneering in Formosa: recollections of adventures among Mandarins, wreckers & head-hunting savages*），頁61。

70 〔英〕必麒麟（W. A. Pickering）著，陳逸君譯述，劉還月導讀：《歷險福爾摩沙》（*Pioneering in Formosa: recollections of adventures among Mandarins, wreckers & head-hunting savages*），頁65。

喪」乃出自於懷念父母的倫理詮釋。[71]清廷崇儒重道的政策，不僅施行於儒學學校、科舉制度的士人，同時每月初一和十五，全國官員必須當眾宣讀皇帝的聖諭，內容是勸告百姓勿施錢財於佛、道兩教，並且宣講四書五經中古聖先賢的教誨，尤其要崇拜自己的父母，生時要孝順，死後也要誠心祭祀，即《論語》〈為政〉第五章「生事之以禮；死葬之以禮，祭之以禮。」[72]由必麒麟（Pickering）的主張，映現其四書五經的熟悉程度，可見一斑。

二　儒教與其他宗教

咸豐十年（1860）清廷簽訂「北京專約」，英國領事派必麒麟（Pickering）駐守安平海關、長老教會派遣甘為霖（William Campbell）為臺灣府的宣教師。臺灣府城設有儒學學校與文廟祭祀的「廟學合一」特色，兼具教育與宗教的雙重功能，隨著英國長老教會宣教師到來，西方宗教隨之傳播。英國基督徒必麒麟（Pickering）來華後研習「四書五經」有「臺灣通」的美譽，前後任職安平海關（1865-1866.1）、天利行（1866.2-1867.4）、怡記洋行（1867.5-1870.8）[73]，對於「儒教與其他宗教」的觀察頗有見地。

---

71 宰我問：「三年之喪，期已久矣。君子三年不為禮，禮必壞；三年不為樂，樂必崩。舊穀既沒，新穀既升，鑽燧改火，期可已矣。」子曰：「食夫稻，衣夫錦，於女安乎？」曰：「安。」「女安，則為之！夫君子之居喪，食旨不甘，聞樂不樂，居處不安，故不為也。今女安，則為之！」宰我出。子曰：「予之不仁也！子生三年，然後免於父母之懷。夫三年之喪，天下之通喪也。予也，有三年之愛於其父母乎？」《論語》〈陽貨〉第廿一章，詳參〔魏〕何晏注，〔宋〕邢昺疏：《論語注疏》，收入《十三經注疏本》，頁157-158。

72 〔魏〕何晏注，〔宋〕邢昺疏：《論語注疏》，收入《十三經注疏本》，頁16。

73 陳逸君：〈必麒麟在台小史〉，〔英〕必麒麟（W. A. Pickering）著，陳逸君譯述，劉還月導讀：《歷險福爾摩沙》（*Pioneering in Formosa: recollections of adventures among Mandarins, wreckers & head-hunting savages*），頁19。

（一）儒教優於佛教、道教

　　必麒麟（Pickering）認為臺灣漢人，「都是儒、道、佛的信徒」，但是儒教使中國文化不致於墮落腐敗，因此優於佛教、道教，原因如下：

> 居住在臺灣的漢人，一如中國本土的漢人，都是儒、道、佛的信徒。毫無疑問地，今日的中國仍以孔子的精神立國。然而，與其說儒教是一種宗教，倒不如說是教人履行社會和政治義務的人生哲學來得貼切。……儒教就像食鹽，使中國文化不致於墮落腐敗，或沈淪到佛、道教那種低級的迷信之中。[74]

　　清廷領臺、施行科舉制度兩百餘年來，臺灣社會已然為成熟的儒漢社會，儒學學校的教育配合文廟的信仰，從必麒麟（Pickering）的觀點看來「儒教是教人履行社會和政治義務的人生哲學，使中國文化不致於墮落腐敗」，映現必麒麟（Pickering）學習四書五經的過程中，體認孔子所提出百姓應具備「孝悌、忠信」等倫理守則、君臣應盡「仁心、愛民」等政治義務。必麒麟（Pickering）於《歷險福爾摩沙》（*Pioneering in Formosa*）曾記述「沿著（府城）城牆散步，鮮翠的樹叢間，可以瞥見漢人的三大宗教——儒教、佛教和道教的廟宇。」[75]可見府城內同時有漢人的「儒教、佛教、道教」三大信仰的寺廟，然而必氏自云研讀四書五經的同時，一府三縣設置有儒學學校、官府設

---

74 〔英〕必麒麟（W. A. Pickering）著，陳逸君譯述，劉還月導讀：《歷險福爾摩沙》：（*Pioneering in Formosa: recollections of adventures among Mandarins, wreckers & head-hunting savages*），頁61。

75 〔英〕必麒麟（W. A. Pickering）著，陳逸君譯述，劉還月導讀：《歷險福爾摩沙》：（*Pioneering in Formosa: recollections of adventures among Mandarins, wreckers & head-hunting savages*），頁41。

有書院、地方置有社學，甚至經濟能力好的家庭還能聘請老師、秀才亦能開設私塾，因此儒教顯然較「佛、道」二教，更具備教育功能。當然「儒學學校、科舉考試、朝廷選才」的緊密關係，使「佛、道」二教的發展空間被限縮，同時身為基督徒的必麒麟（Pickering）並不主張開設法會、祭祀法事，因此主張儒教為三者中最優質的信仰，可使中國文化不致於墮落腐敗，或者淪於佛、道教的迷信中。

（二）基督教優於儒教

　　必麒麟（Pickering）是集水手、海關職員、洋行分店負責人，以及冒險家身分於一身的英格蘭人，[76]廿二歲起在一艘利物浦茶船上擔任三副，投身海洋、邁向世界，因新成立中國海關的契機的鼓勵，逐漸將興趣轉移到「奇異的中國人」身上，「這群人似乎活在過去，沈緬在其祖先的智慧和教訓中，他們語言的困難度也吸引著我，此地氣候也正合我意。」於是結束海洋冒險，轉行至海關去吃「皇帝的俸祿」。[77]其實「貴古賤今」亦常見於歐洲思想界，歐洲思想界視現今墮落而不滿，產生對過去歌功頌德。[78]這股崇古賤今的浪漫主義意識，直到十九世紀仍很活躍，人們仍繼續生活在中世紀的過去當中（F.Graus）。[79]

---

76 劉還月：〈1／冒險的水手　導讀〉，收入〔英〕必麒麟（W. A. Pickering）著，陳逸君譯述，劉還月導讀：《歷險福爾摩沙》（*Pioneering in Formosa: recollections of adventures among Mandarins, wreckers & head-hunting savages*），頁12。

77 〔英〕必麒麟（W. A. Pickering）著，陳逸君譯述，劉還月導讀：《歷險福爾摩沙》（*Pioneering in Formosa: recollections of adventures among Mandarins, wreckers & head-hunting savages*），頁14。

78 〔法〕維克‧勒高夫（Jacques Le Goff）：《歷史與記憶》（北京市：中國人民大學出版社，2010年6月），頁12。

79 〔法〕維克‧勒高夫（Jacques Le Goff）：《歷史與記憶》，頁17。

我曾和幾位教育程度頗高的佛教徒和儒學士交往多年，他們對
於自己文化的學問十分淵博，但對他族或其他文化一無所知。
以一位基督徒的眼光，我不認為他們能瞭解歐洲哲學家對一些
古籍的體認。

研讀過至聖孔子、亞聖孟子的經典後，我可以大膽地指出，舊
約中的箴言探討人與神的智慧，比那兩位聖人的所有著作，或
者其弟子們的註解，還要來得深刻。[80]

同治年間不鼓勵中西文化交流，幾位教育程度頗高的佛教徒和儒學士
與必麒麟（Pickering）交往多年，僅對於佛、儒信仰的領域經典十分
擅長、知識淵博，但對於「水蒸氣做為推進器的奧秘、工業革命後機
器的發明」等新知、或世界地理文化則一無所知。因此必氏從基督徒
的觀點，認為「教育程度頗高的佛教徒和儒學士」，無法了解歐洲哲
學家對一些古籍的體認，親自學習朝廷官話、研讀過至聖孔子、亞聖
孟子的經典後，認為舊約中探討的智慧，也比至聖孔子、亞聖孟子的
所有著作，包含弟子們的註解，還要來得深刻。

三　經典的質疑與詮釋

必麒麟（Pickering）的基督徒身分與孔、孟學說研究經驗，使他
於府城生活愈久，愈能提出諸多相關「經典實踐」的疑問：

如今，上至政府，下至家庭，至聖先師孔夫子所制定的超高倫
理標準，早已墮落變質。……孔子預設人性本善，只要人民自

---

80 〔英〕必麒麟（W. A. Pickering）著，陳逸君譯述，劉還月導讀：《歷險福爾摩沙》
（*Pioneering in Formosa: recollections of adventures among Mandarins, wreckers &
head-hunting savages*），頁64。

我反省，恪守他的教義，就能達到模範中聖賢的標準。……如
果人性真是本善，那麼孔子的學說是很容易建立他的理想國。
然而，現實不盡然像理想世界一樣。[81]

必麒麟（Pickering）於《歷險福爾摩沙》（*Pioneering in Formosa*）
「奇異的『孝道』」中記述「漢人所謂的孝道」實例，在他任職的安
平海關對面住著一戶漁民，家有半瞎的老母、妻子及兩個幼子，他的
寡嫂、二個姪女和一個姪子也與他們住在一起。九口之家完全依賴這
位漁民補漁。某日只因媳婦管教幼子，疼孫的婆婆便大動家法，打得
媳婦頭破血流，兒子只不過站在二位女人的中間，半瞎又裹著小腳的
婆婆不慎被板凳絆倒，便聚眾將兒子、媳婦綁送官府，經必麒麟
（Pickering）說明始末，最後兒子僅僅被判：供獻一對蠟燭、挨了
一、二百下不疼的竹板子結案，必氏對此「奇異的『孝道』」非常不
以為然。[82]

（一）聖人的箴言：非全然崇高純正

麒麟（Pickering）認為「儒教的中心思想並非都是聖人崇高純正
的箴言」必如下所示：

> 儒教的中心主旨是孝道、德行、公義、禮儀、智慧和誠懇。孔
> 子主張的孝道，不僅在父母生時孝順他們，還重視死後的祭
> 祀。……孔子宣揚這些崇高純正的教訓，但他也同時教人報

---

81 〔英〕必麒麟（W. A. Pickering）著，陳逸君譯述，劉還月導讀：《歷險福爾摩沙》
（*Pioneering in Formosa: recollections of adventures among Mandarins, wreckers &
head-hunting savages*），頁61-62。
82 〔英〕必麒麟（W. A. Pickering）著，陳逸君譯述，劉還月導讀：《歷險福爾摩沙》
（*Pioneering in Formosa: recollections of adventures among Mandarins, wreckers &
head-hunting savages*），頁70-71。

復、說謊、多神論，並且鼓勵算命。孔夫子否定上帝與人類的關係，除非是父母的靈魂，他不承認靈魂世界的存在。孔子曰：「敬鬼神而遠之。」及「未知生，焉知死」？[83]

本段映現必麒麟（Pickering）研讀《論語》的造詣，如：「孔子主張的孝道，不僅在父母生時孝順他們，還重視死後的祭祀。」即出自《論語》〈為政〉第五章：

> 孟懿子問孝。子曰：「無違。」樊遲御，子告之曰：「孟孫問孝於我，我對曰：『無違』。」樊遲曰：「何謂也？」子曰：「生，事之以禮。死，葬之以禮，祭之以禮。」[84]

必麒麟（Pickering）認為孔子宣揚「崇高純正」箴言的同時，也教人報復、說謊、多神論，並且鼓勵算命。分別能由《論語》各篇舉出對應的內容：

> 季氏富於周公，而求也為之聚斂而附益之。子曰：「非吾徒也，小子鳴鼓而攻之，可也。」（〈先進〉第十六章）[85]

孔子的門徒冉求擔任季氏「宰／家臣」，替比周公還要富有的季氏搜刮財富，使他更富。孔子於是宣告「冉求」已非他門下弟子，眾門徒可以揭發其罪而聲討之。〈先進〉第十六章，即必麒麟（Pickering）

83　〔英〕必麒麟（W. A. Pickering）著，陳逸君譯述，劉還月導讀：《歷險福爾摩沙》（*Pioneering in Formosa: recollections of adventures among Mandarins, wreckers & head-hunting savages*），頁61。

84　〔魏〕何晏注，〔宋〕邢昺疏：《論語注疏》，收入《十三經注疏本》，頁16。

85　〔魏〕何晏注，〔宋〕邢昺疏：《論語注疏》，收入《十三經注疏本》，頁98。

所謂「孔子教人報復」。

> 葉公語孔子曰：「吾黨有直躬者，其父攘羊而子證之。」孔子
> 曰：「吾黨之直者異於是。父為子隱，子為父隱，直在其中
> 矣。」（〈子路〉第十八章）[86]

葉公和孔子討論「直」的定義，葉公以為「揭發父子順手牽羊」的是
「直」；孔子反認為「父親為兒子隱瞞、兒子為父親隱瞞」才是
「直」。〈子路〉第十八篇，即必麒麟（Pickering）所謂的「孔子教人
說謊」。

> 子疾病，子路請禱。子曰：「有諸？」子路對曰：「有之。
> 《誄》曰：『禱爾於上下神祇。』」子曰：「丘之禱久
> 矣！」（〈述而〉第三十四章）[87]

孔子病重，子路代為向鬼神祈禱。孔子問有這麼回事嗎？子路回應
「有的。《誄》文說：『代你向天地諸神禱告。』」孔子回應「我自己
已經祈禱很久了。」孔子幽默的回應子路，自己已向天地諸神祈求很
久了，「上下神祇」即必麒麟（Pickering）所謂的「孔子多神論」。

> 子曰：「加我數年，五十以學《易》，可以無大過矣。」（〈述
> 而〉第十六章）[88]

《易》乃古代占卜之書，記載人生處世的哲理。孔子相當推崇

---

86 〔魏〕何晏注，〔宋〕邢昺疏：《論語注疏》，收入《十三經注疏本》，頁118。

87 〔魏〕何晏注，〔宋〕邢昺疏：《論語注疏》，收入《十三經注疏本》，頁65。

88 〔魏〕何晏注，〔宋〕邢昺疏：《論語注疏》，收入《十三經注疏本》，頁62。

《易》，並且有「韋編三絕」的勤讀記錄，〈述而〉第十六篇「五十以學《易》，可以無大過矣」，即必麒麟（Pickering）所謂的「孔子鼓勵算命」。

（二）名不符實的文人

清同治四年（1865年）必麒麟（Pickering）「奉命主持臺灣府海關的時候，便在安平港附近租房子，附近的鄰居，都是可敬的小康人家，以捕魚為生。」[89]必氏與這些可敬的小康人家維持良好的互動，甚至協助處理不公不義的事件。例如：

> 一八六五年新年左右，我陪同海關稅務司馬威廉，從打狗到首府臺灣府成立海關分部，沒想到我竟被派任為安平（府城的港口）海關的負責人。對於這次的升遷，最令我滿意的一點是，可以藉工作之便融入漢人社會中，進而增加對漢文及其經典名著的研究。再者，安平的官舍設於岸上，更有利於結識各階層的漢人。……
>
> 初到新職，許多業務猶待安排、籌劃。馬威廉先生……留下一個親信，輔佐我成立新海關。那位親信是位滿洲師爺，身材高䠌，相貌堂堂，舉止也很文雅，並且通曉四書五經，他不平凡的外貌，頗讓人感到值得信賴。總而言之，他一身具備皇帝手下有教養的臣僕應有的條件。[90]

89　〔英〕必麒麟（W. A. Pickering）著，陳逸君譯述，劉還月導讀：《歷險福爾摩沙》（*Pioneering in Formosa: recollections of adventures among Mandarins, wreckers & head-hunting savages*），頁68。

90　〔英〕必麒麟（W. A. Pickering）著，陳逸君譯述，劉還月導讀：《歷險福爾摩沙》（*Pioneering in Formosa: recollections of adventures among Mandarins, wreckers & head-hunting savages*），頁112-114。

那名優秀的滿洲人自願負起修築工程的責任。他草擬了藍圖，
選擇了承包商，從附近漢人的貧苦漁村挑出一批工人，他的能
幹和熱情讓我感激不已。……我十分憤慨，那位表面上無可挑
剔的滿洲人，竟然肆無忌憚地和工人說條件，要收回他們一半
的工資。……我請漢文老師聽聽他們的情形，以便將來向馬威
廉先生證實這樁事件。由於他也是位滿州人，對於我的要求，
他表現十分為難的樣子，我便拿四書五經的道理譴責他，還表
示和不義的人同謀也是有罪的，說得他啞口無言。[91]

必麒麟（Pickering）帶著學習漢文、儒學經典名著的心情，接任新成
立的安平海關新職，並且期待能融入漢人社會，結識各階層的漢人。
海關稅務司馬威廉先生鼓勵必麒麟（Pickering）學習漢文、放棄海洋
冒險、提拔至安平海關任職的前輩，並留下一位相貌堂堂、舉止文
雅、通曉四書五經，值得信賴的「滿洲師爺」輔助。這位師爺自願負
起安平新海關的修築工程，從草擬藍圖、選擇承包商、挑選工人，其
能幹和熱情與後來肆無忌憚地收取回扣，必麒麟（Pickering）十分憤
慨，請求「漢文老師」作人證，原本同為滿州人、同為文人的立場，
漢文老師表現得十分為難的樣子，但是當身為學生、基督徒的必麒
麟（Pickering）引述「四書五經的道理譴責他，還表示和不義的人同
謀也是有罪的」，最終才說服「漢文老師」作為指責「滿洲師爺」的
人證。

　　同治十三年（1874）美籍探險家史蒂瑞（Joseph Beal Steere）《福
爾摩沙及其住民》（*Formosa and Its Inhabitants*）記述在臺半年期間的
博物調查，書中「以四書五經作為教材」的看法，記述如下：

---

91 〔英〕必麒麟（W. A. Pickering）著，陳逸君譯述，劉還月導讀：《歷險福爾摩沙》
　　（*Pioneering in Formosa: recollections of adventures among Mandarins, wreckers &*
　　head-hunting savages），頁114-116。

新式教育的另一優點，就是可以全然擺脫當前中國教育所通用的四書五經等教材，使它們無法再對學子產生邪惡（或至少可疑）的影響，因為不至於有人會自找麻煩地將這些書籍翻成羅馬拼音才對。即使真有人這麼做，也不會有人想讀，因為隨便哪一本書都比它們實際有用。[92]

英國第一位宣教師甘為霖（Campbell）於府城設置了盲人學校、[93]加拿大籍長老教會牧師馬偕（George Leslie MacKay）也於淡水陸續設置了五間學校，[94]新制學校為基督教家庭的孩子，設計了新式的教育，史蒂瑞（Steere）認為：隨便哪一本書都比四書五經「實際有用」。

清同治十年（1871）駐守臺灣府的英籍宣教師甘為霖（William Campbell）曾於《素描福爾摩沙》（*Sketches Form Formosa*）記述清代臺灣教育的不滿：

在中國統治時期，島上的教師遍佈，但官員對他們不聞不問。這些教師不僅在教學技巧上不得要領，甚至缺乏教導一些簡單的科目，如算數、地理的能力，這對於求學的孩子們是相當不利的。學生們甚至會參與一些偶像崇拜的儀式。[95]

92　〔美〕史蒂瑞（Joseph Beal Steere）著，林弘宣譯，李壬癸校註：《福爾摩沙及其住民（*Formosa and Its Inhabitants*）：19世紀美國博物學家的台灣調查筆記》（臺北市：前衛出版，2009年12月），頁266。

93　〔英〕甘為霖（William Campbell）著，林弘宣等譯，阮宗興校註：《素描福爾摩沙（*Sketches From Formosa*）：甘為霖台灣筆記》，頁246。

94　〔美〕史蒂瑞（Joseph Beal Steere）著，林弘宣譯，李壬癸校註：《福爾摩沙及其住民（*Formosa and Its Inhabitants*）：19世紀美國博物學家的台灣調查筆記》，頁256。

95　〔美〕甘為霖（WilliamCampbell）著，林弘宣等譯，阮宗興校註：〈初到福爾摩沙〉，收入《素描福爾摩沙（*Sketches From Formosa*）：甘為霖台灣筆記》，頁302。

甘為霖（Campbell）自卅歲奉派臺灣府，歷經清領時期、日治時期，直到大正六年（1917）長達四十六年在臺傳教生涯，因此比較兩個時代的教育，認為：在中國（清廷）統治時期，除了府縣官學、書院、社學、還有無數私塾，因此島上的教師遍佈，但是官府並無規範、督促教學技巧的進步，同時亦缺乏新式教育中算數、地理的能力，當然明清「廟學制」一貫相承，所有儒學教育的場域，無論官設或私立，必定有先師孔子像的設置，學生必須對之行禮如儀。此種「偶像崇拜」的儀式，即使是對孔子像行禮，亦為基督教徒所不能認同。[96]為

---

96 清代無論官設或私立的教育場域，必定設置有先師孔子像，學生亦必須對之行禮如儀，日治時期重要小說家張文環，昭和十六年（1941）九月發表於《臺灣文學》第一卷第二號的《《論語》與雞》小說，探討「新式公學校、舊式書房」的內容，其中包含甘為霖（William Campbell）《素描福爾摩沙》（Sketches Form Formosa）記述清代教育「學生參與一些偶像崇拜儀式」的情節：書房的教育方式太單調了。在那裡，先生一天給同學用珠筆點四次教你讀。這就是「授書」。當然啦，這裡說四次，也只是村子裡的孩子們，從山裡來的小孩子只授書三次。最早的一次叫早學，早飯前大約五點左右就得上書房，同學們輪番煮好茶，然後去請先生。先生的住宅就在書房隔壁，必須去請，這也就是去稟告準備好了的意思。在煮開水的時候，另一個同學打掃。茶沏好了，先在孔子壇上恭奉一杯，另一杯放在先生座席的桌上，然後去請先生。先生睡眼惺忪地座落，一面啜飲一面抽一筒煙，就在這時同學們朗聲念起來。先生不耐煩似地宣佈：大家把書拿過來。立時，讀書聲停了，同學們把翻開的書本抱在胸口一個個跪到先生桌前。有自信的先站出來，念給先生聽。讀畢，先生便執起朱筆，發出鼻音般的嗓聲讀字句你點。完了以後，先生就在那兒叭叭地吸著菸說：還有不會的可以拿來問。等了一會，都沒有人出來問，先生便出去了，於是同學們也向孔子一拜，一個個地回去。

〈《論語》與雞〉雖然是小說情節，然而具有甘為霖（Campbell）所談論清代教育的諸多缺失，如：

1. 「這些教師不僅在教學技巧上不得要領」，映現於〈《論語》與雞〉的部分，有：主角阿源覺得「書房的教育方式太單調、用珠筆點四次教你讀、先生執朱筆，發出鼻音嗓聲讀字句你點、先生就在那兒叭叭地吸著菸說：還有不會的可以拿來問。都沒有人出來問，先生便出去了。」

2. 「學生們參偶像崇拜的儀式」，映現於〈《論語》與雞〉的部分，有：課前「煮開水。茶沏好了，先在孔子壇上恭奉一杯」；課後「同學們也向孔子一拜」，然後回家。

了凸顯傳統科舉教育的不合時宜、四書五經的無用，因此甘為霖（Campbell）於清光緒十五年（1889）收盲人郭主恩（1881-？）為徒，並教授點字朗讀經書：

> キャンベル師に師事したという盲人が台南にいる。郭主恩氏である。郭氏は明治二二年（一八八九）にキャンベル師の弟子になったといっている。とすれば、それは師の盲人教育開始の年であり、郭氏は最初の弟子であったのである。郭氏は当時八歳であったというが、師に手をひかれて、街に出て、点字の三字経を衆人の前で呼んで聞かせた。まだ考棚の受験期には郭氏は必ず試験場に現れて、受験生と試験官の前で点字で五経を読んだ。これを見るものはすべて驚嘆し、そのため師の門を敲くものは次第に増えた。当時土地の人々は師の学校を訓育院といっていたようである。[97]

> 【譯文：在台南有拜甘為霖牧師為師的人，他的名字叫郭主恩。郭先生在明治二二年（1889）拜甘為霖牧師為師，郭先生是甘為霖牧師第一位弟子。郭先生當時八歲的時候，就被甘為霖牧師牽著手，到街上用點字來閱讀三字經給聽眾們聽。甚至科舉考試的試場在考試期間，郭先生必定會出現在試場在考生和監考官前用點字來讀五經。看見這個場景的人們都嘆為觀止，因此拜師的人越來越多。當時當地人都稱甘為霖牧師的學校為訓育院。】

張文環：〈《論語》與雞〉，收入張文環等著《閹雞》（臺北市：遠景出版事業公司，1997年7月），頁65-66。

97 〔日〕國分直一：《壺を祀る村:南方台灣民俗考》（東京：法政大學出版，1981年12月），頁411。

新聞記事と国分直一が郭主恩から聞いたとする話から、郭の
プロフイールを要約しておこう。[98]

【譯文：國分直一綜合報紙上
報導相關郭主恩的事件，將郭
的履歷簡介整理如下】

郭は1881（明治14）年10月、
台南の砂糖商・郭息の息子と
して生まれ、6歳で失明す
る。8歳でキャンベルの弟子
となり、キャンベルに手をひ
かれて街や試驗場で点字の三
字経や五経を読んだ。10歳で
洗礼を受け、1896（明治29）年、15歳で学業を終える。[99]

【譯文：郭是明治十四年（1881）十月，生於台南砂糖人郭息
的兒子，六歲時失明。八歲拜甘為霖牧師為老師，甘為霖牧師
牽著郭的手，在街上或是科舉試場中，用點字版朗讀三字經、
五經。十歲時受洗、明治廿九年（1896）十五歲畢業。】

傳統科舉教育默背誦讀教學方式，即使盲人也能用點字閱讀三字經給
聽眾們聽。於科舉考試期間，郭主恩必定出現在考生和監考官前點字
朗讀五經，以凸顯傳統科舉教育技巧之不足、四書五經不實用，並為

---

98 〔日〕木下知威編：《伊沢修二と台湾》（臺北市：國立臺灣大學出版中心，2018年
11月），頁275。
  按：郭主恩照片出自〔日〕木下知威編：《伊沢修二と台湾》，頁275。
99 木下知威編：《伊沢修二と台湾》，頁275。
  按：郭主恩照片出自木下知威編：《伊沢修二と台湾》，頁275。

新式的訓育院教學打響名號，隨著清廷積弱不振，日清甲午海戰，清廷戰敗，乙未年臺灣割讓給明治維新之後的強權日本，成為日本第一個殖民地，由清領時期跨代到日治時期的文人，置身於異族統治、科舉制度廢止，面臨前所未見的文化斷裂、歷史劇變之中。

小結

臺灣府歷經明鄭時期（1661-1683）「廟學合一」建置、清康熙廿六年（1687）科舉制度全面施行，百年來「男性科舉功名／女性旌表美名」皆極致發展，乾隆十二年（1757）頒布「一口通商」諭令，又被隔絕於廣大的世界之外。咸豐十年（1860）簽訂「北京專約」，開放臺南安平及淡水為通商口岸，英國在臺設立領事館，怡和洋行及DENT 洋行進駐臺灣。來自歐美各國人士，基於外交公務、傳道宣教、研究探訪等原因，經由安平港進入、觀察、凝視府城。本章以歐美人士短期或長期寓臺，從「城市空間」、「傲慢儒者」與「質疑經典」三端，闡述「現代化之挑戰：府城、儒者與經典質疑」議題。

一、城市空間：府城乃全臺文教核心、同時鄰近安平港，咸豐十年（1860）「北京專約」，開放安平為通商岸口，歐美人士由安平觀察與記述府城，如英國駐臺領事史溫侯（Swinhoe）〈福爾摩沙民族學記事〉記述「臺灣府大而零散，有公園、花園和高牆。」英國駐安平海關必麒麟（Pickering）《歷險福爾摩沙》記述「臺灣府方圓約五哩，四面修築高大的中國式城垛。」英國長老教會牧師甘為霖（Campbell）《素描福爾摩沙》記述「臺灣府真是個亟需進行都市改造計畫的地方。」美籍探險家史蒂瑞（Steere）《福爾摩沙及其住民》記述「在今日這個後膛槍和大砲的時代，（臺灣府）東門後，幾位中國官員竟然還在練習射箭！」愛沙尼亞青年艾比斯（Ibis）〈福爾摩沙：民族學遊誌〉記述「臺灣府街道只有八到十英尺寬，是直的，鋪

小石子很乾淨。」這類記述映現晚清府城城市空間的樣貌與評價。

二、傲慢儒者：清代官員輕視工業革命後的科技變化，處理對外關係普遍有「華夷」等級觀念。府城文人置身全臺統治中心、教化所向的核心地域，相較於縣區文人更具優越感。英人必麒麟任職安平海關利用空暇學習中國話，當地人恭維他不再是蠻子，而是一個人。英國長老教會牧師甘為霖（Campbell）《素描福爾摩沙》於彼時府城文人的印象，為「總是穿著藍色長袍，大模大樣地走著，在自傲中也流露出對外國人士的敵意」，這類記述映現晚清府城儒者的心態。

二、質疑經典，有：「儒教：日用倫常的內涵」、「儒教與其他宗教」、「經典的質疑與詮釋」。如下所示：

（一）儒教日用倫常的內涵：英國駐安平海關必麒麟（Pickering）《歷險福爾摩沙》觀察士人想要謀得一官半職，必須信奉孔子的學說，朝廷官員每逢初一和十五，需宣讀聖諭「推崇儒家，反對佛、道兩教，聽從古聖先賢的教誨」等等，因為孔子學說是治理人民的圭臬。

（二）儒教與其他宗教：臺灣府城原有儒學學校與文廟祭祀之「廟學合一」特色，兼具教育與宗教的雙重功能，隨著英國長老教會宣教師的到來，西方宗教隨之傳播。必麒麟（Pickering）於《歷險福爾摩沙》由基督徒的思維，觀察府城內漢人的「儒教、佛教、道教」三大信仰寺廟，其中儒教使中國文化不致於墮落腐敗，因此肯定儒教優於迷信的佛教、道教。

（三）經典的質疑與詮釋：必麒麟（Pickering）的基督徒身分與孔、孟學說研究經驗，於觀察漢人的日常生活後，提出諸多相關經典的疑問，如：儒教的中心思想不盡然是聖人崇高純正的箴言，孔子宣揚崇高純正道德的同時，也教人報復、說謊、多神論、鼓勵算命云云。必氏任職安平海關初期，有通曉四書五經的滿洲師爺輔助，其後收取回扣被揭發，身為基督徒的必麒麟（Pickering）甚至必須引述四

書五經的道理，方才說服其他文人共同譴責。彼時歐美人士普遍質疑儒家經典，如：美籍探險家史蒂瑞（Steere）質疑四書五經作為教材的意義；英國宣教師甘為霖（Campbell）教導盲人學生郭主恩點字朗讀，郭氏於科舉考試期間，以點字朗讀五經給聽眾們聽，以此凸顯科舉教育的不合時宜，書房教學亦不符合時代潮流。

下編
後科舉時代

第五章

後科舉時代之變革：

教育政策與群儒詩述[*]

　　光緒廿一年（明治廿八年，1895）四月十七日清國與日本簽訂「馬關條約」，承認朝鮮獨立，割讓遼東半島、臺灣、澎湖列島給予日本。六月十七日臺灣總督府舉行「始政」典禮，廢除清代選才制度的諸多政策。科舉考試是清領時期維持體制的重要「選才」制度，各郡縣儒學學校、儒學教授皆為施行科舉制度而設置，學子通過縣試、府試、院試成為生員，即初登「以儒為業」[1]的紳士階級、享有朝廷禮遇；[2]通過鄉試取中舉人者，更是逢時得志、三代增光。[3]根據目前

[*] 本章為104年度執行科技部「記憶與蓄意：《三六九小報》之儒學研究」計畫MOST 104-2410-H-218-021-部分執行成果，感謝南臺科技大學應日系黃幼欣副教授協助本章《伊澤修二と臺灣教育》引文翻譯。

[1] 首任諸羅縣令季麒光〈條陳臺灣事宜文〉記述首任臺廈道兼理學政周昌、首任臺灣府知府蔣毓英視察明鄭時期士人時，云「今臺灣自道、府蒞任以來，即搜羅偽時業儒之人，試以文藝，行見士類可風矣。」映現明鄭時期即有領取廩、餼的優秀生員，清代首任官員赴任以來，即搜羅、禮遇明鄭時期生員的現象。詳參〔清〕季麒光：〈條陳臺灣事宜文〉，王禮：《臺灣縣志》（臺北市：文建會，2005年6月），頁293。

[2] 顧炎武〈生員論〉（上）有云「一得為此，則免於編氓之役，不得受侵於里胥；齒於衣冠，得於禮見官長，而無笞捶之辱。」詳參〔明〕顧炎武：〈生員論〉，《新譯顧亭林文集》（臺北市：三民書局，2000年5月），頁72。

[3] 康熙四十一年（1702）〈御製訓飭士子文〉中「國家三年登造，束帛弓旌，不特爾身有榮，即爾祖、父亦增光寵矣。逢時得志，寧俟他求哉？」由康熙帝親自昭示全國士子，若子輩取得功名，得以改變父、祖三代社會階級的科舉制度，將整個清代士子「逢時得志」的價值實踐，營造成唯一的社會集體共識。詳參〔清〕劉良璧：《重修福建臺灣府志》（上）《聖謨》（臺北市：文建會，2005年6月），頁79。

文獻資料顯示：光緒中期積極參加科舉活動者約當七千人左右，[4] 光緒廿年（1894）甲午戰爭，清廷戰敗，乙未（1895）割臺，已然是光緒晚期，加上先前已取得科名者，當不止七千之數。這些透過科舉制度取得科名的學子，因政治環境丕變而置身「人生規劃」與「家國歷史」的雙重斷裂中。總督府廢除科舉制度，改變「士為四民之首」[5] 的階級配置，撼動兩百年來施行科舉制度儼然形成「男性為家族榮顯而追求科舉功名，成就忠臣孝子；女性為家族清名而追求旌表美名，成就貞節烈女」的儒漢社會氛圍。

文化政策攸關朝政大局，教育制度為文化政策核心。明治廿八年（1895）總督府廢止：清領時期府級儒學、縣級儒學、官立書院等教育單位，保留民間書房、義塾依然從事初等教育。明治廿九年（1896）地方廳調查，顯示：書房、義塾之間雖因戰亂緣故，銳減幾近一半，但之後便再度呈現漸增傾向。[6] 學務部木下邦昌於明治廿九年十月廿三日視察報告書中云：

> 本島書房其由來已久，教育上功績甚大，今若遽廢之，教師難以糊口，勢必成為本島施政上之妨礙，雖一方面必須設立取而代之的教育所，然終究不得不負擔其費用，即使他日在本島布建學制，對於書房希能依舊存之，唯期盼能有改良方策。[7]

---

4 尹章義：〈臺灣↔福建↔京師——「科舉社羣」對於臺灣開發以及臺灣與大陸關係之影響〉，《臺灣開發史研究》（臺北市：聯經書局，1989年12月），頁552。

5 雍正四年（1726）上諭之〈諭正士習〉賦予「士」崇高的地位與教化的職責：「上諭：為士者，乃四民之首、一方之望。」詳參〔清〕劉良璧：《重修福建臺灣府志》（上），頁88。

6 許錫慶譯注：《臺灣教育沿革誌（中譯本）》（南投市：臺灣文獻館，2010年12月），頁440。

7 許錫慶譯注：《臺灣教育沿革誌（中譯本）》，頁440。

學務部報告映現總督府同意「維持書房教育」的文化政策，其中隱含下列因素：

　　一、「施政端」的治理考量，「教師難以糊口，勢必成為本島施政上之妨礙」。

　　二、「經濟端」的費用問題，「雖一方面必須設立取而代之的教育所，然終究不得不負擔其費用」。

　　三、「學務端」的教育需求，「本島書房由來已久，教育上功績甚大，……即使他日在本島布建學制，對於書房希能依舊存之。」明治廿九年（1896）總督府學務部，因此研擬：容許清代臺灣「以儒為業」的童生、生員、舉人、進士等，可設置經營書房教育的文化政策。明治卅年（1897）三月學務部調察報告顯示：全臺書房數為六九〇，隔年增加四八〇處，總書房數至一一七〇處，學生數達三萬人。[8]凡此，為日治初期總督府文化政策的施行與成果報告。

　　日治初期總督府「容許臺灣科舉士人經營書房教育」的文化政策，乃順應明治二十三年（1890）日本天皇頒布的〈教育勅語〉國策。〈教育勅語〉之頒布，不僅施行於日本本土，更一體適用於所屬殖民地之最高教育令。「〈教育勅語〉有些部分幾乎與儒教內容相同」[9]，因此「奉行儒教」作為殖民政權教育政策的主流，乃立基於：千百年來日本、朝鮮、越南等模仿中國科舉選才制度，「尊孔」成為東亞各國共同的文化傳統。日本總督府挾「孔教」之名，欲建設「臺灣」成為大東亞共榮圈的模範殖民地，以便成為軍國主義「南進」跳版與基地，表面上「尊孔」，實則別有用心，隱約透顯頒布〈教育勅語〉背後，具有軍國主義色彩的事實。本章將論述總督府學務部「尊重經

8　許錫慶譯注：《臺灣教育沿革誌（中譯本）》，頁442。

9　〔日〕駒込武《植民地帝国日本の文化統合》云「教育勅語の一部分は儒教の內容とほとんど同じであり」，詳參駒込武：《植民地帝国日本の文化統合》（東京：岩波書店，2004年4月），頁51。

書、利用科舉」、「書房教育、皇民化」等教育政策，譯介《伊澤修二
と臺灣教育》書中〈臺南巡視日錄〉樺山總督召見臺南儒學代表內
容。「府城／臺南」文人跨代至後科舉時代，或者基於「維持漢學」
的理想層面、或者基於「同聲相應」的現實層面，擇取《全臺詩》臺
南文人詩作為文本，[10]從「以儒為名」路徑，檢視「自敘詩」與「他
敘詩」兩端，探究：臺南文人於殖民教育之時代變革，如何於「詩言
志」之文學傳統，群體詩述「以儒為名」的時代內涵。

第一節　殖民地教育政策

　　光緒廿年（1894）甲午戰爭，清廷戰敗，乙未（1895）割臺，總
督府舉行始政典禮，即刻廢止科舉制度。明治二十八年（1895）十月
廿一日臺南失陷，臺灣民主國滅亡。[11]樺山總督巡視臺南，伊澤部長
隨行，與英國長老教會傳教士巴克禮（Thomas Barclay）及地方士紳、
文士交談聽取意見，規劃推行教育事宜。臺南自荷治、明鄭、迄清代
兩百餘年為政令所出的行政中心、教化所向的核心地域，因此日總督
府學務部擬定「尊重經書、利用科舉」之教育政策時，明治二十九年
（1896）十一月廿一日首任臺南知事磯貝靜藏率先提出：「利用儒家」
結合〈教育勅語〉教化臺民作為「忠君愛國」的日本皇民政策。

一　尊重經書、利用科舉

　　明治二十八年（1895）四月十七日簽訂馬關條約，五月一日海軍

---

10 按：本章取用《全臺詩》中臺南文人寫於「日治時期、後科舉時代」詩作為文本，
　　並於行文間標誌發表日期，或於註解中說明。
11 吳密察監修，遠流臺灣館編著：《台灣史小事典》（臺北市：遠流出版公司，2009年
　　9月），頁99。

中將樺山資紀受命為首任臺灣總督，二十一日制定「臺灣總督府暫行
條例」。六月十四日進入臺北城，十七日舉行始政祝典。[12]伊澤修二於
抵臺之前，先行拜會山縣有朋元帥，提出治臺教育方針：

> 此時には大本營下で山縣元帥にも面會し、臺灣教育に就いて
> 其意見を叩いた。元帥の意見は、要するに教育過度の弊に陷
> るなからんことを望むといふにあつた。依つて余は、臺灣教
> 育に當つて孔孟主義に依り、四書五經を尊敬する方針を執る
> べき故、さういふ虞は無いと答へたれば、元帥は深く首肯せ
> られたのであつた。右の如く樺山伯の知遇、山縣元帥の注意
> は、余の將來に大なる良影響があつたのである。[13]

> 【譯文：吾此時於大本營與山縣元帥會談，就臺灣教育一事請
> 益。元帥意見大致如下：「盼吾勿過度施予教育，以免流於弊
> 端。」吾當下如是回答：「於臺灣之教育方針，理應依據孔孟
> 思想，並尊重四書五經，如此便無所擔憂。」元帥於是點頭首
> 肯。如上所述，吾獲樺山伯知遇之恩與山縣元帥之提示，皆使
> 吾日後受益良多。】

《伊澤修二と臺灣教育》〈渡臺〉單元輯錄〈教界周遊前記〉，伊澤氏
於〈教界周遊前記〉記述受到樺山資紀賞識、提拔出任總督府學務部
長，因此拜會山縣有朋元帥，向其報告治臺教育大方向。山縣元帥提
出「盼吾勿過度施予教育，以免流於弊端」的意見，山縣元帥「過度
施予教育／弊端」究竟為何意？由於伊澤氏記述簡略，不好過度解

---

12 吳密察監修，遠流臺灣館編著：《台灣史小事典》，頁95-96。
13 〔日〕伊澤修二：〈渡臺〉，《伊澤修二と臺灣教育》（臺北市：臺灣教育會，1944年
　4月），頁2-3。

讀。然而，若細思伊澤氏提出「依據孔孟思想，尊重四書五經，如此便無所擔憂」的教育政策，並取得有朋元帥的認同，映現：主掌軍事的有朋元帥從「確保政權和平轉移」的現實立場，提點伊澤修二「以免流於弊端」的治臺原則下，認同「依據孔孟思想，尊重四書五經」的策略。伊澤氏因此初步訂定「利用儒家思想」、以達成和平治理新領地的目的。

伊澤修二「依據孔孟思想，尊重四書五經，如此便無所擔憂」的理念，獲得山縣有朋元帥認同之後，於六月十七日下午抵達臺北，十八日於大稻埕的一間民宅開辦學務部事務。[14]伊澤修二擔任總督府學務部長（1895-1897）期間，面臨「舊／科舉考試」與「新／日本語教育」之間，既要利用舊學、又需施行新學，彼此間衝突與平衡問題。加以日軍於基隆登陸之後，一路由北臺灣向南臺灣推進，以優勢軍力強硬接管各地的過程，發生不少破壞孔廟的事端，[15]有違「依據孔孟思想，尊重四書五經」之治臺教育原則，伊澤氏將實際遭遇的問題整理細項，交予樺山資紀總督定奪。

> 講求彼此思想溝通之方法乃燃眉之急事。學務部鑑於此一情勢，便由伊澤學務部長上陳意見書給樺山總督，謂：新領地臺灣之教育方針，應令一般人民知曉尊重文教之意旨：
> （甲）俟新領地之秩序稍建立，便應發布尊重文教意旨之告諭。
> （乙）應神聖保留文廟等，且應注意尊崇之。
> （丙）不破壞支那歷朝採用之科舉考試之法，反倒應利用之。
> 　　　例如招募新領地人民當低階官吏時，於考試科目中加入

---

14 許錫慶譯注：《臺灣教育沿革誌（中譯本）》，頁3。

15 按：清代尊孔，故稱為「文廟」。日治之後廢科舉制度，四書五經及孔子地位不若前朝，遂稱「孔廟」。本章論述日治時期教育政策之變革，分析後科舉時代儒士自述與他述詩作，因應時代變革，故循日治時期「孔廟」之慣習稱謂。

日本語入門之類。[16]

伊澤氏擬定「建立新領地秩序，發布教育事項」內容，其一，為「保留文廟、注意尊崇」，映現日軍行經之處，有不尊重、破壞文廟，激怒臺民等事。其二，為「不破壞支那歷朝採用之科舉考試，反倒應利用之。」根據伊澤氏以上兩項報告內容，映現「依據孔孟思想，尊重四書五經」的政策，其實並非「實際尊重四書五經、孔孟思想」，其實為遂行殖民統治「利用儒學、科舉考試」的權宜之計。

伊澤修二「依據孔孟思想，尊重四書五經」的大方向下，逐漸傾向「利用儒學、科舉考試」的擬定，並具體施展於師範學校之師資設立細則中，如「永遠之教育事業」項下所示：

一、於臺灣總督府所在地，應設師範學校，並設模範小學校附
　　屬其下。
其相關設備為：
（甲）關於師範學校部分，其校舍、校地以官衙等閒置設施充
　　　當之。校長以在本土具有教育經驗之教育家擔任之。教
　　　員以通曉日本語學且畢業於高等師範學校或東京師範學
　　　校者，或具有其他適當資格者擔任之；學生限內地人畢
　　　業於尋常師範學校以上者，若係新領地人民則以以前經
　　　歷過縣試以上者為限。[17]

伊澤氏規劃由日籍教育家出任師範學校校長，教師聘用之資格：日籍者，需日本師範學校畢業；臺籍者，需經縣試取中秀才者。臺籍教師

---

16 許錫慶譯注：《臺灣教育沿革誌（中譯本）》，頁3-4。
17 許錫慶譯注：《臺灣教育沿革誌（中譯本）》，頁4。

取秀才以上，乃因彼時舉人功名者相對少數，秀才以上人數較多，如
「明治卅一年二月調查全島書房一覽表」，全臺各縣書房師資，僅有
「臺南」書房，有一名舉人出任塾師，餘皆秀才以下。[18]因此將師範
學校師資資格訂為秀才，符合實際情況。

二 視察臺南、召見儒士

明治二十八年（1895）十月廿一日臺南失陷，臺灣民主國滅亡。
樺山總督巡視臺南，伊澤部長隨行，與英國長老教會巴克禮（Thomas
Barclay）傳教士及地方士紳、文士交談聽取意見，規劃推行教育事宜。
見到戰火中成為野戰醫院的臺南孔廟，一些傷兵在孔廟內接受治療，
經典、祭品散亂各處，滿目瘡痍的情景。昭和十九年（1944）「臺灣
教育會」出版《伊澤修二先生と臺灣教育》一書，該書輯錄「總督府
文書課」典藏伊澤氏〈臺南視察とバーケレイとの會見〉（〈臺南視察
與會見巴克禮〉）又名〈臺南巡視日錄〉文件，臺灣教育會編輯簡介
〈臺南巡視日錄〉內容如下：

> 先生は十月二十四日、講習員募集其の他の用務を帶び上京さ
> れること、なり、臺南まで總督に隨行された。陷落早々の臺
> 南へ總督が乘り込まれたのは、人民綏撫の為であつたとい
> ふ。先生はこの旅行で、はからずも北白川宮能久親王殿下の
> 御伴をして上京される事になつた。〈臺南巡視日錄〉には、
> 次の如き記載がある。[19]

---

18 許錫慶譯注：《臺灣教育沿革誌（中譯本）》，頁446。

19 按：「臺灣教育會」於昭和十九年（1944）出版《伊澤修二先生と臺灣教育》一
　　書。該書收錄伊澤氏代理學務部長期間記錄或回憶臺灣教育內容，由於全書乃各種
　　文件的合輯，因此為了使讀者理解文件的背景、出處，「臺灣教育會編輯」於不同

【譯文：伊澤先生於（明治二十八年，1895）十月二十四日、為募集講習員等公務而赴東京，首先隨同總督至臺南。當時臺南早已被我軍攻下，總督趕至臺南乃為綏撫民心。孰料伊澤先生於此次差旅，意外伴隨北白川宮能久親王殿下一同返回東京。於〈臺南巡視日錄〉有以下記載：】[20]

本段係「臺灣教育會編輯」的說明文字，並非伊澤氏日錄內容，因此有「伊澤先生」之稱謂。明治二十八年（1895）十月廿一日臺南被攻陷，廿四日伊澤氏隨行樺山資紀總督南下進行民心綏撫，廿九日伊澤氏隨同北白川宮能久親王殿下返回東京養病，伊澤氏同抵東京後，另外進行募集講習員的公務行程。

〈臺南巡視日錄〉記錄廿七日樺山總督一行抵達臺南，樺山資紀總督及水野民政局長赴司令部探望病中的能久親王、拜訪南進軍司令部高島軍司令官。[21]廿八日樺山總督及水野局長再度探望能久親王，伊澤氏陪同樺山總督返回旅館並召見臺南儒學代表：

二十八日晴
午前七時三十分、總督閣下及局長能久親王殿下ヲ見舞ハレ、同十時歸館セラル。同十一時臺南市街ノ正副總理十名及儒學者十餘名ヲ旅館ニ召シ、總督閣下先ツ正副總理ニ接見セラ

文件的輯錄之間，書寫說明文字。這類的說明文字，有「伊澤先生」之稱謂。詳參〔日〕伊澤修二：〈臺南視察とバーケしイとの會見〉，《伊澤修二先生と臺灣教育》，頁37。

20 原文本無（明治二十八年，1895）標誌，譯文加入，便於閱讀理解。

21 〔日〕伊澤修二：〈臺南視察とバーケしイとの會見〉，《伊澤修二先生と臺灣教育》，頁37。

レ、通譯官御愼雅文ノ通譯ニ因リ、演述セラルル所アリ。[22]

【譯文：午前七時三十分，總督閣下及局長探望能久親王殿下。十時，返回下榻旅館。十一時，於旅館召見十位臺南市街正副總理及十餘位儒學者。總督閣下首先接見正副總理，口譯官文辭雅致，適切表達了總督閣下之陳述。】

又總督閣下ハ儒學者十餘名ニ接見セラレ、教育ニ關シ簡單ニ演述セラルル所アリ、且副官ヲシテ學務部長心得[23]伊澤修二ヲ紹介セシメラル。儒學者ノ重ナル者左ノ如シ。楊建文、朱鑐、周錫祈、楊景洲、楊建勛、蔡愿鬾、楊鐘發、陳溉卿[24]

【譯文：總督閣下亦接見了儒學者十餘名，簡單講述教育方面的見解。並由副官介紹學務代理部長伊澤修二。當場列席儒學者之重要人物，如下所示：

楊建文、朱鑐、周錫祈、楊景洲、楊建勛、蔡愿鬾、楊鐘發、陳溉卿】

〈臺南巡視日錄〉記錄明治二十八年（1895）十月廿八日上午十一點，伊澤修二陪同樺山總督於下榻旅館，分別召見臺南地方士紳與儒學代表。伊澤氏特別記述：首先召見臺南市街十名正副總理，口譯官文辭雅致，適切地表達樺山總督綏撫民心的立場。其次會面十餘名儒

---

22 〔日〕伊澤修二：〈臺南視察とバーケしイとの會見〉，《伊澤修二先生と臺灣教育》，頁37。

23 按：所謂「心得」是指下級代理上級職務之意，此處等同於代理部長。詳參許錫慶譯注：《臺灣教育沿革誌（中譯本）》（南投市：臺灣文獻館，2010年12月），頁22。

24 〔日〕伊澤修二：〈臺南視察とバーケしイとの會見〉，《伊澤修二先生と臺灣教育》，頁38。

學代表，簡述總督府於教育方面的見解、介紹學務代理部長伊澤修
二。伊澤氏記錄其中八位「重要」儒學者姓名：楊建文、朱鑣、周錫
祈、楊景洲、楊建勛、蔡愿鼇、楊鐘發、陳溉卿。列為首位的「楊建
文」曾於清光緒年間遞補臺南孔廟東側「以成書院」十六名董事之
一，[25]「以成書院董事」楊建文，作為日治時期臺南首先被召見的重
要儒學學者，映現臺南孔廟於地方教育的重要性。

　　臺南儒學代表拜會樺山資紀總督之後，伊澤修二隨即同往臺南
孔廟視察：

> 巡視日錄の記載は簡單ではあるが、先生は臺南で實に深い思
> ひ出をのこされたのである。先生は儒學者に會つてをられる
> が、先生は尚孔子廟を訪ねて、廟が野戰病院となり祭典用器
> 具や書庫の典籍が皆散亂してゐるのを見て、總督に重要な献
> 言をされた。即ち先生は教界週遊前記の中で當時を回顧し
> て、次の如く語られてゐる。[26]

【譯文：此份〈巡視日錄〉所記載內容簡單扼要，但伊澤先生
於臺南實有深刻回憶。伊澤先生不僅與儒學者會面，並進而拜
訪了孔廟。孔廟被充當為野戰醫院，伊澤先生目睹祭典用器具

---

25 清光緒年間遞補以成書院董事者，有：吳尚震、許廷崟、楊建滄、施學珍、顏廷
　均、韓應辰、顏尚霖、蔡捷昌、楊建文、蔡紹宗、吳執追、吳倫言、林朝時、許廷
　光、陳鳴鏘及許南英等十六名。詳參林開登編：《大成至聖先師孔子二五三四週年
　誕辰釋奠暨以成書院一五○週年特刊》（臺南市：臺南市文廟管理委員會，1984年9
　月），頁4。
　　另，根據林建廷的研究，楊建文居住於「臺南市西區五帝廟街」。詳參林建廷：《臺
　南士紳王開運社會活動與文學作品研究》（臺南市：成功大學中國文學研究所碩士
　論文，2012年7月），頁36。
26 〔日〕伊澤修二：〈臺南視察とバーケレイとの會見〉，《伊澤修二先生と臺灣教
　育》，頁39。

與書庫典籍等物品皆散落一地，於是向總督建言。先生於〈教界週遊前記〉一文中回顧當時情景如下：】

余は第一に總督建言して、孔子廟をかく粗末にして置くのは、風教上甚だ不都合であるから、何とかお手をお着けになつたらと宜からうと云つたれは、水野民政局長から直に告諭が出て、護衛兵を孔子廟に附することとなり、從來のやうな失態がなくなり、其結果大に民心が安んじたのであつた。[27]

【譯文：余立即建言總督，孔廟未受善待禮遇，於風俗教化實為不妥，何不加以整頓。於是水野民政局長出示告諭，命護衛兵駐守孔廟，方才無有失態現象。此舉順利安撫民心。】

〈臺南視察とバーケレイとの會見〉（〈臺南巡視日錄〉）映現伊澤氏隨同樺山總督，自明治二十八年（1895）十月廿七日至廿九日，短短三日記載內容簡約扼要，映現學務部長伊澤氏視察臺南的回憶，廿九日〈臺南巡視日錄〉內容之後，輯錄〈教界週遊前記〉一文中回顧當時「祭典器具、書庫典籍等物品」皆散落一地的情景。伊澤氏於是建言總督，孔廟未受善待禮遇，不符「依據孔孟思想，尊重四書五經」的教育原則，於風俗教化亦不妥當。其後水野民政局長作出兩點處置，其一、出示告諭禁止破壞孔廟；其二、命令護衛兵駐守。民政局長明快的處置，方才改善動亂、安撫民心。伊澤修二擔任學務部長，僅僅兩年即去職，主持臺灣教育時間雖然不長，然而於總督府治臺初期擬定「利用儒教」之教育政策，於日後學務部政策影響深遠。[28]

27 〔日〕伊澤修二：〈臺南視察とバーケレイとの會見〉，《伊澤修二先生と臺灣教育》，頁39。
28 潘勳：《伊澤修二對臺教育政策之儒教利用》（臺北市：淡江大學，日本語文學系碩士班，2010年）。

三　書房教育、皇民化

　　治臺初期「日語教學與皇民教化」為殖民統治之要務，然而公學校、小學校之師資與建設，未能短期間完備。反之，臺灣民間的書房教育，始自前清持續發展。如臺南《三六九小報》〈鷄窗閒話〉有云：「昔時富人，多愛其子弟讀書，以冀得博取青紫，能顯親揚名。是故貧困之人，亦莫不欣羨。克勤克儉粒積錢銀，用以栽培其子弟入塾讀書。」[29]根據總督府學務部於明治三十四年（1901）二月統計：國語學校有一百七十餘所，書房、義塾已達二千餘處。[30]迫於國語（日語）教師不足，臺南知事磯貝靜藏率先提出「利用儒家」結合〈教育勅語〉內容，以教化臺民成為「忠君愛國」的日本皇民。

　　日本、朝鮮、越南均曾模仿中國的科舉選才制度，因此千百年來「尊孔」已為東亞各國共同的文化傳統。日本帝國歷經明治維新國力強盛，明治天皇為實現一統大東亞的野心，於1890年頒布〈教育勅語〉，[31]彰化秀才吳德功（1850-1924）於大正八年（1919）擔任《臺灣文藝叢誌》〈孔教論〉徵文主評議，曾提出「孔教與〈勅語〉暗合」的評論。表面暗合「孔教」實則具有軍國主義色彩的〈教育勅語〉，頒布後不僅施行於日本本土，還廣泛作為殖民地臺灣（1895-1945）、朝鮮（1910-1945）的最高教育令，東亞各國因此進入新的儒

---

29 在公明：〈鷄窗閒話〉，《三六九小報》第193號（昭和7年6月26日），第4版。

30 許錫慶譯注：《臺灣教育沿革誌（中譯本）》，頁25。

31 「教育勅語」漢譯文：朕惟我皇祖　皇宗肇國宏遠樹德深厚我臣民克忠克孝億兆一心世濟厥美此我國體之精華而教之淵源亦實存乎此爾臣民孝于父母友于兄弟夫婦相和朋友相信恭儉持己博愛及眾修學習業以啟發智能成就德器進廣公益開世務重國憲遵國法一旦緩急則義勇奉公可以扶翼天壤無窮之運祚矣果能如此則非獨為朕忠良之臣民亦足彰爾先之遺風斯道也實我　皇祖　皇宗之遺訓子孫臣民所俱遵守焉通諸古今而不謬施諸中外而不悖朕與爾臣民俱拳拳服膺庶幾咸一其德矣

按：本譯文並無新式標點。

杜武志：《日治時期的殖民教育》（臺北市：臺北縣立文化中心，1997年7月），頁37。

學發展時代。

　　舊時代的結束、新時代的展開，隨著「府城／臺南」名稱的轉換，映現改朝換代地域文化的變遷。日治時期昭和七年（1932）仲摩照久《南臺灣風土探勘》中云：「如果日治時期臺北市是臺灣島的政治中心地，那麼臺南市就是臺灣島的商業中心地。」[32]映現荷治時期（1624-1661）商賈文化影響長達兩百餘年。殖民主有意「消解／舊／臺南首邑」的長期勢力，「重建／新／臺北首邑」的行政中心，[33]展開總督府執政新場域之意。雖然行政中心北移，然而臺南自明鄭時期奠基、清領時期發展，長達兩百多餘年，積累、型塑科舉社群與文化場域，鼎革易代之後，轉化為殖民地書房教育能量，不容小覷。

　　明治二十九年（1896）臺南知事磯貝靜藏率先提出利用民間書房、傳達帝國政體之主張：

　　　　今值施政創始之時，應速著手之事項雖然不少，但自認為其中以將帝國政體之概略、忠君愛國思想，灌輸至本地人民腦中，漸進感化為當務之急；經詳細觀察縣下先前模樣，若說到孔、孟之書或吟詩等，實為甚簡之法。然其學生學習時長於記憶力，亦非毫無可取之處，若能將日本國體、政體之大略、忠君

32　仲摩照久編《臺灣》收入山本三生主編《日本地理風俗大系》第11卷，其後原民文化抽出《臺灣》部分，重新出版《北台灣文史踏查》、《南台灣風土探勘》二書。本文引述《南台灣風土探勘》內容，詳參〔日〕仲摩照久主編，葉婉奇翻譯：《南台灣風土探勘》收入日本時代《台灣地理風俗大系‧資料彙編02》（臺北市：原民文化，2002年4月），頁74。

33　按：康熙廿三年（1684）至光緒元年（1875），長達一百九一年間，臺灣府設置於今臺南市。光緒元年（1875）六月，除了臺灣府之外，又增設臺北府。光緒十三年（1887）獨立設「福建臺灣省」，省城設置於臺中約八年，即發生「乙未割臺」，總督府因此改置行政中心於臺北。殖民主選擇臺北設置行政中心，一方面是「地理位置」接近日本本土，二方面是「新／臺北首邑」需削弱「舊／臺南首邑」的殖民考量。

愛國之言行等，以漢文體編纂並頒布於本島，凡有開設書房教
訓子弟者，必須併取頒布書籍，使其具有學習之義務，則於國
民教育上必有裨益。[34]

總督府雖已北移至臺北，臺南自前清累積的百年文風，昔日官設儒
學、義塾，轉為今日民間書房教育，持續發展。作為一地長官，臺南
知事磯貝靜藏認為：總督府始政之後，應著手速辦之事雖多，然而
「將帝國政體概略、忠君愛國思想，灌輸至本地人民腦中，漸進感化
為當務之急」，也就是說，「忠於天皇、愛日本國」的皇民化教育，乃
是「在臺始政」當務之急。愛國教育的展開，必須有相應單位的配
合，當「日人就讀小學校、臺人就讀公學校」的政策，尚未普及全臺
之前，「因地制宜」取用「民間書房」，作為「灌輸臺民忠君愛國思
想」的教化政策，乃權宜之計。如下表所示：

「利用書房」決議表

教育＼項目	內容	優點	總評	決議
民間書房	孔、孟之書或吟詩	長於記憶	甚簡	將日本國體、政體之大略、忠君愛國之言行等，以漢文體編纂並頒布於本島，凡有開設書房教訓子弟者，必須併取頒布書籍，使其具有學習之義務。

臺南知事磯貝靜藏提出利用民間書房、傳達帝國政體主張，有如下三
種面向：一方面同意前清士人經營書房，同時「利用書房」的師資；
二方面「編寫日本國體、政體之大略、忠君愛國之言行」，作為書房

教材；三方面縮結「舊」師資、編寫「新」教材，以便有效傳達：臺民「義務學習」的內容。

磯貝靜藏「利用書房教育」的主張，於治臺初期解決師資人力、教學場域不足的困境，受到總督府學務部的肯定，收錄於《臺灣教育沿革誌》「學務部之事業」項目內容：

> （明治廿九年）十一月廿一日，臺南縣知事陳報本島教育相關事項，可資參考之處頗多。下列為其概要：
>
> （一）教科書頒布。以漢文體編纂我國體政的大略、忠君愛國的要領言行等，令民間書房共用之。
>
> （二）令臺人的俊才及富豪子弟遊學日本。百聞不如一見。讓彼等實際目睹日本的進步，使其自父祖傳承的迷思中醒悟。
>
> （三）針對臺人的特性在教育上加強注意。欲給與心靈上的化育，須極熟知對方的特質。
>
> （四）利用儒家之事宜。奉讀我邦〈教育敕語〉之際，其於忠孝之道與儒家殊無二致。須讓其領悟，奉行日本的大道即所謂信奉儒家之道。[35]

《臺灣教育沿革誌》收錄磯貝靜藏的主張，映現總督府學務部認同：「利用書房教育」可將「前清（父祖傳承）迷思」轉化為「日本（維新進步）醒悟」的治臺策略。其中「（三）欲給與心靈上的化育，須極熟知對方的特質」，與「（四）我邦〈教育敕語〉之際，其於忠孝之道與儒家殊無二致」，說明總督府「利用書房教育」理由與內涵，在於：書房自前清肩負科舉考試、父祖傳承認同的重要教育場域，所使用的《論語》、《孟子》教材，有關「忠孝之道」與日本天皇頒布的

---

35 許錫慶譯注：《臺灣教育沿革誌（中譯本）》，頁15。

〈教育敕語〉內容一致。因此若能「以漢文體編纂我國體政的大略、忠君愛國的要領言行等，令民間書房共用之」，映現日本治臺初期「利用儒家」政策，成為傳統書房教育發展的生存空間。

　　臺南知事礒貝靜藏的主張受到總督府民政局的肯定與施行，書房教育因此取得發展的空間，吸引欲維持「漢學與生計」之前清科舉社群成員投入。根據「明治卅一年（1898）二月調查全島書房（私塾）一覽表」，臺南縣書房有一二九處，塾師都具有童生以上的功名：「舉人一人、增生一人、稟生三人、貢生三人、秀才廿一人、童生一百人」，[36]調查的結果作為推行「日本大道」之用，如下圖所示：

日本大道　⟺　　塾師　⟺　　孔教　　⟺　臺民　⟹　日本皇民
　　　　　　（私塾傳授）　〈教育敕語〉　（公學校教化）

以「孔教／教育敕語」的連結性，一方面拉攏、監控書房塾師，以確保日本大道的傳授；二方面逐步建立公學校，教化臺灣兒童長成日本皇民。

　　治臺初期公學校未全面建立，總督府利用書房場域，作為推行「日本大道即儒家之道」之教育目的，然而塾師社群設立書房的主要目的「漢學與生計」與總督府「皇民化目的」全然不同。明治二十九年（1896）民政局學務課木下邦昌調查臺灣各書房教科書內容，如下所示：

　　　三字經、論語、大學、中庸、孟子、幼學群芳、孝經、詩經、
　　　易經、書經、禮記、春秋、唐詩、千家詩、千字文、聲律啟
　　　蒙、史記、四書註解、爾雅、綱鑑、家語、左傳、公羊傳、周
　　　禮、性理（以上讀書科用）

---

36 許錫慶譯注：《臺灣教育沿革誌（中譯本）》，頁446。

尺牘如面談、入德之門、初學字格、初入學早登科（以上作文及習字科）、指命算法（以上算術科用）[37]

木下邦昌檢示調查結果，並批示：「上述中的《孝經》及四書、五經，大約皆無礙，但其他則為崇清之文字，殊難放任已為我國民之本島子弟學習。（現今已於學務部進行訂正）」。[38]究其實，臺灣各書房教科書內容，大多符合施行千年的科舉考試內容，傳承漢學，無實質「崇清文字」的相關性。然而傳承漢學的書房教科書內容，終究有違「日本國體大略、忠君愛國的皇民意識」，因此學務部雖然容許書房教育，仍提出：修正各書房教科書內容的裁示。

木下邦昌的調查結果促使學務部修正書房管理規則，並於明治四十四年（1911）七月針對書房、義塾教科用圖書使用設定取締事項，如下所示：

就其內容加以審查，皆於清國編纂出版之教科書、⋯⋯此等皆以清國為本位而編纂成者，若讓學生當教科書使用，則認為不妥當。⋯⋯今後書房、義塾教科用圖書相關，除本府所發行之公學校教科用圖書外，於申請認可時，須更加注意審查之，且應取締勿使採用認可之外之圖書。[39]

明治四十四年（1911）書房、義塾教科用圖書使用設定取締事項頒布，自此書房教育受到嚴格的監控、取締，直到昭和七年（1932）禁止各地新設書房義塾，昭和十八年（1943）七月七日中日戰爭爆發，總督府全面廢止漢書房。

---

37 許錫慶譯注：《臺灣教育沿革誌（中譯本）》，頁439。
38 許錫慶譯注：《臺灣教育沿革誌（中譯本）》，頁439。
39 許錫慶譯注：《臺灣教育沿革誌（中譯本）》，頁444。

第二節　以儒為名：自述詩與他述詩

　　明治二十三年（1890）日本天皇頒布的〈教育勅語〉，不僅施行於日本本土，更一體適用於所屬殖民地之最高教育令。日本「臺灣總督府‧學務部」配合〈教育勅語〉的頒布，主導「利用科舉、書房教育」主張，表面「尊孔」、實則「利用」，壓縮跨代儒者的尊嚴。尤有甚者，科舉時代臺南乃文學重鎮，臺南知事磯貝靜藏率先提出利用民間書房、傳達帝國政體的教育主張。於此「後科舉時代」變革下，檢視彼時臺南文人詩作，由「以儒為名」為視角，從「詩言志」的文學傳統，歸納自述詩與他述詩，當可映現：儒者處境與時代對話。[40]

一　儒者自述詩

　　清代兩百多年來，府城文人，置身於統治中心、教化所向的核心地域，乾隆五十二年（1787）鄭光策（1759-1804）[41]〈平臺策八條〉「臺地文學，府城為最。」[42]道光廿八年（1820）福建臺灣道兼理學政徐宗幹（1796-1866）〈上彭詠莪學使書〉亦云「臺郡城內庠塾相望，晝夜時有書聲，此即各郡邑所罕聞。」[43]同治十年（1871）英國

40　由於後科舉時代臺南群儒詩述內容豐富，未能於「第二節以儒為名：自述詩與他述詩」完整建構、論述，本書〈附錄一　後科舉時代‧臺南群儒「自述、他述」列表〉讀者可閱覽全貌。

41　鄭光策初名天策，字憲光；瓊河，閩縣（今福州人）。乾隆四十四年（1779）舉人，名列第二。次年，成為進士，隨後回到閩地講學。喜讀「經世有用之書」。嘉慶二年（1797）主講福州鼇峰書院。詳參劉廣利：《衛國英雄林則徐》（瀋陽市：遼寧人民出版社，2017年1月），頁78。

42　〔清〕陳壽祺：〈國朝儒林傳〉，《道光福建通志臺灣府》（下）（臺北市：文建會，2007年12月），頁1095。

43　〔清〕徐宗幹：〈上彭詠莪學使書〉，收入林慶彰主編：《清領時期臺灣儒學參考文獻》（新北市：華藝學術，2013年12月），頁5。

艾靈頓（Islington）教會冊封甘為霖（William Campbell）為第一位前往海外臺灣府的宣教師，曾於《素描福爾摩沙（*Sketches From Formosa*）書中記述「比起我曾造訪過的其他中國城市，在臺灣府似乎更常見到讀書人。他們總是穿著藍色長袍，大模大樣地走著，在自傲中也流露出對外國人士的敵意。」[44]由於明清生員普遍穿著藍色長袍，由甘為霖（William Campbell）觀察與記述：「藍色長袍／生員服飾」與「大模大樣／優越意識」，隱約透顯府城生員較清國境內其他地區生員，擁有更強烈的優越意識。甘為霖（William Campbell）觀察「府城生員優越意識」的意義，在於：清乾隆十二年（1757）只准在廣州「一口通商」的閉關自守諭令之後，直到第二次鴉片戰爭（1856-1860）戰敗，咸豐十年（1860）兩國簽訂「北京專約」，開放臺灣安平為通商口岸，英國在臺設立領事館，臺灣府城生員面對外來的歐美人士，毫不保留的展露「全臺首學／府城文人」的自信、自傲與排外的態度。

同治十年（1871）府城生員自信、自傲與排外的態度，僅僅廿餘年間，甲午海戰（1894）一役，乙未割臺（1895）臺灣淪為日本殖民地，昔時「四民之首」的儒生，置身於巨大的歷史斷裂時刻，接續「詩言志」的文學傳統。臺灣詩風於末代巡撫唐景崧「日辦公事，夜接詞人」於道署創設「斐亭吟社」，提供地方官員與士紳詩會雅集，士子上行下效，於是帶動詩風唱和興盛。[45]乙未年版圖易色之後，因首批來臺的日本官員具備深厚的漢學素養，善於漢詩寫作與書法才能，亦即具有「儒」（或儒官）的教養。他們以北京語談或漢字筆

---

44 〔英〕甘為霖（William Campbell）著，林弘宣等譯，阮宗興校註：《素描福爾摩沙（*Sketches* From Formosa）：甘為霖台灣筆記》（臺北市：前衛出版，2009年10月），頁5-6。

45 楊永彬：〈日本領臺初期日臺官紳詩文唱和〉，收入若林正丈主編，《臺灣重層近代化論文集》（臺北市：新自然主義出版社，2000年8月），頁105-108。

談，與臺灣紳商唱酬，經過日官臺紳的策動，一時漢詩風雅唱和，成
為時代風潮，[46]根據昭和七年（1932）十二月三日《三六九小報》統
計，彼時臺灣約有七十詩社，[47]入詩社學詩，一般有「入孔門」的說
法。[48]因此梳理《全臺詩》臺南文人「以儒為名」的賦詩內容，其中
「自述詩」有從：「儒巾、儒生、迂儒、腐儒、俗儒、小儒、豎儒、
侏儒、酸儒、窮儒、寒儒」等多重面向，除了未及第者所載「儒
巾」，以形容後科舉時代「儒生」視角，亦有：舊思維的「迂、腐」；
經濟層面的「酸、窮、寒」；地位階級的「小、豎、侏儒」，殖民教育
政策制定與變革，使得群儒賦詩言志，映現「後科舉時代・儒者」之
心態、經濟、地位等真實情境。

（一）「未及第」的儒生意識

臺灣歷經明鄭、清領統治教化番民百姓，加上原本渡海來臺墾殖
的漢人，數百年來「萬般皆下品唯有讀書高」的社會意識已然深化。
科舉及第不僅光宗耀祖，並可將家族地位由庶民階層推展至仕紳階
層。渡海來臺墾殖的漢人，歷經康、雍數十年的努力，一旦在經濟上
躍升富戶，便延聘博學聲望的先生到府教學，以便家族子孫能考取功
名。如此社會氛圍催化下，許多出身自中下階層者，亦將子女送往書
院、私塾、義學讀書。考取功名、進士及第，因此成為臺灣文士一生

---

46 楊永彬：〈日本領臺初期日臺官紳詩文唱和〉，收入若林正丈主編，《臺灣重層近代
　　化論文集》，頁111。

47 在公明〈難窗瑣談〉中云「臺灣各地，詩社林立，宛如雨後春筍。就近今計算其
　　數，有六七拾社，扢雅揚風，誠可喜之現象。」詳參在公明：〈難窗瑣談〉，《三六
　　九小報》第240號（昭和7年12月3日），第4版。

48 邱濬川〈綠波山房摭談〉中云「吾人學詩難者極難，易者極易。難者每作一詩，中
　　有一字欠妥者，雖讀破萬卷書，作十日想，竟有不能得者。易者有不讀書而出口成章
　　者，如：我『綠社』員中。有入孔門未滿數個月，而下筆鏗鏘，往往有超越老手之
　　句者。」「綠社」乃麻豆詩社，麻豆塾師邱濬川以「入孔門」作為「入詩社」之意。
　　邱濬川：〈綠波山房摭談〉，《三六九小報》第273號（昭和8年3月26日），第4版。

志業。清代在臺施行的科舉制度（康熙廿六年～光緒廿一年，1687-1895）長達兩百餘年，光緒廿一年（明治廿八年，1895）六月十七日臺灣總督府舉行「始政」典禮之後，廢除科舉制度，跨代士人置身巨大的歷史文化斷裂，除非內渡，否則永無「進士及第」的可能。「儒巾」為古代未「進士及第」之「儒生」所戴冠服，檢視《全臺詩》收錄臺南文士，以「儒巾、儒生」自況「後科舉時代」的處境內容，如下列舉：大目降（今臺南市新化區）塾師王則修（1867-1952）、《風月報》主編謝汝銓（1871-1953）、南社社員蔡佩香（1867-1925）、南社社員王大俊（1886-1942）、《三六九小報》編輯洪坤益（1892-1948）等人詩作。

臺南大目降（臺南市今新化區）塾師王則修（1867-1952）[49]於昭和十六年（1941）一月廿日《詩報》第二百四十號，發表〈懷竹修宗兄即次除夕寄示瑤韻〉：

> 安得仙源歲歲春，無憂無慮葛天民。
> 身經滄海難辭劫，路隔蓬山漫愴神。
> 應世競趨皇化服，失時群笑小儒巾。

---

49 王則修（1867-1952），譜名佛來，學名文德、則修，號旅中逸老，又號勸化老生、三槐居士、花蓮港生，曾以「王來」、「王貴」之名發表詩作。臺南大目降（今臺南市新化區）人。曾拜卓仰山、林一枝、林颿年為師，二十歲入泮，二十三歲歲考取列一等第一，其後往福州應省試，未第。乙未（1895）割臺定議，隔年攜家人內渡至漳州府龍溪縣，明治三十五年（1902）始返臺。後因經商失敗，改於故鄉新化教讀，兼任《臺灣日日新報》漢文記者。大正九年（1920）清水楊澄若慕其名，延聘為家庭教師，楊氏逝世後，於大正十四年（1925）返鄉設帳授學，名其書齋為「三槐堂」。昭和三年（1928）八月創辦「虎溪吟社」，擔任社長，後兼善化「光文吟社」顧問。民國四十年（1951）九月及門弟子向全省徵募「眉齊雙壽」七律為王則修祝壽，應募者三百餘首，後發行詩冊留念。

余美玲、吳東晟：〈提要〉，全臺詩編輯小組編撰：《全臺詩》第23冊（臺南市：國家文學館，2012年12月），頁1。

心偏地遠懷唐棣，何日重隨杖履親。[50]

王則修廿歲考取生員進入府學，廿三歲「歲考」列一等第一，故而前往福州省城應鄉試，可惜未能考取舉人。乙未年割臺定議之後，隔年攜眷內渡，七年後返臺。於新化設帳授學，熱衷於地方文學社團的創設，如昭和三年（1928）八月創辦「虎溪吟社」，擔任社長，兼臺南善化「光文吟社」顧問。〈懷竹修宗兄即次除夕寄示瑤韻〉詩作，比喻：前清生活空間為「仙源歲歲春」、百姓為「無憂無慮葛天民」。日治之後，應世競趨者改著「皇化服」，士人堅持穿戴「小儒巾」未能順應時代，被應世競趨者所訕笑。王則修橫跨清代、日治、國府三階段，青年時期遭逢割臺劇變，毅然舉家內渡，持續參與科舉考試，因此「未第者／儒巾」自況的意識強烈，相關詩作，如〈次水月先生瑤韻卻寄〉「十載追隨杖履親，多君不棄小儒巾」[51]、〈新春述懷〉「百事讓人高位置，一生誤我老儒巾。」[52]由「小儒巾」至「老儒巾」，隱約透顯「未及第」的終生遺憾。王則修另有〈硯田八首之八〉「自笑儒生無厚產，筆耕全賴一池煙。」[53]談及儒生全賴筆耕，無緣厚產與富貴。

謝汝銓（1871-1953）臺南東安坊人士，拜臺南舉人蔡國琳門下，取中秀才。改隸後，曾任《臺灣日日新報》漢文記者、《風月

---

50 王則修：〈懷竹修宗兄即次除夕寄示瑤韻〉，全臺詩編輯小組編撰：《全臺詩》第23冊，頁27。

51 王則修：〈次水月先生瑤韻卻寄〉，全臺詩編輯小組編撰：《全臺詩》第23冊，頁26。按：據余美玲、吳東晟〈提要〉《全臺詩》第23冊王則修詩作，乃依寫作時間排列。〈次水月先生瑤韻卻寄〉前一首〈己卯（1939）歲暮懷水月先生依來韻〉發表於一九四〇年一月二十三日，後一首〈懷竹修宗兄即次除夕寄示瑤韻〉發表於一九四一年一月二十日。依《全臺詩》編輯小組「依寫作時間排列」慣例，本詩〈次水月先生瑤韻卻寄〉寫作時間，應於一九四〇年至一九四一年之間。

52 王則修：〈新春述懷〉，全臺詩編輯小組編撰：《全臺詩》第23冊，頁29。

53 按：本詩收入《則修詩集（一）》，詳參王則修：〈硯田八首〉，全臺詩編輯小組編撰：《全臺詩》第23冊，頁69。

報》等主編，[54]多有與政商藝文人士唱和之作。後科舉時代，積極由秀才身分轉變至報刊主編，於明治卅六年（1903），割臺五年後，書寫〈感懷〉「悔不曾攻有用書，可薰佳士未香如。功名牛馬風前走，身世滄桑劫後餘。」[55]詩作中，呼應科舉書籍不符時代的慨嘆。謝氏曾於廿一歲考取生員，進入府學就讀，尚未應舉人試，遭逢易代的歷史劇變，故而以「青衫／儒生」、「青袍／儒士」自況，如〈春衣〉中云「衣錦未能如壯士，青衫瀟灑老儒生。」[56]〈感懷〉又云「猶餘寶劍匣中鳴，病死何如戰死榮。我亦青袍舊儒士，英雄差說鄭延平。」[57]〈春衣〉、〈感懷〉二詩，皆以「老儒生、舊儒士」，對比前清生員的「青衫、青袍」身分，隱喻「未能、何如」的失時心境。另一首〈儒

---

54 謝汝銓（1871-1953），字雪漁，號奎府樓主，晚署奎府樓老人。臺灣縣東安坊人（今臺南市），日治後，遷居臺北。年十五從臺南舉人蔡國琳學，光緒十八年（1892）取中秀才。乙未之際，曾協助許南英辦理團練。改隸後，力習日文，乃首位以秀才身分入臺灣總督府國語學校者。明治三十四年（1901）自國語學校國語部畢業，任職臺灣總督府學務課，參與編輯《日臺會話辭典》。不久，轉任警察官吏練習所臺語教師。明治三十八年（1905）入《臺灣日日新報》擔任漢文記者，並任馬尼拉《公理報》，與《昭和新報》、《風月報》等主編。明治四十二年（1909）與洪以南等倡設臺北「瀛社」，為北臺第一大詩社，並於洪氏去世後繼任第二任社長。戰後曾擔任臺灣省通志館顧問。平生所作詩文有《奎府樓吟草》三卷、《詩海慈航》二卷、《周易略說》等，多發表於報章雜誌。王國璠認為謝氏詩：「詞尚淺白，且多寫實；尤以感舊、寄懷之作，更存臺灣近代關係人物之事蹟，以人存史，頗具文獻價值。」《奎府樓詩草》及《蓬萊角樓詩存》兩詩集曾於日治時期刊行，民國八十一年（1992）龍文出版社將二者合印，總名為《雪漁詩集》。另有〈蓬萊角樓詩話〉、〈奎府樓詩話〉不定期刊載於《風月報》，未見刊行本。
黃美娥：〈提要〉，全臺詩編輯小組編撰：《全臺詩》第25冊（臺南市：國家文學館，2012年12月），頁1。

55 按：謝汝銓〈感懷〉發表於《臺灣日日新報》，「詞林」欄，1903年8月12日，第1版。詳參謝汝銓：〈感懷〉，全臺詩編輯小組編撰：《全臺詩》第25冊，頁3。

56 按：謝汝銓〈春衣〉發表於《臺灣日日新報》，瀛社擊缽錄，1929年2月27日，第4版。詳參謝汝銓：〈春衣〉，全臺詩編輯小組編撰：《全臺詩》第25冊，頁146。

57 按：謝汝銓〈感懷〉發表於《臺灣日日新報》，「詞林」欄，1908年11月1日，第1版。詳參謝汝銓：〈感懷〉，全臺詩編輯小組編撰：《全臺詩》第25冊，頁27。

士吳英夫子〉「兩姊鸞孤冷繡緯，體親護弟不于歸。功名到老憐無
分，一箇南城大布衣。」[58]記述終生布衣的吳英夫子，感嘆年老功名
無分，作者賦詩憐惜吳氏、其實亦憐惜自身。

　　南社社員蔡佩香（1867-1925）出身臺南市安平當地望族，光緒
年間廩生，先後擔任《臺灣日日新報》、《聖心會會報》、《臺南新報》
記者，[59]大正十一年（1922），五十五歲於《聖心會會報》發表〈臺灣
民商法施行所感〉，其中「頌德一編新民章，老儒黽勉毋自棄。」[60]以
老儒自況。南社社員王大俊（1886-1942）臺南北門區人士，曾設帳
授徒，歷任北門嶼區、佳里庄役場書記，性豪爽，富俠義，善文章，
參與地方藝文活動，[61]〈臘鼓〉「儒生自古惜年光，耳畔何堪臘鼓

---

58 按：謝汝銓《感懷篇》系列發表時間，說明〈進士許南英夫子〉至〈校長田中敬一
　　先生〉，共九首詩，發表於《臺灣日日新報》，「詩壇」欄，1931年3月3日，第4版。
　　〈進士許南英夫子〉列於第五首。
　　謝汝銓：〈儒士吳英夫子〉，全臺詩編輯小組編撰：《全臺詩》第25冊，頁192。
59 蔡佩香（1867-1925），又作珮香，字夢蘭，號南樵，又號南樵散人、南樵劫餘生、
　　海外逋客、詩狂子、廣莫散人。清臺灣縣人（今臺南市安平區），出身當地望族，
　　父執輩蔡向榮、蔡霞潭曾任職戶部主事，叔父蔡霞標則任職刑部主事，府城士紳許
　　廷光為其舅父。蔡佩香為光緒年間廩生，曾師事舉人蔡國琳，日治後，師徒二人於
　　明治三十三年（1900）聯袂赴日觀光。明治三十八年（1905）與連橫於廈門合辦
　　《福建日日新聞》，共主筆政，不及一年即停刊返臺。次年（1906）加入臺南「南
　　社」，並參與臺灣總督府臨時舊慣調查會之活動。明治四十年（1907）二月北上任
　　《臺灣日日新報》漢文記者，曾主筆「掬月樓詩話」專欄。隔年（1908）五月因病
　　南下臺南醫院療養，八月退社，此後久居臺南。大正十年（1921）六月任《聖心會
　　會報》漢文記者，大正十三年（1924）十月入《臺南新報》任記者。王松《臺陽詩
　　話》謂其「為人慷爽，不立崖岸，能文工詩」，老年後貧病益甚，惟吟詠自如。
　　許俊雅：〈提要〉，全臺詩編輯小組編撰：《全臺詩》第22冊（臺南市：國家文學
　　館，2012年12月），頁345。
60 按：蔡佩香〈臺灣民商法施行所感〉發表於《聖心會會報》第廿三期，1922年11月
　　20日。詳參蔡佩香：〈臺灣民商法施行所感〉，全臺詩編輯小組編撰：《全臺詩》第
　　22冊，頁493。
61 王大俊（1886-1942），號愁儂、釣翁，晚號一軒。臺灣府嘉義縣北門嶼人（今臺南
　　北門區）。自幼研習漢文，於漢詩文造詣頗深，曾設帳授徒。歷任北門嶼區、漚汪
　　區書記（約1910-1920）、佳里庄役場書記（1920-1924）、北門信組會計（1924以

忙。」[62]以儒生惜時苦讀的視角，記述臘鼓頻催、一年將近的年節時
光。《三六九小報》主編洪坤益（1892-1948）[63]幼習漢學，及長接受
新式教育，跟隨臺南博士弟子員胡殿鵬學習漢詩，具備一定程度的傳
統文化薰陶，〈過大成坊〉「夫子宮牆數仞新，徒深仰上愧儒巾」[64]詩
作，作者雖非前清科舉社群成員，然而以「儒巾」自況，映現幼習漢
學，及長嚮往孔門之儒者情感。

（二）小儒、侏儒、窮酸儒

科舉時代「考試」作為朝廷掄才大典，帝王諭令：士為四民之
首，形成為家族榮顯而追求功名的儒漢社會；後科舉時代，加入明治

後）。大正元年（1912）偕王炳南、吳溪、吳萱草共組「嶼江吟社」，乃北門詩社之
始。此外，又加入「南社」、「蘆溪吟社」、「白鷗吟社」，且為「將軍吟社」、「琅環
詩社」等成員。昭和十二年（1937）中、日開戰，王氏潛往上海、南京，暗中協助
抗日活動。昭和十七年（1942）九月病逝上海，得年五十七歲。王氏性豪爽，富俠
義，善文章，與王炳南、王克明並稱「北門三王」。與吳萱草、吳丙丁兄弟，及黃
景寬相善，多唱和往來。詩多七言絕句，工於寫景，尤擅擊缽詩。據其哲嗣王劍江
云，王氏詩稿因數度播遷已佚失，生平詩作散見報刊。
楊永智：〈提要〉，全臺詩編輯小組編撰：《全臺詩》第39冊（臺南市：國家文學
館，2012年12月），頁183。

62 王大俊：〈臘鼓〉，全臺詩編輯小組編撰：《全臺詩》第39冊，頁344。

63 洪鐵濤（1892-1948）名坤益，筆名眾多，有：舲笛、君憶、洪荒、黑潮、花禪盦、
野狐禪室主、剃刀先生等。先祖在光緒年間由廣東潮洲渡海來臺南。父親洪采惠為
府城著名漢醫，經營藥房、輕軌鐵道、煙酒仲賣，經條件優渥。幼習漢學，十二歲
就讀臺南第一公學校，其後跟隨胡殿鵬學習漢詩，為南社與春鶯詩社成員，曾與趙
雲石、王開運動創辦《三六九小報》，負責撰寫「花叢小記」、「開心文苑」等專
欄，十分膾炙人口。
顧敏耀：〈感謝詩人洪鐵濤先生家屬捐贈珍貴文物一批〉，《台灣文學館通訊》第42
期（2014年3月），頁108。
陳曉怡：〈府城文人洪鐵濤及其文學作品〉，收入洪鐵濤原著，陳曉怡編：《洪鐵濤
文集》（臺南市：南市文化局，2017年2月），頁6-8。

64 洪坤益：〈過大成坊〉，全臺詩編輯小組編撰：《全臺詩》第55冊（臺南市：國家文
學館，2012年12月），頁295。

維新後的新式教育內容，初期雖然保留書房教育，然而研習傳統漢學傳承文化，再也無法取得家族榮顯，士人因此有「小儒、酸儒、窮儒、寒儒」等自況之歎。

1 小儒、薄侏儒

　　許多前清科舉社群士人參與傳統文學社群活動，積極於報刊發表詩作，其中有以「小儒」自況者，如：生員王則修（1867-1952）〈林圯〉「小儒立馬秋風裡，碑碣搜尋為愴然。」[65]以蕭瑟秋季為背景，立馬風中、尋遊故舊碑刻，隱喻榮景不再、睹物愴然的「小儒」形象。生員林逢春（1868-1936）[66]〈春景〉「鳳曆頒新舊，欣逢物候鮮。……小儒遊綺陌，樂土絕烽煙。」[67]新春物鮮、街道綺麗，「小儒」樂遊於春景之間。〈林圯〉、〈春景〉二詩，一蕭瑟秋詩、一綺陌春詩，皆以「小儒」置於其中，映現後科舉時代自況情境之兩端。王則修於昭和十九年（1944）戰爭時期，作〈棄文就武〉「慕彼青年中

65　按：王則修〈林圯〉收入《詩報》第十六號，坪頂青年吟會徵詩，1931年7月15日。詳參王則修：〈林圯〉，全臺詩編輯小組編撰：《全臺詩》第23冊，頁299。

66　林逢春（1868-1936），幼名大松，字珠浦，又字巖若，另字杏仁，號蘭芳、養晦齋主人，晚年號西河逸老、珠叟。日治時期以字「珠浦」申報戶籍。清臺灣府城人（今臺南市）。天賦聰慧，十七歲取中「生員」，後屢次內渡參加秋闈未第。割臺後，赴阿公店街（今高雄縣岡山）設帳授徒。歷任關帝廟公學校、歸仁公學校、橋仔頭公學校、臺南長老教神學校（今臺南神學院）、長老教女中（今長榮女中）漢文教師。昭和五年（1930）赴善化設塾教學長達十餘年，創立「浣溪吟社」、「淡如吟社」。林氏精於詩學，熱心童蒙教育，為「南社」社員，曾參與創立「酉山吟社」。著有《仄韻聲律啟蒙》（嘉義：蘭記書局，1930），凡六千餘言，仄韻上、去、入七十六韻，每韻一首，以補車萬育《聲律啟蒙》的不足，因有「聲律大家」、「臺灣詩界功臣」的美譽。又著〈新聲律啟蒙〉十三韻、〈臺南舊街名對〉。詩作輯有《珠浦吟草》、《灣溪詩草》寫本，其餘詩稿燬於戰火。
吳福助：〈提要〉，全臺詩編輯小組編撰：《全臺詩》第23冊，頁525。

67　按：林逢春〈春景〉收入《詩報》第三十一號，曾北春季聯吟大會擊缽錄，1932年3月15日。詳參林逢春：〈春景〉，全臺詩編輯小組編撰：《全臺詩》第23冊，頁570。

將格，愧余皓首老儒才。決然捨去文房具，轉換方針闢草萊。」[68]映現小儒至老仍然無用的論述。

生員謝汝銓（1871-1953）臺南人，易代後遷居臺北。〈感賦寄士葵胞侄於臺南〉「萬選錢虛慚學士，一囊粟飽薄侏儒。」[69]謝汝銓曾任職臺灣總督府學務課，參與編輯《日臺會話辭典》、警察官吏練習所臺語教師，相較其他前清科舉社群士人，謝汝銓與總督府之連結較深。〈感賦寄士葵胞侄於臺南〉一詩發表於昭和五年（1930），彼時謝汝銓正擔任臺北瀛社社長、積極參與文學社團、擔任報刊編輯期間，詩中云「一囊粟飽薄侏儒」，即使與總督府之連結較深，仍不免藉「侏儒粟」的典故，[70]以「薄侏儒」自嘲跨代生員「於國無用」的慨嘆。傳統文人「小儒、薄侏儒」的自嘲氛圍，感染參與文學社團的其他成員，如臺南名紳黃欣（1885-1947）[71]接受新式教育，又從胡殿鵬

---

68 王則修：〈棄文就武〉，全臺詩編輯小組編撰：《全臺詩》第23冊，頁101。

69 謝汝銓〈感賦寄士葵胞侄於臺南〉，收入《昭和新報》，「昭和詞壇」欄，1930年9月20日，第10版。詳參謝汝銓：〈感賦寄士葵胞侄於臺南〉，全臺詩編輯小組編撰：《全臺詩》第25冊，頁158。

70 「侏儒粟」典出《漢書‧東方朔傳》：「朱儒長三尺餘，奉一囊粟，錢二百四十。臣朔長九尺餘，亦奉一囊粟，錢二百四十。朱儒飽欲死，臣朔飢欲死。臣言可用，幸異其禮；不可用，罷之，無令但索長安米。」詳參〔漢〕班固著，〔唐〕顏師古註：〈東方朔傳〉，收入楊家駱編：《新校本漢書并附編二種》（臺北市：鼎文書局，1991年9月），頁2843。

71 黃欣（1885-1947），字茂笙，別署固園主人、四梅主人、西圃。臺灣府寧南坊人（今臺南市）。父黃江於前清時經營糖業，商號「錦祥記」。明治三十五年（1902）公學校畢業後任職臺南病院，曾偕其弟黃溪泉從府城文人胡殿鵬習漢詩。明治四十一年（1908）赴東京，就讀中學，明治四十三年（1910）畢業。大正元年（1912）又東渡求學，翌年（1913）自明治大學法科專門部正科畢業。返臺後創辦實業，初在嘉義廳下竹圍庄經營農場和魚塭，隨後實業擴大，當選學甲漁業信用組合監事等職。公職曾於大正七年（1918）任臺南廳西區區長，其後又出任臺南州教育委員、總督府評議員等職。大正十二年（1923），受命擔任臺南州教育委員，致力教育文化事業，組織文化劇團，昭和二年（1927）擴展為臺南共勵會，並擔任會長，會址設於三官堂（今臺南忠義路）。設有講演、體育、教育、演藝四部，提供演藝收益作為教育經費，後擴充為「共勵義塾」，為失學民眾免費夜間授課，兼收失學的華

習漢詩，創辦實業有成，設立共勵義塾，免費授課。〈丁卯（1927）重九瀛社會宴府評議員余亦叨陪席末賦此誌謝〉乃瀛社重九邀宴府評議員的唱酬之作，詩中云「席上群公齊刮目，文章經濟小儒羞。」[72] 映現經營有成、熱衷教育、精於漢學、長於漢詩的府城名紳，於重九雅宴，唱酬詩作，以「小儒」賦詩自喻，映現認同前清科舉社群士人的自嘲意識。

2 窮儒、酸儒

善化塾師林逢春（1868-1936）十七歲取中前清生員，割臺後，歷任關帝廟公學校、歸仁公學校、橋仔頭公學校、臺南長老教神學校（今臺南神學院）、長老教女中（今長榮女中）漢文教師，又曾於善化設塾教學長達十餘年，終生致力於臺南教育、厚植文風，曾於〈螢火〉「窮儒囊裡知多少，照讀分明信有功。」[73] 隱約透顯跨代後「窮

僑子弟。此外，又曾組織共勵會演劇部，巡迴公演話劇，以啟迪民智。昭和四年（1929），該會曾演出黃欣作品《誰之錯》；昭和七年（1932），又演出其作《破滅的危機》於臺南市宮古座。昭和八年（1933）二月，劇本《破滅的危機》出版。
黃欣精於漢學，特長於漢詩，為「南社」成員，大正元年（1912）曾與「南社」趙鍾麒、楊鵬摶、謝維巖、陳渭川等，和日人共創「采詩會」。大正三年（1914）偕胞弟黃溪泉在其父經營「錦祥記」之加工廠原址，闢建庭園，名為「固園」。各地文士往訪交遊者甚多，固園遂成為騷壇定期集會及聯吟的場所，黃欣因而有「小孟嘗」之雅號。昭和十一年（1936），繼趙鍾麒之後接任「南社」社長，生平所作詩詞不少，有《西圃吟草》、《固園詩草》、《固園吟草》等，惜隨作隨棄，大多已散佚無存。許俊雅：〈提要〉，全臺詩編輯小組編撰：《全臺詩》第37冊（臺南市：國家文學館，2015年11月），頁1-2。

72 黃欣：〈丁卯（1927）重九瀛社會宴府評議員余亦叨陪席末賦此誌謝〉，全臺詩編輯小組編撰：《全臺詩》第37冊，頁119。
　　按：黃欣另有〈嶺東作客卻寄臺陽諸友並示吾弟〉「玉人自古期金屋，尤物寒儒總亂絲。」詳參黃欣：〈嶺東作客卻寄臺陽諸友並示吾弟〉，全臺詩編輯小組編撰：《全臺詩》第37冊，頁119。

73 按：林逢春〈螢火〉，收錄於盧嘉興〈記日據時期著《反韻聲律啟蒙》的林珠浦〉。詳參林逢春：〈螢火〉，全臺詩編輯小組編撰：《全臺詩》第23冊，頁563。

儒」，螢火夜讀的情景。清光緒年間臺南舉人羅秀惠（1865-1943）[74]，
曾與臺南安平舉人汪春源等上書諫阻割臺，乙未割臺後暫居北京，返
臺後定居臺南安平，曾任日資《臺澎日報》（《臺南新報》前身）、《臺
灣日日新報》編輯。[75]大正十四年（1925）羅氏代表臺籍人士出席日
臺合組「崇聖會」的祭孔活動，[76]活躍於日臺藝文界。大正十五年
（1926）八月十四日《臺灣日日新報》「詩壇」欄，刊登羅氏〈湯花
謠〉，該詩乃遊北投、泡溫泉之作，詩作中有云「自笑一儒酸，難消
此飲杓。……湯漿綠浮花，茗香解蒸燦。滾滾花化湯，入浴去穢
惡。」[77]其中「避暑遊北投，林泉快領略」，記述旅遊北投溫泉、介紹

---

74 羅秀惠（1865-1943），字蔚村，號蕉麓，別署花花世界生。臺南人，師事舉人蔡國
琳，光緒年間取中舉人。乙未之際，曾與舉人汪春源等人上書諫阻割臺，後避居北
京。未幾，返臺定居安平，曾任《臺澎日報》、《臺灣日日新報》編輯。明治三十二
年（1899）臺南師範學校成立後，應聘為教務囑託，教授漢文、習字，明治三十五
年（1902）因病辭職。曾向日總督提出「治臺十策」，並授與紳章，後因故遭收
回。為臺南「南社」、「西山吟社」社員，後亦參加臺北「瀛社」，擅行草書，亦能
左書。大正十四年（1925）一月，由於基隆顏國年之捐助，創《臺北黎華新報》
社，任發行人，除刊載梨園藝文外，兼及小說、詩文、隨筆。昭和三年（1928）八
月曾開「蕉麓千書會」任人求書，墨蹟流傳甚廣。昭和十年（1935）十一月以「奎
社書道會」名義舉辦全島書畫展於臺北永樂町，民國六十五年（1976）被臺南市政
府譽為「清代臺南府城十大書家之一」。
  江寶釵：〈提要〉，全臺詩編輯小組編撰：《全臺詩》第16冊（臺南市：國家文學
館，2011年10月），頁21。
75 日治時期《臺灣日日新報》與一九○三年以臺南為社址的《臺南新報》（1899年創
刊時為《臺澎日報》），以及在臺中發行的《臺灣新聞》（1901年創刊時為《臺中每
日新聞》），三報並稱為臺灣三大御用新聞。羅秀惠出任《臺澎日報》、《臺灣日日新
報》二報編輯，皆為日資媒體。
  詳見何義麟：〈《臺灣日日新報》到《臺灣新生報》〉，《臺灣學通訊》第85期（2015
年1月），頁26。
76 臺北崇聖會。於（大正十四年）本月十四日即古曆八月廿七日午後二時。因聖廟未
建。假臺北市艋舺龍山寺。舉行大成至聖先師孔夫子祭祀典禮。……民間側則高木
友技。吉鹿善次郎、小松吉久、枝德二。尾崎秀真、辜顯榮、林熊徵、昌才、許廷
元。羅秀惠、許梓桑、黃純青。
  佚名：〈孔子祀典詳報〉，《臺南新報》（1925年10月16日），第5版。
77 羅秀惠：〈湯花謠〉，全臺詩編輯小組編撰：《全臺詩》第16冊，頁88。

泡溫泉療效的記事，以「酸儒」自嘲難以消受的泡湯之樂。何以自嘲
難以消受泡湯之樂？檢視第一批來臺、曾擔任過臺南辦務署長的佐倉
孫三（1861-1941），公務之餘撰寫《臺風雜記》，[78]記述宦臺三年之間
（1895-1898）見聞，其中有〈浴場〉部分「臺人不好湯浴，塵垢充
體，則以湯水洗拭手足耳。……日人渡來以來，到處設浴堂以待客，
清泉滾滾然、溫湯漫漫然，可以沐矣。……頃者，臺人來浴者，亦往
往有焉。」[79]對比〈湯花謠〉詩作，頗能映現：自嘲「酸儒」體驗去
穢惡的泡湯之行。

　　清光緒年間生員謝汝銓（1871-1953）跨代後詩作，不僅有「文
字書籍」貶值之歎，亦以「儒酸」自況。如〈感懷〉詩，有「三食神
仙空有字，一囊文籍不如錢。」[80]發出「文字書籍」不受重視、無經
濟價值的慨歎。另一首〈茂才韓斗華案友〉「龍科一榜有三韓，誰是遼
東管幼安。叔侄弟兄游泮水，學租分得免儒酸。」[81]寫生員韓斗華[82]
取中生員時的意氣風發，依憑府學附屬的學田租金支應廩金，始免於
窮困的耕讀生活。改隸後，謝汝銓積極適應新政府，力習日文，以首

78　林美容：〈殖民者對殖民地的風俗記錄——佐倉孫三所著《臺風雜記》之探討〉，收
　　入〔日〕佐倉孫三著：《白話圖說臺風雜記：臺日風俗一百年》（臺北市：國立編譯
　　館出版，2007年12月），頁11-12。

79　〔日〕佐倉孫三著，林美容譯：《白話圖說臺風雜記：臺日風俗一百年》（臺北市：
　　國立編譯館出版，2007年12月），頁52。

80　按：謝汝銓〈感懷〉，發表於《臺灣日日新報》，「詩壇」欄，1929年8月24日，第4
　　版。詳參謝汝銓：〈感懷〉，全臺詩編輯小組編撰：《全臺詩》第25冊，頁147。

81　按：謝汝銓〈茂才韓斗華案友〉，發表於《臺灣日日新報》，「詩壇」欄，1931年3月
　　19日，第4版。本詩「叔侄弟兄游泮水，學租分得免儒酸。」看似寫韓斗華「儒者
　　他述詩」，實乃〈感懷〉「三食神仙空有字，一囊文籍不如錢。」此詩的延伸與感
　　觸。因此將之列於「儒者自述詩」類別中。詳參謝汝銓：〈茂才韓斗華案友〉，全臺
　　詩編輯小組編撰：《全臺詩》第25冊，頁208。

82　根據林建廷的研究，韓斗華居住於「臺南市西區柱仔行街」。詳參林建廷：《臺南士
　　紳王開運社會活動與文學作品研究》（臺南市：成功大學中國文學研究所碩士論
　　文，2012年7月），頁36。

位生員身分入臺灣總督府國語學校，然而未久，即辭去官方學校教
職，明治三十八年（1905）進入《臺灣日日新報》擔任漢文記者，曾
將筆耕經驗，於大正十五年（1926）《臺灣日日新報》「詩壇」欄，發
表〈舌耕〉「與筆同耕意自安，莫將風味感儒酸。」[83]其後持續擔任馬
尼拉《公理報》，與《昭和新報》、《風月報》等主編。

　　黃得眾（1877-1949）於前清時以十六歲之齡受聘為臺南塾師，
日治後曾擔任「臺南每日新聞社」社員、《臺南新報》漢文欄記者，[84]
昭和十二年（1937）四月一日總督府宣布全面禁絕漢文教育，臺民子
弟失去學習漢文的教育體制；總督府同時宣布廢止臺灣報刊漢文欄，
臺籍作家失去發表漢文場域。[85]隨著皇民化運動、太平洋戰爭的展開，
瀰漫著蕭殺的社會氛圍，昭和十八年（1943）黃得眾於《詩報》[86]第

---

83 謝汝銓：〈舌耕〉，全臺詩編輯小組編撰：《全臺詩》第25冊，頁136。
84 黃得眾（1877-1949），字拱五，號瘦菊、多事老人，筆名鯤南隱士、紅黷、紅黷洞
　　叟、紅黷隱者。臺灣府寧南坊人（今臺南市）。父黃字吉曾受聘為臺灣縣「引心書
　　院」監院。光緒十八年（1892）以十六歲之齡受聘為塾師。日治後，於明治三十九
　　年（1906）參與臺南「南社」的創設。曾擔任「臺南每日新聞社」社員，後進入
　　《臺南新報》操筆政，曾為《三六九小報》、《孔教報》撰稿。
　　楊永智：〈提要〉，全臺詩編輯小組編撰：《全臺詩》第30冊（臺南市：國家文學
　　館，2013年12月），頁1。
85 按：總督府雖然宣布廢止臺灣報刊漢文欄，卻容許《崇聖道德報》、《詩報》、《三六
　　九小報》、《風月報》等漢文刊物的存在。究其實，處於戰爭末期的特殊時空，總督
　　府容許：推崇孔教的《崇聖道德報》、記錄詩社動態及發表詩作的《詩報》、該諧通
　　俗兼藝妲專欄的《三六九小報》及《風月報》。這些僅存的漢文報刊，一方面、刊
　　載許多擁護總督府的詩歌文章，以便持續存在於戰爭末期；二方面、總督府亦需要
　　讚頌總督漢文報刊的存在，服務不懂日文的臺人；三方面、「推崇孔教」（《崇聖
　　道德報》）符合日本天皇頒發的〈教育敕語〉，「詩社聯吟」（《詩報》）符合日臺官紳
　　友好的交流活動，《崇聖道德報》、記錄詩社動態及發表詩作的《詩報》、「該諧通
　　俗」（《三六九小報》、《風月報》）能紓解蕭殺的戰爭氛圍。綜上所述，部分漢文報
　　刊於皇民化運動「國語運動，禁漢文」的情境下，仍持續存在的主因。
86 按：周石輝〈本報趣意〉列出《詩報》編輯例言，前四條內容，映現《詩報》於日
　　治時期之社會功能，如下所示：
　　一、求名儒碩學惠稿，為指導南針，俾後學不至迷於岐路。
　　二、求各吟社將擊鉢吟課題諸詩選惠下合刊，互通聲氣，交換見識。

305號「詩壇」欄發表〈秋日書懷疊梅翁韻〉，詩中有切合戰爭氛圍的「戎馬倥傯今未息，親朋凋謝膾無餘」詩句，亦有「風氣漸隨人意變，儒酸被笑我家寒。牢騷最怕秋蕭瑟，欲解愁懷感萬難」[87]詩句，以「酸儒」自況，傳達外界蕭瑟如秋的感知，與內在萬難愁懷的感傷。

二　儒者他述詩

科舉時代，儒學透過科舉制度的施行，使學子研讀儒學經典、考取儒學學校、[88]受教於儒學教授，社會普遍奉為正統思維，儒學因此透過：儒生、師儒、儒學（學校）建構「一套全面安排人間制序的思想系統」[89]。一旦科舉制度廢止，儒學失去社會場域支持，奉儒學為正統思維的士人，於後科舉時代仍堅信「貴古（科舉時代）賤今（後科舉時代）」的思想，持續透過「傳統儒學全面安排人間秩序」的理想，[90]產生「以儒為名」的種種衡量標準，有「負面」的：俗儒、迂儒、腐儒；有「正面」的：儒吏、儒臣、儒將等，書寫於「儒者他述詩」之中。

三、揭載中學新學者所謂詩文，引起研讀漢文興趣。

四、學校已廢漢文，書房不容易設，鼓舞讀漢文，惟此詩社詩會可以自由，故不可無發表機關。

詳參周石輝：〈本報趣意〉，《詩報》創刊號（1930年10月30日），頁3。

87　黃得眾：〈秋日書懷疊梅翁韻〉，全臺詩編輯小組編撰：《全臺詩》第30冊，頁50。

88　按：謝汝銓（1871-1953）臺南東安坊人氏，光緒十八年（1892）取中秀才。改隸後力學日文，曾於〈廣文林慶岐先生〉詩中，云：「儒學安平縣正堂，壬辰小試出監場。案頭落帽潛傳稿，結禮思多不捉槍。」生動的記述，光緒十八年（1892）歲次壬辰」於臺南安平縣學，參加生員考試的經驗。

謝汝銓：〈廣文林慶岐先生〉，全臺詩編輯小組編撰：《全臺詩》第25冊，頁198。

89　余英時：〈現代儒學的困境〉，杜維明主編：《儒學發展的宏觀透視：新加坡1988年儒學群英會紀實》（臺北市：正中書局，1997年7月），頁31。

90　余英時：〈現代儒學的困境〉，杜維明主編：《儒學發展的宏觀透視：新加坡1988年儒學群英會紀實》，頁32。

（一）負面述詩

1 俗儒

　　前清生員王則修（1867-1952）於乙未割臺後，教讀於臺南新化私塾，兼任《臺灣日日新報》漢文記者，於「自述詩」中曾以「小儒」自況，於「他敘詩」中，對於「俗儒」行逕有些許批判。何謂「俗儒」行逕？如〈消寒吟四絕之四〉「俗儒擁妓許風流，倚翠偎紅暖錦褥。我抱陽婆甘睡穩，寒宵得此勝溫柔。」[91]擁妓風流與灰心縱酒，[92]沉淪酒色，為易代失志者兩大詩作內涵。《風月報》主編謝汝銓（1871-1953）臺南東安坊人士，拜臺南舉人蔡國琳門下，取中秀才。改隸後，遷居臺北，因伊澤修二「師範學校聘用取中秀才的臺籍教師」的主張，成為首位以秀才身分擔任臺灣總督府國語學校教師。此後擔任《臺灣日日新報》擔任漢文記者、《風月報》等主編，昭和六年（1931）一月廿七日《臺灣日日新報》「詩壇」欄發表〈茂才謝石秋宗親〉「攝津長樂寺碑在，高雅文章異俗儒。」[93]此詩讚譽生員謝石秋文筆高雅，異於俗儒。前清生員韓子明（1873-？）[94]昭和六年

91　按：王則修〈消寒吟四絕之四〉，發表於《臺南新報》，「詩壇」欄，1930年1月25日，第6版。詳參王則修：〈消寒吟四絕之四〉，全臺詩編輯小組編撰：《全臺詩》第23冊，頁297。

92　按：儒生歷經乙未割臺後，過去熟知的舉業學識與訓練，已然無用，灰心之餘，或有縱情於酒，戕害身心者，如〈悼羅渙之詞兄〉「文才自少擬掄元，劫後灰心好對樽。看破世情惟縱酒，果然一醉擲乾坤。」作者賴雨若於詩後自註：「羅君持杯獨酌時倏然起症殞命」。羅君具備掄元的才能，因易代後廢止科舉，社會結構劇變，引起儒生於人生理想的整體絕望，沉醉酒鄉，最終死於酒害。詳參賴雨若：〈悼羅渙之詞兄〉，收入賴辰雄主編：〈嘉義賴家開臺六世祖賴雨若傳記（1878-1941）〉，《法曹詩人壺仙賴雨若詩文全集》（嘉義市：嘉義市文化局，2007年12月），頁89。

93　謝汝銓：〈茂才謝石秋宗親〉，全臺詩編輯小組編撰：《全臺詩》第25冊，頁211。

94　韓子明（1873-？），字邦光。臺灣縣西定坊北勢街（臺南市神農街）人。光緒十五年（1889）與其兄韓子星同榜入泮，為邑庠生。日治時期設尚志齋書房，教授漢學，詩人莊幼岳之妻高春梅，即其女弟子。韓氏為「南社」成員，大正三年

（1944）二月廿八日《崇聖道德報》「詩壇」欄發表〈文章報國〉「真儒常抱道，經濟發文章。……莫學俗儒者，摛藻飾鋪張。」[95]連橫（1878-1936）[96]早年受私塾教育，及長負笈上海入學，〈燕京雜詩〉寫作時間不詳，詩中有云：「終賈華年已不群，俗儒姍笑復奚云。他時刻石寒陵上，始信人間有大文。」[97]此詩以「自我／華年不群」對應「他者／俗儒姍笑」，等待日後文章刻石，揚名四方，終能昭顯不凡才氣，為自勵之作。

2 迂腐儒

清光緒年間生員林馨蘭（1870-1924）乙未割臺（1895）後，舉家內渡祖籍泉州同安。越兩年局勢稍定，始返臺南設帳授徒。曾先後

（1914）與林逢春、陳璧如、謝紹楷等倡設「酉山吟社」，為酉山七秀之一。大正十三年（1924）與謝紹楷同組「留青吟社」，昭和十六年（1941）與吳子宏、潘春源等人成立「集芸詩學研究會」，亦為「桐城吟會」社員。著有《尚志齋文集》。

施懿琳：〈提要〉，全臺詩編輯小組編撰：《全臺詩》第41冊（臺南市：國家文學館，2016年11月），頁229。

95　韓子明：〈文章報國〉，全臺詩編輯小組編撰：《全臺詩》第41冊，頁289。

96　連橫（1878-1936），字雅堂，一作雅棠，又字武公，號慕陶，又號劍花。及長，改名橫，字天縱。臺灣府城寧南坊人（今臺南市）。乙未割臺之際，甫遭父喪。二十歲負笈上海，入聖約翰大學習俄文，因母促返臺完婚，遂棄學歸鄉。明治三十二年（1899）主持《臺澎日報》漢文部，三十五年（1902）、三十八年（1905）曾先後主廈門《鷺江報》筆政、創《福建日日新聞》。三十九年（1906）結束《福建日日新聞》，回臺任職《臺南新報》。大正七年（1918）完成《臺灣通史》。其後又於大正十三年（1924）創刊《臺灣詩薈》，昭和二年（1927）於大稻埕太平町經營「雅堂書局」，並致力整理編撰《臺灣語典》。連橫擅詩，作品或關懷家國天下，充滿感時傷世之情；或為友人往來、個人遊覽之感觸。畢生致力保存臺灣文獻，著作豐富，著有《臺灣詩乘》、《雅言》、《劍花室詩集》、《劍花室文集》等。

許俊雅：〈提要〉，全臺詩編輯小組編撰：《全臺詩》第30冊，頁67。

97　連橫：〈燕京雜詩〉，全臺詩編輯小組編撰：《全臺詩》第30冊，頁173。

按：連橫另有〈詠史〉系列詩，如〈荀卿〉「小儒談天下，專制長君成。試看嬴秦毒，焚書此禍機。」〈詠史〉系列詩多發表於一九〇五年《漢文臺灣日日新報》。詳參連橫：〈荀卿〉，全臺詩編輯小組編撰：《全臺詩》第30冊，頁130。

擔任《全臺日報》、《臺南新報》記者，明治三十三年（1900）起擔任
《臺灣日日新報》漢文部記者，[98]明治四十四年（1911）十月十一日
《臺灣日日新報》「詞林」欄，發表〈誕日放歌〉「自憐摘句又尋章，
落落乾坤一儒腐。」[99]依〈誕日放歌〉發表時間，約於四十一歲生日
時，以思維陳腐不合時宜的儒生自況。前清生員王則修（1867-
1952）於〈右拇指屈而不伸書此誌感四首之四〉「平生老悖老迂儒，況
乃拘攣血更枯」以氣血衰退的「老迂儒」自況。[100]前清生員謝汝銓
（1871-1953）另於〈林幼春吟友〉「深愧田橫島士無，不終咕嗶作迂
儒。」[101]自云不誦讀鑽研經典，自嘲不通世情之迂腐。臺南塾師黃得

98　林馨蘭（1870-1924），字湘沅，又作湘遠、湘畹，號六四居士，又號壽星。臺南
　　（葦媽媽街）人。少好吟詠，與賴文安、羅秀惠等人同受教於臺南舉人蔡國琳。
　　光緒十三年（1887）取中生員，後於光緒十七年辛卯（1891）及二十年甲午
　　（1894）兩度參與秋試，不第。乙未割臺（1895）後，舉家內渡祖籍同安。越兩
　　年局勢稍定，始返臺南設帳授徒。曾先後擔任《全臺日報》、《臺南新報》記者，
　　明治三十三年（1900）移居臺北，擔任《臺灣日日新報》漢文部記者，曾以「勞
　　勞生」筆名於該報撰寫「意園詩話」專欄。林氏在詩壇頗為活躍，明治三十九年
　　（1906）加入「南社」，明治四十二年（1909）與謝汝銓等人共組「瀛社」，大正
　　四年（1915）與張純甫、林述三、駱香林等人創設「研社」，後改為「星社」。大
　　正六至十一年間（1917-1922）多次參與瀛桃竹聯吟會、全臺詩社聯吟會等活動，
　　並曾為「崇文社」詩文評議員。大正七年（1918）任教於臺北市太平公學校，夜
　　則設塾育才，多有栽成。大正十三年（1924）逝世。林氏詩工近體，對律齊整，
　　句多感慨。門人蔡敦輝輯其遺詩為《湘沅吟草》，未及梓行，蔡氏遽逝，其稿遂多
　　散佚。
　　黃文車：〈提要〉，全臺詩編輯小組編撰：《全臺詩》第19冊（臺南市：國家文學
　　館，2011年10月），頁441。
99　林馨蘭：〈誕日放歌〉，全臺詩編輯小組編撰：《全臺詩》第19冊，頁472。
100　王則修：〈右拇指屈而不伸書此誌感四首之四〉，全臺詩編輯小組編撰：《全臺詩》第
　　23冊，頁22。
101　謝汝銓：〈林幼春吟友〉，全臺詩編輯小組編撰：《全臺詩》第25冊，頁239。
　　按：黃美娥〈提要〉說明「謝汝銓詩作乃依時間先後排序編校」，〈林幼春吟友〉
　　既納於《寄懷篇》系列詩作，《寄懷篇》部分詩作發表於《臺灣日日新報》1931年
　　6月2日、1931年6月10日。合理推測〈林幼春吟友〉應作於日治時期、後科舉時
　　代。

眾（1877-1949）日治時期先後曾擔任「臺南每日新聞社」社員、《臺南新報》漢文欄記者，〈午節感作〉「世態推移感日殊，未能免俗笑迂儒。」[102]隱約透顯作者承受世俗取笑迂儒的無奈心境。昭和十二年（1937）四月一日總督府宣布全面禁絕漢文教育，黃氏於同年（1937）十一月二日《臺灣日日新報》「臺日漢詩欄」，發表〈次王君鵬程東渡感作韻〉「男兒宜曠達，莫學腐儒酸。即今人海中，誰能挽狂瀾。」[103]王鵬程（1891-？）王則修弟子，積極創作傳統詩文，臺南市當局看重其深厚的漢學修養，曾派任為實業學校夜學部的漢文教師、《臺南新報》漢文部成員，其後經商，時常往來於臺灣、神戶兩地。[104]此詩以「宜曠達」對應「腐儒酸」，映現日治晚期漢文場域被限縮的艱難處境，擔任塾師的黃得眾感受深刻，故而以「男兒宜曠達」作為王鵬程東渡神戶時贈詩，有唱酬、互勉之意。

黃美娥：〈提要〉，全臺詩編輯小組編撰：《全臺詩》第25冊，頁1。

謝汝銓：《寄懷篇》，全臺詩編輯小組編撰：《全臺詩》第25冊，頁218。

102 黃得眾：〈午節感作〉，全臺詩編輯小組編撰：《全臺詩》第30冊，頁55。

103 黃得眾：〈次王君鵬程東渡感作韻〉，全臺詩編輯小組編撰：《全臺詩》第30冊，頁46。

104 王鵬程（1891-？），臺南市人，原名盤爐，少自號臥蕉，一九三四年改名鵬程，另有銘新、礪鋒等名號。為王則修弟子，一九二○年代為南社成員，投入社務頗多，積極創作傳統詩文，舉凡《臺灣時報》、《臺灣日日新報》、《臺南新報》、《臺灣文藝叢誌》、《詩報》、《三六九小報》、《風月報》……等報刊雜誌，皆可發現其作品。臺南市當局看重其深厚的漢學修養，派任為實業學校夜學部的漢文教師。曾任《臺南新報》漢文部成員，一九三四年前後漸與《臺南新報》疏遠，於神戶自組三元公司，並經營「養和園酒煙草雜貨商號」，時常往來於臺灣、神戶兩地。地方活動上，與王開運、王汝禎成立王姓宗親會，並為黃欣的「臺陽中學」創設運動籌備後援會。戰後，王鵬程曾任兩屆臺南市中區副區長，臺南市第一屆市議會議員。一九五一年延平詩社成立，南社併入其中，王鵬程持續參與，同年《臺灣詩壇》創刊，亦為該雜誌社社務委員、雜誌社臺南辦事處成員，且時有作品發表。著有《建齋詩鈔》、《建齋文摘》，惜未得見。詳參林建廷：《臺南士紳王開運社會活動與文學作品研究》（臺南市：成功大學臺灣文學研究所碩士論文，2012年7月），頁204。

（二）正面述詩

1 廩儒、儒生

　　前清廩生、博士弟子員胡殿鵬（1869-1933）[105]於乙未割臺後，歷任《臺灣日日新報》記者、《臺南新報》記者、《福建日日新聞》編輯等職，並設置漢詩私塾，洪坤益（1892-1948）、黃欣（1885-1947）皆為門下弟子。於明治卅九年（1906）八月三日《漢文臺灣日日新報》「藝苑」欄，發表〈偶感賦此〉「打鼓山頭日譯書，醉來挈榼又披圖，一劉一顧誰能識，末葉英雄起廩儒。」[106]胡殿鵬自述於打鼓山譯書、閱圖的心得，詩未明言所譯何書，因此劉、顧二氏，亦不知所指何人，然則「末葉英雄起廩儒」隱約透顯：亂世中英雄多出自於學養尚淺的儒生，[107]一如鄭成功原為弘光年間監生，其後投筆從戎，敕封為延平王，自有勵之志。

　　南社社員王大俊（1886-1942）曾任塾師，創立臺南北門「嶼江吟社」，以及臺南蘆溪吟社、白鷗吟社、將軍吟社、琅環詩社等地方

105　胡殿鵬（1869-1933），字子程，號南溟，臺南安平人。廩生，曾補博士弟子員。少自負，有奇氣，疏狂奔放。光緒十七年（1891）與許南英、蔡國琳等組「浪吟詩社」。乙未割臺時，內渡寓居廈門，次年局勢稍定後返臺。歷任《臺灣日日新報》記者、《臺南新報》記者、《福建日日新聞》編輯等職。後為南社重要會員。著有《南溟詩草》、《大冶一鑪詩話》。胡殿鵬自云：「夫南溟自六十年來，長篇不可刪，短篇不可增，散文渾而灝，駢文沉而麗。窮古之英，貫古之識，其思想最高、最奇、最雄、最健。」其詩文特色大抵如是，而其狂放不羈的性格也由此可見。擅長古體歌行，七古〈長江曲〉、〈黃河曲〉氣勢磅礴，最為瑰偉雄奇。
　　吳福助：〈提要〉，全臺詩編輯小組編撰：《全臺詩》第19冊，頁5。

106　胡殿鵬：〈偶感賦此〉，全臺詩編輯小組編撰：《全臺詩》第19冊，頁13。

107　按：胡殿鵬另於明治卅九年（1912）四月八日《漢文臺灣日日新報》「詞林」欄，發表〈輓東港區長黃文韜公詩〉「器識儒門重，淵源溯乃翁。丈夫能立志，不世出奇功。」詩云「器識儒門重」，美稱屏東東港區長黃文韜，隱約透顯黃氏或為前清科舉社群士人，跨代至日治時期參與地方政治。詳參胡殿鵬：〈輓東港區長黃文韜公詩〉，全臺詩編輯小組編撰：《全臺詩》第19冊，頁23。

詩社，明治四十五年（1912）作〈弔陳瘦雲〉「魯殿靈光一角傾，文章千古誤儒生。可憐半點心頭血，化作孤魂杜宇聲。」[108]陳渭川（1879-1912）[109]字瘦雲，曾與舉人蔡國琳（1843-1909）、進士許南英（1855-1917）[110]重振臺南「浪吟詩社」，其後又共同創設「南社」。

---

108 王大俊：〈弔陳瘦雲〉，全臺詩編輯小組編撰：《全臺詩》第39冊，頁202。

109 陳渭川（1879-1912），又名昂，字瘦痕，又字瘦雲，號小葦、萊畦，搏笑子，臺灣縣寧南坊人（今臺南市），為茂才陳子耿長子。七歲失怙，賴母氏撫養成人。幼穎悟，從邑廩生林在鎔學。日治後與連橫、吳楓橋等重振臺南「浪吟詩社」。明治三十三年（1900）擔任《臺南新報》漢文記者。三十九年（1906）與臺南文人共同創設「南社」，在該社頗為活躍，曾多次擔任詩會詞宗，顯見其在臺南詩壇的地位。四十三年（1910）五月北上走訪詩友，「瀛社」為開歡迎會於平樂遊旗亭，會中陳渭川提議由臺北「瀛社」、臺中「櫟社」及臺南「南社」輪開詩人大會，乃最早提出三大詩社舉辦聯吟詩會者。四十四年（1911）六月參與「南部臺灣斷髮會」。四十五年（1912）前往閩粵旅遊，行前，南北詩友相繼為其召開別宴及擊缽吟會，相關詩作刊於《臺灣日日新報》。同年二月參與日人原田春境創設之「采詩會」，並與臺日漢詩人共同創刊《采詩集》。陳渭川生性倜儻不羈，才華洋溢，喜雜詼諧，性嗜酒。酷愛京劇，曾於明治四十四年（1911）七月與刑事王岳、王水等合組「小羅天童伶京班」，為目前可考的日治時期第一個本土職業京班。又善作抒情詩，對仗工整，語句圓妙，含蓄有情。明治四十五年（1912）六月二十八日，因肺疾病故，年三十四。著有《瘦雲詩存》，收近體詩三十八首，未刊。
　詳參吳毓琪：〈提要〉，全臺詩編輯小組編撰：《全臺詩》第30冊，頁297-298。

110 許南英（1855-1917），字子蘊，號蘊白、允白，自號窺園主人、留髮頭陀、龍馬書生、毘舍耶客、春江冷宦。清臺灣府人。早年成立「聞學舍」，以教書為業，曾應廣儲東里林家之聘為塾師，光緒十六年（1890）登進士第，欽點主事，籤分兵部車駕司加員外郎銜。後返臺南，管理「聖廟樂局」事務，並參與墾土化番之職。光緒二十年（1894）應唐景崧聘，協修《臺灣通志》。乙未（1895）之役，任臺南「籌防局」統領，募集兵勇抗日，後知事無可為，乃將私蓄盡數散給部下後離臺內渡。初抵廈門，轉向汕頭、鮀浦等地，後為生計赴南洋，不順遂，返國後入都供吏部，自請開去兵部職務，降換廣東知縣。其後又分任廣東鄉試閱卷分校、佛山稅關總辦、徐聞、陽春、三水等地知縣、福建龍溪知事，民國五年（1916）在林爾嘉（叔臧）的介紹下，到蘇門答臘棉蘭為張鴻南撰寫傳略，後因痢疾病逝於寓所。許南英在臺南時曾參與崇正社、浪吟詩社，與施士洁、汪春源、丘逢甲、陳望曾等人唱和往來；乙未後，曾於明治四十五年（1912）、大正五年（1916），兩度來臺。期間與南社、瀛社、桃社、竹社、櫟社等諸多詩友往返。民國二年（1913）廈門鼓浪嶼菽莊花園建成，林爾嘉廣邀詩文同好組「菽莊吟社」，許南英

陳氏未曾於前清取得科舉功名，然則於臺南地區文學貢獻卓著，又兼
為王大俊之南社前輩，王氏因此以「魯殿靈光一角傾，文章千古誤儒
生」，肯定陳渭川一生於地方文教的成就。

　　蔡佩香（1867-1925）出身臺南當地望族、光緒年間廩生，於大
正七年（1918）十月三日《臺灣日日新報》「詩壇」欄，發表〈臺南
諸同人宴張先生文杞席上呈贈〉：

> 久已文壇耳大名，廿年重晤赤嵌城。
> 欣看事物翻新樣，喜與親朋敘舊情。
> 淨盡煙花消歲月，窮探經史老儒生。
> 因緣翰墨旗亭聚，醉飲狂歌夜兩更。[111]

生員張文杞於乙未（1895）割臺後，挈眷渡廈，廿三年後歸臺，時值
大正七年（1918）原設於文廟的「臺南公學校」遷出，臺南廳長枝德
二主持文廟整修、落成祭典，[112]張秀才特來與祭，諸多文士設席記
事。[113]張秀才於乙未割臺的歷史文化斷裂時刻，內渡廈門，企圖於科

　　亦常參與盛會。現存《窺園留草》包括「窺園詩」、「窺園詞」。
　　詳參余美玲、許雯琪：〈提要〉，全臺詩編輯小組編撰：《全臺詩》第11冊（臺南
　　市：國家文學館，2008年4月），頁151。

111　蔡佩香：〈臺南諸同人宴張先生文杞席上呈贈〉，全臺詩編輯小組編撰：《全臺詩》
　　第22冊，頁471。

112　日治時期大正六年七月至七年三月，由臺南廳長枝德二主持整修，遷出原設於孔
　　廟的「臺南公學校」，全部重修並新置禮、樂器。臺南廳長枝德二撰「紀念碑」說
　　明重修始末。詳參黃得時：《臺灣的孔廟》（臺中市：臺灣省政府新聞處，1981年9
　　月），頁73。

113　設席記事，如：「張茂才文杞，字肖文，號足吾，年六二，羅山人也。明治廿八年
　　（1895）挈眷渡廈，經二十三年，本年孟夏歸梓。者番臺南文廟落成，遠來與
　　祭，同人設席歡迎，以敦舊誼，翰墨因緣，僕亦忝陪末席，爰賦七律誌感，工劣
　　不計也。」詳參蔡佩香：〈臺南諸同人宴張先生文杞席上呈贈〉，全臺詩編輯小組
　　編撰：《全臺詩》第22冊，頁471。

舉社群持續努力，可惜未盡如人意，故而以「窮探經史老儒生」詩述張文杞秀才。

　　生員謝汝銓（1871-1953）原為臺南東安坊人士，乙未割臺後，因伊澤修二「師範學校聘用取中生員的臺籍教師」的主張，成為首位以生員身分擔任臺灣總督府國語學校教師。大正十一年（1922）十月廿九日東京湯島聖堂舉行「大成至聖先師孔夫子二千四百年追遠紀念祭」活動，謝氏蒙獲入選代表臺士前往參與祭典，並於〈內地遊記〉中云：「督府諒其意，乃命臺北臺南二州選派，臺南州以許庭光氏，臺北州以李種玉氏與余，派充其選。」[114]另於〈明經李種玉先生〉詩中云：

> 同船內渡氣橫秋，湯島聖堂釋奠修。
> 海嶠儒生三代表，皇城御苑賜觀遊。[115]

臺南州曾經是前清臺灣府所在地，兩百餘年間文風冠於全臺；臺北州乃總督府所在地，政治影響力冠於全臺。因此選擇臺南州代表許庭光（1860-1929）、[116]臺北州代表李種玉（1856-1942）[117]以及由臺南北遷

114　謝汝銓：〈內地遊記〉，《臺灣日日新報》第8082號（大正11年11月25日）。

115　謝汝銓：〈明經李種玉先生〉，全臺詩編輯小組編撰：《全臺詩》第25冊，頁235。

116　許廷光（1860-1929），號凌槎，清臺灣縣人（今臺南市）。自幼入塾，光緒九年（1883）舉秀才，光緒十三年（1887）補廩生。乙未之役，駐守南臺之劉永福棄走後，臺南城內紛亂，許氏與主持團練的生員蔡夢熊、楊鵬摶及英國長老教會牧師宋忠堅（Rev. Duncan Ferguson）等人出城請求日軍進駐維持秩序。其後，受任總督府事務囑託，明治三十年（1897）獲授佩紳章，旋任臺南縣參事，協助勸降南部抗日人士林少貓、江定等。歷任臺南縣教育幹事、臺南天然足會長、臺南西區區長、東區區長，大正五年（1916）獲授藍綬褒章。大正十年（1921）至昭和四年（1929）膺任總督府評議會員。大正十二年（1923）六月與辜顯榮、林熊徵、李延禧等發起「臺灣公益會」，以對抗臺灣文化協會，後又加入「有力者大會」，與由林獻堂所組織的「無力者大會」對峙。

　　林淑慧：〈提要〉，全臺詩編輯小組編撰：《全臺詩》第13冊（臺南市：國家文學

的謝汝銓三氏。許庭光、李種玉、謝汝銓，一行自北臺灣搭船赴東京
湯島，參與「大成至聖先師孔夫子二千四百年追遠紀念祭」活動，由
〈明經李種玉先生〉「皇城御苑賜觀遊」詩句，映現「殖民主」刻意
安排的宣傳性旅程、招撫殖民地「儒生」赴日旅行的政策。此類刻意
安排的宣傳性旅程，於大正十三年（1924）日本旅行文化協會創刊
《旅》[118]、昭和五年（1930）成立的國際觀光協會[119]達到了高峰。

2 高儒、純儒

　　總督府在臺始政之初，日語尚未廣泛流行，各縣廳辦署務的官
員，需要懂漢文的官員或幕僚，才能與臺民士紳交流溝通，以便綏撫
民心、順利推動政務。總督府因此自國內招募具漢文素養的學者赴臺

館，2011年10月），頁281。

117 李種玉（1856-1942），字稼農。清臺北三重埔人。光緒十七年（1891）參加臺北府
　　試，取進縣學；二十年（1894）列選為優貢生。日本治臺後，於明治廿八年
　　（1895）出任保良局幫辦事務囑託，明治卅年（1897）總督府佩授紳章，並被推
　　舉為三重埔保良局局長。明治卅三年（1900）入國語學校擔任教務囑託，教授漢
　　文、習字，提攜學子甚眾。曾與謝雪漁茂才代表臺灣儒士，赴日本參列湯島聖堂
　　孔子大祭；又與林清敦等創設「鶯州吟社」。李氏精書善文，臺北寺廟楹聯，有不
　　少出自其手。
　　施懿琳：〈提要〉，全臺詩編輯小組編撰：《全臺詩》第11冊（臺南市：國家文學
　　館，2008年4月），頁445。

118 「日本旅行協會」於一九二四年發行月刊雜誌《旅》，當時業已統治臺灣、朝鮮、
　　遼東半島租借地、南滿鐵道及其他附屬地、山東半島、樺太，以及南洋諸島等。於
　　各號《旅》中，刊載上述殖民地旅行為題材的遊記或報導。日本歡迎國際外客前
　　來統治的殖民地旅行的政策，業已施行一段時間。詳參曾山毅著、鄒易儒譯：〈觀
　　光產業中的臺灣與日本〉，收入蘇碩斌主編：《旅行的視線：近代中國與臺灣的觀
　　光文化》（臺北市：國立陽明大學人文與社會科學院，2012年7月），頁174-175。

119 「國際觀光局」於一九三〇年四月，以謀求招攬外客相關設施的統一聯絡及促進為
　　由，設立第一個中央級機關，國際觀光局含括一九二一年設立的以招攬外國遊客
　　為主要任務的日本旅行協會。詳參高媛著、張志樺譯：〈「兩個近代」的痕跡：以
　　一九三〇年代「國際觀光局」的展開為中心〉收於蘇碩斌主編：《旅行的視線：近
　　代中國與臺灣的觀光文化》，頁145-146。

任職，作為兩方溝通交流之用。這批具漢文素養的日吏與臺紳之間，籍由詩會雅集、唱酬往來的藝文活動，留有許多「以儒為名」的詩作。如第十一任臺灣總督上山滿之進（1869-1938）[120]大正十五年（1926）七月上任，八月便於《臺灣日日新報》發表〈任臺灣總督書感〉一詩，引起許多士人和詩，[121]其中前清廩生趙鍾麒（1863-1936）[122]於大正十五年十二月十五日，發表於《臺灣時報》「文苑」

---

120 上山滿之進（1869-1938），日本駐臺灣第十一任總督，山口縣人。一八九五年（明治廿八）七月畢業於東京帝國大學法科，與伊澤多喜男同學，一九二六年七月出任臺灣總督，在任近二年，其任內期間，特設文教局，並創辦臺北帝國大學（今國立臺灣大學前身，也是日本最後一間帝國大學），於一九二八年三月三十日開校，頗有聲於時。一九二七年（昭和二年）日本發生經濟大恐慌，臺灣銀行亦受波及，頻臨破產邊緣，上山力促日政府敕令日本銀行以二億元融資貸與臺銀，使其渡過危機。一九二八年五月十四日發生朝鮮志士趙明河（時年二十四歲）在臺中行刺日久邇宮邦彥親王未遂事件，上山總督遂與後藤文夫總務長官雙雙引咎辭職，於六月卸任回國。一九二九年被授與旭日大綬勳章。一九三五年就任樞密院顧問官。一九三八年去世，年七十。
張子文：〈上山滿之進〉，收入張子文、郭啟傳、林偉洲：《臺灣歷史人物小傳——明清暨日據時期》（臺北市：國家圖書館，2003年12月），頁11-12。

121 第十一任臺灣總督上山滿之進〈任臺灣總督書感〉一詩，署名「蔗庵上山滿之進」，發表於一九二六年八月二十一日《臺灣日日新報》，當時引起許多舊詩人和詩，彰化陳滿盈為此感到憤怒，以「陳虛谷」之名，在《臺灣民報》132號的〈駁北報的無腔笛〉發文指責。詳參何敬堯：《逆光的歷史：施叔青小說的癡狀式送逆讀》（臺北市：秀威資訊，2015年4月），頁232。

122 趙鍾麒（1863-1936），字麟士，號雲石，別署畸雲，晚號老雲、老云，清臺灣府治清水寺街人（今臺南市）。幼時曾入府城富紳吳朝宗家塾，與其長子吳天誠共讀詩書古籍，並習書法。光緒四年（1878）入泮，列邑庠生，曾入臺南崇文及蓬壺兩書院就讀，同時為蒙館師。與郡城青年名流吳國華、蘇哲如、王景、陳春木、張嵌等交遊。光緒十三年（1887）因歲試成績優異，補廩生；其後四次赴福建參加鄉試，皆未能如願取中。光緒十七年（1891）與許南英、蔡國琳、胡殿鵬、陳渭川等於臺南創立「浪吟詩社」。乙未割臺後，任臺南地方法院通譯。明治三十年（1897）許南英返鄉掃墓，趙氏邀之與蔡國琳、胡殿鵬重振「浪吟詩社」。明治三十九年（1906）又與蔡國琳、連雅堂、胡殿鵬等臺南詩友創辦「南社」，並繼蔡國琳之後於明治四十二年（1909）擔任社長，直至昭和十一年（1936）過世，始由黃欣接任。昭和五年（1930），趙氏與連雅堂、洪鐵濤等友人創辦休閒性質的雜誌

欄〈敬和蔗庵督憲瑤韻奉呈青厓先生〉「文章千古高儒士，道義殊方盡友朋。」[123]一方面和詩上山總督、二方面作詩持贈受總督邀請來臺的漢詩人國分青厓（1857-1944），國分青厓乃明治、大正詩壇的巨匠，[124]作者因此以「高儒士」美稱國分青厓。

首任臺南知事磯貝靜藏（1849-1900）率先提出「利用儒家」結合〈教育勅語〉教化臺民，任用前清舉人蔡國琳（1843-1909）[125]為參事、聘修《臺南縣志》，經常與之唱和外，更於轄下舉行日臺官紳聯歡雅宴，酒酣興至、拈韻賦詩。[126]磯貝靜藏任期（1896-1900）結

《三六九小報》，由長子趙雅福（劍泉）任發行人兼主編。王國璠《臺灣先賢著作提要》謂趙氏有《畸雲小稿》詩集，由臺南銓文堂刊印，不著發行年月，共計詩一百九十二首，古、今體詩兼善，惜今尚未得見。

施懿琳：〈提要〉，全臺詩編輯小組編撰：《全臺詩》第14冊（臺南市：國家文學館，2011年10月），頁149。

123 趙鍾麒：〈敬和蔗庵督憲瑤韻奉呈青厓先生〉，全臺詩編輯小組編撰：《全臺詩》第14冊，頁240。

124 根據韓國學者沈慶昊〈關於日本漢文學歷史展開之一考察：與韓國漢文學作比較〉研究：「「在明治、大正詩壇，國分青厓被尊為巨匠。」詳參沈慶昊著、金培懿譯：〈關於日本漢文學歷史展開之一考察：與韓國漢文學作比較〉，收入張寶三、楊儒賓主編：《日本漢學研究初探》（臺北市：國立臺灣大學出版中心，2004年6月），頁264。

125 蔡國琳（1843-1909）字玉屏，號春巖、遺種叟。清臺南府城人。九歲能詩，咸豐八年（1858）入泮，同治二年（1865）補廩生。同治十三年（1874）偕宜蘭進士楊士芳、臺南舉人王藍玉等人稟請當局修建延平郡王祠。光緒八年（1882）中舉。光緒十六年（1890）以鄉試第三名授國史館校尉，遇缺即用。歸籍返臺，先後擔任澎湖文石書院、臺南蓬壺書院山長，並補用育嬰堂及恤嫠局主事。光緒十九年（1893）受命纂修《臺灣通志》采訪。乙未（1895）之役，攜眷內渡，旋歸臺南，延平郡王祠設帳授徒。明治廿九年（1896）受臺南縣知事磯貝靜藏之聘，編纂《臺南縣志》，又擔任「揚文會」臺南支會長。明治卅年（1897）蔡國琳偕陳瘦雲等重振「浪吟詩社」，明治卅九年（1906）又與連橫、趙雲石等人籌組「南社」，並且榮膺首任社長。蔡氏培育賴文安、羅秀惠、林湘沅等門生。

楊永智：〈提要〉，全臺詩編輯小組編撰：《全臺詩》第10冊（臺南市：國家文學館，2008年4月），頁93。

126 楊永彬：〈日本領臺初期日臺官紳詩文唱和〉，收入若林正丈、吳密察主編：《臺灣重層近代化論文集》（臺北市：播種者文化，2000年8月），頁137。

束離臺之後，日臺官紳聯歡雅宴，仍持續進行。如蔡國琳於明治卅四年（1901）九月十二日，《臺灣日日新報》「詞林」欄發表〈贈館森袖海〉「儒林標碩望，吾道有完人」，[127]用以美稱寓臺廿三年的漢學家館森鴻（1863-1942）[128]，映現「碩儒、高儒」之類的美稱，多用於聯歡雅宴、歌詠唱酬之作。再如謝汝銓（1871-1953）曾任《風月報》主編，於中日戰爭期間、皇民化運動前夕，昭和十三年（1938）於該報七十三期「詩壇」欄，發表〈辜顯榮先生輓詩〉「重道崇儒一念誠，異端邪說鬧橫行。龍峒聖廟新籌建，忠孝端學宜聖明。」[129]表彰富商辜顯榮等人，於臺北龍峒捐地籌建孔廟事蹟。同年（1938）《風月報》七十四期《現代傑作愛國詩選集》刊有謝汝銓〈兒玉源太郎公〉「稅則欲明查地畝，斯文思振會名儒」[130]美稱《土地調查規則》重新丈量土地，增加總督府稅收；舉辦「揚文會」等重視儒者等活動。謝汝銓另有〈茂才王采甫社友〉「窮探經史詘儒師，纔罷論文又說詩。」[131]以「儒師」美稱生員王采甫（1866-1918）[132]窮探經史、論文說詩之學

---

127 蔡國琳：〈贈館森袖海〉，全臺詩編輯小組編撰：《全臺詩》第10冊，頁107。

128 館森鴻（1863-1942），名萬平，字子漸，號袖海，宮城縣氣仙沼市人。祖父通曉漢文，是館森鴻成為漢學家的啟蒙者。父親學習經學，館森鴻幼年在庭訓下，受教當地鄉儒。及長負笈東京受業當地高儒門下。一八九一年返鄉，與設立「知新學舍」漢學私塾，然彼時日本全力邁向近代化，無人願意入學氣仙沼的漢學塾「知新學舍」，一八九五年臺灣總督府文書課長木村匡（1860-1940）的邀請解決了館森鴻的困境，館森鴻寓臺廿三年，直到一九一七年因病辭職返回東京。

　　大山昌道、林俊宏：〈日治時期漢學家館森鴻學問養成之探討〉，《修平人文社會學報》20（2013年3月），頁151-171。

129 謝汝銓：〈辜顯榮先生輓詩〉，全臺詩編輯小組編撰：《全臺詩》第25冊，頁391。

130 謝汝銓：〈兒玉源太郎公〉，全臺詩編輯小組編撰：《全臺詩》第25冊，頁394。

131 謝汝銓：〈茂才王采甫社友〉，全臺詩編輯小組編撰：《全臺詩》第25冊，頁206。

132 王采甫（1866-1918），名承烈，號采甫，以號行世。清淡水艋舺（今臺北市萬華）人。光緒十七年（1891）淡水縣生員，遊泮後擬赴秋試，適逢乙未割臺之變，未成行。於是絕意仕途，閒居寄情詩酒，並設塾授課。明治四十二年（1909）春，與林湘沅、謝汝銓、洪以南諸賢，倡設臺北「瀛社」，為該社中堅社員。生平致力吟詠，直抒胸臆，詩風平易流暢，時以詼諧筆調，反映現實生活。鄉里父兄素重

養。生員林逢春（1868-1936）〈祝黃若臨先生六秩晉一榮壽〉「文章壽世純儒筆，齒德居鄉善士名。」[133]黃若臨生平不明，由詩題與「純儒、善士」的比喻，隱約透顯黃氏亦乃儒門中人、地方士紳。

3 儒吏、儒臣

　　清光緒年間生員林馨蘭（1870-1924）於明治四二年（1909）七月十日，《臺灣日日新報》「詞林」欄發表〈瀛社席上贈鳳庵先生〉「退閒從不廢哦詩，儒吏風流想見之。纔喜識荊旋告別，何當雞黍訂來期。」[134]此詩正是回應：猪口安喜於明治四二年（1909）六月十六日《臺灣日日新報》〈疊韻寄呈林湘沅先生〉的唱酬詩。猪口安喜，號鳳庵，曾收錄臺、日籍漢詩人彼此酬唱的詩作，於臺北出版《東閣倡和集》。[135]猪口氏來臺任職警界，熱衷參與聯吟雅宴活動，[136]出版發行詩集廣為流傳。日治時期「以儒為名」的他述詩，多數是聯吟雅宴的唱酬詩，或有推崇、誇飾之嫌，檢視猪口氏寓臺數十年，熱衷於

其品德，門生幾達千人，臺灣作家王詩琅亦曾從其學。

　　蔡美端：〈提要〉，全臺詩編輯小組編撰：《全臺詩》第16冊（臺南市：國家文學館，2011年10月），頁117。

133 林逢春：〈祝黃若臨先生六秩晉一榮壽〉，全臺詩編輯小組編撰：《全臺詩》第23冊，頁552。

134 林馨蘭：〈瀛社席上贈鳳庵先生〉，全臺詩編輯小組編撰：《全臺詩》第19冊，頁455。

135 猪口安喜，號鳳庵，明治卅三年（1900）任職基隆租稅檢察所警部，昭和二年（1927）主編《東閣倡和集》收錄臺、日籍漢詩人彼此酬唱的詩作，於臺北出版。前後居臺數十年。

　　楊永彬：〈日本領臺初期日臺官紳詩文唱和〉，收入若林正丈、吳密察主編：《臺灣重層近代化論文集》（臺北市：播種者文化，2000年8月），頁169。

　　許雪姬：《臺灣歷史辭典》（臺北市：行政院文化建設委員會，2004年5月），頁461。

136 溫席昕：〈附錄二猪口安喜《臺灣日日新報》漢詩、散文作品目錄〉，《日治時期在臺日本警察的原住民書寫：以重要個案為分析對象》（臺北市：秀威資訊，2016年6月），頁233-247。

臺士聯吟、出版詩集、廣泛流通，唯此詩以「儒吏風流」美稱猪口氏，實至名歸。

　　前清生員謝汝銓（1871-1953）於昭和六年（1931）三月十三日，《臺灣日日新報》「詩壇」欄發表〈進士汪春源藝友〉「飲茶送客意驕人，縣令榮膺一命新。民教相仇偏不管，量移猶幸憫儒臣。」[137]汪春源（1869-1923）臺南安平人，割臺後，舉家內渡，寄籍福建龍溪，光緒二十九年（1903）取中進士，成為臺灣史上最後一名清代進士。汪氏先後擔任宜春、建昌、安義及安仁等地知縣，宦績卓著。[138]由於謝汝銓發表〈進士汪春源藝友〉詩時，汪氏已然離世，此詩稱讚臺南安平汪春源進士，易代後內渡，歷經艱難，取中進士，其後再經考核，歷任內地知縣，慈憫雅量治理人民，堪稱「儒臣」之譽。臺南文士連橫（1878-1936）於「詠史」系列五言詩中，〈黃道周〉「文酒風流會，儒臣飲恨多。」[139]詠嘆明末忠臣黃道周（1585-1646）因抗清被俘，忠烈就義之事蹟，堪稱儒臣之譽。

---

137 謝汝銓：〈進士汪春源藝友〉，全臺詩編輯小組編撰：《全臺詩》第25冊，頁203。
138 汪春源（1869-1923），字杏泉，號少義，晚號柳塘，清臺灣縣人（今臺南市安平區）。早年肄業引心書院，曾受業於名儒黃子及、李占五與施士洁。光緒八年（1882）應童子試，知縣祁徵祥拔置第二。光緒十一年（1885），與丘逢甲、鄭鵬雲、葉鄭蘭等因受臺灣道唐景崧賞識，拔擢入海東書院就讀。為臺南「崇正社」與「斐亭吟社」社員，與許南英、施士洁、陳望曾、林鶴年等時相唱和。光緒十五年（1888）中舉。光緒二十一年（1895）康有為率同梁啟超等一千兩百名舉人於燕京聯名上書朝廷，反對簽訂「馬關條約」，汪春源與羅秀惠、黃宗鼎等臺灣舉人亦在其列。割臺後，舉家內渡，寄籍福建龍溪。光緒二十九年（1903）取中進士，簽分江西，擔任鄉試閱卷官。光緒三十年（1904）赴大庾嶺處理稅務，同年十月署理宜春知縣，後又任建昌（1905）、安義（1907）及安仁（1911）等縣知縣，宦績卓著。宣統三年（1911）去官歸於漳州龍溪設帳授學。民國二年（1913）與施士洁、許南英加入板橋士紳林爾嘉、林景仁於廈門鼓浪嶼所創之「菽莊吟社」，被尊為社中三老。民國十二年（1923）逝於龍溪。林景仁以「海外再無前進士，社中群惜古先生」悼之。
黃文車：〈提要〉，全臺詩編輯小組編撰：《全臺詩》第24冊（臺南市：國家文學館，2012年12月），頁1。
139 連橫：〈黃道周〉，全臺詩編輯小組編撰：《全臺詩》第30冊，頁138。

4 儒俠、儒將

大正十二年（1923）一月底，林獻堂（1881-1956）為了民眾參政權，發起臺灣議會請願運動，依「治安警察法」的規定，向警署提出「臺灣議會期成同盟會」設立申請，遭到禁止，並決定以違反治安警察法逮補起訴相關人士。陳逢源（1893-1982）[140]於大正十二年十二月十六日於臺南州被逮補，其後移送臺北監獄時，賦詩關懷身體孱弱、同繫獄中的林幼春（1880-1939）[141]〈贈同獄林南強〉「稜稜俠骨

---

140 陳逢源（1893-1982），字芳園，號南都，臺南市人。身歷清代、日治、中華民國統治臺灣三個時期。幼年以漢學啟蒙，卒業於總督府國語學校，曾在三井會社任職，在漢民族意識的影響下，學讀漢詩，並於1913年加入南社，1918 年與洪鐵濤、王芷香、趙劍泉等人籌組「春鶯吟社」。其後投身臺灣文化協會與議會設置請願之啟蒙運動，為當時社會文化抗日運動之要角，長期擔任《臺灣新民報》記者，以經濟金融專業批評日本殖民統治政策著名。
謝國興：《陳逢源：亦儒亦商亦風流（1893-1982）》（臺北市：允晨文化，2002年6月），頁62、封底〈陳逢源生平介紹〉。

141 林幼春（1880-1939）諱進，名資修，字幼春，號南強，晚號老秋，臺中霧峰人，原籍福建平和。清光緒六年正月十五日（1880年2月24日）生，自幼聰穎好學，博覽群書，喜讀雜誌，其學識新舊兼具而長於詩文。乙未割臺，時年十六，隨叔氏癡仙奔避泉州。後返臺接掌家務。目睹臺胞遭日人欺壓情形，激起高度民族思想。一九○二年與叔林癡仙共組櫟社，為社中要角。辛亥（1911）三月，大會全省詩人於萊園，適梁啟超與湯覺頓等應邀訪臺，任公譽之為「海南才子」。一九二一年七月隨林獻堂籌組「臺灣文化協會」，參加民族運動兼文化啟蒙工作。一九二三年二月，與蔣渭水、蔡培火等組「臺灣議會期成同盟會」，作第三次請願運動；十二月，日警發動全島性大檢舉，被捕，稱為「治警事件」，被禁錮三月，獄中以詩明志。先是，幼春曾於一九一三年至一九一九年間任阿罩霧（霧峰）區長、霧峰信用組合長、《臺灣民報》首任社長、《臺灣青年》、《臺灣》雜誌董事長、《臺灣新聞報》顧問等職，至是出獄後即不再接受公職。一九二七年底任臺灣民眾黨顧問。晚年隱居霧峰，生活平靜，以詩棋自娛，喜招詩友觴詠。一九三九年八月二十四日病逝，享年六十。幼春長於詩，與丘逢甲、連雅堂並稱為臺灣三大詩人，而足與中原人士相抗衡。
張子文：〈林幼春〉，張子文、郭啟傳、林偉洲：《臺灣歷史人物小傳——明清暨日據時期》（臺北市：國家圖書館，2003年12月），頁239-240。

與儒香，後起誰能抗雁行。」[142]梁啟超曾訪臺與林幼春唱和，讚譽為「海南才子」，陳逢源既與林幼春長期參與臺灣民族運動，有患難與共的同志情誼，因「治警事件」同繫獄中共難，故以「俠骨儒香、無人比肩」美稱之。林幼春出獄後不再接受公職，隱居霧峰，昭和十四年（1939）病逝，陳逢源〈輓林南強〉「亦儒亦俠亦風流，每念蒼生抱隱憂。」[143]以「念蒼生的俠儒」，作為林幼春一生的最佳註解。

　　前清生員謝汝銓（1871-1953），乃首位以秀才身分入總督府國語學校，大正十一年（1922）十月廿九日代表臺上，遠赴東京參與「大成至聖先師孔夫子二千四百年追遠紀念祭」活動，並參觀「皇城御苑賜觀遊」刻意安排的宣傳性旅程，然而於昭和十四年（1939）三月卅一日《風月報》「詩壇」欄，發表〈己卯（1939）元宵賦寄什錦花園孚威上將軍〉「將軍學養本醇儒，糾糾人偏誤武夫。」[144]吳佩孚（1874-1939）本是前清生員，其後投筆從戎，是著名的抗日名將、愛國將領，由生員轉為武將，兼具學識與過人膽略。謝氏無畏中日戰爭（1931-1945）期間，總督府厲行皇民化運動（1937）同化殖民地臺民，成為效忠日本、效命天皇的立場，以「將軍學養本醇儒」美稱抗日名將，映現潛意識中的民族情懷。同年（1939）十二月吳佩孚因疾去世，謝汝銓再於昭和十五年（1940）二月一日《風月報》「詩壇」欄，發表〈輓吳子玉將軍〉「逃儒入釋情差似，靜室參禪究佛書。」[145]推崇吳佩孚晚年居於日本占領北平境內，不畏日人威逼，堅拒與之合作，其精忠許國的精神，又似「逃儒入釋、靜室參禪」的隱士。前清

---

142 陳逢源：〈贈同獄林南強〉，收入謝國興：《陳逢源：亦儒亦商亦風流（1893-1982）》，頁147-148。

143 陳逢源：〈輓林南強〉，收入謝國興：《陳逢源：亦儒亦商亦風流（1893-1982）》，頁325。

144 謝汝銓：〈己卯（1939）元宵賦寄什錦花園孚威上將軍〉，全臺詩編輯小組編撰：《全臺詩》第25冊，頁410。

145 謝汝銓：〈輓吳子玉將軍〉，全臺詩編輯小組編撰：《全臺詩》第25冊，頁423。

廩生胡殿鵬（1869-1933）〈偶感賦此〉「末葉英雄起豎儒」[146]，意指：國難當前，英雄多出自於學養尚淺的儒生，如吳佩孚由生員而為孚威上將軍，起於亂世，終成美名。

大正元年（1912）臺中櫟社舉行十週年大會擊缽吟，其後發行《櫟社十週年大會詩稿》，收錄前清廩生趙鍾麒（1863-1936）〈追懷劉壯肅〉「延平而後推人物，功業文章兩瑋瑰。草莽書生戎馬壯，雲臺儒將帶裘來。」[147]將明末延平王鄭成功（1624-1662）與清代首任臺灣巡撫劉銘傳（1836-1896）並比，由於鄭成功乃監生投筆從戎，立下赫赫軍功、敕封為延平王。劉銘傳先於清法戰爭（1883-1885）迫使法軍放棄侵臺計畫，又為首任巡撫期間戮力建設臺灣，奠定近代化實業的基礎。鄭成功、劉銘傳二者，於臺灣之建設與治理，均有大貢獻，故而以「雲臺儒將」美稱、追懷劉銘傳巡撫。

小結

光緒廿一年（明治廿八年，1895）四月十七日清國與日本簽訂「馬關條約」，割讓臺灣、澎湖列島給予日本。明治廿八年（1895）總督府廢止：清領時期各級教育單位，保留民間書房、義塾從事初等教育。明治二十九年（1896）民政局學務課批示書房教育多為崇清文字，自此書房教育受到嚴格的監控。本章由總督府學務部「尊重經書、利用科舉」、「書房教育、皇民化」等教育政策，譯介《伊澤修二と臺灣教育》書中〈臺南巡視日錄〉樺山資紀總督召見臺南儒學代表內容。擇取《全臺詩》臺南文人詩作為文本，探究「府城／臺南」文人跨代至後科舉時代，從「以儒為名」路徑，檢視「自敘詩」與「他敘詩」兩端，映現「以儒為名」的時代內涵。

---

146 胡殿鵬：〈偶感賦此〉，全臺詩編輯小組編撰：《全臺詩》第19冊，頁13。

147 趙鍾麒：〈敬追懷劉壯肅〉，全臺詩編輯小組編撰：《全臺詩》第14冊，頁184。

　　一、殖民地教育政策，有：「尊重經書、利用科舉」、「視察臺南、召見儒士」、「利用書房教育」。如下所示：

　　（一）尊重經書、利用科舉：明治二十八年（1895）四月十七日簽訂馬關條約，學務部代理部長伊澤修二於抵臺之前，先行面見山縣有朋元帥，提出「依據孔孟思想，尊重四書五經，如此便無所擔憂」的教育政策，並取得山縣有朋元帥的認同支持。伊澤修二抵臺後，逐漸傾向「利用儒學、科舉考試」政策的擬定，並具體施展於師範學校之師資設立細則中：規劃由日籍教育家出任師範學校校長，教師聘用之資格：日籍者，需日本師範學校畢業；臺籍者，需經縣試取中秀才者。

　　（二）視察臺南、召見儒士：明治二十八年（1895）十月廿一日臺南失陷，臺灣民主國滅亡。樺山總督巡視臺南，伊澤部長隨行，召見臺南儒學代表。見到在戰火中成為野戰醫院的臺南孔廟，經典、祭品皆散亂各處，瘡痍滿目的情景。伊澤氏建言總督，孔廟未受善待禮遇，不符「依據孔孟思想，尊重四書五經」的教育原則，於風俗教化亦不妥當。其後水野民政局長作出兩點處置，其一、出示告諭禁止破壞孔廟；其二、命令護衛兵駐守。民政局長的明快處置，方才改善動亂、安撫民心。

　　（三）書房教育、皇民化：總督府學務部於明治三十四年（1901）二月統計：國語學校有一百七十餘所，書房、義塾已達二千餘處。迫於國語（日語）教師不足，臺南知事磯貝靜藏率先提出「利用儒家」結合〈教育勅語〉內容，以教化臺民成為「忠君愛國」的日本皇民。治臺初期總督府欲利用書房場域，作為推行「日本大道即儒家之道」的教育目的。明治二十九年（1896）民政局學務課木下邦昌批示：書房義塾教材多為崇清文字。昭和七年（1932）禁止各地新設書房義塾，昭和十八年（1943）七月七日中日戰爭爆發，總督府全面廢止漢書房。

　　二、以儒為名，自述詩與他述詩。有：「自述詩」、「他述詩」。如下所示：

　　（一）自述詩：梳理《全臺詩》臺南文人「以儒為名」的賦詩內容，其中「自述詩」有：「儒巾、儒生、迂儒、腐儒、俗儒、小儒、豎儒、侏儒、酸儒、窮儒、寒儒」等多重面向，除了以未及第者所載的「儒巾」，形容後科舉時代的「儒生」視角，亦有：舊思維的「迂、腐」；經濟層面的「酸、窮、寒」；地位階級的「小、豎、侏儒」，映現教育政策的制定與變革，使得群儒賦詩言志，映現「後科舉時代・儒者」之心態、經濟、地位等真實情境。

　　（二）他述詩：科舉時代，儒學透過科舉制度的施行，研讀儒學經典、考取儒學學校、受教儒學教授，儒學因此透過：儒生、師儒、儒學（學校）建構「一套全面安排人間制序的思想系統」。科舉制度廢止，儒學失去社會場域支持，奉儒學為正統思維的士人，於後科舉時代仍堅信「貴古（科舉時代）賤今（後科舉時代）」的思想，持續透過「傳統儒學全面安排人間秩序」的理想，產生「以儒為名」的種種衡量標準，有「負面」的：俗儒、迂儒、腐儒；有「正面」的：儒生、高儒、純儒、儒吏、儒臣、儒俠、儒將等，書寫於「他述詩」之中。

第六章

後科舉時代之因應：

讀經、傳經與用經

　　科舉時代，透過儒學（學校）、府級儒學教授、縣級儒學教諭、儒生研讀儒學經典，通過嚴謹的考試制度後取得功名，進階社會菁英。許多學者以為「針對科舉考試的教育」是專為有心進入社會、政治之菁英階層的教育。[1]政治菁英的語言與庶民的語言，有顯著的差異，根據本杰明‧艾爾曼（Benjamin Elman）的觀點：

> 科舉競爭產生了欽定課程，這一課程將貴冑、軍人以及商人家族聯合在一起，形成了一個具有科名的文化方面特定身分的群體，它包括：（1）共同的經典語言；（2）共有的經典記憶；（3）「八股文」的文體格式。[2]

1　在近代初期的歐洲，拉丁文和方言是區分教育等級的準繩。在明清時期的中國，明成祖永樂十三年至十九年（1415-1421）定都北京後，教育層次較高的口語（官話）和書面語（文言），與中國北方以外地區的日用語言多少有些分別，而且只作為菁英階層的教育內容，在少數人中傳授。清乾隆五十二年（1787）後，若要通過「四書」「五經」的考試，至少須默記五十萬字的材料；這其中還未包括卷帙紛繁的斷代史書（至宋代為止有17部，至清代有22部「正」史）。乾隆二十一年（1756）後，還得精通唐詩。魏斐德（Frederic Wakeman）曾說過：「一個中上水平的考生，須自五歲起習字，十一歲止通背『四書』『五經』，十二歲精詩賦，進而習八股。」詳見：Ichisada Miyazaki（宮崎市定）,*China's Examination Hell*, translated by Contrad Schirokauer（New Haven: Yale University Press, 1981）,pp. 16-17; and Wakeman, *The Fall of Imperial China*（N. Y:Free Press,1975）,p.23.原刊文未見，轉引自〔美〕本杰明‧艾爾曼（Benjamin Elman）：《經學‧科舉‧文化史──艾爾曼自選集》（北京市：中華書局，2010年4月），頁196。

2　〔美〕本杰明‧艾爾曼（Benjamin Elman）：《經學‧科舉‧文化史──艾爾曼自選集》，頁151。

明清以來，文言文為官僚階層的公共用語，絕大多數的百姓最多只是「粗通文墨」（primer-literate）而已，即使成為書吏、刻工，甚至訟師等行業，也不可能成為社會菁英、政治菁英。[3]因此社會菁英、政治菁英所習於交流的文言文，即本杰明・艾爾曼所謂科舉教育下「共同的經典語言」。

　　至於「共有的經典記憶」，根據林衡道的回憶，科舉時代普通民眾的閱讀書目：

> 根據了解，清代臺灣的師資，一般而言都不十分高明，所以入書房讀書的學生，能夠把課程全部吸收的，為數微乎其微，絕大多數的人，都是存著「能夠認幾個字就好」的心理，看得通《三國演義》便已經很滿足了。[4]

能看得通《三國演義》顯然已超出一般人的閱讀能力，與本杰明・艾爾曼（Benjamin Elman）所說：「絕大多數的百姓最多只是『粗通文墨』（primer-literate）而已」的看法一致。至於為何清代臺灣書房的師資不高？檢視第一批來臺、曾擔任過臺南辦務署長的佐倉孫三（1861-1941），公務之餘撰寫《臺風雜記》，[5]記述宦臺三年之間（1895-1898）見聞，其中有〈重師道〉部分「臺灣者，南清之新開地。移居者皆非商賈，則農工漁樵。是以庠序學房之數，不為甚多。然有資力者，大抵聘師教育子女。」[6]清代移民來臺者，多為經商、

3　〔美〕本杰明・艾爾曼（Benjamin Elman）：《經學・科舉・文化史——艾爾曼自選集》，頁197。

4　林衡道口述，楊鴻博整理：《鯤島探源：台灣各鄉鎮區的歷史與民俗（貳）》（臺北市：稻田出版社，1996年5月），頁404。

5　林美容：〈殖民者對殖民地的風俗記錄——佐倉孫三所著《臺風雜記》之探討〉，收入〔日〕佐倉孫三，林美容譯：《白話圖說臺風雜記：臺日風俗一百年》（臺北市：國立編譯館出版，2007年12月），頁11-12。

6　〔日〕佐倉孫三著，林美容譯：《白話圖說臺風雜記：臺日風俗一百年》，頁114。

農民、工人、漁夫、樵夫，因此私塾數量不多，富戶之家則多自行延聘師資。佐倉孫三的觀察，或可作為參考。

　　清代富戶之家，自行延聘師資、培養子弟通過府學生員考試，透過儒學（學校）、府級儒學教授、縣級儒學教諭、儒生研讀儒學經典，再通過省城舉人試，可成為社會菁英、政治菁英，而擁有共同的「經典記憶」。普通百姓透過私塾教育接觸儒學經典，及長離開私塾、外出就業，還有朝廷諭令士人向庶民宣講的活動。清雍正帝曾為「士人」與「庶民」建立「儒學經典」的連結。雍正四年（1726）上諭之〈諭正士習〉：

　　　　上諭：為士者，乃四民之首、一方之望。凡屬編氓，皆尊之奉之，以為讀聖賢之書、列膠庠之選，其所言所行，俱可以為鄉人法則也。故必敦品勵學、謹言慎行，不愧端人正士；然後以聖賢詩書之道，開示愚民，則民必聽從其言、服習其教，相率而歸於謹厚。[7]

雍正四年〈諭正士習〉中「為士者，乃四民之首、一方之望」之御令，此為「士」取得四民之首的社會階層。雍正帝賦予「士」得「以聖賢詩書之道，開示愚民，則民必聽從其言、服習其教」的權利。自雍正四年（1726）至乙未年（1895）總督府在臺始政為止，長達百餘年，士人宣講聖賢詩書，開示庶民歸於謹厚。透過這個觀點來看，「宣講活動」綰結了士人與庶民「共有的經典記憶」。

　　舊時代的結束，也是新時代的開始。科舉廢止之後，前清士人屈身於異族統治，仍以「獨特」的方式，「延續」前清時期的宣講活動。例如日治時期士人以高達九成的比例，取科舉時代的律體創作

7　〔清〕劉良璧：《重修福建臺灣府志》（上）（臺北市：文建會，2005年6月），頁88。

「提供印製善書流傳的鸞賦」、[8]參與鸞堂宣講活動。鸞堂宣講，乃前清「以聖賢詩書之道，開示愚民，則民必聽從其言、服習其教」的延續。然而「粗通文墨」（primer-literate）的庶民百姓，既不懂文言文的官僚階層用語，更遑論「平仄、用典、限韻」的律體鸞賦，如此士人仍堅持「以科舉考試的律體創作鸞賦、參與宣講」，其深層的用意，乃延續「士人」與「庶民」建立儒學經典的連結。除此之外，士人持續關注於科舉應試的「儒家經典」，並於跨代之後，將其讀經、傳經、用經的過程，賦詩言志於詩作之中。本章以《全臺詩》臺南士人發表於日治時期詩作為文本，從「以詩賦經」為路徑，探索「傳經」與「用經」兩端，探究：臺南文人如何於「後科舉時代」之時空下，群體「以詩賦經」的時代內涵。[9]

第一節　塾師讀經與傳經

科舉時代，儒學經典透過科舉制度的施行、朝廷諭令的宣講，逐漸成為社會普遍奉行的正統思維。正統思維、儒學經典，並不因科舉制度的廢止，而隔絕於生活之外，部分人士保持讀經習慣。後科舉時代的前清士人「讀經與傳經」志業，於總督府「利用儒家」、「利用科舉」的教育政策下，起了鼓舞的作用，因此傳經不輟。根據明治卅一

8　按：律賦作為科舉考試的項目，其平仄、用典、限韻等科場程式，本為檢測應試者之才學而設下的種種限制。日治時期廢止科舉制度，依文學史發展的規則，律賦本應隨科舉制度的中斷而停止創作，然而根據簡宗梧〈臺灣登鸞降筆賦初探——以《全臺賦》及其影像集為範圍〉的研究：「今以《全臺賦》所收錄之日治時期鸞賦「以題為韻」者佔83.33%，完全依次為韻者佔97.72%」，可知印製於善書上的鸞賦，有九成以律賦創作，與淺白易懂達到廣泛傳播的刊行目的不同。

簡宗梧：〈臺灣登鸞降筆賦初探——以《全臺賦》及其影像集為範圍〉，《長庚人文社會學報》第3卷第2期（2010年10月），頁293。

9　由於後科舉時代臺南群儒「以詩賦經」內容豐富，本章未能完整建構、論述，本書〈附錄三　後科舉時代‧臺南群儒「讀經賦詩」列表〉讀者可閱覽全貌。

年（1898）二月調查全島書房一覽表」，臺南書房有一二九處，塾師
都具有童生以上功名，[10]映現具有功名的臺南文士，於讀經與傳經志
業的強烈使命感。

一　延續科舉教育

明清科舉教育，數百年來維持帝國體制的選才模式與考試內容。
根據本杰明・艾爾曼（Benjamin Elman）由「經學・科舉・文化史」
的觀點，列舉將科舉時代富裕家族培養子女「針對科舉考試」的學習
歷程，簡述如下：

> 在富裕人家裏，一個小孩從幼年到青年的成長過程中的進步是
> 以其在某一年齡階段所掌握的經典書籍的數量為標誌的。例
> 如，一個在十六歲到廿一歲男孩的束冠儀式，意味著他必須掌
> 握《四書》的所有內容和朱熹（1130-1200）集注五經之一經。
> 這對那些準備參加科舉考試的人來說已經是最低要求了。[11]

科舉考試的學習歷程，必須於廿一歲之前掌握《四書》的所有內容、
朱熹《詩集傳》，要應付科舉考試，如此的學習量其實是最低要求。
然而臺灣省文獻會主任委林衡道口述、楊鴻博整理「臺灣學子七歲至
十五歲讀書計劃表」，所列舉的清代臺灣學子的讀書計劃內容，較本
杰明・艾爾曼（Benjamin Elman）所提供的內容，更為詳盡：

---

10 許錫慶譯注：《臺灣教育沿革誌（中譯本）》（南投市：臺灣文獻館，2010年12月），
　　頁446。
11 〔美〕本杰明・艾爾曼（Benjamin Elman）：《經學・科舉・文化史——艾爾曼自選
　　集》，頁147。

臺灣學子七歲至十五歲讀書計劃表[12]

歲 數	所 讀 經 書 細 目
七 歲	《三字經》、《大學》、《中庸》正文，以及《論語》〈學而〉、〈述而〉、〈先進〉三篇的正文。
八 歲	《論語》〈衛靈公〉正文，及《孟子》〈梁惠王〉、〈天時〉、〈離婁〉、〈告子〉諸篇正文。
九 歲	《大學集註》、《中庸集註》，及《論語》〈學而〉、〈述而〉、〈先進〉篇集註。
十 歲	《論語》〈衛靈公〉和《孟子》〈梁惠王〉、〈天時〉集註外，尚增《詩經》正文、《初學群芳》二書。
十一歲	《孟子》〈離婁〉、〈告子〉二篇的集註，續讀《詩經》正文與《初學群芳》，並加讀《書經》正文。
十二歲	《書經》、《易經》、《孝經》正文。
十三歲	《易經》正文與《春秋左氏傳》。
十四歲	《春秋左氏傳》與《禮記精華》。
十五歲	《禮記精華》。

---

12 此表根據：林衡道口述，楊鴻博整理：《鯤島探源：台灣各鄉鎮區的歷史與民俗（貳）》，頁403-4。

另按：清朝末代科舉探花商衍鎏回憶其應舉讀書計劃與臺士大同小異，引述如下「六歲開蒙，讀三字經，千字文，能背誦及將字大半認識後，即讀四書。……四書為考試的基礎，要讀到滾透爛熟，由頭至尾全部背得方止。四書讀後，續讀五經。……背誦之法，與四書略同，但僅讀經文而不讀注，五經于考試亦是重要的書，以鄉會試第二場的題目，是每經出一題，作經文五篇緣故。……尚兼讀《孝經》、《公羊傳》、《穀梁傳》、《周禮》、《爾雅》，中間尚帶讀五、七言的唐宋小詩及聲律啟蒙，學作對句，學調平仄與十七史蒙本。……十二歲以後，學作八股文、詩、賦、策、論等，不但要讀八股文，古文，律賦，文選之類，並要看史書如通鑑、四史、子書如莊、老、韓非各種書籍，俾腹中充實，以備作文之驅遣。」詳參商衍鎏：〈科舉考試的回憶〉，收入劉海峰主編：《二十世紀科舉研究論文選編》《歷代科舉文獻整理與研究叢刊》（武昌市：武漢大學出版社，2009年9月），頁150。

　　林衡道所列舉的「臺灣學子七歲至十五歲讀書計劃」內容，相較本杰明・艾爾曼（Benjamin Elman）所提供的內容，增加了《三字經》、《初學群芳》、《書經》、《易經》、《孝經》、《春秋左氏傳》、《禮記精華》等等。也就是說，臺灣學子必須在七歲至十五歲，八年之間讀完並掌握《三字經》、《初學群芳》、四書、五經所有的內容，練就窮經穴史的能力，其實相當的困難。乾隆五年（1740）十月二十九日上諭，引朱子對科舉之論評：「朱子云：『非是科舉累人，人累科舉。……居今之世，雖孔子復生，也不免應舉；然豈能累孔子也』。」[13]乾隆帝引朱子之言期勉士子，認為即使孔子復生於科舉取士的時代，要實現淑世的理想任官居職，也無法再依周遊列國之途，還是得循應試之徑，顯然士子苦於科舉應試，為當時通論。何以經史詩書已無用的後科舉時代，明治卅一年（1898）二月調查全島書房一覽表」，臺南縣書房有一二九處，塾師都具有童生以上的功名？況且全臺各縣書房師資，僅有臺南書房，有舉人出任塾師。明治二十九年（1896）民政局學務課木下邦昌調查臺灣各書房教科書內容，如下所示：

　　　　《三字經》、《論語》、《大學》、《中庸》、《孟子》、《幼學群
　　　　芳》、《孝經》、《詩經》、《易經》、《書經》、《禮記》、《春秋》、
　　　　《唐詩》、《千家詩》、《千字文》、《聲律啟蒙》、《史記》、《四書
　　　　註解》、《爾雅》、《綱鑑》、《家語》、《左傳》、《公羊傳》、《周
　　　　禮》、《性理》（以上讀書科用）[14]

比對乙未割臺之初，臺灣各書房教科書內容，相較林衡道提供清代「臺灣學子七歲至十五歲讀書計劃」列所舉的讀書內容，則日治之後

13　〔清〕王瑛曾：《重修鳳山縣志》（上）卷六《學校志》（臺北市：文建會，2006年6
　　月），頁258。

14　許錫慶譯注：《臺灣教育沿革誌（中譯本）》，頁439。

各書房教學的項目，比前清學子所讀的書目，增加「《幼學群芳》、《唐詩》、《千家詩》、《千字文》、《聲律啟蒙》、《史記》、《爾雅》、《綱鑑》、《家語》、《公羊傳》、《周禮》、《性理》」等書，映現擔任塾師的跨代士人，為了延續科舉教育，準備更為周全的聲律、經史課程。

二 王則修設帳傳經

根據「明治卅一年二月調查全島書房一覽表」記載，全臺各縣書房師資，僅臺南書房有舉人出任塾師。[15]據信全臺唯有的一名舉人塾師，即臺南舉人蔡國琳（1843-1909）。蔡國琳於乙未（1895）割臺之後，曾短暫攜眷內渡，旋歸臺南，於延平郡王祠設帳授徒。[16]如其門弟子，光緒十八年（1892）取中生員的謝汝銓（1871-1953），[17]於昭和五年（1931）三月三日，發表於《臺灣日日新報》「詩壇」欄〈孝廉蔡國琳夫子〉一詩：

> 十年絳帳鄭祠中，靜夜窮經燭火紅。不第春官無所恨，藻詞才子譽瀛東。[18]

記述蔡國琳舉人於平郡王祠內設帳、傳經至少十年的情景。結束設帳授徒之後，蔡舉人於明治卅九年（1906）又與連橫、趙雲石等人籌組日治時期三大詩社之一的「南社」，並且榮膺首任社長。由於蔡舉人

---

15 許錫慶譯注：《臺灣教育沿革誌（中譯本）》，頁446。

16 楊永智：〈提要〉，全臺詩編輯小組編撰：《全臺詩》第10冊（臺南市：國家文學館，2008年4月），頁93。

17 按：謝汝銓（1871-1953）「年十五從臺南舉人蔡國琳學，光緒十八年（1892）取中秀才。」詳參楊永智：〈提要〉，全臺詩編輯小組編撰：《全臺詩》第25冊（臺南市：國家文學館，2012年12月），頁1。

18 謝汝銓：〈孝廉蔡國琳夫子〉，全臺詩編輯小組編撰：《全臺詩》第25冊，頁191。

詩作保留不全，《全臺詩》收錄詩作未能映現其授經與傳經內涵，檢視後科舉時代臺南塾師詩作，臺南新化區塾師王則修詩述作品相較完整，故而舉王氏詩論述之。

（一）跨代情懷

前清科舉社群跨代至日治時期的臺南文士中，大目降（今新化）塾師王則修（1867-1952）詩文集，完整橫跨前清、日治、國府三個時期，賦詩言志之作，亦可見其讀經、傳經內容，於「後科舉時代之因應：臺南塾師之讀經與傳經」頗具代表性，因此將重要生平，臚列如下：

> 王則修（1867-1952）臺南大目降（今新化）人。曾拜卓仰山、林一枝、林颺年為師，廿歲入泮，廿三歲「歲考」取列一等第一，其後往福州應省試，未第。乙未（1895）割臺定議，隔年攜家人內渡至漳州府龍溪縣，明治三十五年（1902）始返臺。後因經商失敗，改於故鄉新化教讀，兼任《臺灣日日新報》漢文記者。大正九年（1920）清水楊澄若慕其名，延聘為家庭教師，楊氏逝世後，於大正十四年（1925）返鄉設帳授學，名其書齋為「三槐堂」。[19]

王則修頗具才氣，廿歲考取生員進入府學，僅僅三年即「歲考」取列一等第一，首次赴福州首城應舉人試，可惜失敗。廿八歲乙未（1895）割臺定議，隔年攜家人內渡，六年後返臺，經商失敗後，於故鄉新化教讀、兼任《臺灣日日新報》漢文記者。大正九年（1920）

---

19 余美玲、吳東晟：〈提要〉，全臺詩編輯小組編撰：《全臺詩》第23冊（臺南市：國家文學館，2012年12月），頁1。

改隸廿五年之後，前清秀才、清水首富楊澄若，延聘為家庭教師，映現日治時期臺灣仍有延續科舉教育的事實，例如前清秀才、鹿港文士洪棄生（1866-1928）改隸後，禁止子女上公學校受日文教育，自己擔任二子教師。洪氏四十八歲時作〈書次兒櫟十四歲所作史論後〉：「曩年課汝誦經史，望汝積殖為鉅儒」[20]，於後科舉時代仍視「誦經史」是成為「鉅儒」必經的修煉場。

王則修廿八歲遭逢乙未割臺，卅五歲回臺經商，經商失敗之後，於新化擔任塾師為正職、於《臺灣日日新報》漢文記者為兼職。昭和十四年（1939）八月十八日《詩報》第二百零七號，發表〈遣愁懷廿首〉詩述由「前清」跨代至「日治」的人生歷程：

> 泮壁芹初綠，言遊弱冠身。年年居上舍，不作下庠人。
> 小試嚴糊混，生童保認真。高聲憑一唱，響徹考亭春。
> 容易拖青紫，功名一試中。滿思高奪錦，肯讓孝廉公。
> 再戰秋闈棘，知音老姓陳。文章空入殼，暗點屬他人。
> 欲轉高山調，牙琴渺遇鍾。功名原有定，敢為怨芙蓉。
> 自是幃常下，窺園目不張。及鋒思再試，椿忽謝高堂。
> 痛已終天抱，家居讀禮詳。三年憂服闋，傀儡又登場。
> 何意春婆夢，繁華幻一場。飛塵驚海外，醒未熟黃粱。
> 地割牛皮裂，衣冠慘不雄。倉皇遙渡海，無力轉鴻濛。
> 鷺島浮鷗似，微茫隔水遙。紛紛人避地，我亦舉家飄。
> 勘破興亡局，全身隱市廛，文章評價賤，誰與議金錢。
> 殖貨非吾願，其如道已窮，廿年牙儈伍，褌蝨感相同。
> 勉強從天命，殷勤學懋遷，倘教三徒富，寧願老商廛。

---

20 洪炎秋：〈我父與我〉，收入陳萬益主編：《閒話與常談：洪炎秋文選》（彰化縣：彰化縣立文化中心，1996年7月），頁20-21。

戰破商場久，詩書一脈荒，天教留種子，故意阨王郎。

一敗嗟塗地，途窮痛阮生，駕輕還就熟，應聘出書城。

設帳雖餬口，斯文賴以存。梁公吾豈敢，桃李也迎門。

吾自垂垂老，秋風冷一氈。青袍今已誤，坐破廿餘年。

耄老真堪痛，床頭藥鼎排。經猶扶病講，誰為諒予懷。

易代衣冠異，趨時語學狂，可憐鄒魯地，文運亦滄桑。

謁聖歌思樂，回頭五四秋。蒼天如假我，泮水喜重遊。[21]

〈遣愁懷〉詩述自己一生：二十歲入泮成為生員、二十三歲歲考取列一等第一，隔年赴福州應省試，可惜功名原有定，知音屬他人，只好更加用功以備來年，然而慘逢親喪，三年服喪期滿，廿七歲原欲再赴省城應舉人試，不料光緒廿一年（明治廿八年，1895）廿八歲臺灣淪為日本殖民地，彼時內渡士紳不少，隔年攜家人內渡至漳州府龍溪縣，直到明治三十五年（1902）始返臺，「戰破商場久，詩書一脈荒」，經商失敗後，[22]改於故鄉新化教讀，成為塾師。「設帳雖餬口，斯文賴以存。……經猶扶病講，誰為諒予懷。……可憐鄒魯地，文運亦滄桑」，講述設帳立塾、扶病講經、感歎臺地文運的後半生。王則修七十二歲發表〈遣愁懷〉，賦詩言志，檢視生平，由入泮讀書至赴舉人試，才短短四年；[23]身為清國人廿八年；置身於「易代衣冠異」的異族統治，則長達四十四年。奇特的是，回首從前，雖曾發出「青

---

21 王則修：〈遣愁懷廿首之九至廿〉，全臺詩編輯小組編撰：《全臺詩》第23冊，頁20-21。

22 按：明治三十五年（1902）王則修返臺，經商失敗，曾撰詩〈敬次步雲李先生無題瑤韻二首之二〉「騷壇健將昔曾聽，屈處商塵足涕零。」以詩述之。
王則修：〈敬次步雲李先生無題瑤韻二首之二〉，全臺詩編輯小組編撰：《全臺詩》第23冊，頁44。

23 按：應舉人試失敗後，未久，因居家服三年之喪，無法參與科舉考試。因此由廿歲入泮、廿三歲取得應鄉試資格，廿四歲赴鄉試應舉人試失敗，前後大約四年。

袍今已誤，坐破廿餘年」的慨歎，然而詩末仍以「蒼天如假我，泮水喜重遊」，借鑑《論語・述而》孔子云「加我數年，五十以學《易》」，上天若加予以數年，願能重回入泮的生員時期，肯定昔時科舉社群的短暫時光，映現跨代士人信奉儒學經典為正統思維的現象。

（二）振起儒風

檢視王則修於後科舉時代「儒者自述詩、他述詩」列表，擇其自述詩七首，以「小儒、儒生、小儒巾、老儒巾、老迂儒」等「未及第、失時」為主要自我書寫意識；擇其他述詩一首，以「俗儒擁妓／我抱陽婆」，作二元對立比喻，有超然世俗之感。如下所示：

「王則修儒者自述詩、他述詩」列表

類別	發表報刊	詩名	內容
自述詩	《詩報》第16號 1931年7月15	〈林圯〉[24]	小儒立馬秋風裡，碑碣搜尋為愴然。
同上	《崇聖道德報》 1944年2月28日	〈文章報國二首之二〉[25]	漫道儒生盡庸腐，終軍弱冠亦封侯。
同上	1940年-1941年[26]	〈次水月先生瑤韻卻寄〉[27]	十載追隨杖履親，多君不棄小儒巾

---

24 王則修：〈林圯〉，全臺詩編輯小組編撰：《全臺詩》第23冊，頁299。

25 王則修：〈文章報國二首之二〉，全臺詩編輯小組編撰：《全臺詩》第23冊，頁64。

26 根據余美玲、吳東晟〈提要〉《全臺詩》第23冊王則修詩作，乃依寫作時間排列。〈次水月先生瑤韻卻寄〉前一首〈己卯（1939）歲暮懷水月先生依來韻〉發表於一九四〇年一月二十三日，後一首〈懷竹修宗兄即次除夕寄示瑤韻〉發表於一九四一年一月二十日。依《全臺詩》編輯小組「依寫作時間排列」慣例，本詩〈次水月先生瑤韻卻寄〉寫作時間，應於一九四〇年至一九四一年之間。

27 王則修：〈次水月先生瑤韻卻寄〉，全臺詩編輯小組編撰：《全臺詩》第23冊，頁26。

類別	發表報刊	詩名	內容
同上	《詩報》第240號 1941年1月20日	〈懷竹修宗兄即次除夕寄示瑤韻〉[28]	應世競趨皇化服，失時群笑**小儒巾**。
同上	《詩報》第215號 1941年1月1日	〈右拇指屈而不伸書此誌感四首之四〉[29]	平生老悖本**迂儒**，況乃拘攣血更枯。
同上	1943年[30]	〈新春述懷〉[31]	百事讓人高位置，一生誤我**老儒巾**。
同上	1944年[32]	〈棄文就武〉[33]	慕彼青年中將格，愧余皓首**老儒才**。
他述詩	《臺南新報》 1930年1月25日	〈消寒吟四絕之四〉[34]	**俗儒**擁妓許風流，倚翠偎紅暖錦裯。**我**抱陽婆甘睡穩，寒宵得此勝溫柔。

　　王則修以「小儒、小儒巾、老儒巾、老迂儒」，作為「儒者詩述」跨代儒生地位低落與艱難自喻，已無科舉時代「誦經史、成鉅儒」的自信。反而於親朋往來之間，詩述「磨人、劫歷」之後的處

28　王則修：〈懷竹修宗兄即次除夕寄示瑤韻〉，全臺詩編輯小組編撰：《全臺詩》第23冊，頁27。

29　王則修：〈右拇指屈而不伸書此誌感四首之四〉，全臺詩編輯小組編撰：《全臺詩》第23冊，頁22。

30　王則修（1867-1952）〈新春述懷〉中云「年年春色枉虛過，一轉鴻鈞鬢已皤。七六韶華辜我負，萬千經濟讓人多。……嗟余六七猶勞碌，何日東風惠我頻。」可知本詩作於七十六歲，應於1943年。

31　王則修：〈新春述懷〉，全臺詩編輯小組編撰：《全臺詩》第23冊，頁29。

32　按：依〈棄文就武〉前後詩作排序，多發表於昭和十九年（1944）。詳參王則修：〈棄文就武〉，全臺詩編輯小組編撰：《全臺詩》第23冊，頁101。

33　王則修：〈棄文就武〉，全臺詩編輯小組編撰：《全臺詩》第23冊，頁101。

34　王則修：〈消寒吟四絕之四〉，全臺詩編輯小組編撰：《全臺詩》第23冊，頁297。

境，如：昭和十五年（1940）二月十八日《詩報》「詩壇」欄，發表
〈指病蒙示方藥書此致謝宗兄竹修並同學弟達修仍依右拇指屈而不伸
書此誌感韻四首之四〉一詩，中云「磨人造物苦吾儒，劫歷滄桑海又
枯。」[35]將「改隸／磨人、劫歷」的過程，以「苦吾儒」總結。群儒
痛苦的根源，在於後科舉時代的信念與堅持，如昭和十六年（1941）
八月廿一日《詩報》「施天福氏椿萱並慶紀念徵詩」發表〈敬次步雲
李先生無題瑤韻二首之一〉「看汝儒修原有骨，笑他公子本無腸。」[36]
取「儒修者（有骨）／他公子（無腸）」二元對立的方式，比喻吾儒
之堅持信念與他人之橫行霸道。

　　王則修等儒者堅持信念，尚可見於：昭和十六年（1941）五月十
九日《詩報》「大樓吳氏徵詩」〈儒峰頹二首之一〉「暗雲淡鎖文峰，儒
道衰微失所宗。」[37]由〈儒峰頹〉詩題，清楚指陳：後科舉時代「儒道
衰頹」之事實，亦即科舉制度廢止、前清官設儒學學校（臺南孔廟）
被徵用為公學校，直到大正六年（1917）原設於臺南孔廟的「臺南公
學校」遷出，經整修後，大正七年（1918）起用孔廟落成祭典，[38]此

35　王則修：〈指病蒙示方藥書此致謝宗兄竹修並同學弟達修仍依右拇指屈而不伸書此
　　誌感韻四首之四〉，全臺詩編輯小組編撰：《全臺詩》第23冊，頁22。
36　王則修〈敬次步雲李先生無題瑤韻二首〉：「作客他鄉漫感傷，天邊飛雁尚隨陽。文
　　章到處光爭月，詞賦哀時節勵霜。看汝儒修原有骨，笑他公子本無腸。先生絕不因
　　人熱，自署頭銜清且涼。騷壇健將昔曾聽，屈處商塵足涕零。雷雨未逢龍尚困，飛
　　騰有自鶴初醒。南陽諸葛興廬舍，西蜀楊雄起草亭。待到梯青扶捷步，高峰疊疊聳
　　雲屏。」詳參王則修：〈敬次步雲李先生無題瑤韻二首〉，全臺詩編輯小組編撰：《全
　　臺詩》第23冊，頁43-44。
　　按：本詩除了取「儒修者（有骨）／他公子（無腸）」二元對立的方式，隱約透顯
　　「昔（騷壇健將、聲揚）／今（屈處商塵、涕零）」，廿八歲遭逢乙未割臺，卅五歲
　　回臺後「棄文從商」的無奈，其後經商失敗又設帳傳經，引「南陽諸葛興廬舍，西
　　蜀楊雄起草亭」自勵，期待日後尚有平步青雲的機會。按：「公子無腸」典出〔晉〕
　　葛洪《抱樸子·登涉》：「稱，『無腸公子』者，蟹也。」詳參〔晉〕葛洪：《抱樸子·
　　登涉》（臺北市：臺灣古籍出版社，2000年4月），頁646。
37　王則修：〈儒峰頹二首之一〉，全臺詩編輯小組編撰：《全臺詩》第23冊，頁44。
38　黃得時：《臺灣的孔廟》（臺中市：臺灣省政府新聞處，1981年9月），頁73。

後前清「廟學合一」僅存祭祀的功能，昔日相關科舉之學問與道統，一併失時，群儒只能相互勸慰、心存儆惕。再如：昭和十五年（1940）一月廿三日《詩報》「詩壇」欄，發表〈次梅樵先生七十述懷瑤韻四首之四〉「知公老矣躬猶健，振起儒風教士人。」[39]彰化生員施梅樵（1870-1949）於光緒十九年（1893）以案首入泮，日本治臺之後，絕意仕途，惟以詩酒自娛。中年以後，流離轉徙，到處設帳授徒，以期延續斯文於不墜。[40]施梅樵曾寓居府城與南社社友、臺南文人王則修等人頗多交誼唱酬，[41]王則修與施梅樵皆設帳授徒、延續儒風之士人，本詩即映現二氏之交流與互勵內涵。

（三）設帳傳經

　　王則修廿歲入泮，廿三歲「歲考」取列一等第一，其後往赴福州省城應舉人試，可惜未能考取。此後因丁憂服喪三年，三年居家除喪，又慘逢割臺定議，雖有聰慧天資，可惜數年間，家國劇變。曾短暫投筆經商，最終失敗，重拾儒生身分，回臺南故鄉新化設帳傳經，並與同為塾師眾友唱和砥礪、引為一生職志。如：昭和十五年（1940）一月廿三日《詩報》「詩壇」欄，發表〈次梅樵先生七十述懷瑤韻四首之二〉「絳帳傳經幾十年，生徒女樂近盈千。……劫後《詩》《書》留一線，從來富貴那雙全。」[42]本詩記述彰化生員施梅樵

39　王則修〈次梅樵先生七十述懷瑤韻四首之四〉：「疑是相如幻後身，長門賣賦不憂貧。文章翰墨輕儕輩，酒宴琴歌樂浹辰。著作千秋唯一息，挽回萬劫付全神。知公老矣躬猶健，振起儒風教士人。」詳參王則修：〈次梅樵先生七十述懷瑤韻四首之四〉，全臺詩編輯小組編撰：《全臺詩》第23冊，頁23。

40　楊永智：〈提要〉，全臺詩編輯小組編撰：《全臺詩》第24冊（臺南市：國家文學館，2012年12月），頁77。

41　林翠鳳：《施梅樵及其漢詩研究》（高雄市：國立中山大學中國文學研究所博士論文，2009年7月），頁82、270。

42　王則修〈次梅樵先生七十述懷瑤韻四首之二〉：「絳帳傳經幾十年，生徒女樂近盈千。春風得被遐荒地，文字難彌缺陷天。劫後《詩》《書》留一線，從來富貴那雙全。

（1870-1949）設塾傳經幾十年來，所培育的學生包含男女，超過千人。寓居於府城時期，教導名媛黃金川、石中英等女弟子，是其特色。[43]施梅樵寓臺期間常與王則修往來唱和，本詩「劫絳帳傳經幾十年、後《詩》《書》留一線」，乃二氏為求《詩》《書》傳承的信念，故而幾十年間設塾傳經，重振儒學士風之共同寫照。

　　昭和十七年（1942）九月十五日王則修於《詩報》發表〈敬次韓子明同案七十書懷韻二首之一〉「清時同榜吾漸長，晚歲稱觴汝占春。……羨君桃李盈庭盛，尚志齋頭署逸民。」[44]〈敬次韓子明同案七十書懷韻二首之二〉「金童上界認前身，少小芹香採下塵。節勵松筠千歲茂，經傳桃李滿庭春。……我亦古稀添六算，逍遙同作老遊民。」[45]根據二詩內容，前清生員韓子明（1873-？）與王則修（1867-1952）乃前清同榜府學生員，王則修較韓子明年長數歲，有同年之誼。由「羨君桃李盈庭盛」及「經傳桃李滿庭春」，映現改隸之後，二氏安於「逸民、遊民」身分，堅毅勵節於設帳傳經之志業。韓子明於昭和十八年（1943）九月廿四日《詩報》發表〈敬和王則修先生古稀晉七述懷瑤韻〉：「半生虆鎁耽何味，一領寒衿氣不揚。羨子詞章光日月，愧余鬢髮染星霜。……入室芝蘭發異香，《詩》《書》道味與君嘗。……道統千鈞肩重任，斯文一線挽頹亡。……」[46]此詩乃回覆「王則修〈敬次韓子明同案七十書懷韻二首〉」和詩，本詩有回顧

即今杖國興悲感，回首滄桑起惘然。」詳參王則修：〈次梅樵先生七十述懷瑤韻四首之二〉，全臺詩編輯小組編撰：《全臺詩》第23冊，頁23。

43 林翠鳳：《施梅樵及其漢詩研究》（高雄市：國立中山大學中國文學研究所博士論文，2009年7月），頁82。

44 王則修：〈敬次韓子明同案七十書懷韻二首之一〉，全臺詩編輯小組編撰：《全臺詩》第23冊，頁24。

45 王則修：〈敬次韓子明同案七十書懷韻二首之二〉，全臺詩編輯小組編撰：《全臺詩》第23冊，頁25。

46 韓子明：〈敬和王則修先生古稀晉七述懷瑤韻〉，全臺詩編輯小組編撰：《全臺詩》第41冊（臺南市：國家文學館，2016年11月），頁284。

舊時科舉二人同列優等，官府學田供給日常食量所需，感佩王則修肩擔傳經重擔，力挽頹亡於一線的經書道統，有相互砥礪互勉之意。韓子明於昭和十九年（1944）三月廿日，於《詩報》「法華寺擊缽錄首唱」，發表〈古寺鐘聲〉「金聲願藉宣儒教，振起文風遍海濱。」[47]映現以宗教情懷的期許，重振儒風於臺灣。

王則修一生戮力於設塾傳經志業，昭和十九年（1944）二月廿八日，於《崇聖道德報》「詩壇」欄，發表〈敬步黃贊鈞先生南遊瑤韻以博一粲〉「我生嘆不辰，忽忽將八十。……當此孔教衰，仗公能挽回。」[48]詩中仰仗的黃贊鈞（1874-1952）於前清參加童子試，名列第七。日治之後，曾執教於大龍峒公學校，於儒教推廣尤為積極，昭和八年至十一年（1933-1936）發行以勸善為主的刊物《感應錄》；昭和十四年（1939）三月，擴充為以儒教為主的《崇聖道德報》，至昭和二十年（1945）一月止，共發行七十一期。[49]王則修於七十七歲高齡寫作〈春日謁孔子廟三首之三〉「我也拜觀諸禮器，低徊不忍去之身。」[50]以及〈敬步黃贊鈞先生南遊瑤韻以博一粲〉二詩，一方面映現拜謁孔廟之心境、二方面期許黃贊鈞發行《崇聖道德報》能挽回衰

---

47 韓子明：〈古寺鐘聲〉，全臺詩編輯小組編撰：《全臺詩》第41冊，頁289。

48 王則修：〈敬步黃贊鈞先生南遊瑤韻以博一粲〉，全臺詩編輯小組編撰：《全臺詩》第23冊，頁63。

49 翁聖峰：〈提要〉，全臺詩編輯小組編撰：《全臺詩》第26冊（臺南市：國家文學館，2012年12月），頁165。

50 王則修〈春日謁孔子廟三首〉：「欲向龍峒拜聖人，融融春日正芳辰。宮牆萬仞空瞻仰，禮樂三千渺並陳。四配有牌安祿位，至尊無像享明禋。我來起敬還惶恐，道範尼山倘可親。春日融和正可人，偶遊泮壁欲逡巡。已無招隱狂歌鳳，寧有衰時感獲麟。天與夢楹留表範，士遵釋菜重明禋。我今瞻仰宮牆峻，萬古猶留豆俎新。大成宮殿未灰塵，有客春遊起竦神。萬古綱常憑立極，千秋豆俎覺常新。高堅道德回曾嘆，美富宮牆賜早親。我也拜觀諸禮器，低徊不忍去之身。」
按：〈春日謁孔子廟三首〉依其前後詩作排序，皆發表於昭和十九年（1944），本詩亦應作於該年。詳參王則修：〈春日謁孔子廟三首〉，全臺詩編輯小組編撰：《全臺詩》第23冊，頁98。

顇的孔教，符合一生傳經之志業。

民國卅六年（1947）王則修八十歲〈八旬自述并乞知友賜和四首之二〉「功名抛卻利名求，貨殖曾師子貢謀。本擬穴金開鄧窟，何期市膾藐儒流。天公故意留書種，學子專心奉束脩。今日八旬如轉瞬，愧無著作重千秋。」[51]本詩回首人生過往曾改行營商，然而商場上唯利是圖，身為「儒流」受盡輕視，失敗之後重任塾師教職，「天公故意留書種，學子專心奉束脩」，方才感知個人命運，不敵天意，從此奉傳經、講經為職志。其著名弟子有：臺南王鵬程（1891-？）1920年代為南社成員，曾任日治時期漢文教師、《臺南新報》漢文部成員、「臺陽中學」籌備人員、臺南市第一屆市議會議員、創立延平詩社（1951）、《臺灣詩壇》創刊委員。[52]

（四）讀經賦詩

王則修數十年間設塾傳經，檢視其讀經詩作《詩經》較多、《春秋》、《易經》較少。《詩經》賦詩的部分，如：昭和六年（1931）二月三日《三六九小報》「詩壇」欄、「新化虎溪吟社徵詩」專題，發表〈〈豳風〉圖〉：

> 豳地山川古，經營尺幅中。
> 艱難追祖業，勤儉見民風。
> 稼穡丁男事，蠶桑子婦功。
> 何人陳此什，當日憶周公。[53]

---

51 王則修：〈八旬自述并乞知友賜和四首之二〉，全臺詩編輯小組編撰：《全臺詩》第23冊，頁111。

52 林建廷：《臺南士紳王開運社會活動與文學作品研究》（臺南市：成功大學臺灣文學研究所碩士論文，2012年7月），頁204。

53 王則修：〈〈豳風〉圖〉，全臺詩編輯小組編撰：《全臺詩》第23冊，頁298。

根據朱熹《詩集傳》云「乃述后稷公劉之化，作詩一篇以戒成王，謂之豳風。而後人又取周公所作、及凡爲周公而作之詩以附焉。」[54]映現公劉作為豳國的開創者，於周族發展影響重大，後人取周公詩作附錄其後，以告戒成王：開國不易、守成維艱，需謹慎以待。〈豳風〉有詩七篇，分別是〈七月〉、〈鴟鴞〉、〈東山〉、〈破斧〉、〈伐柯〉、〈九罭〉、〈狼跋〉，歌詠周王室始祖公劉將國都南遷至「豳地」一帶開創荒地，此後艱辛的農事生活。[55]王則修於《詩經》偏好〈豳風〉相關詩作，如：有昭和十六年（1941）三月二日《詩報》「青草湖朝輝農場徵詩」專題，王則修發表〈勸農詩〉：「服田報國義誠優，盡力農功望有秋。試讀〈豳風〉歌稼穡，周家王化啟公劉。」[56]本詩以公劉遷都豳地，重視農田稼穡勞務，期盼秋收豐碩的主要意涵。

　　王則修於《詩經》除了〈豳風〉，尚有讀〈秦風〉詩作。國風〈秦風〉著重於秦國建國歷史、尚武風俗，《則修詩集》（一）收錄〈獵犬六首之一〉：

　　　　曾讀〈秦風〉載獫歇，乘車田犬亦標名。而今已聽相如諫，東郭巍亡汝合烹。[57]

〈秦風·駟驖〉「遊于北園，四馬既閑。輶車鸞鑣，載獫歇驕。」朱熹《詩集傳》云「田事已畢，故遊于北園。獫、歇驕，皆田犬名，長喙曰獫、短喙曰歇驕，以車載犬，蓋以休其足力也。」[58]記載巡視田務完畢後遊於北園之事。王則修借鑑〈秦風·駟驖〉記載狩獵攜帶長嘴獫犬、短嘴歇驕犬，田犬標名之事，詩末引用司馬相如〈諫獵書〉、

54　〔宋〕朱熹集注：《詩集傳》（臺北市：中華書局，1991年3月），頁90。
55　〔宋〕朱熹集注：〈豳風〉，《詩集傳》，頁90-98。
56　王則修：〈勸農詩〉，全臺詩編輯小組編撰：《全臺詩》第23冊，頁41。
57　王則修：〈獵犬六首之一〉，全臺詩編輯小組編撰：《全臺詩》第23冊，頁6。
58　〔宋〕朱熹集注：《詩集傳》，頁75。

《戰國策》東郭嬩，狡兔死、走狗烹的典故。〈獵犬六首之一〉讀〈秦
風〉標名田犬，作為獵事畢、犬遭烹的敘事，詩旨與詮經相關性不強。

　　昭和十七年（1942）十一月十日《詩報》「螺溪土曜日吟會徵
詩」，王則修發表〈論詩七絕五首〉由騷體至詩體、由先秦至宋代，以
「論詩」為主題，發表七絕五首。其中〈論詩七絕五首之二〉「悟得《葩
經》三百什，半多思父半思君。」[59]闡述研讀《詩經》三百零五篇的
內涵心得，在於「思父與思君」。其次〈論詩七絕五首之一〉「一變〈離
騷〉又五言，國風雅頌已無存。」[60]以文學史的發展律則，論述由騷
體轉為五言詩體後，《詩經》時代之「風、雅、頌」內容，已然無
存。

　　檢視《全臺詩》日治時期臺南士人賦詩讀經，以《春秋》、《易
經》為最多。王則修於《易經》部分，有：昭和十八年（1943）十二
月八日《詩報》「灘音吟社林金標氏徵詩」發表〈蘧年知非〉：「行年五
十德無倫，蘧瑗分明認後身。自問滄桑空閱歷，共憐歲月感因循。庶
幾學《易》宜無咎，不道知天轉愴神。何以數占符大衍，西河堂上醉
芳醇。」[61]本詩參酌三書典故，其一、《淮南子・原道訓》記載春秋時
期衛國大夫「蘧伯玉年五十，而有四十九年非」[62]，言蘧伯玉善於反
省過失。其二、《論語・述而》孔子自述「五十以學《易》，可以無大
過矣。」其三、《周易・繫辭上》云「大衍之數五十」[63]，三書皆以
「五十」為核心，切合蘧氏年年知非的詩題，隱約透顯：作者置身於
後科舉時代，將近五十年間，「自問滄桑、共憐歲月」之心境。王則
修另有《春秋》詩述的部分，昭和十九年（1944）二月廿八日發表於

59　王則修：〈論詩七絕五首之二〉，全臺詩編輯小組編撰：《全臺詩》第23冊，頁34。

60　王則修：〈論詩七絕五首之一〉，全臺詩編輯小組編撰：《全臺詩》第23冊，頁33。

61　王則修：〈蘧年知非〉，全臺詩編輯小組編撰：《全臺詩》第23冊，頁320。

62　〔漢〕劉安：《淮南子・原道》（臺北市：臺灣古籍出版社，2005年12月），頁27。

63　〔魏〕王弼、韓康伯注：《周易正義》，〔唐〕孔穎達等正義，收入《十三經注疏本》
　　（臺北市：藝文印書館，1989年1月），頁152。

《崇聖道德報》「詩壇」欄，〈文章報國二首之二〉「一枝健筆比《春秋》，褒貶無私萬古留。人執干戈衛社稷，我施黼黻贊皇猷。」[64]一枝健筆、褒貶無私，以《春秋》筆法，隱喻兼任《臺灣日日新報》漢文記者的經歷。本詩寫於戰爭時期，《崇聖道德報》作為總督府少數同意發行的漢文報刊，必須刊載配合戰時政策的內容，故而有「人執・干戈衛社稷／我施・黼黻贊皇猷」之「人（武）／我（文）」對比，看似「撰文」如同「執戈衛國」，其實詩作內容與戰爭並無實際連結。

第二節　主編讀經與用經

日治時期臺灣跨代士人於科舉時代教育訓練，因總督府學務部「依據孔孟思想、尊重四書五經」的教育政策，得有續存的空間。明治二十八年（1895）首任臺灣總督樺山資紀，任命伊澤修二擔任總督府學務部長（1895-1897），伊澤修二於六月十七日抵臺之前，先行拜會山縣有朋大元帥，向其報告治臺教育大方向，「臺灣教育に當つて孔孟主義に依り、四書五經を尊敬する方針を執るべき故」（譯文：於臺灣之教育方針，理應依據孔孟思想，並尊重四書五經）。[65]抵臺後向樺山資紀總督提出「不破壞支那歷朝採用之科舉考試，反倒應利用之」的提議。[66]明治二十九年（1896）十一月廿一日首任臺南知事磯貝靜藏率先提出：「利用儒家」結合〈教育勅語〉教化臺民「忠君愛國」日本皇民的政策。[67]總督府「利用儒家」、「利用科舉」的重要策略之一，即於明治二十九年十月，總督府發佈「臺灣紳章條規」，頒

---

64 王則修：〈文章報國二首之二〉，全臺詩編輯小組編撰：《全臺詩》第23冊，頁64。
65 〔日〕伊澤修二：〈渡臺〉，《伊澤修二と臺灣教育》（臺北市：臺灣教育會，1944年4月），頁2。
66 許錫慶譯注：《臺灣教育沿革誌（中譯本）》，頁4。
67 許錫慶譯注：《臺灣教育沿革誌（中譯本）》，頁440-441。

授紳章的對象是具有科舉功名、有學問、資產或名望之臺人。[68]紳章
制度施行當初，總督府頗為慎重，直至明治卅年（1897）五月乃木總
督在任時才頒發，直到大正十五年（1926）以後，已無頒發紳章的新
案例。[69]以頒授紳章的策略，將「科舉功名」、「有學問」與「資產」、
「名望」者並列，符合「利用儒家、利用科舉、安撫人心」的教育
政策。

　　總督府「利用儒家、利用科舉」的教育政策，提供前清士人讀
經、用經的空間，符合本杰明・艾爾曼（Benjamin Elman）於「經
學、科舉、文化史」的觀點：

> 儒家經典課程是紳士的政治權力和社會地位的保障，因為它代
> 表了文化表徵、語言標記和概念類別，這些是紳士的政治力量
> 以及社會地位的保障。[70]

科舉時代士紳仰賴「儒家經典」所代表的文化象徵、官僚語言和概念
類別，維持其政治權力、社會地位。後科舉時代士人，如「跨代」生
員謝汝銓「跨界」任職於新興媒體場域，接受新時代的挑戰。

一　跨代與跨界

　　日治時期臺南科舉士人，跨代至異國統治的後科舉時代，部分士
人透過書房傳經、鸞堂宣講的方式「延續」昔日養成的科舉教育；部

---

68 吳文星：《日據時期台灣社會領導階層之研究》（臺北市：中正書局，1992年3月），
　　頁63。

69 徐國章：〈拉攏臺灣仕紳、富豪人心的紳章制度〉，《國史館臺灣文獻館電子報》第
　　47期（2010年1月29日）。https://www.th.gov.tw/epaper/site/page/47/624

70 〔美〕本杰明・艾爾曼（Benjamin Elman）：《經學・科舉・文化史——艾爾曼自選
　　集》，頁149。

分士人接受新時代的挑戰，積極學習新語言、接受新興媒體編輯工作、出席日吏學者詩會雅集，「跨界」新語言、新場域、新人際，使得「跨代跨界」與「設塾傳經」於後科舉時代文人之因應，同樣具有時代意涵。

（一）跨界科舉士人

明治廿八年（1895）六月十七日總督府於始政之日，廢除科舉考試等前清教育制度，士人於異國殖民之下，隨之開啟新國語、新媒體、新生活等跨界視野。前清科舉社群跨代至日治的臺南文士中，謝汝銓（1871-1953）移地北遷、力學日文、擔任主編，其賦詩言志之作，映現其讀經、用經內容，於「後科舉時代之因應：報刊主編之讀經與用經」議題，頗具代表性。將其重要生平，臚列如下：

> 謝汝銓（1871-1953），字雪漁，號奎府樓主，晚署奎府樓老人。臺灣縣東安坊人（今臺南市），日治後，遷居臺北。年十五從臺南舉人蔡國琳學，光緒十八年（1892）取中秀才。乙未之際，曾協助許南英辦理團練。改隸後，力習日文，乃首位以秀才身分入臺灣總督府國語學校者。明治三十四年（1901）自國語學校國語部畢業，任職臺灣總督府學務課，參與編輯《日臺會話辭典》。不久，轉任警察官吏練習所臺語教師。明治三十八年（1905）入《臺灣日日新報》擔任漢文記者，並任馬尼拉《公理報》，與《昭和新報》、《風月報》等主編。明治四十二年（1909）與洪以南等倡設臺北「瀛社」，為北臺第一大詩社，並於洪氏去世後繼任第二任社長。戰後曾擔任臺灣省通志館顧問。[71]

---

71 黃美娥：〈提要〉，全臺詩編輯小組編撰：《全臺詩》第25冊，頁1。

謝汝銓臺南市東安坊人，光緒十二年（1886）十五歲師從臺南舉人蔡國琳（1843-1909），廿一歲取中秀才（生員）。乙未年（1895）割臺定議、簽訂馬關條約後，日軍自基隆登陸，一路南下武力接收。謝汝銓於割臺之初，曾協助臺南進士許南英（1855-1917）辦理團練，以抵抗日軍登陸。明治二十八年（1895）十月廿一日臺南失陷，臺灣民主國滅亡，[72]許南英內渡、謝汝銓留臺。總督府在臺始政之後，許多前清具有功名的臺南文士選擇設塾傳經，謝汝銓毅然展開「跨代跨界」的生活方式，如下所示有：

1. 移地跨界：康熙廿三年（1684）至光緒元年（1875），長達一百九一年間，臺灣府設置於今臺南市。臺南近兩百年間，皆為首邑之都、教化重鎮。日本殖民臺灣之後，總督府為消滅前清建置於臺南的政治影響力，於是將總督府建置於臺北。臺南自荷治時期（1624-1661）在臺灣的轉口貿易，是以大員（今臺南市安平區）「臺灣商館」為據點，負責接受從各地商館發來的訂單，同樣也向各地商館發出代購訂單。[73]因此國際洋行貿易往來之獲利可觀，兩百餘年間富足榮盛。[74]因此日本殖民之後，全臺行政中心的北移，臺南仍具有一定的經濟實力。昭和七年（1932）仲摩照久《南臺灣風土探勘》中云：「如果日治時期臺北市是臺灣島的政治中心地，那麼臺南市就是臺灣島的商業中心地。」[75]由於謝汝銓乃前清生員，為「四民之首」的科

---

72 吳密察監修，遠流臺灣館編著：《台灣史小事典》（臺北市：遠流出版公司，2009年9月），頁99。

73 楊彥杰：《荷據時代台灣史》（臺北市：聯經出版公司，2000年10月），頁121。

74 清康熙六十一年（1722）巡臺御史黃叔璥《臺海使槎錄》抄錄《諸羅雜識》，有云「洋販之利歸於臺灣，故尚奢侈、競綺麗、重珍旨，彼此相倣。」記述臺灣安平一帶國際商港、國際洋行往來之獲利可觀，故而於漢人之間形成尚奢侈、競綺麗、重珍寶的風氣。詳參〔清〕黃叔璥：《臺海使槎錄》，收入《清代巡臺御史巡臺文獻》（北京市：九州出版社，2009年12月），頁247。

75 按：仲摩照久編《臺灣》收入山本三生主編《日本地理風俗大系》第11卷，其後原民文化抽出《臺灣》部分，重新出版《北台灣文史踏查》、《南台灣風土探勘》二

舉士人，乙未年（1895）僅僅廿四歲，雖曾辦理團練抗日，沉潛數年後，於明治卅五年（1902）六月決心隨著政治中心北移，寓居臺北，展開日治時期「移地跨界」的新生活。

2. 語言跨界：總督府治臺之初，為了統治上的便利，一方面殘酷的鎮壓抵抗者，另方面積極展現日臺親善友好的一面，舉辦許多官紳詩文唱和的活動，需要聘任具漢學素養的日本人，擔任日臺聯吟雅集的橋樑，便自內地徵聘具漢學素養者，抵臺為總督府效力。與此同時，日本國內因明治維新、脫亞入歐政策的施行，使繼承德川幕府三百年儒學傳統的漢學者退出政壇，自立師門傳授子弟，成為無法展才的不羈之士。[76]當總督府徵聘日籍漢學者時，臺灣便成為他們施展漢學的新場域。謝汝銓於改隸後，移居臺北、力習日文，乃首位以秀才身分進入臺灣總督府國語學校，明治三十四年（1901）自國語學校國語部畢業，任職臺灣總督府學務課，並與日籍漢學者聯合編輯《日臺會話辭典》，致力由「科舉時代經典用語」轉向學習「殖民時代日本語」之語言跨界。

3. 場域跨界：謝汝銓於改隸後遷居臺北，明治三十四年（1901）自國語學校國語部畢業，任職臺灣總督府學務課，轉任警察官吏練習所臺語教師。昔時畢業同窗，臺南生員林馨蘭（1870-1924）亦於明治三十三年（1900）移居臺北，擔任《臺灣日日新報》漢文部記者。明治三十八年（1905）謝汝銓又自「警察官吏練習所教師」轉入《臺灣日日新報》擔任漢文記者，並任馬尼拉《公理報》，與《昭和新報》、《風月報》等主編。明治四十二年（1909）與臺南同鄉、昔時舉

書。本文引述自《南台灣風土探勘》內容，詳參〔日〕仲摩照久主編，葉婉奇翻譯：《南台灣風土探勘》收入日本時代《台灣地理風俗大系・資料彙編02》（臺北市：原民文化，2002年4月），頁74。

76 楊永彬：〈日本領臺初期日臺官紳詩文唱和〉，收入〔日〕若林正丈主編：《臺灣重層近代化論文集》，頁111。

業同窗、《臺灣日日新報》同事林馨蘭（1870-1924）首倡設立臺北
「瀛社」。[77]「瀛社」與臺南「南社」、臺中「櫟社」鼎立而成全臺三
大詩社，[78]映現臺南科舉社群士人謝汝銓、林馨蘭於「寓居的移地跨
界、漢文的場域跨界」之後，於北臺灣創立文學社群之貢獻，足為臺
南「跨界的科舉士人」之代表。

（二）跨界儒者詩述

　　謝汝銓重視後科舉時代「跨界視野」之開拓，映現科舉社群士人
「振起孔道」情懷，與「跨界視野」之綰結。檢視《全臺詩》收錄王
則修（1867-1952）與其同窗韓子明（1873-？）以「塾師設帳傳
經」，作為「振起儒風」的時代貢獻。謝汝銓於「振起孔道」議題，
則以「移地跨界」之例，肯定經商致富後，再投身教育。如：大正九
年（1920）七月十九日《臺灣日日新報》「詩壇」欄，發表〈恭祝郭
春秧翁六十晉一榮壽〉「大任天今已降諸，逢人不諱說當初。雖無李
密陳情表，卻有陶朱致富書。……還期孔道昭遺緒，義俠非徒郭解
如。」[79]由詩題可知，詩旨乃為郭春秧（1860-1935）祝壽，郭氏於清
末自福建同安來到臺灣，落籍臺北，經營茶業，事業版圖擴及中國、

77　林馨蘭（1870-1924），字湘沅，臺南人。前清與謝汝銓、羅秀惠等人受教於臺南舉
　　人蔡國琳。光緒十三年（1887）取中生員，乙未割臺（1895）後，舉家內渡祖籍同
　　安。越兩年局勢稍定，始返臺南設帳授徒。曾先後擔任《全臺日報》、《臺南新報》
　　記者，明治三十三年（1900）移居臺北，擔任《臺灣日日新報》漢文部記者，明治
　　三十九年（1906）加入「南社」，明治四十二年（1909）與謝汝銓等人共組「瀛社」，
　　大正四年（1915）與張純甫、林述三、駱香林等人創設「研社」，後改為「星社」。
　　黃文車：〈提要〉，全臺詩編輯小組編撰：《全臺詩》第19冊（臺南市：國家文學
　　館，2011年10月），頁441。

78　林正三：〈瀛社簡史〉，《瀛社官網》http://www.tpps.org.tw/forum/forum.php?mod=
　　viewthread&tid=22&extra=page%3D1

79　謝汝銓：〈恭祝郭春秧翁六十晉一榮壽〉，全臺詩編輯小組編撰：《全臺詩》第25
　　冊，頁101。

日治臺灣、荷屬爪哇、英領新加坡、香港的著名豪商。[80]事業有成之後，致力於教育，於廈門旭瀛書院設立獎學金、中華會館設立中文學校，培植人材，於華僑社會貢獻卓著。[81]本詩取春秋時期陶朱公（范蠡）三次功成身退，移地至陶經商成功至富的經歷，[82]美稱郭春秧由福建至臺北，又擴及爪哇、新加坡、香港致身教育。與其相反，則是《史記‧游俠列傳》中漢武帝時期著名的游俠郭解，先拒絕、後被迫，遷徙富豪至茂陵政策。[83]由〈恭祝郭春秧翁六十晉一榮壽〉詩題、

---

80 釋明瑛：〈被遺忘的豪商郭春秧：以日治時期活動為主題〉，《臺灣學研究》第20期（2016年12月），頁32-33。

81 釋明瑛：〈被遺忘的豪商郭春秧：以日治時期活動為主題〉，《臺灣學研究》第20期，頁62。

82 《史記》〈越王句踐世家〉記載：范蠡事越王句踐，既苦身力，與句踐深謀二十餘年，竟滅吳，報會稽之恥，北渡兵於淮以臨齊、晉，號令中國，以尊周室，句踐以霸，而范蠡稱上將軍。還反國，范蠡以為大名之下，難以久居，且句踐為人可與同患，難與處安，為書辭句踐曰：『臣聞主憂臣勞，主辱臣死。昔者君王辱於會稽，所以不死，為此事也。今既以雪恥，臣請從會稽之誅。』句踐曰：『孤將與子分國而有之。不然，將加誅於子。』范蠡曰：『君行令，臣行意。』乃裝其輕寶珠玉，自與其私徒屬乘舟浮海以行，終不反。於是句踐表會稽山以為范蠡奉邑。范蠡浮海出齊，變姓名，自謂鴟夷子皮，耕於海畔，苦身戮力，父子治產。居無幾何，致產數十萬。齊人聞其賢，以為相。范蠡喟然嘆曰：『居家則致千金，居官則至卿相，此布衣之極也。久受尊名，不祥。』乃歸相印，盡散其財，以分與知友鄉黨，而懷其重寶，閒行以去，止於陶，以為此天下之中，交易有無之路通，為生可以致富矣。於是自謂陶朱公。復約要父子耕畜，廢居，候時轉物，逐什一之利。居無何，則致貲累巨萬。天下稱陶朱公。

按：根據〈越王句踐世家〉「太史公曰：范蠡三遷皆有榮名，名垂後世。』比對〈越王句踐世家〉三次遷移，分別是：一辭越王句踐封地、二歸齊國相印、三遷於陶致富。

〔漢〕司馬遷撰，楊家駱編：《新校本史記三家注并附編二種》（臺北市：鼎文書局，1987年11月），頁1751-1753，1756。

83 《史記》〈游俠列傳〉記載：「郭解，軹人也，字翁伯，善相人者許負外孫也。……及徙豪富茂陵也，解家貧，不中訾，吏恐，不敢不徙。衛將軍為言：『郭解家貧不中徙。』上曰：『布衣權至使將軍為言，此其家不貧。』解家遂徙。……解入關，關中賢豪知與不知，聞其聲，爭交驩解。……已又殺楊季主。楊季主家上書，人又殺之闕下。上聞，乃下吏捕解。解亡，久之，乃得解。軹有儒生侍使者坐，客譽郭

引述肯定「移地跨界」的陶朱公（范蠡）事後揚名天下、反對「移地跨界」的郭解全族遭斬，映現謝汝銓於「跨界視野」之重視與肯定。

　　檢視後科舉時代「謝汝銓儒者自述詩、他述詩列表」，擇取自述詩八首，以「舊儒士、老儒生、儒酸、薄侏儒」等老舊、失時、薄酸、侏儒為自我書寫意識；擇取他述詩十首，有：讚揚的「儒臣、醇儒」，批評的「俗儒、迂儒」，寫實的「儒生代表、儒師、逃儒」，映現「首位生員」身分就讀國語學校，其後任職臺灣總督府學務課，參與編輯《日臺會話辭典》、警察官吏練習所臺語教師，相較其他前清科舉社群士人，與總督府之連結較深、往來互動之人際面向更為廣闊。如下所示：

謝汝銓（1871-1953）儒者自述詩、他述詩列表

類別	發表報刊	詩名	內容
自述詩	《臺灣日日新報》1908年11月1日	〈感懷〉[84]	我亦青袍舊儒士，英雄差說鄭延平。
同上	《臺灣日日新報》1929年2月27日	〈春衣〉[85]	衣錦未能如壯士，青衫瀟灑老儒生。

解，生日：『郭解專以奸犯公法，何謂賢！』解客聞，殺此生，斷其舌。吏以此責解，解實不知殺者。殺者亦竟絕，莫知為誰。吏奏解無罪。御史大夫公孫弘議曰：『解布衣為任俠行權，以睚眥殺人，解雖弗知，此罪甚于解殺之。當大逆無道。』遂族郭解翁伯。」

按：根據〈游俠列傳〉記載，游俠郭解行俠仗義，益附者多人，地方官吏恐懼其勢力日大，恰逢漢武帝施行「富豪遷徙至茂陵」政策，雖然郭解並非富豪，地方官吏仍報寫入遷徙富豪名單之中。不願遷徙的郭解請託衛青遊說漢武帝，漢武帝認為能使將軍為之說情，恰好證明其人不貧。郭解最終乃被遷徙至茂陵，於當地犯罪後遭誅全族。

〔漢〕司馬遷撰，楊家駱編：《新校本史記三家注并附編二種》，頁3185-3188。

84 謝汝銓：〈感懷〉，全臺詩編輯小組編撰：《全臺詩》第25冊，頁27。

85 謝汝銓：〈春衣〉，全臺詩編輯小組編撰：《全臺詩》第25冊，頁146。

類別	發表報刊	詩名	內容
同上	《崇聖道德報》1944年11月28日	〈次高文淵社友九日寄懷原韻〉[86]	令節懷人倍愴情，幽居空容老儒生。
同上	《臺灣日日新報》1926年1月12日	〈舌耕〉[87]	與筆同耕意自安，莫將風味感儒酸。
同上	《臺灣日日新報》1939年2月17日	〈友梅〉[88]	氣味儒生我亦酸，同心言信臭如蘭。
同上	《昭和新報》1930年9月20日	〈感賦寄士葵胞侄於臺南〉[89]	萬選錢虛慚學士，一囊粟飽薄侏儒。
同上	《昭和新報》1932年6月11日	〈感事〉[90]	羞同傀儡憑繩索，忍與侏儒競飽饑。
同上	《臺灣日日新報》1940年1月1日	〈新春雜詠〉[91]	民胞物與吾儒願，聖訓煌煌說大同。
他述詩	1922年10月東京湯島聖堂祭孔	〈明經李種玉先生〉[92]	海嶠儒生三代表，皇城御苑賜觀遊。
同上	《臺灣日日新報》1931年1月27日	〈茂才謝石秋宗親〉[93]	攝津長樂寺碑在，高雅文章異俗儒。
同上	《臺灣日日新報》1931年1月27日	〈茂才王采甫社友〉[94]	窮探經史詡儒師，纔罷論文又說詩。

---

86 謝汝銓：〈次高文淵社友九日寄懷原韻〉，全臺詩編輯小組編撰：《全臺詩》第25冊，頁464。
87 謝汝銓：〈舌耕〉，全臺詩編輯小組編撰：《全臺詩》第25冊，頁136。
88 謝汝銓：〈友梅〉，全臺詩編輯小組編撰：《全臺詩》第25冊，頁402。
89 謝汝銓：〈感賦寄士葵胞侄於臺南〉，全臺詩編輯小組編撰：《全臺詩》第25冊，頁158。
90 謝汝銓：〈感事〉，全臺詩編輯小組編撰：《全臺詩》第25冊，頁244。
91 謝汝銓：〈新春雜詠〉，全臺詩編輯小組編撰：《全臺詩》第25冊，頁422。
92 謝汝銓：〈明經李種玉先生〉，全臺詩編輯小組編撰：《全臺詩》第25冊，頁235。
93 謝汝銓：〈茂才謝石秋宗親〉，全臺詩編輯小組編撰：《全臺詩》第25冊，頁211。
94 謝汝銓：〈茂才王采甫社友〉，全臺詩編輯小組編撰：《全臺詩》第25冊，頁206。

類別	發表報刊	詩名	內容
同上	《臺灣日日新報》 1931年3月13日	〈進士汪春源藝友〉[95]	民教相仇偏不管， 量移猶幸憫**儒**臣。
同上	《臺灣日日新報》 1931年3月19日	〈茂才韓斗華案友〉[96]	叔侄弟兄游泮水， 學租分得免**儒**酸。
同上	《感懷詩》系列 1931年6月	〈林幼春吟友〉[97]	深愧田橫島士無， 不終呫嗶作迂**儒**。
同上	《風月報》第73期 1938年10月1日	〈辜顯榮先生輓詩〉[98]	重道崇**儒**一念誠， 異端邪說鬪橫行。
同上	《風月報》第74期 1938年10月17日	〈兒玉源太郎公〉[99]	稅則欲明查地畝， 斯文思振會名**儒**。
同上	《風月報》 1939年3月31日	〈己卯（1939）元宵賦寄什錦花園孚威上將軍〉[100]	將軍學養本**醇儒**， 糾糾人偏誤武夫。
同上	《風月報》 1940年2月1日	〈輓吳子玉將軍〉[101]	**逃儒**入釋情差似， 靜室參禪究佛書。

　　謝汝銓自述詩四首，其中〈感懷〉「舊儒士／鄭延平」、〈春衣〉「老儒生／壯士」，皆以「未及第、失時、舊儒生」對比「開創臺疆的延平郡王鄭成功」，雖然意欲追隨生員出身、棄文從武的鄭氏、衣錦還鄉的壯士，可惜已然失去時機。由〈感懷〉、〈春衣〉，映現不願再擔任教師的意識，於是明治三十八年（1905）謝汝銓自「警察官吏練習所教師」轉入《臺灣日日新報》擔任漢文記者，以及馬尼拉《公

95　謝汝銓：〈進士汪春源藝友〉，全臺詩編輯小組編撰：《全臺詩》第25冊，頁203。

96　謝汝銓：〈茂才韓斗華案友〉，全臺詩編輯小組編撰：《全臺詩》第25冊，頁208。

97　謝汝銓：〈林幼春吟友〉，全臺詩編輯小組編撰：《全臺詩》第25冊，頁239。

98　謝汝銓：〈辜顯榮先生輓詩〉，全臺詩編輯小組編撰：《全臺詩》第25冊，頁391。

99　謝汝銓：〈兒玉源太郎公〉，全臺詩編輯小組編撰：《全臺詩》第25冊，頁394。

100　謝汝銓：〈己卯（1939）元宵賦寄什錦花園孚威上將軍〉，全臺詩編輯小組編撰：《全臺詩》第25冊，頁410。

101　謝汝銓：〈輓吳子玉將軍〉，全臺詩編輯小組編撰：《全臺詩》第25冊，頁423。

理報》，與《昭和新報》、《風月報》等主編。〈舌耕〉映現任職《臺灣日日新報》記者時期「筆耕／儒酸」、積極參與文學活動並任瀛社社長時期〈感賦寄土葵胞侄於臺南〉「慚學士／薄侏儒」，深化前清「學士、筆耕」清雅，跨代後「儒酸、薄侏儒」的境遇。值得注意者，直到日治後期，昭和十五年（1940）〈新春雜詠〉「民胞物與吾儒願，聖訓煌煌說大同」仍以宋儒張載〈西銘〉、《禮記‧大同》作為新春惕勵之詞。

　　謝汝銓跨代後北移創社、跨界日文、報刊主編等多元發展，豐富了「儒者他述詩」的內涵。作為首位以生員身分進入總督府國語學校、編輯《日臺會話辭典》、致力於成功的語言跨界者。蒙獲選中為：大正十一年（1922）十月廿九日東京湯島聖堂舉行「大成至聖先師孔夫子二千四百年追遠紀念祭」的臺灣儒生代表，〈明經李種玉先生〉「儒生代表／皇城賜遊」等同科舉時代博學鴻儒待遇。此後昭和六年（1931）至昭和十五年（1940）之間，發表多首「儒者他述詩」：同為科舉社群的：〈茂才謝石秋宗親〉「謝石秋／異俗儒」、〈茂才王采甫社友〉「王采甫／儒師」、〈進士汪春源藝友〉「汪春源／儒臣」、〈林幼春吟友〉「林幼春／不作迂儒」，有「正面」的儒師、儒臣等科舉時代職稱；有異俗儒、不作迂儒等後舉時代的「警醒」；亦有參與總督舉行的揚文會活動，作〈兒玉源太郎公〉「兒玉源太郎／文會集名儒」的唱酬之作。即使是首位以生員身分入總督府國語學校、任職總督府學務課、轉任警察官吏練習所臺語教師，看似與總督府連結甚深，然而〈己卯（1939）元宵賦寄什錦花園孚威上將軍〉「吳佩孚／醇儒」、〈輓吳子玉將軍〉「吳佩孚／逃儒」，感佩吳佩孚由「前清生員」轉為「抗日名將」的人生歷程。二詩之中，點名因是「逃儒」故而投筆從戎、因是「醇儒」故而不屈服於日人的壓力，映現謝汝銓於「儒者／他述詩」的詮釋內涵。

二　謝汝銓讀經用經

謝汝銓作為臺南「跨界的科舉士人」代表，跨界媒體、力學日文，仍持續閱讀經、史、子、集，並發表《讀書題後》系列詩作於《風月報》。檢視《全臺詩》臺南文人「以詩賦經」內容，以科舉時代必讀經典中，五經中的《易經》、《春秋》兩經較多，《史記》〈太史公自序〉有謂「《易》以道化，《春秋》以道義。」[102]《易經》包含天地規律、人道準則，有群經之首的稱譽，面對鼎革易代、家國劇變，讀《易》賦詩有助於跨代士人面對動盪的時代。《春秋》筆法、言簡意賅，前清科舉社群具功名者，多任職於報刊記者、主編，故而《春秋》賦詩者亦多。

（一）《易經》賦詩

延續科舉時代讀經、用經習慣，《易經》居群經之首，蘊含變化的哲理。《史記》〈太史公自序〉有謂「《易》著天地陰陽四時五行，故長於變。」映現其較占卜更深刻的內涵。[103]〈繫辭上傳〉又云「仁者見之謂之仁，智者見之謂之智」的特殊光華。檢視謝汝銓於日治時期十首《易經》賦詩，區分其內容，有：讀《易》賦詩、筮《易》賦詩兩類。

1　讀《易》賦詩

謝汝銓於「讀《易》賦詩」類，約有：〈讀書題後・羑里演《易》〉（1938）、〈梅花詞〉十首之〈窗前梅〉（1938）、〈新春雜詠〉（1940）、〈卦爻辭有引〉（1942）四首。彼時寫作時間，正當時局轉變、皇民

102　〔漢〕司馬遷撰，楊家駱編：《新校本史記三家注并附編二種》，頁3297。

103　〔漢〕司馬遷撰，楊家駱編：《新校本史記三家注并附編二種》，頁3297。

化運動推行階段，[104]昭和十二年（1937）「七七事變」日本展開全面侵華戰爭，同年開始推行「皇民化的國語運動」，使臺民因使用日語而享有類似日本人的優惠。[105]謝汝銓第一首「讀《易》賦詩」，於昭和十三年（1938）三月十日《臺灣日日新報》「臺日漢詩壇」欄，發表〈窗前梅〉「一庭香氣月初明，影落疏簾別有情。縷縷芳魂留屆戌，珊珊玉骨植誇庚。相看讀《易》玄機悟，索笑吟詞逸興生。」[106]於梅庭窗下讀《易》悟玄機，將此讀書的感官經驗寫下，以嗅覺「一庭香氣」、視覺「月初明」、觸覺「珊珊玉骨」烘托成「相看讀《易》玄機悟」，轉手寫下「一索笑吟詞逸興生」，頗具逸趣，生活尚未受外界戰事影響。

　　昭和十三年（1938）五月三日總督府宣佈臺灣實施「國家總動員法」，對許多物資的流通進行管制，發動人民義務勞動、強迫儲蓄等等，[107]人民為配合「國家總動員法」而投入預備戰事，社會氛圍轉為肅殺。謝汝銓第二首「讀《易》賦詩」，於昭和十三年（1938）八月十六日《風月報》第七十期「詩壇」欄，發表〈讀書題後・羑里演《易》〉：

　　　　研朱點讀費沉思，羑里消愁演卦時。

---

104 日本統治臺灣以後，雖然積極推動日本語的教育，但並不要求臺灣人的生活、信仰全面日本化。昭和12年（1937）中日戰爭爆發後，為了戰爭動員的需要，總督府展始推行「皇民化運動」。積極要求臺灣人改日本姓氏、講日本話，接受日本神道信仰。詳參吳密察監修，遠流臺灣館編著：《台灣史小事典》，頁155。

105 「國語運動」為鼓勵臺灣人學習、使用日語的獎勵制度。任何家庭只要其成員在家都講日語，就可以申請為「國語家庭」，通過審核後，頒發證書、獎章、門標。「國語家庭」出身的兒童可以進入日本人就讀的「小學校」，也可以優先進入中等學校就讀。公家機關也會優先錄取「國語家庭」出身的人，申請各類營業執照也比較容易核准。詳參吳密察監修，遠流臺灣館編著：《台灣史小事典》，頁152。

106 謝汝銓：〈窗前梅〉，全臺詩編輯小組編撰：《全臺詩》第25冊，頁340。

107 吳密察監修，遠流臺灣館編著：《台灣史小事典》，頁153。

道究天人參變化，囚深歲月泯危疑。

闡明數象分爻義，協贊庖犧繫象辭。

不用龜耆為卜筮，精微奧妙自家知。[108]

「研朱點讀費沉思，羑里消愁演卦時」映現時局變化的感知。想像周
文王被囚於羑里，為減消愁悶而推演卦象，為探究天人之際、通古今
之變，而修訂《易經》、闡明數象、分別爻義，修訂後精微奧妙的義
理，與殷商龜甲占卜不同。

謝汝銓第三首「讀《易》賦詩」，於昭和十五年（1940）一月一
日《風月報》第一百期「詩壇」欄，發表〈新春雜詠〉「師表尊崇謁
泮宮，劍潭紆道到龍峒。民胞物與吾儒願，聖訓煌煌說〈大
同〉。……閱盡滄桑到七旬，老來深喜健吟身。假年《周易》窮玄
妙，象象爻辭法聖人。」[109]正月初一赴臺北龍峒文廟拜孔子，懷想
《禮記》〈大同〉的治世理想，以「儒者」身分，充分認同宋儒張載
〈西銘〉「民吾同胞，物吾與也」的博愛精神。時局的變化，迫使讀
《易》、推演局勢需求日甚，彼時謝汝銓已七十高齡，仍借鑑《論
語・述而》孔子云「加我數年，五十以學《易》」，期待能如聖人五十
學《易》、而後感知外界局勢的改變。

謝汝銓於讀《易》賦詩，較其他經典投入更多。昭和十六年
（1941）十二月七日，日軍偷襲珍珠港，太平洋戰爭爆發。隔年
（1942）招集臺灣陸軍志願兵入伍，[110]臺民終於免不了被捲入戰爭。
昭和十七年（1942）二月廿六日《興南新聞》「興南詩苑」欄，發表
〈卦爻辭有引〉，「余演繹《周易》說成，更就各卦爻附吟絕句計得四

---

108 謝汝銓：〈讀書題後・羑里演《易》〉，全臺詩編輯小組編撰：《全臺詩》第25冊，
　　頁359。

109 謝汝銓：〈新春雜詠〉，全臺詩編輯小組編撰：《全臺詩》第25冊，頁422。

110 吳密察監修，遠流臺灣館編著：《台灣史小事典》，頁156。

百五十首，蓋辭與說相輔，藉益闡明易義，詩之工拙不計也。」

> 自強不息健天行，辭繫亨貞卦德明。
> 占此六爻皆不變，根深蒂固事功成。[111]
> 施為勿用象潛龍，己人攸分且斂容。
> 始卦卻看爻變巽，得時而出待雲從。[112]
> 陽氣在田生植新，為離爻變卦同人。
> 縱無君位有君德，利見應教澤及民。[113]
> 履險思危健自強，過中何患位重剛。
> 再三反覆無非道，德業進修斯可望。[114]
> 無恆進退豈離群，界限天人正欲分，
> 相時而動自渭屬，暫躍於淵末上雲。[115]
> 類從天地各相親，龍德飛騰見聖人。
> 卦變離明為大有，陽剛中正位方新。[116]
> 得喪存亡一剎那，滿盈知戒事奚訛。
> 無民無位又無輔，妄動其如天悔何。[117]

詩前引言說明〈卦爻辭有引〉的寫作意識，為演繹《周易》而各卦爻附吟絕句得四百五十首，[118]映現隨著時局戰事的發展、總督府法令的

111　按：作者自注：「乾卦。」
112　按：作者自注：「乾初九。」
113　按：作者自注：「乾九二。」
114　按：作者自注：「乾九三。」
115　按：作者自注：「乾九四。」
116　按：作者自注：「乾九五。」
117　謝汝銓：〈卦爻辭有引〉，全臺詩編輯小組編撰：《全臺詩》第25冊，頁436-437。
　　　按：作者自注：「乾上九。」
118　按：根據〈卦爻辭有引〉，「余演繹《周易》說成，更就各卦爻附吟絕句計得四百五十首，蓋辭與說相輔，藉益闡明易義，詩之工拙不計也。」然而檢視《全臺詩》所收錄謝汝銓詩作，亦僅見得〈卦爻辭有引〉七首絕句。

制定，士人無法置身事外，投入心力演繹《周易》之餘，憑各卦爻而再吟絕句，頗見其讀《易》推敲之用意。〈卦爻辭〉第一首，賦詩乾卦，乾上、乾下。〈說卦傳〉曰：「乾，健也。」[119]〈象〉曰：「天行健，君子以自強不息」。[120]若占得乾卦六爻，則根深蒂固，此事可成功。〈卦爻辭〉第二首，賦詩乾卦、巽卦，「初九，潛龍勿用」〈正義〉曰：「此自然之象，聖人作法，言於此『潛龍之時』，小人道盛，聖人雖有龍德，於此時唯宜潛藏，勿可施用。」[121]人己相處收斂含藏，乾卦初爻可與巽卦合觀，巽卦〈正義〉曰：「巽之為義，以卑順為體，以容入為用。」[122]如此龍出雲從。其餘五首，作者依次自注，分別為：乾九二、乾九三、乾九四、乾九五、乾上九，然則不足〈有引〉，所云「演繹《周易》，就各卦爻吟附絕句計得四百五十首」之數。

2 筮《易》賦詩

謝汝銓於「筮《易》賦詩」類，約有：〈明石督憲靈輀歸葬臺北賦此誌哀〉（1919）、〈瀛社友李少庵君四十初度賦詩紀念次韻以祝〉（1933）、〈敕題迎年祈世恭賦〉（1940）、〈筮《易》感作〉（1940）、〈瀛社春宴兼為李悌欽兄及余祝登七秩席上賦謝索和〉（1940）、〈次張說園詞友五十書感原韻〉（？）六首。同樣以昭和十二年（1937）「七七事變」日本侵華戰爭為分水嶺，總督府推行「皇民化的國語運

---

119 〔魏〕王弼、韓康伯注：《周易正義》，〔唐〕孔穎達等正義，收入《十三經注疏本》，頁8。

120 〔魏〕王弼、韓康伯注：《周易正義》，〔唐〕孔穎達等正義，收入《十三經注疏本》，頁11。

121 〔魏〕王弼、韓康伯注：《周易正義》，〔唐〕孔穎達等正義，收入《十三經注疏本》，頁8。

122 〔魏〕王弼、韓康伯注：《周易正義》，〔唐〕孔穎達等正義，收入《十三經注疏本》，頁128。

動」，隔年（1938）總督府宣佈在臺灣實施「國家總動員法」，為配合
持續的戰事，社會氛圍轉為肅殺。隨著社會氛圍的轉變，「筮《易》
賦詩」類的詩作增多。

　　大正八年（1919）十一月三日《臺灣日日新報》，謝汝銓發表第
一首「筮《易》賦詩」〈明石督憲靈輀歸葬臺北賦此誌哀〉「水難《易
經》占卦象，如何人不阻歸舟。」[123]日本駐臺第七任總督明石元二郎
（1864-1919）乃唯一逝世葬於臺灣的總督，[124]明石總督在職僅一年五
個月，內政卻頗有建樹。當時賦詩哀悼者多，本詩開啟：「筮《易》
賦詩」類型。另如昭和八年（1933）八月十一日《臺灣日日新報》
「詩壇」欄，謝氏發表第二首「筮《易》賦詩」，〈瀛社友李少庵君四
十初度賦詩紀念次韻以祝〉「昌明《易》象卦占離，大受由來不小
知。果欲民胞兼物與，也應人憫又天悲。……為釋為儒原自可，明心
見性道無差。」[125]此詩為瀛社社友、佛學中人李少庵四十生日的祝詩。

123　謝汝銓：〈明石督憲靈輀歸葬臺北賦此誌哀〉，全臺詩編輯小組編撰：《全臺詩》第
　　25冊，頁97。

124　明石元二郎（1864-1919）日本第七任駐臺灣總督。一八六四年（元治元年）生於
　　福岡市濱町。十三歲即入陸軍幼校。一八八一年（明治十四年）入士官學校六
　　期，兩年後畢業；一八八七年又考入陸軍大學五期，於八九年畢業，服勤於參謀
　　本部。一八九四年二月留學德國，翌年四月學成回國，時因中日甲午戰爭，任職
　　於大本營，是年五月任近衛師團參謀，隨能久親王征臺。一九一八年（大正七
　　年）六月以日軍第六師團長中將軍階被任命為臺灣總督；七月晉陞大將，隨即赴
　　臺就任。翌年八月隨著改制兼任臺灣軍司令官。十月頒授男爵。同月廿六日因感
　　冒併發肺炎，歿於福岡，年五十六。共在職一年五個月，是所有十九位日本駐臺
　　灣總督中，唯一於任內死亡者。其在職雖暫，卻頗有建樹，修正內務行政，廢止
　　民政部之四局一署三部制，改設內務、財務、遞信、殖產、土木、警務六局及法
　　務一部。創辦臺灣電力株式會社，興建日月潭水利發電廠；廣設職業學校；鋪設
　　海線鐵路及蕃界道路。此外，更奏請改「總督為親任」（特任），打破「臺灣總督
　　以陸海軍中將大將任之」之成例，不限於軍人出身，開文官得任總督之端倪。
　　張子文：〈明石元二郎〉，收入張子文、郭啟傳、林偉洲：《臺灣歷史人物小傳——
　　明清暨日據時期》（臺北市：國家圖書館，2003年12月），頁216-217。

125　謝汝銓：〈瀛社友李少庵君四十初度賦詩紀念次韻以祝〉，全臺詩編輯小組編撰：
　　《全臺詩》第25冊，頁264。

　　昭和十五年（1940）三月四日《風月報》「詩壇」欄，謝汝銓發表第三首「筮《易》賦詩」，〈瀛社春宴兼為李悌欽兄及余祝登七秩席上賦謝索和〉「《周易》爻無誤，《春秋》筆有輝。」[126]讚揚李悌欽七十高壽、下筆有如《春秋》光輝。彼時科舉社群士人，多有任職於報社記者，需言簡意賅的記述新聞事件，故多有《春秋》詩賦的作品或比喻。謝氏第四首「筮《易》賦詩」，無發表日期，收入張善《說園詩草》〈次張說園詞友五十書感原韻〉「欲通玄理筮《周易》，直向微茫渺渺處尋。……天生五霸亂春秋，便教精神墜遠遊。西狩獲麟傷絕筆，君臣大義聖深謀」。[127]彼時生活於戰爭氛圍下，士人多有「五十以學《易》」，以感知不可知的未來時局發展。

　　謝汝銓第五首「筮《易》賦詩」，發表於昭和十五年（1940）一月一日《臺灣日日新報》「漢詩」欄，發表〈敕題迎年祈世恭賦〉「龍飛占利見，乾德健行新。」[128]此詩作於第二次世界大戰時期，新年占卜得祥瑞佳象的乾卦，故以〈象傳〉「天行健，君子以自強不息」，得乾卦六爻，則所問之事可成。謝氏第六首「筮《易》賦詩」，發表於昭和十五年（1940）二月十五日《臺灣日日新報》「臺日漢詩壇」欄，發表〈筮《易》感作〉「也有成都賣卜情，垂簾權此作君平。不談神鬼說忠孝，矯正時趨《易》道明。」[129]本詩以《漢書》〈王貢兩龔鮑傳序〉「蜀有嚴君平，……君平卜筮於成都市，……裁日閱數人，得百錢足自養，則閉肆下簾而授《老子》」[130]為典，戰爭時期

126　謝汝銓：〈瀛社春宴兼為李悌欽兄及余祝登七秩席上賦謝索和〉，全臺詩編輯小組編撰：《全臺詩》第25冊，頁427。

127　謝汝銓：〈次張說園詞友五十書感原韻〉，全臺詩編輯小組編撰：《全臺詩》第25冊，頁465。

128　謝汝銓：〈敕題迎年祈世恭賦〉，全臺詩編輯小組編撰：《全臺詩》第25冊，頁421。

129　謝汝銓：〈筮《易》感作〉，全臺詩編輯小組編撰：《全臺詩》第25冊，頁425。

130　〔漢〕班固著，楊家駱編：《新校本漢書并附編二種》（臺北市：鼎文書局，1991年9月），頁3056。

「卜筮讀《易》」本為士人祈求感知局勢發展，謝汝銓願仿傚嚴君平擺攤於市，然而普通人求問卜筮，難以擺脫「神鬼」觀感，要能推演《易》理、闡述忠孝，才能矯正時人「求神問鬼」的趨勢觀感，人生哲理、自然規律之《易》道，始為時人所理解。

（二）《春秋》賦詩

　　日治時期臺灣文士「讀經賦詩」的創作環境，不僅遭遇「廢止」科舉取士的巨大變革，更面臨論述場域的「變易」。明治廿八年（1895）總督府舉行「始政」典禮的隔年，日資媒體《臺灣新報》隨即登臺。明治卅一年（1898）合併《臺灣新報》、《臺灣日報》為《臺灣日日新報》，於總督府的授意下《臺灣日日新報》成為日治時期臺灣壽命最長、發行量最大的官方報紙，初期的新興報刊雜誌以「日資」為主，直到大正八年（1919）第一份臺資漢文期刊《臺灣文藝叢誌》創立為止，開啟臺人主掌報刊的時代。乙未之後，臺南士人有諸多跨界擔任報社記者、主編者，謝汝銓（1871-1953）改隸後，曾任《臺灣日日新報》漢文記者、《風月報》等主編，[131]延續科舉時代讀經用經習慣，檢視其《春秋》賦詩內容，有：讀《春秋》賦詩、《春秋》筆法兩類。

1　「讀《春秋》賦詩」類

　　《史記》〈太史公自序〉有云「夫《春秋》上明三王之道，下辨

---

131 謝汝銓（1871-1953）平生所作詩文有《奎府樓吟草》三卷、《詩海慈航》二卷、《周易略說》等，多發表於報章雜誌。王國璠認為謝氏詩：「詞尚淺白，且多寫實；尤以感舊、寄懷之作，更存臺灣近代關係人物之事蹟，以人存史，頗具文獻價值。」《奎府樓詩草》及《蓬萊角樓詩存》兩詩集曾於日治時期刊行，民國八十一年（1992）龍文出版社將二者合印，總名為《雪漁詩集》。另有〈蓬萊角樓詩話〉、〈奎府樓詩話〉不定期刊載於《風月報》，未見刊行本。
黃美娥：〈提要〉，全臺詩編輯小組編撰：《全臺詩》第25冊，頁1。

人事之紀，別嫌疑，明是非，定猶豫，善善惡惡，賢賢賤不肖，存亡國，繼紀事，補敝起廢，王道之大者也。」[132]取孔子憂心世衰道微，以言簡意賅的筆法，修訂魯國《春秋》，以闡明《春秋》之微言大義。〈太史公自序〉又云「撥亂世反之正，莫近於《春秋》。《春秋》文成數萬，其指數千，萬物之散聚皆在《春秋》。《春秋》之中，弒君卅六，亡國五十二，諸侯奔走不得保其社稷者不可勝數。察其所已，皆失其本已。」[133]春秋兩百四十二年之間，卅六國國君被殺、五十二國被滅，其他遑遑奔走，不可終日者，不可勝數。以此春秋亂世，對映昭和十二年（1937）「七七事變」日本侵華戰爭為分水嶺，昭和十三年（1938）五月三日總督府宣佈在臺灣實施「國家總動員法」，對許多物資的流通進行管制，[134]五月十九日總督宣布皇民化、工業化、南進基地化等三大政策，所謂的「工業化」是為了戰爭的目的而推行，因此大幅偏重於軍需工業，於臺灣設廠生產。[135]彼時身為報刊媒體編輯的謝汝銓置身於戰時的社會氛圍，不僅「讀《易》賦詩、筮《易》賦詩」作品大增，所有「讀《春秋》賦詩」亦於昭和十三年（1938）七月陸續發表。

　　昭和十三年（1938）七月九日《臺灣日日新報》「臺日漢詩壇」欄，謝汝銓發表第一首「讀《春秋》賦詩」〈讀書題後・孔子作《春秋》〉

　　　　素王南面著《春秋》，二百餘年亂賊憂。
　　　　終始隱哀公敘魯，貶褒袞鉞室尊周。
　　　　謹嚴遊夏辭難贊，功利桓文業總羞。

---

132 〔漢〕司馬遷撰，楊家駱編：《新校本史記三家注并附編二種》，頁3297。

133 〔漢〕司馬遷撰，楊家駱編：《新校本史記三家注并附編二種》，頁3297。

134 吳密察監修，遠流臺灣館編著：《台灣史小事典》，頁153。

135 吳密察監修，遠流臺灣館編著：《台灣史小事典》，頁153。

大義昭然千古凜，炎炎鳳德發光幽。[136]

孔子著《春秋》，始於魯隱公元年、終於魯哀公十四年，共兩百四十二年，包含弒君卅六、亡國五十二之記事。孔子筆下嚴謹，絲毫不差，有素王稱譽，門下高徒子遊、子夏不能參贊一辭，弟子們亦不評論齊桓公、晉文公二王霸業。《春秋》微言大義，為五經之一、科舉用書，凜然傳於後世。謝氏第二首「讀《春秋》賦詩」〈讀書題後・不韋託《春秋》〉「狐裘不自縫新腋，麟史偏為託正篇。」[137]呂不韋門客輯篇成書，類託「孔子著《春秋》，亂臣賊子懼」的素王之業，展現大一統的《春秋》義法。〈不韋託《春秋》〉與〈孔子作《春秋》〉發表時間相同，皆是出自〈讀書題後〉系列共一百四十首詩。[138]

　　謝汝銓第三首「讀《春秋》賦詩」，於昭和十三年（1938）九月九日《臺灣日日新報》「臺日漢詩壇」欄，發表〈讀書題後・溫公《資治通鑑》〉「筆削《春秋》義例垂，龍門作記亦前師。」[139]司馬光效法《春秋》義例筆法，自周威烈王廿三年（西元前403）至五代後周世宗顯德六年（西元959），長達一千三百六十二年史，是第一部編年體通史。史學另一雙璧，漢代司馬遷自述「遷生龍門」[140]，《史記》是第一部紀傳體通史，於《資治通鑑》有啟發作用。謝氏第四首「讀《春秋》賦詩」，於昭和十三年（1938）十一月廿六日《臺灣日日新報》「臺日漢詩壇」欄〈讀書題後・杜預《左傳》癖〉「將軍經籍每耽

136　謝汝銓：〈讀書題後・孔子作《春秋》〉，全臺詩編輯小組編撰：《全臺詩》第25冊，頁359。

137　謝汝銓：〈讀書題後・不韋託《春秋》〉，全臺詩編輯小組編撰：《全臺詩》第25冊，頁359。

138　〈讀書題後〉一百一十八首含〈讀書題後補遺〉廿二首，共一百四十首。

139　謝汝銓：〈讀書題後・溫公《資治通鑑》〉，全臺詩編輯小組編撰：《全臺詩》第25冊，頁361。

140　〔漢〕司馬遷撰，楊家駱編：《新校本史記三家注并附編二種》，頁3293。

思，《左傳》生平酷愛之。詩酒別腸無異此，《春秋》義例有同斯。非盲亥豕能傳信，集解《公羊》得證疑。廣奧何人窺武庫，功成還自重文辭。」[141]西晉鎮南將軍杜預生平酷愛《左傳》，自云有《左傳》癖，著有《春秋經傳集解》，文武治道，無不通達，故而有杜武庫之譽，[142]本詩由杜預《春秋經傳集解》而溯源其人。

謝汝銓第五首「讀《春秋》賦詩」，於昭和十三年（1938）十一月廿六日《臺灣日日新報》「臺日漢詩壇」欄〈讀書題後・談《史》《漢》〉「休嗤抵掌只談空，褒貶《春秋》法至公。」[143]本詩乃〈讀書題後〉系列〈談《史》《漢》〉詩，談論《史記》、《漢書》，詩旨不免提及：以《春秋》褒貶至公的微言大義，作為史書不該輕蔑空談的筆法準則。

2 「《春秋》筆法」類

《三六九小報》於昭和六年（1931）九月十三日，刊載南社創社成員、《臺南新報》編輯黃得眾（1877-1949）[144]以「鯤南隱士」筆名發表〈祝《三六九小報》週年辭〉：

---

141 謝汝銓：〈讀書題後・杜預《左傳》癖〉，全臺詩編輯小組編撰：《全臺詩》第25冊，頁371。

142 《晉書・卷三四・列傳・杜預》：「預在內七年，損益萬機，不可勝數，朝野稱美，號曰杜武庫，言其無所不有也。」詳參〔清〕吳士鑑，劉承幹撰《晉書斠注》收入《續修四庫全書》第276冊（上海市：上海古籍出版社，2002年4月），頁38。

143 謝汝銓：〈讀書題後・談《史》《漢》〉，全臺詩編輯小組編撰：《全臺詩》第25冊，頁384。

144 黃得眾（1877-1949），字拱五，號瘦菊、多事老人，筆名鯤南隱士、紅豢、紅豢洞叟、紅豢隱者。臺灣府寧南坊人（今臺南市）。父黃字吉曾受聘為臺灣縣「引心書院」監院。光緒十八年（1892）以十六歲之齡受聘為塾師。日治後，於明治三十九年（1906）參與臺南「南社」的創設。曾擔任「臺南每日新聞社」社員，後進入《臺南新報》操筆政，曾為《三六九小報》、《孔教報》撰稿。

楊永智：〈提要〉，全臺詩編輯小組編撰：《全臺詩》第30冊（臺南市：國家文學館，2013年12月），頁1。

試觀三六九報，名雖稱小，而意實深。譏諷詼諧，儘有機致。
嘻笑怒罵，皆成文章。毛錐一管，直是社會之砭針。墨汁三
升，可謂人世之藥石。……夫報無大小，文化賴其維持，筆效
《春秋》，頹風藉以挽正。[145]

日治時期許多報刊多有維護漢學的刊行宣言，《三六九小報》於發行
滿一週年的各方賀辭中，臺南文士黃得眾以「筆效《春秋》，挽正頹
風」之嚴肅目的，作為彼時文人應以《春秋》筆法，作為報刊撰稿之
論述基礎，引發任職報刊界文人群體的迴響。

　　臺南文士黃得眾「筆效《春秋》，挽正頹風」的主張，臺南「跨
界科舉士人」謝汝銓發表許多「《春秋》筆法」類詩作。謝氏於報刊
界服務多年，參與日臺聯吟、交流活動頗多。第一首「《春秋》筆
法」詩，〈伊藤壺溪先生〉「東寧又罷《春秋》筆，坐擁皋比直到
今。」[146]即臺北瀛社日籍社友伊藤賢道，[147]大正九年（1920）八月至
昭和六年（1931）之間，任職總督府轄下各機關之囑託員，[148]雅好漢
詩創作，曾加入日人在臺末期最後一個漢詩社，由臺北帝國大學教授
久保天隨主持的「南雅詩社」。[149]本詩即以《春秋》史筆、教師講席
二者皆善，讚譽伊藤氏宦臺展現之才能。謝汝銓第二首「《春秋》筆

---

145 黃得眾（鯤南隱士）：〈祝《三六九小報》週年辭〉，《三六九小報》第108號（昭和
　　6年9月9日），第2版。

146 謝汝銓：〈伊藤壺溪先生〉，全臺詩編輯小組編撰：《全臺詩》第25冊，頁234。

147 伊藤賢道，筆名壺溪。大正、昭和年間旅臺詩人，曾任職《臺灣日日新報》社為
　　編輯長，久保天隨執教臺北帝大，組「南雅社」，壺溪與焉。
　　詳參《瀛社官網・瀛社日籍社友》http://www.tpps.org.tw/forum/forum.php?mod=
　　viewthread&tid=21

148 詳參中央研究院・臺灣史研究所《臺灣總督府職員錄系統》http://who.ith.sinica.
　　edu.tw/mpView.action

149 「南雅詩社」乃臺北帝國大學教授久保天隨於一九三〇年創設，直到一九三四年病
　　逝而結束。詳參黃美娥：〈久保天隨與臺灣漢詩壇〉，《臺灣學研究》第7期（2009
　　年6月），頁20。

法」詩，於大正九年（1920）七月十二日，《臺灣日日新報》「詩壇」
欄，發表〈本社設席北投歡迎廣東記者團諸公余有微恙不赴賦此寄呈
即希郢政〉「義例《春秋》嚴筆削，好將實景寫蓬萊。」[150]以「《春秋》
筆削」美稱，來訪廣東記者執筆撰稿，同時亦肯定報刊從業人員。

謝汝銓第三首「《春秋》筆法」詩，於大正九年（1920）九月廿
一日，發表於《臺灣日日新報》「詩壇」欄〈悼社友李逸濤君〉「辛苦
操觚廿載中，死生文字蠹書蟲。……褒貶《春秋》好惡同，羞為無骨
應聲蟲。清恬寡欲窮儒術，一高懷似鄭沖。……」、[151]李逸濤（1876-
1921）與謝汝銓同為國語傳習所畢業、瀛社社員、《臺灣日日新報》
漢文記者，[152]本詩乃悼念李氏之作，借「孔子著《春秋》，亂臣賊子
懼」，贊譽李氏從事記者之職，並非無骨的應聲蟲，撰稿從不趨炎依
附日人觀點，故而清恬寡欲、窮儒有節，如同三國時期出身寒微的大
儒鄭沖一般。

日本著名漢詩人藤波千谿[153]，於大正十五年（1926）五月來臺，[154]

---

150 謝汝銓：〈本社設席北投歡迎廣東記者團諸公余有微恙不赴賦此寄呈即希郢政〉，
　　全臺詩編輯小組編撰：《全臺詩》第25冊，頁100。

151 謝汝銓：〈悼社友李逸濤君〉，全臺詩編輯小組編撰：《全臺詩》第25冊，頁117。

152 李書（1876-1921），字逸濤，號亦陶、煙花散人。淡水縣大稻埕人（臺北市大同
　　區）。少受業於臺北名士邱亦芝，嗜學，博覽金石，尤通史漢。明治二十九年
　　（1896）與朱俊英、潘濟堂、郭廷獻等同入國語傳習所。同年，進入《臺灣新報》
　　（後改為《臺灣日日新報》）擔任漢文記者，前後二十餘年。曾參與在臺日人成立
　　之「玉山吟社」活動，為「瀛社」創社員。李氏善詩、文，尤工小說，其中以
　　《蠻花記》最為膾炙人口。
　　蔡美端：〈提要〉，全臺詩編輯小組編撰：《全臺詩》第43冊（臺南市：國家文學
　　館，2016年11月），頁393。

153 藤波千谿，兵庫縣人，字楸次郎，又號千谿。明治時代岡山地方裁判官，著名的漢
　　詩人，大正四年（1915）刊行《宝宋斎詩鈔》。
　　詳參国立国会図書館典拠データ検索・提供サービス https://id.ndl.go.jp/auth/ndlna/
　　00345825
　　詳參黃虎洞中國文物ギャラリ──漢學と文物 http://www.ic.daito.ac.jp/~oukodou/
　　gallery/pic-1436.html

舉辦「日臺聯吟活動」，參與者另有漢詩人田邊碧堂[155]，謝汝銓第四首「《春秋》筆法」詩，於大正十五年（1926）五月十日《臺灣日日新報》「詩壇」欄，發表〈席上敬次藤波千谿先生瑤韻兼呈田邊碧堂先生兩郢政〉「泯棼深抱國家愁，無限雄心老尚留。才藻人欣逢李杜，貶褒世憫絕《春秋》。」[156]本詩作於「日臺聯吟活動」，詩成次韻藤波氏、敬呈田邊氏，因此美稱藤波、田邊二氏，既感懷家國紛亂局勢，憫世具有李、杜之才，褒貶兼具《春秋》筆法。

　　明治三十八年（1905）謝汝銓入《臺灣日日新報》擔任漢文記者，自此跨界至媒體執筆凡廿五年，於昭和四年（1929）八月廿四日《臺灣日日新報》「詩壇」欄，發表第五首「《春秋》筆法」詩，〈感懷〉「《春秋》義例論今世，風雨名山友古人。」[157]映現個人執筆寫稿的情懷。昭和五年（1930）九月廿七日《臺灣日日新報》第四版，發表第六首「《春秋》筆法」詩，〈庚午（1930）秋分日參列圓山護國禪寺故臺日社員例祭感賦〉「廿五年間齊濫竽，《春秋》義例與操觚。」[158]映現謝氏以「《春秋》義例」作為主編態度、撰稿筆法之立場，極為明確。此後以類似主題發表詩作頗多，如昭和七年（1932）八月廿四日

154 《臺灣日日新報》1926年6月13日夕刊4版，刊載「約一個月前，與藤波千谿翁接踵來臺之東京漢詩人田邊碧堂氏。」記述藤波千谿於1926年5月來臺。

155 田邊華（1864-1931）字碧堂、秋毅，又稱田邊爲三郎。他是日本大正時期的漢詩人、實業家，也是知名的詩人、山水畫家。於茉莉吟社學習漢詩，受到國分青厓的影響，著有《碧堂絕句》、《衣雲集》、《凌滄集》、《壯行集》等作。
詳參国立国会図書館典拠データ検索・提供サービスhttps://id.ndl.go.jp/auth/ndlna/00280492
詳參歷史が眠る多磨霊園・著名人・田邊為三郎（田辺碧堂）http://www6.plala.or.jp/guti/cemetery/PERSON/T/tanabe_h.html

156 謝汝銓：〈席上敬次藤波千谿先生瑤韻兼呈田邊碧堂先生兩郢政〉，全臺詩編輯小組編撰：《全臺詩》第25冊，頁137。

157 謝汝銓：〈感懷〉，全臺詩編輯小組編撰：《全臺詩》第25冊，頁148。

158 謝汝銓：〈庚午（1930）秋分日參列圓山護國禪寺故臺日社員例祭感賦〉，全臺詩編輯小組編撰：《全臺詩》第25冊，頁159。

《昭和新報》「昭和詞壇」欄，發表第七首「《春秋》筆法」詩，〈感事〉「不測人心乘氣機，《春秋》筆削到深微。」[159]與〈感懷〉詩類似，映現個人執筆寫稿的情懷。

昭和八年（1933）十月十七日《臺灣日日新報》「詩壇」欄，謝汝銓發表第八首「《春秋》筆法」詩，〈祝黃贊鈞社弟道德報發刊〉「仲尼徒不道桓文，王道霸勁原自分。仁義有真無可假，《春秋》一部削紛紛。秦欲坑儒漢罵儒，儒生畢竟有何辜。循環往復成天道，秦漢於今尺土無。」[160]以孔子著《春秋》，門弟子不稱道齊桓公、晉文公霸業，儒家仁義因此可辨真假。本詩贊譽、鼓勵黃贊鈞於戰時發行《崇聖道德報》，以善書推廣形式、報刊編輯體制，提供儒者文士投稿刊登的刊物。

昭和十三年（1938）十一月一日，《臺灣日日新報》「臺日漢詩壇」欄，謝汝銓發表第九首「《春秋》筆法」詩，〈辜顯榮先生輓詩〉「知友古村編實錄，直書無隱法《春秋》。」[161]辜顯榮（1866-1937）於日軍開赴臺北城送請願書有功，成為臺灣著名紳商，而備受爭議。昭和十二年去逝後，由前《臺灣日日新報》的漢文版主筆、時任近衛文麿內閣的智囊尾崎秀真（1874-1952）主編《辜顯榮傳》，[162]謝氏稱譽此書仿《春秋》筆法書寫辜顯榮一生。謝氏第十首「《春秋》筆法」詩，於昭和十三年（1938）十二月一日，發表於《風月報》「詩壇」欄〈瀛社老友倪炳煌君令媛雲姮女士出閣賦此恭賀〉「經論學富賢夫婿，筆削權操古史官。」[163]倪炳煌（1875-1951）為「瀛社」創

---

159 謝汝銓：〈感事〉，全臺詩編輯小組編撰：《全臺詩》第25冊，頁244。

160 謝汝銓：〈祝黃贊鈞社弟道德報發刊〉，全臺詩編輯小組編撰：《全臺詩》第25冊，頁270。

161 謝汝銓：〈辜顯榮先生輓詩〉，全臺詩編輯小組編撰：《全臺詩》第25冊，頁392。

162 鍾淑敏：〈《臺灣日日新報》漢文部主任尾崎秀真〉，《臺灣學通訊》第85期（2015年1月29日），頁8。

163 謝汝銓：〈瀛社老友倪炳煌君令媛雲姮女士出閣賦此恭賀〉，全臺詩編輯小組編撰：《全臺詩》第25冊，頁394。

設社員，歷任《高砂パツケ》、《南方公論》、《臺政新報》、《新高新報》、《南海時報》、《國語時報》等各社漢文主筆，並任《新臺灣》漢文部編輯主任，前後三十餘年活躍於新聞界，與謝汝銓共創瀛社又為報業同行，知交甚篤。[164]由賀詩內容，映現倪炳煌女婿亦為報業同行後進，故而有「經論學富、筆削史官」之稱譽。昭和十五年（1940）三月四日《風月報》「詩壇」欄，謝汝銓發表第十一首「《春秋》筆法」詩，〈瀛社春宴兼為李悌欽兄及余祝登七秩席上賦謝索和〉「《周易》爻無誤，《春秋》筆有輝。」[165]讚揚李悌欽七十高壽下筆有如《春秋》光輝。彼時科舉社群士人，多有任職於報社記者，需言簡意賅的記述新聞事件，故多有《春秋》詩賦的作品或比喻。

小結

　　科舉時代透過各級儒學學校、通過嚴謹的考試制度取得功名，進階社會菁英、政治菁英。菁英群體所習於交流的文言文，即科舉制度「共同的經典語言」乃至於「共有的經典記憶」。檢視《全臺詩》後科舉時代臺南士人詩作，「以詩賦經」為路徑，探索「傳經」與「用

---

164 倪希昶（1875-1951），字炳煌，號梅癡。淡水縣艋舺北皮寮人（臺北市萬華區）。少時讀書，獨具別才，詩、詞、歌、賦無不善。工八分，楷體尤精麗。酷愛梅花，自號梅癡居士；書齋題名曰巢睫居，故號巢睫居士；因久居臺北福地街（臺北市廣州街），又號福地逸叟。二次大戰間營別墅於鷺洲，名曰肖迂盧。明治二十九年（1896），卒業於臺北國語傳習所。歷任《高砂パツケ》、《南方公論》、《臺政新報》、《新高新報》、《南海時報》、《國語時報》等各社漢文主筆，並任《新臺灣》漢文部編輯主任，前後三十餘年活躍於新聞界。性溫厚，喜交游。積極參與詩社活動，明治四十二年（1909）「瀛社」成立，為創設社員，大正十一年（1922）與顏笏山倡設「高山文社」，受推為社長。《臺灣日日新報》漢文編輯謂其詩「清華朗潤，嫺雅輕圓」。
　　張啟豐：〈提要〉，全臺詩編輯小組編撰：《全臺詩》第43冊，頁77。

165 謝汝銓：〈瀛社春宴兼為李悌欽兄及余祝登七秩席上賦謝索和〉，全臺詩編輯小組編撰：《全臺詩》第25冊，頁427。

經」兩端，探究：部分士人由科舉時代「跨代」至後科舉時代，從事「塾師」讀經與傳經；部分士人由科舉時代「跨界」至後科舉時代，從事「主編」讀經與用經。合觀兩端，可知臺南文人如何於「殖民地」時空下，群體「以詩賦經」的時代內涵。

一、塾師讀經與傳經：日治時期臺南科舉士人，跨代至異國統治的後科舉時代，部分士人透過書房傳經方式「延續」昔日養成的科舉教育，探究塾師傳經動機，以「延續科舉教育」意圖、舉「王則修設帳傳經」為例。如下所示：

（一）延續科舉教育：根據明治卅一年（1898）總督府調查全島書房，臺南縣書房一二九處，塾師都具有童生以上功名，映現臺南具有功名的文士，於讀經與傳經志業的強烈使命感。

（二）王則修設帳傳經：前清科舉社群跨代至日治時期的文士中，全臺僅有臺南舉人出任塾師，即蔡國琳舉人於延平郡王祠設帳授徒，可惜詩作保留不全。臺南新化塾師王則修（1867-1952）詩文集完整，可見其讀經、傳經內容，於「後科舉時代之因應：臺南塾師之讀經與傳經」議題，頗具代表性。梳理其詩作，有〈遣愁懷廿首〉記述其「跨代情懷」；創作多首自述與他述詩作，有堅定儒者之信念，亦有〈次梅樵先生七十述懷瑤韻〉等等「振起儒風」詩作；「讀經賦詩」詩作，以《詩經》較多、《春秋》、《易經》較少。

二、主編讀經與用經：日治時期臺南科舉部分士人接受新時代的挑戰，積極學習新語言、接受新興媒體編輯工作、出席日吏學者詩會雅集，「跨界」新語言、新場域、新人際，執「跨代與跨界」、「謝汝銓讀經用經」二端。如下所示：

（一）跨代與跨界：前清科舉社群跨代至日治時期的臺南文士中，謝汝銓（1871-1953）毅然展開「跨代跨界」的生活方式，分別有：由臺南移居臺北之「移地跨界」、乃首位以秀才身分進入國語（日文）學校之「語言跨界」、轉入報刊擔任記者與主編之「場域跨

界」。其儒者自述詩、他述詩，如自述詩，有「舊儒士、老儒生、儒酸、薄侏儒」等老舊、失時、薄酸、侏儒為自我書寫意識。他述詩，有：讚揚的「儒臣、醇儒」；批評的「俗儒、迂儒」，寫實的「儒生代表、儒師、逃儒」等。

（二）謝汝銓讀經用經：作為臺南「跨界的科舉士人」代表，謝汝銓跨界媒體、力學日文，仍持續閱讀：經、史、子、集，並發表《讀書題後》系列詩作於《風月報》。檢視《全臺詩》臺南文人「以詩賦經」內容，以科舉時代必讀經典，五經中的《易經》、《春秋》兩經較多。梳理謝詩，其《易經》賦詩，有：「讀《易》賦詩」類、「筮《易》賦詩」類；《春秋》賦詩，有：「讀《春秋》賦詩」類、「《春秋》筆法」類等等。

第七章
後科舉時代新場域：
《三六九小報》之儒學探究[*]

　　晚清內亂與外患交迫，各界要求改革的聲浪需求孔急，行之千年的科舉制度，終於光緒卅一年（1905）廢除。此千年未有之大變革，使大部分以科舉為一生職志的文士，頓失所依。變動時代產生新興報刊媒體，成為「接受科舉教育者」跨代撰文發表的新場域。不同於嚴肅的新聞報紙、正式的文學雜誌，《小報》提供撰稿者於嘻笑怒罵間，兼論嚴肅的議題。頓失所依的文士，遂將其文思與抱負轉向興起的《小報》場域，投稿其中或者主持編務，[1]藉《小報》嘻笑怒罵的特質抒發家國劇變的壓力。一八九七年六月二十四日第一份晚清小報

* 本章為104年度執行科技部「記憶與蓄意：《三六九小報》之儒學研究」計畫MOST 104-2410-H-218-021-部分執行成果，部分內容曾以〈撥亂與狂譫：《三六九小報》之儒學論述〉發表於「臺灣經學的萌發與轉型：從明鄭到日治時期」第一次學術研討會（中央研究院中國文哲研究所，2013年11月）。部分內容曾以〈地方小報與多元論述：《三六九小報》編輯洪鐵濤之儒學研究〉發表於「在地化vs.多元化的交響」學術暨教學研討會》論文集（南臺科技大學通識教育中心，2017年10月）。感謝會議討論人惠賜寶貴意見，經修改、重整後，改寫為本書〈第七章後科舉時代新場域：《三六九小報》之儒學探究〉。</br>

1 「十九世紀末上海社會出現精英文化真空情形，失去科舉仕途的士大夫文人逐漸放棄高蹈姿態，借著梁啟超『小說界革命』的理論，為自己在繼承『治國平天下』儒家文化傳統和接受世俗文化之間找到了心理平衡，寫小說，辦報刊，小報因此應運而生。」李楠：〈於現代市民文化變遷中安身立命──論上海小報的文化定位、生存境遇和策略〉，《中國現代文學研究叢刊》第4期（2003年），頁105。
　　按：以前清舉人、臺南文人羅秀惠為例，羅氏曾內渡創辦《廈門日報》、《黎華報》，後返臺任職《臺灣日日新報》漢文部主編，正符合舊文人置身於後科舉時代，以辦報的方式，繼承儒家文化傳統和接受世俗文化之間，取得心理平衡與社會功能。

《遊戲報》於上海創刊，直到一九五二年十一月二十日《亦報》停刊
為止，流行一甲子的小報總數多達一千種。[2]相對於彼時上海流行的
各類型小報，日治時期臺灣報刊因「殖民地」與「出資方」兩項因
素，映現涇渭分明的立場差異，如「日資」媒體《臺灣新報》，於明
治廿八年（1895）總督府舉行「始政」典禮的隔年，隨即登臺，配合
總督府政令推行；首份「臺資」漢文雜誌《臺灣文藝叢誌》遲至大正
八年（1919）一月一日創刊，其發行宗旨「主張經史，維護漢學」具
體的落實在創刊號全臺徵文「孔教論」上。[3]此後臺資媒體多追隨
《臺灣文藝叢誌》「維護漢學」的宗旨，以抵抗總督府漸禁漢文的皇
民化教育。

　　日治時期臺資報刊於「維護漢學」的宗旨與原則下，無論漢文界
或者從事民族運動者，均與彼時現代化的指標上海文化界，有著密切
的往來。許多上海出版品都可以透過臺資報刊購買，如《臺灣文藝叢
誌》（1919-1924）[4]、《詩薈》（1924年2月-1925年10月）[5]等，均曾在

2　李楠：〈上海小報中城市空間的下移與平面化展示──兼談報刊的研究方法〉，《蘇
　　州科技學院學報（社會科學版）》第21卷第2期（2004年5月），頁127。

3　王淑蕙：〈《臺灣文藝叢誌》第壹期徵文〈孔教論〉之「孔教」觀研究〉，收入《變
　　動時代的經學與經學家──民國時期（1912-1949）》第五冊（臺北市：萬卷樓圖書
　　公司，2014年12月），頁161-212。

4　《臺灣文藝叢誌》積極的引進上海出版品，如：第貳號（大正八年二月十日）有設
　　址於「振替臺灣一四四六番」的正大商店書籍部、「打狗旗後町三〇七、三〇八番
　　地」的上海商務印書館分售處，引進上海漢文書籍之廣告，價格「均照上海定價發
　　行，一時買上五圓者，加一割書物奉贈」。
　　按：《臺灣文藝叢誌》廣告無編頁，本則廣告於「詞苑」專欄頁二之後，「第二期徵
　　詩」專欄頁一之前。

5　臺南文士連橫獨立編纂的《詩薈》（1924.2-1925.10），共發行22期。每期均於留白處
　　刊載售書訊息，如《詩薈》第3號：臺灣時報（臺北臺灣時報發行所）一冊金三十
　　錢、臺政新報（臺北臺政新報社）一冊金四十錢、臺灣公論（東京臺灣公論社）一
　　冊金三十五錢、臺灣民報（東京臺灣雜誌社）一冊金十錢、婦女與家庭（臺北地踏
　　社）一冊金四十錢、南瀛佛教會會報（臺北南瀛佛教會）非賣品、太平洋（上海太
　　平洋雜誌社）全年十冊洋一圓八角、革新評論（廣州革新評論社）一冊洋一角五

雜誌上刊載上海出版品的販售消息，或為促進銷售的贈品之用。雖然如此，在總督府「監視言論、檢查出版」的肅殺氣氛下，臺資報刊無法「長期穩定」出刊，昭和五年（1930）臺南南社同人創立《三六九小報》，顧問趙鍾麒（1863-1936）發行人兼主編趙雅福（1894-1963），編輯群洪坤益（1892-1947）、王開運（1889-1969）等人，選擇輕鬆詼諧的小報文化，於昭和五年（1930）九月九日至昭和十年（1935）九月六日間，每逢三、六、九、十三、十六、十九、廿三、廿六、廿九出刊，刊行期間因財務因素停刊兩次，[6]於嚴格檢查民間出版品的氛圍下，以全版漢文發行共四百七十九號，已是相當不錯的成果，故能成為日治時期臺灣《小報》重要代表刊物。

第一節　南社與《三六九小報》

日治時期臺南「南社」（1906-1951）[7]、臺中「櫟社」與臺北「瀛社」，乃鼎立為三的代表詩社。根據《三六九小報》編輯許丙丁（1900-1977）[8]〈五十年來南社的社員與詩〉一文，記述其源流與系統：

分、道路月刊（上海中華道路建設協會）一冊洋一角五分、愛國報（上海中華聖教總會）一冊洋一角五分、孤軍（上海孤軍雜誌社）一冊洋一角、心聲（上海心心照相館）一冊洋三角。
詳參連橫：《詩薈》第3號（臺北市文獻委員會影本，民國13年4月），頁147。

6　按：發刊壽命短，是彼時小報銷售常見的困難。如：「小報數量雖然可觀，但壽命長的並不多，超過十年以上的已屬鳳毛麟角。不少小報只存活了一兩年，有的甚至只幾個月。壽命綿長的小報一般都是辦得有特色有專長者。」詳參李楠：〈上海小報中城市空間的下移與平面化展示──兼談報刊的研究方法〉，頁127。

7　戰後民國四十年（1951）全臺南詩社併入「延平詩社」，「南社」遂走入歷史。詳參：臺灣詩社資料庫索引http://xdcm.nmtl.gov.tw/twp/pclub/srch_list_result.aspx?PID=000023

8　許丙丁〈五十年來南社的社員與詩〉：「民國十九年（昭和五年，1930）洪坤益和王開運、連雅堂、趙雲石、趙劍泉、譚瑞貞、蔡培楚、許丙丁等主編《三六九小報》」。詳參許丙丁：〈五十年來南社的社員與詩〉，《臺南文化》第3卷第1期（1953年6月30日），頁15。

「南社」的系統，首先由「崇正社」，「浪吟社」發展而成。枝壯葉茂，蕃衍始有「春鶯吟社」、「桐侶社」之創立。這七十多年，「南社」尊崇孔子，宣揚仁義道德，保持中華國魂，尤其在日據時代禁止使用國文，社員能夠排斥萬難，把詩會發揮，糾合全省詩人的力量，來維持文風一脈於不墮；這正可以顯示我們民族精神的堅強，還不值得我們欽佩驕傲而加以發揚光大嗎？[9]

臺南南社源自清光緒四年（1878）「崇正社」與光緒十六年（1890）「浪吟社」，日治時期「南社」成立之後，由年輕社員再於大正四年（民國四年，1915）創立「春鶯吟社」、大正十二年（民國十二年，1923）創立「桐侶社」。[10]許丙丁既為南社社員、《三六九小報》編輯，其記述「南社」尊崇孔子，宣揚仁義道德，保持中華國魂，創辦《三六九小報》，並於日本殖民末期禁止使用中文時，社員排除萬難，連繫北部「瀛社」、臺中「櫟社」，糾合全省詩人能量，投入詩社活動，維持漢學一脈於不墮。

明治四十四年二月十一日「南社大會」於臺南公館召開，《漢文臺灣日日新報》刊載趙鍾麒（1863-1936）社長〈開會式詞〉，如下所示：

開會式詞，南社長趙雲石：本日為全臺詩社三百年來，未曾有之大會。我南社忝承其乏，得扳諸君子之吟旌，迢遙惠賞。榮幸何極！僕以「南社」代表，更得擷接芳徽，聊贊一詞，榮幸又何加哉！竊以為：詩之為學，本乎性情，游乎造化，而備乎萬物。故詩可通之禮、通之史、通之書，非惟雕蟲刻翠，為能盡其事也。孔子曰：「《詩》可以興、可以觀、可以群、可以

9　許丙丁：〈五十年來南社的社員與詩〉，《臺南文化》第3卷第1期，頁17。

10　許丙丁：〈五十年來南社的社員與詩〉，《臺南文化》第3卷第1期，頁15-16。

怨。邇之事父，遠之事君，多識于鳥獸草木之名。」詩之用大矣！不特顯揚國華，而亦轉移風化，故詩人有尊貴之品格，有融洽之精神，無古今東西，一也。[11]

社長趙鍾麒於〈開會式詞〉，主張禮、史、書皆可運用於詩作，因此《論語》〈陽貨〉第九篇，孔子主張：《詩》可以興、觀、群、怨，近則事父、遠則事君，其運用廣泛，映現南社傳統詩論的主張。然而不僅尊崇孔子、主張經史，南社社員於後科舉時代，有展現「跨代、跨界」的活動力；亦由南而北創設社團，展現堅毅的開拓力。

一　南社之跨界活動

首先、南社「跨代、跨界」的活動力，展現於大正三年（1914）元旦，社員於「固園」宴請自北京返臺的連橫，並且舉行「跨性別、跨職業、跨文化、跨階級、跨年齡」的化裝集會，展現獨特的活動力。連橫事後於《臺灣文藝叢誌》第二號發表〈題「南社嬉春圖」〉記述此事：

> 余歸自燕京，鄉中諸友，公讌於固園，相約喬裝與會，至者三十有二人，合寫此圖，為題於後。
> 大道有端倪，真人得其竅。鑿破混沌心，各懷平生妙。娥娥南社徒，嬉春恣奇鈔。變化若有神，一一盡窮肖。或癯而或腴，或老而或少。或白而或黑，或大而或小。或為游方僧，念佛入冥窅。或為赤社婦，[12]慈心助醫療。或從屠沽遊，俠氣凌燕

---

11 〈南社大會〉，《漢文臺灣日日新報》第3853號（1911年2月13日），第3版。

12 日治時期「臺灣婦人慈善會」與「愛國婦人會」、「篤志看護婦人會」，並稱為日治時期三大婦女團體。「篤志看護婦人會」作為「赤十字社（紅十字會）」組織，負責

趙。或衣武士裝，寶刀怒出鞘。而我獨好奇，變作美人妙。羅
裙六幅裁，簪花睇微笑。以此不壞身，幻為天花繞。叶嗟造化
心，眾生亦微藐。虫臂與鼠肝，隨形所赴召。斷鶴而續鳧，其
名為詭弔。吁嗟「南社」徒，游戲亦天矯。紛紛濁世中，面目
誰能曉。盜跖而孔丘，衣冠靈其表。臧獲即侯王，貴賤本同
調。況值春光和，萬物各震耀。寫此春人圖，收作春詩料。我
亦圖中人，題圖發大笑。[13]

連橫作為「喬裝集會」活動的主客，於〈序文〉說明「南社嬉春圖」
照片的時間、地點、活動方式。〈題「南社嬉春圖」〉則記述喬裝集會
的內涵，「喬裝外形」有：「瘤／腴」、「老／少」、「白／黑」、「大／
小」作二元對立的列舉。「喬裝職業」有：「宗教、士紳、庶民」之
別。「男扮女裝」有：曾右章（藝妓）、連雅堂（貴婦人）、謝石秋
（護士）等。值得注意者，於簡介各喬裝者之後，引述《莊子·盜
跖》「紛紛濁世中，面目誰能曉。盜跖而孔丘，衣冠靈其表」，質疑聖
賢君子「名不符實」之問題。同樣「臧獲即侯王，貴賤本同調」，如
前清邑庠生、臺南地院通譯、南社社長、《三六九小報》社長趙鍾麒
扮作烏龜頭，[14]即「侯王（貴）／奴婢（賤）」的極端對比，以「紛紛
濁世中，面目誰能曉」，作為本次喬裝集會的重要論述，映現「南
社」同人於「聖人孔子、諸侯君王」已非「科舉時代」獨尊士人的單
一視角，而是可含括「盜跖／孔丘」、「侯王／奴婢」等「後科舉時
代」的多元容納視角。

傳授救護法，是看護婦的養成機構。
廖于蘋：〈摘要〉，《臺灣婦人慈善會研究》（新竹市：清華大學歷史研究所學位論
文，2014年1月）。

13 連橫：〈題「南社嬉春圖」〉，《臺灣文藝叢誌》第2號（1915年2月10日），頁17。

14 趙鍾麒生平，詳參施懿琳：〈提要〉，全臺詩編輯小組編撰：《全臺詩》第14冊（臺
南市：國家文學館，2011年10月），頁149。

　　固園後人黃天橫，於大正三年（1914）南社「化裝集會」之後的七十年，民國七十三年（1984）發表〈歷史鏡頭：「南社」嬉春圖〉，並為圖中人物逐一標識，如下所示：

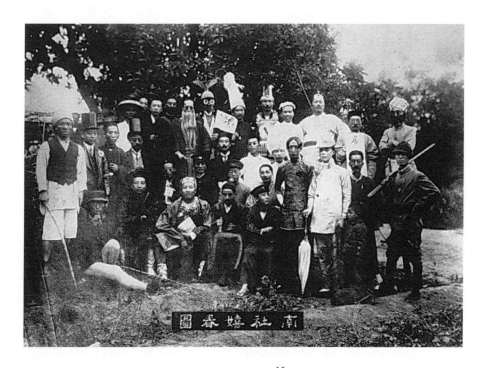

南社嬉春圖[15]

---

15 黃天橫：〈歷史鏡頭：「南社」嬉春圖〉，《自立晚報》（1984年6月1日）。圖中人名如後，括弧內係其化裝行裝行業（角色名稱）；前列右起：張榜山（獵人）、林珠圃（相命仙）、曾右章之子、曾右章（藝妓）、連雅堂（貴婦人）、謝石秋（護士）、陳筱竹（和尚）、陳介臣（學童）、黃濤山（醫師）、莊大松（軍人）、蔡津涯（道士）、黃少松（士紳）、許鏡山（老師）、黃茂笙（兒童）、趙雲石（烏龜頭）、黃鯊荃（和尚頭）、楊宜綠（閹豬）。後列右起：黃惠適（印度人）、莊燦珍（卜命仙）、許燕珍（武士）、嚴煥臣（護士）、陳壽山（武士）、吳筱霞（小丑）、謝星樓（武士）、謝溪秋（老翁）、陳明沛（刑警）、翁俊明（和尚）、黃福（竊盜）、洪登安（人力車夫）、黃兆彪（外國士紳）、盧塭山（尼姑）、汪祈安（士紳）、張振樑（黑人）。

根據連橫〈題「南社嬉春圖」〉中云「公讌於固園，相約喬裝與會」，乃於黃欣（茂笙）私人庭園舉辦化妝集會，由會中有「護士、武士、和尚」角色重複，可知此次喬裝集會，乃由社員自由發揮、並非事前協調分配，從而映現南社社員：「性別、文化、階級、職業、年齡、形體、種族」之角色跨界與形貌喬裝，展現日治時期臺南文士「跨代、跨界」的活躍生命力。

「南社嬉春圖／跨界形貌」列表

跨性別	男扮女裝：連雅堂（貴婦人）、謝石秋（護士）、嚴煥臣（護士）、盧塭山（尼姑）、曾右章（藝妓）。
跨文化	佛教：陳筱竹（和尚）、翁俊明（和尚）。 道教：蔡津涯（道士）。
跨階級	上層階級：汪祈安（士紳）、黃濤山（醫師）。 下層階級：楊宜祿（閹豬）、吳筱霞（小丑）、黃福（竊盜）、洪登安（人力車夫）。
跨古今	古：許燕珍（武士）、謝星樓（武士）、陳壽山（武士）、莊燦珍（卜命仙）、張榜山（獵人）。 今：陳明沛（刑警）莊大松（軍人）、林珠圃（相命仙）、許鏡山（老師）。
跨年齡	老：謝溪秋（老翁） 幼：陳介臣（學童）、黃茂笙（兒童）。
跨形體	趙雲石（烏龜頭）、黃谿荃（和尚頭）。
跨種族	黃惠適（印度人）、黃兆彪（外國士紳）、張振樑（黑人）。

其次、由南而北設立文學社團，展現堅毅的開拓力：日治時期總督府引入的日資媒體附設「漢文欄」，延聘士人任職編務或記者，使士人的「發表園地」，由昔時固定空間（書房）的單向講授，轉變為開放空間（媒體）的多面傳播。南社社員不僅積極參與文學活動、跨

界移動、開拓文學社團，展現活躍的創造力。如南社社員謝汝銓
（1871-1953）[16]北上擔任《臺灣日日新報》記者，協同南社社員林馨
蘭（1870-1924）創立臺北瀛社。[17]由前清跨代至日治的臺南文士，於
報刊傳媒的新興場域，有擔任日資報刊漢文部、臺資報刊編輯或記
者，甚至有遠赴福建、廈門等地創刊任職者。[18]檢視後科舉時代臺南
文士於報刊「新場域」的參與及表現，其中最具影響力者，並非任職
於「日資媒體」漢文欄、或主掌「臺資媒體」編務，而是昭和五年
（1930）臺南南社（1906-1951）同人創立的《三六九小報》。一般認
為《三六九小報》相似於上海流行的小報文化，具有「情慾、瑣屑與
詼諧」等書寫特質，[19]於總督府「監視言論、檢查出版」的肅殺氣
氛，特立風格於嚴肅的新聞報紙、正式的文學雜誌，成為日治時期臺
灣《小報》重要代表刊物。

二　發刊辭：創刊緣起與《小報》釋名

　　《三六九小報》作為日治時期重要的臺資刊物，探究其因，約有
二端：首先、該報是具理想性格的同人雜誌，並非商業報刊、機關刊
物[20]。小報同人，多為南社社員，為支持報務運行，不但供稿未收筆

16 黃美娥：〈提要〉，全臺詩編輯小組編撰：《全臺詩》第25冊（臺南市：國家文學
　　館，2012年12月），頁1。
17 黃文車：〈提要〉，全臺詩編輯小組編撰：《全臺詩》第19冊（臺南市：國家文學
　　館，2011年10月），頁441。
18 詳參：本書〈附錄四　後科舉時代・臺南群儒報刊職務表〉。
19 毛文芳：〈情慾、瑣屑與詼諧——「三六九小報」的書寫視界〉，《中央研究院近代
　　史研究所集刊》第46期（2004年12月），頁159-222。
20 清末民初報刊之大致可分為：商業報刊、機關刊物、同人雜誌三足鼎立的局面。其
　　中同人雜誌的特質為：「晚清數量極多的同人雜誌，既追求趣味相投，又不願結黨
　　營私，好處是目光遠大，胸襟開闊，……主要以文化理想而非豐厚稿酬來聚集作
　　者。」詳參陳平原：《觸摸歷史進入五四》（臺北市：二魚文化，2003年），頁64-5。

資，還經常贊助小報經費[21]。其次、小報特有的休閒、娛樂風格，於其他端正嚴肅的報刊媒體，獨樹一幟。如南社社員、《小報》編輯洪坤益（1892-1947）於昭和五年（1930）九月九日（創刊號）發表〈發刊小言〉：

> 本《小報》創刊之緣起，實成於談笑之間。以「三、六、九」命名者，請以三日為期，同人擷茶前酒後之卮言。……一紙風行，足資談柄。實於臺灣刊行紙[22]，別開一生面也。……凡知我者，珍以敝箒可也；棄我者，覆以醬瓿亦可也。同人都以一笑了之。[23]

《三六九小報》於殖民政府的虎視下創刊，不同於總督府官報或者文藝性雜誌，而是以「詼諧風格寫軟性文字」，打發閒暇、消遣時光，為讀者帶來別開生面的閱讀視野。洪坤益經濟無虞兼具新舊思維的理念，一肩扛起《三六九小報》初期主要編輯工作，[24]其編輯風格頗能呼應「直言無隱、取材重趣味性、文字活潑、短小精悍」之《小報》文化，[25]置諸當時臺灣報刊媒體，確實別開生面。

---

21 台灣文學期刊目錄資料庫，「三六九小報」條，詳參http://dhtlj.nmtl.gov.tw/opencms/journal/Journal005/

22 按：「新聞紙」為「報紙」之舊稱，因此「實於臺灣刊行紙」，即「實於臺灣刊行新聞紙」之意。

23 洪坤益（刀水）：〈發刊小言〉，《三六九小報》創刊號（昭和5年9月9日），第1版。

24 昭和五年九月廿三日《三六九小報》第5號頭版標題下方，刊出最早的報社組織，其中編輯僅有洪鐵濤一人，也就是說一九三〇年九月到十月期間，唯一編輯員為洪鐵濤，十一月後才又續加入譚瑞貞、陳圖南。詳參柯喬文：《《三六九小報》古典小說研究》，頁50。

25 季宵瑤：〈近代上海小報的話語策略與自我定位——以1920年代上海《晶報》為個案〉，《新聞大學》第1期，總第87期（2006年），頁45。

　　南社社員兼《三六九小報》創刊人，趙鍾麒（1863-1936）[26]、連橫（1878-1936）、洪坤益（1892-1948）等臺南文士，於本書〈附錄一　後科舉時代·臺南群儒「自述、他述」列表〉中占有相當篇幅的「儒者自述、他述」內容，因此於詼諧談笑的風格中，帶有嚴肅的文化目的。另如南社社員、高雄文士、《三六九小報》創刊人之一王開運（1889-1969）[27]，以筆名「幸盦」發表〈釋《三六九小報》〉於創刊號：

　　　　現我臺灣言論界，……觀其內容，莫不議論堂皇，體裁冠冕。
　　　　本報側身其間，初學呱呱墜地之聲，陣容未整，語或不
　　　　文。……不敢傲世人之妄自尊大，特以小標榜，而致力託意乎
　　　　詼諧語中，諷刺于荒唐言外。按小字，從字義言為微細。從臺
　　　　音言，則與狂字同意。讀者，以雕蟲小技視之可，以瑣屑微言
　　　　視之亦可，以荒唐無稽之讕言狂語視之，亦無不可。[28]

王開運乃《小報》創辦人、理事兼編輯，故於創刊號發表〈釋《三六

---

26 趙鍾麒（1863-1936），字麟士，號雲石，別署畸雲，晚號老雲、老云，清臺灣府治清水寺街（今臺南市）人。光緒十三年（1887）廩生。光緒十七年（1891）與許南英等於臺南創立「浪吟詩社」。乙未割臺後，任臺南地方法院通譯。明治三十九年（1906）又與蔡國琳、連雅堂、胡殿鵬等臺南詩友創辦「南社」，並繼蔡國琳之後於明治四十二年（1909）擔任社長。昭和五年（1930），趙氏與連雅堂、洪坤益等友人創辦休閒性質的雜誌《三六九小報》，由長子趙雅福（劍泉）任發行人兼主編。施懿琳：〈提要〉，全臺詩編輯小組編撰：《全臺詩》第14冊，頁149。

27 王開運（1889-1969），高雄人，字笑岩，號杏庵，筆名眾多有幸盦等，父親為前清例貢王棟，故自幼受到深厚漢學陶養。曾任路竹公學校訓導、臺南市西區役場首席書記、臺南商工協會長等職，相當關注公共事務與慈善事業。與南社社員共同創辦《三六九小報》，並兼任理事、編輯。施懿琳、陳曉怡：〈日治時期府城士紳王開運的憂世情懷及其化解之道〉，《台灣學誌》第2期（2010年10月），頁50。

28 王開運（幸盦）：〈釋《三六九小報》〉，《三六九小報》創刊號（昭和5年9月9日），第1版。

九小報》〉為「小報釋名」，從「臺南／臺語讀音」視角，提出異於「上海／小報文化」特殊的詮釋觀點，即：「按小字，從字義言為微細。從臺音言，則與狂字同意。讀者，以雕蟲小技視之可，以瑣屑微言視之亦可，以荒唐無稽之讕言狂語視之，亦無不可。」以讕言狂語詮釋嚴肅的文化內涵，頗能躲避總督府為箝制臺士發言，嚴厲檢查撰稿內容，因此南社同人選擇以輕鬆詼諧的《小報》文化，「讕言狂語」的表意論述，映現後科舉時代臺南士人回應時代、詮釋經典的特殊視角。

清代因襲明制，以四書、經義、論策取士。[29]四書作為應試科目，士人詮釋更趨向「雅正」[30]的時文角度。《三六九小報》社長趙鍾麒，乃跨代文士，以臺語讀音「小、瘋」作為「讕言狂語式」的詮釋經典論述，映現「科舉時代（雅正）／後科舉時代（讕狂）」的轉折對比。其實《論語》記有孔子親身經歷狂人挑戰，如〈微子〉第五章：

> 楚狂接輿，歌而過孔子，曰：『鳳兮！鳳兮！何德之衰？往者不可諫，來者猶可追。已而！已而！今之從政者殆而！』孔子下，欲與之言。趨而辟之，不得與之言。[31]

記述面對不可知的未來與隨行弟子的安危，孔子並不介意「楚狂」的奚落言語，反而願意與之對話，映現孔子對於狂者質問的開闊態度。

---

29 〔清〕王必昌：《重修臺灣縣志》（下）（臺北市：文建會，2005年6月），頁477。

30 按：雍正十年（1732）頒布〈諭正文體〉：「近科以來，文風亦覺丕變。但士子逞其才氣詞華，不免有冗長浮靡之習。是以特頒此旨，曉諭考官：所拔之文，務令雅正清真，理法兼備；雖尺幅不拘一律，而支蔓浮夸之言所當屏去。秋闈期近，該部可行文傳諭知之！特諭。」
〔清〕劉良璧：《重修福建臺灣府志》（上）《聖謨》（臺北市：文建會，2005年6月），頁102。

31 〔魏〕何晏注，〔宋〕邢昺疏：《論語注疏》，收入《十三經注疏本》（臺北市：藝文印書館，1989年1月），頁165。

其次《論語》〈子路〉第廿一章，孔子曾給予狂狷者正面的評價：

> 子曰：「不得中行而與之，必也狂狷乎！狂者進取；狷者有所不為也。」[32]

孔子以為不得與中道同行時，則「狂者進取，狷者有所不為」，亦願與狂狷者為友。

　　科舉時代「雅正」端方的上風傾向，跨代至後科舉時代，亦能欣賞「狂狷」華士，本書〈附錄三　後科舉時代‧臺南群儒「讀經賦詩」列表〉中，有許多臺南文士運用《論語》〈微子〉篇「楚狂接輿」典故於詩作，如下所示：

> 不是狂歌學楚狂，破俄歌尤覺涼蒼。
> 　　　　　　（蔡佩香〈途次偶然懷舊贈胡南溟兄〉）[33]
> 飲冰見物君秦越，嘆鳳傷時我楚狂。
> 　　　　　　（王則修〈敬次筱庵宗賢臺感懷瑤韻〉）[34]
> 斬蛟沉海憶周處，歌鳳接輿悲楚狂。
> 　　　　　　（謝汝銓〈春燈吟社招宴以春夜小集為題同賦〉）[35]

---

32 〔魏〕何晏注，〔宋〕邢昺疏：《論語注疏》，收入《十三經注疏本》，頁118。
33 蔡佩香：〈途次偶然懷舊贈胡南溟兄〉，全臺詩編輯小組編撰：《全臺詩》第22冊（臺南市：國家文學館，2012年12月），頁431。
34 王則修：〈敬次筱庵宗賢臺感懷瑤韻〉，全臺詩編輯小組編撰：《全臺詩》第23冊（臺南市：國家文學館，2012年12月），頁60。
35 謝汝銓：〈春燈吟社招宴以春夜小集為題同賦〉，全臺詩編輯小組編撰：《全臺詩》第25冊（臺南市：國家文學館，2012年12月），頁426。
　按：有關謝汝銓運用「楚狂接輿」於詩句，尚有〈祝黃石崚社兄還曆〉「楚狂歌鳳悲譏聖，函谷騎牛欲遇仙。」〈輓久保天隨博士〉「衰德楚狂歌鳳日，不孤詩幸有同聲。」
　謝汝銓：〈祝黃石崚社兄還曆〉，全臺詩編輯小組編撰：《全臺詩》第25冊，頁278。
　謝汝銓：〈輓久保天隨博士〉，全臺詩編輯小組編撰：《全臺詩》第25冊，頁279。

屠龍萍漫才如此，歌鳳楚狂嘆已而。

（連橫〈出都別耐儂〉）[36]

與君歲歲夢仙鄉，詩酒生涯類楚狂。

（謝國文〈杭州客中哭盧韞山社友〉）[37]

壽花詞更壽炎黃，留此丹心配楚狂。

（吳子宏〈甲午（1954）花朝留青吟社卅週年紀念賦祝〉）[38]

《論語》〈微子〉第五章，孔子周遊列國至楚國，偶遇狂士接近車輿，首先提出「何德之衰？」直言整體時代道德的衰頹；繼之提出「往者不可諫，來者猶可追」之「今是昨非」；最終提出「今之從政者殆而」的結論。因此「楚狂接輿」，即：日治時期臺士遭逢的「不重經典／德衰」與「漸禁漢文／怠政」等殖民地教育政策，從而衍生的文士處境，二者之間，有異曲同工之妙，因此跨代廩生蔡佩香（1867-1925）〈途次偶然懷舊贈胡南溟兄〉、跨代生員王則修（1867-1952）〈敬次筱庵宗賢臺感懷瑤韻〉、跨代生員謝汝銓（1871-1953）〈春燈吟社招宴以春夜小集為題同賦〉、史學家連橫（1878-1936）〈出都別耐儂〉、臺灣新文化啟蒙運動謝國文（1887-1938）〈杭州客中哭盧韞山社友〉、南社社長吳子宏（1890-1960）〈甲午（1954）花朝留青吟社卅週年紀念賦祝〉等臺南文士，皆援引「楚狂接輿」之於詩作。

　　《三六九小報》編輯許丙丁〈五十年來南社的社員與詩〉一文，記述「南社」尊崇孔子，宣揚仁義道德，社員排除萬難，連繫北部瀛社、臺中櫟社，糾合全省詩人能量，投入詩社活動，維持漢學一脈於

---

36 連橫：〈出都別耐儂〉，全臺詩編輯小組編撰：《全臺詩》第30冊，頁173。

37 謝國文：〈杭州客中哭盧韞山社友〉，全臺詩編輯小組編撰：《全臺詩》第49冊（臺南市：國家文學館，2017年11月），頁40。

38 吳子宏：〈〈甲午（1954）花朝留青吟社卅週年紀念賦祝〉，全臺詩編輯小組編撰：《全臺詩》第55冊（臺南市：國家文學館，2018年12月），頁79。

不墮。然而創刊人之一王開運，於〈釋《三六九小報》〉之云「按小字，從字義言為微細。從臺音言，則與狂字同意。讀者，以雕蟲小技視之可，以瑣屑微言視之亦可，以荒唐無稽之譫言狂語視之，亦無不可。」或亦可視為：認同春秋時期「楚狂接輿」挑戰「孔子（聖者）／《論語》（經典）」的感懷。

三　祝賀辭：後科舉時代之新連結

臺士置身殖民地時空下的後科舉時代，陸續創立詩社、文社、報刊、雜誌等，以達成宏揚文化、維持漢學、互通聲氣等目的。即使以「亦莊亦諧」為特質的《三六九小報》，亦不例外。檢視下列發刊祝賀辭，如「筆效《春秋》，挽正頹風」、「主張漢學，根據經史」等觀點，映現「後科舉時代新連結」的特質。

昭和五年（1930）北京大學美術教授王亞南（1881-1932）[39]於創刊號上，發表〈祝臺南《三六九小報》發刊〉：

> 臺陽同人擬辦《三六九小報》，[40]以燦爛之文字，為詼諧之雜說，發揚文化，不特供世人之消閒已也。[41]

《小報》不同於雅正端方的科舉時文，乃以「燦爛之文字、詼諧之雜說」作為發揚文化之發刊目的，不僅僅提供消遣之用。昭和六年

---

39 王亞南（-1932），江蘇人。曾任北京大學美術教授，曾三次來臺長居，與臺灣文壇、畫界關係深厚。詳參柯喬文：《《三六九小報》古典小說研究》（嘉義縣：南華大學文學研究所碩士論文，2003年6月），頁105。

40 按：原刊為「《三六九報》」，比對上下文意，缺字應為「《三六九小報》」。下文列舉凡為「《三六九報》」者，皆更之為「《三六九小報》」。

41 王亞南：〈祝臺南三六九小報發刊〉，《三六九小報》創刊號（昭和5年9月9日），第1版。

（1931）南社發行人趙雅福以「贅仙」筆名發表〈週年感言〉：

> ……排萬難，避眾惡，始有今日。……本報至今，適逢一百零八號，恰符三十六天罡，七十二地煞之數。同人以人力而共成三才，吾知將有天時地利人和之佳境，……雖曰小道，競成大觀矣！[42]

又「南社」創社成員黃得眾（1877-1949）[43]以筆名「鯤南隱士」發表〈祝《三六九小報》週年辭〉：

> 我臺報紙，其數多矣，而小報者，則僅見也。……試觀《三六九小報》，[44]名雖稱小，而意實深。譏諷詼諧，儘有機致。嘻笑怒罵，皆成文章。毛錐一管，直是社會之砭針。墨汁三升，可謂人世之藥石。……夫報無大小，文化賴其維持，筆效《春秋》，頹風藉以挽正。[45]

昭和六年（1931）九月九日同版，陳文石（1897-？）[46]發表〈《三六九小報》發刊周年祝詞〉：

---

42 趙雅福（贅仙）：〈週年感言〉，《三六九小報》第108號（昭和6年9月9日），第2版。

43 黃得眾（1877-1949），字拱五，號瘦菊，筆名鯤南隱士、紅豺、紅豺洞叟、紅豺隱者。臺灣府寧南坊人（今臺南市）。光緒十八年（1892）以十六歲之齡受聘為塾師。日治後，於明治三十九年（1906）參與臺南「南社」的創設。曾擔任「臺南每日新聞社」社員，後進入《臺南新報》操筆政，曾為《三六九小報》、《孔教報》撰稿。楊永智：〈提要〉，全臺詩編輯小組編撰：《全臺詩》第30冊（臺南市：國家文學館，2013年12月），頁1。

44 按：原刊為「《三六九報》」，比對上下文意，缺字應為「《三六九小報》」。下文列舉凡為「《三六九報》」者，皆更之為「《三六九小報》」。

45 黃得眾（鯤南隱士）：〈祝《三六九小報》週年辭〉，《三六九小報》第108號（昭和6年9月9日），第2版。

46 陳文石（1897-？）澎湖人，陳梅峰門生。後移居新竹，以詩名。

報紙為社會之警鐘，亦人生之寶鏡。雜誌為文藝之薈萃，亦言
論之淵源。……然而報紙則刊時事為多，雜誌則載言論者眾。
固不若趣味津津引人入勝之文字，足以陶寫性情也，是則小報
尚矣！此《三六九小報》之所以發刊者歟！[47]

關於《三六九小報》趙雅福認為是「雖曰小道，競成大觀」、黃拱五
認為是「筆效《春秋》，挽正頹風」、陳文石認為是「引人入勝，陶寫
性情」。《小報》文化刊載許多嘻笑怒罵、譏諷詼諧的文章，發行滿一
週年的各方賀辭中，仍可見「筆效《春秋》，挽正頹風」論述，映現
「後科舉時代之新連結」的刊行立場。

　　發行滿兩週年的各方賀辭中，前清舉人、臺南南社社員羅秀惠
（1865-1943）[48]，曾於昭和七年（1932）發表〈祝《三六九小報》二
週年〉云：

　　《小報》即以漢學為主張，以經史為根據。[49]

羅氏於日治時期曾任《臺澎日報》、《臺灣日日新報》編輯，《臺北黎
華新報》發行人，提出「主張漢學、根據經史」的刊行觀點，映現跨
代士人維持漢學不墜的刊行立場。同期四版，另有鄧大聰[50]發表〈祝

47 陳文石：〈《三六九小報》發刊周年祝詞〉，《三六九小報》第108號（昭和6年9月9
　　日），第2版。

48 羅秀惠（1865-1943），字蔚村，號蕉麓，別署花花世界生。臺南人，師事舉人蔡國
　　琳，光緒年間取中舉人。乙未後曾任《臺澎日報》、《臺灣日日新報》編輯。為臺南
　　「南社」、「酉山吟社」社員。大正十四年（1925）一月，創《臺北黎華新報》社，任
　　發行人，民國六十五年（1976）被臺南市政府譽為「清代臺南府城十大書家之一」。
　　江寶釵：〈提要〉，全臺詩編輯小組編撰：《全臺詩》第16冊（臺南市：國家文學
　　館，2011年10月），頁21。

49 羅秀惠：〈祝《三六九小報》二週年〉，《三六九小報》第216號（昭和7年9月13
　　日），第2版。

50 鄧大聰（？-？）臺南人，喜好製謎。曾於《三六九小報》發表多篇詩文，其他事蹟

《三六九小報》二週年紀念〉：

> 鼓吹文風宜《小報》，鍼砭社會勝宏篇。[51]

鄧大聰提出「挽正頹風與鍼砭社會」，映現士人藉報刊一角，積極參與社會議題的論述。羅秀惠再於兩週年的隔期，發表〈祝《三六九小報》二週年〉第二篇祝文：

> 孔子所謂凡為天下國家者，……三學弗講，六駁不馴，是皆由高閣束書，九竅閉塞，故致江河日下，六宗紊禋。此吾祝《小報》之延年，正以禱漢學之享運也。[52]

羅秀惠作為南社社員、臺南舉人，又積極參與報務編輯，於《三六九小報》發行二週年之際，提出「《小報》以漢學為主張，以經史為根據」的論點，符合多數文士的理想，當能吸引其他文士的呼應。如臺中塾師劉魯[53]於昭和九年（1934）三月十三日，〈文苑〉專欄，發表〈祝《三六九小報》重刊〉：

不詳。

　劉慧婷：《趙鍾麒及其詩學研究》（臺中市：東海大學中國文學系碩士論文，2012年6月），頁222。

51 鄧大聰：〈祝《三六九小報》週年辭〉，《三六九小報》第216號（昭和7年9月13日），第4版。

52 羅秀惠（蕉麓）：〈祝《三六九小報》二週年〉，《三六九小報》第217號（昭和7年9月16日），第2版。

53 劉魯（1880-1955），字天喜，其父劉益美原籍廣東大埔，來臺後定居臺中東勢。劉魯幼年師從劉吉芙，乙未之後設館為塾師。曾與親友合營伐樟製腦、服務於日資的物產會社，因無法接受日方的不平等待遇，憤而離職，重拾教鞭。畢生致力於作育英才，以延續漢文為職志，弟子滿佈臺中地區。詳參江昆峰：《《三六九小報》之研究》（臺北市：私立銘傳大學應用語文研究所‧中國文學組碩士論文，2004年7月），頁175。

《三六九小報》又出現了！恭喜恭喜！夫所謂報紙者，人世之指針也。……余讀《三六九小報》，如得良師，以其無帶政治民□[54]之色彩，具有文學智識之規模。報名雖小，宗旨實大。亦莊亦諧，寓懲寓勸。……人而不欲保持民□之性則已。如欲保持其性，舍漢文莫與歸也。康南海曾論：「漢文為我民□之精神命脈，漢文亡即□□可隨之而亡。」……《三六九小報》乃漢文饑饉時之津梁也。文兼雅俗，價亦低廉。雖購全年之金，不及□飱之酒。其三次蹶起，又豈偶然。[55]

劉魯是臺中地區塾師，以延續漢文為職志，肯定《三六九小報》之發行為延續漢文命脈所作之努力，因此言「報名雖小，宗旨實大」，有「小報大辦」之喻意。

第二節　《小報》主筆之儒學論述

前清專為科舉養成的完整教育體制，跨代到日治僅存傳授漢文功能的私塾教育。漢書房、私塾、義塾在總督府的漸禁政策下亦逐漸萎縮，與私塾教育面臨相同問題的還有儒學的地位。昭和六年（1931）九月九日鄭坤五（1885-1959）以筆名「大邅」發表〈三六九〉，呈現儒學地位的變異：

---

54 按：□，原文無法辨識。

55 劉魯：〈祝《三六九小報》重刊〉，《三六九小報》第322號（昭和9年3月13日），第2版。

按：提出類似劉魯觀點的，臺南善化鄭柏東，發表〈祝臺南三六九小報續刊〉「大雅文章還不墜，風流詞藻羨增榮。志扶漢學尊先覺，力挽狂瀾啟後生。」詳參鄭柏東：〈祝臺南《三六九小報》續刊〉，《三六九小報》第322號（昭和9年3月13日），第4版。

　　學究道，三代郅治，六藝成寸，九疇演範，是儒教的大道。

　　道士道，三清化氣，六甲開山，九轉丹成，是道教的妙法。

　　和尚道，三寶莊嚴，六度修行，九品化生，是釋教的真諦。

　　讀者道，括三教之緒論，摭六合之奇聞，超九流之別派，

　　是三六九小報之特色。[56]

儒學（學究道）於科舉時代凌駕於道教（道士道）、佛教（和尚道）之上，對庶民（讀者道）又是由上對下的教化關係。〈三六九〉將庶民（讀者道）視同與儒學（學究道）同一高度，或者是調降儒學（學究道），與道教（道士道）、佛教（和尚道）並列。相較雍正四年之〈諭正士習〉「士為四民之首」的內容，後科舉時代儒學地位變異，可見一斑。

　　後科舉時代儒學地位變異，亦可檢視《三六九小報》刊載之「科舉敘事」列表，有「記憶懷想」或「蓄意恢諧」等述事。[57]《三六九小報》發行人趙雅福（1894-1963）和初期主編洪坤益（1892-1948）成長於後科舉時代，同時接受漢學教育與新式教育，於總督府「監視言論、檢查出版」的肅殺氣氛下，為求延續漢文，不可免俗的，以「微細、狂語、瑣屑」等方式，省思科舉制度遺下的各種嚴肅論題。如趙雅福替孔子打二場筆戰，第一場「孔子與孔方兄」、第二場「孔子、招財王、管城侯」；主編洪坤益「陳言務去，哲理斯出」之創刊宣言、「窮通變化」之儒者定義、譯介「日本儒學」。檢視《三六九小報》兩大主筆趙雅福、洪坤益刊載的文章，隱約透顯：後科舉時代探究儒學之新場域。

56　鄭坤五（大逖）：〈三六九〉，《三六九小報》第108號（昭和6年9月9日），第4版。

57　詳參：本書〈附錄五《三六九小報》「科舉敘事」列表〉。

一　發行人趙雅福：替孔子打筆戰

前述昭和六年（1931）黃得眾「筆效《春秋》、挽正頹風」，昭和七年（1932）鄧大聰「鼓吹文風、鍼砭社會」，昭和九年（1934）黃拱五「維護文化、鏖戰文場」的創辦宗旨，具體落實在《三六九小報》「開心文苑」專欄，趙雅福（1894-1963）[58]藉孔子之名，主動開啟諸多鏖戰文場，頗具趣味性。

（一）孔老先生筆戰孔方兄

小報的經營策略之一，是以「筆戰」吸引讀者注意進而增加銷售量，《三六九小報》〈開心文苑〉專欄有兩場藉孔子之名的筆戰，主題均與「義利論辯」有關。第一場是昭和七年（1932）十一月間，「孔夫子與孔方兄」，如下表所示：

第一場筆戰「孔夫子與孔方兄」

時間	作者（筆名）	代擬	篇名
昭和7年11月3日	趙雅福（贅仙）	孔子	〈戲擬孔老先生致孔方兄書〉
昭和7年11月9日	趙雅福（贅仙）	孔方兄	〈戲擬孔方兄答孔老先生書〉

第二場是昭和九年（1934）四月九日至廿六日之間。「孔子、招

---

58 趙雅福（1894-1963），臺南市人，號劍泉，小雲、少雲、榕庵主人。筆名有頑、欠頑、子曰店主、贅仙。趙鍾麒（雲石）長子，日治時期曾任《臺南新報》漢文部記者。一九一五年與「南社」青年社員洪坤益、王芷香、陳逢源、吳子宏、陳圖南、高懷清等人，籌組「春鶯吟社」。一九二三年，擔任吳子宏主持之桐侶吟社顧問、以成社副社長。一九三〇年與洪坤益、王開運等人籌辦《三六九小報》發行人兼主編。許建崑：〈《三六九小報・史遺》寫作之探析〉，《東海大學文學院學報》第51卷（2010年7月），頁37。

王雅儀：〈讀小報似墜五里香霧，辨身分如遊仙境迷航——《三六九小報》編輯「贅仙」本名之查考〉，《東海大學圖書館館刊》第4期（2016年4月），頁13-25。

財王、管城侯」等人之筆戰，如下表所示：

第二場筆戰「孔子、招才王、管城侯」

時間	作者（筆名）	代擬	篇名
昭和9年4月9日	趙雅福（贅仙）	招財王	〈戲擬招財王致孔老夫子書〉
昭和9年4月13日	趙雅福（贅仙）	孔子	〈戲擬孔老夫子答招財王書〉
昭和9年4月16日	雪影	孔子	〈再戲擬孔老夫子答覆招財王書〉
昭和9年4月19日	洪坤益（刀水）	管城侯	〈戲擬管城侯勸告孔老夫子息事書〉
昭和9年4月26日	趙雅福（贅仙）	孔子	〈戲擬孔老夫子戒管城侯書〉

1 孔方兄的氣燄

「義利之辯」是儒家道德實踐的重要課題，孔子曾云「不義而富且貴，於我如浮雲」[59]。昭和七年十一月三日《三六九小報・開心文苑》，小報發行人趙雅福（1894-1962）以筆名「贅仙」[60]發表〈戲擬孔老先生致孔方兄書〉，由好禮的孔夫子寫信給象徵維新時代重利的孔方兄。全文頗長，節錄如下：

> 方兄同宗足下：
> 誼屬同點同畫，久疎通問，此何故也？究非交情日淺，實道不同不相為謀也[61]。……近者歐風東漸，吾道遂爾不振，道德日

---

59 〔魏〕何晏注，〔宋〕邢昺疏：《論語注疏》，收入《十三經注疏本》，頁62。

60 王雅儀：〈讀小報似墜五里香霧，辨身分如遊仙境迷航——《三六九小報》編輯「贅仙」本名之查考〉，《東海大學圖書館館刊》第4期，頁13-25。

61 「道不同不相為謀」語出《論語》〈衛靈公〉第四十一章。詳參〔魏〕何晏注，〔宋〕邢昺疏：《論語注疏》，收入《十三經注疏本》，頁141。

益壞，仁義日益衰，推原禍始，未始非一二好奇之士，自命維新，尊崇阿兄為大哥，嘲諷小弟為老朽，有以致之也。嗚呼！此天之將喪斯文也歟？[62]時也！命也！……天道好還，斯文未喪，年來外洋提倡尊丘者，已大有人矣！宗兄謂為能利人方便，奈今人多嫌累墜，擯棄弗用，兄休矣！請稍斂其驕傲氣燄，勿以一孔之見，銅臭薰薰，為吾族羞，則甚幸。[63]

日本明治維新施行脫亞入歐政策後達成強國強種的目的，使繼承德川幕府三百年儒學的漢學者，成為無法展才的不羈之士，於是退出政壇自立師門傳授子弟。[64]臺灣為日本在亞洲第一個殖民地，受到維新時代的影響，西式教育的公學校逐步取代科舉時代的漢書房，昭和七年（1932）總督府禁止開設漢書房、義塾，於傳統教育是重大打擊。於是趙雅福以孔子之名，尊稱昔時「銅錢」為孔方兄，又因「同點同畫」之故，更尊稱孔方兄為同宗，凸顯孔子重禮的思想。

　　〈戲擬孔老先生致孔方兄書〉以兩例證說明「時局變化之快速，非人所能預測」。首先、殖民政府禁設漢書房、義塾，直接造成漢文、漢學之衰頹，故引孔子受困匡人而有「天之未喪斯文也歟」的感嘆。然而時局變化之快速，非人所能預測，歐美推崇孔子思想設立「東洋文學哲學」之研究單位，如此孔子思想再度興盛是可以預期的。其次、維新時代西方風潮影響所及，普遍視儒學思想為落伍的象徵，代表厚利的孔方兄反而受到尊崇。然而時移勢易，工業革命帶來生活上種種的便利性，沈重不易攜帶的「銅錢／孔方兄」，逐漸被紙

---

62 「此天之將喪斯文也」，語出《論語》〈子罕〉第五章。詳參〔魏〕何晏注，〔宋〕邢昺疏：《論語注疏》，收入《十三經注疏本》，頁77。

63 趙雅福（贅仙）：〈戲擬孔老先生致孔方兄書〉，《三六九小報》第231號（昭和7年11月3日），第2版。

64 楊永彬：〈日本領臺初期日臺官紳詩文唱和〉，〔日〕若林正丈主編，《臺灣重層近代化論文集》（臺北市：新自然主義出版社，2000年8月），頁111-112。

鈔所取代。「孔子／孔教」先衰而又興於國外，時移勢易，此消彼長，孰勝孰負，尚未知曉，故請「銅錢／孔方兄」能稍斂驕傲氣燄，極有說服力。

2 招財王的勝利

昭和七年十一月九日，趙雅福（贅仙）於〈開心文苑〉專欄〈戲擬孔方兄答孔老先生書〉回應前文：

> 仲尼宗弟有道：
>
> 接讀來書，令我百思不得其故，真是自家說得一點好聲氣。夫世人以宗弟「博古通今，文章經濟，足以繼往古而開來者」。以予觀之，不過一食古不化之常人耳。雖曰：「文章彪炳，可得而用」。究於經濟方面，實一個門外漢耳，……令高徒嘗曰：「仲尼日月也」[65]，既如日月，當能明理，乃普通世上事情，全然不懂。……方今世上，正唱金本位，且有「孔子公搬出來，招財王請入去」之謠。……宗弟不嘗曰：「富而可求也，雖執鞭之士。吾亦為之」[66]？……予之聲名能凌駕於弟者，實予之權力，可以生死人也。……宗弟之道今既不能行，還是趁此時，乘桴浮於海，向外國研究一番，始知黃金萬能，還讓乃兄稱尊也。同是老哥老弟，予亦不欲多言矣，此覆。[67]

本文凸顯科舉制度廢除後，四書五經已不再受重視，民間因此有「孔

---

65 「仲尼日月也」，語出《論語》〈子張〉第二十四章。詳參〔魏〕何晏注，〔宋〕邢昺疏：《論語注疏》，收入《十三經注疏本》，頁174。

66 「富而可求也」，語出《論語》〈述而〉第十一章。詳參〔魏〕何晏注，〔宋〕邢昺疏：《論語注疏》，收入《十三經注疏本》，頁61。

67 趙雅福（贅仙）：〈戲擬孔老先生答孔老先生書〉，《三六九小報》第233號（昭和7年11月9日），第2版。

子公搬出來，招財王請入去」的俗諺。俗諺俚語代表一時一地的處世指南，因此更強化了孔方兄評價孔子「究於經濟方面，實一個門外漢耳」。孔子本是重義輕利，陳絕糧之際，仍強調求仁與正名，而非解決眾弟子「從者病莫能興」的安危問題。趙雅福所言「究於經濟方面，實一個門外漢耳」，凸顯日治時期「孔夫子／孔方兄」之「義／例」轉變論點。

（二）招財王筆戰孔老夫子

昭和七年（1932）十一月間「孔子與孔方兄」筆戰，實乃趙雅福一人所為，孔子與孔方兄所代表的義利之辯，並沒有最後的結論，因此時隔一年半左右，趙雅福又以「贅仙」筆名開啟另一場筆戰。

1 招財王的挑戰

趙雅福繼「孔夫子筆戰孔方兄」後，時隔一年半又以筆名「贅仙」開啟另一場筆戰。不同於首次作者一人分飾兩角，第二次的筆戰除了趙雅福，又增加雪影與洪坤益。第二次筆戰人數增加，時間拉長，分別發表於昭和九年（1934）四月九日、十三日、十九日、二十六日，以「孔老夫子、招財王、管城侯」等不同立場，再度展開筆戰。

昭和九年四月九日《三六九小報》第330號，趙雅福於〈開心文苑〉專欄發表〈戲擬招財王致孔老夫子書〉：

> 仲尼老先生有道：
> ……日昨偶過貴宮，正擬下乘投刺。忽聞宮牆之內，鼓樂大作。……及升堂階，始悉人家依恒例，為先生晉春酒。人影憧憧，往來如織，鐘鼓並作。熱鬧非常。……忽有令僕所費解者，現於眼簾。嘻嘻！豈先生所甘降下其人格，抑昨是而今非歟？……乃託管城子，以書是諸左右也。

竊聞先生常謂富貴於我如浮雲，又罕言利[68]。且謂小人喻於利[69]，於此是先生與僕，無甚因緣者明矣！不意今日造訪，覺奔走於殿陛者，非盡先生門下之士，間亦有僕之爐下。所謂執鞭可求者，亦周旋於先生左右，先生亦竟然容其近身。噫！吾知之矣。斯文將喪之今日，而先生高徒，又多改絃易轍。往汶上者往汶上[70]，貨殖者貨殖[71]，投奔於季氏者投奔季氏[72]。先生自身尚欲應佛肸公山之召[73]，先生恐不能自行束脩以上[74]。因而不擇人而容之者非歟？意志既不能一以貫之，猶欲享此古雅殿堂之清福，僕竊非之。莫若退居鄉黨去，兩楹之間，讓僕來居。試觀夫世人之待僕者，皆占在先生上風，是人心欲歸附於僕者久矣！故敢修書勸駕，先生聰明睿知，諒能俯如所謂，以順輿情也。[75]

當時民間俗諺「孔子公搬出來，招財王請入去」，以臺語發音傳神的呈現招財王取代孔子地位的現實。趙雅福正是根據兩者地位之消長，

---

68 「罕言利」，語出《論語》〈子罕〉第一章。詳參〔魏〕何晏注，〔宋〕邢昺疏：《論語注疏》，收入《十三經注疏本》，頁77。

69 「小人喻於利」語出《論語》〈里仁〉第十六章。詳參〔魏〕何晏注，〔宋〕邢昺疏：《論語注疏》，收入《十三經注疏本》，頁37。

70 「往汶上者往汶上」，語出《論語》〈雍也〉第七章。詳參〔魏〕何晏注，〔宋〕邢昺疏：《論語注疏》，收入《十三經注疏本》，頁52。

71 「貨殖者貨殖」，語出《論語》〈先進〉第十八章。詳參〔魏〕何晏注，〔宋〕邢昺疏：《論語注疏》，收入《十三經注疏本》，頁98。

72 「投奔於季氏者投奔季氏」，語出《論語》〈季氏〉第一章，冉有任職於季氏門下。詳參〔魏〕何晏注，〔宋〕邢昺疏：《論語注疏》，收入《十三經注疏本》，頁146。

73 「應佛肸公山之召」，語出《論語》〈陽貨〉第五章。詳參〔魏〕何晏注，〔宋〕邢昺疏：《論語注疏》，收入《十三經注疏本》，頁154。

74 「自行束脩以上」，語出《論語》〈述而〉第七章。詳參〔魏〕何晏注，〔宋〕邢昺疏：《論語注疏》，收入《十三經注疏本》，頁60。

75 趙雅福（贅仙）：〈戲擬招財王致孔老夫子〉，《三六九小報》昭和9年4月9日，第330號。

設計招財王路過孔廟下車投遞拜帖，毫不客氣的要求孔子應該讓出文廟由他遷入云云。

藉由招財王的觀察與尖銳的提問，凸顯彼時儒學衰頹的兩個面向：

首先、文廟已無異於一般廟宇：科舉時代文廟不同於一般廟宇，多是官員師儒與儒士童生出入其間，人員較少環境清靜莊嚴。後科舉時代，儒學有儒教（孔教）之稱，地位與道教、佛教齊平，於是新春期間來孔廟人士絡繹不絕，出入者不全是私塾子弟，還有不少招財王的信眾。又儒生經乙未之役後，有願為清國人而內渡者、有棄儒經商者、亦有依附於殖民主者，與孔子昔日「君子喻於義，小人喻於利」的二元對立已有不同。

其次、孔子應遷出文廟：《論語》〈陽貨〉記有「佛肸召，子欲往」之事，孔子自身尚不能拒絕佛肸之召，若意志既不能一以貫之，又怎能達到有教無類的理想？民間既有「孔子公搬出來，招財王請入去」的俗諺，出入文廟者既不全為儒生，孔子地位又不如以往，不如順應輿情讓出文廟，讓招財王入居其間，享受香火。

2 孔夫子因時制宜

昭和九年（1934）四月九日趙雅福發表〈戲擬招財王致孔老夫子書〉之後，又於下一期四月十三日，仍以「贅仙」筆名，於第331號〈開心文苑〉發表〈戲擬孔老夫子答招財王書〉：

> 金錢大神帳下：……昔者孟軻曾謂某為「聖之時者也」，所謂故時措之宜也，若豈未之前聞歟？此一時也，彼一時也。某蓋因時制宜，適合時機矣！夫貴爐下之來也。蓋慕某之好模範，冀脫銅臭之身，成為完善之人。況乎某非淺肚腸者，既來之，既安之。貴爐下雖非吾徒也。究係同種，彼既能識吾道之美，肯來就教，較之一輩不知漢文為何物者，相去奚啻天淵，所謂

孺子可教者。某平日凡自行束修以上者，吾未嘗無誨焉。……
君第知責人，不知責己。謂君爐下以近某為非，豈非自鄙爐下
乎？誠哉不學無術之甚也，君既位居神界，自然聰明正直，理
宜公平待人，何乃對普天下之人，只識一土豪劣紳？甘為彼作
庫官庫吏？地位雖好，特不過一守財虜耳！若夫謂世人皆迎君
於某上風者，此不過一輩金錢中之徒。……況某也，素富貴行
乎富貴，素貧賤行乎貧賤。[76]某所惡者，唯放利而行[77]之小人
耳！為君執鞭之俗士耳！某也有教無類，不分貧富，併納兼
收，故七十賢人之中，賜也貨殖也，赤也肥馬輕裘[78]，何嘗無
富厚之士哉！少見多怪，喋喋何為？仍招爾財，毋再饒舌，此
覆。[79]

趙雅福寫〈戲擬孔老夫子答招財王書〉之篇幅，遠較寫〈戲擬招財王
致孔老夫子書〉更多，以「金錢大神帳下」作為覆信的開頭有揶揄的
意味，顯示作者維護儒學、願為孔子發聲的立場。〈戲擬招財王致孔老
夫子書〉，藉由孔子的反駁凸顯後科舉時代的士人的立場，如下所示：
　　首先、因時制宜的重要性：引述孟子讚譽孔子「聖之時者也」，
回應他教信徒「因時制宜」出入文廟，原因在於傾慕孔教，願脫離銅
臭之氣，成就道德完善之謙謙君子。又援引〈陽貨〉篇中，「自行束

---

76 「素富貴行乎富貴，素貧賤行乎貧賤」，語出《中庸》第十四章。詳參〔漢〕鄭元
　　注，〔唐〕孔穎達疏：《禮記注疏》，收入《十三經注疏本》（臺北市：藝文印書館，
　　1989年1月），頁883。

77 「放利而行」語出《論語》〈里仁〉第十二章。詳參〔魏〕何晏注，〔宋〕邢昺疏：
　　《論語注疏》，收入《十三經注疏本》，頁37。

78 「赤也肥馬輕裘」語出《論語》〈雍也〉第三章。詳參〔魏〕何晏注，〔宋〕邢昺
　　疏：《論語注疏》，收入《十三經注疏本》，頁51。

79 趙雅福（贅仙）：〈戲擬孔老夫子答招財王書〉，《三六九小報》第331號（昭和9年4
　　月13日），第2版。

脩以上，吾未嘗無誨焉」，說明凡有意學習又兼具備基本的禮節，孔子沒有不盡心教導的。

　　其次、知責人而不知責己：招財王位居神界，不能公平待人，僅看重土豪劣紳、庫官庫吏，不如孔子秉持「素富貴行乎富貴，素貧賤行乎貧賤」，隨遇而安的生活態度。至於招財王以為孔子乃營生的門外漢一事，孔門七十賢人中，子貢「億則屢」中乃貨殖強人，公西赤「肥馬輕裘」出使富裕的齊國，顯然孔門亦非寒門。

3 招財王黨同伐異

　　雅福以擁護孔子的立場，答覆招財王尖銳的提問，攻防精彩，吸引筆名「雪影」，於昭和九年四月十六日，第332號〈開心文苑〉專欄，接續發表〈再戲擬孔老夫子答覆招財王書〉，並於篇名下說明加入筆戰的原因，為「讀社兄[80]贅仙大作，不覺技癢，因即其意，載成一書」，限於篇幅，節錄如下：

> 招財王錢老先生靈鑒：
> ……學問之道，不無境域。而求學之心，尤貴自由。貴派下既與先生，臭味不能相投，走而之他，是知滿籃之金，不及一經之貴矣！彼輩雖著一時之迷，誤入異端之路，幸能懸崖勒馬，三省其身，總屬可造之才。上天既許吾人以自新，予豈能以冀土之牆，朽爛之木，濫加擯去之也耶？……此正儒家惻隱之心，與老先生功利之念，迴不相同者也。先生見不及此，而又不能反躬自省，專己守殘，黨同伐異，誠為先生不取焉！且世人自中先生流毒以來，名利誘於前，衣食迫於後，陋巷顏回，既不復見，而末俗澆漓，人心叵測，作事多模稜兩端，問心亦可否莫定，主義糊塗，主張泪沒，如是而欲吹毛求疵，強分黑

---

80 雪影以「社兄」稱呼趙雅福，顯然雪影亦為南社社員。

白，不亦嘗輟學停講，拒人於千里之外乎哉？是可忍也，孰不
可忍。……[81]

文中提出「學術自由」、「經典無價」，不能以錢財衡量等概念。尤其
招財王之信徒既能三省其身、懸崖勒馬，以求教夫子，則夫子必予以
教誨，此為儒家惻隱之心，正與世間功利思想迥然不同。信眾既能三
省其身，但招財王自身卻行「專己守殘，黨同伐異」之事。如此世間
眾人將更深陷「名利物欲、人情澆薄」之中。雪影維護孔教之行文立
場與趙雅福相似，當然亦符合《三六九小報》之發行宗旨。

4 管城侯息事寧人

繼雪影投入筆戰之後，南社社員、《三六九小報》編輯洪坤益，
以筆名「刀水」，於昭和九年（1934）四月十九日，第333號之〈開心
文苑〉專欄，發表〈戲擬管城侯勸告孔老夫子息事書〉，篇名下附參
與筆戰之說明：「連日讀同硯贅仙、雪影二兄，戲擬孔老夫子招財王
問之答覆書，頗覺有趣，因戲擬是篇，難免禍棗之誚耳」。筆戰之內
容節錄如下：

> 孔老夫子老大人壇下：
> 茲聞老夫子與招財王啟筆戰之端，讀具在之文詞，采現時之輿
> 論，招財王均占優勢，蓋直道不行也久矣。老夫子不度時勢，
> 斷斷與爭，損有限之精神，費無謂筆墨，徒供異黨之雌黃，生
> 竊以為不可。……
> 老夫子之崇高人格，如江河行地，日月經天，可謂尊無二上，
> 至矣盡矣！不意諂媚招財王之輩，更尊他為老夫子之兄。……

---

81 雪影：〈再戲擬孔老夫子答覆招財王書〉，《三六九小報》第332號（昭和9年4月16
日），第2版。

況二十世紀之物質文明，皆歸招財王掌握，雖清淨無為之佛氏，為布地故托鉢無從，與王亦有交涉借款之說。……雖老夫子為斯文計，大聲疾呼，縱來歸者，亦不過寒酸之士，山澤之癯，又何有鮮明之旗幟，雄壯之軍容，與王相見乎哉？

若生自有生以為，為孔門之護法，神力天縱，橫掃千人。自受秦封，僅領一城，已歷百代。不意歐風東來，蟹字橫行，……自愧食中書之厚祿，今已禿頭，早晚將乞骸骨歸去，嗚呼已矣！碌碌微言，還希聖鑒。[82]

自秦朝以來，文士持筆為著書立說的主要工具，「筆」因此被尊稱為「管城侯、中書君」，管城侯、中書君也因此成為文士之代詞。〈戲擬管城侯勸告孔老夫子息事書〉中的管城侯，提出歷朝儒生文士持筆著書立說之辛勞，秉持無畏異說攻訐的決心，屹立於洪流之間，管城侯因此自詡為孔門的護法。

歐美流行橫行書寫，日治時期臺灣受維新時代西化風潮的影響，管城侯引述《中庸》章句「道之不行，久矣！」意指眼下持毛筆書寫者漸少。重視物質文明的今日，輿論風氣有利於招財王，管城侯於後科舉時代已無法改變社會風氣，不久將辭去孔門護法一職云云。洪坤益此文提出「管城侯、中書君、儒生文士」都與科舉制度下尊崇孔子的風氣有關，歷代以來若有其他學派欲取代儒家，成為政教合一的主流地位者，文士莫不前仆後繼、奮筆疾書為之辯說。然而廢除科舉畢竟是千年未有之大變局，洪坤益寫作此文是在昭和九年（1934），臺灣已割讓予日本三十九年之後。三十九年來，總督府引入現代性思潮，洪坤益不過是藉「管城侯、中書君、儒生文士」身分，論述後科舉時代無力改變物質文明至上的社會現實。

---

82 洪坤益（刀水）：〈戲擬管城侯勸告孔老夫子息事書〉，《三六九小報》第333號（昭和9年4月19日），第2版。

5 孔夫子力勸管城侯

洪坤益發表〈戲擬管城侯勸告孔老夫子息事書〉參加筆戰之後，趙雅福於昭和九年四月廿六日第335號，再度發表〈戲擬孔老夫子戒管城侯書〉回應之：

> 中書君鑒：某日來受那不學無術之招財王一書，正氣得忍無可忍，擬集三千弟子，七二門人，與之一較，挽我斯文，以正陋俗。昨書來，某以為愛我者，或能活現紙上，助我偏師，共扶文運，非君莫屬。披讀之下，乃竟出某意想之外。……彼招財王雖曰無理取鬧，然若長此以往，不但有礙風教，實有關於吾教死活問題，吾教設有影響，恐君亦將無食肉相矣！君與某，固有共存共榮關係。……某年雖老，四千年歷史，至於今尚能挽住，受內外之歡迎。君頭雖禿，君身尚健。……何昔之雄建，今乃軟化耶？豈亦受彼銅臭之薰陶，遽中末俗之毒非歟？……某之精神尚建，門徒尚存，諺有曰：「戲秤腳住久人的。」看他將奈我何？……攻乎異端，君豈無責？敢喋喋來為某作和事老？念君有功吾教，姑免罪之，後勿再爾爾，戒之戒之。[83]

趙雅福首先批評管城侯不能在此危急時刻「助偏師、扶文運」，其次坦言招財王得勢確實影響孔門的存續。尤其管城侯與孔門間的關係一向緊密，故勸勉管城侯「君頭雖禿，君身尚健」，而今如何怯弱？文末再以孔門之精神尚建，門徒尚存，若能長久堅持，未來仍大有可為云云，趙氏之言可謂為《三六九小報》「以漢學為主張，以經史為根

---

83 趙雅福（贅仙）：〈戲擬孔老夫子戒管城侯書〉，《三六九小報》第335號（昭和9年4月26日），第2版。

據」的刊行立場。

二　主編洪坤益：儒者定義與外域譯介

「南社」第二代年輕社員為了展現新氣象，如洪坤益（1892-1947）[84]另設「春鶯吟社」（1915）、「桐侶吟社」（1923）等，並且規劃創辦《孔雀月刊》，其後正式更名出刊為《三六九小報》。隨著小報發行四百餘期、來自四方的撰稿者，相關儒學論述與文化影響，皆值得深究細思。

（一）編輯主張與儒者定義

乙未劇變之後，家境富裕及強烈民族意識者部分返回中原定居，部分留臺資助成立書房教育，為漢學存續而努力，部分有轉向商界拓展事業。以府城著名漢醫洪采惠為例，洪采惠經營傳統藥房之外，還觸及輕軌鐵道、煙酒販賣。明治四十三年（1910），與友人設立「臺南大舞臺」，為日治時期臺南最重要的中國傳統戲曲劇場。洪采惠除了商業經營之外，尚且擔任保正、臺南市協議會員，於大正三年

---

84 洪坤益（1892-1947），字鐵濤，號艁笛，又號黑潮、懺紅生等。洪氏自幼接受傳統教育，十二歲入臺南第一公學校就讀（1904-1910）。曾隨胡殿鵬學漢詩，並加入「南社」。明治四十五年（1912）參與由趙鍾麒、楊鵬摶及日人原田春境等倡設的「采詩會」。大正四年（1915）與「南社」少壯派社員王芷香、陳逢源、趙雅福等組「春鶯吟社」，擔任社長。大正十年（1921）十一月與高懷清、陳逢源、趙雅福、楊宜綠同任南社幹事。大正十二年（1923）「桐侶吟社」成立，先後擔任顧問與副社長。昭和四年（1929）創「漢詩函授研究會」，並於是年籌設《孔雀月刊》。昭和五年（1930）九月九日，與趙鍾麒、趙雅福父子、王開運、蔡培楚等人發起創設《三六九小報》，擔任主筆之一。昭和十二年（1937）復與吳子宏、李步雲等人於臺南市組織「聽濤吟社」。昭和十四年（1939）應日本軍方之召，至廣東汕頭辦理《大同報》，負責編務工作。

陳曉怡：〈提要〉，全臺詩編輯小組編撰：《全臺詩》第55冊（臺南市：國家文學館，2018年12月），頁201。

（1914）獲臺灣總督府頒贈勳章。[85]洪采惠於乙未之後仍以漢醫為根本，把握機會投入西式的輕軌鐵道生意，跨足政商兩界，成就斐然。洪氏對於子女的教養採取漢學為根本、新學為功用的策略，如洪坤益（1892-1947）的幼年教育以漢學為根本，十二歲才進入臺南第一公學校（1904-1910）接受新式教育，[86]及長又追隨宿儒胡殿鵬學漢詩，洪父以漢學為根本，又兼經商有成，跨足政界的經驗歷程，影響洪坤益日後擔任《三六九小報》的編輯方針。

洪坤益經濟無虞兼具新舊思維的理念，故而一肩扛起《三六九小報》初期的編輯工作。[87]昭和五年（1930）九月九日《三六九小報》（創刊號）洪坤益發表〈發刊小言〉，充分呈現「寓莊於諧」的風格主張，一新讀者的耳目：

> 昔釋尊為弟子講經，至舉似處，輒為拈花之微笑。……笑之義，大矣哉！我同人生於物質文明之今日，事事物物，有限性靈，因之汩沒殆盡。幸賴諸同人，朝夕過從，解衣磅礡，放浪於形骸之外。上下五千年，東西九萬里，捫舌尚存，各盡縱橫捭闔之興致。陳言務去，哲理斯出。……本小報創刊之緣起，實成於談笑之間。以三六九命名者，請以三日為期，同人撳茶前酒後之巵言，入暝寫晨抄之工作，應有盡有，大書特書。……一紙風行，足資談柄，實於臺灣刊行紙，別開一生面也。……凡知我者，珍以敝箒可也；棄我者，覆以醬瓿亦可

---

85 陳曉怡：〈府城文人洪鐵濤及其文學作品〉，收入洪鐵濤原著，陳曉怡編：《洪鐵濤文集》（臺南市：臺南市文化局，2017年2月），頁7、頁8。

86 陳曉怡：〈府城文人洪鐵濤及其文學作品〉，頁7、頁8。

87 《三六九小報》第5號，頭版標題下方，刊出最早的報社組織，其中編輯僅有洪鐵濤一人，意指一九三〇年九月到十月期間，唯一編輯員為洪鐵濤，十一月後才又續增譚瑞貞、陳圖南。詳參柯喬文：《《三六九小報》古典小說研究》，頁50。

也。同人都以一笑了之。[88]

洪坤益〈發刊小言〉以釋迦牟尼佛「拈花微笑」的典故，作為「以小喻大」之意，這與劉魯《三六九小報》第322號〈文苑〉專欄，發表〈祝三六九報重刊〉「報名雖小，宗旨實大。亦莊亦諧，寓懲寓勸」的理念一致。〈發刊小言〉以「物質文明之今日」，認同人類物質文明於工業革命之後提昇，小報因此有許多科學新知、新式思維、各國興地的介紹。又云「諸同人，朝夕過從，解衣磅礴，放浪於形骸之外……陳言務去，哲理斯出」，小報《開心文苑》專欄中有運用「經典句式」改寫「藝旦文化」者，將「經典」與「藝旦」融合這一點，映現洪氏「放浪於形骸、陳言務去」的理想，意在打破科舉時代以四書內容作為八股題目的僵化思維，可知其編輯主張。

1 「儒」的定義

洪坤益於昭和五年（1930）第26號開始，以「陶醉」為筆名主筆「哭庵說笑」專欄，直到昭和七年（1932）第180號結束，總共發表二十四篇趣味隨筆，其中〈醫者意也〉一文談及「儒者」的定義：

> 有某醫，儒者也。……陶醉曰：古人云：『醫者，意也。』……若小廝之尊障，而先生從容為之拯拔，苟非窮通變化之儒者，曷克臻此。[89]

某醫下鄉診疾時，偶遇一年少小廝枯守生意冷淡之藥鋪，於嬉戲之間將陷自身於進退兩難之境地，正「痛懼交并，呼號震瓦」之際，醫生以最簡要而不費金錢的方式，快速診疾而完好如初，贏得洪氏「儒

---

88 洪坤益（刀水）：〈發刊小言〉，《三六九小報》創刊號，（昭和5年9月9日），第1版。
89 洪坤益：〈醫者意也〉，《三六九小報》第163號（昭和7年3月16日），第4版。

者」的讚譽。某醫能被讚賞為「儒者」，主因在於「窮通變化」。而「窮通變化」正好與晚清備受抨擊的僵化科舉制度、不合時宜的四書五經等等概念相反。《三六九小報》既然認同其他臺資報刊維護漢學的主張，洪坤益作為小報核心編輯肯定漢學、經史傳統文化，唯「窮通變化之儒者」才是所肯定而願意發揚之傳統漢學。

醫家對於祖傳的靈驗方藥，往往為求重利而保密，最終年久失傳，洪坤益生長於漢醫家庭，對於地方醫者認識頗深，主張必須是儒醫方才是良醫：

> 《皇漢醫學》垂數千年，其間之靈驗方藥，往往為醫家嚴秘，年遠失傳，真堪痛惜，若湯火傷症，每因熱毒所攻，而致命者殊不易救。善化蘇建琳先生，儒醫也。家製黃連膏發售，極有神效，且治法簡便，藥價亦廉，因事屬濟物，特三致意之一。[90]

洪坤益〈餐霞小紀〉記述善化儒醫蘇建琳先生自製黃連膏藥，極有神效，藥價便宜，可謂濟世藥方。洪氏稱蘇建琳販售價廉有效藥材的義舉為儒醫，乃取自儒家積極入世的人生觀，經世濟民之處事哲學。

2 閱讀經驗

洪坤益幼年接受傳統漢學教育，曾於《三六九小報》中記述所讀之書，內容分別有：幼時傳統古籍的讀書記憶、近代日本書籍及評論、近代中國武俠小說及評論。

（1）幼時讀書記憶：新竹王石鵬的《臺灣三字經》[91]，該書為兒

---

90 洪坤益：〈餐霞小紀〉，《三六九小報》第335號（昭和9年4月26日），第2版。
91 按：「新竹王石鵬先生所著之《臺灣三字經》，仿蒙經之例，音節和協，少年易於上口，必讀之教本也。十數年來，坊間不見代售，想已絕版久矣。近來饾飣之書，災梨禍棗，而此書委之無傳，為著作界之痛恨事，有心人盍不起而重鐫之。」詳參洪坤益（懺紅）：〈餐霞小紀〉，《三六九小報》第336號（昭和9年4月29日），第2版。

童學習歷史、地理的啟蒙之作。清代張廷玉的《澄懷園詩草》[92]，作者張廷玉是康雍乾三朝重臣，同時也是清代唯一一位死後配饗太廟的漢臣。科舉考試詩賦項目有宗唐的傾向，學子普遍研讀唐詩，洪氏幼時讀《杜詩》[93]，理解上頗苦於聲牙屈詰的困難，及長方能領略杜甫天分之高絕，非尋常文人所能企及，這類幼時誦讀不明所以，及長方能明白領略的誦讀經驗是科舉時代常見的現象。

（2）隱逸類型古籍：有《莊子》〈秋水〉篇[94]，袁枚《隨園詩話》[95]。洪氏記述讀「子非魚，焉知魚之樂」頗有感悟，呈現內心的自在與自適，頗有上友古人的閱讀樂趣。《隨園詩話》作者袁枚，辭官後定居於江寧隨園，期間招收女弟子、撰寫《隨園詩話》，其風流自適的人生態度，頗能引發經濟能力良好，擔任「瑣屑與詼諧」特質的《三六九小報》編輯洪坤益的感觸。

（3）近代日本書籍及評論：有大正美人、女詩人稱譽的九条武子夫人，著有《無憂華》短歌集[96]，洪氏讀後的評語有：慈祥、高

---

92 按：「《澄懷園詩草》余記身兒時，敝篋中藏有是書，紙為連史，木版鋟工精妙，有跋為唐贊袞太守手筆，書體仿板橋，兼變魏碑。」詳參洪坤益（懺紅）：〈餐霞小紀〉，《三六九小報》第461號（昭和10年7月6日），第2版。

93 按：「杜詩聲牙屈詰不易讀，少時頗苦之，過眼遂不多。一夜，余舵江舟行，於曉色熹微間，兩岸樓臺，蘸波欲活，明白如畫。因憶杜老有『殘夜水明樓』之句，方嘆其天分之高絕處，非尋常之所能及，著作不磨，直可與江山相終古」詳參洪坤益（懺紅）：〈餐霞小紀〉，《三六九小報》第462號（昭和10年7月9日），第2版。

94 按：「《霜猿日記》1932年7月10日（晴）晚飯後，臥北窗下，讀《莊子》書至子非魚，焉知魚之樂，霜猿於是乎大悟。」洪坤益：〈霜猿日記〉，《三六九小報》第199號（昭和7年7月16日），第4版。

95 按：「幼時讀《隨園詩話》，有『架裟未著嫌多事，一著架裟事更多』深喜其具有禪味。不意出世之某大和尚，以為獨善其身不能光昌佛旨，決意改換方針，入世作獅子吼。」洪坤益（陶醉）：〈告陰狀〉，《三六九小報》第87號（昭和6年6月29日），第4版。

96 按：「《霜猿日記》1932年7月15日（晴）清晨起得太早，……眾人皆睡，惟我獨醒，……忽來勾引霜猿讀書慾，隨向案頭書叢中，抽出九條武子夫人所著《無憂華》開卷瀏覽，覺其慈祥、高潔、優雅、博麗之理論，時令人敬愛，真足為日本女

潔、優雅、博麗，可作為日本女性之表率。童話大家巖谷小波耗費四
十多年蒐羅印度、中華、朝鮮等之筆記、傳說、神話、寓言，出版
《大語園》十巨冊[97]，相較《伊索寓言》更有閱讀上的深醇趣味。巖
谷小波以四十年的時間蒐羅出版《大語園》，同樣耗時多年著書的還
有下列作品：

> 古人著書，費盡心血，藏之名山，以垂不朽。鍊都十年之外，
> 罕聞以年計者。日本之學徒，如本居宣長著《古事記傳》費三
> 十五年，塙保一著《群書類從》費四十年。賴山陽著《日本外
> 史》費二十五年。瀧澤馬琴著《八犬傳》費二十八年。近世之
> 槻文彥博士著《言海》，費十七年。吉田東伍博士著《日本地
> 名辭書》費十三年。堪稱為畢生大業。[98]

上述窮盡多年心血的日本學者，短如十七年的槻文彥《言海》，長如
四十年的塙保一《群書類從》，費盡心血，撰述藏諸名山鉅著，堪稱
畢生大業。

（4）近代中國武俠小說及評論：洪坤益閱讀中國出版的書籍頗
為廣泛，如「考中國群書，多記澎湖有落漈[99]之說，及近年航海術昌

性之表率。早飯後，又入軟塵中，飽聽市聲之管絃樂，回念一瞬前之讀書樂，真是
清福。」洪坤益：〈霜猿日記〉，《三六九小報》第201號（昭和7年7月23日），第4版。

97 按：「日本童話大家巖谷小波歿後，發其畢生之著述《大語園》十巨冊。搜羅之宏
博，如印度、中華、朝鮮等之筆記、傳說、神話、寓言，費四十餘之年日月，始克
其功，其趣味較諸《伊索》猶為深醇，學界巨子，皆致同嗜之言。」詳參洪坤益：
〈餐霞小紀〉，《三六九小報》第451號（昭和10年6月3日），第2版。

98 洪坤益：〈餐霞小紀〉，《三六九小報》第390號（昭和9年10月29日），第2版。

99 〈道里（島嶼附）·附考〉「水至澎湖漸低，近琉球，則謂之『落漈』；漈者，水趨
下而不回也。凡西岸漁舟到澎湖以下，遇颶風發，漂流落漈，回者百無一。」詳參
〔清〕林豪：《澎湖廳志》（臺北市：文建會，2006年6月），頁95。

明，未聞有發現之者。」[100]閱讀中國諸多書籍，記述船行澎湖黑水溝
有巨大海渦，水流垂直往下如巨型瀑布，直達深海的盡頭，對照現今
航海技術則未發現大海渦的現象，映現洪氏以科學實證的理性思維，
作為閱讀之準則。然而，若以理性思維閱讀中國出版的武俠小說，其
實證精神不足：

> 中國讀書界，近來風行武俠小說，著者如汗牛。余嘗取讀之，
> 輒淺嘗即止。多憑空捏造，不近人情。余讀小酒井不木醫博之
> 探偵全集，其構想多根據科學，筆亦沉著透剔，讀之令人愛不
> 忍釋，較諸無理取鬧者，真不可與噲為伍矣。[101]

彼時中國出版眾多的武俠小說，內容與情節多憑空捏造，不近人情，
洪坤益另舉大正期間醫學博士小酒井不木（1890-1929）發表多篇推
理小說，章節構思多有科學根據，文筆沉穩，能滿足具理性實證思維
的閱讀大眾。

（二）譯介日本儒學

　　洪坤益編輯《三六九小報》有「陳言務去，哲理斯出」等主張，
儒學詮釋的多元性，表現於日本儒學的翻譯介紹、諧趣的儒學文章。
《開心文苑》專欄以舊文學的新創作，達成諧趣的目的。洪坤益以
「刀水」為筆名，於昭和九年（1934）五月九日至十九日間，第339
至342號，共四期連載〈日本人之「儒教」觀〉：

> 儒教，自古興於中華，政教一致之教也。昔傳來我國，異常發
> 達。及至德川時代，各學派之儒者，簇然輩出。是時也，有儒

100　洪坤益：〈餐霞小紀〉，《三六九小報》第469號（昭和10年8月3日），第2版。
101　洪坤益：〈餐霞小紀〉，《三六九小報》第420號（昭和10年2月16日），第2版。

教之黃金時代，現出於日本之偉觀焉，現今之真解儒教者，敢
謂不在中華人，而在日本人。日本之文化，涵養於儒教之精
神，實非鮮少。[102]

〈日本人之「儒教」觀〉全篇譯介儒教如何傳入日本，日本有條件的
接受儒教，成就明治維新之大業，日本人真理解儒教，華人則未能真
理解，茲將其論述主張列舉說明如下。

1 儒教傳入與流派

〈日本人之「儒教」觀〉一文論述儒教東傳至日本的緣由：

儒教之傳來，有博士王仁者先獻《論語》十卷於應神天皇。[103]

儒教東傳至日本，是由百濟人（古朝鮮半島上的小國）王仁攜帶《論
語》十卷、《千字文》一卷進獻應神天皇，同時將漢字傳入。歷經戰
亂，儒教經典僅流傳於僧侶，直到德川家康一統天下，以儒教經典作
為治國對策，儒教開始進入全盛時期：

其後我國戰亂頻仍，儒教之命脈，僅保存於僧侶。及德川家康
之統一天下也奉為治世之策，盛行鼓吹。……未久，儒教又告
全盛。德川之世，儒教之學派中，最著者即朱子學、陽明學、
古學，鼎足而三。朱子學，在幕府推獎為官學，藤原惺窩為
始，林羅山、木下順庵、貝原益軒、野中兼三、山崎闇齋、德
川光圀等之輩出。明治之世，元田東野、中村敬宇等，遠汲其

---

102 洪坤益（刀水）：〈日本人之「儒教」觀〉，《三六九小報》第339號（昭和9年5月9
日），第2版。

103 洪坤益（刀水）：〈日本人之「儒教」觀〉，《三六九小報》第339號（昭和9年5月9
日），第2版。

流。奉陽明學而抗朱子學，爭其勢力於學界者，有中江藤樹，
其弟子熊澤蕃山、佐藤一齋、佐久間象山、吉田松陰，相踵鳴
盛。以上二學派，皆祖述宋明。非傳孔子之道也。[104]

德川家康時期尊崇儒教，儒教進入全盛時期。彼時幕府以朱子學為官
學，著名學者以藤原惺窩為首，陸續有林羅山、木下順庵、貝原益軒、
野中兼三、山崎闇齋、德川光圀等，明治時期則有元田東野、中村敬
宇等學者。如同宋明理學中陽明學派與朱子學派相抗衡，幕府陽明學
派著名之學者以中江藤樹為首，弟子有熊澤蕃山、佐藤一齋、佐久間
象山、吉田松陰，相踵鳴盛等人。然而無論是朱子學派或是陽明學派，
均遠溯自宋明理學，並非孔子原本思想。提出這種觀點的是古學派：

> 不拘泥於後儒之說，主張直溯孔子之精神，及古學一派是也。
> 代表之學派者，乃山鹿素行、伊藤仁齋、荻生徂徠三人。其餘
> 如伊藤東涯、青木昆陽、太宰春臺等此派之學人也。以上各派
> 之學人中，因尊崇儒教之餘，醉心於中華，若將忘其大義名分
> 者。[105]

古學派主張直溯孔子精神的，代表學者有山鹿素行、伊藤仁齋、荻生
徂徠等人。

以上朱子學派、陽明學派、古學派三家學者，被後人評論的是因
尊崇儒教而沈浸於對明、清兩朝的嚮往，以至於忽略了對國家大義的
犧牲與服從。

---

104 洪坤益（刀水）：〈日本人之「儒教」觀（三）〉，《三六九小報》第341號（昭和9年
　　5月16日），第2版。

105 洪坤益（刀水）：〈日本人之「儒教」觀（四）〉，《三六九小報》第342號（昭和9年
　　5月19日），第2版。

2 明治維新之貢獻

〈日本人之「儒教」觀〉提及朱子學派分支，水戶學派於明治維新成功之貢獻：

> 然多有真摯者，能發揮面目。殊如「朱子派」一派之水戶學派，藉以研究國史，裨益於世道人心，多而且大，成就明治維新之大業，振興國名之精神，興有利焉。[106]

探究朱子學派中「水戶學派」一支，得以梳理官學研究史，彰顯國家一系之大義，對於振奮當時人心發揮極大的作用，最終有益於明治維新之事業，得使國家聲名遠播。

3 孔子教非等同儒教

〈日本人之「儒教」觀〉特別提及「孔子教非等同儒教」的觀點：

> 談儒教，未嘗不直想孔子。孔子乃自先王以來，統一儒教，集其大成，決非儒教之開祖。孔子所集大成者，雖稱儒教，其一生傾心血，注全力所宣揚者，非儒教之全體，不過其教中之道德方面而已。儒教雖非純然之宗教，就其拜天思想而觀，仍為一種之宗教。因孔子就天道而言處甚少，目其教專為人道而言亦宜，故儒教中，就孔子所教者，名之為孔子教。[107]

文中認為「孔子教非等同儒教」的主要觀點，在於孔子一生傾其全力

---

106 洪坤益（刀水）：〈日本人之「儒教」觀（四）〉，《三六九小報》第342號（昭和9年5月19日），第2版。

107 洪坤益（刀水）：〈日本人之「儒教」觀〉，《三六九小報》第339號（昭和9年5月9日），第2版。

宣揚者，為仁政王道的思想與日用倫常的道德面，少談天道以及彼時流行的拜天思想因此日治時期的孔子教，不同於儒教。

4 日本人理解儒教

〈日本人之「儒教」觀〉連載之初，即提出「日本人於儒教之教若何？儒教對我國固有之思想關係若何？儒教之將來若何？日本人對儒教，應執如何態度？」[108]等疑問，並於第二期的連載，點明日本對於傳入儒教之內容取捨：

> 儒教之教典，所謂四書五經者，……而其中之四書，特認為孔子教之教典，亦無不可。……天子之德，風也。庶民之德，草也。風行草偃，以遂其生，是即謂政教一致，儒教之根本思想。易世革命，禪讓放伐，亦由此根本思想而生。……天有所命，非人力所能為，九五之位，有德者居之，無德者失之，苟失德之天子，遂眾叛親離，至禪讓放伐，以易其世，如殷湯之於夏桀，周武之於殷紂是也。[109]
> 此天命思想，與他道德思想，雖傳來我國，是時也，由神道而堅固於國家觀念之大和民族，嚴然而拒絕之，其與神道合致之點，僅取孔子道而已。[110]

四書五經為儒教經典，其中四書特別指孔子教的經典。儒教以有德者居天子之位，風行草偃，政教合一。一旦天子無德，眾叛親離，則可

---

108 洪坤益（刀水）：〈日本人之「儒教」觀〉，《三六九小報》第339號（昭和9年5月9日），第2版。

109 洪坤益（刀水）：〈日本人之「儒教」觀（二）〉，《三六九小報》第340號（昭和9年5月13日），第2版。

110 洪坤益（刀水）：〈日本人之「儒教」觀（三）〉，《三六九小報》第341號（昭和9年5月16日），第2版。

實行禪讓放伐，改朝換代，孟子以民為本的天命思想與孔子的道德思想，同時傳到神道教的日本，天皇被視為天照大神的後裔具有神性，因此學者也主動去除孟子禪讓放伐，儒家易其世的觀點，亦僅取孔子主張的道德觀。

5 儒教道德為日本原有

〈日本人之「儒教」觀〉連載之初，即提出日本文化本自具足不少儒教精神，因此真理解「儒教」的是日本人而非中國人，例如〈日本人之「儒教」觀（三）〉所云：

> 儒教之綱領，如知、仁、勇之三德，如仁、義、禮、智、信之五常，如君臣、父子、夫婦、長幼、朋友之五倫。當時我國，雖無其名，而其實則存焉，儒教實與我國以固有思想之名目。[111]

日本人真理解儒教的原因，是三德、五常、五倫等，與日本國原本之精神相同，因此儒教中三德、五常、五倫等德目，是日本原有的思想體現。另根據〈日本人之「儒教」觀（四）〉：

> 今日於我國之儒教，已無各學派之分立，其精神與我國固有之精神，完全一致，不能有所區別。其四書五經，若江河緯地，日月經天，萬世而不易。日本人讀之者，全不謂為儒教思想，若《論語》《孟子》之書。已全為我日本人之《論語》《孟子》矣。[112]

---

111 洪坤益（刀水）：〈日本人之「儒教」觀（三）〉，《三六九小報》第341號（昭和9年5月16日），第2版。

112 洪坤益（刀水）：〈日本人之「儒教」觀（四）〉，《三六九小報》第342號（昭和9年5月19日），第2版。

日本昭和年代已無學派分立四書五經本為天地間之常道，是與日本原有之精神一致，因此《論》、《孟》之書其實已屬於日本文化之一部分的了。

〈日本人之「儒教」觀〉連載四期，將儒教如何傳入日本，於德川幕府時代的流派作詳盡的介紹。尤其標舉日本人能掌握儒教的真諦，在於去除不符合國情本有之神道設教之部分後，三德、五常、五倫亦為日本原有文化，只是過去無此德目，因儒教傳入而有此德目。於此基礎之上，所謂的《論語》、《孟子》之書，幾乎可說是日本人的《論語》、《孟子》之書云云。〈日本人之「儒教」觀〉從日本優越的立場論述，以洪坤益對於漢學的基礎與日語能力，本文很可能是翻譯文章。由於《三六九小報》經常譯介科學新知、外國史地、逸事趣聞，題目又為〈日本人之「儒教」觀〉，乃從介紹的方式體現日本人對於「儒教」的觀點，並不涉及國族認同問題，或可視為日本「儒教」觀之譯介。其中最值得注意者，本文置諸於《開心文苑》專欄，《開心文苑》專欄通常是「舊經典／新詮釋」，以達成諧趣的目的，〈日本人之「儒教」觀〉表面內容並不符合〈開心文苑〉專欄的諧趣屬性，不過從〈日本人之「儒教」觀〉一文主張：真能掌握儒教的是日本人、現今《論語》、《孟子》，可說是日本的《論語》、《孟子》，如此主張於洪坤益看來覺得反諷、諧趣，這或許是該文置諸於《開心文苑》專欄的主要目的。

小結

後科舉時代新興報刊媒體，成為「接受科舉教育者」跨代撰文發表的新場域。日治時期臺灣報刊因「殖民地」與「出資方」兩項因素，映現涇渭分明的立場差異，「日資」媒體《臺灣新報》，於明治廿八年（1895）總督府舉行「始政」典禮的隔年，隨即登臺，配合總督

府政令推行；首份「臺資」漢文雜誌《臺灣文藝叢誌》於大正八年（1919）一月一日創刊，其發行宗旨「主張經史，維護漢學」具體落實於創刊號全臺徵文「孔教論」上。此後臺資媒體多追隨《臺灣文藝叢誌》「維護漢學」的宗旨，以抵抗總督府漸禁漢文的皇民化教育。昭和五年（1930）臺南「南社」同人創立《三六九小報》，顧問趙鍾麒發行人兼主編趙雅福，編輯群洪坤益、王開運等人，選擇輕鬆詼諧的小報文化，於昭和五年（1930）九月九日至昭和十年（1935）九月六日間出刊，成為日治時期臺灣《小報》重要代表刊物。本章由「南社與《三六九小報》」、「核心編輯之儒學論述」探究後科舉時代新場域之儒學。

　　一、南社與《三六九小報》：「南社」尊崇孔子，宣揚仁義道德，創辦《三六九小報》，並於日本殖民末期禁止使用中文時，糾合全省詩人能量，投入詩社活動，維持漢學一脈於不墮。相關論述，有：「南社之跨界活動」、「發刊辭：創刊緣起與《小報》釋名」、「祝賀辭：後科舉時代之新連結」。如下所示：

　　（一）南社之跨界活動：後科舉時代南社獨特之跨界活動力，如大正三年（1914）元旦，社員於「固園」舉行「跨性別、跨職業、跨文化、跨階級、跨年齡」的化裝集會，展現獨特的活動力。南社社員之活動力，另展現於社員謝汝銓、林馨蘭北上創立瀛社（1909）、以及日治時期《三六九小報》之創刊（1930-1935）。

　　（二）「發刊辭」創刊緣起與《小報》釋名：初期主編洪坤益〈發刊小言〉「以三、六、九命名者，請以三日為期，同人擄茶前酒後之卮言。於臺灣刊行紙，別開一生面也。」創刊人之一王開運〈釋《三六九小報》〉「現我臺灣言論界，觀其內容，莫不議論堂皇，體裁冠冕。本報側身其間，不敢傲世人之妄自尊大，特以小標榜，而致力託意乎詼諧語中，諷刺于荒唐言外。」有別於臺灣其他言論界之議論堂皇，體裁冠冕。而是凸顯字義上「小」之微細、臺音「狂」之同

義。亦即從「瑣屑微言、諷刺荒唐」之讜言狂語撰述。

　　（三）「祝賀辭」後科舉時代之新連結：南社發行人趙雅福〈週年感言〉「雖曰小道，競成大觀矣！」南社創社社員黃得眾〈祝《三六九小報》週年辭〉「名雖稱小，而意實深。夫報無大小，文化賴其維持，筆效《春秋》，頹風藉以挽正。」前清舉人、臺南南社社員羅秀惠〈祝《三六九小報》二週年〉「《小報》即以漢學為主張，以經史為根據」，代表跨代文人〈祝賀辭〉，映現後科舉時代之新連結。

　　二、核心編輯之儒學論述：有發行人趙雅福：替孔子打筆戰「發行人趙雅福：替孔子打筆戰」、「主編洪坤益：儒者定義與外域譯介」。如下所示：

　　（一）發行人趙雅福替孔子打筆戰：《小報》的經營策略之一，是以「筆戰」吸引讀者進而增加銷售量，《三六九小報》〈開心文苑〉專欄有兩場藉孔子之名的筆戰，主題均與「義利論辯」有關。第一場是昭和七年（1932）十一月間，「孔夫子與孔方兄」、第二場是昭和九年（1934）四月間「孔子、招財王、管城侯」等人之筆戰。

　　（二）主編洪坤益定義儒者、外域譯介：洪坤益生長於漢醫家庭，曾於〈醫者意也〉一文談及「儒者」的定義「有某醫，儒者也。……苟非窮通變化之儒者，曷克臻此。」洪坤益作為小報核心編輯肯定漢學、經史傳統文化，唯「窮通變化之儒者」始為洪氏所肯定而願意發揚之傳統儒學。〈日本人之「儒教」觀〉就「儒教傳入與流派」、「明治維新之貢獻」、「孔子教非等同儒教」、「日本人理解儒教」、「儒教道德為日本原有」等譯介日本儒學。

第八章
後科舉時代新論述：
《三六九小報》之《論語》詮釋*

　　清代臺灣施行科舉制度兩百餘年，至乙未割臺為止已然養成眾多傑出之科舉社群人才，這些學子在嚴苛訓練下取得巨大的經書背誦記憶。這些運用於考場的科舉經典，亦有先後、輕重之別。根據嘉慶十二年（1807）《續修臺灣縣志》卷三《學志・書院》〈海東書院學規〉記載，科舉時代需背誦的經書，約有《六經》、《四書》、《三史》、《通鑑綱目》等項目。其中「看書理」一項，最為推崇《論語》、《孟子》二經：

> 　　看書理【朱子云：「讀《六經》工夫多，得效少。《論》、《孟》工夫少，得效多。」程子曰：「《論語》、《孟子》既治，則《六經》可不治而自明矣。」由程、朱之言思之，一部《四子書》，句句皆切於學者，操存涵養之要、擴充體驗之功、修齊治平之實，非若他書之浩渺無涯，難於盡曉也。……】[1]

---

* 本章為104年度執行科技部「記憶與蓄意：《三六九小報》之儒學研究」計畫MOST 104-2410-H-218-021-部分執行成果，部分內容曾以〈敘事與詮釋：《三六九小報》之「孔子」論述〉發表於《「臺灣經學的萌發與轉型：從明鄭到日治時期」第二次學術研討會》（中央研究院中國文哲研究所，2014年11月）。部分內容曾以〈日治時期臺灣「南社同人」之人際系譜與儒學論述〉發表於〈經學史研究的回顧與展望——林慶彰先生榮退紀念研討會〉（日本京都大學，2015年8月）。感謝會議討論人惠賜寶貴意見，經修改、重整後，改寫為本書〈第八章後科舉時代新論述：《三六九小報》之《論語》詮釋〉。

1 〔清〕謝金鑾、鄭兼才：《續修臺灣縣志》（上）（臺北市：文建會，2007年6月），頁266-267。

南宋朱熹為《論語》、《孟子》、《大學》、《中庸》注釋完成《四書章句集注》，然而獨獨標舉《論》、《孟》為研究《六經》之基礎。由於朱子主張《論》、《孟》為研究《六經》之基礎，因此清代科舉最為著重，如乾隆十七年（1752）《重修臺灣縣志》卷十《選舉志‧甲科》記述：

> 國朝因明制，以《四書》、經義、論策取士。……
>
> 武舉，鄉、會兩闈中式，……康熙八年，定首場騎射，次場步射，三場論二篇【康熙五十年，定首篇出《論語》、《孟子》題，次篇出《孫、吳》、《司馬法》題，各直省考試武生、武童同】[2]

康熙帝最為推崇朱熹，故於康熙五十年（1711）欽定「武科」第三場策論題，出自《論語》、《孟子》，意指《論語》、《孟子》不僅僅是「文科」鄉試、會試之必考科目，亦為武童、武生、武舉人、武進士之必考項目，映現朝廷意欲養成「精於制義、學問優長」的武將人才。[3]

《論語》、《孟子》作為科舉考試最核心的科目，科舉時代背誦記憶的跨代士人，直到後科舉時代仍具有強大的默記能力。以黃純青（1875-1956）[4]〈終身默記〉詩為例：「十載孜孜志不灰，五經四子讀

2　〔清〕王必昌：《重修臺灣縣志》（下）（臺北市：文建會，2005年6月），頁477-478。

3　按：康熙五十九年（1720）《臺灣縣志》記述「（康熙）五十二年十一月內奉旨：文武考試，雖曰兩途，俱係遴拔人才。而習文之內，亦有學習韜略、善於騎射者。習武之內，亦有精於制義、學問優長者。」說明武生、武童需讀《論語》、《孟子》，以應第三場策論題，旨在養成「精於制義、學問優長」的武將人才。詳參〔清〕王禮：《臺灣縣志》（臺北市：文建會，2005年6月），頁209。

4　黃純青（1875-1956），原名炳南，字純青，晚號晴園老人，臺北樹林鎮人。日治之後，創立樹林造酒公司，聞名全臺，家境日裕。遂為當局所重，膺任公職多達一百餘項，並授佩紳章、敘勳彰功達36次之多。

張子文：〈黃純青〉，張子文、郭啟傳、林偉洲：《臺灣歷史人物小傳——明清暨日據時期》（臺北市：國家圖書館出版，2006年），頁605-606。

千回。終身默記非無意，科舉題頭自此來。」該詩後記有：「《四書》、《五經》，熟讀而默記之，終身不忘也。余今七十歲，尚能默記七八分，此乃受科舉制度所賜也」[5]。黃氏生於光緒元年（1875），七十歲正值民國卅四年（1945）臺灣光復年，經歷整個日治時期，《四書》、《五經》尚能默記七八分熟，自云受科舉制度所賜，養成強大的熟讀默記能力。《三六九小報》初期主編洪坤益以筆名「懺紅」發表「餐霞小紀」專欄，記述南社社員、曾任《臺南新報》、《臺灣日日新報》記者林馨蘭（1870-1924）亦於科舉時代養成之巨大唐詩背誦能力：

> 臺南林湘沅先生，於十餘年前，已歸道山。生前，曾操南北報社筆政，為詩頗宗隨園。余少時，曾陪杖履，先生已垂垂老矣。盧雪軒君嘗為余言，上北時，曾見先生背誦唐人萬首絕句，其記憶力之強，真非常人也。古有謂「欲求真學問，須下死工夫」，如此學子，寧有幾人？[6]

林馨蘭（湘沅）生於同治九年（1870）接受前清科舉教育、取得生員功名，洪坤益年輕時曾隨侍過老年的林氏，據文友盧雪軒轉述，曾親聞林氏背誦萬首唐絕句，驚人的記憶力於後科舉時代仍頗受推崇。

　　前清科舉社群乃具有科名文化特定身分的群體，擁有共同的經典語言與經典記憶，[7] 跨代至日治時期，有設帳傳經、以延續漢學於不

5　黃純青：〈終身默記〉，《晴園詩草》，收入《臺灣先賢詩文集彙刊》第2輯（臺北市：龍文出版社，1992年6月），頁60。按：「」中引文原標點均作「。」，今新式標點為筆者所加。

6　洪坤益（懺紅）：〈餐霞小紀〉，《三六九小報》第415號（昭和10年1月29日），第2版。

7　科舉競爭產生了欽定課程，這一課程將貴冑、軍人以及商人家族聯合在一起，形成了一個具有科名的文化方面特定身分的群體，它包括：（1）共同的經典語言；（2）

墜者；亦有報社主編、發表詮釋經典篇章者。除了群儒自述他述、讀經賦詩之外，這些科舉教育、經典記憶因報刊傳媒的發展而有「新場域」與「新論述」。「新場域」有《三六九小報》發行人趙雅福為孔子打筆仗、初期主編洪坤益定義儒者、譯介日本儒學。本章選取科舉時代核心科目《論語》為核心，執「《論語》借鑒敘事」、「《論語》新詮釋」，梳理相關篇章，論述《三六九小報》如何於休閒娛樂的小報文化、延續漢文的臺資報刊主張之間，展現後科舉時代的《論語》新論述。

第一節　《論語》借鑒敘事

《三六九小報》刊載之《論語》借鑒敘事，置諸於傳承上下千年的科舉文化軸線，有明代士人運用「諧擬」（parody）的技巧，一方面扭曲和醜化聖賢經傳，抹消維護《四書》的道德立場，二方面以玩世不恭的姿態、宣洩對現實體制之不滿。究其實，《四書笑》的編輯動機，在於「聽秋齋主人」苦讀《四書》卻未能考取科舉，遂蒐集與《四書》相關之詼諧語，於明代中葉以後問世。[8]《三六九小報》刊載之《論語》借鑒敘事，置諸於日治時期（1895-1945）的平行時空，亦有日本天保年間（約1832以後）《如是我聞》收錄嘲諷宋儒程、朱、陸、王之漢文笑話；[9]天保壬寅年（1842）《奇談新編》收錄

共有的經典記憶；（3）「八股文」的文體格式。

〔美〕本杰明‧艾爾曼（Benjamin Elman）：《經學‧科舉‧文化史——艾爾曼自選集》（北京市：中華書局，2010年4月），頁149。

8　黃慶聲：〈論《李卓吾評點四書笑》之諧擬性質〉，《中華學苑》第51期（1998年2月），頁79-81。

9　〈經儒〉「近衛帝時，有物猴面狸身，虎足蛇尾，啼聲似鴞，因名曰：『奴惠』，世傳以為怪。然此特怪之小者，不足言也。今之經儒先生，聞見龐雜，取舍無定，其頭如馬融、鄭玄，其腹如王、蘇，其背如程、朱、陸、王，其手足耳目或如楊慎、郝敬，或如伊藤父子，或如徂徠、春臺，自以為集大成。」

詮釋《論語》笑話。[10]映現《三六九小報》刊載之仿擬《論語》笑話，於傳承科舉文化的時間縱軸線，有：明代科舉文化《四書笑》；於平行的東亞儒家文化橫軸時空，有：日本漢文笑話集，凡此皆能觸動投稿者的撰文靈感。由於《三六九小報》創刊辭，有「致力托意乎詼諧語中，諷刺于荒唐言外」；其祝賀辭，有「筆效《春秋》，挽正頹風」、「主張漢學，根據經史」等觀點。當「主張漢學，根據經史」的臺資報刊觀點，置諸於休閒娛樂的小報文化，則《三六九小報》仿擬《論語》笑話，異於明代科舉文化《四書笑》與日本漢文笑話集，映現：後科舉時代「仿擬經典、評論世情」之時代特質。

一　仿擬經典、評論世情

　　《三六九小報》以輕鬆詼諧的刊載場域，提供臺士重新詮釋後科舉時代的經典價值論述。昭和八年（1933）三月十九日第二七二號，小報創刊人之一、南社社員王開運，以「悴庵」為筆名，發表〈亂彈〉專欄：

> 讀孔孟之書者，反多不能實行孔孟之道。可見人品之正劣，端不在乎學問。至其人之虛名虛譽，更不足以為標準矣。[11]

觀益道人：〈經儒〉，《如是我聞》，收入王三慶主編：《日本漢文笑話叢編（二）》（臺北市：樂學書局，2014年10月），頁312。

10 第16則「一縫腋講《論語》，諸生滿堂，一士人亦與聞焉。至『女子與小人難養』之章，先生未全說畢，士人大嘆曰：『有是哉！吾今而後，知聖人之言可益信，可益仰矣。我有一男一女，養男兒唯衣食之費耳，如女兒，則膩粉釵，粧具贈奩，其費比男兒不啻十倍，女子實難養。嗚呼！聖人之言至夫。』滿坐哄堂。」
淡山子：《奇談新編》，收入王三慶主編：《日本漢文笑話叢編（二）》，頁328。

11 本文所引述之《三六九小報》原件，均無新式標點。引文之新式標點，皆由筆者所加。
王開運（悴庵）：〈亂彈〉，《三六九小報》第272號（昭和8年3月19日），第4版。

〈亂彈〉以臺語發音，取隨口言說之意。王開運認為：部分士人讀孔孟之書，反而多行不義，或者是「人心不古、經典不符」的時代潮流，可見「人品」與「學問」是可以分開來談的。於此論述之下，昔時熟讀而默記的經典，因此成為批評：「打著孔孟旗幟，實行不法」的最佳撰文表達載體，如：昭和五年（1930）九月廿六日，小報發行人趙雅福（1894－1962）以筆名「贅仙」[12]發表〈放屁先生傳（仿孔子世家贊）〉：

> 贅仙氏曰：語有之，「姑妄談之，姑妄說之。」雖不喜聞，然亦不能止。余閱〈放屁先生傳〉，想見其為人。赴會，聽先生有談，咨口而出，連珠聲響，旁人以手掩其鼻，余且欲嘔久之，不能忍云。天下臭事，有甚放屁多矣，即時便覺，久乃已[13]焉。先生臭史，傳千萬年，眾盡知之，自老少男婦，鄉老談軼事者，咒罵於先生，可謂臭矣！[14]

此文仿擬《史記》〈孔子世家贊〉[15]，以諷刺的敘事筆法，虛擬彼時奇人「放屁先生」，眾人與之相處皆欲嘔而不能忍。放屁先生雖有令人嫌惡之處，但「天下臭事，有甚放屁多矣，即時便覺，久乃已焉」。

---

12 王雅儀：〈讀小報似墜五里香霧，辨身分如遊仙境迷航——《三六九小報》編輯「贅仙」本名之查考〉，《東海大學圖書館館刊》第4期（2016年4月），頁13-25。

13 原件作「己」，應為「已」之誤，已更正。

14 趙雅福（贅仙）：〈放屁先生傳（仿孔子世家贊）〉，《三六九小報》第6號（昭和5年9月26日），第4版。

15 太史公曰：《詩》有之：「高山仰止，景行行止。」雖不能至，然心嚮往之。余讀孔氏書，想見其為人。適魯，觀仲尼廟堂車服禮器，諸生以時習禮其家，余祗迴留之，不能去云。天下君王至于賢人眾矣，當時則榮，沒則已焉。孔子布衣，傳十余世，學者宗之。自天子王侯，中國言《六藝》者，折中于夫子，可謂至聖矣！〔漢〕司馬遷撰，楊家駱編：《新校本史記三家注并附編二種》（臺北市：鼎文書局，1987年11月），頁1947。

所謂的「天下臭事」又是什麼？由〈放屁先生傳（仿孔子世家贊）〉之題旨可知，隱約透顯「打著孔孟旗幟，實行不法者」之寓意。

　　批評時人、時事，乃文人「參與社會、關懷家國」的表現。日治時期總督府為箝制臺士發言，經常嚴酷檢查發刊內容，一旦發現不合官方言論者，約有以下處理方式，其一、逕行剪去，即所謂的「開天窗」[16]；其二、迫使編輯發表「修正公告」。如昭和七年（1932）三月廿三日《三六九小報》第一六五號，蕭永東（1895-1962）[17]以筆名「古圓」，發表〈白昨秋，日華事變以來，新聞紙上，屢見新語，不禁技癢，掇成淡薄歪詩，借以遣興並解煩襟〉組詩，此組詩涉及日本侵略上海「一二八事變」的敏感時事，引起總督府嚴厲警告，小報編輯為求自清，於隔期第一六六號，發表〈編輯餘滴〉聲明：

三月二十三日。第百六十五號本報詩壇惠稿中。有未妥之處。受當局一部分之禁止。是亦編輯上之注意不及。致阻讀者佳興。實屬遺憾之至。此後當益加小心從事。以副各位之望。

16 按：蔡式穀（1884-1951）乃臺籍人士學習法律者而通過辯護士考試之第一人，投身政治社會運動，舉辦文化講座，擔任法律講師，一再指出日本對臺灣壓榨剝削的殖民統治，屢遭日當局禁止；其在《臺灣民報》上所撰文，亦經常被迫「開天窗」。詳參張子文：〈蔡式穀〉，張子文、郭啟傳、林偉洲：《臺灣歷史人物小傳──明清暨日據時期》，頁704。

17 蕭永東（1895-1962）澎湖人，祖籍泉州，父蕭法為中醫師。幼年聰穎黠慧，聞名鄉里。就讀白沙島公學校，十六歲從陳清波學習漢學。十七歲公學校畢業後，渡海來臺，居於屏東東港，就職於金融界。一九四三年七月二十八日日警以「私通中國」收押蕭永東，日日訊問、嚴刑拷打。原於獄中寫好遺書，後幸被診斷為精神異常而獲釋。戰後先後擔任公賣局屏東配銷區聯合會會長、屏東菸酒配銷聯合會理事長、東港鎮農會長、東港鎮民代表、東港鎮合作社理事主席等。詳參顏菊瑩：《蕭永東研究──以《三六九小報》為探討文本》（臺南市：成功大學台灣文學系碩士論文，2000年7月），頁12-20。

三月二十三日，第一百六十五號本報詩壇惠稿中，有未妥之
處，受當局一部分之禁止，是亦編輯上之注意不及，致阻讀者
佳興，實屬遺憾之至，此後當益加小心從事，以符[18]各位之望。

彼時臺資報刊多主張延續漢文 的民族意識，以〈放屁先生傳 （仿孔
子世家贊）〉這類「仿擬經典，評論世情」文章，多屬「文兼雅俗、亦
莊亦諧、寓懲寓勸」的敘事模式，於總督府嚴酷的檢查制度下，或可
躲過「開天窗」的懲戒，尤其〈嫖妓《論語》〉系列、〈飲酒《論
語》〉仿擬、搞笑、尖銳、諷刺，這類說笑聖賢經典的篇章，充分映
現：後科舉時代「仿擬經典」、「評論世情」之詮釋特色。

（一）〈嫖妓《論語》〉系列

明代《四書笑》作者「聽秋齋主人」，真實身分不明；日本漢文
笑話集《如是我聞》作者「觀益道人」、《奇談新編》作者「淡山
子」，真實身分亦不明。《三六九小報》洪坤益以筆名「野狐禪室主」
發表〈嫖妓《論語》〉、許丙丁以筆名「綠珊盦主人」發表〈嫖魯
論〉、某南社社員以筆名「雪影」發表〈嫖妓新魯論〉。洪坤益與許丙
丁雖皆以筆名發表，然而所取用的筆名文人皆知，至於「雪影」雖未
知真名，然而由昭和九年（1934）四月第二場「孔子、招財王、管城
侯」筆戰，作者有趙雅福（贅仙）、雪影、洪坤益（刀水），趙雅福、
洪坤益既為《三六九小報》兩大主筆，則「雪影」或為核心編輯撰稿
時眾多筆名之一。[19]可知《三六九小報》〈嫖妓《論語》〉系列、〈飲酒

---

18 原件作「副」，應為「符」之誤，已更正。

19 按：主編洪坤益（1892-1947）為求報刊投稿者眾、內容多元，因此以眾多筆名，豐
富版面，如：玲笛、君憶、洪荒、黑潮、潮、濤、懺紅、刀、刀水、剃刀先生、
鉛、鉛刀、鉛淚、霜、霜華、霜猿、鴛凸、花禪、花禪盦、野狐禪室主、缺陷天
尊、陶醉、夕陽紅半樓主人等。因此「雪影」或為核心編輯撰稿時眾筆名之一。洪

《論語》這類型篇章，與《四書笑》、日本漢文笑話集最大的不同，在於：《三六九小報》作者群「無隱瞞身分顧慮」、「內容更加大膽而直接」，充分映現後科舉時代之詮釋特質。

1 洪坤益〈嫖妓《論語》〉

科舉時代《論語》是聖人經典、治國圭臬，具有神聖不可侵犯性，因長期作為八股文命題而逐漸流於僵化與陳言。究其實，聖人經典並不可厭，可厭的是那些僵化的陳言，冬烘的思維。《三六九小報》諧趣的儒學文章多刊登於《開心文苑》專欄，如昭和六年（1931）二月十九日洪坤益以筆名「野狐禪室主」發表〈嫖妓《論語》〉，內容是：以放浪形骸的姿態，去除僵化的科舉思維，仿擬《論語》經典句式，觀察日治時期流行的「藝旦間文化」，充分映現洪坤益於〈發刊小言〉所述「解衣磅礴，放浪於形骸之外，各盡縱橫捭闔之興致。……於臺灣刊行紙，別開一生面」的意涵。

《論語》原文與〈嫖妓《論語》〉改寫，並比表列，如下所示：

《論語》	〈嫖妓《論語》〉
有子曰：「其為人也孝弟，而好犯上者鮮矣。不好犯上而好作亂者，未之有也。君子務本，本立而道生，孝弟也者，其為仁之本與！」	瘟生曰：「其唱曲也哭爸，而能盤客者，鮮矣。不能盤客，而能愛戀者。未之有也。藝妓務唱，唱好而名生，哭爸也者，其為人之笨歟！」

「瘟生曰」一則，改寫自《論語》〈學而〉篇第二章「其為人也孝弟……」，其經典原意是不好犯上、作亂，是：孝悌賢者掌握根本成為君子、仁者的路徑。此處諧謔為「藝妓」對「客」的奉承，「藝妓」以「藝」聞名，必須掌握歌藝根本，如此自然藝名遠播、立足一

坤益眾多筆名，詳參陳曉怡：〈府城文人洪鐵濤及其文學作品〉，收入洪鐵濤原著，陳曉怡編：《洪鐵濤文集》（臺南市：南市文化局，2017年2月），頁6-7。

方。若唱歌難聽如號喪，失去藝者本分實為不智。

《論語》	〈嫖妓《論語》〉
子曰：「道千乘之國，敬事而信，節用而愛人，使民以時。」	主曰：「道開妓之事，表情寫信，儉用失愛人，使伊多疑。」

　　「主曰」一則，改寫自《論語》〈學而〉篇第五章「道千乘之國，敬事而信……」，其經典原意是帶領千輛兵車的大國，必須取信人民、愛護人民、徵用人民不能影響農時。此處諧謔為「客」追求「藝妓」之道，必須勤於寫信傳情、使錢大方，否則將失去「藝妓」殷勤待「客」之心。

《論語》	〈嫖妓《論語》〉
曾子曰：「慎終追遠，民德歸厚矣。」	龜子曰：「有猴無錢，花間歸害矣。」

　　「龜子曰」一則，改寫自《論語》〈學而〉篇第九章「慎終追遠……」，經典原意是指領導者必須誠敬以對亡者的送終之禮、祖先的追思之禮，如此上行下效，民風可歸於淳厚。此處從「市場經濟」觀點，諧謔為：若「藝旦間」多為「無錢客」，那麼對整個「藝旦間」的營運是壞處。

《論語》	〈嫖妓《論語》〉
子禽問於子貢曰：「夫子至於是邦也，必聞其政，求之與？抑與之與？」	瘟生問於闊老曰：「老哥至於花間也，必多奉迎，求之歟？抑巴結之歟？」

　　「瘟生問」一則，改寫自《論語》〈學而〉篇第十章「子禽問：夫子至於是邦也，……」，經典原意是指孔子周遊列國時，每到一國必定能知道該國的政事，弟子子禽疑惑這是孔子主動請問？還是被動

告知？此處諧謔為：客在藝旦間受到的奉迎，是主動求得的？還是被動告知的？

《論語》	〈嫖妓《論語》〉
子貢曰：「夫子溫、良、恭、儉、讓以得之。夫子之求之也，其諸異乎人之求之與！	澗老曰：「小弟，錢、緣、美、少年以得之。小弟之求之也。其用錢異乎人之求之與！」[20]

「澗老曰」一則，改寫自《論語》〈學而〉第十「子貢：夫子溫、良、恭、儉、讓……」，此處諧謔為：藝旦間受歡迎的「澗老」回答不被歡迎的「瘟生」，說是擁有金錢、緣分、帥氣、年輕等條件是最受藝旦間喜歡的客人，擁有這些條件的客人，比「僅擁有錢」的客人，更受歡迎。

綜上所述洪坤益的〈嫖妓《論語》〉，完全改寫自《論語》〈學而〉篇內容，[21]映現一般童蒙進入書房、接受背誦教育時，以《論語》首章〈學而〉最為爛熟默記，最廣為人知，故而有此「聖／俗」相應之改寫。其次原意孝弟賢者的成仁路徑，被諧謔為藝妓對客的奉承；原意領導者必須愛護百姓，被諧謔為客對藝妓必須用錢大方；原意領導者必須誠敬重禮，被諧謔為藝旦間有眾多窮客；原意孔子的人格特質廣受眾臣歡迎，被諧謔為備受藝旦歡迎的客人特質。句式套用自然、讀來鏗鏘有力，仿如將「藝旦間」文化運用於「漢書房」誦讀，完全達到《開心文苑》專欄所欲傳達的閱讀效果。

由現今普遍推崇孔子及儒家經典的觀點，來閱讀〈嫖妓《論語》〉的大膽內容，恐怕不明所以。若檢視洪坤益下列諸多論述，或

---

20 洪坤益：〈嫖妓《論語》〉，《三六九小報》第48號（昭和6年2月19日），第2版。
　按：〈嫖妓《論語》〉有主人、瘟生、閣老、龜子四人，分別套用《論語》句式，大開藝旦間文化頑笑，由於篇幅有限，僅節錄數則。

21 〔魏〕何晏注，〔宋〕邢昺疏：《論語注疏》，收入《十三經注疏本》（臺北市：藝文印書館，1989年1月），頁5-7。

許能明瞭其用意：

> 讀我消閒文字，為君破睡工夫；凡知我者，珍以敝帚可也，棄
> 我者，覆以醬瓿亦可也，同人都以一笑了之。[22]
>
> 今秋，諸同人創《三六九小報》為文字研究機關，蒙某藏書
> 家，惠寄完本之《金魁星》付刊問世，……融化經書，出入史
> 漢。煌煌大著，獲覯生平未曾有之奇，誠藝林中之佳話，讀書
> 界之瑰寶也。[23]
>
> 現在鄉土文學家，多譏謂詩人不敢用不雅馴文句，余謂亦不盡
> 然。如施肩吾〈詠澎湖〉詩……，謝家樹「桶盤妥貼憑誰挈」
> 之句，此外尚有不能盡錄者。[24]

洪坤益對於創刊號〈發刊小言〉所述「凡知我者，珍以敝帚可也，棄
我者，覆以醬瓿亦可」，顯然早已預知，其言論可能引起「知我／棄
我」的兩派極端認同。雖然預知將引起兩派極端認同，洪氏仍不畏流
言，結合「俗（嫖妓）／聖（《論語》）」二端，發表於「主張經史，
維護漢學」的休閒娛樂的小報，其主要原因出自於「經典」的特殊主
張。科舉時代對「經典」的主張就是經世致用之學，然而後科舉時代
可融化於小說之中，如《金魁星》的付刊問世，予以「融化經書，出
入史漢。煌煌大著，獲覯生平未曾有之奇，誠藝林中之佳話，讀書界
之瑰寶」之極高評價，因此在洪坤益的想法中，通經史者可流露於一
切文章之中，呼應〈發刊小言〉所述「陳言務去，哲理斯出」的主

---

22 洪坤益（刀水）：〈發刊小言〉，《三六九小報》創刊號，（昭和5年9月3日），第1版。

23 洪坤益（洪鐵濤）：〈海外孤本 明史說部 金魁星 弁言〉，《三六九小報》第28號，
　　昭和5年（1930）12月9日，第2版。

24 洪坤益（懺紅）：〈餐霞小紀〉，《三六九小報》第478號，（昭和10年9月3日），第2
　　版。

張。鄉土文學家批評傳統文人只能以僵化的雅言論述，因此〈嫖妓《論語》〉中套用《論語》寫藝旦間事，既大膽又非雅馴的文句，即「科舉時代（雅言）」向「後科舉時代（陳言務去）」的實踐與展現。

2 許丙丁〈嫖魯論〉

許丙丁（1900-1977）[25]幼年接受私塾教育，及長參與「南社及「桐侶吟社」，並於昭和五年（1930）和王開運、連雅堂、趙雲石、趙劍泉、譚瑞貞、蔡培楚、許丙丁等主編《三六九小報》。[26]昭和六年（1931）九月九日，許丙丁以「綠珊盦主人」筆名，發表〈嫖魯論〉[27]：

《論語》	〈嫖魯論〉
子游問孝。子曰：「今之孝者，是謂能養。至於犬馬，皆能有養。不敬，何以別乎？」	游子問嫖。妓曰：「今之嫖者，是謂能錢。至於澗舍，皆能有錢。緣投，何以別乎。」

「游子問」一則，改寫自《論語》〈為政〉篇第七章「子游問

---

25 許丙丁（1900-1977），字鏡汀，號綠珊盧主人。臺南人。幼入私塾，後投考日政警官學校特別科，畢業後任臺南市刑事部長，二十四歲參加「桐侶吟社」，甚為活躍。「南社」創刊《三六九小報》，連載其小說《小封神》。許氏雅好南管，一九四五年組織「臺南天南平劇社」，任社長三十餘年。他根據古調填詞，作品有〈六月茉莉〉、〈卜卦調〉、〈牛犁歌〉等。又與流行歌曲作曲家文夏、許石等合作，作品有〈飄浪之女〉、〈青春的輪船〉等。戰後歷任臺南市參議員、市議員，臺南市文獻委員會委員。曾增校連雅堂之《臺灣語典》，1958年由中華叢書出版。

郭啟傳：〈許丙丁〉，張子文、郭啟傳、林偉洲：《臺灣歷史人物小傳──明清暨日據時期》，頁458。

26 許丙丁：〈五十年來南社的社員與詩〉，《臺南文化》第3卷第1期（1953年6月30日），頁15。

27 「魯論」是漢代三種《論語》傳本之一。檢視許丙丁改編之《論語》原文，與今本無異。由於孔子是魯人，因此〈嫖魯論〉之名，與版本無關。僅是作者為了彰顯自己出自孔門，具諷刺與戲謔之意。

孝……」，經典原意是指子女對父母盡孝道，並非僅提供衣食物質，若無法心存「敬」意，與豢養寵物有何區別？因此《正義》云「此章言為孝必敬」。[28]此處從「翻轉」觀點，先將「子游」翻轉為「游子」、次將「子曰」翻轉為「妓曰」，諧謔為：藝旦間雖屬「金錢至上」觀，然而若彼此投緣，金錢至上也不很重要。

《論語》	〈嫖魯論〉
子曰：「視其所以，觀其所由，察其所安。人焉叟哉？人焉叟哉？」	子曰：「視其美女，食用魚油，酒館所安，人焉瘦哉！人焉瘦哉！」

　　「視其美女」一則，改寫自《論語》〈為政〉篇第十章「視其所以……」，經典原意是指觀察其行為根源，則無法隱匿內心實情，因此《正義》云「此章言知人之法」。[29]此處諧謔為：酒館客人觀美色、享美食，如何瘦哉！如何瘦哉！

《論語》	〈嫖魯論〉
子曰：「賢哉！回也。一簞食，一瓢飲，在陋巷，人不堪其憂，回也不改其樂。賢哉！回也。」	子曰：「賢哉！回也！一碗菜，一矸酒，住洋樓，人不堪其樂，回也不改其苦。賢哉！回也！」

　　「賢哉！回也。」一則，改寫自《論語》〈雍也〉篇第九章，經典原意是孔子讚譽門弟子顏回，忍常人無法忍之刻苦生活，因此《正義》云「此章歎顏回之賢，故曰：『賢哉！回也。』」[30]此處諧謔為：孔門弟子顏回「一碗菜，一矸酒，住洋樓」，以「（一碗菜、一矸酒）苦食／（洋樓）樂居」對比，映現「顏回之苦」，凸顯諧趣。

28　〔魏〕何晏注，〔宋〕邢昺疏：《論語注疏》，收入《十三經注疏本》（臺北市：藝文印書館，1989年1月），頁17。

29　〔魏〕何晏注，〔宋〕邢昺疏：《論語注疏》，收入《十三經注疏本》，頁17。

30　〔魏〕何晏注，〔宋〕邢昺疏：《論語注疏》，收入《十三經注疏本》，頁53。

《論語》	〈嫖魯論〉
子曰：「父母之年，不可不知也；一則以喜，一則以懼。」	子曰：「藝妓之齡，不可不知也；一則以喜，一則以懼。」

　　「藝妓之齡」一則，改寫自《論語》〈里仁〉篇第廿一章，「父母之年……」，《正義》云「孝子當知父母之年也！」其意有二「見父母高壽，則喜也！見父母年老形衰，則憂懼！」[31]此處僅更改「父母／藝妓」二字，凸顯諧趣。

《論語》	〈嫖魯論〉
子曰：「人之生也直，罔之生也幸而免。」	子曰：「妓之生也美，客之生也戀而斃。」[32]

　　「妓之生也美」一則，改寫自《論語》〈雍也〉篇第十七章，「人之生也直……」，經典原意是：人生於世未得橫禍在於行為正直，誣罔者仍生存於世，乃因豁免之幸，《正義》因此云「此章明人以正直為德！」[33]是以「正直／不正直」之二元對立價值觀，諧謔為：「妓美／客戀斃」，如此「戀斃客」遇「美貌妓」也僅能落得被剝削的下場。非正直的「戀斃客」至藝旦間，因妓美色而流失金錢，與〈雍也〉不正直之人「僥倖豁免、苟活世間」，有「仿擬經典、評論世情」之意味。

3 雪影〈嫖妓新魯論〉

　　南社某社員以筆名「雪影」，[34]曾於《三六九小報》昭和九年

31　〔魏〕何晏注，〔宋〕邢昺疏：《論語注疏》，收入《十三經注疏本》，頁38。

32　許丙丁（綠珊盦主人）：〈嫖魯論〉，《三六九小報》第108號（昭和6年9月9日），第5版。

33　〔魏〕何晏注，〔宋〕邢昺疏：《論語注疏》，收入《十三經注疏本》，頁54。

34　按：「雪影」於〈再戲擬孔老夫子答覆招財王書〉，並於篇名下說明加入筆戰的原

（1934）四月十六日（第三三二號）〈開心文苑〉專欄，參與趙雅
福、洪坤益等人虛擬「孔老夫子與招財王」筆戰。雪影參加筆戰不到
一個月，同年五月三日，第三三七號〈開心文苑〉專欄，發表〈嫖妓
新魯論〉，摘錄二則如下：

> 子曰：吾十有五，而志於嫖。三十而妓，四十而娼。五十而腳
> 屑，六十而生癩病，七十而關節發炎，不復出。
> 子曰：懿哉！嫖也，一盤菜，一壺酒，擁美色，人不覺其樂，
> 嫖者不覺其苦。懿哉嫖也。……
> 附註：此篇所載的夫子，乃是嫖妓大王的尊稱，不是魯論中所
> 指的孔老夫子。請讀者諸君不可誤會，致累筆者，負了侮辱聖
> 人的大罪名，幸甚幸甚。[35]

「雪影」特別於附註中載明，文中之「子」非孔老夫子，乃是其虛擬
之「嫖妓大王」。套用《論語》〈為政〉篇記載孔子自述：「吾十有五，
而志於學」章，對比嫖妓大王自十五歲展開的荒唐人生，五十歲後健
康惡化，直到七十歲居家不出為止。另外仿〈雍也〉篇中，孔子讚譽
顏回居陋巷而不為苦，套用於一般人不覺逸樂之美色、酒菜的消費形
態。「雪影」先後參與「孔老夫子筆戰」系列、〈嫖妓《論語》〉系
列，兩系列同時映現「趙雅福、洪坤益、雪影」三人，由於趙、洪二
氏為小報的兩大主筆，「雪影」此人亦必為核心人士。

　　〈嫖妓《論語》〉系列之於科舉時代，簡直是汙衊聖人、大逆不
道，可處極刑之大罪。然而小報同人於日治時期，完全複製、仿擬

　　因，為「讀社兄贊仙大作，不覺技癢，因即其意，載成一書」，由於「贊仙」乃趙
　　雅福筆名，因此可知「雪影」亦為南社社員。
　　雪影：〈再戲擬孔老夫子答覆招財王書〉，《三六九小報》第332號（昭和9年4月16
　　日），第2版。
35 雪影：〈嫖妓新魯論〉，《三六九小報》第337號（昭和9年5月3日），第2版。

《論語》中之對話體，巧妙運用於批判「情色行業」。依上文所引，批判的對象有「客」與「妓」，甚至「仲介者」[36]也在批判之列。大正十四年（1925）臺南新化宿儒王則修返鄉設帳授學，名其書齋為「三槐堂」，並於〈消寒吟四絕之四〉詩云「俗儒擁妓許風流，倚翠偎紅暖錦褥。我抱陽婆甘睡穩，寒宵得此勝溫柔。」[37]隱約透顯「俗儒擁妓／寒士抱陽」之社會風氣與寫實對比。[38]雪影〈嫖妓新魯論〉於「仿擬經典、評論世情」，可見一斑。

（二）〈飲酒《論語》〉

繼昭和六年（1931）九月九日第一〇八號〈嫖魯論〉之後，效經典體的敘事模式，可見於昭和十年（1935）八月十三日第四七二號，趙雅福以筆名「贅仙」發表〈飲酒《論語》〉，如下表所列：

《論語》	〈飲酒《論語》〉
子曰：「學而時習之，不亦說乎？有朋自遠方來，不亦樂乎？人不知而不慍，不亦君子乎？」	子曰：「酒而時飲之，不亦說乎？有朋扛歸罈來，不亦樂乎？飲不辭而不醉，不亦酒仙乎？」

「酒而時飲之」一則，改寫自《論語》〈學而〉篇第一章，「學而時習之……」，經典原意是：學者三樂，分別是：時時誦習經典、朋友前來論學、他人不理解也不怨怒，以上乃「學習、有成、內化」成

---

36 「子曰：龜子懷利，嫖客懷拔。龜子懷討，嫖客懷欠。」改編自《論語》〈里仁〉第十一章「君子懷德，小人懷土。君子懷刑小人懷惠。」詳參〔魏〕何晏注，〔宋〕邢昺疏：《論語注疏》，收入《十三經注疏本》，頁37。

37 王則修：〈消寒吟四絕之四〉，全臺詩編輯小組編撰：《全臺詩》第23冊（臺南市：國家文學館，2012年12月），頁297。

38 按：根據洪棄生哲嗣洪炎秋回憶日治時期的社會風氣：「我們年輕時代，男女間的道德，對於少年的要求，十分嚴酷，對於中年以上的男子，則非常寬大，納妾、嫖妓，視為男人應享的權利。」詳參洪炎秋：〈「晨鐘」偶憶〉，《三友集》（臺中市：中央書局，1979年6月），頁369。

為「君子」之三階段。因此《正義》云「此章勸人學為君子也！」[39]
此處諧謔為：「飲酒、酒友、醉歸」成就「酒仙」之三種階段。

《論語》	〈飲酒《論語》〉
子曰：「其為人也孝弟，而好犯上者鮮矣。不好犯上而好作亂者，未之有也。君子務本，本立而道生，孝弟也者，其為仁之本與！」	酒鬼曰：「其為人也飲酒，空飲而無配菜者，鮮矣！不須配菜而能強灌者，未之有也。酒仙務飲，飲多而名生。善飲也者，其為酒中之雄歟。」

「其為人也飲酒」一則，改寫自《論語》〈學而〉篇第二章，「其
為人也孝弟……」，經典原意是：為人孝於父母、順於兄長，必不凌
犯上位者。因此《正義》云「此章言孝弟之行也！」[40]此處諧謔為：
酒仙善飲之道，在於「飲酒配菜而不強灌」方才成為「酒仙、善飲
者，酒中雄」。

《論語》	〈飲酒《論語》〉
子曰：「君子食無求飽，居無求安，敏於事而慎於言，就有道而正焉：可謂好學也已。」	子曰：「醉漢食無求飽，居無求安。酒為學而飲為言，就同遯而酌焉。可為愛酒也已。」

「醉漢食無求飽」一則，改寫自《論語》〈學而〉篇第十四章，
「君子食無求飽……」，經典原意是：君子之志，樂道好學，食無求
飽、居無求安；敏捷處事、謹慎發言，因此《正義》云「此章述好學
之事！」[41]此處諧謔為：愛酒醉漢，酒為學、飲為言，可與同避世者
共飲。

---

39 〔魏〕何晏注，〔宋〕邢昺疏：《論語注疏》，收入《十三經注疏本》，頁5。
40 〔魏〕何晏注，〔宋〕邢昺疏：《論語注疏》，收入《十三經注疏本》，頁5。
41 〔魏〕何晏注，〔宋〕邢昺疏：《論語注疏》，收入《十三經注疏本》，頁8。

《論語》	〈飲酒《論語》〉
子曰：「《詩》三百，一言以蔽之，曰：『思無邪』。」（〈為政〉篇第二章）	子曰：「酒三打，一時以盡之，曰：顏無酡。」

　　「酒三打」一則，改寫自《論語》〈為政〉篇第二章，「《詩》三百……」，經典原意是：《詩經》三百篇，可以「思無邪」一言以概括之。《正義》因此云「《詩》雖有三百篇之多，可舉一句當盡其理也，曰『思無邪者』。」[42] 此處諧謔為：飲酒三打，而無醉態，可謂善飲者。

《論語》	〈飲酒《論語》〉
子曰：「吾十有五而志於于學，三十而立，四十而不惑，五十而知天命，六十而耳順，七十而從心所欲，不踰矩。」（〈為政〉篇第四章）	酒鱉曰：「吾十有五而志於酒，三十而飲豪，四十而人不敵，五十而酒為命。六十而耳熱，七十而從心所欲，不離酒。」

　　「吾十有五而志於酒」一則，改寫自《論語》〈為政〉篇第四章，「吾十有五而志於于學……」，經典原意是：孔子一生的自述，十五歲志於學道、卅十歲有所成、四十歲無有惑、五十歲知天命終始、六十歲聞言而可知微旨、七十歲從心所欲不踰越法度。《正義》云「此章明夫子『隱聖同凡』所以勸人。」[43] 此處諧謔為：酒鱉一生的自述，十五歲志於學飲、卅十歲豪飲、四十歲無敵、五十歲以酒為命、六十歲始飲後耳熱、七十歲從心所欲不離酒。

《論語》	〈飲酒《論語》〉
季氏旅於泰山。子謂冉有曰：「女弗能救與？」對曰：「不能。」子曰：「嗚呼！曾謂泰山不如林放乎？」	醉漢頹其玉山。子謂酒友曰：「汝弗能歟？」對曰：「不能。」子曰：「嗚呼！曾謂醉漢，不如酒鱉呼？」

42　〔魏〕何晏注，〔宋〕邢昺疏：《論語注疏》，收入《十三經注疏本》，頁16。
43　〔魏〕何晏注，〔宋〕邢昺疏：《論語注疏》，收入《十三經注疏本》，頁16。

「醉漢頹其玉山」一則，改寫自《論語》〈八佾〉篇第六章，「季氏旅於泰山……」，經典原意是：季氏欲祭泰山，孔子詢問弟子冉有既任職於季氏，能否勸諫？冉有回應不能，孔子慨嘆「泰山之神」不如「尚知問禮」的林放。因此《正義》云「此章譏季氏非禮祭泰山也。」[44]此處諧謔為：醉漢頹倒。「子」問酒友酒鱉，酒鱉自云不至於醉倒，因此認定「醉漢」不如「酒鱉」能飲。

《論語》	〈飲酒《論語》〉
子貢欲去告朔之餼羊。子曰：「賜也！爾愛其羊，我愛其禮。」	酒鬼盛稱厚酒之味強，子曰：「酒鬼！爾愛其強，我愛其香。」[45]

「酒鬼盛稱厚酒之味強」一則，改寫自《論語》〈八佾〉篇第十七章，「子貢欲去告朔之餼羊……」，經典原意是：子貢要免去每月告朔的供奉羊，孔子主張保留供奉羊、方可延續此禮。因此《正義》云「此章言孔子不欲廢禮也。」[46]此處諧謔為：「酒鬼」主張酒烈為好、「子」主張酒香為好，二人之飲酒論述。

〈飲酒《論語》〉在形式上套用了《論語》〈學而〉、〈為政〉、〈八佾〉各章，並以「子」、「酒鬼」、「醉漢」、「酒鱉」四人之「飲酒經驗」為論述核心展開對話。〈飲酒《論語》〉映現「子、酒鬼、醉漢、酒鱉」微醺後的酣言醉語，即王開運〈釋三六九小報〉提出「讕言狂語」之表意模式。由《論語》〈鄉黨〉篇諸多飲酒的討論，如「唯酒無量，不及亂」、「不為酒困，何有于我哉？」、「鄉人飲酒，杖者出，斯出矣」〈鄉黨〉，「沽酒市脯不食」等，飲酒不及亂，散席後仍能依

---

44 〔魏〕何晏注，〔宋〕邢昺疏：《論語注疏》，收入《十三經注疏本》，頁26。

45 按：〈飲酒《論語》〉尚有一則原件有缺字：子謂□盃：「盡美矣，又盡善也。」□□：「欠美矣，未盡善也。」改寫自〈八佾〉篇第廿五章，子謂韶：「盡美矣，又盡善也。」詳參〔魏〕何晏注，〔宋〕邢昺疏：《論語注疏》，收入《十三經注疏本》，頁32。

46 〔魏〕何晏注，〔宋〕邢昺疏：《論語注疏》，收入《十三經注疏本》，頁29。

長幼次序離席，不困於酒的生活態度及買酒的衛生注意等，與〈飲酒
《論語》〉中「子」飲酒的自制與超然並沒有不同。然而昭和十年
（1935）的〈飲酒《論語》〉畢竟完成於後科舉時代，彼時距離昭和
七年（1932）禁止設立漢書房、義塾已有三年，士人心中苦悶藉酒澆
愁，自然較《論語》〈鄉黨〉篇「中道守禮」的態度，顯得更耽溺於
酒鄉。

二　《論語》集句、脫聖入凡

　　日治時期臺灣關於「聖誕」記述，以當時最大的官報《漢文臺灣
日日新報》為例，約有兩種運用情況，其一為人類歷史上的宗教領袖
誕辰，如東京音羽護國寺的〈弘法聖誕會〉[47]、耶穌的〈耶穌之祝壽
式〉[48]、孔子的〈廈門孔聖誕生紀念〉[49]。無論是佛教、耶教、孔教
的領袖，均已不在人世久矣；其二為政治領袖誕辰，如賀德皇的〈聖
誕祝電〉[50]、英皇的〈英皇聖誕〉[51]、日皇的〈共頌天長令節〉〈共祝
天長節〉[52]、慈禧的〈西太后萬壽聖誕〉[53]。無論是德皇、英皇、日
皇、西太后等，均是當世的政治領袖。

　　昭和五年（1930）十月十六日《三六九小報》第十二號，有以筆
名「恨生」發表〈聖誕雜記〉，「聖誕」運用為第一種類型，曾存在歷
史上的孔子誕辰事略：

47　〈弘法聖誕會〉：《漢文臺灣日日新報・內外要電》明治43年（1910）6月19日。

48　〈耶穌之祝壽式〉：《漢文臺灣日日新報・雜報》明治40年（1907）12月27日。

49　〈廈門孔聖誕生紀念〉：《漢文臺灣日日新報・內外紀要》明治40年（1910）10月
　　8日。

50　〈聖誕祝電〉：《漢文臺灣日日新報・電報》明治41年（1908）1月30日。

51　〈英皇聖誕〉：《漢文臺灣日日新報・香港特電》明治41年（1908）11月11日。

52　〈共頌天長令節〉：《漢文臺灣日日新報》明治41年（1908）11月3日。

　　〈共祝天長節〉：《漢文臺灣日日新報》明治41年（1908）11月3日。

53　〈西太后萬壽聖誕〉：《漢文臺灣日日新報・雜報》明治38年（1905）11月12日。

聖誕既屆，各界人士，將詣文廟行禮。夫子聞之，召門弟子[54]，立於杏壇之下，而告之曰：「吾少也賤[55]，博學而無所成名[56]。四十、五十而無聞焉[57]，乃發憤忘食[58]，至三月不知肉味[59]。今吾老矣[60]！無能用也，視之而不見，聽之而不聞，血氣既衰[61]。各界來祝我誕，丘也幸[62]，已與其進也[63]，二三子[64]，其為丘治賓客[65]。」弟子唯唯。

於是派幹員，督小子。黎明即起，洒掃庭除，並備修脯一大盤，預備招待各界人士。車服禮器，陳於庭前。屆期七十子

---

54 「召門弟子」，語出《論語》〈泰伯〉第三章。詳參〔魏〕何晏注，〔宋〕邢昺疏：《論語注疏》，收入《十三經注疏本》，頁70。

55 「吾少也賤」，語出《論語》〈子罕〉第六章。詳參〔魏〕何晏注，〔宋〕邢昺疏：《論語注疏》，收入《十三經注疏本》，頁78。

56 「博學而無所成名」，語出《論語》〈子罕〉第二章。詳參〔魏〕何晏注，〔宋〕邢昺疏：《論語注疏》，收入《十三經注疏本》，頁77。

57 「四十、五十而無聞焉」，語出《論語》〈子罕〉第二十二章。詳參〔魏〕何晏注，〔宋〕邢昺疏：《論語注疏》，收入《十三經注疏本》，頁80。

58 「發憤忘食」，語出《論語》〈述而〉第十八章。詳參〔魏〕何晏注，〔宋〕邢昺疏：《論語注疏》，收入《十三經注疏本》，頁62。

59 「三月不知肉味」，語出《論語》〈述而〉第十三章。詳參〔魏〕何晏注，〔宋〕邢昺疏：《論語注疏》，收入《十三經注疏本》，頁61。

60 「吾老矣」，語出《論語》〈微子〉第三章。詳參〔魏〕何晏注，〔宋〕邢昺疏：《論語注疏》，收入《十三經注疏本》，頁164。

61 「血氣既衰」，語出《論語》〈季氏〉第七章。詳參〔魏〕何晏注，〔宋〕邢昺疏：《論語注疏》，收入《十三經注疏本》，頁149。

62 「丘也幸」，語出《論語》〈述而〉第三十章。詳參〔魏〕何晏注，〔宋〕邢昺疏：《論語注疏》，收入《十三經注疏本》，頁64。

63 「與其進也」，語出《論語》〈述而〉第二十八章。詳參〔魏〕何晏注，〔宋〕邢昺疏：《論語注疏》，收入《十三經注疏本》，頁64。

64 「二三子」，語出《論語》〈述而〉第二十三章。詳參〔魏〕何晏注，〔宋〕邢昺疏：《論語注疏》，收入《十三經注疏本》，頁63。

65 「治賓客」，語出《論語》〈憲問〉第二十章。詳參〔魏〕何晏注，〔宋〕邢昺疏：《論語注疏》，收入《十三經注疏本》，頁127。

中，有數人不見。子路不悅[66]，以告夫子。夫子曰：「何為其
然也[67]？」子路曰：「伯牛有疾[68]、宰予晝寢[69]、公冶長在縲絏
之中[70]、閔子騫避汶上[71]、樊遲往農圃[72]、曾點往沂水[73]、子貢
遠去經商[74]，他如：子華使齊[75]、仲弓為季氏宰[76]、子游為武城
宰[77]、子夏為莒父宰[78]，均未回來。」夫子喟然嘆曰[79]：「異哉
七人！若四子者，或職任牧民，或身膺使令，不能擅離職守，

---

66 「子路不悅」，語出《論語》〈雍也〉第二十六章。詳參〔魏〕何晏注，〔宋〕邢昺
　　疏：《論語注疏》，收入《十三經注疏本》，頁55。

67 「何為其然也」，語出《論語》〈雍也〉第二十四章。詳參〔魏〕何晏注，〔宋〕邢
　　昺疏：《論語注疏》，收入《十三經注疏本》，頁55。

68 「伯牛有疾」，語出《論語》〈雍也〉第八章。詳參〔魏〕何晏注，〔宋〕邢昺疏：
　　《論語注疏》，收入《十三經注疏本》，頁52。

69 「宰予晝寢」，語出《論語》〈公冶長〉第十章。詳參〔魏〕何晏注，〔宋〕邢昺
　　疏：《論語注疏》，收入《十三經注疏本》，頁43。

70 「公冶長在縲絏之中」，典出《論語》〈公冶長〉第一章。詳參〔魏〕何晏注，
　　〔宋〕邢昺疏：《論語注疏》，收入《十三經注疏本》，頁41。

71 「閔子騫避汶上」，典出《論語》〈雍也〉第七章。詳參〔魏〕何晏注，〔宋〕邢昺
　　疏：《論語注疏》，收入《十三經注疏本》，頁52。

72 「樊遲往農圃」，典出《論語》〈子路〉第四章。詳參〔魏〕何晏注，〔宋〕邢昺
　　疏：《論語注疏》，收入《十三經注疏本》，頁116。

73 「曾點往沂水」，典出《論語》〈先進〉第三十五章。詳參〔魏〕何晏注，〔宋〕邢
　　昺疏：《論語注疏》，收入《十三經注疏本》，頁100。

74 「子貢遠去經商」，典出《論語》〈先進〉第十八章。詳參〔魏〕何晏注，〔宋〕邢
　　昺疏：《論語注疏》，收入《十三經注疏本》，頁98。

75 「子華使齊」，語出《論語》〈雍也〉第三章。詳參〔魏〕何晏注，〔宋〕邢昺疏：
　　《論語注疏》，收入《十三經注疏本》，頁51。

76 「仲弓為季氏宰」，語出《論語》〈子路〉第二章。詳參〔魏〕何晏注，〔宋〕邢昺
　　疏：《論語注疏》，收入《十三經注疏本》，頁115。

77 「子游為武城宰」，語出《論語》〈雍也〉第十二章。詳參〔魏〕何晏注，〔宋〕邢
　　昺疏：《論語注疏》，收入《十三經注疏本》，頁53。

78 「子夏為呂父宰」，語出《論語》〈子路〉第十七章。詳參〔魏〕何晏注，〔宋〕邢
　　昺疏：《論語注疏》，收入《十三經注疏本》，頁118。

79 「喟然嘆曰」，語出二處，一是《論語》〈先進〉第三十五章。詳參〔魏〕何晏注，
　　〔宋〕邢昺疏：《論語注疏》，收入《十三經注疏本》，頁100。

於予何誅。惟汝賢能堪為吾用。」語未畢，銅鑼喇叭，聲已喧擾，大成坊外，半月池前，參觀者動已萬計，夫子朝服、朝冠而坐，申申如也，天天如也[80]。次第受祀訖，莞爾而笑[81]，退謂弟子曰：「昔者，周遊列國，伐檀於宋，絕糧於陳[82]，吾道不行，欲乘桴浮於海[83]。今也提倡尊孔，吾道乃大興。年年春秋二期，如此熱鬧，而後知做聖人之尊而且貴也。無怪往事，康有為亦欲為之。」語次。宰予忽入，午夢初醒，睡態惺忪，猶呵呵向眾人久伸不置。夫子勃然大怒，謂：「今日聖誕大慶，汝尚得偷閒去瞌睡。」遂以杖叩其脛[84]，其聲鏗鏗然，眾皆大笑不止。

「恨生」〈聖誕雜記〉之敘事方式，具有下述特質：

（一）集句敘事

〈聖誕雜記〉全文僅五百餘字，其中：語出《論語》約有二十七處[85]、典出《論語》約有五處，映現以《論語》集句為主要敘事模式。「集句」是一種集前人詩句重新創作的方式，以詩為多。集《論

---

80 「申申如也，天天如也」，語出《論語》〈述而〉第四章。詳參〔魏〕何晏注，〔宋〕邢昺疏：《論語注疏》，收入《十三經注疏本》，頁60。

81 「莞爾而笑」，語出《論語》〈陽貨〉第四章。詳參〔魏〕何晏注，〔宋〕邢昺疏：《論語注疏》，收入《十三經注疏本》，頁154。

82 「絕糧於陳」，典出《論語》〈衛靈公〉第一章。詳參〔魏〕何晏注，〔宋〕邢昺疏：《論語注疏》，收入《十三經注疏本》，頁137。

83 「吾道不行，欲乘桴浮於海」，語出《論語》〈公冶長〉第七章。詳參〔魏〕何晏注，〔宋〕邢昺疏：《論語注疏》，收入《十三經注疏本》，頁42。

84 「以杖叩其脛」，語出《論語》〈憲問〉第四十六章。詳參〔魏〕何晏注，〔宋〕邢昺疏：《論語注疏》，收入《十三經注疏本》，頁131。

85 「喟然嘆曰」，分別出自〈子罕〉第十章與〈先進〉第三十五章，二處合為一例，總計有二十七例。

語》句創作,源於西晉傅咸〈《論語》詩〉二章、〈《孝經》詩〉二章、〈《毛詩》詩〉二章、〈《周易》〉、〈《周官》詩二章〉、〈《左傳》詩〉等作。南宋有集句專輯問世,此後元明清至近現代,已成為一種詩體[86]。集句詩畢竟是集取他人的作品,因此被視為一種詩學遊戲,曾運用於戲曲的上、下場詩中[87]。然而自漢武帝獨尊儒術之後,《論語》作為士人治國策論的引述根據,至明清更作為科舉考試用書,有其崇高地位,因此《論語》集句詩頗為常見。

　　乙未年(1895)割臺,日本在臺最高行政機關總督府,在臺始政並廢止科舉考試。直到昭和五年(1930)九月九日《三六九小報》十二號,〈聖誕雜記〉發表為止。臺灣已廢止科舉考試三十五年,加上〈聖誕雜記〉發表於著重休閒、娛樂,兼具理想的《三六九小報》,因此科舉時代所禁忌的遊戲式集句,反而成為後科舉時代士人重新詮釋「孔子」的一種新論述模式。

(二)時空錯置

　　《論語》乃春秋時期孔門弟子與再傳弟子,輯錄孔子言行的語錄體。然而〈聖誕雜記〉將春秋時期活躍之孔門人物,置諸於相隔兩千年後孔廟舉辦之「孔子誕辰」慶祝活動,頗有趣味。《論語》〈八佾〉第十二章記有孔子的祭祀觀:

　　　　祭如在,祭神如神在。子曰:「吾不與祭,如不祭。」

《正義》注釋云:「此章言孔子重祭禮。『祭如在者』,謂祭宗廟必致

---

86 朴甾�、金程序:〈「筆端三昧,遊戲自在」:淺談韓國集句詩〉,《古典文學知識》第3期(2011年7月),頁123。

87 李珊珊:〈淺談明清傳奇中的集句詩〉,《中國古代文學研究》第34期(2008年12月),頁49-50。

其敬，如其親存，言事死如事生也。『祭神如神在者』，謂祭百神亦如神之存在，而致敬也。子曰：『吾不與祭，如不祭者』，孔子言我若親行祭事，則必致其恭敬。」[88]意指將「先祖、神靈、祭祀者」列於同一時空，懷抱「如神在」的感知，主敬存誠。〈聖誕雜記〉以「時空錯置」的敘事策略，承襲〈八佾〉第十二章「祭神如神在」祭神時，發揮精神層面「如神在」的感知，將春秋時期活躍之孔門人物，置諸於相隔兩千餘年的日治時期，將「祭神如神在」的理念，發揮得淋漓盡致。

〈聖誕雜記〉乃以《論語》集句，撰述「祭孔大典實況」。祭孔大典實況，如「聖誕既屆，各界人士，將詣文廟行禮。……於是派幹員，督小子。黎明即起，洒掃庭除，並備修脯一大盤，預備招待各界人士。車服禮器，陳於庭前。……銅鑼喇叭，聲已喧擾，大成坊外，半月池前，參觀者動已萬計，夫子朝服朝冠而坐，申申如也，夭夭如也，次第受祀訖」。全文的結構，大約可分以下四部分：

其一、典禮預備：由孔子親自督導七十二弟子洒掃庭除，各種招待各界人士，以及文（孔）廟前陳列車服禮器。

其二、典禮中交代七十二子中，伯牛、宰予、公冶長、閔子騫、樊遲、曾點、子貢、子華、仲弓、子游、子夏等人未能到場的原因。

其三、缺席因素：銅鑼喇叭喧擾聲，開啟序幕，參觀者已有萬人，孔子身穿朝服朝冠而坐，感歎如今方知聖人之尊貴。

其四、典禮結束：宰予夢醒，中斷了孔子感歎聖人尊貴的談話，於是孔子以杖叩其脛作結。

由前述四結構，映現〈聖誕雜記〉大約是祭孔大典一天的實錄。

〈聖誕雜記〉以「新、舊」交錯為敘事手法，《論語》集句可謂「舊」；「祭孔大典實況」可謂「新」。集句的內容為孔子與眾弟子的

---

88 〔魏〕何晏注，〔宋〕邢昺疏：《論語注疏》，收入《十三經注疏本》，頁28。

生活與政治活動，其時空場景乃春秋末戰國初年；〈聖誕雜記〉乃記錄彼時的祭孔大典實況，文中云參觀者達萬人，顯示典禮的盛況。後科舉時代的祭孔大典是否真能有這麼多的參觀人潮？其實是可能的，首先、以曾受科舉訓練的文士、臺民多選擇讓子女接受書房教育，以及許多維護漢學文化傳承者，這些都是自主性參加祭孔大典的動機。其次、日本總督府以尊孔達到大東亞共和圈的政治目的，因此孔子誕辰的消息，多刊載於《漢文臺灣日日新報》官報上。參觀者達萬人，並非集中於典禮進行時刻，乃祭孔大典一日間的流動人潮。

（三）脫聖入凡

《論語》為明清科舉考試項目之一，孔子形象的神聖性與崇高性，隨著窮經究史的考題，已達極致。然而日治時期〈聖誕雜記〉以祭孔大典實況敘事，凸顯孔子個人脫聖入凡、眾弟子生活化的一面。

首先、孔子個人脫聖入凡：〈聖誕雜記〉有與《史記》〈劉敬叔孫通列傳〉類似的筆法，如下表所示：

〈聖誕雜記〉	《史記》〈劉敬叔孫通列傳〉
孔子朝服朝冠而坐，次第受祀訖，莞爾而笑，云「方知做聖人之尊而且貴也！」	皇帝輦出房，百官執職傳警，引諸侯王以下至吏六百石以次奉賀。自諸侯王以下莫不振恐肅敬。……於是高帝曰：「吾乃今日知為皇帝之貴也。」

根據〈劉敬叔孫通列傳〉記載，漢高祖五年，一統天下，「群臣飲酒爭功，醉或妄呼，拔劍擊柱，高帝患之。」[89]其後叔孫通徵集儒生，重訂朝儀，自諸侯王以下莫不恐懼肅敬，初登帝位的漢高祖云「吾乃今日知為皇帝之貴也」。〈聖誕雜記〉孔子朝服朝冠，次第受祀訖，云「方知做聖人之尊而且貴也！」映現作者為孔子「脫聖入凡」

89　〔漢〕司馬遷撰，楊家駱編：《新校本史記三家注并附編二種》，頁2723。

化，去除「君子無終食之間違仁，造次必於是，顛沛必於是」，寵辱
不驚的聖人境界。祭祀後，孔子退與弟子云「昔者，周遊列國，伐檀
於宋，絕糧於陳，吾道不行，欲乘桴浮於海。今也提倡尊孔，吾道乃
大興。年年春秋二期，如此熱鬧，而後知做聖人之尊而且貴也。」映
現「昔（聖）／今（凡）」，進入隨境起伏的凡人心境。

其次、眾弟子更生活化的敘事：《論語》中孔門弟子形象，除了
子路爭強好勝、子貢方人、宰予晝寢、冉有不諫季氏之外，多數弟子
恭敬勤謹。然而〈聖誕雜記〉有七十二弟子中，伯牛、宰予、公冶
長、閔子騫、樊遲、曾點、子貢、子華、仲弓、子游、子夏等人因故
缺席祭孔聖誕。其中「（宰予）晝寢、（樊遲）往農圃、（曾點）往沂
水、（子貢）經商」等都是可以延後的事件，而且皆曾記述於《論
語》的真實生活事件，與當日參觀人數已達萬計，具有強烈的對比
性。尤其文末，孔子正陶醉於聖人尊貴的情境時，忽然晝寢醒來的宰
予闖入，中斷了談話，阻擋了孔子興致，孔子甚至「以杖叩其脛」，
體罰宰予。凡此，充分映現「脫聖入凡的孔子形象」與「生活化的弟
子敘事」。

三　左翼文人之共同敘事

康熙廿五年（1686）蔣毓英《臺灣府志》卷五〈學校志〉記述明
鄭時期臺南文廟乃「廟學合一」之建築特色，臺南文廟作為臺灣府
學，相較單獨建置儒學學校，更符合教育與宗教的雙重功能。二百
餘年來，文廟與儒學的「廟學制」深植人心，因此《三六九小報》刊
載〈聖誕雜記〉（1930）、〈文廟的一幕〉（1933）等敘事，錯置「古
（春秋）／今（日治）」時代、進行「聖性／凡俗」的對應與對話，
由科舉時代廟學制文化，跨代後科舉時代「文廟敘事」觀察，具有其
時代意義。

　　《三六九小報》編輯許丙丁（1900-1977）[90]〈五十年來南社的社
員與詩〉一文，記述「南社」源流與系統：「南社」源流為清代的
「崇正社」、「浪吟社」，其後「南社」年輕社員又另創「春鶯吟社」、
「桐侶社」，凡此皆為「南社」的系統。[91]依此論述，《三六九小報》
發行人及主筆皆為南社社員，南社社員林秋梧與趙啟明等人創辦《赤
道報》，於日治時期臺灣極為少見的小報而言，《赤道報》可謂與《三
六九小報》源自「南社」同一系統。《三六九小報》具休閒娛樂的小報
文化、《赤道報》則有明顯的左翼色彩。林秋梧（1903-1934）[92]就讀
臺灣總督府國語學校師範部（次年改名臺北師範學校）期間，即於校
內發送「臺灣人言論機構」的《臺灣青年》雜誌，亦曾參與文化協會
舉辦巡迴各地的演講，一九二七年拜臺南開元寺主持得圓和尚為師，
出家為僧，法名證峰。同年三月十三日以證峰法師的身分，參與南
社、桐侶吟社於北園（開元寺）的擊缽吟會[93]。留日返臺後提倡宗教

---

90 許丙丁〈五十年來南社的社員與詩〉：「民國十九年（昭和五年，1930）洪坤益和王
　開運、連雅堂、趙雲石、趙劍泉、譚瑞貞、蔡培楚、許丙丁等主編《三六九小
　報》」。詳參許丙丁：〈五十年來南社的社員與詩〉，《臺南文化》第3卷第1期，頁15。
91 許丙丁：〈五十年來南社的社員與詩〉，《臺南文化》第3卷第1期，頁17。
92 林秋梧（1903-1934）臺灣臺南市人，家境貧寒。一九一八年四月考入臺灣總督府國
　語學校師範部（次年改名臺北師範學校），嘗於校內傳播林獻堂、蔡惠如等東京
　「新民會」所刊行之《臺灣青年》雜誌。一九二二年二月因北師學潮被捕拘禁，於
　畢業前夕遭勒令退學。是時民族主義精神日漸高漲，乃參與文化協會舉辦各地巡迴
　演講，後因文協分裂，左傾勢力抬頭，乃於一九二七年一月離開文協，並時與開元
　寺住持得圓法師談經論道，因得感悟，遂禮得圓和尚為師，出家為僧，法名證峰。
　同年四月以開元寺派遣留學生之身分赴日，入東京駒澤大學深造，課餘從事寫作。
　畢業返臺後受命為南部臨濟宗佛教講習會講師，加入民眾黨及「赤崁勞動青年
　會」。一九三三年闡釋朝鮮古禪師知訥之作品《真心直說白話註解》出版，次年又
　刊行另一著作《佛說堅固女經講話》。是年八月因肺結核病倒，延至十月十日去
　世，年僅三十二歲。
　　張子文：〈林秋梧〉，張子文、郭啟傳、林偉洲：《臺灣歷史人物小傳——明清暨日
　據時期》，頁250-251。
93 吳毓琪：《台灣南社研究》（臺南市：成功大學中國文學研究所碩士論文，1998年6
　月），頁202。

改革，刊行《反普特刊》。一九三〇年林秋梧（證峰法師）與趙啟明等人創辦《赤道報》，自任社長兼總編輯，《赤道報》僅出刊六期，第六期之後即遭查禁。

　　一般認為《三六九小報》具有休閒娛樂小報文化、維護漢文等主張，與《赤道報》「我們的大眾文藝小報」，明顯左翼的主張存在差異。然而《赤道報》雖有明顯的左翼色彩，由於源自《三六九小報》同一系統，因此於發刊形式多有模擬與學習。首先、《三六九小報》於昭和五年（1930）九月九日創刊，每逢三、六、九日發刊，故名「三六九」，《赤道報》於昭和五年（1930）十月十日的廣告說明出刊時間為旬刊（每月五、十五、廿五日發行），[94]廣告單上的宣傳的創刊號訂在昭和五年（1930）十月廿五日，但實際創刊號的出刊日是十月三十一日，延後出刊顯示經費與人力的困窘。其次、互利刊登廣告：《赤道報》之出刊的消息曾刊登於昭和五年十月十九日《三六九小報》第十三號首頁廣告欄，《三六九小報》亦曾於《赤道報》上刊出廣告，可見二報相互刊登，爭取曝光的互利關係。

　　昭和五年（1930）十月三十一日《赤道報》創刊號刊載郭沫若的〈馬克斯進文廟〉[95]、十一月十五日第二號刊載的〈馬克斯進文廟（續）〉。昭和八年（1933）一月三日、六日、九日、十三日、十六日《三六九小報》一連五期，刊載趙啟明（1912-1938）[96]以筆名「蘭谷」

---

94 按：根據「文化協會在台南」數位典藏詮釋計畫，替「莊松林〈《赤道報》快要出世了〉廣告單」註解：「1930年發行的《赤道報》，是台灣社會左翼運動興起的證明，由莊松林等人擔任發行、編輯及撰寫者，販售地點以台南興文齋書店為主。從宣傳單中可見鮮明的反資本主義的左派思想，是台灣社會運動的先驅。」詳參「文化協會在台南」數位典藏詮釋計畫https://catalog.digitalarchives.tw/item/00/66/9d/e3.html

95 《赤道報》創刊號刊登坎人〈馬克斯進文廟〉，根據許俊雅的研究，坎人為郭沫若筆名。詳參許俊雅：〈《洪水報》《赤道》對中國文學作品的轉載——兼論創造社在日治台灣文壇〉，《台灣文學研究學報》第14期（2012年4月），頁189。

96 趙啟明（1912-1938）又名趙櫪馬，筆名馬木歷、李爺里、黎巴都，臺南市人。一九三〇年與林秋梧、盧丙丁、林占鰲、莊松林等人合辦《赤道報》，曾於《三六九小

發表〈文廟的一幕〉。趙啟明與林秋梧共同創辦《赤道報》屬該報營業部成員[97]，必定閱讀過郭沫若的〈馬克斯進文廟〉，甚至很可能是他推薦轉載〈馬克斯進文廟〉於《赤道報》創刊號上。如下表所示：

篇名	〈馬克斯進文廟〉	〈文廟的一幕〉
作者	郭沫若	趙啟明
發表報刊	南社系統《赤道報》 昭和5年10月31日	南社系統《三六九小報》 昭和8年1月3日至1月16日
報刊類型	左翼色彩的大眾文藝小報	維護漢文的休閒娛樂小報

　　由於《赤道報》與《三六九小報》源自「南社」同一系統，郭沫若、趙啟明二氏皆具左翼文人色彩，《赤道報》乃日治時期臺灣左翼小報，趙啟明為《赤道報》創辦人之一，發表〈文廟的一幕〉於維護漢文的休閒小報，其內容與轉載自左翼文人郭沫若〈馬克斯進文廟〉於《赤道報》，二文當可論述為「左翼文人共同敘事」。

（一）超時空對話

　　後科舉時代經常有「孔教」不合時宜的質疑，〈馬克斯進文廟〉、〈文廟的一幕〉因此將孔子、馬克斯、秦始皇錯置於同一時空，由孔子直接面對「焚書坑儒」的歷史、面對「共產主義挑戰儒家思想」等事件。尤其二文皆以「文廟」為時空錯置的主要場域，映現明清以來「廟學制」的儒學教育，直到後科舉時代仍影響深遠。

報》刊登廣告每月五、十五、廿五發刊，定位為「我們的大眾文藝小報」，定價五錢。《赤道報》左傾色彩明顯，刊行六期就有二期遭到查禁，遂告終止。趙啟明是《三六九小報》少數的新文學作家，不幸於一九三八年客死香港，年僅二十六歲。

97 根據《赤道報》刊載在《三六九小報》昭和五年（1930）十月十九日首頁的廣告，林秋梧列名於「編輯部」，趙啟明列名於「營業部」。

1 〈馬克斯進文廟〉——孔子與馬克斯

馬克斯是著名的社會主義學家，創立影響至今的馬克思主義學派，與二千五百年前的孔子不僅時代相隔遙遠，中心思想亦差距頗大。由於科舉時代「廟學制」的影響，雖然科舉制度廢止，然而祭孔儀式仍持續進行，郭沫若〈馬克斯進文廟〉以「文廟」作為兩大教主對話的主要場景，情節自祭孔儀式過後展開，卡爾・馬克斯（1818-1883）登門拜訪孔子，由兩位歷史人物論述兩派思想之優劣：

> 十月十五日丁祭過後的第二天，孔子和他的得意門生顏回子路子貢三位在上海的文廟裡吃著冷豬頭肉的時候，……朱紅漆的四轎在聖殿前放下了，裡面才走出一位臉如螃蟹，鬍鬚滿腮的西洋人來。
>
> 子貢上前迎接著，把這西洋人迎上殿去，四位抬轎的也跟在後面。
>
> 於是賓主九人便在大殿之上分庭抗禮。
>
> 孔子先道了自己的姓名，回頭問到來客的姓名時，原來這鬍子螃蟹才就是馬克斯卡兒。
>
> 這馬克斯卡兒的名字，近來因為呼聲太高，早就傳到孔子耳朵裡了。孔子素來是尊賢好學的人，你看他在生的時候向著老子學過禮，向著師襄學過琴[98]，向著萇弘學過樂[99]；只要是有一

---

98 「向著師襄學過琴」，典出《史記・孔子世家》：孔子學鼓琴師襄子，十日不進。師襄子曰：「可以益矣。」孔子曰：「丘已習其曲矣，未得其數也。」有閒，曰：「已習其數，可以益矣。」孔子曰：「丘未得其志也。」有閒，曰：「已習其志，可以益矣。」孔子曰：「丘未得其為人也。」有閒，有所穆然深思焉，有所怡然高望而遠志焉。曰：「丘得其為人，黯然而黑，幾然而長，眼如望羊，心如王四國，非文王其誰能為此也？」師襄子避席再拜，曰：「師蓋云文王操也。」詳參〔漢〕司馬遷撰，楊家駱編：《新校本史記三家注并附編二種》，頁1925。

99 「向著萇弘學過樂」，典出《史記・樂書・索隱》引《大戴禮記》謂：「孔子適

技之長的人，他不惟不肯得罪他，而且還要低首下心去領教些見識。要這樣，也才是孔子之所以為孔子，不像我們現代的人萬事是閉門不納，強不知以為知的呀。孔子一聽見來的是馬克斯，他便禁不得驚喜著叫出：

——啊啊，有朋自遠方來，不亦樂乎[100]呀！馬克斯先生，你來得真難得，真難得！你來到敝廟裡來，有什麼見教呢？

馬克斯便滿不客氣地開起口來……我是特為領教而來。我們的主義已經傳到你們中國，我希望在你們中國能夠實現。……[101]

馬克斯登門拜訪孔子的時空背景，設置於十月十五日丁祭文廟後第二天，孔子和顏回、子路、子貢師生於上海文廟享用祭品，馬克斯乘坐四人紅轎，入廟拜訪孔子及其弟子。由於馬克斯倡議的歷史唯物主義與共產宣言影響廣泛，文廟裡的孔子亦得聞其名。加上孔子「學而不厭」素來尊賢好學，樂意與上門領教儒家思想的馬克斯交流，故於上海文廟展開超時空對話。

2 〈文廟的一幕〉——孔子與秦始皇

趙啟明〈文廟的一幕〉時空背景，設置於秦始皇一統天下後，欲平息萬民議論，交由丞相李斯商議對策，如何使天下輿論「定於一尊」、六國百姓接受秦國治理的問題：

周，訪禮於老聃，學樂於萇弘。」詳參〔漢〕司馬遷撰，楊家駱編：《新校本史記三家注并附編二種》，頁1228。

100 「有朋自遠方來，不亦樂乎」，語出《論語》〈學而〉第一章。詳參〔魏〕何晏注，〔宋〕邢昺疏：《論語注疏》，收入《十三經注疏本》，頁5。

101 按：〈馬克斯進文廟〉最初發表於一九二五年十二月十六日上海《洪水》半月刊第一卷第七號。由於《赤道報》未見復刻本，原稿字面模糊，本處引文取《郭沫若全集》文學編比對內容。

郭沫若：〈馬克斯進文廟〉，《郭沫若全集》文學編（北京市：人民文學出版社，1985年），頁161-162。

　　　秦始皇自一統天下了後，一般民心尚是惶惶恐恐，乃對李斯
　　　說：朕鑒及六國時代，……取掠於人，傾盡天下錢財，用於攻
　　　戰……朕自統一天下了後，隨時罷兵息戰，而民眾之不見干戈
　　　者既數年矣！然而最近於街頭巷尾常聽過萬民的議論，……不
　　　知將要講究甚麼對策，使民安於衽席。[102]

秦始皇為求施政順利，人民安於秦國治理，故請李斯獻策。彼時李斯
正思索如何應對迂儒文士，於是提議「焚書坑儒」之策：

　　　欲使民心安於生活者，必先坑其心，焚其書，於是陛下的天下
　　　可保無慮。至萬世而為君。[103]

李斯為消滅迂儒，趁機提出「焚書坑儒」對策。當李斯為秦始皇獻策
滅儒的同時，「孔子正和眾門人刪《詩》《書》，定《禮》《樂》，修
《春秋》……」。[104]〈文廟的一幕〉作者趙啟明乃新派文學家，設計
相隔二、三百年的孔子與秦始皇於同一時空中，有其特殊用意。日治
時期臺灣文士普遍不滿殖民政府的高壓統治，歧視與奴化教育方式，
經常於新舊文學作品中以「暴秦」作為「殖民主」的隱喻。彼時臺資
報刊經常面對殖民主嚴格的檢查制度，因此將孔子及其弟子置與焚書
坑儒同一時空，隱約透顯「臺士（孔子）」抵抗「殖民政府（暴秦）」
敘事，降低被查禁刊的風險。

---

102 趙啟明（蘭谷）：〈文廟的一幕（一）〉，《三六九小報》第242號（昭和8年1月3
　　日），第5版。
103 趙啟明（蘭谷）：〈文廟的一幕（二）〉，《三六九小報》第243號（昭和8年1月6
　　日），第3版。
104 趙啟明（蘭谷）：〈文廟的一幕（二）〉，《三六九小報》第243號，第3版。

（二）應對與挑戰

郭沫若〈馬克斯進文廟〉、趙啟明〈文廟的一幕〉取用《論語》部分原文作為情節的安排設計，巧妙運用《論語》孔子弟子記錄老師生前的言行舉止，以孔子之言「回應馬克思的挑戰」與「應對暴秦焚書坑儒」之道。

1 〈馬克斯進文廟〉——馬克思的挑戰

郭沫若〈馬克斯進文廟〉創作於民國初年，知識分子接觸各種西方思潮，意圖能強國強種，重建新中國。郭氏意欲比較儒家思想與共產主義，於中國推展共產主義，最終只發表〈馬克斯進文廟〉。彼時中國正面臨擁護或質疑孔子的辯證思潮，文中馬克斯直接登門請教孔子，藉由孔子自述儒家思想以映現兩者間差異，於〈馬克斯進文廟〉馬克斯與孔子的對話間展開。如下所示：

> ……我的理想不是虛構出來的，也并不是一步可以跳到的。我們先從歷史上證明社會的產業有逐漸增殖之可能，其次是逐漸增殖的財產逐漸集中於少數人之手中，於是使社會生出貧乏病來，社會上的爭鬥便永無寧日。……
> ——啊，是的，是的。孔子的自己陶醉還未十分清醒，他只是連連點頭稱是。——我從前也早就說過「不患寡而患不均，不患貧而患不安」[105]的呀！
> 孔子的話還沒有十分落腳，馬克斯早反對起來了。
> ——不對，不對！你和我的見解終竟是兩樣，我是「患寡且患不均，患貧且患不安」的。你要曉得，寡了便均不起來，貧了

---

[105] 「不患寡而患不均，不患貧而患不安」，語出《論語》〈季氏〉第一章。詳參〔魏〕何晏注，〔宋〕邢昺疏：《論語注疏》，收入《十三經注疏本》，頁146。

便是不安的根本。所以我對於私產的集中雖是反對，對於產業
的增殖卻不惟不敢反對，而且還極力提倡。所以我們一方面用
莫大的力量去剝奪私人的財產，而同時也要以莫大的力量來增
殖社會的產業。要產業增進了，大家有共享的可能，然後大家
才能安心一意地平等無私地發展自己的本能和個性。這力量的
原動力不消說是贊成廢除私產的人們，也可以說是無產的人
們；而這力量的形式起初是以國家為單位，進而至於國際。這
樣進行起去，大家於物質上精神上，均能充分地滿足各自的要
求，人類的生存然後才能得到最高的幸福。所以我的理想是有
一定的步驟，有堅確的實證的呢。

一是的，是的！孔子也依然在點頭稱是。我也說過「庶矣富之
富矣教之」[106]的話，我也說過「足食足兵民信之矣」[107]的為政
方略（說到此處來，孔子回頭向子貢問道：我記得這是對你說
的話，是不是呢？子貢只是點頭。）我也說過「世有王者必世
而後仁」[108]，我也說過「齊整至魯，魯變至道」[109]，我也說過
「欲明明德於天下者先治其國」[110]呢。尊重物質本是我們中國
的傳統思想：洪範八政食貨為先[111]，管子也說過「倉廩實而知

---

106 「庶矣富之富矣教之」，語出《論語》〈子路〉第九章。詳參〔魏〕何晏注，〔宋〕
　　邢昺疏：《論語注疏》，收入《十三經注疏本》，頁116。

107 「足食足兵民信之矣」，語出《論語》〈顏淵〉第七章。詳參〔魏〕何晏注，〔宋〕
　　邢昺疏：《論語注疏》，收入《十三經注疏本》，頁107。

108 「世有王者必世而後仁」，語出《論語》〈子路〉第十二章。詳參〔魏〕何晏注，
　　〔宋〕邢昺疏：《論語注疏》，收入《十三經注疏本》，頁117。

109 「齊整至魯，魯變至道」，語出《論語》〈雍也〉第二十二章。詳參〔魏〕何晏
　　注，〔宋〕邢昺疏：《論語注疏》，收入《十三經注疏本》，頁54。

110 「欲明明德於天下者先治其國」，語出《大學》。詳參〔宋〕朱熹：《四書章句集
　　注》（臺北市：大安出版社，1999年12月），頁5。

111 「洪範八政食貨為先」，語出《漢書‧食貨志》第四上「《洪範》八政，一曰食，
　　二曰貨。……二者，生民之本。」詳參〔漢〕班固著，楊家駱編：《新校本漢書并
　　附編二種》（臺北市：鼎文書局，1991年9月），頁1117。

禮節，衣食足而知榮辱」[112]。所以我的思想乃至我國的傳統思想，根本和你一樣，總要先把產業提高起來，然後才來均分，所以我說「貨惡其棄於地也，不必藏於己」[113]啦。我對於商人素來是賤視的，只有我這個弟子（夫子又回頭指著子貢）總不肯聽命，我時常叫他不要做生意，他偏偏不聽，不過他也會找錢啦。我們處的，你要曉得，是科學還沒有發明的時代，所以我們的生財的方法也很幼稚，我們在有限的生財力的範圍之內只能主張節用，這也是時代使然的呀。不過，我想就是在現在，節用也恐怕是要緊的罷？大家連飯也還不夠吃的時候，總不應該容許少數人吃海參魚翅的。[114]

依上例所示，孔子自述的內容引述了《論語》〈季氏〉第一章、〈子路〉第九章、第十二章、〈顏淵〉第七章、〈雍也〉第二十二章，及《大學》章句、《漢書・食貨志》、《史記・貨殖列傳》、《禮記・禮運大同篇》，集上述經典，試圖解釋儒家思想，並無違背社會主義理想。

2 〈文廟的一幕〉——避秦的準備

趙啟明〈文廟的一幕〉一文分成五部分，依次發表於《三六九小報》第二四二、二四三、二五一、二五二、二五三號，以《論語》集句敘事部分有多處，如〈文廟的一幕（二）〉記述秦始皇下令：「第一、欲坑其亂言惑眾的迂儒、第二、燒盡其書籍，若有秘藏書籍者，罪不容赦！」孔子面對秦始皇「焚書坑儒」令，如何應對之一段：

---

112 「倉廩實而知禮節，衣食足而知榮辱」，語出《史記》〈貨殖列傳〉。詳參〔漢〕司馬遷撰，楊家駱編：《新校本史記三家注并附編二種》，頁3255。

113 語出《禮記》〈禮運大同篇〉。詳參〔漢〕鄭元注，〔唐〕孔穎達疏：《禮記注疏》，收入《十三經注疏本》（臺北市：藝文印書館，1989年1月），頁413。

114 郭沫若：〈馬克斯進文廟〉，《郭沫若全集》，頁165-167。

> 其時孔子正和眾門人刪《詩》、《書》，定《禮》、《樂》，修《春
> 秋》之際，忽聽了這個消息，不覺憮然嘆曰：「文王既沒，文
> 不在諸乎？天之將喪斯文也，後死者不得與於斯文也。天之未
> 喪斯斯文也，秦人其如予何？」[115]遂而停筆。乃以《春秋》口
> 傳受子，憂以避秦人之禍。門人們以為先生在怕著，乃把《書
> 經》藏在文廟壁內，《詩經》藏在芭蕉根下。[116]

孔子刪述六經之際，憮然嘆曰「文王既沒，文不在諸乎？天之將喪斯
文也，後死者不得與於斯文也。天之未喪斯斯文也，秦人其如予
何？」引述《論語》〈子罕〉第五章，僅將「匡人」改為「秦人」；至
於「遂而停筆」變化自《春秋》「絕筆於獲麟」。又「把《書經》藏在
文廟壁內」即秦始皇焚書時，彼時儒生藏經於壁，與後來伏生口傳
《書經》，並列為今古文經。趙啟明〈文廟的一幕〉將不同的歷史時
空錯置一處，由孔子直接面對秦始皇焚書坑儒的歷史災難，讀者自然
期待下一期連載「至聖先師如何面對滅儒事件」的情節發展。

（三）論辯與避世

《論語》為語錄體，記載孔子與弟子們的生活與對話，使後人得
以一窺孔子的主張與弟子性格。文廟敘事上，〈馬克斯進文廟〉與
〈文廟的一幕〉皆參酌《論語》記述孔門弟子性格，使熟悉《論語》
的讀者於閱讀行為中，領略作者深意。

---

115 「文王既沒，文不在諸乎？……」，語出《論語》〈子罕〉第五章。詳參〔魏〕何
　　晏注，〔宋〕邢昺疏：《論語注疏》，收入《十三經注疏本》，頁77。
　　按：〈子罕〉第五章「文不在茲乎」，〈文廟之一幕〉「文不在諸乎！」，二者用語之
　　異，為尊重原文，不予更改。
116 趙啟明（蘭谷）：〈文廟的一幕（二）〉，《三六九小報》第243號，第3版。

1 〈馬克斯進文廟〉──論辯的孔子

民國初年郭沫若〈馬克斯進文廟〉由馬克斯乘轎、入文廟拜訪，與孔子論辯其思想無法施行於中國等問題。

> 十月十五日丁祭過後的第二天，孔子和他的得意門生顏回、子路、子貢三位在上海的文廟裏吃著冷豬頭肉的時候，有四位年輕的大班抬了一乘朱紅漆的四轎，一直闖進廟來。
>
> 子路先看見了，便不由得怒髮沖冠，把筷子一摜，便想上前去干涉。孔子急忙制止他道：由喲！你好勇過我，無所取材呀！[117]
>
> 子路只得把氣忍住了。
>
> 回頭孔子才叫子貢下殿去招待來賓。……
>
> 啊，是的！馬克思到此才感嘆起來：我不想在兩千年前，在遠遠的東方，已經有了你這樣的一個老同志！你我的見解完全是一致的，怎麼有人曾說我的思想和你的不合，和你們中國的國情不合，不能施行於中國呢？
>
> 哎！孔子到此卻突然長嘆了一聲，他這一聲長嘆真箇是長，長得來足足把二千多年悶在心裏的啞氣一齊都發泄出了。──
>
> 哎！孔子長嘆了一聲，又繼續着說道：他們哪裏能夠實現你的思想！連我在這兒都已經吃了二千多年的冷豬頭肉了！……
>
> 師弟四人立在殿上，看見馬克斯的大轎已經抬出西轅門了，自始至終如像蠢人一樣的顏回到最後才說出了一句話：
>
> ──君子一言以為智，一言以為不智[118]，今日之夫子非昔日之

---

117 「由喲，你好勇過我，無所取材呀」，語出《論語》〈公冶長〉第七章。詳參〔魏〕何晏注，〔宋〕邢昺疏：《論語注疏》，收入《十三經注疏本》，頁42。

118 「君子一言以為智，一言以為不智」，語出《論語》〈子張〉第二十五章。詳參〔魏〕何晏注，〔宋〕邢昺疏：《論語注疏》，收入《十三經注疏本》，頁174。

夫子也，亦何言之誕耶？

夫子莞爾而笑曰：前言戲之耳。

於是大家又跟著發起笑來。笑了一會，又才回到席上去，把剛
才吃著的冷豬頭肉重新咀嚼。[119]

歷代君王追封孔子「大成至聖先師」、採用《論語》及相關儒家經
典，作為掄才大典科舉考試用書，清廷為了尊崇孔子、禮敬文廟，於
文廟前設有「文武官員軍民人等至此下馬」的下馬碑，馬克斯未能恪
守落轎進廟的禮節，而是乘紅轎直入，好勇的子路於是「把筷子一
摜，便想上前去干涉」，孔子指派外交長才的子貢招待貴客。藉由孔
子自述及調侃的對話，使馬克斯逐漸梳理二者思想內涵，並理解後科
舉時代的影響下，社會於儒學信仰的變異，不再尊崇儒家思想，況且
《共產宣言》與中國國情不合，只好乘轎離去。由〈馬克斯進文廟〉
馬克斯乘轎直闖文廟、孔子與馬克斯論辯、孔門弟子的誇飾敘事，映
現後科舉時代孔子為儒家學說與外來挑戰者論辯之例證。

2 〈文廟的一幕〉──避世的孔子

〈文廟的一幕〉秦始皇下令「坑其亂言惑眾的迂儒、燒盡其書
籍，若有秘藏書籍者，罪不容赦」之後，弟子們大多希望孔子能親自
遠赴秦國，和秦王論述是非曲直，使秦王理解儒家主張乃治國之圭
臬[120]。原以為孔子會欣然接受，展現「雖天下吾往也」的大勇。想不
到孔子面有難色，子路於是提出公山弗擾以費畔的往事，孔子回覆：
彼時周遊列國，天下乃「姬姓」，故能不辭勞苦匡正天下，如今「天
下既不是姬姓的子孫所有，而先王之政如同枯木死灰一般，民無從而

---

119 郭沫若：〈馬克斯進文廟〉，《郭沫若全集》，頁161-170。

120 趙啟明（蘭谷）：〈文廟的一幕（四）〉，《三六九小報》第252號（昭和8年1月13
日），第3版。

觀焉，至於發出焚書坑儒的暴令，亦天命也。故曰彼一時、此一時，而且唯女子與小人為難養也，近之則不遜，遠之則怨。」[121]

〈文廟的一幕〉以「暴秦」隱喻「日本」；以「孔子」代表「避世」一派文人、以「子路」代表「抗爭」一派文人，凸顯面對殖民主時各異的心態。當孔子以天下已非姬姓天下，先王之政已被暴秦取代，以「小人近之則不遜」否定遠赴秦國，和秦王面談的提議。此時好勇的子路對「避世」一派文人的態度有以下的評論：

> 子路眼見門人個個都戰戰兢兢、如臨深淵、如履薄冰。正是文人怕死的態度。(〈文廟的一幕（二）〉)[122]
> 夫子的話意，卻有點兒帶著避世的色彩，只不顧夫子的面子[123]，乃故意罵侍坐的門徒以諷孔子。……當此之時，我們大丈夫正要發揮宿志，貫徹懷抱，豈可空死於林泉之下？像你們深鎖於房內，在桌上唱著仁義道德，然而又沒有出來實行，正是有其言而無其行。……使後世之人無從而見先王之德政。(〈文廟的一幕（三）〉)[124]

> 子曰：……我道一以貫之！再者，我豈匏瓜也哉？焉能繫而不食？……子路聽了夫子的話，只是反覆無常。憤憤然見於色而對曰：「由也未之聞也。」孔子乃曰：「居！我語汝。丘也之於天下也，可以仕則仕，可以止則止。……」「有是哉！子之迂也，奚其正。」子路只顧氣了，倘夫子拿出這個學說公布天下

---

121 趙啟明（蘭谷）：〈文廟的一幕（五）〉，《三六九小報》第253號（昭和8年1月16日），第3版。

122 趙啟明（蘭谷）：〈文廟的一幕（二）〉，《三六九小報》第243號，第3版。

123 原件誤植「面前」，更之。

124 趙啟明（蘭谷）：〈文廟的一幕（三）〉，《三六九小報》第251號，第3版。

之時，豈不被人家……笑夫子是個機會主義者，見機而作，怕
死的迂儒。(〈文廟的一幕（四）〉)[125]

由上述節錄內容，可知〈文廟的一幕〉以好勇的子路「抗爭」派，挑
戰孔子「避世」派論點。子路形象本為好勇，又敢於夫子面前表達不
同意見，如《論語》〈子路〉第三章，子路曾問夫子「衛君待子而為
政，子將奚先？」當夫子回覆「必也正名乎」時，子路語出驚人的說
出「有是哉？子之迂也，奚其正？」因此〈文廟的一幕（四）〉中，
子路認為夫子的言論正符合外界「怕死迂儒」的說法，此處情節安排
取自於《論語》中子路「子之迂也」的評論。除了「迂儒」的評論，
由〈文廟的一幕〉子路的視角，隱約透顯孔子具有「避世、有其言無
其行、反覆無常、機會主義者」等凡人的缺點。當然這些「脫聖入
凡」的敘事，隱含「左翼文人」評論「傳統文人」性格的觀點。

第二節　《論語》新詮釋

《三六九小報》乃休閒、娛樂，兼具「宏揚文化、維持漢學」理
想的南社同人雜誌，就「後科舉時代之經典詮釋」而論，有：〈孔子
出洋文〉「鄉音與諧音」趣味詮釋、〈孔氏師徒座談記〉與〈師徒擇偶
談〉從「聖性與俗性」二元詮釋、「塾師觀點」之〈新《論語》〉等。

一　鄉音與諧音

清廷對於閩廣地區官員鄉音太重，影響官民溝通與施政成效，曾
頒布「正鄉音」的諭令。如雍正六年（1728）所頒布的〈諭閩廣正鄉

---

125 趙啟明（蘭谷）：〈文廟的一幕（四）〉，《三六九小報》第252號，第3版。

音〉：

> 朕每引見大小臣工，凡陳奏履歷之時，惟有福建、廣東兩省之
> 人仍係鄉音，不可通曉。夫伊等以現登仕籍之人經赴部演禮之
> 後，其敷奏對揚，尚有不可通曉之語，則赴任他省，又安能於
> 宣讀訓諭、審斷詞訟，皆歷歷清楚，使小民共知而共解乎？官
> 民上下，語言不通，必使吏胥從中代為傳述；於是添飾假借，
> 百弊叢生，而事理之貽誤者多矣。且此兩省之人，其語言既皆
> 不可通曉，不但伊等歷任他省不能深悉下民之情，即伊等身為
> 編氓亦必不能明白官長之意。是上下之情扞格不通，其為不便
> 實甚！[126]

雍正帝以閩廣地區官員鄉音太重，不僅不適任京官，赴任外省亦溝通
困難，吏治百弊叢生。因此以八年為限，延請官話教讀師儒，教其子
弟，轉相授受，[127]並於「彰化、臺灣、諸羅和鳳山四縣，奉文設立四
所『正音書院』。」[128]為了保證閩粵兩省推廣官話成效，朝廷將「能
官話」列為參與科舉考試必要資格，如下所示：

> 八年之外，如生員貢監不能官話者，暫停其鄉試，學政不准取
> 送科舉；舉人不能官話者，暫停其會試，布政使不准起文送
> 部；童生不能官話者，府州縣不准取送學政考試，俟學習通曉

126　〔清〕劉良璧纂輯：〈聖謨〉，《重修福建臺灣府志》（上）（臺北市：文建會，2005
　　年6月），頁95。

127　「該督撫、學政，於凡系鄉音讀書之處，諭令有力之家，先於鄰近延請官話讀書
　　之師，教其子弟，轉相授受，以八年為限。」《學政全書》卷五十九，嘉慶十五年
　　御纂本，轉引李兵：《書院教育與科舉關係研究》（臺北市：國立臺灣大學出版中
　　心，2005年4月），頁240。

128　李鎮岩：《台灣的書院》（臺北市：遠足文化，2008年1月），頁22。

官話之時，再准其應試。[129]

但這類正音書院於乾隆末期，流於形式，各地紛紛裁撤，正音書院最終演變為以科舉教學為主要機構。道光十六年（1836）《彰化縣志》〈風俗志・士習〉尚且記載：「彰邑庠分閩、粵二籍，讀書各操土音，各有師承。」[130]可見直到道光年間臺籍士子仍以「土音（鄉音）」交讀，與雍正所期待的「能官話」相去甚遠。

以「土音（鄉音）」讀書，考取功名者，有機會執教時，必將以「土音」讀書。昭和五年（1930）十一月三日，以筆名「心室主人」於《三六九小報》「《四書》別解」專欄，發表〈孔子出洋文〉以「鄉音／諧音」讀書，致使聽者誤解的例子：

> 有人戲集《四書》句，綴成〈孔子出洋文〉一篇。加以註解，頗堪玩味。惜不能全憶，茲錄其起首數語如下（凡〇作諧讀）：孔子乘桴浮於海[131]。（孔老先生乘一隻船，要想出洋遊歷去）。子貢欲去，告朔之[132]餼羊（他的學生名叫子貢的，要跟了他去，告訴他的叔子借一隻羊）子曰：「賜也！爾愛其羊，我愛其禮。」[133]（孔老先生道：「阿賜！你喜歡騎羊，我喜歡

---

129 《學政全書》卷59，嘉慶十五年御纂本，轉引李兵：《書院教育與科舉關係研究》，頁241。

130 〔清〕周璽：《彰化縣志》（下）（臺北市：文建會，2006年12月），頁439。

131 「乘桴浮於海」，語出《論語》〈公冶長〉第七章。詳參〔魏〕何晏注，〔宋〕邢昺疏：《論語注疏》，收入《十三經注疏本》，頁42。

132 原件「凡〇作諧讀」，即「子貢欲去，告朔之餼羊」。「朔之」二字旁有小圈，筆者無法標識，故以「朔之」標示。以下各例，均同。

133 「賜也！爾愛其羊，我愛其禮。」語出《論語》〈八佾〉第十七章。詳參〔魏〕何晏注，〔宋〕邢昺疏：《論語注疏》，收入《十三經注疏本》，頁29。

騎馬。索性大家騎牲口去罷！」回也不改其樂[134]。（孔老先生
有一位苦學生，姓顏名叫回，騎一隻鹿，跟著也要去。孔老先
生道：阿回！你要去，也不該騎鹿呀！）堯舜其有病諸[135]。
（還有兩位皇帝，一位叫堯皇，一位叫舜帝。雖不是孔老先生
的學生，是很佩服孔老先生的。看見他們很熱鬧。也想要去，
看看沒有什麼牲口好騎，就騎了一隻有病的豬，也跟了去。）

科舉時代因「鄉音／諧音」形成解經的誤會，是有可能的。然而科舉
時代，視經典為掄才大典的教科書，不可褻瀆，因此未見以《論語》
集句、遊戲的方式，作嘲弄詮釋。日治時期總督府，既已廢除科舉制
度，在以休閒趣味的小報上刊載士人熟知的經書內容，透過集句、諧
音，達到閱讀趣味，因此「心室主人」認為戲集《四書》句，綴成
〈孔子出洋文〉一篇，加以「鄉音／諧音」註解，頗堪玩味。《三六
九小報》的作者多是小報同人，臺籍人士。少部分亦有來自中原，如
北京大學美術教授王亞南。因此〈孔子出洋文〉的作者是誰？臺籍人
士？或非臺籍人士？目前仍不可得知。

二　聖性與俗性

　　昭和七年（1932）九月十九日，以筆名「蟒潭」於《三六九小

134　「回也不改其樂」，語出《論語》〈雍也〉第九章。詳參〔魏〕何晏注，〔宋〕邢昺
　　疏：《論語注疏》，收入《十三經注疏本》，頁53。

135　「堯舜其猶病諸」，語出《論語》〈雍也〉第廿八章。詳參〔魏〕何晏注，〔宋〕邢
　　昺疏：《論語注疏》，收入《十三經注疏本》，頁55。
　　按：原件作「堯舜其有病諸」，與文中「堯皇、舜帝。雖不是孔老先生的學生，是
　　很佩服孔老先生的。看見他們很熱鬧。也想要去，看看沒有什麼牲口好騎，就騎
　　了一隻有病的豬，也跟了去。」意思吻合。雖然與〈雍也〉第廿八章之原文不
　　同，但有作者之特殊意旨，故不更正。

報》發表〈孔氏師徒座談記〉；與昭和九年（1934）五月廿六日，以
筆名「英」於《三六九小報》「開心文苑」專欄發表〈師徒擇偶談（集
四子書句）〉。二文內容雷同度高：

〈孔氏師徒座談記〉	〈師徒擇偶談（集四子書句）〉
有一天孔老先生，在他的杏壇上，聚集著幾個高徒，開箇婚姻問題的座談會。孔老先生用議長的資格，劈頭就先說道： 　　不孝有三，無後為大，今也二三子，娶妻如之何？盍各言爾志？ 那子路是愛娶著有纏足的女子，而賢且美的，便率爾而對曰： 　　有婦人焉，足縮縮如有循，天	孔子曰：不孝有三，無後為大[136]，今也二三子，娶妻如之何[137]？盍各言爾志[138]？ 子路率爾而對曰：四境之內，有婦人焉[139]，長一身有半[140]，足縮縮如有循[141]，天天如也[142]。視其所以[143]，善與人交

---

136 「不孝有三，無後為大」，語出《孟子》〈離婁上〉第二十六章。詳參〔漢〕趙岐
　　注，〔宋〕孫奭疏：《孟子注疏》，收入《十三經注疏本》（臺北市：藝文印書館，
　　1989年1月），頁137。

137 「娶妻如之何」，語出《孟子》〈萬章上〉第二章。〔漢〕趙岐注，〔宋〕孫奭疏：
　　《孟子注疏》，收入《十三經注疏本》，頁161。

138 「盍各言爾志」，語出《論語》〈公冶長〉第二十六章。詳參〔魏〕何晏注，〔宋〕
　　邢昺疏：《論語注疏》，收入《十三經注疏本》，頁46。

139 「有婦人焉」，語出《論語》〈泰伯〉第二十章。詳參〔魏〕何晏注，〔宋〕邢昺
　　疏：《論語注疏》，收入《十三經注疏本》，頁72。

140 「長一身有半」，語出《論語》〈鄉黨〉第六章。詳參〔魏〕何晏注，〔宋〕邢昺
　　疏：《論語注疏》，收入《十三經注疏本》，頁88。

141 「足縮縮如有循」，語出《論語》〈鄉黨〉第五章。詳參〔魏〕何晏注，〔宋〕邢昺
　　疏：《論語注疏》，收入《十三經注疏本》，頁87。

142 「天天如也」，語出《論語》〈述而〉第四章。詳參〔魏〕何晏注，〔宋〕邢昺疏：
　　《論語注疏》，收入《十三經注疏本》，頁60。

143 「視其所以」，語出《論語》〈為政〉第十章。詳參〔魏〕何晏注，〔宋〕邢昺疏：
　　《論語注疏》，收入《十三經注疏本》，頁17。

〈孔氏師徒座談記〉	〈師徒擇偶談（集四子書句）〉
天如也。視其所以，善與人交，巧言令色。國人皆曰：「賢，可妻也。」 顏淵是個善巴結老婆的好漢，他即離坐發言道：	 　　^{144}，巧言令色^{145}。國人皆曰：「賢，^{146}可妻也^{147}。」
知好色，則慕少艾。得一善則拳拳服膺，斯可矣！ 獨冉有，是個無所可否的人，便箝著口不發一言，老先生見他不語，便問道：	顏淵曰：知好色，則慕少艾^{148}。得一善則拳拳服膺，因不失其親，亦可宗也！
求也何如？ 冉有被問不過，便勉強起身答道：	
少者懷之，老者安之，無以異也。得之則生，不亦可乎。 孔老先生，撚著髭鬚，莞爾的笑應道：	子曰：求也何如？^{149}冉有曰：少者懷之，老者安之，^{150}無以異也。得之則生，斯可矣。
由也！好勇過我，回也！不改	夫子莞爾而笑曰：由也！好勇過我，^{151}回

---

144 「善與人交」，語出《論語》〈公冶長〉第十七章。詳參〔魏〕何晏注，〔宋〕邢昺疏：《論語注疏》，收入《十三經注疏本》，頁44。

145 「巧言令色」，語出《論語》〈學而〉第三章。詳參〔魏〕何晏注，〔宋〕邢昺疏：《論語注疏》，收入《十三經注疏本》，頁6。

146 「國人皆曰賢」，語出《孟子》〈梁惠王下〉第七章。〔漢〕趙岐注，〔宋〕孫奭疏：《孟子注疏》，收入《十三經注疏本》，頁41。

147 「可妻也」，語出《論語》〈公冶長〉第一章。詳參〔魏〕何晏注，〔宋〕邢昺疏：《論語注疏》，收入《十三經注疏本》，頁41。

148 「知好色，則慕少艾」，語出《孟子》〈萬章上〉第一章。詳參〔漢〕趙岐注，〔宋〕孫奭疏：《孟子注疏》，收入《十三經注疏本》，頁160。

149 「求也何如？」語出《論語》〈公冶長〉第八章。詳參〔魏〕何晏注，〔宋〕邢昺疏：《論語注疏》，收入《十三經注疏本》，頁42。

150 「少者懷之，老者安之」，語出《論語》〈公冶長〉第八章。詳參〔魏〕何晏注，〔宋〕邢昺疏：《論語注疏》，收入《十三經注疏本》，頁46。

151 「由也！好勇過我」，語出《論語》〈公冶長〉第七章。詳參〔魏〕何晏注，〔宋〕邢昺疏：《論語注疏》，收入《十三經注疏本》，頁42。

〈孔氏師徒座談記〉	〈師徒擇偶談（集四子書句)〉
其樂。求也！食而不知其味。三子者，如好好色，未盡善也。 子路聽著他先生的話，便乘氣厲聲執問道： 　　先生何以出此言乎？ 孔老先生見著子路動氣，忙應道： 野哉！由也！前言戲之耳！今若此，吾末如之何也已矣！	也！不改其樂。[152]求也！食而不知其味。三子者如好好色，[153]未盡善也。[154]子路曰：如之何則可也。[155]子曰：必告父母，[156]子路不悅。[157] 子退，明日出弔於東郭氏。自牖執其手，[158]趨進。升堂矣，未入於室也。[159]子路聞之喜，[160]則往拜其門曰：人焉廋哉？人焉廋哉？[161]孔子不見，曰：野哉！由也！[162]前言戲之

152 「回也！不改其樂」，語出《論語》〈雍也〉第九章。詳參〔魏〕何晏注，〔宋〕邢昺疏：《論語注疏》，收入《十三經注疏本》，頁53。

153 「如好好色」，語出《禮記・大學》。詳參〔漢〕鄭元注，〔唐〕孔穎達疏：《禮記注疏》，收入《十三經注疏本》，頁983。

154 「未盡善也」，語出《論語》〈八佾〉篇第廿五章，子謂韶：「盡美矣，又盡善也。」詳參〔魏〕何晏注，〔宋〕邢昺疏：《論語注疏》，收入《十三經注疏本》，頁32。

155 「如之何則可也」，語出《孟子》〈梁惠王下〉第十四章。〔漢〕趙岐注，〔宋〕孫奭疏：《孟子注疏》，收入《十三經注疏本》，頁46。

156 「必告父母」，語出《孟子》〈萬章上〉第二章。〔漢〕趙岐注，〔宋〕孫奭疏：《孟子注疏》，收入《十三經注疏本》，頁161。

157 「子路不悅」，語出《論語》〈雍也〉第廿六章。詳參〔魏〕何晏注，〔宋〕邢昺疏：《論語注疏》，收入《十三經注疏本》，頁55。

158 「自牖執其手」，語出《論語》〈雍也〉第八章。詳參〔魏〕何晏注，〔宋〕邢昺疏：《論語注疏》，收入《十三經注疏本》，頁52。

159 「升堂矣，未入於室也」，語出《論語》〈先進〉第十四章。詳參〔魏〕何晏注，〔宋〕邢昺疏：《論語注疏》，收入《十三經注疏本》，頁98。

160 「子路聞之喜」，語出《論語》〈公冶長〉第七章。詳參〔魏〕何晏注，〔宋〕邢昺疏：《論語注疏》，收入《十三經注疏本》，頁42。

161 「人焉廋哉」，語出《論語》〈為政〉第十章。詳參〔魏〕何晏注，〔宋〕邢昺疏：《論語注疏》，收入《十三經注疏本》，頁17。

162 「野哉！由也！」，語出《論語》〈子路〉第三章。詳參〔魏〕何晏注，〔宋〕邢昺疏：《論語注疏》，收入《十三經注疏本》，頁115。

〈孔氏師徒座談記〉	〈師徒擇偶談（集四子書句）〉
	耳！[163]今若此，吾末如之何也已矣！[164]避門而不納，踰垣而避之，他日歸，觀其色赧赧然。[165]子路慍見，曰：君子亦有窮乎？[166]夫子循循然善誘人，[167]何謂也。夫子撫然曰：[168]擇其善者而從之，[169]無傷也。[170]男女居室，[171]物之情也。[172]吾何為獨不然？[173]其為人也，[174]巧笑倩兮！美目盼兮！[175]鄉人皆好之，[176]不攫

---

163 「前言戲之耳！」語出《論語》〈陽貨〉第四章。詳參〔魏〕何晏注，〔宋〕邢昺疏：《論語注疏》，收入《十三經注疏本》，頁154。

164 「吾末如之何也已矣！」語出《論語》〈衛靈公〉第四十一章。詳參〔魏〕何晏注，〔宋〕邢昺疏：《論語注疏》，收入《十三經注疏本》，頁139。

165 「觀其色赧赧然」，語出《孟子》〈滕文公下〉第七章。〔漢〕趙岐注，〔宋〕孫奭疏：《孟子注疏》，收入《十三經注疏本》，頁116。

166 「子路慍見」語出《論語》〈衛靈公〉第一章。詳參〔魏〕何晏注，〔宋〕邢昺疏：《論語注疏》，收入《十三經注疏本》，頁137。

167 「夫子循循然善誘人」，語出《論語》〈子罕〉第十章。詳參〔魏〕何晏注，〔宋〕邢昺疏：《論語注疏》，收入《十三經注疏本》，頁79。

168 「夫子撫然曰」，語出《論語》〈微子〉第六章。詳參〔魏〕何晏注，〔宋〕邢昺疏：《論語注疏》，收入《十三經注疏本》，頁165。

169 「擇其善者而從之」，語出《論語》〈述而〉第廿二章。詳參〔魏〕何晏注，〔宋〕邢昺疏：《論語注疏》，收入《十三經注疏本》，頁63。

170 「無傷也」，語出《孟子》〈梁惠王上〉第七章。詳參〔漢〕趙岐注，〔宋〕孫奭疏：《孟子注疏》，收入《十三經注疏本》，頁22。

171 「男女居室」，語出《孟子》〈萬章上〉第二章。〔漢〕趙岐注，〔宋〕孫奭疏：《孟子注疏》，收入《十三經注疏本》，頁161。

172 「物之情也」，語出《孟子》〈滕文公上〉第七章。〔漢〕趙岐注，〔宋〕孫奭疏：《孟子注疏》，收入《十三經注疏本》，頁99。

173 「吾何為獨不然？」語出《孟子》〈公孫丑下〉第七章。〔漢〕趙岐注，〔宋〕孫奭疏：《孟子注疏》，收入《十三經注疏本》，頁80。

174 「其為人也」，語出《論語》〈學而〉第二章。詳參〔魏〕何晏注，〔宋〕邢昺疏：《論語注疏》，收入《十三經注疏本》，頁5。

175 「巧笑倩兮！美目盼兮！」語出《論語》〈八佾〉第八章。詳參〔魏〕何晏注，〔宋〕邢昺疏：《論語注疏》，收入《十三經注疏本》，頁26。

〈孔氏師徒座談記〉	〈師徒擇偶談（集四子書句）〉
	則不得妻，丘也！為無後也，如之何不弔？[177]
備註：「新細明體」字型顯示二版差異處，「標楷體」字型顯示二版共同處。	

1 自由戀愛的時代論題

　　「蟫潭」版〈孔氏師徒座談記〉與「英」版〈師徒擇偶談（集四子書句）〉，雷同處是「《論語》集句」的運用，差異處是「《論語》集句」的詮釋。比較二版，〈師徒擇偶談（集四子書句）〉乃以「《論語》集句」的敘事模式為主，將《論語》〈公冶長〉第二十六章與《論語》〈先進〉第二十五章，孔子與弟子（顏淵、子路、冉求）討論各人志向，即著名的「盍各言爾志」。〈公冶長〉、〈先進〉論述士人於時代的抱負。至於〈孔氏師徒座談記〉、〈師徒擇偶談（集四子書句）〉則是夫子與顏淵、子路、冉求等談論婚姻觀。

　　日治時期臺灣受到明治維新「脫亞入歐」文化的影響，一九三〇年創刊的《三六九小報》與清治時期已有些不同。教育普及、禁止纏足，使得女性得以參與新興的西式娛樂，如戲院、電影院、餐廳、咖啡廳等公共場所，開濶的空間、流動的人際，使得彼時青年的婚姻觀，由媒妁之言轉向自由戀愛。[178]〈孔氏師徒座談記〉、〈師徒擇偶談（集四子書句）〉二文，即映現彼時自由戀愛的論題。

---

176 「鄉人皆好之」，語出《論語》〈子路〉第廿四章。詳參〔魏〕何晏注，〔宋〕邢昺疏：《論語注疏》，收入《十三經注疏本》，頁119。

177 「如之何不弔？」語出《孟子》〈公孫丑下〉第二章。〔漢〕趙岐注，〔宋〕孫奭疏：《孟子注疏》，收入《十三經注疏本》，頁73。

178 簡偉斯、郭珍弟：《Viva Tonal跳舞時代》紀錄片，（臺灣，2003年）。
如《Viva Tonal跳舞時代》紀錄片，記錄一九二〇至一九四五年間古倫美亞唱片為中心的音樂故事，以及臺灣社會現況與女性的社會地位。該片榮獲二〇〇三年第四十屆金馬獎最佳紀錄片、二〇〇三年臺灣女性影展觀摩等殊榮。

2 維護聖性與流於凡俗

　　科舉時代《論語》乃聖人經典，朝廷諭令「清真雅正」為《四書》、經義、論策取士的拔文準則，以「維護聖性」傳統；後科舉時代《論語》乃跨代士人共同記憶，士人取《論語》集句、撰寫時代議題，於報刊雜誌新場域，發表「流於凡俗」的戲謔內容。如〈師徒擇偶談〉中孔子有登徒子的嫌疑敘事：

　　　夫子莞爾而笑曰：由也！好勇過我，回也！不改其樂。求也！
　　　食而不知其味。三子者如好好色，未盡善也。子路曰：如之何
　　　則可也。子曰：必告父母，子路不悅。
　　　子退，明日出弔於東郭氏。自牖執其手，趨進。升堂矣，未入
　　　於室也。（〈師徒擇偶談〉）

當孔子評論「子路、顏回、冉求」三弟子擇偶觀之後，子路問孔子：「如之何則可也？」孔子依禮嚴肅的回應子路：「必告父母！」子路不悅。隔天孔子弔唁東郭氏，孔子竟做出「自牖執其手、趨進、登堂」等違禮行為。子路聽聞此事後，前往請教孔子「人焉瘦哉？人焉瘦哉？」孔子避之不見，踰牆而出。他日歸來，再遇子路，孔子面有慚色，並為自己開脫：「男女居室，物之情也。吾何為獨不然？其為人也，巧笑倩兮！美目盼兮！鄉人皆好之，不摟則不得妻」。原來，孔子主張「不孝有三，無後為大」，既然孔鯉較孔子早逝，孔子於是自牖執東郭孀婦之手，繼而趨進登堂。《論語》中記有孔子對於女色之美的描述：「巧笑倩兮！美目盼兮！」但不曾如此形象化、具體化。〈師徒擇偶談〉徹底將後科舉時代孔子形象，描述為「流於凡俗」的戲謔內容。

　　〈孔氏師徒座談記〉刪去〈師徒擇偶談（集四子書句）〉敘及孔子

登徒子的嫌疑，並於集句段落間，以白話詮釋說明，維護孔子的神聖性，因此二文看似戲謔的內容，其實〈孔氏師徒座談記〉乃具有「維護孔子神聖性」的傳統形象。由於〈孔氏師徒座談記〉發表於昭和七年（1932）九月十九日、〈師徒擇偶談（集四子書句）〉發表於昭和九年（1934）五月廿六日，映現「維護孔子神聖性」的〈孔氏師徒座談記〉早發表於「流於凡俗」的〈師徒擇偶談（集四子書句）〉，尤其〈師徒擇偶談（集四子書句）〉較〈孔氏師徒座談記〉，有更完整的《論語》集句敘事。因此〈師徒擇偶談（集四子書句）〉於〈孔氏師徒座談記〉基礎上，呼應臺灣男性普遍重視後代的思維模式[179]，更加擴充戲謔、敘事內容，強化後科舉時代「聖性與俗性」的諧謔敘事，可見一斑。

三　塾師新詮釋

　　總督府學務部規劃「利用清代科舉、限制書房教材、逐步廢止漢書房」等殖民地教育政策，使書房塾師之「經濟收入、社會名望」隨漢書房的漸禁政策而逐漸低落，當塾師（士人）的社會地位，由「四民之首」逐漸下移，報刊映現社會現實層面的特性，從而衍生醜化、嘲諷塾師形象的相關敘事。如《三六九小報》第十一期，刊載無行腐儒的〈荒唐齋小話〉；第二十二期刊載貪食塾師的〈先生食潘〉；第六

---

179 「不孝有三，無後為大」作為傳統社會裏的強勢價值觀，生育子嗣不僅是為當世的養生送死做準備，同時也希望在死後的彼岸，得到永續的血食供奉。在清末以迄日治時代的臺灣社會，生育與養生送死的價值觀猶然根深柢固。從而衍生出各式各樣的婚育機制，……其目的皆與傳宗接代息息相關。……上層菁英的法律論述裏，也以煙火接續為妾婚制度的存在合理化。成年男性若壯年仍未得子，為生子延嗣而納一妾，不僅被法律所認可，就社會輿論而言，也是想當然爾。……縱使日本殖民政府不鼓勵臺灣納妾之習，但若翻閱日治時期臺灣戶冊資料所載，家戶內有一個以上的妾者，所在多有。
詳參張孟珠、楊文山、莊英章：〈日治時期新地區妾婚現象的歷史人口學分析〉，《人文及社會科學集刊》第23卷第2期（100年6月），頁244-245。

十九期刊載耽色塾師的〈噴飯錄〉等等。其中值得注意者，是於《三六九小報》具名發表文章的臺中塾師劉魯（1880-1955）[180]與臺南塾師邱水（1896-1935），本處擇取臺南邱水〈新《論語》（一）〉作為「塾師新詮釋」的文本分析。

臺南麻豆文人「登雲吟社」塾師邱水（1896-1935）[181]曾署名「濬川」或「麻豆邱濬川」於《三六九小報》發表文章，如昭和六年（1931）一月廿九日署名「麻豆邱濬川」於《三六九小報》「綠波山房摭談」專欄發表〈新《論語》（一）〉：

> 有馮管兩先生，同課童蒙於某祠宇東西廂。管講《論語》篇，至「君君、臣臣、父父、子子」，解為「我君的君、我臣的臣、我父的父、我子的子」。馮只解曰：「君君，人君也。臣臣，人臣也。父父，人父也。子子，人子也。」兩人所講意義迥相逕庭，一時議論相非，爭辯不已。……[182]

清代以來秀才於廟內設塾，乃常見景象。一般而言，一座廟宇僅設一處私塾，彼此講學互不干擾。〈新《論語》〉由馮、管二位先生同廟設

---

180 劉魯（1880-1955），字天喜，其父劉益美原籍廣東大埔，來臺後定居臺中東勢。劉魯幼年師從劉吉芙，乙未之後設館為塾師。曾與親友合營伐樟製腦、服務於日資的物產會社，因無法接受日方的不平等待遇，憤而離職，重拾教鞭。畢生致力於作育英才，以延續漢文為職志，弟子滿佈臺中地區。
　　江昆峰：《《三六九小報》之研究》（臺北市：私立銘傳大學應用語文研究所・中國文學組碩士論文），頁175。

181 邱水（1896-1935），字濬川，號小衙門結仕，原籍佳里興，後遷居麻豆鎮。曾任「登雲吟社」塾師，頗能詩文，亦為麻豆綠社成員。於《三六九小報》「綠波山房摭談」專欄撰稿，風格幽默犀利。著有《綠波山房文集》、《綠波山房詩話》，另有詹評仁《柚城詩錄》錄有《邱濬川遺稿》。詳參台灣古典詩主題詩選資料庫 https://ipoem.nmtl.gov.tw/nmtlpoem?uid=12&pid=458

182 邱濬川：〈新《論語》（一）〉，《三六九小報》第42號（昭和6年1月29日），第4版。

塾，提供異觀點的〈新《論語》〉詮釋。如二位先生講解《論語》〈顏淵〉篇第十一章「君君、臣臣、父父、子子」一段內容：

> 齊景公問政於孔子。孔子對曰：「君君，臣臣，父父，子子。」公曰：「善哉！信如君不君，臣不臣，父不父，子不子，雖有粟，吾得而食諸？」[183]

〈顏淵〉第十一章齊國大夫陳桓權勢坐大，直逼國君、干擾內政。齊景公向孔子請益「為國之政」，孔子因此以「君君，臣臣，父父，子子」乃解決「君不君，臣不臣，父不父，子不子」的良方。春秋時期諸侯內政混亂，妨害朝政頗劇，直到戰國時期「內戰」仍是「亡國」的主要禍源，孟子因此提出「萬乘之國，弒其君者，必千乘之家；千乘之國，弒其君者，必百乘之家。」（〈梁惠王上〉）等評論。

學者詮釋《論語》或不同觀點與論述，然而〈顏淵〉篇第十一章因有明確的歷史可供考證，歷來並沒有重大的歧見。如《論語注疏》評論此章，為：

> 政者正也，若君不失君道，乃至不失子道，尊卑有序，上下不失，而後國家正也。[184]

朱熹《四書章句集注》論述本章「此人道之大經，政事之根本也。……景公善孔子之言而不能用，其後果以繼嗣不定，啟陳氏弒君篡國之禍。」[185]顯示自何晏《集解》、邢昺《疏》乃至朱熹《四書章句集注》以來，談論「孔子正名」均以人道之大經、政事之根本為論

---

183 邱濬川：〈新《論語》（一）〉，《三六九小報》第42號（昭和6年1月29日），第4版。

184 〔魏〕何晏注、〔宋〕邢昺疏：《論語注疏》，收入《十三經注疏本》，頁108。

185 〔宋〕朱熹：《四書章句集注》，頁129。

述主軸，並無太大歧異。明清科舉採用朱熹《四書章句集注》，塾師
設帳傳經作為科舉教育場域，應熟悉朱熹「此人道之大經，政事之根
本」的主張。邱水筆下〈新《論語》〉為「孔子正名」爭論的馮、管
二位先生，為何與朱熹的解釋有如此大的差異？值得深思。以下執
「〈新《論語》〉之新」、「詮經與亡國」、「科舉的末路」三端論述之。

（一）〈新《論語》〉之新

「登雲吟社」塾師邱水為臺南麻豆著名文人、綠社社員，刊有
《綠波山房文集》、《綠波山房詩話》，留有《邱濬川遺稿》收錄於
《柚城詩錄》中。[186] 邱水以塾師身分，撰寫〈新《論語》〉記述兩位
塾師爭辯〈顏淵〉篇的內容，看似荒唐，其實頗具深意。

《論語》為歷代科舉應試的重要科目，朱熹《四書章句集注》更
為塾師們所熟悉，然而〈新《論語》〉中馮、管二位塾師，討論孔子
「正名」觀，竟出現以下的「新」詮釋：

> 馮曰：先生何所據而云然？不知「君君」二字，講為「我君的
> 君」，何以不襯「我的、之」字？而能作如是講解，不才甚不
> 以為然，請言其概。
> 管曰：春秋之世，文字古健，言簡意賅，有以一字一句，而括
> 全篇之義者。豈不知《春秋》筆法，「一字之褒，榮於華袞，
> 一字之貶，嚴於斧鉞」例如「鄭伯克段於鄢」一句，而左氏
> 《傳》之洋洋數百言，可見聖人一語，包羅萬象，殊非吾輩所
> 能企及。據此觀之，是則古文與今文不同之明證，若襯「我
> 的、之」字，是算為今之文，安得為古之文也。先生不涉獵

---

186 詹評仁：《柚城詩錄》（臺南市：麻豆鎮公所，2003年11月）。

《史》《漢》，而欲窺測《春秋》，其於謬也，不亦宜乎？[187]

文中塾師管先生自云：講解《論語》涉獵《史》、《漢》，窺測《春秋》，故而取《春秋》「言簡意賅」的筆法解釋「君君」二字，為「我君的君」，其理由言之鑿鑿、論述有據。看似博學竟推斷出如此荒謬的詮釋，管先生推翻自何晏《集解》、邢昺《疏》至朱熹《四書章句集注》以來的論述，採取如此「望文生意、一新千古」的詮釋法，映現基層塾師於儒學詮釋的謬誤教育。

（二）詮經與亡國

塾師管先生引經據典的將「君君」二字，講為「我君的君」，尚且在字句的推敲上著墨。至於馮先生自言善讀書，讀於無字之處，因此斷言「君君」為孔子口吃之故：

> 管曰：余讀破五車書，閱盡經史及諸子百家言，曾未有見載孔子口吃之事。如先生所言，余尚不解所謂，更乞詳明賜教。
> 馮泯然笑曰：若先生者，可謂不善讀書者矣！夫人讀書，須讀於無字之處，方可謂善讀書者，吾輩才能，自知羞擬古人，安可囫圇讀過？而妄效天分甚高之陶彭澤，不求甚解乎？蓋孔子口吃，顯然露於《論語》一書，例如「鳳兮！鳳兮！」[188]與夫「歸與！歸與！」[189]其在鄉黨則恂恂然不能言，在宗廟朝廷，

---

187 邱濬川：〈新《論語》（一）〉，《三六九小報》第42號，第4版。

188 「鳳兮！鳳兮！」，語出《論語》〈微子〉第五章。詳參〔魏〕何晏注，〔宋〕邢昺疏：《論語注疏》，收入《十三經注疏本》，頁165。

189 「歸與！歸與！」，語出《論語》〈公冶長〉第二十二章。詳參〔魏〕何晏注，〔宋〕邢昺疏：《論語注疏》，收入《十三經注疏本》，頁45。

則便便唯謹[190]，以下如與下大夫侃侃言，與上大夫誾誾言[191]。

循足蹜蹜，私覯愉愉[192]等者，非吃口而何？其他如某在斯[193]，天厭之[194]，及人焉廋哉[195]者，何在不足引為證據？以此辯之，便知夫子吃口矣！又何必鑿鑿？書出顯明之字，而後始知其口吃也？夫七十子之記《魯論》[196]業已備束脩[197]，修晉謁，師弟分判，自然諱言其短。不便如董狐直筆揭寫，而後人讀書，遂貿貿焉，而不之知也。蓋孔子口吃，以我玩索書意，想不盡在於生成而然者，或者在於杏壇設教之後，而因致之，以愈甚焉。試觀七十子，如顏淵之賢，聞一知十[198]，尚須循循善誘[199]。至

---

190 「在鄉黨則恂恂然不能言，在宗廟朝廷，則便便唯謹」，語出《論語》〈鄉黨〉第一章。詳參〔魏〕何晏注，〔宋〕邢昺疏：《論語注疏》，收入《十三經注疏本》，頁86。

191 「與下大夫侃侃言，與上大夫誾誾言」，語出《論語》〈鄉黨〉第二章。詳參〔魏〕何晏注，〔宋〕邢昺疏：《論語注疏》，收入《十三經注疏本》，頁86。

192 「循足蹜蹜，私覯愉愉」，語出《論語》〈鄉黨〉第五章「足蹜蹜如有循、私覯愉愉如也」。詳參〔魏〕何晏注，〔宋〕邢昺疏：《論語注疏》，收入《十三經注疏本》，頁87。

193 「某在斯」，語出《論語》〈衛靈公〉第四十一章。詳參〔魏〕何晏注，〔宋〕邢昺疏：《論語注疏》，收入《十三經注疏本》，頁142。

194 「天厭之」，語出《論語》〈雍也〉第二十六章。詳參〔魏〕何晏注，〔宋〕邢昺疏：《論語注疏》，收入《十三經注疏本》，頁55。

195 「人焉廋哉」，語出《論語》〈為政〉第十章。詳參〔魏〕何晏注，〔宋〕邢昺疏：《論語注疏》，收入《十三經注疏本》，頁17。

196 「魯論」是漢代三種《論語》傳本之一。

197 「業已備束脩」，語出《論語》〈述而〉第七章。詳參〔魏〕何晏注，〔宋〕邢昺疏：《論語注疏》，收入《十三經注疏本》，頁60。

198 「聞一知十」，語出《論語》〈公冶長〉第九章。詳參〔魏〕何晏注，〔宋〕邢昺疏：《論語注疏》，收入《十三經注疏本》，頁42。

199 「循循然善誘」，語出《論語》〈子罕〉第十章。詳參〔魏〕何晏注，〔宋〕邢昺疏：《論語注疏》，收入《十三經注疏本》，頁79。

若柴之愚，參之魯[200]，與夫三千之中，除七十子外，其更柴之愚、參之魯者，不知凡幾矣！以夫子之性，誨人不倦[201]，諄諄循循，必誨之又誨，誘之復誘，且以一人而當三千之眾。由此觀之，則夫子之保無口吃者，幾希矣！子誠不善讀書之過也，又何喋喋問焉？[202]

管先生引《春秋》言簡意賅筆法，詮釋「君君」乃「我君的君」。至於馮先生亦不遑多讓，以穿經穴史的細讀方式，引述《論語》中諸多記載來證明孔子有口吃的毛病。依馮先生所述，約略有下述三種方式證明「孔子口吃」的問題：

1.《論語》記載：馮先生引用《論語》中「鳳兮！鳳兮！」（〈微子〉）、「歸與！歸與！」（〈公冶長〉）、「恂恂然」（〈鄉黨〉）、「便便然」（〈鄉黨〉）、「侃侃言」（〈鄉黨〉）、「誾誾言」（〈鄉黨〉）、「循足踧踖」（〈鄉黨〉）、「私覿愉愉」（〈鄉黨〉）、「某在斯」（〈衛靈公〉）、「天厭之」（〈雍也〉）、「人焉廋哉」（〈為政〉）等疊句的記載，證明孔子有口吃的毛病。

2. 弟子諱言其短：〈為政〉篇記有孔子於自備束脩求學者，沒有不樂於教誨的，本意在於「弟子有心向學，夫子有教無類」，有如現代不放棄任何一位學生的施教精神。馮先生認為《論語》作者為孔子弟子及再傳弟子，既「已備束脩」與孔子有師生的名分，無法如董狐能直筆揭寫，自然諱言其短，加上後世昏瞶迂儒不明所以，於是孔子口吃之事遂無人知之。

---

200 「柴之愚，參之魯」，語出《論語》〈先進〉第十七章。詳參〔魏〕何晏注，〔宋〕邢昺疏：《論語注疏》，收入《十三經注疏本》，頁98。

201 「誨人不倦」，語出《論語》〈述而〉第二章。詳參〔魏〕何晏注，〔宋〕邢昺疏：《論語注疏》，收入《十三經注疏本》，頁60。

202 邱濬川：〈新《論語》（二）〉，《三六九小報》第43號（昭和6年2月3日），第4版。

3.口吃的原因：〈公冶長〉篇記有顏淵聞一以知十，子貢自嘆不如；〈子罕〉篇記有顏淵自述孔子循循然善誘人，引發弟子的學習動能；〈先進〉篇記有柴也愚，參也魯的稟性；〈述而〉篇記有孔子自述「學而不厭，誨人不倦」的特質。馮先生探索上述篇章，認為三千弟子中賢明如顏淵尚且需循循善誘，更何況愚、魯的學生不在少數，孔子極具教學熱忱，以一人之力面對三千弟子，長期以往形成口吃之疾，馮先生乃斷言：孔子口吃有可能是先天的，但後天教學上太過認真勞累於是加重口吃之疾。

《論語》以「語錄體」記述孔子教授弟子，口語中重覆疊句的作用，乃抒情作用與強調語意，時隔二千五百年，讀者仍能感受師生間口語互動與生動氛圍。馮先生廢棄歷代學者的見解與歷史事實，自認玩索書意、善於讀書，引述《論語》各篇以推斷「孔子口吃」痼疾，如此強行解經，不免有啼笑皆非之感！

邱水身為塾師又積極參與地方詩社，於部分隨意講授、錯誤詮經的塾師必有耳聞[203]。朱熹《四書章句集注》評論《論語》〈顏淵〉第十一章為「此人道之大經，政事之根本也。」意謂本章含括人道與為政，道理雖淺但影響深遠，齊國最終失序於上下尊卑，導致國家傾覆的惡果。邱水以此章為基礎，作為〈新《論語》〉的主要論述內容，顯然有其深意。科舉時代弟子拜師入塾為了考取生員，若能考取生員，日後可望參與鄉試取中舉人、會試考中進士、邁向仕途之路，塾師是傳授童蒙的第一線教師，卻連「此人道之大經，政事之根本」也無法精確傳達，所教育的弟子如何成為國家的人才？不能成材為國所

---

203 根據臺灣省文獻委員會主任委員林衡道的回憶：「清代台灣的師資，一般而言都不十分高明，所以入書房讀書的學生，能夠把課程全部吸收的，為數微乎其微，絕大多數的人，都是存著『能夠認幾個字就好』的心理，看得通三國演義便已經很滿足了。」
林衡道口述，楊鴻博整理：《鯤島探源：台灣各鄉鎮區的歷史與民俗（貳）》（臺北市：稻田出版社，1996年5月），頁404。

用，遑論其他？《朱注》此章以「繼嗣不定，啟陳氏弒君篡國之禍」，一念之差埋下亡國的根源。由於甲午戰敗、乙未割臺「宰相有權能割地，孤臣無力可回天」是許多臺士的至痛，〈新《論語》〉中管馮二位先生之詮經大錯，是否有影射塾師詮經的根本謬誤，日久天長禍及國運的可能？凡是嫻熟《朱注》的小報讀者，或能意會邱水之寓意。

（三）科舉的末路

科舉應試為唐代以下最重要的選才管道，即使異族入主中原，元代、清代仍維持科舉取才模式。清康熙年間國勢鼎盛，曾擠身世界強國之列，十九世紀工業革命以來，西洋諸國船堅炮利，時移勢易朝廷仍選擇鎖國經營，拖延邁向現代化的腳步。鄰國日本明治維新廢除科舉制度，脫亞入歐引入現代化思維，百年間國力消長，甲午海戰打敗清國取得臺灣、澎湖版圖，成為亞洲第一個殖民宗主國。臺灣由清國的邊陲成為異族統治的殖民地，對於懷有科舉仕途的士人而言，由「四民之首」淪為異國殖民，自然是痛苦的。日治之後總督府廢除科舉，臺民仍多將子弟送往私塾，臺士更相繼成立社團互通聲氣，維持漢文化於不墜。私塾教育於日吏監視下辛苦經營，儒學經典已非科舉考試下的「聖賢詩書」，講授儒學亦面臨如下的困難與挑戰：科場程式養成穿經穴史的僵化詮經、部分塾師望文生義的解經、對孔教「公德稀有」的質疑等問題，於後科舉時代逐一浮現。

科舉制度施行千年以來，《論語》中「綱常倫理、上下秩序」的維護，深入社會各階層，無論「為人、為政」皆有其不可取代性。然而時移勢易，晚清以來面對現代化、多元化、複雜化等劇烈變化的世界局勢，僅依傳統的科舉制度無法選拔相應人才，若再以穿經穴史的詮經方式教授，則不免出現邱水筆下〈新《論語》〉種種啼笑皆非的內涵。外強侵略的同時，引入現代化與工業化，映照百年帝國的腐化、千年科舉教育的僵化，種種因素加速晚清衰頹的局勢。邱水選取

〈顏淵〉篇第十一章「君君、臣臣、父父、子子」，作為〈新《論語》〉的主要詮經例證，以此謬誤的詮經、讀經教育，凸顯走向末路的科舉制度，其用意不可謂不深刻。

小結

清代因襲明制於臺灣施行科舉考試二百餘年，以《四書》、經義、論策取士。自康熙五十年（1711）起，欽定「武科」第三場策論題，出自《論語》、《孟子》，意指《論語》、《孟子》不僅僅是「文科」鄉試、會試之必考科目，亦為武童、武生、武舉人、武進士之必考項目。甲午（1894）海戰，清國失敗後，將臺灣割讓給日本，明治廿八年（1895）廢除科舉考試。《論語》、《孟子》作為科舉考試最核心的科目，科舉時代終身默記《論語》、《孟子》等經典，跨代士人至後科舉時代仍具有強大的默記能力，於報刊新場域轉化為「新銓釋」。臺南南社同人於昭和五年至十年之間（1930-1935）創辦的《三六九小報》，刊載有：《論語》借鑒敘事、《論語》新詮釋。

一、《論語》借鑒敘事，有：「仿擬經典、評論世情」、「《論語》集句、脫聖入凡」、「左翼文人之共同敘事」。如下所示：

（一）仿擬經典、評論世情：昭和五年（1930）九月廿六日《三六九小報》發行人趙雅福仿擬《史記》〈孔子世家贊〉發表〈放屁先生傳〉，以諷刺的敘事模式，虛擬彼時奇人「放屁先生」，隱約透顯「打著孔孟旗幟，實行不法者」之寓意。由於日治時期總督府為箝制臺士發言，經常嚴酷檢查發刊內容，一旦發現不合官方言論，即逕行剪去「開天窗」或迫使編輯發表「修正公告」。主張「延續漢文的民族意識」者，有以「文兼雅俗、亦莊亦諧、寓懲寓勸」的敘事模式，發表〈嫖妓《論語》〉系列、〈飲酒《論語》〉仿擬、搞笑、尖銳、諷刺，這類說笑聖賢經典的篇章。

　　（二）《論語》集句、脫聖入凡：科舉時代默背熟記的《四書》經典，以《論語》為最廣泛，後科舉時代為孔子「脫聖入凡」形象「重新集句、撰成新文」，於昭和五年（1930）十月十六日《三六九小報》發表〈聖誕雜記〉，不僅「《論語》集句、時空錯置」的敘事方式，更仿擬《史記》〈劉敬叔孫通列傳〉「吾乃今日知為皇帝之貴也」為「方知做聖人之尊而且貴也」，映現：後科舉時代孔子「脫聖入凡」形象。

　　（三）左翼文人之共同敘事：明清科舉「廟學合一」兼及教育與宗教雙重功能，二百餘年來，臺南文廟作為臺灣府學，文廟與儒學的「廟學制」深植人心，跨代後科舉時代「文廟敘事」觀察，因此有其時代意義。後科舉時代《三六九小報》「文廟敘事」，除了昭和五年（1930）十月十六日「恨生」的〈聖誕雜記〉、昭和八年（1933）一月三日至十六日趙啟明的〈文廟的一幕〉、南社同人林秋梧與趙啟明另外創辦左翼色彩《赤道報》創刊號，亦轉載郭沫若的〈馬克斯進文廟〉。比較《三六九小報》刊載〈文廟的一幕〉與《赤道報》刊載〈馬克斯進文廟〉，論述二文之「左翼文人共同敘事」，如下表所列：

〈馬克斯進文廟〉《赤道報》（1933）	〈文廟的一幕〉《三六九小報》（1933）
超時空對話：孔子與馬克斯	超時空對話：孔子與秦始皇
應對與挑戰：馬克思的挑戰	應對與挑戰：避秦的準備
論辯與避世：論辯的孔子	論辯與避世：避世的孔子

　　二、《論語》新詮釋，有：「鄉音與諧音」、「聖性與俗性」、「塾師新詮釋」。如下所示：

　　（一）鄉音與諧音：科舉時代閩廣地區考生鄉音未除者，不得考試，也不得為官，因此以八年為限，延請官話教讀師儒，並於彰化、臺灣、諸羅和鳳山四縣，奉文設立四所「正音書院」。昭和五年（1930）十一月三日，以筆名「心室主人」於《三六九小報》「《四

書》別解」專欄，發表〈孔子出洋文〉以「鄉音／諧音」讀書，致使聽者誤解的例子。

（二）聖性與俗性：昭和七年（1932）九月十九日，以筆名「蟒潭」於《三六九小報》發表〈孔氏師徒座談記〉；與昭和九年（1934）五月廿六日，以筆名「英」於《三六九小報》「開心文苑」專欄發表〈師徒擇偶談（集四子書句）〉。二文雷同度頗高，經比對分析，可得「自由戀愛的時代論題」、「維護聖性與流於凡俗」二端，分別映現時代論題，與孔子形象之聖性與俗性敘事。

（三）塾師新詮釋：清代以來秀才於廟內設塾，乃常見景象。臺南麻豆文人、「登雲吟社」塾師邱水，於昭和六年（1931）一月廿九日署名「麻豆邱濬川」於《三六九小報》「綠波山房摭談」專欄發表〈新《論語》〉，由馮、管二位先生同廟設塾，提供異觀點詮釋，經歸納分析，可得「〈新《論語》〉之新」、「詮經與亡國」、「科舉的末路」三端，論述馮、管二氏謬誤的詮經、讀經教育，映現百年帝國的腐化、千年科舉的僵化，面對現代化、多元化、複雜化等變化劇烈的世界局勢，無法選拔相應人才，此為臺南塾師邱水於「後科舉時代《論語》」之新敘事與新詮釋。

總結

　　學界於清代臺灣儒學與科舉制度之論述，有探究儒學學校之組織與教育、有考證地方功名與文風、有探究書院教育、有梳理朱子學東傳，凡此綜論「科舉時代」儒學教育發展特色。學界於日治時期後科舉時代儒學論述，有以詩社從報刊域場進行思辯、有探究「廟學合一制」宗教與教育功能、有探究儒學人物論著，凡此映現「後科舉時代」持續論著之內涵。《清領時期臺灣儒學參考文獻》（2013）、《日據時期臺灣儒學參考文獻》（2000）出版，集結「科舉時代」與「後科舉時代」之對比文獻，由於明清兩代發展科舉制度時間短淺，學者有「清代臺灣儒者未能成就一家之言、博學鴻儒」等觀點，致使「臺灣儒學與科舉制度」之研究，長期以來面臨限制。本書因此將研究視野，由「個別儒者」轉為「區域儒學」、將「全臺文獻」聚焦「府城／臺南」，以「區域儒學」探究「臺灣儒學」發展特色。

　　本書經由〈上編・科舉時代〉四章、〈下編・後科舉時代〉四章，以「全臺首學：府城科舉制度與文化影響」為議題，進行「區域儒學」研究，提出幾點研究成果。

一　科舉時代府城研究成果

　　荷治時期（1624-1661）商賈文化為明鄭時期（1661-1683）試行科舉的基礎，然而商賈文化形成的社會婚俗，異於禮教深厚的中原各地，於清領初期施行科舉制度形成阻礙。朝廷因此一方面提出「臺字號」保障舉人員額的誘因、二方面默許「寄冒臺籍」的弊端，兩相矛

盾政策，不利於：昔為「天末荒島」、今為「海濱鄒魯」的施政承
諾。隨著科舉制度的施行，「臺灣府」不僅僅為「首邑華靡競尚」之
地，同時是「宣講聖諭廣訓」之都，日漸深化的儒漢社會，不耕而
食、階級平等、婚姻論財，轉向男耕女織、番女守節、府城文風，冠
於全臺。「天末荒島」的神話樂土，終成「海濱鄒魯」的科舉樂土。

（一）矛盾的科舉政策

　　十七世紀荷蘭東印度公司（East India Company）於大員（今臺
南市安平區）建立「臺灣商館」，負責收發亞洲各商館訂單，「府城／
臺南」已然成為亞洲貿易轉運中心。跨國貿易公司的經濟訴求大於政
治意圖，臺灣商人得以列席「市參議會（Scheepenbanck）」，異於中
原「士為四民之首」的儒漢社會，「士人」經由科舉制度取得絕對參
政權。明鄭時期於此商賈文化基礎下，建立文廟、試行科舉。由於明
鄭治臺時期短暫，儒漢文化未能深植在地，當「明室遺臣」被遣送離
臺，「區域性」儒漢社會基礎更加薄弱，十八世紀第一本《臺灣府志》
（1686）〈風俗〉記載「婚姻論財」、乾隆十七年（1752）《重修臺灣
縣志》〈風俗〉記載「傭人計日百錢，趑趄不應召。屠兒牧豎，腰纏
常數十金。」映現「臺灣府」及附郭「臺灣縣」，擁有深厚的經濟實
力，中原視為下層階級的「傭人、屠兒、牧豎」不需藉由「科舉制
度」致力向上層階級流動，也能擁有中上之家的經濟能力。然而來自
中原的宦臺官員，長成於「昭名分、辨等威、別貴賤」的階級社會，
因此擘劃科舉制度為「海天第一要務」。科舉制度正式施行之後，府
城依然華靡競尚，經濟實力與商賈文化，致使參與科舉考試者意願不
高。官員因此一方面提出「臺字號」保障舉人一名、二方面默許閩生
「寄冒臺籍」，兩相矛盾的科舉政策。

　　究其實，清領時期（1683-1895）矛盾的科舉政策，約有以下因
素：

其一、臺灣氣候與中原內地不同，康熙廿五年（1686）《康熙福建通志臺灣府》記載「秋無霜，冬無雪，窮戶無衣褐，亦可卒歲。」

其二、荷治時期（1624-1661）「府城／臺南」已然成為亞洲貿易轉運中心，乾隆十七年（1752）《重修臺灣縣志》記載府城附郭臺灣縣〈風俗〉，云「內地窮黎裰至，商旅輻輳，器物流通，價雖倍而購者無吝色。」

其三、荷蘭跨國貿易公司的經濟訴求大於政治意圖，臺灣商人得以列席「市參議會（Scheepenbanck）」，異於中原「士為四民之首」的儒漢社會。

綜上因素，致使臺民無論從事「農、工、商」皆可改善經濟，何必成為「士」族，受十年寒窗之苦。臺民因此參與科舉制度意願不高，宦臺官員只得提出「臺字號」保障舉人一名、又默許閩生「寄冒臺籍」，兩相矛盾的政策。

（二）轉換的科舉樂土

清初第一本《臺灣府志》（1686）總結荷蘭、明鄭的治臺成果，為：「臺灣天末荒島，無君長以別氏號也，無父子、兄弟以正親疏上下也，無衣冠、宮室、歲時、伏臘以通往來。」宦臺官員以「天末荒島」的現況，作為施行科舉制度，擘劃「海濱鄒魯」的願景。究其實，第二本《臺灣府志》（1696）「昔屬蠻邦，今為樂土」的施政承諾，即「天末荒島／神話樂土」與「海濱鄒魯／科舉樂土」，兩種樂土的轉換過程。

1 神話樂土

清代多有援引《山海經》編纂臺灣方志，《山海經》記載「不耕而食、階級平等、隨心所欲」的自在生活樂土。可印證於十七世紀至十八世紀間的臺民生活。依次臚列，如下所示：

　　其一、不耕而食：康熙卅五年（1696）《臺灣府志》記述「臺灣地氣和暖，無胼手胝足之勞，而禾易長畝，較內地之終歲勤者，其勞逸大異，此臺農之足樂也。」同治十年（1871）《道光福建通志臺灣府》〈風俗‧附文〉收錄康熙年間宦臺藍鼎元〈論治臺灣事宜書〉記述「臺地不蠶桑，不種棉苧，故其民多遊惰。婦女衣綺羅，妝珠翠，好遊成俗，則桑麻之政，不可緩也。」

　　其二、階級平等：臺灣縣為府城附郭縣，乾隆十七年（1752）《重修臺灣縣志》〈風土‧風俗〉記載「民雖貧不為奴婢；凡臧獲之輩，俱從內地來。此亦風俗之不多覯者。」嘉慶十二年（1807）《續修臺灣縣志》〈風俗〉亦云「視疏若親，窮乏貧苦，民雖貧不為奴婢。」若宦臺官員有蓄養奴婢的需求，則奴婢多是由內地攜帶而來。由於錢財積累容易，臺民再貧不需作奴婢，又於商賈文化影響下，表現於服飾穿戴平等。如康熙五十九年（1720）《臺灣縣志》〈輿地志‧雜俗〉記載：「俗尚華侈，衣服悉用綾羅。不特富厚之家為然也，下而輿隸之屬、庸販之輩，非紗帛不袴。」自《周禮》制定服飾制度，衣冠作為昭名分、辨等威、別貴賤的區分方式。康熙六十一年（1722）巡臺御史黃叔璥《臺海使槎錄》因此評論：「尚奢侈、競綺麗、重珍旨，彼此相傚；即傭夫、販豎不安其常，由來久矣。」

　　其三、自在生活：臺民隨心所欲的自在生活，特別表現於婦女的生活空間與婚俗。《康熙福建通志》（1684）記載：「柯旺使」夫死之後，於親族「構木設臺」公開自縊，即福建省會福州「搭檯死節」的風俗。清代臺灣第一本上繳朝廷的《康熙福建通志臺灣府》（1686）〈風俗〉記載：「婚姻論財，不計門戶。夫死即再醮，白首嫠婦，猶字老夫。」不僅如此，康熙五十九年（1720）《臺灣縣志》〈雜俗〉「婦人衣必麗都，飾必華艷。今乃艷妝市行，其夫不以為怪，父母兄弟亦恬然安之。」映現府城及附郭臺灣縣，婦女隨心所欲的生活與婚俗。

2 科舉樂土

清代臺灣方志，有記載漢人的〈風俗〉、亦有記載原住民的〈番俗〉。本書選取漢人〈風俗〉，檢視府城及附郭縣「風俗文化」，隨著「科舉制度」施行日久，清初「天末荒島」神話樂土，最終轉化「海濱鄒魯」科舉樂土，外溢至他縣的情況。依次臚列，如下所示：

其一、男耕女織：康熙五十九年（1720）《鳳山縣志》〈風土·漢俗〉記載「男不耕而食者有之，女不織而衣者有之」的現象。乾隆三年（1738）臺灣道尹士俍提出「宣講」策略，對治臺南府城「華靡競尚」風俗，如《臺灣志略》〈民風土俗〉：「首邑華靡競尚，每逢朔望，宣講聖諭廣訓，俾知重農桑、重節儉，較往日習氣，大為蒸變。」乾隆廿九年（1764）《重修鳳山縣志》〈風土〉記載「近今生齒日繁，勤耘耔、濬溝洫，力耕不讓中土。紡織之業，女子之嫁者，轉相傳授。數年來，男耕女織，風丕變也。」隨著儒漢社會的深化，同年朝廷亦徹底杜絕「寄冒臺籍」弊端。

其二、番婦守節：中原「男性為家族榮顯而追求科舉功名，成就忠臣孝子；女性為家族清名而追求旌表美名，成就貞節烈女」此乃科舉制度下的儒漢社會。康熙五十九年（1720）臺灣知縣王禮主修《臺灣縣志》從內地禮教之女德典範觀點，細數臺女「婦人衣必麗都，飾必華艷。女子之未字者亦然。今乃艷妝市行，其夫不以為怪，父母兄弟亦恬然安之，俗之所宜丕變也。」隨著科舉制度、儒學教育的施行，乾隆七年（1742）《重修福建臺灣府志》〈列女·節孝〉收錄首位原住民女性「番婦大南蠻，諸羅目加溜灣社（今臺南善化）番大治賦妻。生一男。大治賦死，婦年二十；願變番俗，不更適人，自耕以撫其男。至五十六歲，知縣陸鶴為請旌獎。」府城作為全臺的行政中樞、教育中心，對於縣區風俗有引領作用。「旌獎大南蠻守節」映現女性的生活方式，呈現儒漢社會成熟的深層變化。

　　其三、府城文士：清康熙廿六年（1687）臺灣施行科舉制度，朝廷特編「臺字號」保障取中舉人一名、又默許閩生「寄冒臺籍」，兩相矛盾的科舉政策，隨著人口繁衍、儒學教育的深化，雍正十三年（1735）復准加中舉人一名、乾隆廿九年（1764）「寄冒臺籍」政策轉變，從此「閩生寄冒臺籍」弊端、矛盾的科舉政策，遂徹底杜絕。乾隆五十二年（1787）鄭光策〈平臺策八條〉「臺地文學，府城為最。」咸豐十年（1860）簽訂「北京專約」，開放安平為通商口岸，同治十年（1871）英國長老教會牧師甘為霖（William Campbell）觀察府城比其他中國城市更常見到讀書人，英國駐守安平海關必麒麟（Pickering）提出經典教育是否符合時代潮流的質疑。映現「科舉時代」府城地域與文人之兩點觀察：一方面「府城地域」已然象徵全臺士林精神，二方面「府城文人」最先接受現代化的挑戰。

　　隨著科舉制度的施行，「臺灣府」日漸深化的儒漢社會，不耕而食、階級平等、婚姻論財，轉向男耕女織、番女守節、府城文風，冠於全臺。「天末荒島」的神話樂土，終成「海濱鄒魯」的科舉樂土。

二　後科舉時代臺南研究成果

　　光緒廿一年（明治廿八年，1895）四月十七日清國與日本簽訂「馬關條約」，割讓臺灣、澎湖列島給予日本。明治廿八年（1895）總督府廢止科舉制度，清國各級教育單位，僅保留民間書房、義塾，緩解初等教育之不足。首任學務部長伊澤修二擬定「尊重經書、利用科舉」殖民地教育政策，《伊澤修二先生と臺灣教育》〈臺南視察とバーケレイとの會見〉首度揭露：明治二十八年（1895）十月廿八日樺山資紀總督召見臺南儒學代表，綏撫民心的過程。明治二十九年（1896）十一月廿一日臺南縣知事磯貝靜藏率先提出：「利用儒家」結合〈教育勅語〉教化臺民成為「忠君愛國」的日本皇民政策。跨代

士人置身於巨大的歷史文化斷裂中,「失去」經由科舉制度入仕的可能,卻「獲得」設帳傳經的空間,臺南因此成為全臺具有「童生功名以上塾師」的唯一地域。隨著殖民政權隱固,總督府逐步「限縮」民間書房教育,跨代文人藉由組織南社、創設報刊、賦詩言志、撰文敘事,「另闢」後科舉時代儒學論述的新場域。

(一)「以儒為名」詩述

由《全臺詩》擇取臺南文人詩作,從「以儒為名」路徑,梳理「自敘詩」與「他敘詩」兩端,映現「以儒為名」詩述的時代內涵。

1. 自述詩:梳理《全臺詩》臺南文人「以儒為名」的賦詩內容,其中「自述詩」有:「儒巾、儒生、迂儒、腐儒、俗儒、小儒、豎儒、侏儒、酸儒、窮儒、寒儒」等多重面向,除了以未及第者所載的「儒巾」,標誌後科舉時代的「儒生」視角,亦有:舊思維的「迂、腐」;經濟層面的「酸、窮、寒」;地位階級的「小、豎、侏儒」等等,映現總督府「利用科舉」的殖民地政策、規定書房兼授日文的教育政策,群儒「以儒為名」賦詩言志,映現後科舉時代「儒者」之心態、經濟、地位等真實情境。

2. 他述詩:科舉時代,儒學透過:儒生、師儒、儒學(學校)建構「一套全面安排人間制序的思想系統」。後科舉時代,總督府「外在解構」科舉制度、儒學學校,然而尊奉儒學為正統思維「內在結構」的文士,仍持續透過「傳統儒學全面安排人間秩序」的理想,產生「以儒為名」的種種衡量標準,有「負面」表述的:俗儒、迂儒、腐儒;有「正面」表述的:儒生、高儒、純儒、儒吏、儒臣、儒俠、儒將等,書寫於「他述詩」之中。

「以儒為名」路徑,梳理「自敘詩」與「他敘詩」兩端,限於篇幅未及論述者,可參閱本書〈附錄一、後科舉時代・臺南群儒「自述、他述」列表〉、〈附錄二、後科舉時代・臺南群儒「以詩論儒」列表〉。

（二）「讀經傳經」詩述

科舉時代士人默誦經典，涵養記憶，使士人群體擁有「共同的經典語言」乃至於「共有的經典記憶」。檢視《全臺詩》臺南文人詩作，從「以詩賦經」路徑，探索「傳經」與「用經」兩端，探究：或由科舉時代「跨代」至後科舉時代，從事「塾師」讀經與傳經；或由科舉時代「跨界」至後科舉時代，從事「主編」讀經與用經。合觀兩端，可知臺南文人群體「以詩賦經」的時代內涵。

1. 塾師讀經與傳經：日治時期臺南部分科舉士人，透過設帳傳經的方式「延續」昔日科舉教育。前清科舉社群「跨代」至日治時期文士中，全臺僅有臺南蔡國琳舉人於延平郡王祠設帳授徒，可惜詩作保留不全。臺南新化塾師王則修詩文集完整，頗具代表性。梳理其自述與他述詩作，有儒者堅定信念、設帳傳經、振起儒風之作；「讀經賦詩」詩作，則以《詩經》較多、《春秋》、《易經》較少。

2. 主編讀經與用經：日治時期臺南科舉部分士人接受新時代的挑戰，積極學習新語言、擔任報刊編輯、出席日吏學者詩會雅集，「跨界」新語言、新場域、新人際，謝汝銓由臺南移居臺北之「移地跨界」、乃首位以秀才身分進入國語（日文）學校之「語言跨界」、轉入報刊擔任記者與主編之「場域跨界」，頗具代表性。其儒者自述詩、他述詩，如自述詩，有「舊儒士、老儒生、儒酸、薄侏儒」等老舊、失時、薄酸、侏儒為自我書寫意識。他述詩，有：讚揚的「儒臣、醇儒」；批評的「俗儒、迂儒」；寫實的「儒生代表、儒師、逃儒」等。謝汝銓作為臺南「跨界的科舉士人」代表，跨界媒體、力學日文，仍持續閱讀經、史、子、集，並發表系列詩作。檢視《全臺詩》臺南文人「以詩賦經」內容，以科舉時代必讀五經中的《易經》、《春秋》兩經較多。梳理謝汝銓詩作，其《易經》賦詩，有：「讀《易》賦詩」類、「筮《易》賦詩」類；《春秋》賦詩，有：「讀《春秋》賦詩」類、「《春秋》筆法」類等等。

　　檢視《全臺詩》臺南文人「以詩賦經」內容，限於篇幅，僅舉「塾師王則修、主編謝汝銓」論述，其餘「以詩賦經」內容，可參閱本書〈附錄三、後科舉時代・臺南群儒「讀經賦詩」列表〉。前清科舉社群具功名者，多任職於報刊記者，相關資料，亦可參閱本書〈附錄四、後科舉時代・臺南群儒報刊職務表〉。

（三）尊孔、跨界的南社

　　日治時期臺南南社、臺中櫟社與臺北瀛社，乃鼎立為三的代表詩社。〈五十年來南社的社員與詩〉記述「南社尊崇孔子，宣揚仁義道德，維持文風一脈於不墮。」看似傳統主張的詩社，擁有獨特的活力，「個別」展現於社員者，有：謝汝銓、林馨蘭北上創立瀛社（1909）；展現於「群體」者，有：大正三年（1914）元旦，社員於「固園」舉行「跨性別、跨職業、跨文化、跨階級、跨年齡」的化裝集會；以及創辦《三六九小報》（趙鍾麒）、《赤道報》（林秋梧）、《福建日日新聞報》（連橫）等。

（四）報刊場域新詮釋

　　後科舉時代產生新興報刊媒體，成為「接受科舉教育者」跨代撰文發表的新場域。日治時期臺灣報刊因「殖民地」與「出資方」兩項因素，映現涇渭分明的立場差異。昭和五年（1930）臺南南社同人創立《三六九小報》，顧問是南社創社社員趙鍾麒、第二代社員發行人兼主編趙雅福，編輯群洪坤益、許丙丁等人，選擇輕鬆詼諧的小報文化，於昭和五年（1930）九月九日至昭和十年（1935）九月六日間出刊，成為日治時期臺灣《小報》重要代表刊物。

　　1.核心編輯之儒學論述：《小報》的經營策略之一，是以「筆戰」吸引讀者的注意進而增加銷售量，發行人趙雅福〈開心文苑〉專欄，藉孔子之名，與「招財王、管城侯」等人打筆戰；主編洪坤益定

義「儒者」，並於〈開心文苑〉專欄〈日本人之「儒教」觀〉譯介日本儒學。

2.《論語》借鑒敘事：日治時期總督府為箝制臺士發言，經常嚴酷檢查發刊內容，一旦發現不合官方言論者，即逕行「開天窗」剪去內容，或迫使編輯發表「修正公告」。因此，有〈嫖妓《論語》〉系列、〈飲酒《論語》〉仿擬、搞笑、尖銳、諷刺，這類說笑聖賢經典的篇章，以隱約寓意「仿擬經典、評論世情」，如：仿擬〈孔子世家贊〉發表〈放屁先生傳〉，以「文兼雅俗、亦莊亦諧、寓懲寓勸」的敘事模式。「《論語》集句、脫聖入凡」，如：〈聖誕雜記〉、〈孔氏師徒座談記〉、〈師徒擇偶談（集四子書句）〉三文，以《四書》經典，重新集句，撰寫孔子「脫聖入凡」形象篇章。明清科舉「廟學合一」兼及教育與宗教雙重功能，二百餘年來，臺南文廟作為臺灣府學，深植人心，後科舉時代「文廟敘事」，如：〈文廟的一幕〉觀察「孔子與秦始皇的超時空對話」，彰顯後科舉時代士人借鑒經典之敘事意義。

3.《論語》新詮釋：科舉時代閩廣地區考生鄉音未除者，不得考試，也不得為官，因此以八年為限，延請官話教讀師儒，於彰化、臺灣、諸羅和鳳山四縣，奉文設立四所「正音書院」。「《四書》別解」專欄〈孔子出洋文〉即以「鄉音／諧音」教讀，致使聽者誤解的例子。清代以來秀才於廟內設塾，乃常見景象。臺南麻豆文人、「登雲吟社」塾師邱水「綠波山房撷談」專欄〈新《論語》〉，由二位塾師重新詮釋，由「〈新《論語》〉之新」、「詮經與亡國」、「科舉的末路」三端，映現百年帝國的腐化、千年科舉的僵化，面對現代化、多元化、複雜化等變化劇烈的世界局勢，無法選拔相應人才。檢視《三六九小報》諸多科舉士人、果報軼事、經典詮釋、借鑑敘事，限於篇幅，僅舉代表論述，其餘內容，可參閱本書〈附錄五、《三六九小報》「科舉敘事」列表〉。

「臺灣儒學」置諸東亞區域的廣大視野，於科舉制度漫長施行的

歷史中孕育、發展，梳理「全臺首學：府城科舉制度與文化影響」議題，映現諸多特殊之處。如：荷治時期商賈文化「先」於明清儒漢文化，跨國貿易公司管理「先」於科舉制度仕宦政治。影響所及，晚清、日治，政治中心北移，「府城／臺南」仍為全臺商業中心。清代「府城／臺南」婦女生活空間自由，有別於中原深耕千年的科舉制度、儒漢社會，映現「府城／臺南」獨特又靈動的地域文化。時至晚清「府城／臺南」文風冠於全臺、儒漢社會成熟，「北京專約」使府城文人正面迎接歐美現代化的挑戰。日治時期「南社」跨性別、跨職業、跨文化、跨階級、跨年齡的化裝集會活動，社員北上創立瀛社，創設諸多報刊，其中《三六九小報》刊載諸多科舉時代回憶、說笑聖賢經典的篇章。由科舉時代、後科舉時代，文獻史料、外文譯介、梳理歸納，充分映現「府城／臺南」科舉制度於文化影響之獨特性。

附錄

附錄一
後科舉時代‧臺南群儒「自述、他述」列表

凡例：

一、地域認定：清領時期臺南府、臺灣縣、安平縣，甚至諸羅縣南部與日治時期臺南州（縣），行政區域劃分皆有重疊之處。例如臺灣府城城區內四坊（東安坊、西定坊、寧南坊、鎮北坊）原行政劃分皆為臺灣縣，故而《全臺詩》〈作者提要〉於跨代士人籍貫「前清地名」後附「今臺南市、或今臺南市、某區」標誌。本表以《全臺詩》〈作者提要〉中「臺南府城」或「今臺南市、某區」為地域認定準則。

二、作者身分：以「清領時期接受教育、跨代至日治時期」具有科舉功名，活躍於文學社團、報刊媒體；或「生於清領時期、日治時期受教於前清宿儒」具有文化傳承使命之臺南士人。本表以《全臺詩》〈作者提要〉，依「是否取得功名、接受前清科舉及書房教育、日治時期任職塾師、南社社員」等條件，作為收錄準則。

三、作者註解：為避免重覆收錄〈作者提要〉，凡本書章節已附註之作者簡介，不再重覆註解。

四、先後順序：以「作者生年」為先後排列順序。

身分	作者・年代	詩名／內容
舉人	蔡國琳 （1843-1909） 臺南府城人	〈贈館森袖海〉[1] **儒林標碩望**，吾道有完人。
廩生	趙鍾麒 （1863-1936） 臺南府城人	〈敬和蔗庵督憲瑤韻奉呈青厓先生〉[2] 文章千古**高儒士**，道義殊方盡友朋。
		〈追懷劉壯肅〉[3] 草莽書生戎馬壯，雲臺**儒將**帶裘來。
		〈送白山隊長罷官歸鄉〉[4] **儒將**風流富經緯，文光武烈有謳歈。
舉人	羅秀惠 （1865-1943） 臺南安平人	〈湯花謠〉[5] 自笑一**儒酸**，難消此飲杓。
		〈壬戌（1922）春暮遊基訪陃園主人晚間招宴旗亭戀戀有故人意檢舊作和陋園詩當謝〉[6] 拋棄**儒冠**擬受廛，消磨恨海況情天。
		〈寄潤庵詞兄步瀛社觀菊即事元韻〉[7] 恂恂**儒者**風，辭色不輕妭。

1　蔡國琳：〈贈館森袖海〉，全臺詩編輯小組編撰：《全臺詩》第10冊（臺南市：國家文學館，2008年4月），頁107。

2　趙鍾麒：〈敬和蔗庵督憲瑤韻奉呈青厓先生〉，全臺詩編輯小組編撰：《全臺詩》第14冊（臺南市：國家文學館，2011年10月），頁240。

3　趙鍾麒：〈敬追懷劉壯肅〉，全臺詩編輯小組編撰：《全臺詩》第14冊，頁184。

4　趙鍾麒：〈送白山隊長罷官歸鄉〉，全臺詩編輯小組編撰：《全臺詩》第14冊，頁202。

5　羅秀惠：〈湯花謠〉，全臺詩編輯小組編撰：《全臺詩》第16冊（臺南市：國家文學館，2011年10月），頁88。

6　羅秀惠：〈壬戌（1922）春暮遊基訪陃園主人晚間招宴旗亭戀戀有故人意檢舊作和陋園詩當謝〉，《臺灣日日新報》，「詩壇」欄，1922年4月17日，第四版。

7　羅秀惠：〈寄潤庵詞兄步瀛社觀菊即事元韻〉，《新學叢誌》第三號，「詩海」欄，1911年12月3日。

身分	作者‧年代	詩名／內容
生員	王則修 （1867-1952） 臺南新化人	〈懷竹修宗兄即次除夕寄示瑤韻〉[8] 應世競趨皇化服，失時群笑**小儒巾**。
		〈次水月先生瑤韻卻寄〉[9] 十載追隨杖履親，多君不棄**小儒巾**。
		〈林圯〉[10] **小儒**立馬秋風裡，碑碣搜尋為愴然。
		〈文章報國二首之二〉[11] 漫道**儒生**盡庸腐，終軍弱冠亦封侯。
		〈硯田八首之八〉[12] 自笑**儒生**無厚產，筆耕全賴一池煙。
		〈次達修賢契滬上旅懷原韻並以勸慰〉[13] 抑鬱牢騷笑屈平，**儒生**豪氣要縱橫。
		〈秦始皇七律真韻四首之一〉[14] 墜廢名城憐韲粉，坑殘**儒士**葬魚鱗。
		〈鄭成功四首之二〉[15] 英雄本是**舊儒生**，焚卻青袍換甲兵。
		〈弔延平郡王九首之四〉[16] 不負皇家國姓賜，**儒冠**痛哭聲俱淚。

8　王則修：〈懷竹修宗兄即次除夕寄示瑤韻〉，全臺詩編輯小組編撰：《全臺詩》第23冊（臺南市：國家文學館，2012年12月），頁27。

9　王則修：〈次水月先生瑤韻卻寄〉，全臺詩編輯小組編撰：《全臺詩》第23冊，頁26。

10　王則修：〈林圯〉，全臺詩編輯小組編撰：《全臺詩》第23冊，頁299。

11　王則修：〈文章報國二首之二〉，全臺詩編輯小組編撰：《全臺詩》第23冊，頁64。

12　王則修：〈硯田八首之八〉，全臺詩編輯小組編撰：《全臺詩》第23冊，頁69。

13　王則修：〈次達修賢契滬上旅懷原韻並以勸慰〉，全臺詩編輯小組編撰：《全臺詩》第23冊，頁315。

14　王則修：〈秦始皇七律真韻四首之一〉，全臺詩編輯小組編撰：《全臺詩》第23冊，頁222。

15　王則修：〈鄭成功四首之二〉，全臺詩編輯小組編撰：《全臺詩》第23冊，頁81。

16　王則修：〈弔延平郡王九首之四〉，全臺詩編輯小組編撰：《全臺詩》第23冊，頁249。

身分	作者・年代	詩名／內容
		〈新春述懷〉[17] 百事讓人高位置，一生誤我**老儒巾**。
		〈右拇指屈而不伸書此誌感四首之四〉[18] 平生老悖本**迂儒**，況乃拘攣血更枯。
		〈感懷四首之四〉[19] 老天何負**老儒生**，深悔生平不善兵。
		〈棄文就武〉[20] 慕彼青年中將格，愧余皓首**老儒才**。
		〈哭亡友蔡維潛先生〉[21] 少小文章浪得名，衣冠劫後**老儒生**。
		〈指病蒙示方藥書此致謝宗兄竹修並同學弟達修仍依右拇指屈而不伸書此誌感韻四首之四〉[22] 磨人造物苦**吾儒**，劫歷滄桑海又枯。
		〈詠陳母林孺人苦節并序四首〉[23]（序文） 陳母林孺人，以九牧令嬡，作潁水**儒妻**。……然節孝襃旌，權歸君相；而幽光闡發，責在**吾儒**。
		〈敬次步雲李先生無題瑤韻二首之一〉[24] 看**汝儒**修原有骨，笑他公子本無腸。

---

17 王則修：〈新春述懷〉，全臺詩編輯小組編撰：《全臺詩》第23冊，頁29。

18 王則修：〈右拇指屈而不伸書此誌感四首之四〉，全臺詩編輯小組編撰：《全臺詩》第23冊，頁22。

19 王則修：〈感懷四首之四〉，全臺詩編輯小組編撰：《全臺詩》第23冊，頁211。

20 王則修：〈棄文就武〉，全臺詩編輯小組編撰：《全臺詩》第23冊，頁101。

21 王則修：〈哭亡友蔡維潛先生〉，全臺詩編輯小組編撰：《全臺詩》第23冊，頁223。

22 王則修：〈指病蒙示方藥書此致謝宗兄竹修並同學弟達修仍依右拇指屈而不伸書此誌感韻四首之四〉，全臺詩編輯小組編撰：《全臺詩》第23冊，頁22。

23 王則修：〈詠陳母林孺人苦節并序四首〉，全臺詩編輯小組編撰：《全臺詩》第23冊，頁246。

24 王則修：〈敬次步雲李先生無題瑤韻二首之一〉，全臺詩編輯小組編撰：《全臺詩》第23冊，頁43。

身分	作者・年代	詩名／內容
		〈消寒吟四絕之四〉[25] **俗儒**擁妓許風流，倚翠偎紅暖錦裯。
		〈題東寧擊缽吟集〉[26] 揀得精金沙裡出，留將皭帛**後儒**珍。
		〈伏女授《書》〉[27] 二十九篇今尚在，**後儒**傳誦見奇勳。
廩生	蔡佩香 （1867-1925） 臺南安平人	〈陳君修五吾南之第二區長也其人頗廉謹本燈節前北上同寓一處以其子陷法故悲憤不自勝余亦天涯一淪落人也陳君不能為我悲我竊為陳君悲之客中無聊因賦此以自遣〉[28] 我愧**寒儒**拙，君兼器量宏。……不料功名際，由來禍患并。
		〈新年言志七律〉[29] 道德本從**儒**□出，凶災頻遇聖朝憐。
		〈臺灣民商法施行所感〉[30] 頌德一編新民章，**老儒**黽勉毋自棄。
		〈佛音偈言七絕四則〉[31] **老儒**無用苦元元，一片婆心遏亂源。

25 王則修：〈消寒吟四絕之四〉，全臺詩編輯小組編撰：《全臺詩》第23冊，頁297。
26 王則修：〈題東寧擊缽吟集〉，全臺詩編輯小組編撰：《全臺詩》第23冊，頁305。
27 王則修：〈伏女授《書》〉，全臺詩編輯小組編撰：《全臺詩》第23冊，頁307。
28 蔡佩香：〈陳君修五吾南之第二區長也其人頗廉謹本燈節前北上同寓一處以其子陷法故悲憤不自勝余亦天涯一淪落人也陳君不能為我悲我竊為陳君悲之客中無聊因賦此以自遣〉，全臺詩編輯小組編撰：《全臺詩》第22冊（臺南市：國家文學館，2012年12月），頁408。
29 蔡佩香：〈新年言志七律〉，全臺詩編輯小組編撰：《全臺詩》第22冊，頁527。
30 蔡佩香：〈臺灣民商法施行所感〉，全臺詩編輯小組編撰：《全臺詩》第22冊，頁493。
31 蔡佩香：〈佛音偈言七絕四則〉，全臺詩編輯小組編撰：《全臺詩》第22冊，頁540。

身分	作者‧年代	詩名／內容
		〈臺南諸同人宴張先生文杞席上呈贈〉[32] 淨盡煙花消歲月，窮探經史**老儒**生。
生員	林逢春 （1868-1936） 臺南府城人	〈春景〉[33] **小儒**遊綺陌，樂土絕烽煙。
		〈螢火〉[34] **窮儒**囊裡知多少，照讀分明信有功。
		〈祝黃若臨先生六秩晉一榮壽〉[35] 文章壽世**純儒**筆，齒德居鄉善士名。
		〈杏林虞韻〉[36] 廬山山上隱**鴻儒**，苑裡縱橫杏萬株。
		〈哭吳鏡秋妹倩〉[37] 差幸象賢雙令子，商專中學繼**儒林**。
廩生	胡殿鵬 （1869-1933） 臺南安平人	〈偶感賦此〉[38] 一劉一顧誰能識，末葉英雄起**豎儒**。
		〈七鯤觀潮行〉[39] 八卦星旗動地哀，苦我**儒冠**不識面。
		〈次秋梧開士瑤韻並送行〉[40] **儒衣**不著著袈衣，色相猶存面目非。

---

32 蔡佩香：〈臺南諸同人宴張先生文杞席上呈贈〉，全臺詩編輯小組編撰：《全臺詩》第22冊，頁471。

33 林逢春：〈春景〉，全臺詩編輯小組編撰：《全臺詩》第23冊，頁570。

34 林逢春：〈螢火〉，全臺詩編輯小組編撰：《全臺詩》第23冊，頁563。

35 林逢春：〈祝黃若臨先生六秩晉一榮壽〉，全臺詩編輯小組編撰：《全臺詩》第23冊，頁552。

36 林逢春：〈杏林虞韻〉，全臺詩編輯小組編撰：《全臺詩》第23冊，頁552。

37 林逢春：〈哭吳鏡秋妹倩〉，全臺詩編輯小組編撰：《全臺詩》第23冊，頁555。

38 胡殿鵬：〈偶感賦此〉，全臺詩編輯小組編撰：《全臺詩》第19冊（臺南市：國家文學館，2011年10月），頁13。

39 胡殿鵬：〈七鯤觀潮行〉，全臺詩編輯小組編撰：《全臺詩》第19冊，頁23。

40 胡殿鵬：〈次秋梧開士瑤韻並送行〉，全臺詩編輯小組編撰：《全臺詩》第19冊，頁48。

身分	作者‧年代	詩名／內容
		〈留聲筒〉[41] 蠡測已非真面目，管窺偏愛小侏儒。
生員	林馨蘭 （1870-1924） 臺南宰婦媽街	〈誕日放歌〉[42] 自憐摘句又尋章，落落乾坤一儒腐。
		〈感興〉[43] 摘句復尋章，乾坤一儒腐。
		〈瀛社席上贈鳳庵先生〉[44] 退閒從不廢哦詩，儒吏風流想見之。
		〈石秋社兄〉[45] 脫卻儒衣事貨殖，書生仍不失本色。
		〈小照自題〉[46] 懶漫無心與世違，此身慚愧著儒衣。
廩生	楊鵬摶 （1871-1922） 臺南岳帝廟街 人[47]	〈新制頌〉[48] 學本知行儒者事，勳收果斷大臣風。

41 胡殿鵬：〈留聲筒〉，全臺詩編輯小組編撰：《全臺詩》第19冊，頁88。

42 林馨蘭：〈誕日放歌〉，全臺詩編輯小組編撰：《全臺詩》第19冊，頁472。

43 林馨蘭：〈感興〉，全臺詩編輯小組編撰：《全臺詩》第19冊，頁540。

44 林馨蘭：〈瀛社席上贈鳳庵先生〉，全臺詩編輯小組編撰：《全臺詩》第19冊，頁455。

45 林馨蘭：〈石秋社兄〉，全臺詩編輯小組編撰：《全臺詩》第19冊，頁519。

46 林馨蘭：〈小照自題〉，全臺詩編輯小組編撰：《全臺詩》第19冊，頁520。

47 楊鵬摶（1871-1922），字雲程，別號錐園，臺南岳帝廟街人（今臺南市）。光緒十六年（1890）舉秀才，光緒十九年（1893）為候補廩生。一八九五年日軍進逼臺南時，城內治安大壞，楊鵬摶偕同英籍牧師巴克禮，與士紳許廷光、蔡夢熊等十多人，與日方協商，議開城門，以安定社會秩序。明治三十年（1897）十二月授佩紳章。明治三十五年（1902）八月任臺南第一區長。大正二年（1913）任臺南廳參事。大正九年（1920）臺南州協議會成立，被選為首任協議會會員。壯年中風辭世，得年五十二歲。

吳毓琪：〈提要〉，全臺詩編輯小組編撰：《全臺詩》第20冊（臺南市：國家文學館，2011年10月），頁61。

48 楊鵬摶：〈新制頌〉，收於《臺灣時報》，1920年10月31日。

身分	作者·年代	詩名／內容
生員	謝汝銓 （1871-1953） 臺南東安坊人	〈新春雜詠〉[49] 民胞物與**吾儒**願，聖訓煌煌說大同。
		〈醉吟〉[50] 為仙為佛成何用，道義**吾儒**氣浩然。
		〈舊元旦問財神〉[51] 豈為**吾儒**輕富貴，平生相視若浮雲。
		〈次韻尊五宗弟六十一自壽詩〉[52] 言立趨庭說禮詩，**吾儒**本色那能移。
		〈六女璧兒于歸訓詞〉[53] 誕為**儒家**兒，禮當嫺內則。
		〈黃景南君以龍峒閒居詩見寄次韻〉[54] 聖代祥徵有鳳麟，五常珍重**守儒身**。
		〈友梅〉[55] 氣味**儒生**我亦酸，同心言信臭如蘭。
		〈甲辰（1904）舊曆元旦〉[56] 青袍久已**儒生**誤，翔殿猶深化鵠思。
		〈悼亡十六首哭內子王孺人作〉[57] 青袍我已誤**儒生**，雙鬢霜痕事不成。

49 謝汝銓：〈新春雜詠〉，全臺詩編輯小組編撰：《全臺詩》第25冊（臺南市：國家文學館，2012年12月），頁422。

50 謝汝銓：〈醉吟〉，全臺詩編輯小組編撰：《全臺詩》第25冊，頁176。

51 謝汝銓：〈舊元旦問財神〉，全臺詩編輯小組編撰：《全臺詩》第25冊，頁176。

52 謝汝銓：〈次韻尊五宗弟六十一自壽詩〉，全臺詩編輯小組編撰：《全臺詩》第25冊，頁256。

53 謝汝銓：〈六女璧兒于歸訓詞〉，全臺詩編輯小組編撰：《全臺詩》第25冊，頁395。

54 謝汝銓：〈黃景南君以龍峒閒居詩見寄次韻〉，全臺詩編輯小組編撰：《全臺詩》第25冊，頁451。

55 謝汝銓：〈友梅〉，全臺詩編輯小組編撰：《全臺詩》第25冊，頁402。

56 謝汝銓：〈甲辰（1904）舊曆元旦〉，全臺詩編輯小組編撰：《全臺詩》第25冊，頁11。

57 謝汝銓：〈悼亡十六首哭內子王孺人作〉，全臺詩編輯小組編撰：《全臺詩》第25冊，頁101。

身分	作者‧年代	詩名／內容
		〈新年雜感〉[58] 浪思身後得才名，苦讀詩書業未成。富貴浮雲雖不羨，青袍亦悔誤**儒生**。
		〈曹秋圃君載筆內渡賦贈〉[59] 海內應欣知己在，**儒生**計不拙謀生。
		〈筆戰〉[60] 坐擁書城肯自安，**儒生**戎馬也知難。
		〈瀛社友高文淵君榮任法院書記賦祝而次其言悉原韻〉[61] **儒生**不盡青袍誤，潦倒頹唐獨愧余。
		〈敬次蔗庵督憲瑤韻贈青厓先生希斧政〉[62] 抗節**儒生**扶大道，盍簪君子得良朋。
		〈敬次青厓先生瑤韻〉[63] **儒生**未必全空論，草檄陳琳亦壯猷。
		〈明經李種玉先生〉[64] 海嶠**儒生**三代表，皇城御苑賜觀遊。
		〈祝黃贊鈞社弟道德報發刊〉[65] 秦欲坑儒漢罵儒，**儒生**畢竟有何辜。

---

58 謝汝銓：〈新年雜感〉，全臺詩編輯小組編撰：《全臺詩》第25冊，頁306。

59 謝汝銓：〈曹秋圃君載筆內渡賦贈〉，全臺詩編輯小組編撰：《全臺詩》第25冊，頁188。

60 謝汝銓：〈筆戰〉，全臺詩編輯小組編撰：《全臺詩》第25冊，頁285。

61 謝汝銓：〈瀛社友高文淵君榮任法院書記賦祝而次其言悉原韻〉，全臺詩編輯小組編撰：《全臺詩》第25冊，頁455。

62 謝汝銓：〈敬次蔗庵督憲瑤韻贈青厓先生希斧政〉，全臺詩編輯小組編撰：《全臺詩》第25冊，頁138。

63 謝汝銓：〈敬次青厓先生瑤韻〉，全臺詩編輯小組編撰：《全臺詩》第25冊，頁138。

64 謝汝銓：〈明經李種玉先生〉，全臺詩編輯小組編撰：《全臺詩》第25冊，頁235。

65 謝汝銓：〈祝黃贊鈞社弟道德報發刊〉，全臺詩編輯小組編撰：《全臺詩》第25冊，頁270。

身分	作者・年代	詩名／內容
		〈舊除夕醉後吟〉[66] 悲憫天人**儒者**事，行藏攸繫世安危。
		〈次高文淵社友九日寄懷原韻〉[67] 令節懷人倍愴情，幽居空容**老儒生**。
		〈春衣〉[68] 衣錦未能如壯士，青衫瀟灑**老儒生**。
		〈春日謁孔子廟〉[69] 青衿自惜**儒生**老，皂帽還欣學子莘。
		〈感懷〉[70] 我亦青袍**舊儒士**，英雄差說鄭延平。
		〈感賦寄士葵胞侄於臺南〉[71] 萬選錢虛慚學士，一囊粟飽**薄侏儒**。
		〈感事〉[72] 羞同傀儡憑繩索，忍與**侏儒**競飽饑。
		〈節米〉[73] 那堪欲死**侏儒**飽，方朔呼庚自○然。
		〈茂才韓斗華案友〉[74] 叔侄弟兄游泮水，學租分得免**儒酸**。

66 謝汝銓：〈舊除夕醉後吟〉，全臺詩編輯小組編撰：《全臺詩》第25冊，頁174。

67 謝汝銓：〈次高文淵社友九日寄懷原韻〉，全臺詩編輯小組編撰：《全臺詩》第25冊，頁464。

68 謝汝銓：〈春衣〉，全臺詩編輯小組編撰：《全臺詩》第25冊，頁146。

69 謝汝銓：〈春日謁孔子廟〉，全臺詩編輯小組編撰：《全臺詩》第25冊，頁461。

70 謝汝銓：〈感懷〉，全臺詩編輯小組編撰：《全臺詩》第25冊，頁27。

71 謝汝銓：〈感賦寄士葵胞侄於臺南〉，全臺詩編輯小組編撰：《全臺詩》第25冊，頁158。

72 謝汝銓：〈感事〉，全臺詩編輯小組編撰：《全臺詩》第25冊，頁244。

73 謝汝銓：〈節米〉，全臺詩編輯小組編撰：《全臺詩》第25冊，頁430。

74 謝汝銓：〈茂才韓斗華案友〉，全臺詩編輯小組編撰：《全臺詩》第25冊，頁208。

身分	作者‧年代	詩名／內容
		〈舌耕〉[75] 與筆同耕意自安，莫將風味感**儒酸**。
		〈擘霜林〉[76] 吸漿真味得，卻怪帶**儒酸**。
		〈寄醫學博士廖煥章益友於申江〉[77] 只自稜稜存氣骨，依然不作**小人儒**。
		〈茂才謝石秋宗親〉[78] 攝津長樂寺碑在，高雅文章異**俗儒**。
		〈林幼春吟友〉[79] 深愧田橫島士無，不終咕嗶作**迂儒**。
		〈廖菊友芸弟職西螺庄長奉命視察滿洲歸途過訪並示旅吟因賦二章抒懷〉[80] 何曾大事可糊塗，死讀經書幾**腐儒**。
		〈茂才曾春華芸友〉[81] 入市潛蹤禱鄭祠，**儒衣**焚罷泣興師。
		〈進士汪春源藝友〉[82] 民教相仇偏不管，量移猶幸憫**儒臣**。
		〈焚蟻〉[83] 詳陳慘狀與**儒臣**，教寫全軍覆亡志。

75 謝汝銓：〈舌耕〉，全臺詩編輯小組編撰：《全臺詩》第25冊，頁136。
76 謝汝銓：〈擘霜林〉，全臺詩編輯小組編撰：《全臺詩》第25冊，頁185。
77 謝汝銓：〈寄醫學博士廖煥章益友於申江〉，全臺詩編輯小組編撰：《全臺詩》第25冊，頁156。
78 謝汝銓：〈茂才謝石秋宗親〉，全臺詩編輯小組編撰：《全臺詩》第25冊，頁211。
79 謝汝銓：〈林幼春吟友〉，全臺詩編輯小組編撰：《全臺詩》第25冊，頁239。
80 謝汝銓：〈廖菊友芸弟職西螺庄長奉命視察滿洲歸途過訪並示旅吟因賦二章抒懷〉，全臺詩編輯小組編撰：《全臺詩》第25冊，頁267。
81 謝汝銓：〈茂才曾春華芸友〉，全臺詩編輯小組編撰：《全臺詩》第25冊，頁209。
82 謝汝銓：〈進士汪春源藝友〉，全臺詩編輯小組編撰：《全臺詩》第25冊，頁203。
83 謝汝銓：〈焚蟻〉，全臺詩編輯小組編撰：《全臺詩》第25冊，頁163。

身分	作者‧年代	詩名／內容
		〈茂才王采甫社友〉[84] 窮探經史詡儒師，纔罷論文又說詩。
		〈辜顯榮先生輓詩〉[85] 重道崇儒一念誠，異端邪說闢橫行。
		〈兒玉源太郎公〉[86] 稅則欲明查地畝，斯文思振會名儒。
		〈督憲伊澤喜多男先生〉[87] 先師釋奠龍山寺，籩豆承詢意重儒。
		〈府議員赤石定藏社長〉[88] 訥言敏行古儒家，絢爛文章筆有花。
		〈輓山口十次郎先生〉[89] 不見辯才兼俠氣，只傳廉吏與循儒。
		〈己卯（1939）元宵賦寄什錦花園孚威上將軍〉[90] 將軍學養本醇儒，糾糾人偏誤武夫。
		〈輓吳子玉將軍〉[91] 逃儒入釋情差似，靜室參禪究佛書。
		〈儒士吳英夫子〉[92] 兩姊鸞孤冷繡幃，體親護弟不于歸。功名到老憐 無分，一箇南城大布衣。

84　謝汝銓：〈茂才王采甫社友〉，全臺詩編輯小組編撰：《全臺詩》第25冊，頁206。

85　謝汝銓：〈辜顯榮先生輓詩〉，全臺詩編輯小組編撰：《全臺詩》第25冊，頁390。

86　謝汝銓：〈兒玉源太郎公〉，全臺詩編輯小組編撰：《全臺詩》第25冊，頁394。

87　謝汝銓：〈督憲伊澤喜多男先生〉，全臺詩編輯小組編撰：《全臺詩》第25冊，頁218。

88　謝汝銓：〈府議員赤石定藏社長〉，全臺詩編輯小組編撰：《全臺詩》第25冊，頁223。

89　謝汝銓：〈輓山口十次郎先生〉，收於《新臺灣》第六十二號，「詞林」欄，1920年11月。

90　謝汝銓：〈己卯（1939）元宵賦寄什錦花園孚威上將軍〉，全臺詩編輯小組編撰：《全臺詩》第25冊，頁410。

91　謝汝銓：〈輓吳子玉將軍〉，全臺詩編輯小組編撰：《全臺詩》第25冊，頁423。

92　謝汝銓：〈儒士吳英夫子〉，全臺詩編輯小組編撰：《全臺詩》第25冊，頁192。

身分	作者‧年代	詩名／內容
邑庠生	韓子明 （1873-？） 臺南西定坊人	〈文章報國〉[93] **真儒**抱常道，經濟發文章。 ……莫學**俗儒**者，摛藻飾鋪張。
塾師	黃得眾 （1877-1949） 臺南寧南坊人	〈秋日書懷疊梅翁韻〉[94] 風氣漸隨人意變，**儒酸**被笑我家寒。
		〈午節感作〉[95] 世態推移感日殊，未能免俗笑**迂儒**。
		〈次王君鵬程東渡感作韻〉[96] 男兒宜曠達，莫學**腐儒酸**。
文獻學者	連橫 （1878-1936） 臺南寧南坊人	〈萬石巖〉[97] 後起**儒生**幾人傑，吟詩空上讀書臺。
		〈寒鴉嘆〉[98] **侏儒**飽死臣朔餓，如何惻惻哀微禽。
		〈讀西史有感〉[99] 飽死**侏儒**大可哀，漫將閥閱數人材。
		〈虎奇〉[100] 萬國尊公法，**名儒**發性天。
		〈荀卿〉[101] **小儒**談天下，專制長君威。

93　韓子明：〈文章報國〉，全臺詩編輯小組編撰：《全臺詩》第41冊（臺南市：國家文
　　學館，2016年11月），頁289。
94　黃得眾：〈秋日書懷疊梅翁韻〉，全臺詩編輯小組編撰：《全臺詩》第30冊（臺南
　　市：國家文學館，2013年12月），頁50。
95　黃得眾：〈午節感作〉，全臺詩編輯小組編撰：《全臺詩》第30冊，頁55。
96　黃得眾：〈次王君鵬程東渡感作韻〉，全臺詩編輯小組編撰：《全臺詩》第30冊，頁46。
97　按：作者自註「內有讀書臺，為延平郡王讀書之處。」詳參連橫：〈萬石巖〉，全臺
　　詩編輯小組編撰：《全臺詩》第30冊，頁77。
98　連橫：〈寒鴉嘆〉，全臺詩編輯小組編撰：《全臺詩》第30冊，頁188。
99　連橫：〈讀西史有感〉，全臺詩編輯小組編撰：《全臺詩》第30冊，頁117。
100　連橫：〈虎奇〉，全臺詩編輯小組編撰：《全臺詩》第30冊，頁124。
101　連橫：〈荀卿〉，全臺詩編輯小組編撰：《全臺詩》第30冊，頁130。

身分	作者‧年代	詩名／內容
		〈韓愈〉[102] 闢佛非知佛，**尊儒**乃外儒。
		〈黃道周〉[103] 文酒風流會，**儒臣**飲恨多。
		〈遣懷〉[104] **為儒**務其全，讀書求其理。
		〈讀史偶成〉[105] **豎儒**幾敗而公事，孺子居然帝者師。
		〈京漢道中展讀史記拉雜得詩〉[106] **豎儒**幾敗而公事，孺子可為帝者師。…… 叔孫議禮多牽強，笑殺**迂儒**魯二生。
		〈燕京雜詩〉[107] 終賈華年已不群，**俗儒**姍笑復奚云。
		〈魏潤庵兄過訪論詩賦此贈之〉[108] 寓言十九夸者喜，莊言乃被**俗儒**嗤。
創設南社	陳渭川 （1879-1912） 臺南寧南坊人	〈偶成二律〉[109] 德雖能好終輸色，未免難**為君子儒**。

---

102 連橫：〈韓愈〉，全臺詩編輯小組編撰：《全臺詩》第30冊，頁130。

103 連橫：〈黃道周〉，全臺詩編輯小組編撰：《全臺詩》第30冊，頁138。

104 連橫：〈遣懷〉，全臺詩編輯小組編撰：《全臺詩》第30冊，頁143。

105 連橫：〈讀史偶成〉，全臺詩編輯小組編撰：《全臺詩》第30冊，頁146。

106 連橫：〈京漢道中展讀史記拉雜得討〉，全臺詩編輯小組編撰：《全臺詩》第30冊，頁156。

107 連橫：〈燕京雜詩〉，全臺詩編輯小組編撰：《全臺詩》第30冊，頁173。

108 連橫：〈魏潤庵兄過訪論詩賦此贈之〉，全臺詩編輯小組編撰：《全臺詩》第30冊，頁274。

109 陳渭川：〈偶成二律〉，全臺詩編輯小組編撰：《全臺詩》第30冊，頁313。

身分	作者‧年代	詩名／內容
塾師	王炳南[110]（1883-1952）臺南北門區人	〈敬和棲霞先生烏松閣偶題芳韻〉[111] 不獨**儒雄**且吏雄，筆搖山嶽氣吞虹。
		〈自嘲〉[112] 大度乾坤容**腐儒**，耽詩成癖笑吾愚。
		〈落帽風〉[113] 半世**儒冠**誤此躬，敢將狂暴怨西風。
南社社員	莊玉坡[114]（1883-？）	〈硯池〉[115] 琉璃碧玉是**儒珍**，翡翠方圭喜共親。

---

110 王炳南（1883-1952），名清閣，字炳南，號北嶼釣客，以字行。嘉義縣北門嶼（今臺南市北門區）人。明治四十三年（1910）擔任臺南廳北門嶼書記。日治時期曾在北門、七股、將軍、白河等地講授漢學。為人淡泊，重義氣，善書法，耽吟詠。為「南社」成員，大正元年（1912）偕吳溪、王大俊、吳萱草等詩友創立「嶼江吟社」，為北門詩社之始。又參加「蘆溪吟社」、「白鷗吟社」、「將軍吟社」，帶動鹽分地帶詩歌風氣。
　　楊永智、王雅儀：〈提要〉，全臺詩編輯小組編撰：《全臺詩》第45冊（臺南市：國家文學館，2016年11月），頁207。

111 王炳南：〈敬和棲霞先生烏松閣偶題芳韻〉，全臺詩編輯小組編撰：《全臺詩》第45冊，頁233。

112 王炳南：〈自嘲〉，全臺詩編輯小組編撰：《全臺詩》第45冊，頁278。

113 王炳南：〈落帽風〉，全臺詩編輯小組編撰：《全臺詩》第45冊，頁385。

114 莊玉坡（1883-？），又作玉波，號櫻癡。臺灣縣鎮北坊觀音亭（今臺南市）人。九歲從黃克禮夫子學習漢文。十四歲棄儒從商。明治四十年（1907）在神戶市創設「玉坡貿易商會」，明治四十一年（1908）築「夢蝶莊」別墅於神戶，作為臺灣文士旅日暫棲之地。明治四十二年（1909）第一次返臺，經洪以南介紹加入「瀛社」，拜謝汝銓為師，並結識當地多位文人士紳，此後經常於《臺灣日日新報》、《漢文臺灣日日新報》等刊發表漢詩作品。大正十一年（1922）又加入臺南「南社」。由於經商之故，莊氏多次往返於日、臺、中國、南洋之間，交友網絡遍及東亞地區。昭和六年（1931），結識駐神戶的中國領事館書記官孫翼雲，以及多位華僑，共創「心聲吟社」。
　　施懿琳：〈提要〉，全臺詩編輯小組編撰：《全臺詩》第46冊（臺南市：國家文學館，2017年11月），頁179。

115 莊玉坡：〈硯池〉，全臺詩編輯小組編撰：《全臺詩》第46冊，頁203。

身分	作者‧年代	詩名／內容
	臺南鎮北坊人	〈題杜春茂君惠贈雕雲龍青花紫石硯〉[116] 感君勵志錫**儒珍**，助我詞源湧出頻。
		〈潮州謁韓文公專祠留題〉[117] 巍峨廟貌留千古，萬里來參**大聖儒**。
		〈寄祝孚威將軍吳玉帥出廬〉[118] 潛修學術**老儒生**，循分新書道德明。
		〈福島晚晴翁輓詩〉[119] **崇儒**學佛養心源，道德文章宇內尊
創辦共勵 義塾	黃欣 （1885-1947） 臺南寧南坊人	〈丁卯（1927）重九瀛社會宴府評議員余亦叨陪席 末賦此誌謝〉[120] 席上群公齊刮目，文章經濟**小儒**羞。
		〈嶺東作客卻寄臺陽諸友並示吾弟〉[121] 玉人自古期金屋，尤物**寒儒**總亂絲。
		〈十二月初七夜盜入固園諸物無所需惟於衣中獲 一銀袋以去袋中藏小銀一枚書類數紙盜取銀棄袋 書類依然無恙意者全在財寶而**寒儒**舍下無有斯物 謝之以詩〉[122]

---

116 莊玉坡：〈題杜春茂君惠贈雕雲龍青花紫石硯〉，全臺詩編輯小組編撰：《全臺詩》
　　第45冊，頁366。

117 莊玉坡：〈潮州謁韓文公專祠留題〉，全臺詩編輯小組編撰：《全臺詩》第45冊，頁
　　274。

118 莊玉坡：〈寄祝孚威將軍吳玉帥出廬〉，全臺詩編輯小組編撰：《全臺詩》第45冊，
　　頁347。

119 莊玉坡：〈福島晚晴翁輓詩〉，全臺詩編輯小組編撰：《全臺詩》第45冊，頁369。

120 黃欣：〈丁卯（1927）重九瀛社會宴府評議員余亦叨陪席末賦此誌謝〉，全臺詩編輯
　　小組編撰：《全臺詩》第37冊（臺南市：國家文學館，2015年11月），頁95。

121 黃欣：〈嶺東作客卻寄臺陽諸友並示吾弟〉，全臺詩編輯小組編撰：《全臺詩》第37
　　冊，頁119。

122 黃欣：〈十二月初七夜盜入固園諸物無所需惟於衣中獲一銀袋以去袋中藏小銀一枚
　　書類數紙盜取銀棄袋書類依然無恙意者全在財寶而寒儒舍下無有斯物謝之以詩〉，
　　全臺詩編輯小組編撰：《全臺詩》第37冊，頁66。

身分	作者‧年代	詩名／內容
		小人天下窮斯濫，君子梁間貴以專。豈是**寒儒**長物少，只因我輩夙無緣。
		〈蕪洒岸海畔出沙金堀土盈筐以水洗之燦爛如星戲成二絕〉[123] 憑君早試披沙手，為洗**寒儒**一點酸。
		〈題**謝雪漁先生**周易探玄〉[124] 讀書萬卷**儒衣裂**，著述何人似鄭玄。
		〈我本寠人子〉[125] 我本寠人子，君真是世家。 貧非**儒者**恥，富讓貴人誇。
塾師	王大俊 （1886-1942） 臺南北門區人	〈臘鼓〉[126] **儒生**自古惜年光，耳畔何堪臘鼓忙。
		〈弔陳瘦雲〉[127] 魯殿靈光一角傾，文章千古誤**儒生**。

---

123 黃欣：〈蕪洒岸海畔出沙金堀土盈筐以水洗之燦爛如星戲成二絕〉，全臺詩編輯小組編撰：《全臺詩》第37冊，頁111。

124 黃欣：〈題謝雪漁先生周易探玄〉，全臺詩編輯小組編撰：《全臺詩》第37冊，頁136。

125 黃欣：〈我本寠人子〉，全臺詩編輯小組編撰：《全臺詩》第37冊，頁113。

126 王大俊：〈臘鼓〉，全臺詩編輯小組編撰：《全臺詩》第39冊（臺南市：國家文學館，2012年12月），頁344。

127 王大俊：〈弔陳瘦雲〉，全臺詩編輯小組編撰：《全臺詩》第39冊，頁202。

身分	作者‧年代	詩名／內容
創立南社	謝國文[128]（1887-1938）臺南府外新街人	〈春夜會崁城〉[129]一路東風送麴塵，琴樽四座盡儒巾。
南社社員	吳萱草[130]（1889-1960）	〈木鐸〉[131]聵醒聲響杏壇，宣揚大雅壯儒冠。

128 謝國文（1887-1938），字星樓，號省廬，一作醒廬、醒如，晚號稻門老漢。臺南府外新街（今臺南市民生路一段）人。為邑庠生謝友我之長子，幼承嚴父及三叔父謝維巖之教導，漢學根基深厚。明治三十九年（1906）與叔父謝維巖及府城文士蔡國琳、趙鍾麒、陳渭川、胡殿鵬、連橫等創「南社」，於春秋佳節，共聚一堂，拈題鬥詩，以延一線斯文。明治四十三年（1910）應楠梓公學校之聘，任漢文教師，一年後返回臺南重整庭園。大正四年（1915）偕詩友楊宜綠赴日本東京留學，大正十四年（1925）畢業於早稻田大學政治經濟部。在日期間多次於暑假返臺省親，亦曾經由朝鮮，遊歷中國東北、京津、魯東、京滬、蘇杭等地。大正十年（1921）加入「臺灣文化協會」，參與由林獻堂、林呈祿等所創設之「臺灣議會設置請願運動」，並撰寫〈臺灣議會設置請願歌〉，同時擔任《臺灣青年》改為《臺灣》雜誌後（1922）的組織幹部。大正十二年（1923）以「柳裳君」筆名發表白話小說〈犬羊禍〉諷刺臺灣御用士紳，刊載於《臺灣》。昭和七年（1932）任《臺灣新民報》學藝部客員，為臺灣新文化啟蒙運動的有力人士。學成返臺後，除社會運動外，亦致力於詩古文辭之寫作，創「醒廬文虎社」，鼓倡燈謎。
施懿琳：〈提要〉，全臺詩編輯小組編撰：《全臺詩》第49冊（臺南市：國家文學館，2017年11月），頁1。

129 謝國文：〈春夜會崁城〉，全臺詩編輯小組編撰：《全臺詩》第49冊，頁18。

130 吳萱草（1889-1960），號牧童，晚號穆堂。原名謝財壽，七歲時由吳玉瓚收養，始改姓吳。嘉義縣北門庄（今臺南市北門區）人，後居將軍，移住佳里。八歲受陳九如啟蒙，後受教於吳溪、許景山等漢儒。吳氏為「南社」社員。大正元年（1912）與王炳南、王大俊創辦「嶼江吟社」，為北門最早的傳統詩社；後於大正三年（1914）改名「蘆溪吟社」，大正十年（1921）改為「白鷗詩社」，民國三十六年（1947）再易名為「琅環詩社」，後二者皆由吳萱草擔任社長。吳氏善拳法，又以詩、酒聞名。詩作以七律為大宗，內容以記遊、寫景與應酬為主，並工豔體詩。民國三十九年（1950）膺選臺南縣參議員，民國四十年（1951）膺選第一屆臺南縣縣議員、擔任臺南縣「南瀛詩社」副社長。民國四十九年（1960）病逝佳里，葬於將軍故里。
翁聖峰：〈提要〉，全臺詩編輯小組編撰：《全臺詩》第50冊（臺南市：國家文學館，2017年11月），頁1。

131 吳萱草：〈木鐸〉，全臺詩編輯小組編撰：《全臺詩》第50冊，頁212。

身分	作者‧年代	詩名／內容
	臺南北門區人	〈次韻〉[132] 一事多君**儒不腐**，肯從實業運靈心。
		〈和蕭文樵詞友六十書懷韻〉[133] 青囊併作詞囊佩，真個**儒醫**出二林。
		〈祝林朝宗先生八秩晉一〉[134] 博得萬家生佛頌，長教百姓**宿儒**親。
芸香吟社理事	石中英[135] （1889-1980） 臺南市人	〈舌戰〉[136] 才能邁眾算高人，說服**群儒**意氣伸。
		〈步施緝亭先生五旬書懷原韻五首之四〉[137] 對泣新亭非達士，耽吟詩酒算**真儒**。
		〈戊子（1948）端午懷屈原〉[138] 端設蒲觴豈自娛，祗緣追憶**楚名儒**。

---

132 吳萱草：〈次韻〉，全臺詩編輯小組編撰：《全臺詩》第50冊，頁215。

133 吳萱草：〈和蕭文樵詞友六十書懷韻〉，全臺詩編輯小組編撰：《全臺詩》第50冊，頁381。

134 吳萱草：〈祝林朝宗先生八秩晉一〉，全臺詩編輯小組編撰：《全臺詩》第50冊，頁416。

135 石中英（1889-1980），字儷玉，號如玉。臺南府安平縣（今臺南市）人，出身臺南富商「石鼎美」家族。早歲研習漢詩文及歧黃之術，曾設「芸香閣」書房教導學生。昭和五年（1930）與黃菊人、韓錦雲等組織詩社「芸香吟社」，召集女性同好切磋詩藝，由府城舉人蔡國琳之女蔡碧吟出任社長，石中英擔任理事。昭和四年（1929）前往中國，昭和六年（1931）在漳州從事醫療服務。與在華臺北人士呂伯雄結婚，共同參加抗日工作。曾奔走於閩贛等地，閒餘時則拈筆吟詠，與各地名士以詩歌相互酬唱。戰後返臺，持續以詩記錄時事。
施懿琳、蔡美端：〈提要〉，全臺詩編輯小組編撰：《全臺詩》第54冊（臺南：國家文學館，2018年12月），頁221。

136 石中英：〈舌戰〉，全臺詩編輯小組編撰：《全臺詩》第54冊，頁234。

137 石中英：〈步施緝亭先生五旬書懷原韻五首之四〉，全臺詩編輯小組編撰：《全臺詩》第54冊，頁306。

138 石中英：〈戊子（1948）端午懷屈原〉，全臺詩編輯小組編撰：《全臺詩》第54冊，頁371。

身分	作者・年代	詩名／內容
南社社長	吳子宏[139] （1890-1960） 臺南市人	〈辛酉（1921）仲春同人集固園四梅草堂分韻得虞〉[140] 千杯須盡消愁酒，未必天心棄**腐儒**。
		〈次秋梧君原韻〉[141] 憎時有淚滿**儒衣**，冷暖人間事事非。
		〈次步初先生韻並似芳菲蒲園二兄〉[142] 憂時衰老客，何術換**儒冠**。
		〈長春花〉[143] 自笑**侏儒**窮曼倩，偷桃擬獻女詞臣。

---

139 吳子宏（1890-1960），名家顯，字子宏，號乃俠，以字行。臺南府安平縣（今臺南市）人。日治時期曾任新高新報社記者。大正、昭和年間擔任「同裕」質屋（當鋪）掌櫃。為「南社」社員，大正四年（1915）與洪坤益、王芷香、陳逢源等青壯派社友，創「春鶯吟社」；大正十二年（1923）又與洪坤益、趙雅福等創「桐侶吟社」，並任社長。昭和五年（1930）《三六九小報》創刊後，吳氏在該刊有「紫紅閣塵談」專欄，亦經常發表漢詩。昭和十八年（1943）因時局動盪，臺南各詩社：南社、桐侶吟社、西山吟社、留青吟社等，整合為「桐城吟會」，推舉吳子宏為社長。戰後，於黃欣過世後（1947），繼任為「南社」第四任社長。又擔任「延平詩社」社長，與社友高懷清、王鵬程、王榮達等相友善。王榮達謂其：「不求名利情豪爽，雅愛詩書意率真。學博曾膺三社長，品高不愧一完人」。
施懿琳：〈提要〉，全臺詩編輯小組編撰：《全臺詩》第55冊（臺南市：國家文學館，2018年12月），頁1。

140 吳子宏：〈辛酉（1921）仲春同人集固園四梅草堂分韻得虞〉，全臺詩編輯小組編撰：《全臺詩》第55冊，頁10。

141 吳子宏：〈次秋梧君原韻〉，全臺詩編輯小組編撰：《全臺詩》第55冊，頁36。

142 吳子宏：〈次步初先生韻並似芳菲蒲園二兄〉，全臺詩編輯小組編撰：《全臺詩》第55冊，頁73。

143 吳子宏：〈長春花〉，全臺詩編輯小組編撰：《全臺詩》第55冊，頁82。

身分	作者·年代	詩名／內容
南社社員	王鵬程[144] （1891-1962） 臺南市人	〈次竹修宗叔跌傷原韻〉[145] 墜足忽聞高古調，六朝詞藻擅**儒關**。
		〈輓胡南溟先生〉[146] 劇憐大筆**儒林**折，愁絕東寧失霸才。
		〈和天健詞長韻送熾昌君漫遊京師〉[147] 百二關山策馬先，**儒生**懷槧事丹鉛。
		〈喜煜老長考試院〉[148] 學冠群倫眾望孚，前朝進士信**鴻儒**。

---

144 王鵬程（1891-1962），原名盤爐，字銘新，昭和九年（1934）改名鵬程，號礪鋒。
臺南府安平縣（今臺南市）人。父親王元善早逝。少從宿儒王則修習漢文，大正
十五年（1926）入《臺南新報》漢文部擔任編輯，有「蕉夢錄」專欄。昭和五年
（1930）受臺南市當局囑託，擔任實業補習學校夜學部漢文教師。昭和八年
（1933）重入《臺南新報》，翌年（1934）離職。戰後擔任臺南市中區副區長、臺
南市第一屆市議會議員、臺灣省中國佛教會支會會長、《臺灣詩壇》社務委員。王
氏好吟詠，為「南社」成員，亦時常參與「桐侶吟社」活動，戰後加入「延平詩
社」，與吳子宏、高懷清、王開運、王寶藏等相友善。
陳曉怡：〈提要〉，全臺詩編輯小組編撰：《全臺詩》第55冊，頁99。

145 王鵬程：〈次竹修宗叔跌傷原韻〉，全臺詩編輯小組編撰：《全臺詩》第55冊，頁
119。

146 王鵬程：〈輓胡南溟先生〉，全臺詩編輯小組編撰：《全臺詩》第55冊，頁138。

147 王鵬程：〈和天健詞長韻送熾昌君漫遊京師〉，全臺詩編輯小組編撰：《全臺詩》第
55冊，頁138。

148 王鵬程：〈喜煜老長考試院〉，全臺詩編輯小組編撰：《全臺詩》第55冊，頁176。

身分	作者‧年代	詩名／內容
小報主編	洪坤益[149] （1892-1948） 臺南市人	〈過大成坊〉[150] 夫子宮牆數仞新，徒深仰止愧儒巾。
南社社員	謝溪秋[151] （1892-1959）	〈春夜會嵌城〉[152] 一上騷壇迥出塵，春風座上拂儒巾。

149 洪坤益（1892-1947），字鐵濤，號舲笛，又號黑潮、懺紅生等。父洪采惠於大正十年（1921）擔任臺南州臺南市協議會員，並於大正十三年（1924）獲臺灣總督府頒贈勳章。曾經營輕軌鐵道、藥房、戲院以及煙酒仲賣，資產頗富。洪氏自幼接受傳統教育，十二歲入臺南第一公學校就讀（1904-1910）。曾隨胡殿鵬學漢詩，並加入「南社」。明治四十五年（1912）參與由趙鍾麒、楊鵬搏及日人原田春境等倡設的「采詩會」。大正四年（1915）與「南社」少壯派社員王芷香、陳逢源、趙雅福等組「春鶯吟社」，擔任社長。大正十年（1921）十一月與高懷清、陳逢源、趙雅福、楊宜綠同任南社幹事。大正十二年（1923）「桐侶吟社」成立，先後擔任顧問與副社長。昭和四年（1929）創「漢詩函授研究會」，並於是年籌設《孔雀月刊》。昭和五年（1930）九月九日，與趙鍾麒、趙雅福父子、王開運、蔡培楚等人發起創設《三六九小報》，擔任主筆之一。昭和十二年（1937）復與吳子宏、李步雲等人於臺南市組織「聽濤吟社」。洪氏為擊缽吟健將，曾多次於詩社聯吟奪元。昭和十四年（1939）應日本軍方之召，至廣東汕頭辦理《大同報》，負責編務工作。戰後任職臺南市政府（1945年12月）及臺灣省糧食局。
陳曉怡：〈提要〉，全臺詩編輯小組編撰：《全臺詩》第55冊，頁201。

150 洪坤益：〈過大成坊〉，全臺詩編輯小組編撰：《全臺詩》第55冊，頁295。

151 謝溪秋（1892-1959），名鯉魚，字溪秋，號竹軒。臺南府安平縣（今臺南市）人。父親謝四圍白手起家，為郡城巨富。兄弟四人，長兄謝友我為文秀才，次兄謝群我為武秀才，三兄謝維巖亦為文秀才。謝氏六歲時從當地宿儒蔡國琳讀漢文，十四歲已有優秀的漢詩作品，為人所稱道。與三兄謝維巖（籟軒）、侄子謝國文（星樓）並稱「南社三健將」，臺南進士許南英稱許之為「謝家三寶樹」。明治四十五年（1912）加入由趙鍾麒、楊鵬搏及日人原田春境等倡設的「采詩會」。大正四年（1915）與謝國文相偕往日本神戶留學。大正七年（1918）結識前往日本的中國革命者胡漢民、馬君武、何香凝，常以詩往來唱和。抵日之初，先就讀於豐山中學，大正九年（1920）入日本中央大學預科，大正十四年（1925）經濟學部卒業。在學期間積極研究漢方醫學，對針灸之術尤有心得，並自行研讀中國諸子百家。其詩風格豪邁，曾發表於《臺南新報》、《臺灣青年》、《臺灣民報》。為「東寧會」會員。
施懿琳：〈提要〉，全臺詩編輯小組編撰：《全臺詩》第55冊，頁309。

152 謝溪秋：〈春夜會嵌城〉，全臺詩編輯小組編撰：《全臺詩》第55冊，頁315。

身分	作者‧年代	詩名／內容
	臺南市人	〈自轉車〉[153] 股輅周輿體各殊，心裁別製出**歐儒**。
		〈留東詩友會歡送席上蒙灌園先生臨別贈言感而有作錄呈指謬兼請諸同人教正〉[154] 珍重**先儒**覺**後儒**，明知行促又牽裾。
		〈秋日偶成〉[155] 腸熱惟知痛飲冰，**學儒**難得況為僧。
		〈歲暮時事感懷〉[156] 不學**儒酸**送窮賦，高歌來唱大江東。
南社社員	高懷清[157] （1892-1976） 臺南市人	〈弔謝石秋先生〉[158] 市隱師端木，**儒冠**哭疊山。
		〈過大成坊〉[159] 停鞭下馬脫**儒巾**，一區全臺首學新。

---

153 謝溪秋：〈自轉車〉，全臺詩編輯小組編撰：《全臺詩》第55冊，頁328。

154 謝溪秋：〈留東詩友會歡送席上蒙灌園先生臨別贈言感而有作錄呈指謬兼請諸同人教正〉，全臺詩編輯小組編撰：《全臺詩》第55冊，頁332。

155 謝溪秋：〈秋日偶成〉，全臺詩編輯小組編撰：《全臺詩》第55冊，頁333。

156 謝溪秋：〈歲暮時事感懷〉，全臺詩編輯小組編撰：《全臺詩》第55冊，頁339。

157 高懷清（1892-1976），字槐青，號了塵。臺南府安平縣（今臺南市）人。為臺南詩人謝溪秋之內兄。光緒二十五年（1899）師事福建海澄秀才吳國華，明治三十七年（1904）渡臺，進入公學校就讀，又在邱學海私塾研習漢文。大正四年（1915）擔任《臺南新報》記者，大正六年（1917）擔任臺灣新聞社臺南支局漢文部主任，直至昭和十八年（1943）辭任。大正二年（1913）左右，與王芷香同入「南社」，大正四年（1915）與洪坤益、王芷香、陳逢源、趙雅福等創立「春鶯吟社」。大正十年（1921）11月與洪坤益、陳逢源、趙雅福、楊宜綠同任南社幹事。時常參與「桐侶吟社」、「酉山吟社」、「桐城吟會」等詩會活動。民國三十五年（1946）三月申請創刊《鯤聲報》，擔任發行人兼主筆，持續九年左右始休刊。王雅儀：〈提要〉，全臺詩編輯小組編撰：《全臺詩》第55冊，頁351。

158 高懷清：〈弔謝石秋先生〉，全臺詩編輯小組編撰：《全臺詩》第55冊，頁367。

159 高懷清：〈過大成坊〉，全臺詩編輯小組編撰：《全臺詩》第55冊，頁401。

身分	作者‧年代	詩名／內容
		〈賈景德先生八十壽慶〉[160] 沁水**鴻儒**開壽宇，嵌城騷客拜華堂。
		〈法華夢蝶〉[161] 梵宮尋古蹟，蝶夢隱**名儒**。…… 一座巍峨壯，法華禮**大儒**。
		〈斌存詞長六秩晉一榮壽之慶〉[162] 貴冑風流善畫吟，雄才早已擅**儒**林。
南社社員	陳逢源 （1893-1982） 臺南市人	〈贈同獄林南強〉[163] 稜稜**俠骨**與**儒**香，後起誰能抗雁行。
		〈輓林南強〉[164] 亦**儒**亦**俠**亦風流，每念蒼生抱隱憂。

---

160 高懷清：〈賈景德先生八十壽慶〉，全臺詩編輯小組編撰：《全臺詩》第55冊，頁437。

161 高懷清：〈法華夢蝶〉，全臺詩編輯小組編撰：《全臺詩》第55冊，頁437-438。

162 高懷清：〈斌存詞長六秩晉一榮壽之慶〉，全臺詩編輯小組編撰：《全臺詩》第55冊，頁447。

163 陳逢源：〈贈同獄林南強〉，收入謝國興：《陳逢源：亦儒亦商亦風流（1893-1982）》（臺北市：允晨文化，2002年6月），頁147-148。

164 陳逢源：〈輓林南強〉，收入謝國興：《陳逢源：亦儒亦商亦風流（1893-1982）》，頁325。

附錄二
後科舉時代‧臺南群儒「以詩論儒」列表

凡例：

一、地域認定：清領時期臺南府、臺灣縣、安平縣，甚至諸羅縣南部
　　與日治時期臺南州（縣），行政區域劃分皆有重疊之處。例如臺
　　灣府城城區內四坊（東安坊、西定坊、寧南坊、鎮北坊）原行政
　　劃分皆為臺灣縣，故而《全臺詩》〈作者提要〉於跨代士人籍貫
　　「前清地名」後附「今臺南市、或今臺南市、某區」標誌。本表
　　以《全臺詩》〈作者提要〉中「臺南府城」或「今臺南市、某
　　區」為地域認定準則。

二、作者身分：以「清領時期接受教育、跨代至日治時期」具有科舉
　　功名，活躍於文學社團、報刊媒體；或「生於清領時期、日治時
　　期受教於前清宿儒」具有文化傳承使命之臺南士人。本表以
　　《全臺詩》〈作者提要〉，依「是否取得功名、接受前清科舉及書
　　房教育、日治時期任職塾師、南社社員」等條件，作為收錄準
　　則。

三、作者註解：為避免重覆收錄，〈作者提要〉凡本書章節或〈附錄
　　一〉已附註之作者簡介，則不再重覆註解。

四、先後順序：以「作者生年」為先後排列順序。

身分	作者・年代	詩名／內容
廩生	趙鍾麒 （1863-1936） 臺南府城人	〈恭逢先師**孔夫子**二千五百年大祭誌盛〉[1] 道大宏中外，千秋拜聖賢。 河山經歷歷，鐘鼓自年年。 漢祖猶隆祀，歐人亦告虔。 後王如載起，禮樂〈大同〉旃。
		〈無題〉[2] 傅昭學府原淹博，常爽**儒林**舊表儀。
生員	王則修 （1867-1952） 臺南新化人	〈次梅樵先生七十述懷瑤韻四首之四〉[3] 知公老矣躬猶健， 振起**儒風**教士人。
		〈儒峰穨二首之一〉[4] 暗雲慘淡鎖文峰， **儒道**衰微失所宗。
		〈敬步黃贊鈞先生南遊瑤韻以博一粲〉[5] 當此**孔教**衰， 仗公能挽回。
		〈春日謁**孔子廟**三首〉[6] 欲向龍峒拜聖人，融融春日正芳辰。 宮牆萬仞空瞻仰，禮樂三千渺並陳。 四配有牌安祿位，至尊無像享明禋。

1　趙鍾麒：〈恭逢先師孔夫子二千五百年大祭誌盛〉，全臺詩編輯小組編撰：《全臺詩》第14冊（臺南：國家文學館，2011年10月），頁223。

2　趙鍾麒：〈無題〉，收入《臺灣日日新報》，「無腔笛」欄，1927年5月12日，夕刊第四版。按本詩無題，內容為「送林茂生先生留學歐美」。

3　王則修：〈次梅樵先生七十述懷瑤韻四首之四〉，全臺詩編輯小組編撰：《全臺詩》第23冊（臺南市：國家文學館，2012年12月），頁23。

4　王則修：〈儒峰穨二首之一〉，全臺詩編輯小組編撰：《全臺詩》第23冊，頁44。

5　王則修：〈敬步黃贊鈞先生南遊瑤韻以博一粲〉，全臺詩編輯小組編撰：《全臺詩》第23冊，頁63。

6　王則修：〈春日謁孔子廟三首〉，全臺詩編輯小組編撰：《全臺詩》第23冊，頁98。

身分	作者‧年代	詩名／內容
		我來起敬還惶恐，道範尼山倘可親。 春日融和正可人，偶遊泮壁欲逡巡。 已無招隱狂歌鳳，寧有衰時感獲麟。 天與夢楹留表範，士遵釋菜重明禋。 我今瞻仰宮牆峻，萬古猶留豆俎新。 大成宮殿未灰塵，有客春遊起竦神。 萬古綱常憑立極，千秋豆俎覺常新。 高堅道德回曾嘆，美富宮牆賜早親。 我也拜觀諸禮器，低徊不忍去之身。
		〈八旬自述并乞知友賜和四首之二〉[7] 本擬穴金開鄧竇，何期市儈藐儒流。
		〈聲元太封翁李先生笑正〉[8] 大安莊畔蒙泉養，小試儒林碩果穠。
		〈文風七絕五首之三〉[9] 不道當今轉歐化，挽回端賴責儒躬。
廩生	蔡佩香 （1867-1925） 臺南安平人	〈和黃茂笙先生感作瑤韻〉[10] 哀樂盡時忘孔墨，貧寒窮處見人天。
		〈祝孔聖二千四百年紀念日〉[11] 大成至聖孔夫子，字仲尼，殷朝微仲之後。父叔梁紇，為鄒邑大夫。生子孟皮有足疾，復娶顏氏徵在，禱於尼山，生孔

7　王則修：〈八旬自述并乞知友賜和四首之二〉，全臺詩編輯小組編撰：《全臺詩》第23冊，頁111。

8　王則修：〈聲元太封翁李先生笑正〉，全臺詩編輯小組編撰：《全臺詩》第23冊，頁117。

9　王則修：〈文風七絕五首之三〉，全臺詩編輯小組編撰：《全臺詩》第23冊，頁161。

10　蔡佩香：〈和黃茂笙先生感作瑤韻〉，全臺詩編輯小組編撰：《全臺詩》第22冊，頁487。

11　蔡佩香：〈祝孔聖二千四百年紀念日〉，全臺詩編輯小組編撰：《全臺詩》第22冊，頁492。

身分	作者・年代	詩名／內容
		子。其生時，即魯襄公二十二年，有麟吐玉書於闕里。且孔子生有異貌，頂似唐堯，顏似虞舜，項類皋陶，眉類子產；手握天文，足履度字，耳垂珠庭；坐如龍蹲，容如鳳峙；就之如日，望之如雲；胸有五個大字，制作定世符，乃魯國傑出之大聖人也。即今支那山東省允州府曲阜縣昌平鄉闕里是也。降至今日，計二千四百年，各地舉行祭典，官紳民等，虔誠敬獻，端肅尊嚴，真萬世師表，名垂千古，道貫春秋，開生民所未有也云爾。（引文） 人中一鳳嘯尼山，萬世師宗仰聖顏。 史操龜麟揮大筆，宮牆桃李古賢關。 姬周夢見憑來奠，東魯詩書尚費刪。 屈指當年天縱日，今朝致祭列卿班。 大成至聖能無妄，太極通書貫至誠。 九十春秋如不老，三千弟子莫能京。 神靈異稟唐虞相，飛躍天機活潑生。 吾道傳來蠻與貊，請看日月兩儀明。 仁干忠甲本無奇，夫子巍牆敢戲之。 義路禮門先聖揆，四科十哲後王儀。 千尋古檜鍾仁宅，萬仞高山仰道基。 獨此性天傳一脈，中庸兩字執中持。
生員	林逢春（1868-1936）臺南府城人	〈恭逢先師**孔夫子**二千五百年大祭誌盛〉[12] 至聖縱由天，恭逢釋奠年。 禮循三獻肅，樂奏八音傳。 冠劍班文武，蘋蘩薦豆籩。 滿千逢五五，大祭盛空前。

12 林逢春：〈恭逢先師孔夫子二千五百年大祭誌盛〉，全臺詩編輯小組編撰：《全臺詩》第23冊，頁541。

身分	作者・年代	詩名／內容
廩生	胡殿鵬 （1869-1933） 臺南安平人	〈輓東港區長黃文韜公詩〉[13] 器識**儒**門重，淵源溯乃翁。…… 理本程朱說，材多管晏風。
		〈祝林母羅太夫人八十加八榮壽〉[14] 天使卓生名將種，家傳五世古**儒**風。
		〈臺灣懷古〉[15] 天地獨鍾為間氣，仰瞻神武古**儒**風。
生員	林馨蘭 （1870-1924） 臺南羍婦媽街	〈和太虛法師贈周祖要夫人芬蘭女史〉[16] 結契何分**儒**與釋，放懷不覺詠和謳。
生員	謝汝銓 （1871-1953） 臺南東安坊人	〈潤庵老友以余屆稀壽招宴賦謝並為引玉〉[17] 所欲從心矩不逾，先師**孔子**教垂**儒**。 曲肱而枕飯疏食，富貴多年此願無。
		〈恭祝郭春秧翁六十晉一榮壽〉[18] 還期**孔道**昭遺緒，義俠非徒郭解如。
		〈阮籍無鬼論〉[19] 為無為有語相因，敬遠何如**孔聖人**。

13　胡殿鵬：〈輓東港區長黃文韜公詩〉，全臺詩編輯小組編撰：《全臺詩》第19冊（臺南市：國家文學館，2011年10月），頁23。

14　胡殿鵬：〈祝林母羅太夫人八十加八榮壽〉，全臺詩編輯小組編撰：《全臺詩》第19冊，頁31。

15　胡殿鵬：〈臺灣懷古〉，全臺詩編輯小組編撰：《全臺詩》第19冊，頁47。

16　林馨蘭：〈和太虛法師贈周祖要夫人芬蘭女史〉，全臺詩編輯小組編撰：《全臺詩》第19冊，頁501。

17　謝汝銓：〈潤庵老友以余屆稀壽招宴賦謝並為引玉〉，全臺詩編輯小組編撰：《全臺詩》第25冊，頁427。

18　謝汝銓：〈恭祝郭春秧翁六十晉一榮壽〉，全臺詩編輯小組編撰：《全臺詩》第25冊，頁101。

19　謝汝銓：〈阮籍無鬼論〉，全臺詩編輯小組編撰：《全臺詩》第25冊，頁369。

身分	作者‧年代	詩名／內容
		〈次參兩老社弟七秩書感韻〉[20] 賤霸尊王稱**孔孟**，橫連從合策儀秦。
		〈許松英畏友〉[21] 巾袍不著著袈裟，欲棄**儒家**學釋家。
		〈歡迎林小眉君席上賦贈〉[22] 堪嗟漢學失精神，振起**儒門**未有人。
		〈次韻黃則修先生古稀雙壽感賦〉[23] 德行**儒林**合有篇，無慚衾影對人天。 嗚嗚社酒翁偕媼，汲汲經書聖與賢。
		〈舊除夕醉後吟〉[24] 何幸阮亭分一席，蔚然風氣翕**儒林**。
		〈癸酉（1933）舊除夜〉[25] 清操未必人能識，孰為**儒林**傳季回。
		〈新東亞〉[26] 何須歐美化，更振釋**儒風**。
		〈悼社友李逸濤君〉[27] 清恬寡欲窮**儒術**，一片高懷似鄭沖。

---

20 謝汝銓：〈次參兩老社弟七秩書感韻〉，全臺詩編輯小組編撰：《全臺詩》第25冊，頁449。

21 謝汝銓：〈許松英畏友〉，全臺詩編輯小組編撰：《全臺詩》第25冊，頁238

22 謝汝銓：〈歡迎林小眉君席上賦贈〉，全臺詩編輯小組編撰：《全臺詩》第25冊，頁316

23 謝汝銓：〈次韻黃則修先生古稀雙壽感賦〉，全臺詩編輯小組編撰：《全臺詩》第25冊，頁273。

24 謝汝銓：〈舊除夕醉後吟〉，全臺詩編輯小組編撰：《全臺詩》第25冊，頁175。

25 謝汝銓：〈癸酉（1933）舊除夜〉，全臺詩編輯小組編撰：《全臺詩》第25冊，頁277。

26 謝汝銓：〈新東亞〉，全臺詩編輯小組編撰：《全臺詩》第25冊，頁421。

27 謝汝銓：〈悼社友李逸濤君〉，全臺詩編輯小組編撰：《全臺詩》第25冊，頁117。

身分	作者‧年代	詩名／內容
		〈湯島聖堂再建落成遙賦〉[28] 聖堂再建典仍修，欲為斯文一脈留。 已把宮牆恢舊制，還教道德煥新猷。 茫茫墜緒尋**儒**術，濟濟群英集亞州。 真像九重恩賜出，馨香俎豆續春秋。
		〈徐貞惠先生仙逝三周年紀念徵詠〉[29] **麒麟**一樣送**儒**釋，元季二難為弟兄。
		〈次韻鹽谷節山君靜岳源公家名新立七十年賀詞〉[30] 斯文有會維**儒教**，釋奠聖堂秋復春。
		〈雜感〉[31] 倫常講學**莫儒如**，真髓都存漢籍書。…… **宋儒**施教與元人，變體文為白話新。
		〈瀛社三十周年丁丑（1937）花朝紀念感詠〉[32] 未喪斯文天意在，仍宜努力**為儒**珍。
		〈綠野純青二老過訪桃園寓廬賦似〉[33] 詩書死讀**儒**無策，劍戟生還將有功。

---

28 謝汝銓：〈湯島聖堂再建落成遙賦〉，全臺詩編輯小組編撰：《全臺詩》第25冊，頁286。

29 謝汝銓：〈徐貞惠先生仙逝三周年紀念徵詠〉，全臺詩編輯小組編撰：《全臺詩》第25冊，頁272。

30 謝汝銓：〈次韻鹽谷節山君靜岳源公家名新立七十年賀詞〉，全臺詩編輯小組編撰：《全臺詩》第25冊，頁349。

31 謝汝銓：〈雜感〉，全臺詩編輯小組編撰：《全臺詩》第25冊，頁342。

32 謝汝銓：〈瀛社三十周年丁丑（1937）花朝紀念感詠〉，全臺詩編輯小組編撰：《全臺詩》第25冊，頁309

33 謝汝銓：〈綠野純青二老過訪桃園寓廬賦似〉，全臺詩編輯小組編撰：《全臺詩》第25冊，頁447

身分	作者・年代	詩名／內容
邑庠生	韓子明 （1873-？） 臺南西定坊人	〈過彰化聖廟〉[34] 捲入歐風美雨來，詩書禮樂付秦灰。 興周莫展匡君志，相魯不終濟世才。 泗水春風彰郡渺，杏壇時雨穉園開。 尼山廟貌今何在，嘆鳳傷麟劇可哀。
		〈古寺鐘聲〉[35] 金聲願藉宣儒教，振起文風遍海濱。
		〈祝崇聖道德報發刊五週年〉[36] 五載闡揚孔教尊，綱常大義萬年存。
南社社員	許子文[37] （1876-1957） 臺南新美街人	〈硯田〉[38] 溝通學海傾三峽，地近儒林受一廛
		〈過大成坊〉[39] 江山幾易廟重新，坐鎮寧南三百春。 排孔吳虞壞中國，建坊鄭氏覺斯民。

---

34 韓子明：〈過彰化聖廟〉，全臺詩編輯小組編撰：《全臺詩》第41冊（臺南市：國家
文學館，2016年11月），頁257。

35 韓子明：〈古寺鐘聲〉，全臺詩編輯小組編撰：《全臺詩》第41冊，頁289。

36 韓子明：〈祝崇聖道德報發刊五週年〉，全臺詩編輯小組編撰：《全臺詩》第41冊，
頁289。

37 許子文（1876-1957）號紫雯。臺灣縣西定坊米街（今臺南市新美街）人。明治三十
五年（1902）七月自臺南師範學校畢業，明治三十七年至大正十四年（1904-1925）
歷任阿猴廳萬丹公學校、鳳山廳大湖公學校、鳳山公學校、臺南第一公學校、臺南
女子公學校訓導。為「南社」、「酉山吟社」、「留青吟社」、「桐城吟會」社員，昭和
十八年（1943）繼黃廷楨之後，任「酉山吟社」社長。許氏頗富文才，經常投稿彰
化「崇文社」徵文，屢屢奪魁，以其維持漢學的各種主張，深為有識之士肯定。戰
後加入「延平詩社」，吟詠不輟，並與許丙丁、顏興、莊松林等人同受聘為「臺南
市文獻委員會」委員。
王雅儀：〈提要〉，全臺詩編輯小組編撰：《全臺詩》第44冊（臺南市：國家文學
館，2016年11月），頁115。

38 許子文：〈硯田〉，全臺詩編輯小組編撰：《全臺詩》第44冊，頁144。

39 許子文：〈過大成坊〉，全臺詩編輯小組編撰：《全臺詩》第44冊，頁151。

身分	作者・年代	詩名／內容
		千秋俎豆東西列，一代文章節孝人。 殿過大成思仰止，謹將聖教書諸紳。
		〈恭逢先師孔夫子二千五百年大祭誌盛〉[40] **孔澤**濃何許，年湮半五千。 昔時頻俎豆，今日又華筵。 西魯春風在，東寧化雨傳。 生逢斯盛典，聊表寸心虔。
南社社員	楊宜綠[41] （1877-1934） 臺南赤崁人	〈恭逢先師孔夫子二千五百年大祭誌盛〉[42] 夫子棲棲日，東周志自堅。 刪書懷作楷，繫易卜歸田。 道大難容世，禮隆欲配天。 千秋兩楹奠，海外繼猶虔。
文獻學者	連橫 （1878-1936） 臺南寧南坊人	〈吳立軒先生挽詩〉[43] **儒術**今凋敝，文章屬老成。

---

40 許子文：〈恭逢先師孔夫子二千五百年大祭誌盛〉，全臺詩編輯小組編撰：《全臺詩》第44冊，頁125。

41 楊宜綠（1877-1934），字天健，號癡玉、癡綠，又號蓬萊客，臺灣縣赤崁人（今臺南市）。早年曾西渡中國廈門供職《全閩日報》，大正四年（1915）偕臺南文人謝星樓赴日深造。返臺後，任《臺灣日日新報》、《臺南新報》漢文記者，為「南社」成員。其人骨鯁直爽，嫉惡如仇，所撰詩文多諷刺時政、反映社會問題。昭和三年（1928），針對臺南大南門外公共墓地改建綜合運動場政策，在報上發表文章反映民意予以抗議，遭繫獄十個月。後因怨憤成疾，得獄醫酒井協助，被保釋出獄。後棄職，在家「旭齋」設帳授學，培植青年學習漢學。楊氏雖一生落拓，然威武不能屈，後人因有「抗日詩人、報界硬漢」的美譽。

吳福助：〈提要〉，全臺詩編輯小組編撰：《全臺詩》第28冊（臺南市：國家文學館，2013年12月），頁519。

42 楊宜綠：〈恭逢先師孔夫子二千五百年大祭誌盛〉，全臺詩編輯小組編撰：《全臺詩》第28冊，頁534。

43 連橫：〈吳立軒先生挽詩〉，全臺詩編輯小組編撰：《全臺詩》第30冊，頁226。

身分	作者·年代	詩名／內容
		〈驪山弔秦始皇陵〉[44] **儒宗**競說江都相，門揭猶書下馬陵。[45]
		〈謁延平郡王祠〉[46] 一入文廟**焚儒服**，招討將軍賜上方，舳艫橫江旗蔽空。
		〈遣懷〉[47] 郅治追羲皇，教化參**孔李**。
		〈狂歌示陳彥侯陳召棠〉[48] 我時不知三皇五帝如小孩，我時不知**孔丘**盜蹠如塵埃。
		〈題南社嬉春圖〉[49] 盜跖而**孔丘**，衣冠虛其表。
		〈八月二十七日觀臺北**祀孔**有感〉[50] 百仞宮牆跡已沉，鷗鴉紛集泮池林。 堂前禮樂傷崩壞，劫後詩書共探尋。 道大未堪歌鳳嘆，時艱難遣獲**麟**心。 春秋據亂今何世，我欲因之溉釜鬵。
創設南社	陳渭川 （1879-1912） 臺南寧南坊人	〈雜遣一則詩債並序〉[51] 蓋夫《詩》刪於夫子，而債即**孔子**主其事，……余不能見信于**孔子**，雖貸亦不得甚重債，只些少零星而已，多累苦矣，一笑。（序文）

---

44 連橫：〈驪山弔秦始皇陵〉，全臺詩編輯小組編撰：《全臺詩》第30冊，頁250。

45 作者自註：「訪董仲舒墓。墓在長安孔廟之南，近由西京籌備會重修，門揭大書『漢下馬陵』四字，為張溥泉先生手筆。」

46 連橫：〈謁延平郡王祠〉，全臺詩編輯小組編撰：《全臺詩》第30冊，頁269。

47 連橫：〈遣懷〉，全臺詩編輯小組編撰：《全臺詩》第30冊，頁144。

48 連橫：〈狂歌示陳彥侯陳召棠〉，全臺詩編輯小組編撰：《全臺詩》第30冊，頁167。

49 連橫：〈題南社嬉春圖〉，全臺詩編輯小組編撰：《全臺詩》第30冊，頁180。

50 連橫：〈八月二十七日觀臺北祀孔有感〉，全臺詩編輯小組編撰：《全臺詩》第30冊，頁206。

51 陳渭川：〈雜遣一則詩債並序〉，全臺詩編輯小組編撰：《全臺詩》第30冊，頁308。

身分	作者‧年代	詩名／內容
創辦共勵義塾	黃欣 （1885-1947） 臺南寧南坊人	〈恭逢先師**孔夫子**二千五百年大祭誌盛〉[52] 千秋陳俎豆，海外薦文宣。 禮樂傳鄒魯，詩書誦聖賢。 洋洋美在水，納納道如天。 萬國同斯日，衣冠拜殿前。
		〈癸亥（1923）重九獻堂南強汝南三君過訪固園即事〉[53] 古人今已死，今人猶好古， 君不見三皇五帝禹湯文武周公**孔子**一坏土。
塾師	王炳南 （1883-1952） 臺南北門區人	〈秦灰〉[54] 暴主當陽日，**坑儒**計最奇。 詩書遭燬燼，基業亦傾危。
		〈輓吳祥東詞友〉[55] 君是**儒家**明道者，如何不道喪其身。
		〈敬步金山宗親寄贈原韻〉[56] 千層海浪阻家山，僻巷身居謬**學顏**。
		〈在齋中自怨〉[57] 而年四十未明道，**儒孰**以予君子尊。
		〈敬步顏德昌原韻十首之一〉[58] 才超李杜與元白，學統**顏曾**兼**孟思**。

52　黃欣：〈恭逢先師孔夫子二千五百年大祭誌盛〉，全臺詩編輯小組編撰：《全臺詩》第37冊，頁36。

53　黃欣：〈癸亥（1923）重九獻堂南強汝南三君過訪固園即事〉，全臺詩編輯小組編撰：《全臺詩》第37冊，頁41。

54　王炳南：〈秦灰〉，全臺詩編輯小組編撰：《全臺詩》第45冊（臺南市：國家文學館，2016年11月），頁377。

55　王炳南：〈輓吳祥東詞友〉，全臺詩編輯小組編撰：《全臺詩》第45冊，頁412。

56　王炳南：〈敬步金山宗親寄贈原韻〉，全臺詩編輯小組編撰：《全臺詩》第45冊，頁426。

57　王炳南：〈在齋中自怨〉，全臺詩編輯小組編撰：《全臺詩》第45冊，頁469。

58　王炳南：〈敬步顏德昌原韻十首之一〉，全臺詩編輯小組編撰：《全臺詩》第45冊，頁435。

身分	作者‧年代	詩名／內容
塾師	王大俊 （1886-1942） 臺南北門區人	〈贈別木村校長榮轉阿公店公學校〉[59] 芳名赫赫重**儒林**，修德育英一片心。
		〈惜字亭〉[60] 文房習氣尚**儒林**，疊石為亭傍廟陰。
		〈秦灰〉[61] 一自焚書後，餘灰萬古悲。 **坑儒**心太毒，劫火世同悲。
		〈恭逢先師**孔夫子**二千五百年大祭誌盛〉[62] 百世崇師表，年年俎豆籩。 文光長炳照，道統永相傳。 至大功垂世，巋然德在天。 欣逢隆盛日，鐘鼓震秋煙。
創設南社	謝國文 （1887-1938） 臺南府外新街人	〈送灌園耕南二先生遊歐美〉[63] 學哲幾曾兼**孔孟**，辯才我早服秦儀。
南社社員	吳萱草 （1889-1960） 臺南北門區人	〈二林秋望〉[64] **儒林**立馬首頻抬，睥睨乾坤絕俗埃。

59 王大俊：〈贈別木村校長榮轉阿公店公學校〉，全臺詩編輯小組編撰：《全臺詩》第39冊，頁282。

60 王大俊：〈惜字亭〉，全臺詩編輯小組編撰：《全臺詩》第39冊，頁393。

61 王大俊：〈秦灰〉，全臺詩編輯小組編撰：《全臺詩》第39冊，頁417。

62 王大俊：〈恭逢先師孔夫子二千五百年大祭誌盛〉，全臺詩編輯小組編撰：《全臺詩》第39冊，頁329。

63 謝國文：〈送灌園耕南二先生遊歐美〉，全臺詩編輯小組編撰：《全臺詩》第49冊，頁55。

64 吳萱草：〈二林秋望〉，全臺詩編輯小組編撰：《全臺詩》第50冊，頁373。

身分	作者‧年代	詩名／內容
芸香吟社理事	石中英 （1889-1980） 臺南市人	〈步李少庵先生書懷原〉[65] 牛耳騷壇顧已賒，耽吟詩酒羨**儒**家。
南社社長	吳子宏 （1890-1960） 臺南市人	〈黃太母吳太夫人八秩晉八壽詩〉[66] 溫良似合**儒家**素，忠恕宜瞻孔聖垣。
		〈總統蔣公七秩晉一華誕〉[67] 岡陵壽比山河壯，仁智才堪**孔孟**侔。
共組共勵義塾	黃溪泉[68] （1891-1960） 臺南市人	〈恭逢先師**孔**夫子二千五百年大祭誌盛〉[69] 寰海尊師表，春秋過二千。 刪詩宗往聖，問禮愛高賢。 堯舜言皆述，韓莊道自偏。 瓣香齊下拜，俎豆薦年年。
南社社員	王鵬程 （1891-1962）	〈讀書〉[70] 治學由來拙治生，絕糧**尼父**自忘形。

---

65 石中英：〈步李少庵先生書懷原〉，全臺詩編輯小組編撰：《全臺詩》第54冊，頁240。

66 吳子宏：〈黃太母吳太夫人八秩晉八壽詩〉，全臺詩編輯小組編撰：《全臺詩》第55冊，頁82。

67 吳子宏：〈總統蔣公七秩晉一華誕〉，全臺詩編輯小組編撰：《全臺詩》第55冊，頁85。
   按：本詩作於日治時期結束，國民政府治臺時期。

68 黃溪泉（1891-1960），號谿荃。臺南府安平縣（今臺南市）人。為臺南士紳黃欣之胞弟，昆仲兩人幼習漢學，又接受日式教育，兼具新舊思想，合力經營新式企業。黃欣外向，積極進取；黃溪泉內向，謙恭保守，彼此互補，家業因而蒸蒸日上。曾關建「固園」日式庭園，並建造兩棟洋樓，昆仲兩人各住一棟，佔地約四千坪，為臺南文人雅士、海內外政商名流聚訪之所，更是引領風騷，為詩壇集會聯吟的據點。曾共組「臺南共勵會」，分設講演、體育、教育、演藝四部，致力教育文化事業，貢獻臺灣社會教育良多，演藝部所演文化劇尤其成功。昆仲兩人均從胡殿鵬學習臺詩，為「南社」社員，胡殿鵬稱之為「固園二雅」。
   吳福助：〈提要〉，全臺詩編輯小組編撰：《全臺詩》第54冊（臺南市：國家文學館，2018年12月），頁443。

69 黃溪泉：〈恭逢先師孔夫子二千五百年大祭誌盛〉，全臺詩編輯小組編撰：《全臺詩》第54冊，頁445。

70 王鵬程：〈讀書〉，全臺詩編輯小組編撰：《全臺詩》第55冊，頁178。

身分	作者・年代	詩名／內容
	臺南市人	〈春日謁**孔廟**〉[71] 麗日光靈殿，春風滿杏壇。 帝王崇禮樂，弟子仰衣冠。 道統千秋重，薪傳百世寬。 時潮藏浩劫，何以挽狂瀾。
		〈辛丑（1961）雙十節南社創立六十七週年誌盛〉[72] 宏揚六義宜**尊孔**，雙十年年此駐驂。
小報主編	洪坤益 （1892-1948） 臺南府城人	〈恭逢先師**孔夫子**二千五百年大祭誌盛〉[73] 鳳德興周日，**麟**祥降魯年。 生民殊未有，至道大無偏。 風化洪陶古，天聲木鐸宣。 瓣香歌盛典，垂統自綿綿。
		〈送固園主人兩昆仲漫遊滬燕滿〉[74] 我欲縱觀秦皇帝，君應高揖**孔聖人**。
南社社員	高懷清 （1892-1976） 臺南市人	〈恭逢**孔子**二千五百年大祭誌盛〉[75] 麟降尼山後，高風遍魯傳。 春秋馨俎豆，今古仰師賢。 道德歌長在，文章業不偏。 東寧興盛典，天地此中堅。

71 王鵬程：〈春日謁孔廟〉，全臺詩編輯小組編撰：《全臺詩》第55冊，頁183。

72 王鵬程：〈辛丑（1961）雙十節南社創立六十七週年誌盛〉，全臺詩編輯小組編撰：《全臺詩》第55冊，頁197。

73 洪坤益：〈恭逢先師孔夫子二千五百年大祭誌盛〉，全臺詩編輯小`組編撰：《全臺詩》第55冊，頁75。

74 洪坤益：〈送固園主人兩昆仲漫遊滬燕滿〉，全臺詩編輯小`組編撰：《全臺詩》第55冊，頁238。

75 高懷清：〈恭逢孔子二千五百年大祭誌盛〉，全臺詩編輯小組編撰：《全臺詩》第55冊，頁373。

身分	作者・年代	詩名／內容
		〈孔誕書懷〉[76] 千秋崇**孔聖**，此日拜先賢。
		〈敬和旺熙詞長六一書懷原韻〉[77] 書香門第多蘭桂，忠孝欽崇**孔孟賢**。
		〈**孔廟**創建三百年祀典誌盛〉[78] **全臺首學**紀開基，甲子五更值此時。 木鐸聲喧聲瞶醒，金鐘響徹管絃隨。 輝煌燈燭衣冠麗，馥郁馨香爼豆宜。 大好文章能吐氣，泮池呈瑞已堪期。

---

76 高懷清：〈孔誕書懷〉，全臺詩編輯小組編撰：《全臺詩》第55冊，頁424。

77 高懷清：〈敬和旺熙詞長六一書懷原韻〉，全臺詩編輯小組編撰：《全臺詩》第55冊，頁448。

78 高懷清：〈孔廟創建三百年祀典誌盛〉，全臺詩編輯小組編撰：《全臺詩》第55冊，頁451。

附錄三
後科舉時代‧臺南群儒「讀經賦詩」列表

凡例：

一、地域認定：清領時期臺南府、臺灣縣、安平縣，甚至諸羅縣南部與日治時期臺南州（縣），行政區域劃分皆有重疊之處。例如臺灣府城城區內四坊（東安坊、西定坊、寧南坊、鎮北坊）原行政劃分皆為臺灣縣，故而《全臺詩》〈作者提要〉於跨代士人籍貫「前清地名」後附「今臺南市、或今臺南市、某區」標誌。本表以《全臺詩》〈作者提要〉中「臺南府城」或「今臺南市、某區」為地域認定準則。

二、作者身分：以「清領時期接受教育、跨代至日治時期」具有科舉功名，活躍於文學社團、報刊媒體；或「生於清領時期、日治時期受教於前清宿儒」具有文化傳承使命的之臺南士人。本表以《全臺詩》〈作者提要〉，依「是否取得功名、接受前清科舉及書房教育、日治時期任職塾師、南社社員」等條件，作為收入準則。

三、作者註解：為避免重覆收錄〈作者提要〉，凡本書章節或〈附錄一〉、〈附錄二〉已附註之作者簡介，則不再重覆註解。

四、先後順序：以「作者生年」為先後排列順序。

總論

身分	作者‧年代	詩名／內容
廩生	蔡佩香 （1867-1925） 臺南安平人	〈贈臺南醫院外科主任松尾峰太郎君〉[1] **六經**博學入專門，妙手回春獨策勳。
		〈祝臺灣彰聖會成立〉[2] **六經**曲禮古經壇，涵養性天自不群。
		〈林阿芹〉[3] 入座共傾三雅爵，移燈添寫**五經**筒。
生員	王則修 （1867-1952） 臺南新化人	〈刪經授徒〉[4] 行道何如傳道光，歸來吾黨斐成章。 還將《禮》《樂》《詩》《書》《易》，擷取精華教澤長。
		〈新年言志〉[5] 年志氣壯如虹，到老《詩》《書》嗟我誤。
廩生	胡殿鵬 （1869-1933） 臺南安平人	〈輓吳太夫人詩〉[6] **五經博士**生巾幗，[7]列國分圖繡玉臺。
		〈南溟琴曲自序〉[8] **六經**有三《禮》，華麗之公府也； 四詩有六義，文章之歸宿也。

---

1 蔡佩香：〈贈臺南醫院外科主任松尾峰太郎君〉，全臺詩編輯小組編撰：《全臺詩》第22冊（臺南市：國家文學館，2012年12月），頁387。
2 蔡佩香：〈祝臺灣彰聖會成立〉，全臺詩編輯小組編撰：《全臺詩》第22冊，頁524。
3 蔡佩香：〈林阿芹〉，全臺詩編輯小組編撰：《全臺詩》第22冊，頁438。
4 王則修：〈刪經授徒〉，全臺詩編輯小組編撰：《全臺詩》第23冊（臺南市：國家文學館，2012年12月），頁322。
5 王則修：〈新年言志〉，全臺詩編輯小組編撰：《全臺詩》第23冊，頁323。
6 胡殿鵬：〈輓吳太夫人詩〉，全臺詩編輯小組編撰：《全臺詩》第19冊（臺南市：國家文學館，2011年10月），頁89。
7 作者自註：「吳三法司之女公子也。直行，能誦五經。工女紅。守節三十餘年，死之日，滿城弔奠，時人哀之。其令郎與予同硯友，待予甚厚。」
8 胡殿鵬：〈南溟琴曲自序〉，全臺詩編輯小組編撰：《全臺詩》第19冊，頁56。

身分	作者‧年代	詩名／內容
生員	謝汝銓 （1871-1953） 臺南東安坊人	〈次江蘊和詞兄聞鷺江告平歸期在即感賦瑤韻卻寄〉[9] 祇應衛道驅三教，更好明倫重**五經**。
邑庠生	韓子明 （1873-？） 臺南西定坊人	〈過彰化聖廟〉[10] 捲入歐風美雨來， **《詩》《書》《禮》《樂》**付秦灰。
		〈筆山〉[11] **經書**群列峙，尼父費修刪。
塾師	王炳南 （1883-1952） 臺南北門區人	〈讀以題為韻〉[12] 舊書不厭百回讀，**煮史烹經**千萬熟。
		〈浯溪宗親寄贈〉[13] **經**盡苦讀**史**勤讀，地榜未題天早題。
		〈敬步顏德昌原韻十首之十〉[14] **三墳五典**書皆覽，八澤九丘誌盡知。
		〈羨高才〉[15] 來年采藻的先爭，**學富五車**處處評。 **墳典經書**無不熟，早知崧嶽降神生。

9　謝汝銓：〈次江蘊和詞兄聞鷺江告平歸期在即感賦瑤韻卻寄〉，全臺詩編輯小組編撰：《全臺詩》第25冊（臺南市：國家文學館，2012年12月），頁389。

10　韓子明：〈過彰化聖廟〉，全臺詩編輯小組編撰：《全臺詩》第41冊（臺南市：國家文學館，2016年11月），頁257。

11　韓子明：〈筆山〉，全臺詩編輯小組編撰：《全臺詩》第41冊，頁251。

12　王炳南：〈讀以題為韻〉，全臺詩編輯小組編撰：《全臺詩》第45冊（臺南市：國家文學館，2016年11月），頁230。

13　王炳南：〈浯溪宗親寄贈〉，全臺詩編輯小組編撰：《全臺詩》第45冊，頁425。

14　王炳南：〈敬步顏德昌原韻十首之十〉，全臺詩編輯小組編撰：《全臺詩》第45冊，頁437。

15　王炳南：〈羨高才〉，全臺詩編輯小組編撰：《全臺詩》第45冊，頁453。

身分	作者‧年代	詩名／內容
		〈羨朋友善教〉[16] 土革聲音不近聽，立教弟子史兼經。…… **言史講經**理貫通，幾間侍聽日無窮。
		〈羨朋友博學〉[17] 心懷君志似騏驥，**五典三墳**攻不休。…… 白日窗前勤苦攻，**六經**義理博而通。
		〈在齋中教學〉[18] 講學弗如楊董輩，**談經**難比馬匡僚。 竊羞帳設北門嶼，未得乘雲登帝朝。
南社社員	莊玉坡 （1883-？） 臺南鎮北坊人	〈和石衡社兄七秩書懷瑤韻〉[19] **飄矯經書**王逸少，風流學博李公麟。…… 瀟灑襟期出俗塵，泮宮高臥聖賢親。
創辦共勵 義塾	黃欣 （1885-1947） 臺南寧南坊人	〈步施梅樵先生留別韻即以送行〉[20] 史遷衛道身何補，**劉向傳經**志豈酬。
南社社員	吳萱草 （1889-1960） 臺南北門區人	〈祝竹林詩學研究會發會式〉[21] **烹經煮史**憑諸子，扢雅揚風繼七賢。 但看堂堂旗鼓振，料應漢學可能延。
		〈六十雙壽雜述三十律〉[22] 半山半海可幽供，**煮史烹經**未放鬆。

16 王炳南：〈羨朋友善教〉，全臺詩編輯小組編撰：《全臺詩》第45冊，頁467。

17 王炳南：〈羨朋友博學〉，全臺詩編輯小組編撰：《全臺詩》第45冊，頁467。

18 王炳南：〈在齋中教學〉，全臺詩編輯小組編撰：《全臺詩》第45冊，頁432。

19 莊玉坡：〈和石衡社兄七秩書懷瑤韻〉，全臺詩編輯小組編撰：《全臺詩》第46冊（臺南市：國家文學館，2017年11月），頁395。

20 黃欣：〈步施梅樵先生留別韻即以送行〉，全臺詩編輯小組編撰：《全臺詩》第37冊（臺南市：國家文學館，2015年11月），頁78。

21 吳萱草：〈祝竹林詩學研究會發會式〉，全臺詩編輯小組編撰：《全臺詩》第50冊，頁191。

22 吳萱草：〈六十雙壽雜述三十律〉，全臺詩編輯小組編撰：《全臺詩》第50冊，頁308。

身分	作者‧年代	詩名／內容
芸香吟社理事	石中英 （1889-1980） 臺南安平人	〈戊戌（1958）重九登高未能參加為憾〉[23] 短髮猶驚紗帽落，欲題糕字**六經**無。 〈舌耕〉[24] 滔滔鎮日話無停，吟罷詞章說**九經**。
南社社員	高懷清 （1892-1976） 臺南市人	〈祝林知義君令堂七十晉一〉[25] 承天祥降德，教子孝**傳經**。

詩經[26]

身分	作者‧年代	詩名／內容
廩生	趙鍾麒 （1863-1936）	〈送大野院長歸東〉[27] 扶輪**〈大雅〉**風誰繼，結局英雄類若斯。

---

23 石中英：〈戊戌（1958）重九登高未能參加為憾〉，全臺詩編輯小組編撰：《全臺詩》第54冊，頁407。

24 石中英：〈舌耕〉，全臺詩編輯小組編撰：《全臺詩》第54冊，頁233。

25 高懷清：〈祝林知義君令堂七十晉一〉，全臺詩編輯小組編撰：《全臺詩》第55冊（臺南市：國家文學館，2018年12月），頁335。

26 按：日治時期臺士許多運用「扶輪〈大雅〉」、「〈大雅〉云亡」於詩作，根據連橫〈雅言〉「清代以科舉取士，士人之讀《詩》、《書》而掇功名者，大都浸淫於制藝試帖，元音墜地，〈大雅〉淪亡。二三俊秀，自以詩鳴。掞藻揚芬，獨吟寡偶，不過寫海國之風光，寄滄洲之逸興，未有詩社之設也。」元音大雅，指作詩應如：《詩經》〈大雅〉之雅正，然而晚清士人為求功名，而浸淫於格式化的制藝試帖。然而清初科舉以「清真雅正」為選文標準，如康熙四十一年（1702）親撰〈御製訓飭士子文〉「文章歸於淳雅，毋事浮華」、雍正十年（1732）頒布〈諭正文體〉「所拔之文，務令雅正清真」、乾隆十年四月初四日上諭：「我皇考有清真雅正之訓。」康熙、雍正、乾隆三朝御令「清真雅正」為選文標準，自然與格式化的制藝試帖多有不同。
　〔清〕劉良璧纂輯，《重修福建臺灣府志》（上）《聖謨》（臺北市：文建會，2005年6月），頁78-9、102。
　〔清〕王瑛曾編纂，《重修鳳山縣志》（上）卷六《學校志》（臺北市：文建會，2005年6月），頁260。
　連橫（連雅堂）：〈雅言（三六）〉，《三六九小報》第177號，第4段。

27 趙鍾麒：〈送大野院長歸東〉，全臺詩編輯小組編撰：《全臺詩》第14冊（臺南市：國家文學館，2011年10月），頁152。

身分	作者‧年代	詩名／內容
	臺南府城人	〈和存仁聯合吟會韻〉[28] 天心文運力能回，**〈大雅〉**扶輪志未灰。
		〈和子昭君中嘉南聯合吟會賦示韻〉[29] 一脈斯文扶**〈大雅〉**，吟鞭休似日遲遲。
		〈和學潛兄中嘉南聯合吟會賦示韻〉[30] 相期**〈大雅〉**扶輪手，同努先途一策鞭。
		〈輓櫟社社長新竹蔡啟運先生〉[31] 乍遲春酒三年約，望斷秋葭一水思。…… 生芻百里憑詩寄，**〈大雅〉**云亡益可悲。
		〈和陳文煥君手植文公祠梅韻〉[32] 欲藉文章扶**〈大雅〉**，更資針砭起群生。
		〈和王毓卿君示南社韻〉[33] 人文運自關家國，士事書同讀聖賢。願播弦歌傳**〈雅〉〈頌〉**，文明洗刷海東天。
生員	王則修 （1867-1952） 臺南新化人	〈〈豳風〉圖〉[34] 豳地山川古，經營尺幅中。 艱難追祖業，勤儉見民風。 稼穡丁男事，蠶桑子婦功。 何人陳此什，當日憶周公。

28 趙鍾麒：〈和存仁聯合吟會韻〉，全臺詩編輯小組編撰：《全臺詩》第14冊，頁216。

29 趙鍾麒：〈和子昭君中嘉南聯合吟會賦示韻〉，全臺詩編輯小組編撰：《全臺詩》第14冊，頁219。

30 趙鍾麒：〈和學潛兄中嘉南聯合吟會賦示韻〉，全臺詩編輯小組編撰：《全臺詩》第14冊，頁220。

31 趙鍾麒：〈輓櫟社社長新竹蔡啟運先生〉，全臺詩編輯小組編撰：《全臺詩》第14冊，頁183。

32 趙鍾麒：〈和陳文煥君手植文公祠梅韻〉，全臺詩編輯小組編撰：《全臺詩》第14冊，頁268。

33 趙鍾麒：〈和王毓卿君示南社韻〉，全臺詩編輯小組編撰：《全臺詩》第14冊，頁173。

34 王則修：〈〈豳風〉圖〉，全臺詩編輯小組編撰：《全臺詩》第23冊，頁41。

身分	作者・年代	詩名／內容
		〈勸農詩〉[35] 試讀〈**豳風**〉歌稼穡，周家王化啟公劉。
		〈獵犬六首之一〉[36] 曾讀〈**秦風**〉載獫獢，乘車田犬亦標名。
		〈論詩七絕五首之一〉[37] 一變〈**離騷**〉又五言，**國風雅頌**已無存。
		〈論詩七絕五首之二〉[38] 悟得**葩經**三百什，半多思父半思君。
		〈文風七絕五首之五〉[39] 我自挖揚扶〈**大雅**〉，坐來佳士喜春生。
		〈次梅樵先生七十述懷瑤韻四首之一〉[40] 可無〈**大雅**〉扶輪想，儘有文章震世驚。
		〈人日雅集五律魚韻〉[41] 斯文欣濟濟，〈**大雅**〉樂魚魚。
		〈蘭星文藝部創立之紀念七律虞韻四首之二〉[42] 誰把輪困〈**大雅**〉扶，蘭星此舉合時趨。
		〈蘭星文藝部創立之紀念七律虞韻四首之四〉[43]　今日墨林香乍滿，森森〈**大雅**〉看輪扶。

35　王則修：〈勸農詩〉，全臺詩編輯小組編撰：《全臺詩》第23冊，頁41。
36　王則修：〈獵犬六首之一〉，全臺詩編輯小組編撰：《全臺詩》第23冊，頁6。
37　王則修：〈論詩七絕五首之一〉，全臺詩編輯小組編撰：《全臺詩》第23冊，頁33。
38　王則修：〈論詩七絕五首之二〉，全臺詩編輯小組編撰：《全臺詩》第23冊，頁34。
39　王則修：〈文風七絕五首之五〉，全臺詩編輯小組編撰：《全臺詩》第23冊，頁162。
40　王則修：〈次梅樵先生七十述懷瑤韻四首之一〉，全臺詩編輯小組編撰：《全臺詩》第23冊，頁23。
41　王則修：〈人日雅集五律魚韻〉，全臺詩編輯小組編撰：《全臺詩》第23冊，頁142。
42　王則修：〈蘭星文藝部創立之紀念七律虞韻四首之二〉，全臺詩編輯小組編撰：《全臺詩》第23冊，頁208。
43　王則修：〈蘭星文藝部創立之紀念七律虞韻四首之四〉，全臺詩編輯小組編撰：《全臺詩》第23冊，頁208。

身分	作者・年代	詩名／內容
		〈論詩五古〉[44] 詩學源流遠，貞淫寓美刺。 誰將三百篇，以意來逆志。
廩生	蔡佩香 （1867-1925） 臺南安平人	〈謹步黃茂笙先生三十八初度偶成瑤韻〉[45] 今日祝餘壽可比，〈南山〉讀罷起觀〈興〉。
		〈祝臺灣彰聖會成立〉[46] 大成禮樂門牆峻，小子觀〈興〉今昔移。
		〈恭祝臺南新報二十五年紀念〉[47] 〈大雅〉扶輪一線因，載言藻彩幾回新。
生員	林逢春 （1868-1936） 臺南府城人	〈謹次湘沅宗兄病起瑤韻並初度〉[48] 〈蓼莪〉罷感雙親，天壤空留劫後身。
		〈春酒〉[49] 濟蹌此日屠蘇飲，共賦《毛詩》頌介眉。
廩生	胡殿鵬 （1869-1933） 臺南安平人	〈奉迎皇太子殿下行啟臺澎恭賦〉[50] 南州父老高山帽，東國文章〈大雅〉詩。
生員	林馨蘭（1870- 1924） 臺南宰婦媽街	〈敬次讓山總督閣下蒙示瑤韻賦呈硯北粲正原韻〉[51] 況逢元老開東閣，〈大雅〉扶輪豈偶然。

44 王則修：〈論詩五古〉，全臺詩編輯小組編撰：《全臺詩》第23冊，頁291。

45 蔡佩香：〈謹步黃茂笙先生三十八初度偶成瑤韻〉，全臺詩編輯小組編撰：《全臺詩》第22冊，頁501。

46 蔡佩香：〈祝臺灣彰聖會成立〉，全臺詩編輯小組編撰：《全臺詩》第22冊，頁524。

47 蔡佩香：〈恭祝臺南新報二十五年紀念〉，全臺詩編輯小組編撰：《全臺詩》第22冊，頁542。

48 林逢春：〈謹次湘沅宗兄病起瑤韻並初度〉，全臺詩編輯小組編撰：《全臺詩》第23冊，頁541。

49 林逢春：〈春酒〉，全臺詩編輯小組編撰：《全臺詩》第23冊，頁549。

50 胡殿鵬：〈奉迎皇太子殿下行啟臺澎恭賦〉，全臺詩編輯小組編撰：《全臺詩》第19冊，頁33。

51 林馨蘭：〈敬次讓山總督閣下蒙示瑤韻賦呈硯北粲正原韻〉，全臺詩編輯小組編撰：《全臺詩》第19冊，頁516。

身分	作者‧年代	詩名／內容
		〈讀詩界革新議及後等書〉[52] 詩以理性情，溫厚其本旨。 **雅頌**變風騷，非自今日始。
生員	謝汝銓 （1871-1953） 臺南東安坊人	〈次韻潤庵君遷居〉[53] 中流砥柱心殊苦，〈**大雅**〉扶輪力共支。
		〈讀書題後‧葩經採國風〉[54] 周馳太史採輶軒，奢儉貞淫國俗存。 歲閱五千殷可鑑，篇刪三百孔常尊。 風歌雅頌都關化，邶變豳終豈妄論。 一自紫陽新傳出，鄭《毛箋注》愁陳言。
		〈疏開別親友〉[55] 明知後會無難事，〈秋水〉〈**蒹葭**〉悵溯洄。
		〈繡列國圖〉[56] 包羅〈禹貢〉箋方物，結撰**葩經**寫〈國風〉。
		〈寄祝施景琛詞伯還曆〉 徜徉松菊秋三經，迥溯〈**蒹葭**〉水一方。 教憶棘闈當日事，桂化香裏鬥文章。
		〈瀛社三十周年丁丑（1937）花朝紀念感詠〉[57] 扶輪〈**大雅**〉滿腔血，浩劫無愁書火秦。

---

52 林馨蘭：〈讀詩界革新議及後等書〉，全臺詩編輯小組編撰：《全臺詩》第19冊，頁541。

53 謝汝銓：〈次韻潤庵君遷居〉，全臺詩編輯小組編撰：《全臺詩》第25冊，頁149。

54 謝汝銓：〈讀書題後‧葩經採國風〉，全臺詩編輯小組編撰：《全臺詩》第25冊，頁360。

55 謝汝銓：〈疏開別親友〉，全臺詩編輯小組編撰：《全臺詩》第25冊，頁464。

56 謝汝銓：〈繡列國圖〉，全臺詩編輯小組編撰：《全臺詩》第25冊，頁419。

57 謝汝銓：〈瀛社三十周年丁丑（1937）花朝紀念感詠〉，全臺詩編輯小組編撰：《全臺詩》第25冊，頁309

身分	作者・年代	詩名／內容
		〈敬次上山蔗庵督憲瑤韻〉[58] 半壁河山資保障，陳《詩》說《禮》集諸生。
邑庠生	韓子明 （1873-？） 臺南西定坊人	〈倪登玉詞兄長令郎仁傑君同月雲女士花燭典禮賦此誌慶〉[59] 筵開瀛北多三祝，《詩》賦〈周南〉第一章。
		〈弔王竹修先生〉[60] 〈大雅〉扶持歸大化，斯文遞喪有餘哀。
南社社員	許子文 （1876-1957） 臺南新美街人	〈建國紀念日雅集〉[61] 糾合同人志，高吟〈大雅〉章。
		〈嚴子陵〉[62] 富貴可比首陽下，垂釣遺風亦〈采薇〉。
		〈夏日小集〉[63] 乾坤覆載皆宗子，身世浮沉重〈國風〉。
文獻學者	連橫 （1878-1936） 臺南寧南坊人	〈吳立軒先生挽詩〉[64] 明《詩》垂闓教，讀《易》立師模。
		〈催妝詩〉[65] 自調琵瑟清平曲，愛讀〈周南〉第一篇。
		〈出都別耐儂〉[66] 《春秋》據亂吾修史，風雅無邪汝論《詩》。

58 謝汝銓：〈敬次上山蔗庵督憲瑤韻〉，全臺詩編輯小組編撰：《全臺詩》第25冊，頁137。

59 韓子明：〈倪登玉詞兄長令郎仁傑君同月雲女士花燭典禮賦此誌慶〉，全臺詩編輯小組編撰：《全臺詩》第41冊，頁291。

60 韓子明：〈弔王竹修先生〉，全臺詩編輯小組編撰：《全臺詩》第41冊，頁292。

61 許子文：〈建國紀念日雅集〉，全臺詩編輯小組編撰：《全臺詩》第44冊（臺南市：國家文學館，2016年11月），頁159。

62 許子文：〈嚴子陵〉，全臺詩編輯小組編撰：《全臺詩》第44冊，頁146。

63 許子文：〈夏日小集〉，全臺詩編輯小組編撰：《全臺詩》第44冊，頁150。

64 連橫：〈吳立軒先生挽詩〉，全臺詩編輯小組編撰：《全臺詩》第30冊（臺南市：國家文學館，2013年12月），頁226。

65 連橫：〈催妝詩〉，全臺詩編輯小組編撰：《全臺詩》第30冊，頁256。

66 連橫：〈出都別耐儂〉，全臺詩編輯小組編撰：《全臺詩》第30冊，頁173。

身分	作者‧年代	詩名／內容
		〈臺灣詩薈發行賦示騷壇諸君子〉[67] 〈**大雅**〉今雖息，斯文尚未頹。
創設南社	陳渭川 （1879-1912） 臺南寧南坊人	〈輓蔡啟運先生四首之一〉[68] 豈徒惆悵為人琴，〈**大雅**〉云亡又到今。
生員	謝維巖 （1879-921） 臺南市人	〈斐亭詩鐘歌〉[69] 自將乙未變滄桑，羽換宮移〈**大雅**〉亡。
南社社員	莊玉坡 （1883-？） 臺南鎮北坊人	〈哭社兄顏雲年君〉[70] 扶輪〈**大雅**〉顏師古，振起斯文袁子才。
		〈祝高雄州主催全島聯吟大會寄呈出席諸先生〉[71] 長願諸君齊健在，扶輪〈**大雅**〉續年年。
		〈祝全島詩人大會開於臺中州〉[72]
創辦共勵 義塾	黃欣 （1885-1947） 臺南寧南坊人	〈下村長官將之歐洲掛冠歸里臺灣官民設宴於鐵道旅館賦詩以送〉[73] 七載**甘棠**樹下居，芻蕘又許貢吾愚。 勸公速返西歐棹，好把東瀛〈**大雅**〉扶。
		〈詩薈發刊題贈雅堂先生〉[74] 〈**大雅**〉扶輪幾輩存，獨標赤幟張吾軍。

---

67 連橫：〈臺灣詩薈發行賦示騷壇諸君子〉，全臺詩編輯小組編撰：《全臺詩》第30冊，頁221。

68 陳渭川：〈輓蔡啟運先生四首之一〉，全臺詩編輯小組編撰：《全臺詩》第30冊，頁337。

69 謝維巖：〈斐亭詩鐘歌〉，全臺詩編輯小組編撰：《全臺詩》第30冊，頁435。

70 莊玉坡：〈哭社兄顏雲年君〉，全臺詩編輯小組編撰：《全臺詩》第46冊，頁207。

71 莊玉坡：〈祝高雄州主催全島聯吟大會寄呈出席諸先生〉，全臺詩編輯小組編撰：《全臺詩》第46冊，頁236。

72 莊玉坡：〈祝全島詩人大會開於臺中州〉，全臺詩編輯小組編撰：《全臺詩》第46冊，頁265。

73 黃欣：〈下村長官將之歐洲掛冠歸里臺灣官民設宴於鐵道旅館賦詩以送〉，全臺詩編輯小組編撰：《全臺詩》第37冊，頁20。

74 黃欣：〈詩薈發刊題贈雅堂先生〉，全臺詩編輯小組編撰：《全臺詩》第37冊，頁59。

身分	作者‧年代	詩名／內容
塾師	王大俊 （1886-1942） 臺南北門區人	〈步蔗庵制府瑤韻賦呈仙坡先生〉[75] 軾轍兩輪扶〈**大雅**〉，神仙同日醉巴陵。
		〈次陳雪滄詞兄席上呈嘉南二社友韻〉[76] 長記東墩諸〈**大雅**〉，雄才箇箇是吾師。
		〈喜白鷗吟社重開擊缽會賦呈諸子〉[77] 況值秋涼爽吟骨，好將〈**大雅**〉共輪扶。
創設南社	謝國文 （1887-1938） 臺南府外新街 人	〈詩幟七絕元韻〉[78] 〈**大雅**〉同扶此一輪，星羅棋布建屏藩。
		〈祭詩支韻〉[79] 缽聲久絕誰嗣響，〈**大雅**〉淪亡痛失師。
		〈秋夜會羅山吟社〉[80] 難得〈**大雅**〉扶輪相繼起，鐵網珊瑚八面收。
		〈魯曲阜謁聖蹟恭賦〉[81] 楷檜長青沂泗遠，海濱鄒魯頌〈**周南**〉。
南社社員	吳萱草 （1889-1960） 臺南北門區人	〈木鐸〉[82] 聵醒聾響杏壇，宣揚〈**大雅**〉壯儒冠。
芸香吟社 理事	石中英 （1889-1980） 臺南安平人	〈祝藻香文藝社創立〉[83] 半肩任負斯文重，〈**大雅**〉扶輪冠九州。

75 黃欣：〈步蔗庵制府瑤韻賦呈仙坡先生〉，全臺詩編輯小組編撰：《全臺詩》第37冊，頁85。

76 王大俊：〈次陳雪滄詞兄席上呈嘉南二社友韻〉，全臺詩編輯小組編撰：《全臺詩》第39冊（臺南市：國家文學館，2015年11月），頁318。

77 王大俊：〈喜白鷗吟社重開擊缽會賦呈諸子〉，全臺詩編輯小組編撰：《全臺詩》第39冊，頁404。

78 謝國文：〈詩幟七絕元韻〉，全臺詩編輯小組編撰：《全臺詩》第49冊，頁47。

79 謝國文：〈祭詩支韻〉，全臺詩編輯小組編撰：《全臺詩》第49冊，頁68。

80 謝國文：〈秋夜會羅山吟社〉，全臺詩編輯小組編撰：《全臺詩》第49冊，頁17。

81 謝國文：〈魯曲阜謁聖蹟恭賦〉，全臺詩編輯小組編撰：《全臺詩》第49冊，頁38。

82 吳萱草：〈木鐸〉，全臺詩編輯小組編撰：《全臺詩》第50冊，頁212。

83 石中英：〈祝藻香文藝社創立〉，全臺詩編輯小組編撰：《全臺詩》第54冊，頁252。

身分	作者‧年代	詩名／內容
南社社長	吳子宏 （1890-1960） 臺南安平人	〈和子昭詞兄韻〉[84] **〈大雅〉**如君能共濟，莫教文運日沉沉。
		〈次楊爾材先生元韻〉[85] 風騷有主憑吾輩，**〈大雅〉**如君信達材。
		〈鶴駕行啟頌德詩〉[86] 南州此日欣臨幸，**〈大雅〉**詩歌太古春。
		〈席上呈樸雅吟社諸君子〉[87] 吟壇誰作中流柱，勝會人多**〈大雅〉**懷。
南社社員	王鵬程 （1891-1962） 臺南市人	〈謁聖〉[88] **刪詩贊易**存仁義，嘆鳳嗟麟自慓懷。
		〈祝臺灣詩壇五週年紀念〉[89] **〈周〉〈召〉采國風**，源出崑崙圃。
		〈祝桐侶吟社週年紀念〉[90] 即今已屆週年頌，**〈大雅〉**扶輪望挽推。
		〈九日固園會獻堂幼春汝南諸先生〉[91] 願將**〈大雅〉**扶輪手，永作中流砥柱頭。
		〈祝桐侶吟社二週年紀念會〉[92] **〈大雅〉**扶輪賴諸子，執將牛耳繼南皮。

---

84 吳子宏：〈和子昭詞兄韻〉，全臺詩編輯小組編撰：《全臺詩》第55冊，頁20。

85 吳子宏：〈次楊爾材先生元韻〉，全臺詩編輯小組編撰：《全臺詩》第55冊，頁21。

86 吳子宏：〈鶴駕行啟頌德詩〉，全臺詩編輯小組編撰：《全臺詩》第55冊，頁23。

87 吳子宏：〈席上呈樸雅吟社諸君子〉，全臺詩編輯小組編撰：《全臺詩》第55冊，頁59。

88 王鵬程：〈謁聖〉，全臺詩編輯小組編撰：《全臺詩》第55冊，頁175。

89 王鵬程：〈祝臺灣詩壇五週年紀念〉，《臺灣詩壇》第10卷第6期（1956年6月）。

90 王鵬程：〈祝桐侶吟社週年紀念〉，全臺詩編輯小組編撰：《全臺詩》第55冊，頁120。

91 王鵬程：〈九日固園會獻堂幼春汝南諸先生〉，全臺詩編輯小組編撰：《全臺詩》第55冊，頁121。

92 王鵬程：〈祝桐侶吟社二週年紀念會〉，全臺詩編輯小組編撰：《全臺詩》第55冊，頁122。

身分	作者・年代	詩名／內容
		〈介則修夫子六十眉壽並次述懷原韻〉[93] 雙手扶輪存〈**大雅**〉，一心相印悟前因。
		〈戊戌（1958）詩人節自由中國臺東大會七律支韻〉[94] 鷺鷗握手中華路，裙屐聯吟〈**大雅**〉詩。
		〈旗峰詩社三十週年紀盛〉[95] 隻手扶輪揚〈**大雅**〉，此心愛國望中興。
小報主編	洪坤益 （1892-1948） 臺南府城人	〈聞榮達君病臂詩以慰之〉[96] 扶輪期〈**大雅**〉，制勝出偏師。
南社社員	謝溪秋 （1892-1959） 臺南市人	〈擊缽吟〉[97] 〈**大雅**〉扶輪誰作主，斯文今日感偏深。

春秋

身分	作者・年代	詩名／內容
廩生	趙鍾麒 （1863-1936） 臺南府城人	〈壽王友竹詞宗〉[98] 鼎鐘富貴屣如敝，壇坫《**春秋**》筆有權。

93 王鵬程：〈介則修夫子六十眉壽並次述懷原韻〉，全臺詩編輯小組編撰：《全臺詩》第55冊，頁131。

94 王鵬程：〈戊戌（1958）詩人節自由中國臺東大會七律支韻〉，全臺詩編輯小組編撰：《全臺詩》第55冊，頁190。

95 王鵬程：〈旗峰詩社三十週年紀盛〉，全臺詩編輯小組編撰：《全臺詩》第55冊，頁193。

96 洪坤益：〈聞榮達君病臂詩以慰之〉，全臺詩編輯小組編撰：《全臺詩》第55冊，頁299。

97 謝溪秋：〈擊缽吟〉，全臺詩編輯小組編撰：《全臺詩》第55冊，頁319。

98 趙鍾麒：〈壽王友竹詞宗〉，全臺詩編輯小組編撰：《全臺詩》第14冊，頁198。

身分	作者‧年代	詩名／內容
舉人	羅秀惠 （1865-1943） 臺南安平人	〈恭祝《臺南新報》二十五年記念〉[99] 《春秋》筆溯紀元年，庚子經陳乙甲編。
生員	王則修 （1867-1952） 臺南新化人	〈文章報國二首之二〉[100] 一枝健筆比《春秋》，褒貶無私萬古留。
		〈獲麟絕筆〉[101] 肇修魯史代天工，不道傷麟嘆道窮。 二百餘年褒貶事，截然一閱告成功。
		〈伍員六首之六〉[102] 《春秋》大義難逃責，忠孝雙全詎足論。
廩生	蔡佩香 （1867-1925） 臺南安平人	〈祝戰勝〉[103] 一旅師提仁伐暴，《春秋》義戰古無多。
		〈祝臺灣日日新報第三千號發刊〉[104] 《春秋》老筆橫猶健，風月清談雅欲仙。
生員	謝汝銓 （1871-1953） 臺南東安坊人	〈次張說園詞友五十書感原韻〉[105] 天生五霸亂春秋，便教精神墜遠遊。 西狩獲麟傷絕筆，君臣大義聖深謀。
		〈讀書題後‧孔子作《春秋》〉[106] 素王南面著《春秋》，二百餘年亂賊憂。

99　羅秀惠：〈恭祝《臺南新報》二十五年記念〉，全臺詩編輯小組編撰：《全臺詩》第16冊（臺南市：國家文學館，2011年10月），頁75。

100　王則修：〈文章報國二首之二〉，全臺詩編輯小組編撰：《全臺詩》第23冊，頁64。

101　王則修：〈獲麟絕筆〉，全臺詩編輯小組編撰：《全臺詩》第23冊，頁322。

102　王則修：〈伍員六首之六〉，全臺詩編輯小組編撰：《全臺詩》第23冊，頁274。

103　蔡佩香：〈祝戰勝〉，全臺詩編輯小組編撰：《全臺詩》第22冊，頁354。

104　蔡佩香：〈祝臺灣日日新報第三千號發刊〉，全臺詩編輯小組編撰：《全臺詩》第22冊，頁443。

105　謝汝銓：〈次張說園詞友五十書感原韻〉，全臺詩編輯小組編撰：《全臺詩》第25冊，頁465。

106　謝汝銓：〈讀書題後‧孔子作《春秋》〉，全臺詩編輯小組編撰：《全臺詩》第25冊，頁359。

身分	作者‧年代	詩名／內容
		終始隱哀公敘魯，貶襃衰鉞室尊周。
		〈讀書題後‧不韋託《春秋》〉[107] 狐裘不自縫新腋，**麟史**偏為託正篇。
		〈讀書題後‧溫公《資治通鑑》〉[108] 筆削《**春秋**》義例垂，龍門作記亦前師。
		〈讀書題後‧杜預《左傳》癖〉[109] 將軍經籍每耽思，《**左傳**》生平酷愛之。 詩酒別腸無異此，《**春秋**》義例有同斯。 非盲亥豕能傳信，集解《**公羊**》得證疑。 廣奧何人窺武庫，功成還自重文辭。
		〈讀書題後‧談《史》《漢》〉[110] 休嗤抵掌只談空，襃貶《**春秋**》法至公。
		〈伊藤壺溪先生〉[111] 東寧又罷《**春秋**》筆，坐擁皋比直到今。
		〈席上敬次藤波千谿先生瑤韻兼呈田邊碧堂先生兩郡政〉[112] 泯棼深抱國家愁，無限雄心老尚留。 才藻人欣逢李杜，貶襃世憫絕《**春秋**》。

---

107 謝汝銓：〈讀書題後‧不韋託《春秋》〉，全臺詩編輯小組編撰：《全臺詩》第25冊，頁359。

108 謝汝銓：〈讀書題後‧溫公《資治通鑑》〉，全臺詩編輯小組編撰：《全臺詩》第25冊，頁361。

109 謝汝銓：〈讀書題後‧杜預《左傳》癖〉，全臺詩編輯小組編撰：《全臺詩》第25冊，頁371。

110 謝汝銓：〈讀書題後‧談《史》《漢》〉，全臺詩編輯小組編撰：《全臺詩》第25冊，頁384。

111 謝汝銓：〈伊藤壺溪先生〉，全臺詩編輯小組編撰：《全臺詩》第25冊，頁234。

112 謝汝銓：〈席上敬次藤波千谿先生瑤韻兼呈田邊碧堂先生兩郡政〉，全臺詩編輯小組編撰：《全臺詩》第25冊，頁137。

身分	作者‧年代	詩名／內容
		〈感懷〉[113] 《春秋》義例論今世，風雨名山友古人。
		〈庚午（1930）秋分日參列圓山護國禪寺故臺日社員例祭感賦〉[114] 廿五年間齊濫竽，《春秋》義例與操觚。
		〈感事〉[115] 不測人心乘氣機，《春秋》筆削到深微。
		〈祝黃贊鈞社弟道德報發刊〉 仲尼徒不道桓文，王道霸勁原自分。 仁義有真無可假，《春秋》一部削紛紛。
		〈辜顯榮先生輓詩〉[116] 知友古村編實錄，直書無隱法《春秋》。
		〈本社設席北投歡迎**廣東記者團**諸公余有微恙不赴賦此寄呈即希郢政〉[117] 義例《春秋》嚴筆削，好將實景寫蓬萊。
		〈悼社友李逸濤君〉[118] 褒貶《春秋》好惡同，羞為無骨應聲蟲。
		〈瀛社春宴兼為李悌欽兄及余祝登七秩席上賦謝索和〉 《周易》爻無誤，《春秋》筆有輝。

113 謝汝銓：〈感懷〉，全臺詩編輯小組編撰：《全臺詩》第25冊，頁148。

114 謝汝銓：〈庚午（1930）秋分日參列圓山護國禪寺故臺日社員例祭感賦〉，全臺詩編輯小組編撰：《全臺詩》第25冊，頁159。

115 謝汝銓：〈感事〉，全臺詩編輯小組編撰：《全臺詩》第25冊，頁244。

116 謝汝銓：〈辜顯榮先生輓詩〉，全臺詩編輯小組編撰：《全臺詩》第25冊，頁392。

117 謝汝銓：〈本社設席北投歡迎廣東記者團諸公余有微恙不赴賦此寄呈即希郢政〉，全臺詩編輯小組編撰：《全臺詩》第25冊，頁100。

118 謝汝銓：〈悼社友李逸濤君〉，全臺詩編輯小組編撰：《全臺詩》第25冊，頁117。

身分	作者·年代	詩名／內容
		〈湯島聖堂再建落成遙賦〉[119] 聖堂再建典仍修，欲為斯文一脈留。…… 真像九重恩賜出，馨香俎豆續《春秋》。
邑庠生	韓子明 （1873-？） 臺南西定坊人	〈文章報國〉[120] 《春秋》嚴筆削，百世識尊王。
		〈題武廟沿革錄書後七律〉[121] 《春秋》不朽平生志，天地長存萬古忠。[122]
南社社員	許子文 （1876-1957） 臺南新美街人	〈筆鋒〉[123] 無人請劍斬妖氛，大筆《春秋》特善群。 一字貶褒嚴斧鉞，尼山千古仰斯文。
文獻學者	連橫 （1878-1936） 臺南寧南坊人	〈寄李耐儂夫婦北京〉[124] 司馬憤書誠悱惻，《公羊》大義未凋零。 治經治史家常事，但願兒曹識一丁。
		〈賣餅〉[125] 我註《公羊》能食古，充饑莫漫笑何休。
		〈東林癡仙並視臺中諸友〉[126] 劫殘國粹相謀保，尼父《春秋》痛獲麟。

---

119 謝汝銓：〈湯島聖堂再建落成遙賦〉，全臺詩編輯小組編撰：《全臺詩》第25冊，頁286。

120 韓子明：〈文章報國〉，全臺詩編輯小組編撰：《全臺詩》第41冊，頁289。

121 韓子明：〈題武廟沿革錄書後七律〉，全臺詩編輯小組編撰：《全臺詩》第41冊，頁239。

122 按：《左傳·襄公二十四年》：「太上有立德，其次有立功，其次有立言，久不廢，此之謂不朽。」詳參〔晉〕杜預注，〔唐〕孔穎達等正義，《宋本左傳注疏》，收入《十三經注疏本》（臺北市：藝文印書館，1989年1月），頁609。

123 許子文：〈筆鋒〉，全臺詩編輯小組編撰：《全臺詩》第44冊，頁126。

124 連橫：〈寄李耐儂夫婦北京〉，全臺詩編輯小組編撰：《全臺詩》第30冊，頁192。

125 連橫：〈賣餅〉，全臺詩編輯小組編撰：《全臺詩》第30冊，頁288。

126 連橫：〈東林癡仙並視臺中諸友〉，全臺詩編輯小組編撰：《全臺詩》第30冊，頁82。

身分	作者‧年代	詩名／內容
		〈冬夜讀史有感〉[127] 試問羅山諸講學，《春秋》大義果明乎。
		〈出都別耐儂〉[128] 《春秋》據亂吾修史，風雅無邪汝論《詩》。
		〈城南雜詩〉[129] 閒與兒曹談掌故，胸中自有魯《春秋》。
		〈八月二十七日觀臺北祀孔有感〉[130] 《春秋》據亂今何世，我欲因之溉釜鬵。
		〈感事〉[131] 《春秋》據亂誰稱霸，秦穆齊桓在一匡。
		〈東遊雜詩四十首之十三〉[132] 省識《春秋》無義戰，巍巍一塔可銘功。
		〈吳立軒先生挽詩〉[133] 憶昔修臺乘，相從訂史文。…… 《春秋》如可作，大義未紛紜。
生員	謝維巖 （1879-921） 臺南市人	〈喜新學叢誌發刊賦呈漢如詞兄〉[134] 同滌仁裕西江水，來作《春秋》昭代史。

---

127 連橫：〈冬夜讀史有感〉，全臺詩編輯小組編撰：《全臺詩》第30冊，頁106。

128 連橫：〈出都別耐儂〉，全臺詩編輯小組編撰：《全臺詩》第30冊，頁173。

129 連橫：〈城南雜詩〉，全臺詩編輯小組編撰：《全臺詩》第30冊，頁182。

130 連橫：〈八月二十七日觀臺北祀孔有感〉，全臺詩編輯小組編撰：《全臺詩》第30冊，頁206。

131 連橫：〈感事〉，全臺詩編輯小組編撰：《全臺詩》第30冊，頁206。

132 連橫：〈東遊雜詩四十首之十三〉，全臺詩編輯小組編撰：《全臺詩》第30冊，頁213。

133 連橫：〈吳立軒先生挽詩〉，全臺詩編輯小組編撰：《全臺詩》第30冊，頁226。

134 謝維巖：〈喜新學叢誌發刊賦呈漢如詞兄〉，全臺詩編輯小組編撰：《全臺詩》第30冊，頁435。

身分	作者・年代	詩名／內容
塾師	王炳南 （1883-1952） 臺南北門區人	〈瀛洲宗親寄贈〉[135] 西軒懶讀孔**《春秋》**，思慕賢咸永不休。
塾師	王大俊 （1886-1942） 臺南北門區人	〈古鏡〉[136] 玉質光輝分外明，高懸一照膽心驚。 能教世路無奸惡，應說**《春秋》**為鑑衡。
		〈次篁川先生元旦偶作韻〉[137] 伏臘未忘周正朔，羅胸猶有魯**《春秋》**。
創設南社	謝國文 （1887-1938） 臺南府外新街人	〈魯曲阜謁聖蹟恭賦〉[138] **《春秋》**筆絕倫常重，化育功高天地參。
南社社員	吳萱草 （1889-1960） 臺南北門區人	〈謁臺北聖廟〉[139] 參天道統無邊大，歷劫**《麟經》**不世崇。
		〈木鐸〉[140] 天教夫子扶輪任，合與**《麟經》**一樣看。
芸香吟社理事	石中英 （1889-1980） 臺南安平人	〈奉和呂民魂先生五十壽辰自敘瑤韻〉[141] 豈獨男兒能報國，弱閨曾亦讀**《春秋》**。 自慚禿筆難飛舞，徒抱盈盈戚女憂。

---

135 王炳南：〈瀛洲宗親寄贈〉，全臺詩編輯小組編撰：《全臺詩》第45冊，頁424。

136 王大俊：〈古鏡〉，全臺詩編輯小組編撰：《全臺詩》第39冊，頁236。

137 王大俊：〈次篁川先生元旦偶作韻〉，全臺詩編輯小組編撰：《全臺詩》第39冊，頁475。

138 謝國文：〈魯曲阜謁聖蹟恭賦〉，全臺詩編輯小組編撰：《全臺詩》第49冊，頁38。

139 吳萱草：〈謁臺北聖廟〉，全臺詩編輯小組編撰：《全臺詩》第50冊，頁123。

140 吳萱草：〈木鐸〉，全臺詩編輯小組編撰：《全臺詩》第50冊，頁212。

141 石中英：〈奉和呂民魂先生五十壽辰自敘瑤韻〉，全臺詩編輯小組編撰：《全臺詩》第54冊，頁375。

身分	作者・年代	詩名／內容
南社社長	吳子宏 （1890-1960） 臺南安平人	〈恭逢先師孔子二千五百年大祭誌盛〉[142] 禮樂空千古，《春秋》重一編。
南社社員	王鵬程 （1891-1962） 臺南市人	〈謁聖〉[143] 禮樂衣冠歌舞佾，《春秋》褒貶筆如杠。
南社社員	高懷清 （1892-1976） 臺南市人	〈筆權〉[144] 褒貶分明嚴斧鉞，《春秋》析義盡包羅。
		〈敬和王則修先生古稀晉七述懷瑤韻〉[145] 一椽褒貶《春秋》筆[146]，萬古詞章日月光。

易　經

身分	作者	詩名／內容
舉人	羅秀惠 （1865-1943） 臺南安平人	〈創刊日錫圭林君寄祝依韻口占道慊〉[147] 煙雲蒙不晰，讀《易》味鼎革。
生員	王則修 （1867-1952） 臺南新化人	〈蓬年知非〉[148] 庶幾學《易》宜無咎，不道知天轉愴神。

---

142 吳子宏：〈恭逢先師孔子二千五百年大祭誌盛〉，全臺詩編輯小組編撰：《全臺詩》第55冊，頁19。

143 王鵬程：〈謁聖〉，全臺詩編輯小組編撰：《全臺詩》第55冊，頁175。

144 高懷清：〈筆權〉，全臺詩編輯小組編撰：《全臺詩》第55冊，頁406。

145 高懷清：〈敬和王則修先生古稀晉七述懷瑤韻〉，全臺詩編輯小組編撰：《全臺詩》第55冊，頁418。

146 作者自註：「先生曾執臺灣日報社筆政。」

147 羅秀惠：〈創刊日錫圭林君寄祝依韻口占道慊〉，《黎華報》第二號，「詩潮」欄，1925年4月25日。

148 王則修：〈蓬年知非〉，全臺詩編輯小組編撰：《全臺詩》第23冊，頁320。

身分	作者	詩名／內容
		〈介壽九首之二〉[149] 《易》占極數符黃髮，詩詠無疆到白眉。
		〈養雞二首之一〉[150] 不為談玄《易》，端因食肉難。
生員	林馨蘭 （1870-1924） 臺南辜婦媽街	〈步菊存山樵客窗書懷瑤韻兼呈雪漁詞宗〉[151] 忙裡懷參禪，閒餘點《周易》。
		〈恭輓明石督憲〉[152] 那信術人神卜《易》[153]，終期國手力回天。
		〈五十初度感賦〉[154] 天地一蘧廬，光陰亦過客。 蹉跎將壽補，假年思學《易》。
生員	謝汝銓 （1871-1953） 臺南東安坊人	〈窗前梅〉[155] 相看讀《易》玄機悟，索笑吟詞逸興生。
		〈讀書題後·羑里演《易》〉[156] 研朱點讀費沉思，羑里消愁演卦時。 道究天人參變化，囚深歲月泯危疑。 闡明數象分爻義，協贊庖犧繫象辭。 不用龜耆為卜筮，精微奧妙自家知。

---

149 王則修：〈介壽九首之二〉，全臺詩編輯小組編撰：《全臺詩》第23冊，頁119。

150 王則修：〈養雞二首之一〉，全臺詩編輯小組編撰：《全臺詩》第23冊，頁15。

151 林馨蘭：〈步菊存山樵客窗書懷瑤韻兼呈雪漁詞宗〉，全臺詩編輯小組編撰：《全臺詩》第19冊，頁486。

152 林馨蘭：〈恭輓明石督憲〉，全臺詩編輯小組編撰：《全臺詩》第19冊，頁510。

153 作者自註：「督憲歸航，將駕鎌田，秘書官潛向術者占《易》，云有水難，以風平浪靜當無他虞，且歸志已決，勢難中止。因囑從者十分慎重擁護。」

154 林馨蘭：〈五十初度感賦〉，全臺詩編輯小組編撰：《全臺詩》第19冊，頁510。

155 謝汝銓：〈窗前梅〉，全臺詩編輯小組編撰：《全臺詩》第25冊，頁340。

156 謝汝銓：〈讀書題後·羑里演《易》〉，全臺詩編輯小組編撰：《全臺詩》第25冊，頁359。

身分	作者	詩名／內容
		〈新春雜詠〉[157] 假年《周易》窮玄妙，彖象爻辭法聖人。
		〈卦爻辭有引〉[158] 余演繹《周易》說成，更就各卦爻附吟絕句計得四百五十首，蓋辭與說相輔，藉益闡明《易》義，詩之工拙不計也。（引文） 自強不息健天行，辭繫亨貞卦德明。 此六爻皆不變，根深蒂固事功成。 施為勿用象潛龍，己人攸分且斂容。 始卦卻看爻變異，得時而出待雲從。
		〈明石督憲靈輀歸葬臺北賦此誌哀〉[159] 水難《易經》占卦象，如何人不阻歸舟。」
		〈瀛社友李少庵君四十初度賦詩紀念次韻以祝〉[160] 昌明《易》象卦占離，大受由來不小知。
		〈瀛社春宴兼為李悌欽兄及余祝登七秩席上賦謝索和〉[161] 《周易》爻無誤，《春秋》筆有輝。
		〈次張說園詞友五十書感原韻〉[162] 欲通玄理筮《周易》，直向微茫渺處尋。
		〈筮《易》感作〉[163] 不談神鬼說忠孝，矯正時趨《易》道明。

---

157 謝汝銓：〈新春雜詠〉，全臺詩編輯小組編撰：《全臺詩》第25冊，頁422。

158 謝汝銓：〈卦爻辭有引〉，全臺詩編輯小組編撰：《全臺詩》第25冊，頁436。

159 謝汝銓：〈明石督憲靈輀歸葬臺北賦此誌哀〉，全臺詩編輯小組編撰：《全臺詩》第25冊，頁97。

160 謝汝銓：〈瀛社友李少庵君四十初度賦詩紀念次韻以祝〉，全臺詩編輯小組編撰：《全臺詩》第25冊，頁264。

161 謝汝銓：〈瀛社春宴兼為李悌欽兄及余祝登七秩席上賦謝索和〉，全臺詩編輯小組編撰：《全臺詩》第25冊，頁427。

162 謝汝銓：〈次張說園詞友五十書感原韻〉，全臺詩編輯小組編撰：《全臺詩》第25冊，頁465。

163 謝汝銓：〈筮《易》感作〉，全臺詩編輯小組編撰：《全臺詩》第25冊，頁425。

身分	作者	詩名／內容
		〈對梅〉[164] 尋詩足倦憑修竹，讀《易》心清坐小窗。
		〈次張說園詞友五十書感原韻〉[165] 欲通玄理筮《周易》，直向微茫渺處尋。
		〈敕題迎年祈世恭賦〉[166] 龍飛占利見，**乾德**健行新。
南社社員	許子文 （1876-1957） 臺南新美街人	〈六也村〉[167] 卦爻占盡吉，律呂契參同。
南社社員	楊宜綠 （1877-1934） 臺南赤崁人	〈恭逢先師孔夫子二千五百年大祭誌盛〉[168] 刪書懷作楫，繫《**易**》卜歸田。
塾師	黃得眾 （1877-1949） 臺南寧南坊人	〈遣恨〉[169] 卜占命運何**爻象**，推算身宮得數奇。
文獻學者	連橫 （1878-1936） 臺南寧南坊人	〈遣懷〉[170] 《**易**》稱窮通變，《書》言天顧諟。
		〈吳立軒先生挽詩〉[171] 明《詩》垂闓教，讀《易》立師模。

---

164 謝汝銓：〈對梅〉，全臺詩編輯小組編撰：《全臺詩》第25冊，頁400。

165 謝汝銓：〈次張說園詞友五十書感原韻〉，全臺詩編輯小組編撰：《全臺詩》第25冊，頁465。

166 謝汝銓：〈敕題迎年祈世恭賦〉，全臺詩編輯小組編撰：《全臺詩》第25冊，頁421。

167 許子文：〈六也村〉，全臺詩編輯小組編撰：《全臺詩》第44冊，頁154。

168 楊宜綠：〈恭逢先師孔夫子二千五百年大祭誌盛〉，全臺詩編輯小組編撰：《全臺詩》第28冊，頁534。

169 黃得眾：〈遣恨〉，全臺詩編輯小組編撰：《全臺詩》第30冊，頁32。

170 連橫：〈遣懷〉，全臺詩編輯小組編撰：《全臺詩》第30冊，頁144。

171 連橫：〈吳立軒先生挽詩〉，全臺詩編輯小組編撰：《全臺詩》第30冊，頁226。

身分	作者	詩名／內容
創設南社	陳渭川 （1879-1912） 臺南寧南坊人	〈哭山形雲林先生並序〉[172] 數年學《易》天終假[173]，有子成名後亦昌[174]。
創辦共勵 義塾	黃欣 （1885-1947） 臺南寧南坊人	〈題謝雪漁先生周易探玄〉[175] 君研周易我窮居，日日長驅薄笨車。…… 達德一言利天下，玄參河洛探圖書。 讀書萬卷儒衣裂，著述何人似鄭玄。 獨運乾坤窮上占，敢將哀樂感中年。 圖書亦有新生計，混沌原來大自然。 萬物歸藏隨變化，陽三陰四位無偏。
塾師	王炳南 （1883-1952） 臺南北門區人	〈雜吟五首之五〉[176] 焚香讀《周易》，天地此心寬。
		〈在齋中偶成〉[177] 燈光幽院觀《周易》，月皎空庭讀楚騷。
		〈贈林錫卿以八音冠頭〉[178] 革鼎豫謙行以《易》，木剛訥毅近乎仁。
		〈自愧以八音冠頭〉[179] 匏瓜繫處有誰憐，土俗民風別一天。 〈革卦〉不諳應致誚，木材見棄那堪傳

172　陳渭川：〈哭山形雲林先生並序〉，全臺詩編輯小組編撰：《全臺詩》第30冊，頁328。
173　作者自註：「先生亡年五十有三。」
174　作者自註：「謂令嗣某君。」
175　黃欣：〈題謝雪漁先生周易探玄〉，全臺詩編輯小組編撰：《全臺詩》第37冊，頁136。
176　王炳南：〈雜吟五首之五〉，全臺詩編輯小組編撰：《全臺詩》第45冊，頁323。
177　王炳南：〈在齋中偶成〉，全臺詩編輯小組編撰：《全臺詩》第45冊，頁433。
178　王炳南：〈贈林錫卿以八音冠頭〉，全臺詩編輯小組編撰：《全臺詩》第45冊，頁439。
179　王炳南：〈自愧以八音冠頭〉，全臺詩編輯小組編撰：《全臺詩》第45冊，頁440。

身分	作者	詩名／內容
南社社員	莊玉坡 （1883-？） 臺南鎮北坊人	〈題謝雪漁先生周易探玄大著〉[180] 樓名奎府一燈青，《易》學深玄訓過庭。
塾師	王大俊 （1886-1942） 臺南北門區人	〈郊墅雜詠〉[181] 攜壺澆藥草，讀《易》坐山房。
南社社員	吳萱草 （1889-1960） 臺南北門人	〈近況吟〉[182] 靜裡有時勤讀《易》，忙中無日不醫人。
		〈畫樓〉[183] 六爻合數奇緣字，一卦終成巧遇文。
芸香吟社 理事	石中英 （1889-1980） 臺南安平人	〈步韻劉斌峰先生書懷〉[184] 《周易》通靈數理精，岐黃妙術活蒼生。
		〈閨思三十韻之十八〉[185] 一鉤殘月挂樓梢，盥手窗前卜筮爻。 乾巽辭中呈反目，何來歧路鷗鵝咬。
南社社員	王鵬程 （1891-1962） 臺南市人	〈次固園主人病中賦詩見示瑤韻〉[186] 吉凶端合參《周易》，療治由來賴漢書。
		〈偶作〉[187] 盍思《易》象分明在，妄誕之言鬼一車。

---

180 莊玉坡：〈題謝雪漁先生周易探玄大著〉，全臺詩編輯小組編撰：《全臺詩》第46冊，頁381。

181 王大俊：〈郊墅雜詠〉，全臺詩編輯小組編撰：《全臺詩》第39冊，頁280。

182 吳萱草：〈近況吟〉，全臺詩編輯小組編撰：《全臺詩》第50冊，頁398。

183 吳萱草：〈畫樓〉，全臺詩編輯小組編撰：《全臺詩》第50冊，頁255。

184 石中英：〈步韻劉斌峰先生書懷〉，全臺詩編輯小組編撰：《全臺詩》第54冊，頁390。

185 石中英：〈閨思三十韻之十八〉，全臺詩編輯小組編撰：《全臺詩》第54冊，頁303。

186 王鵬程：〈次固園主人病中賦詩見示瑤韻〉，全臺詩編輯小組編撰：《全臺詩》第55冊，頁122。

187 王鵬程：〈偶作〉，全臺詩編輯小組編撰：《全臺詩》第55冊，頁151。

身分	作者	詩名／內容
		〈謁聖〉[188] **刪詩**贊《易》存仁義，嘆鳳嗟麟自憪憁。
小報主編	洪坤益 （1892-1948） 臺南府城人	〈八角蓮七絕真韻〉[189] 性含君子德，象叶**卦爻**珍。

書經

身分	作者‧年代	詩名／內容
生員	王則修 （1867-1952） 臺南新化人	〈伏女授《書》〉[190] 詩書久被祖龍焚，漢主更新治尚文。 遍索六經宣博士，搜求二典到釵裙。 丹鉛點勘呈皇覽，字畫分明付使君。 二十九篇今尚在，後儒傳誦見奇勳。
生員	謝汝銓 （1871-1953） 臺南東安坊人	〈尾崎秀真先生〉[191] 試從〈禹貢〉窮方物，織貝生番即島夷。
		〈讀書題後‧伏生授《尚書》〉[192] 伏生年老坐青氈，口授《書經》有女賢。 百歲剛逢秦爐後，一家偏得漢儒先。 唐虞典重開宗義，馬鄭詞精等注箋。 尚有人潛藏素壁，姜牆後學見欣然。
		〈繡列國圖〉[193] 包羅〈禹貢〉箋方物，結撰葩經寫〈國風〉。

188 王鵬程：〈謁聖〉，全臺詩編輯小組編撰：《全臺詩》第55冊，頁175。

189 洪坤益：〈八角蓮七絕真韻〉，全臺詩編輯小`組編撰：《全臺詩》第55冊，頁228。

190 王則修：〈伏女授《書》〉，全臺詩編輯小組編撰：《全臺詩》第23冊，頁307。

191 謝汝銓：〈尾崎秀真先生〉，全臺詩編輯小組編撰：《全臺詩》第25冊，頁234。

192 謝汝銓：〈讀書題後‧伏生授《尚書》〉，全臺詩編輯小組編撰：《全臺詩》第25冊，頁360。

193 謝汝銓：〈繡列國圖〉，全臺詩編輯小組編撰：《全臺詩》第25冊，頁419。

身分	作者．年代	詩名／內容
文獻學者	連橫 （1878-1936） 臺南寧南坊人	〈遣懷〉[194] 《易》稱窮通變，《書》言天顧諟。
南社社員	莊玉坡 （1883-？） 臺南鎮北坊人	〈題謝雪漁先生周易探玄大著〉[195] 真個名山千古業，**伏生**而後此**傳經**。

禮記

身分	作者．年代	詩名／內容
廩生	趙鍾麒 （1863-1936） 臺南府城人	〈恭逢先師孔夫子二千五百年大祭誌盛〉[196] 後王如載起，禮樂〈大同〉旃。
廩生	蔡佩香 （1867-1925） 臺南安平人	〈觀臺南市競渡龍舟有感〉[197] 傳聞捷報飛來急，極力先登唱〈大同〉。
生員	王則修 （1867-1952） 臺南新化人	〈文風七絕五首之一〉[198] 東洋文化習成風，披靡全球唱〈大同〉。
		〈文風七絕五首之三〉[199] 文明鼓吹翕從風，聖學昌然唱〈大同〉。
		〈杏菴宗先生將之海南任瓊崖銀行頭取於送別席

---

194 連橫：〈遣懷〉，全臺詩編輯小組編撰：《全臺詩》第30冊，頁144。

195 莊玉坡：〈題謝雪漁先生周易探玄大著〉，全臺詩編輯小組編撰：《全臺詩》第46冊，頁381。

196 趙鍾麒：〈恭逢先師孔夫子二千五百年大祭誌盛〉，全臺詩編輯小組編撰：《全臺詩》第14冊，頁223。

197 蔡佩香：〈觀臺南市競渡龍舟有感〉，全臺詩編輯小組編撰：《全臺詩》第22冊，頁519。

198 王則修：〈文風七絕五首之一〉，全臺詩編輯小組編撰：《全臺詩》第23冊，頁161。

199 王則修：〈文風七絕五首之三〉，全臺詩編輯小組編撰：《全臺詩》第23冊，頁161。

身分	作者・年代	詩名／內容
		上作出留別三首謹次原韻以壯行色〉[200] 世界如今唱〈**大同**〉，不分何事要和融。
		〈臺灣施行民商法所感二首之一〉[201] 天教田督下瀛東，讀法懸書表〈**大同**〉。
生員	林逢春 （1868-1936） 臺南府城人	〈祝拔庵先生古稀榮壽〉[202] 賢書在昔誇初錄，壽酒而今醉〈**大同**〉。
廩生	胡殿鵬 （1869-1933） 臺南安平人	〈臺灣雜詠〉[203] 北南二港開天府，海國車書頌〈**大同**〉。
		〈臺灣行〉[204] 東海聖人今大正，十子軍歌唱〈**大同**〉。
生員	謝汝銓 （1871-1953） 臺南東安坊人	〈新春雜詠〉[205] 民胞物與吾儒願，聖訓煌煌說〈**大同**〉。
		〈新東亞〉[206] 民物宏新運，平和唱〈**大同**〉。
		〈敬次上山蔗庵督憲瑤韻〉[207] 半壁河山資保障，陳《詩》說《**禮**》集諸生。

---

200 王則修：〈杏菴宗先生將之海南任瓊崖銀行頭取於送別席上作出留別三首謹次原韻以壯行色〉，全臺詩編輯小組編撰：《全臺詩》第23冊（臺南：國家文學館，2012年12月），頁106。

201 王則修：〈臺灣施行民商法所感二首之一〉，全臺詩編輯小組編撰：《全臺詩》第23冊，頁2。

202 林逢春：〈祝拔庵先生古稀榮壽〉，全臺詩編輯小組編撰：《全臺詩》第23冊，頁556。

203 胡殿鵬：〈臺灣雜詠〉，全臺詩編輯小組編撰：《全臺詩》第19冊，頁102。

204 胡殿鵬：〈臺灣行〉，全臺詩編輯小組編撰：《全臺詩》第19冊，頁43。

205 謝汝銓：〈新春雜詠〉，全臺詩編輯小組編撰：《全臺詩》第25冊，頁422。

206 謝汝銓：〈新東亞〉，全臺詩編輯小組編撰：《全臺詩》第25冊，頁421。

207 謝汝銓：〈敬次上山蔗庵督憲瑤韻〉，全臺詩編輯小組編撰：《全臺詩》第25冊，頁138。

身分	作者・年代	詩名／內容
文獻學者	連橫 （1878-1936） 臺南寧南坊人	〈孟軻〉[208] 七雄爭戰世，遊說各西東。 我獨行仁義，民權演〈大同〉。
		〈送蔡鐵生之榕垣〉[209] 其象元亨其兆吉，莘莘學子散〈大同〉。
		〈冬夜讀史有感〉[210] 廿紀豈餘專制地，五洲將入〈大同〉天。
		〈遣懷〉[211] 為儒務其全，讀書求其理。…… 世界入〈大同〉，進化循其軌。
創辦共勵 義塾	黃欣 （1885-1947） 臺南寧南坊人	〈入鷺江有作〉[212] 〈大同〉自是真王道，五族平權各感恩。
		〈特別志願兵志願書提出喜賦〉[213] 引杯撫劍凜生風，東亞於今唱〈大同〉。
塾師	王大俊 （1886-1942） 臺南北門區人	〈祝將軍吟社發會式〉[214] 到處詩人唱〈大同〉，劍光筆氣貫長虹。
南社社長	吳子宏 （1890-1960） 臺南安平人	〈臺灣是民主自由之燈塔〉[215] 快哉快哉輔我國父訓，共同來歌世界自由〈大同〉詩。

208 連橫：〈孟軻〉，全臺詩編輯小組編撰：《全臺詩》第30冊，頁130。

209 連橫：〈送蔡鐵生之榕垣〉，全臺詩編輯小組編撰：《全臺詩》第30冊，頁234。

210 連橫：〈冬夜讀史有感〉，全臺詩編輯小組編撰：《全臺詩》第30冊，頁107。

211 連橫：〈遣懷〉，全臺詩編輯小組編撰：《全臺詩》第30冊，頁143。

212 黃欣：〈入鷺江有作〉，全臺詩編輯小組編撰：《全臺詩》第37冊，頁126。

213 黃欣：〈特別志願兵志願書提出喜賦〉，全臺詩編輯小組編撰：《全臺詩》第37冊，頁137。

214 王大俊：〈祝將軍吟社發會式〉，全臺詩編輯小組編撰：《全臺詩》第39冊，頁438。

215 吳子宏：〈臺灣是民主自由之燈塔〉，全臺詩編輯小組編撰：《全臺詩》第55冊，頁78。
　　按：本詩作於日治時期結束，國民政府治臺時期。

身分	作者‧年代	詩名／內容
南社社員	高懷清 （1892-1976） 臺南市人	〈婺星煥彩〉[216] 人來祝嘏歡聲震，一曲霓裳響〈大同〉。
		〈六也村〉[217] 六也署村洪，春風布〈大同〉。
		〈于右任先生八十壽慶〉[218] 願揮椽筆千軍壯，掃盡妖氛進〈大同〉。
		〈佳里詩社成立誌慶並呈徐社長暨諸詞長指正〉[219] 斯文有幸君肩起，國粹相期建〈大同〉。
南社社員	陳逢源（1893-1982） 臺南市人	〈甲申春世事日非病中感作〉[220] 報館聯營策〈大同〉，宣傳第一作前鋒。

孝經

身分	作者‧年代	詩名／內容
生員	謝汝銓（1871-1953） 臺南東安坊人	〈羽林通《孝經》〉[221] 不用干戈世太平，天經地義四民行。 陶鎔德性烏私報，整飭威官虎旅成。 偃武修文隆帝治，作忠移教洽人情。 心傳道統諄諄誨，家國君親理益明。

---

216 高懷清：〈婺星煥彩〉，全臺詩編輯小組編撰：《全臺詩》第55冊，頁439。

217 高懷清：〈六也村〉，全臺詩編輯小組編撰：《全臺詩》第55冊，頁414。

218 高懷清：〈于右任先生八十壽慶〉，全臺詩編輯小組編撰：《全臺詩》第55冊，頁432。

219 高懷清：〈佳里詩社成立誌慶並呈徐社長暨諸詞長指正〉，全臺詩編輯小組編撰：《全臺詩》第55冊，頁440。

220 陳逢源：〈甲申春世事日非病中感作〉，收入謝國興：《陳逢源：亦儒亦商亦風流（1893-1982）》（臺北：允晨文化，2002年6月），頁235。

221 謝汝銓：〈羽林通《孝經》〉，全臺詩編輯小組編撰：《全臺詩》第25冊，頁383。

論語

身分	作者	詩名／內容
廩生	許廷光 （1860-1929） 臺南市人	〈評議會所感〉[222] 權衡上下平情論，今古經綸異實同。…… **魯論**一書真上理，治平原不事他求。
生員	王則修 （1867-1952） 臺南新化人	〈春日謁**孔子廟**三首之二〉[223] 已無招隱狂歌鳳，[224]寧有衰時感獲麟。
生員	林馨蘭 （1870-1924） 臺南辜婦媽街 人	〈趙晉讀**魯論**〉[225] 論邦興喪一言定，郅治道齊兩節明。 何見半分上下部，則平畢竟盜虛聲。 平生讀《**論**》無他得，聚斂惟知學冉求。 顯背聖人鳴鼓訓，盜名欺世到千秋。
生員	謝汝銓（1871- 1953） 臺南東安坊人	〈祝黃石崚社兄還曆〉[226] 楚狂歌鳳悲譏聖，[227]函谷騎牛欲遇仙。
		〈輓久保天隨博士〉[228] 衰德楚狂歌鳳日，不孤詩幸有同聲。

---

222 許廷光：〈評議會所感〉，全臺詩編輯小組編撰：《全臺詩》第13冊（臺南市：國家文學館，2011年10月），頁287。

223 王則修：〈春日謁孔子廟三首之二〉，全臺詩編輯小組編撰：《全臺詩》第23冊，頁98。

224 「已無招隱狂歌鳳」，典出《論語》〈微子〉第五章。詳參〔魏〕何晏注，〔宋〕邢昺疏：《論語注疏》，收入《十三經注疏本》（臺北市：藝文印書館，1989年1月），頁165。

225 林馨蘭：〈趙晉讀魯論〉，全臺詩編輯小組編撰：《全臺詩》第19冊，頁503-504。

226 謝汝銓：〈祝黃石崚社兄還曆〉，全臺詩編輯小組編撰：《全臺詩》第25冊，頁278。

227 「楚狂歌鳳悲譏聖」，語出《論語》〈微子〉第五章。詳參〔魏〕何晏注，〔宋〕邢昺疏：《論語注疏》，收入《十三經注疏本》，頁165。

228 謝汝銓：〈輓久保天隨博士〉，全臺詩編輯小組編撰：《全臺詩》第25冊，頁279。

身分	作者	詩名／內容
		〈春燈吟社招宴以春夜小集為題同賦〉[229] 斬蛟沉海憶周處，歌鳳接輿悲楚狂。
		〈潤庵老友以余屆稀壽招宴賦謝並為引玉〉[230] 所欲從心矩不逾，先師孔子教垂儒。 曲肱而枕飯疏食，富貴多年此願無。[231]
		〈讀書題後補遺・趙普讀《論語》〉[232] 匡扶社稷相臣良，老大深慚學術荒。 齊魯經書探蘊奧，殷周道統索精詳。 他時註腳明朱子，此日傳心仰素王。 半部雖云天下治，德昭無罪死堪傷。
		〈奉委晉京參列先師孔子二千五百年大祭瀛社友餘筵席上賦別〉[233] **魯論**世難為趙普，星槎人漫擬張騫。
		〈林爾嘉先生七秩晉五壽言四十韻〉[234] 孔鯉趨庭訓請禮，[235]玉樹臨風蘭桂香。

---

229 謝汝銓：〈春燈吟社招宴以春夜小集為題同賦〉，全臺詩編輯小組編撰：《全臺詩》第25冊，頁426。

230 謝汝銓：〈潤庵老友以余屆稀壽招宴賦謝並為引玉〉，全臺詩編輯小組編撰：《全臺詩》第25冊，頁427。

231 「所欲從心矩不逾」，語出〈為政〉第四章。詳參〔魏〕何晏注，〔宋〕邢昺疏：《論語注疏》，收入《十三經注疏本》，頁16。
　　「曲肱而枕飯疏食」二句，典出〈述而〉第十五章。詳參〔魏〕何晏注，〔宋〕邢昺疏：《論語注疏》，收入《十三經注疏本》，頁62。

232 謝汝銓：〈讀書題後補遺・趙普讀《論語》〉，全臺詩編輯小組編撰：《全臺詩》第25冊（臺南：國家文學館，2012年12月），頁415。

233 謝汝銓：〈奉委晉京參列先師孔子二千五百年大祭瀛社友餘筵席上賦別〉，全臺詩編輯小組編撰：《全臺詩》第25冊，頁126。

234 謝汝銓：〈林爾嘉先生七秩晉五壽言四十韻〉，《臺灣佛教月刊》第4卷第1號（1950年3月20日）。

235 「孔鯉趨庭請禮」，語出《論語》〈季氏〉第十三章。詳參〔魏〕何晏注，〔宋〕邢昺疏：《論語注疏》，收入《十三經注疏本》，頁150。

身分	作者	詩名／內容
		按：典出《論語》〈季氏〉
文獻學者	連橫 （1878-1936） 臺南寧南坊人	〈陋園即事贈主人顏雲年〉[236] 我聞顏聖人，陋巷且不朽。 農山言志時，欲致太平久。 孔曰爾多財，吾為爾宰否。 何以利吾身，一笑王曰叟。
		〈八月二十七日觀臺北祀孔有感〉[237] 百仞宮牆跡已沉，鷗鶿紛集泮池林。 堂前禮樂傷崩壞，劫後詩書共探尋。 道大未堪歌鳳嘆，時艱難遣獲麟心。 春秋據亂今何世，我欲因之溉釜鬵。
		〈告不害〉[238] 孟荀皆說性，善惡各師宗。 告子言流水，持衡在執中。
		〈出都別耐儂〉[239] 屠龍萍漫才如此，歌鳳楚狂嘆已而。
塾師	王炳南 （1883-1952） 臺南北門區人	〈讀以題為韻〉[240] 今朝恨不十年讀，墳典未通經未熟。…… 慎行慎言寡悔尤，莫同師也學干祿。[241]

---

236 連橫：〈陋園即事贈主人顏雲年〉，全臺詩編輯小組編撰：《全臺詩》第30冊，頁197。

237 連橫：〈八月二十七日觀臺北祀孔有感〉，全臺詩編輯小組編撰：《全臺詩》第30冊，頁206。

238 連橫：〈告不害〉，全臺詩編輯小組編撰：《全臺詩》第30冊，頁131。

239 連橫：〈出都別耐儂〉，全臺詩編輯小組編撰：《全臺詩》第30冊，頁173。

240 王炳南：〈讀以題為韻〉，全臺詩編輯小組編撰：《全臺詩》第45冊（臺南市：國家文學館，2016年11月），頁230。

241 「言寡悔」典出《論語》〈為政〉第十八章。詳參〔魏〕何晏注，〔宋〕邢昺疏：《論語注疏》，收入《十三經注疏本》，頁18。

孟子

身分	作者	詩名／內容
舉人蔡國琳獨生女	蔡碧吟[242]（1874-1939）臺南東安坊人	〈敕題新年言志恭賦〉[243] 紅日瞳瞳喧爆竹，一章《孟子》讀天民。
文獻學者	連橫（1878-1936）臺南寧南坊人	〈孟軻〉[244] 七雄爭戰世，遊說各西東。 我獨行仁義，民權演〈大同〉。
		〈告不害〉[245] 孟荀皆說性，善惡各師宗。 告子言流水，持衡在執中。

中庸

身分	作者	詩名／內容
南社社員	謝溪秋（1892-1959）臺南市人	〈酬茂笙谿荃兩弟兄留贈無電廣播受信機〉[246] 留與故人教兒女，《中庸》大道此傳經。

---

242 蔡碧吟（1874-1939），閨名葉詩，號赤崁女史，臺灣縣東安坊人（今臺南市）。為舉人蔡國琳獨生女。蔡國琳曾任文石、蓬壺兩書院教諭，並受命纂修《臺南府志》，嘗於延平王祠設帳課徒為業。蔡碧吟幼承庭訓，工詩文，尤擅柳體楷書。
　　蔡美端：〈提要〉，全臺詩編輯小組編撰：《全臺詩》第26冊（臺南市：國家文學館，2012年12月），頁155。

243 蔡碧吟：〈敕題新年言志恭賦〉，全臺詩編輯小組編撰：《全臺詩》第26冊，頁159。

244 連橫：〈孟軻〉，全臺詩編輯小組編撰：《全臺詩》第30冊，頁130。

245 連橫：〈告不害〉，全臺詩編輯小組編撰：《全臺詩》第30冊，頁131。

246 謝溪秋：〈酬茂笙谿荃兩弟兄留贈無電廣播受信機〉，全臺詩編輯小組編撰：《全臺詩》第55冊，頁346。

附錄四
後科舉時代・臺南群儒報刊職務表

身分	作者・年代	報刊
廩生	趙鍾麒（1863-1936）臺南府城人	《三六九小報》創辦人[1]
舉人	羅秀惠（1865-1943）臺南安平人	《臺澎日報》編輯 《臺灣日日新報》編輯 《臺北黎華新報》發行人[2]
生員	王則修（1867-1952）臺南新化人	《臺灣日日新報》漢文記者[3]

1　趙鍾麒（1863-1936），字麟士，號雲石，別署畸雲，晚號老雲、老云，清臺灣府治清水寺街（今臺南市）人。光緒四年（1878）入泮，列邑庠生。光緒十三年（1887）因歲試成績優異，補廩生。昭和五年（1930），趙氏與連雅堂、洪鐵濤等友人創辦休閒性質的雜誌《三六九小報》，由長子趙雅福（劍泉）任發行人兼主編。
　　施懿琳：〈提要〉，全臺詩編輯小組編撰：《全臺詩》第14冊（臺南市：國家文學館，2011年10月），頁149。

2　羅秀惠（1865-1943），字蔚村，號蕉麓，別署花花世界生。臺南人，師事舉人蔡國琳，光緒年間取中舉人。乙未之際，曾與舉人汪春源等人上書諫阻割臺，後避居北京。未幾，返臺定居安平，曾任《臺澎日報》、《臺灣日日新報》編輯。大正十四年（1925）一月，基隆顏國年捐助，創《臺北黎華新報》社，任發行人，除刊載梨園藝文外，兼及小說、詩文、隨筆。
　　江寶釵：〈提要〉，全臺詩編輯小組編撰：《全臺詩》第16冊（臺南市：國家文學館，2011年10月），頁21。

3　王則修（1867-1952），譜名佛來，學名文德、則修。臺南大目降（今新化）人。二十歲入泮，二十三歲歲考取列一等第一，其後往福州應省試，未第。乙未（1895）割臺定議，隔年攜家人內渡至漳州府龍溪縣，明治三十五年（1902）始返臺。後因經商失敗，改於故鄉新化教讀，兼任《臺灣日日新報》漢文記者。
　　余美玲、吳東晟：〈提要〉，全臺詩編輯小組編撰：《全臺詩》第23冊（臺南市：國家文學館，2012年12月），頁1。

身分	作者・年代	報刊
廩生	蔡佩香（1867-1925）臺南安平人	《福建日日新聞》創辦人 《聖心會會報》記者 《臺南新報》記者[4]
廩生	胡殿鵬（1869-1933）臺南安平人	《臺灣日日新報》記者 《臺南新報》記者 《福建日日新聞》編輯[5]
生員	林馨蘭（1870-1924）臺南辜婦媽街人	《全臺日報》記者 《臺南新報》記者 《臺灣日日新報》記者[6]
生員	謝汝銓（1871-1953）臺南東安坊人	《臺灣日日新報》記者 《公理報》主編 《昭和新報》主編 《風月報》主編[7]

4　蔡佩香（1867-1925），又作珮香，字夢蘭，號南樵。清臺灣縣（今臺南市安平）人，出身當地望族，為光緒年間廩生。明治三十八年（1905）與連橫於廈門合辦《福建日日新聞》，共主筆政，不及一年即停刊返臺。大正十年（1921）六月任《聖心會會報》漢文記者，大正十三年（1924）十月入《臺南新報》任記者。
　　許俊雅：〈提要〉，全臺詩編輯小組編撰：《全臺詩》第22冊（臺南市：國家文學館，2012年12月），頁345。

5　胡殿鵬（1869-1933），字子程，號南溟，臺南安平人。廩生，曾補博士弟子員。乙未割臺時，內渡寓居廈門，次年局勢稍定後返臺。歷任《臺灣日日新報》記者、《臺南新報》記者、《福建日日新聞》編輯等職。
　　吳福助：〈提要〉，全臺詩編輯小組編撰：《全臺詩》第19冊（臺南市：國家文學館，2011年10月），頁5。

6　林馨蘭（1870-1924），字湘沅，又作湘遠、湘畹，號六四居士，又號壽星。臺南（辜婦媽街）人。光緒十三年（1887）取中生員。乙未割臺（1895）後，舉家內渡祖籍同安。越兩年局勢稍定，始返臺南設帳授徒。曾先後擔任《全臺日報》、《臺南新報》記者，明治三十三年（1900）移居臺北，擔任《臺灣日日新報》漢文部記者，曾以「勞勞生」筆名於該報撰寫「意園詩話」專欄。
　　黃文車：〈提要〉，全臺詩編輯小組編撰：《全臺詩》第19冊（臺南市：國家文學館，2011年10月），頁441。

7　謝汝銓（1871-1953），字雪漁，號奎府樓主。臺灣縣東安坊人（今臺南市），日治後，

身分	作者．年代	報刊
塾師	黃得眾（1877-1949）臺南寧南坊人	「臺南每日新聞社」社員 《臺南新報》撰稿 《三六九小報》撰稿 《孔教報》撰稿[8]
文獻學者	連橫（1878-1936）臺南寧南坊人	《臺灣日報》記者 《臺南新報》漢文部主編 《鷺江報》主編 《福建日日新聞報》創辦人 《臺灣新聞》漢文部 《新吉林報》任職 《邊聲報》任職 《臺灣詩薈》創辦人[9]

遷居臺北。光緒十八年（1892）取中秀才。明治三十八年（1905）入《臺灣日日新報》擔任漢文記者，並任馬尼拉《公理報》，與《昭和新報》、《風月報》等主編。

黃美娥：〈提要〉，全臺詩編輯小組編撰：《全臺詩》第25冊（臺南市：國家文學館，2012年12月），頁1。

8 黃得眾（1877-1949），字拱五，號瘦菊、多事老人，筆名鯤南隱士、紅谿、紅谿洞叟、紅谿隱者。臺灣府寧南坊人（今臺南市）。光緒十八年（1892）以十六歲之齡受聘為塾師。日治後，曾擔任「臺南每日新聞社」社員，後進入《臺南新報》操筆政，曾為《三六九小報》、《孔教報》撰稿。

楊永智：〈提要〉，全臺詩編輯小組編撰：《全臺詩》第30冊（臺南市：國家文學館，2013年12月），頁1。

9 連橫（1878-1936），字雅堂。二十一歲任《臺灣日報》記者，嗣主筆《臺南新報》（係臺澎日報與新聞臺灣合併）漢文部。一九〇五年（光緒三十一年）攜眷內渡廈門，服務於《鷺江報》，旋又與福清舉人黃乃裳共同創辦《福建日日新聞報》，鼓吹排滿，隨即遭查封。因又返臺，重主《臺南新報》漢文部。一九〇八年移居臺中，入《臺灣新聞》漢文部。並著手準備撰著《臺灣通史》。一九一一年民國成立，先後入《新吉林報》及《邊聲報》任職。一九一四年冬返臺，復任職《臺南新報》。1924年2月，創刊《臺灣詩薈》，以登載漢詩漢文筆記掌故為主，藉以振興現代之文學並保存舊書。一九三〇年九月與南社及春鶯吟社諸友創辦《三六九小報》，常為撰述。

張子文：《臺灣歷史人物小傳——明清暨日據時期》（臺北市：國家圖書館，2003年12月），頁466-468。

身分	作者・年代	報刊
創設南社	陳渭川（1879-1912）臺南寧南坊人	《臺南新報》漢文記者《采詩集》創刊人[10]
生員	謝維巖（1879-1921）臺南市人	《臺南新報》漢文部主筆[11]
創設南社	謝國文（1887-1938）臺南府外新街人	《臺灣》雜誌組織幹部《臺灣新民報》學藝部特聘[12]
南社社長	吳子宏（1890-1960）臺南市人	《新高新報》記者《三六九小報》「紫紅閣塵談」專欄[13]

10 陳渭川（1879-1912），臺灣縣寧南坊人，為茂才陳子耿長子。明治三十三年（1900）擔任《臺南新報》漢文記者。三十九年（1906）與臺南文人共同創設「南社」。四十五年（1912）二月參與日人原田春境創設之「采詩會」，並與臺日漢詩人共同創刊《采詩集》。
   吳毓琪：〈提要〉，全臺詩編輯小組編撰：《全臺詩》第30冊（臺南市：國家文學館，2013年12月），頁297。

11 謝維巖（1879-1921），官章瑞琳，戶籍登記為謝石秋。臺灣縣人（今臺南市）。明治三十九年（1906）應連橫之邀，擔任《臺南新報》漢文部主筆；是年秋，與臺南地區漢詩人創立「南社」，並擔任幹事，為該社重要成員。
   楊雅惠：〈提要〉，全臺詩編輯小組編撰：《全臺詩》第30冊（臺南市：國家文學館，2013年12月），頁421。

12 謝國文（1887-1938），臺南府外新街人。為邑庠生謝友我之長子漢學根基深厚。明治三十九年（1906）與叔父謝維巖等共創「南社」。大正十四年（1925）畢業於早稻田大學政治經濟部。大正十年（1921）加入「臺灣文化協會」，參與「臺灣議會設置請願運動」，並撰寫〈臺灣議會設置請願歌〉，同時擔任《臺灣青年》改為《臺灣》雜誌後（1922）的組織幹部。昭和七年（1932）任《臺灣新民報》學藝部客員。
   施懿琳：〈提要〉，全臺詩編輯小組編撰：《全臺詩》第49冊（臺南市：國家文學館，2017年11月），頁1。

13 吳子宏（1890-1960），臺南府安平縣（今臺南市）人。日治時期曾任《新高新報》社記者，為「南社」社員，大正四年（1915）與洪坤益等，創「春鶯吟社」；大正十二年（1923）又與趙雅福等創「桐侶吟社」，並任社長。昭和五年（1930）《三六九小報》創刊後，吳氏在該刊有「紫紅閣塵談」專欄，亦經常發表漢詩。戰後任為「南社」第四任社長、「延平詩社」社長。

身分	作者‧年代	報刊
南社社員	王鵬程（1891-1962）臺南市人	《臺南新報》漢文部編輯[14]
南社社員	洪坤益（1892-1948）臺南府城人	《孔雀月刊》籌設人 《三六九小報》創辦人 《大同報》編輯[15]
南社社員	高懷清（1892-1976）臺南市人	《臺南新報》記者 《臺灣新聞社》臺南支局漢文部主任 《鯤聲報》發行人兼主筆[16]

施懿琳：〈提要〉，全臺詩編輯小組編撰：《全臺詩》第55冊（臺南市：國家文學館，2018年12月），頁1。

14　王鵬程（1891-1962），臺南府安平縣（今臺南市）人。少從宿儒王則修習漢文，大正十五年（1926）入《臺南新報》漢文部擔任編輯，有「蕉夢錄」專欄。昭和五年（1930）受臺南市當局囑託，擔任實業補習學校夜學部漢文教師。昭和八年（1933）重入《臺南新報》，翌年（1934）離職。
　　陳曉怡：〈提要〉，全臺詩編輯小組編撰：《全臺詩》第55冊（臺南市：國家文學館，2018年12月），頁99。

15　洪坤益（1892-1948）臺南市人。父洪采惠於大正十年（1921）擔任臺南州臺南市協議會員，經營輕軌鐵道等，資產頗富。洪氏自幼接受傳統教育，為「南社」社員。大正四年（1915）與「南社」少壯派社員另組「春鶯吟社」，擔任社長。昭和四年（1929）籌設《孔雀月刊》。昭和五年（1930）九月九日，與趙鍾麒等創設《三六九小報》，擔任主筆之一。昭和十四年（1939）應日本軍方之召，至廣東汕頭辦理《大同報》，負責編務工作。
　　陳曉怡：〈提要〉，全臺詩編輯小組編撰：《全臺詩》第55冊（臺南市：國家文學館，2018年12月），頁201。

16　高懷清（1892-1976），臺南府安平縣（今臺南市）人。光緒二十五年（1899）師事福建海澄秀才吳國華，明治三十七年（1904）渡臺，進入公學校就讀，又在邱學海私塾研習漢文。大正四年（1915）擔任《臺南新報》記者，大正六年（1917）擔任《臺灣新聞社》臺南支局漢文部主任，直至昭和十八年（1943）辭任。大正二年（1913）加入「南社」，大正四年（1915）與洪坤益等創立「春鶯吟社」。大正十年（1921）11月與洪坤益等同任南社幹事。民國三十五年（1946）三月申請創刊《鯤聲報》，擔任發行人兼主筆，持續九年左右始休刊。
　　王雅儀：〈提要〉，全臺詩編輯小組編撰：《全臺詩》第55冊（臺南市：國家文學館，2018年12月），頁351。

身分	作者‧年代	報刊
南社社員	陳逢源（1893-1982）臺南市人	《臺灣新民報》記者[17]

---

17 陳逢源（1893-1982），字芳園，號南都，臺南市人。身歷清代、日治、中華民國統
治臺灣三個時期。幼年以漢學啟蒙，卒業於總督府國語學校，於一九一三年加入南
社，一九一八年與洪鐵濤、王芷香、趙劍泉等人籌組「春鶯吟社」。其後投身台灣
文化協會與議會設置請願之啟蒙運動，為當時社會文化抗日運動之要角，長期擔任
《臺灣新民報》記者，以經濟金融專業批評日本殖民統治政策著名。
謝國興：《陳逢源：亦儒亦商亦風流（1893-1982）》（臺北市：允晨文化，2002年6
月），頁62、封底〈陳逢源生平介紹〉。

附錄五
《三六九小報》「科舉敘事」列表[1]

凡例：

一、本表之編輯，乃相關科舉制度施行之經典、文化，於後科舉時代
　　以「記憶懷想」或「蓄意恢諧」等表述方式，刊載於《三六九小
　　報》（1930-1935）各期。

二、本表以「經典詮釋、經典敘事」、「科舉士人、果報軼事」類
　　別，編輯排列。

三、經典詮釋、敘事類：先《四書》（《論》、《孟》、《學》、《庸》）後
　　《五經》，先詮釋、後仿擬。「經史迷猜」類，依刊載次序，無
　　「先《四書》後《五經》」分別。

四、科舉士人、果報軼事類：先「科舉士人」後「果報軼事」。

經典詮釋、敘事

期別	「專欄」〈篇名〉作者	內容
17	〈《四書》別解〉心室主人	《四書》集句
152	「開心文苑」〈友人張帝宗君新婚擬《四書》成語文全篇以賀〉在公	《四書》集句
218	〈孔氏師徒坐談記〉蟒潭	《四書》集句
344	「開心文苑」〈師徒擇偶談〉英	《四書》集句

1　本表為104年度執行科技部「記憶與蓄意：《三六九小報》之儒學研究」計畫MOST
　　104-2410-H-218-021-執行成果，感謝計劃助理侯仕胤、陳軍豪協助編輯校對。

期別	「專欄」〈篇名〉作者	內容
新年增刊	「諧著」〈嫖妓《大學》〉贅仙（趙雅福）	《大學》擬作
174	「諧鈴」〈《四書》新解〉柳軒（張振樑）	《大學》詮釋
311	「開心文苑」〈有土此有財辨〉贅仙（趙雅福）	《大學》詮釋
38	「開心文苑」〈嫖妓《大學》（續）〉倩影（蔡培楚）	《大學》擬作
272	「開心文苑」〈拔繳《大學》〉贅仙（趙雅福）	《大學》擬作
363	「開心文苑」〈《中庸》新註解〉胡雪	《中庸》新註解
42	「綠波山房摭談」〈新《論語》〉麻豆 邱濬川	《論語》詮釋
43	「綠波山房摭談」〈新《論語》（二）〉麻豆 邱濬川	《論語》詮釋
174	「諧鈴」〈《四書》新解〉柳軒（張振樑）	《論語》詮釋
185	「諧鈴」〈《四書》新解〉柳軒（張振樑）	《論語》詮釋
284	「諧鈴」〈反革命的孔子〉鍾靈	《論語》詮釋
143	〈雅言（二）〉連雅堂	《論語》方言
353	「劍盧隨筆（七）」〈《論語》和《山海經》〉許靜珍	《論語》和《山海經》
48	「開心文苑」〈嫖妓《論語》〉野狐禪室主（洪坤益）	《論語》擬作
337	「開心文苑」〈嫖妓新《魯論》〉	《論語》擬作
57	「海口大學講座」第五課〈子之燕居〉大遨	《論》《孟》詮釋
52	「海口大學講座」第四課〈齊人有一妻一妾〉坤五	《孟子》詮釋
70	「海口大學講座」第六課〈為政不難不得罪於巨室〉坤五（鄭坤五）	《孟子》詮釋
177	「諧鈴」〈《四書》新解〉柳軒（張振樑）	《孟子》詮釋
440	「話柄」〈孟子的認識不足〉坤五（鄭坤五）	《孟子》探究

期別	「專欄」〈篇名〉作者	內容
51	「海口大學講座」第三課〈大人豹變〉坤五（鄭坤五）	《周易》詮釋
335	〈冷語〉紫髯	《周易》學說
364	「開心文苑」〈酒卦〉贅仙（趙雅福）	《周易》擬作
365	「開心文苑」〈嫖卦〉贅仙（趙雅福）	《周易》擬作
369	「開心文苑」〈烟卦〉贅仙（趙雅福）	《周易》擬作
79	「海口大學講座」第七課〈齊大非吾耦〉坤五（鄭坤五）	《左傳》詮釋
89	「雜俎」〈《禮記》摭談〉一西山人	《禮記》摭談
371	「滑稽短篇」〈講經（上）〉青	教員講經
372	「滑稽短篇」〈講經（下）〉青	教員講經
82	「雜俎」〈幸盦隨筆〉變態偉人（王開運）	孔子事蹟
201	「雲箋」〈詩會孔子廟〉樹林　黃純青	孔廟詩
242	〈文廟的一幕〉（一）蘭谷（趙啟明）	孔廟文
243	〈文廟的一幕〉（二）蘭谷（趙啟明）	孔廟文
251	〈文廟的一幕〉（三）蘭谷（趙啟明）	孔廟文
252	〈文廟的一幕〉（四）蘭谷（趙啟明）	孔廟文
253	〈文廟的一幕〉（五）蘭谷（趙啟明）	孔廟文
352	「謎學全史」〈春秋謎話補遺（一）·孔子與謎學〉萬華　黃文虎	孔子與謎學
378	「話柄」〈墨子與孔子同時人〉坤五（鄭坤五）	孔子與墨子
380	「話柄」〈對孔子之言有幾箇疑問〉坤五（鄭坤五）	孔子探究
6	〈放屁先生傳〉贅仙（趙雅福）	仿〈孔子世家傳〉
7	「開心文苑」〈說夢〉痴人	孔子夢周公
231	「開心文苑」〈戲擬孔老先生致孔方兄書〉贅仙（趙雅福）	孔子打筆仗

期別	「專欄」〈篇名〉作者	內容
233	「開心文苑」〈戲擬孔方兄答孔老先生書〉贅仙（趙雅福）	孔子打筆仗
330	「開心文苑」〈戲擬招財王致孔老夫子書〉贅仙（趙雅福）	孔子打筆仗
331	「開心文苑」〈戲擬孔老夫子答招財王書〉贅仙（趙雅福）	孔子打筆仗
332	「開心文苑」〈再戲擬孔老夫子答覆招財王書〉雪影	孔子打筆仗
333	「開心文苑」〈戲擬管城侯勸告孔老夫子息事書〉刀水（洪坤益）	孔子打筆仗
335	「開心文苑」〈戲擬孔老夫子戒管城侯書〉贅仙（趙雅福）	孔子打筆仗
371	〈關於神的研究・儒教系統〉謙	儒教系統
339	「開心文苑」〈日本人之儒教觀〉刀水（洪坤益）	日本儒教
340	「開心文苑」〈日本人之儒教觀（二）〉刀水（洪坤益）	日本儒教
341	「開心文苑」〈日本人之儒教觀（三）〉刀水（洪坤益）	日本儒教
342	「開心文苑」〈日本人之儒教觀（四）〉刀水（洪坤益）	日本儒教
80	「文虎待射」第一回[2] 1. 布一連武公之論說。《四書》一。 2. 殷其雷。《左傳》一。 3. 天后。《詩經》一。	經史謎猜・謎底 1. 處士橫議。 2. 此之謂夏聲。 3. 克配上帝。
82	「文虎待射」第二回 雅堂（連雅堂）	經史謎猜・謎底

2　無標誌筆名或真名。

期別	「專欄」〈篇名〉作者	內容
	1. 奚。《四書》一。 2. 立憲國。《禮記》一。 3. 林熊徵是第一流否。《詩經》一諧聲。	1. 夫人自稱曰小童。 2. 以法治也。 3. 母曰高高（哥々）在上。
84	「文虎待射」第三回 雅堂（連雅堂） 1. 大盜歟大總統歟。《左傳》一。 2. 日爾曼聯邦。《四書》一。 3. 效顰。《詩經》一。	經史謎猜‧謎底 1. 賊民之主。 2. 德不孤。 3. 得此戚施。
86	「文虎待射」第四回 雅堂（連雅堂） 1. 私約。《左傳》一。 2. 惡德記者。《四書》一脫靴。	經史謎猜‧謎底 1. 公弗禁。 2. 以怨報。
90	「文虎待射」第五回 雅堂（連雅堂） 1. 峴山遺愛。《左傳》一。 2. 彌撒之禮。《四書》一。 3. 空猜。《詩經》一解鈴。	經史謎猜‧謎底 1. 疇昔之羊子為政。 2. 所以事上帝也。 3. 在此無射。
92	「文虎待射」第六回 幸盦（王開運） 1. 男子懸弧。《易經》一。 2. 檢察不起訴。《書經》一。 3. 木乃伊。《左傳》一。 4. 宗親會員自相贊曰。《詩經》二。	經史謎猜‧謎底 1. 志在外也。 2. 開釋無辜。 3. 死且不朽。 4. 豈無他人不如我同姓。
94	「文虎待射」第七回 幸盦（王開運） 1. 尋死遇救。《書經》一。 2. 瞽夫。《易經》一。 3. 國家判事。《詩經》一。 4. 蝙蝠。《左傳》一。	經史謎猜‧謎底 1. 不獲自盡。 2. 不見其妻。 3. 邦之司直。 4. 鳥獸不可與同群。
96	「文虎待射」第八回 幸盦（王開運） 1. 不解婚姻反問旁人。《詩經》一。 2. 生子登報。《書經》一。	經史謎猜‧謎底 1. 娶妻如之何。 2. 誕告萬方。

期別	「專欄」〈篇名〉作者	內容
	3. 鬼胎。《易經》一。 4. 錢奴財。《左傳》一。	3. 婦孕不育。 4. 守藏者也。
98	「文虎待射」第九回 幸盦（王開運） 1. 禍不單行。《四書》一。 2. 行外國禮。《左傳》一。 3. 老眼。《書經》一。	經史謎猜‧謎底 1. 菑害並至。 2. 無下拜。 3. 視眼維明。
100	「文虎待射」第十回 幸盦（王開運） 1. 滿州種族掛圖。《詩經》一。 2. 何謂君子國。《左傳》一。 3. 山大王成親。《易經》一。 4. うヂオ。《四書》二。	經史謎猜‧謎底 1. 清人在袖。 2. 無凶人也。 3. 匪寇婚媾。 4. 吾聞其語矣，未見 　其人也。
100	「文虎待射」第十一回 陳延齡 1. 帝祚。《尚書》一。 2. 散步。《四書》一。	經史謎猜‧謎底 1. 九五福。 2. 行其無事也。
258	〈文虎獵奇（一）〉善化洪舜廷、洪一清 1. 愛做上頂人。《四書》一。 2. 偽造生庚。《四書》一。 3. 話能加。《四書》一。 4. 銀鑾殿。《四書》一。 5. 保存吳鳳廟宇，到底如何出取。《四書》一。 6. 利益入手，依然無有。《四書》二。 7. 姦。《四書》一。 8. 心偏。《四書》一。 9. 禮拜堂。《四書》一。 10. 一同。《四書》一。 11. 加一收。《四書》一。 12. 無敬心。《四書》一。 13. 節女行孝。《四書》二。	經史謎猜‧謎底 1.惡居下流。 2.非正命也。 3.言必有中。 4.王者之堂也。 5.有殺身以成仁。 6.雖得之，必失之。 7.二女女焉。 8.胸中不正。 9.所以事上帝也。 10. 無以異也。 11.辭十萬而受萬。 12.不尊不信。 13.不失其身，而能 　事其親者。

期別	「專欄」〈篇名〉作者	內容
260	〈文虎獵奇（一）〉善化洪舜廷、洪一清 1. 劉玄德正身。《四書》一。 2. 於己肉。《四書》一。 3. 橫產。《四書》一。 4. 黃帝何功傳世。《四書》一。 5. 覓鯉。《四書》一。 6. 清榮命。《四書》二。	經史謎猜・謎底 1. 其實體備。 2. 仁內也。 3. 子路不對。 4. 設其裳衣。 5. 孔子不見。 6. 飽食終日，無所用心。
398	〈話柄〉坤五（鄭坤五） 1. 先生饌。《詩經》一。 2. 絕男色。《詩經》一。 3. 意中人萬福。《四書》一。 4. 道君逐周邦彥謫賈奕之後自鳴得意。《書經》一。 5. 一夜夫妻百世恩。《四書》一。	經史謎猜・謎底 1. 總角之宴。 2. 我龜已亂。 3. 我愛其禮。 4. 我有師々。 5. 交相愛也。
400	〈話柄〉坤五（鄭坤五） 1. 王坐於堂上王見之。《詩經》一。 2. 拒用國幣被罰。《詩經》二。 3. 藏相失勢。《四書》一。 4. 武道指南。《四書》二。 5. 痴婿質疑。《禮記》一。 6. 不解羞。《四書》一。	經史謎猜・謎底 1. 睆彼牽牛。 2. 云不可使，得罪於天子。 3. 富貴不能淫。 4. 可使有勇，且知方也。 5. 敢問何謂成親。 6. 則牛羊何擇焉。
401	〈話柄〉坤五（鄭坤五） 1. 角先生有長有短。《四書》一。 2. 曲線。《四書》一。 3. 假潤老。《四書》一。 4. 左元放作分身法。《四書》一。	經史謎猜・謎底 1. 人事之不齊也。 2. 非直為觀美也。 3. 若大路然。 4. 慈者所以使眾也。
403	〈話柄〉坤五（鄭坤五）	經史謎猜・謎底

期別	「專欄」〈篇名〉作者	內容
	1. 以貌取人失之子羽。《四書》一。 2. 旅館主訴苦。《四書》一。 3. 光瑞帥富裕。《詩經》一。	1.則焉用彼相矣。 2.無寓人於我室。 3.有空大谷。
446	〈玦林燈謎（一）〉陳 1. 玉山頹矣。《毛詩》一。 2. 其出沒不相見。《毛詩》二。 3.食言。《毛詩》一。 4. 多姑娘。《毛詩》一。 5. 一粥一飯。當思來處不易。《尚書》一。 6. 世界經濟破產。《尚書》一。 7. 君子報冤緘其口。《尚書》一。 8. 測候所。《易經》二。 9. 車中馬角。《易經》一。 10. 智者樂水，仁者樂山。《禮記》一。 11. 悲喜交集。《禮記》一。 12. 迷途之人。《四書》一。 13. 未見良人我心如焚《四書》二。 14. 信。《四書》一《千字文》一。 15. 文盲義兒。《四書》一。 16. 僑民。《四書》一。 17. 坡公曰胸有成竹。《四書》一回。 18. 一部分問答。《四書》一。 19. 親勅奏判級俸不同。《四書》二。 20. 宮角徵羽。《四書》二。 21. 稻梁菽麥稷全部收未得。《四書》二。 22. 兩次稱孤道寡。《四書》二。 23. 決算書。《四書》一。 24. 不惑不憂不懼。《四書》一。 25. 孺子受罪。《四書》一。 26. 春秋。《四書》一。	經史謎猜‧謎底 1.既醉以酒。 2.東有啟明，西有長庚。 3.謂爾不信。. 4.有女如雲。 5.先知稼穡之艱難。 6.四海困窮。 7.三年不言。 8.察乎天地，以觀其變。 9.死期將至。 10.一動一靜者。 11.哀樂相生。 12.而不知其道者。 13.不得於君，則熱中。 14.仁義禮智，四大五常。 15.未有學養子。 16.異邦人稱之。 17.可與言。 18.不能專對。 19.凡四等。其祿以是為差。 20.商也不及，不能止五音。

期別	「專欄」〈篇名〉作者	內容
	27. 午後。《四書》一。 28. 罪。《四書》四。	21.五穀不生，惟丞生之。 22.無父無君，無嚴諸侯。 23.所損益可知也。 24.智仁勇。 25.小人犯刑。 26.蓋孔子之言。 27.馬不進也。 28.非禮勿視、非禮勿聽、非禮勿言、非禮勿動。
447	〈玦林燈謎（二）〉陳 1. 憎。《四書》二。 2. 俱前日之謂。《四書》一。	經史謎猜・謎底 1.欲誠其意者，先正其心。 2.曰昔者。
23	「太空論壇」〈註《莊》摘誤〉坤五（鄭坤五）	《莊子》註研究
30	「哭庵說笑」〈《唐詩》新註釋〉陶醉（洪坤益）	《唐詩》新註釋
31	「杜撰講座」〈《唐詩》新講義〉頹廢詩人	《唐詩》新講義
34	「杜撰講座」〈《唐詩》新講義〉頹廢詩人	《唐詩》新講義
37	「來稿」〈《唐詩》改造〉琴鶴齋主人輯	《唐詩》改寫
4	「雜狙」〈幸盦隨筆（二）〉王開運	讖緯之學

科舉士人、軼事

期別	「專欄」〈篇名〉作者	內容
13	「史遺」〈謙遜失言〉畸雲（趙鍾麒）	前清官場
17	「史遺」〈文藝冠省〉畸雲（趙鍾麒）	臺南進士陳望曾
88	「史遺」〈善人有後（一）〉畸雲（趙鍾麒）	臺南進士許南英
89	「史遺」〈善人有後（二）〉畸雲（趙鍾麒）	臺南進士許南英
21	「史遺」〈狀元神射〉畸雲（趙雲石）	武科狀元王世清
22	「史遺」〈狀元神射（續前）〉畸雲（趙鍾麒）	武科狀元王世清
18	「史遺」〈文藝冠省（二）〉畸雲（趙鍾麒）	臺南廩生魏煌
19	「史遺」〈文藝冠省（三）〉畸雲（趙鍾麒）	臺南廩生魏煌
10	「噴飯錄」〈出口成章〉植歷（蔡培楚）	邑庠生施少山
12	「雜俎」〈幸盦隨筆〉王開運	前清鳳邑童生
20	「史遺」〈秀才衣冠〉鍊仙（趙鍾麒）	秀才衣冠
9	〈談虎齋滑稽談〉寒生	塾師
9	「來稿」〈綠波山房摭談〉麻豆 邱濬川	塾師
24	「來稿」〈綠波山房摭錄〉麻豆 邱濬川	塾師
20	「來稿」〈騙請害餓〉景山（王景山）	塾師
22	〈先生食潘〉野狐禪室主（洪坤益）	塾師
23	〈先生食潘（二）〉野狐禪室主（洪坤益）	塾師
34	〈綠波山房摭談〉麻豆 邱濬川	塾師
28	「噴飯錄」〈出口成章〉植歷（蔡培楚）	塾師
69	「噴飯錄」彰化 陳進賢	塾師
211	「新制藝叢話」一讀者	塾師
258	「紀實短篇」〈某學究〉蒲如	塾師
332	〈綠波山房摭談〉麻豆 邱濬川	塾師
376	「開心文苑」〈戲討某塾師文〉 文沖舊侶	塾師
11	「雜俎」〈荒唐齋小話〉榕庵（趙雅福）	腐儒

期別	「專欄」〈篇名〉作者	內容
7	「梅館漫錄」〈醃鴨醃蛋〉圓兒書信	某學究
13	〈新捻秧〉[3]	幕賓
14	「來稿」〈迂儒〉天楷	迂儒
14	〈謙受損〉古圓（蕭永東）	老儒
21	「雜俎」〈荒唐齋小話〉榕庵（趙雅福）	老儒
280	「開心文苑」〈士說〉古圓（蕭永東）	論士
31	「史遺」〈鄉試笑話（一）〉鍊仙（趙鍾麒）	科舉笑話
32	「史遺」〈鄉試笑話（二）〉鍊仙（趙鍾麒）	科舉笑話
33	「史遺」〈鄉試笑談（三）〉鍊仙（趙鍾麒）	科舉笑談
34	「史遺」〈鄉試笑談（四）〉鍊仙（趙鍾麒）	科舉笑談
35	「史遺」〈鄉試笑談（五）〉鍊仙（趙鍾麒）	科舉笑談
76	「史遺」〈試場笑話（一）〉崎雲（趙鍾麒）	科舉笑話
77	「史遺」〈試場笑話（二）〉崎雲（趙鍾麒）	科舉笑話
78	「史遺」〈試場笑話（三）〉崎雲（趙鍾麒）	科舉笑話
79	「史遺」〈試場笑話（四）〉崎雲（趙鍾麒）	科舉笑話
80	「史遺」〈試場笑話（五）〉崎雲（趙鍾麒）	科舉笑話
81	「史遺」〈試場笑話（六）〉崎雲（趙鍾麒）	科舉笑話
129	「綠波山房摭談」〈試場笑話〉　邱滄川	科舉笑話
130	「綠波山房摭談」〈科場笑話（二）〉　邱滄川[4]	科舉笑話
60	「史遺」〈小試瑣談（一）〉崎雲（趙鍾麒）	科舉瑣談
61	「史遺」〈小試瑣談（二）〉崎雲（趙鍾麒）	科舉瑣談
62	「史遺」〈小試瑣談（三）〉崎雲（趙鍾麒）	科舉瑣談
63	「史遺」〈小試瑣談（四）〉崎雲（趙鍾麒）	科舉瑣談

3　無標誌筆名或真名。

4　按：邱滄川於129期〈試場笑話〉、130期〈科場笑話（二）〉，二文有「試／科」之別，其實乃同文分期。

期別	「專欄」〈篇名〉作者	內容
64	「史遺」〈小試瑣談（五）〉畸雲（趙鍾麒）	科舉瑣談
185	「史遺」〈臺灣談畧（三）〉畸雲（趙鍾麒）	科舉瑣談
186	「史遺」〈臺灣談畧（四）〉畸雲（趙鍾麒）	科舉瑣談
187	「史遺」〈臺灣談畧（五）〉畸雲（趙鍾麒）	科舉瑣談
41	「史遺」〈鄉試果報〉畸雲（趙鍾麒）	科舉果報
42	「史遺」〈鄉試果報（續）〉畸雲（趙鍾麒）	科舉果報
44	「史遺」〈鄉試果報（三續）〉畸雲（趙鍾麒）	科舉果報
49	〈鄉試果報〉臺北 邱穆生	科舉果報
45	「史遺」〈第一清官〉畸雲（趙鍾麒）	科舉軼事
65	「史遺」〈神童天才（一）〉畸雲（趙鍾麒）	科舉軼事
66	「史遺」〈神童天才（二）〉畸雲（趙鍾麒）	科舉軼事
67	「史遺」〈神童天才（三）〉畸雲（趙鍾麒）	科舉軼事
68	「史遺」〈神童天才（四）〉畸雲（趙鍾麒）	科舉軼事
101	「史遺」〈童年高科（一）〉畸雲（趙鍾麒）	科舉軼事
102	「史遺」〈童年高科（二）〉畸雲（趙鍾麒）	科舉軼事
86	「綠波山房摭談」〈文場三傑〉麻豆 邱潯川	科舉軼事
264	「綠波山房摭談」麻豆 邱潯川	科舉軼事
462	「史遺」〈秀才毆官（一）〉亞雲（趙雅福）	科舉軼事
463	「史遺」〈秀才毆官（二）〉亞雲（趙雅福）	科舉軼事
464	「史遺」〈秀才毆官（三）〉亞雲（趙雅福）	科舉軼事
465	「史遺」〈秀才毆官（四）〉亞雲（趙雅福）	科舉軼事

參考書目

一　古籍文獻

〔漢〕司馬遷撰，楊家駱編　《新校本史記三家注并附編二種》　臺北市　鼎文書局　1987年11月

〔漢〕班固著，楊家駱編　《新校本漢書并附編二種》　臺北市　鼎文書局　1991年9月

〔漢〕劉　安　《淮南子》　臺北市　臺灣古籍出版社　2005年12月

〔漢〕鄭玄注，〔唐〕孔穎達疏　《禮記注疏》　收入《十三經注疏本》　臺北市　藝文印書館　1989年1月

〔魏〕王弼，韓康伯注，《周易正義》，〔唐〕孔穎達等正義　收入《十三經注疏本》　臺北市　藝文印書館　1989年1月

〔魏〕何晏注，〔宋〕邢昺疏　《論語注疏》　收入《十三經注疏本》　臺北市　藝文印書館　1989年1月

〔漢〕趙岐注，〔宋〕孫奭疏：《孟子注疏》　收入《十三經注疏本》　臺北市　藝文印書館　1989年1月

〔晉〕杜預注，〔唐〕孔穎達等正義　《宋本左傳注疏》　收入《十三經注疏本》　臺北市　藝文印書館　1989年1月

〔晉〕葛　洪　《抱樸子》　臺北市　臺灣古籍出版社　2000年4月

〔宋〕朱　熹　《四書章句集注》　臺北市　大安出版社　1999年12月

〔宋〕朱　熹　《詩集傳》　臺北市　中華書局　1991年3月

〔明〕楊　英　《從征實錄》，收入《臺灣文獻叢刊》第32種　臺北市　臺灣銀行經濟研究室　1958年8月

〔明〕顧炎武　《新譯顧亭林文集》　臺北市　三民書局　2000年5月

〔清〕吳士鑑、劉承幹撰　《晉書斠注》　收入《續修四庫全書》第
　　　276冊　上海市　上海古籍出版社　2002年4月

〔清〕江日昇　《臺灣外記》　臺北市　河洛圖書出版社　1980年7月

〔清〕季麒光撰，李祖基點校　《蓉洲詩文稿選輯、東寧政事集》
　　　香港：香港人民出版社　2006年1月

〔清〕金鋐主修，鄭開極、陳軾編纂：《康熙福建通志》卷五十三
　　　《北京圖書館古籍珍本叢刊》第三十六冊《史部‧地理類》
　　　南京市　鳳凰　2011年

〔清〕金鋐主修　《康熙福建通志臺灣府》　臺北市　文建會　2004
　　　年11月

〔清〕蔣毓英纂修　《臺灣府志》　臺北市　文建會　2004年11月

〔清〕高拱乾纂輯，周元文增修　《臺灣府志》　臺北市　文建會
　　　2004年11月

〔清〕周鍾瑄主修　《諸羅縣志》　臺北市　文建會　2005年6月

〔清〕王禮主修　《臺灣縣志》　臺北市　文建會　2005年6月

〔清〕李丕煜主修　《鳳山縣志》　臺北市　文建會　2005年6月

〔清〕尹士俍纂修　《臺灣志略》　臺北市　文建會　2005年6月

〔清〕劉良璧纂輯　《重修福建臺灣府志》　臺北市　文建會　2005
　　　年6月

〔清〕六十七、范咸纂輯　《重修臺灣府志》　臺北市　文建會
　　　2005年6月

〔清〕王必昌總輯　《重修臺灣縣志》　臺北市　文建會　2005年6月

〔清〕王瑛曾編纂　《重修鳳山縣志》　臺北市　文建會　2006年6月

〔清〕周璽總纂　《彰化縣志》　臺北市　文建會　2006年12月

〔清〕余文儀主修　《續修臺灣府志》　臺北市　文建會　2007年6月

〔清〕謝金鑾、鄭兼才總纂　《續修臺灣縣志》　臺北市　文建會
　　　2007年6月

〔清〕陳壽祺總纂　《道光福建通志臺灣府》　臺北市　文建會
　　　2007年12月

〔清〕林豪總修　《澎湖廳志》　臺北市　文建會　2006年6月

〔清〕屠繼善纂修　《恒春縣志》　臺北市　文建會　2007年12月

〔清〕胡建偉　《澎湖紀略》　臺北市　文建會，2004年12月

〔清〕《臺灣史料集成・明清臺灣檔案彙編》第2輯第9冊　臺北市
　　　遠流　2006年8月

〔清〕施鴻保撰　《閩雜記》　收入王錫祺輯《小方壺齋輿地叢鈔》
　　　臺北市　廣文書局　1962年

二　近代文獻

《三六九小報》　臺北市　成文出版社影印出版（1930-1935）

《赤道報》複印紙本

《詩報》

《臺灣民報》系列資料庫

《漢文臺灣日日新報》資料庫

《臺灣日日新報》YUMANI 清晰電子版

《臺灣文藝叢誌》複印紙本

《臺南新報》資料庫

《臺灣文藝叢誌》（臺灣分館收藏影本）　臺中市　文社（1919-
　　　1924）

林慶彰、蔣秋華　《清領時期臺灣儒學參考文獻》　新北市　華藝學
　　　術　2013年12月

林慶彰、蔣秋華　《日據時期臺灣儒學參考文獻（上、下冊）》　臺
　　　北市　臺灣學生書局　2000年10月

全臺詩編輯小組編撰　《全臺詩》第10冊　臺南市　國家文學館
　　　2008年4月

全臺詩編輯小組編撰 2011年10月	《全臺詩》第14冊	臺南市	國家文學館
全臺詩編輯小組編撰 2011年10月	《全臺詩》第16冊	臺南市	國家文學館
全臺詩編輯小組編撰 2011年10月	《全臺詩》第19冊	臺南市	國家文學館
全臺詩編輯小組編撰 2011年10月	《全臺詩》第20冊	臺南市	國家文學館
全臺詩編輯小組編撰 2012年12月	《全臺詩》第22冊	臺南市	國家文學館
全臺詩編輯小組編撰 2012年12月	《全臺詩》第23冊	臺南市	國家文學館
全臺詩編輯小組編撰 2012年12月	《全臺詩》第25冊	臺南市	國家文學館
全臺詩編輯小組編撰 2012年12月	《全臺詩》第26冊	臺南市	國家文學館
全臺詩編輯小組編撰 2013年12月	《全臺詩》第28冊	臺南市	國家文學館
全臺詩編輯小組編撰 2013年12月	《全臺詩》第30冊	臺南市	國家文學館
全臺詩編輯小組編撰 2015年11月	《全臺詩》第37冊	臺南市	國家文學館
全臺詩編輯小組編撰 2012年12月	《全臺詩》第39冊	臺南市	國家文學館
全臺詩編輯小組編撰 2016年11月	《全臺詩》第41冊	臺南市	國家文學館
全臺詩編輯小組編撰 2016年11月	《全臺詩》第45冊	臺南市	國家文學館

全臺詩編輯小組編撰　《全臺詩》第46冊　臺南市　國家文學館　2017年11月

全臺詩編輯小組編撰　《全臺詩》第49冊　臺南市　國家文學館　2017年11月

全臺詩編輯小組編撰　《全臺詩》第50冊　臺南市　國家文學館　2017年11月

全臺詩編輯小組編撰　《全臺詩》第54冊　臺南市　國家文學館　2018年12月

全臺詩編輯小組編撰　《全臺詩》第55冊　臺南市　國家文學館　2018年12月

簡宗梧、許俊雅等主編　《全臺賦校訂》　臺南市　國立臺灣文學館　2014年10月

洪鐵濤原著，陳曉怡編　《洪鐵濤文集》　臺南市　臺南市文化局　2017年2月

黃純青　《晴園詩草》　收入《臺灣先賢詩文集彙刊》第2輯　臺北市　龍文　1992年6月

三　專書

王三慶主編　《日本漢文笑話叢編》　臺北市　樂學書局　2014年10月

王則修原著　收入龔顯宗編校《則修先生詩文集（續編）》　臺南市　臺南市立圖書館　2005年12月

王淑蕙　《志賦、試賦與媒體賦──臺灣賦之三階段論述》　臺北市　花木蘭出版社　2018年9月

尹章義　《臺灣開發史研究》　臺北市　聯經書局　1989年12月

方　豪　〈臺灣儒宗連雅堂先生〉　《中國一周》第1期（1950年5月）

李　兵　《書院教育與科舉關係研究》　臺北市　國立臺灣大學出版中心　2005年4月

李鎮岩　《台灣的書院》　臺北市　遠足文化　2008年1月

李新達　《千年仕進路──古代科舉制度》　臺北市　萬卷樓圖書有
　　　　限公司　2000年4月

宋鎮照　《社會學》　臺北市　五南圖書出版　1997年8月

杜武志　《日治時期的殖民教育》　臺北市　臺北縣立文化中心
　　　　1997年7月

杜維明主編　《儒學發展的宏觀透視：新加坡1988年儒學群英會紀
　　　　實》　臺北市　正中書局　1997年7月

吳密察監修，遠流臺灣館編著　《台灣史小事典》　臺北市　遠流出
　　　　版公司　2009年9月

吳文星　《日據時期台灣社會領導階層之研究》　臺北市　中正書局
　　　　1992年3月

何敬堯　《逆光的歷史：施叔青小說的癥狀式送逆讀》　臺北市　秀
　　　　威資訊　2015年4月

林衡道口述，楊鴻博整理　《鯤島探源：台灣各鄉鎮區的歷史與民俗
　　　　（貳）》　臺北市　稻田出版社　1996年5月

林開登編　《大成至聖先師孔子二五三四週年誕辰釋奠暨以成書院一
　　　　五〇週年特刊》　臺南市　臺南市文廟管理委員會　1984年
　　　　9月

范　情　〈臺灣百年女學校──長榮女中〉，收入范情等著《女人屐
　　　　痕──臺灣女性文化地標》　臺北市　女書文化出版社
　　　　2006年6月

洪炎秋　《三友集》　臺中市　中央書局　1979年6月

洪炎秋著，陳萬益編　《閑話與常談：洪炎秋文選》　彰化縣　彰化
　　　　縣立文化中心　1996年7月

洪銘水　〈洪棄生的「觀風」與「戰記」〉　《儒家思想在現代東
　　　　亞：中國大陸與臺灣篇》　臺北市　秀威資訊　2004年12月
　　　　頁255-280

若林正丈、吳密察主編 《臺灣重層近代化論文集》 臺北市 播種者文化 2000年8月

施懿琳、廖美玉主編 《臺灣古典文學大事年表》 臺北市 里仁書局 2008年11月

黃得時 《臺灣的孔廟》 臺中市 臺灣省政府新聞處 1981年9月

袁珂校注 《山海經校注》 臺北市 里仁書局 2004年8月

連　橫 《詩薈》 臺北市文獻委員會影本（1924.2-1925.10）

連　橫 《臺灣通史》 臺北市 幼獅文化事業公司 1977 年1月

許雪姬 《臺灣歷史辭典》 臺北市 行政院文化建設委員會 2004年5月

郭沫若 《郭沫若全集》文學編 北京市 人民文學出版社 1985年

陳平原 《觸摸歷史進入五四》 臺北市 二魚文化 2003年3月

陳昭瑛 《臺灣儒學：起源、發展與轉化》 臺北市 國立臺灣大學出版中心 2008年4月

陳興德 《二十世紀科舉觀之變遷》 武漢市 華中師範大學出版社 2008年11月

陳鴻圖 《臺灣史》 臺北市 三民書局 2013年6月

張子文、郭啟傳、林偉洲 《臺灣歷史人物小傳——明清暨日據時期》 臺北市 國家圖書館 2003年12月

張文環 《閹雞》 臺北市 遠景出版事業公司 1997年7月

張明貴 《政策分析》 臺北市 五南圖書出版有限公司 1998年8月

張寶三、楊儒賓編 《日本漢學研究初探》 臺北市 國立臺灣大學出版中心 2004年6月

湯錦台 《前進福爾摩沙——十七世紀大航海年代的台灣》 臺北市 貓頭鷹出版社 2001年2月

楊彥杰 《荷據時代台灣史》 臺北市 聯經出版公司 2000年10月

楊　翠 《日據時期臺灣婦女解放運動——以《臺灣民報》為分析場域（1920-1932）》 臺北市 時報文化 1993年5月

溫席昕　《日治時期在臺日本警察的原住民書寫：以重要個案為分析
　　　　對象》　臺北市　秀威資訊　2016年6月

詹評仁　《柚城詩錄》　臺南市　麻豆鎮公所　2003年11月

蔡文輝　《社會學》　臺北市　三民書局　1995年8月

劉廣利　《衛國英雄林則徐》　瀋陽市　遼寧人民出版社　2017年1月

賴雨若著，賴辰雄編　《法曹詩人壺仙賴雨若詩文全集》　嘉義市
　　　　嘉義市文化局　2007年12月

鄭佳明　《清政府封閉狀態和心態研究》　長沙市　湖南人民出版社
　　　　2010年1月

鄭維中　《製作福爾摩沙——追尋西洋古書中的台灣身影》　臺北市
　　　　如果出版社　2006年10月

錫慶譯注　《臺灣教育沿革誌（中譯本）》　南投市　臺灣文獻館
　　　　2010年12月

蘇碩斌主編　《旅行的視線：近代中國與臺灣的觀光文化》　臺北市
　　　　國立陽明大學人文與社會科學院　2012年7月

謝　浩　《科舉論叢》　南投市　臺灣省文獻委員會　1995年10月

謝國興　《陳逢源：亦儒亦商亦風流（1893-1982）》　臺北市　允晨
　　　　文化　2002年6月

四　期刊專書論文

大山昌道、林俊宏　〈日治時期漢學家館森鴻學問養成之探討〉
　　　　《修平人文社會學報》20　2013年3月　頁151-171

川路祥代　〈1919年日本殖民地臺灣之〈孔教論〉〉　《成大宗教與
　　　　文化學報》第1期　2001年12月　頁1-32

毛文芳　〈情慾、瑣屑與詼諧——「三六九小報」的書寫視界〉
　　　　《中央研究院近代史研究所集刊》第46期　2004年12月　頁
　　　　159-222

王淑蕙　〈從《蓉洲詩文稿選輯、東寧政事集》論季麒光宦臺始末及與沈光文之交遊〉　《臺灣古典文學研究集刊》第5期　2011年6月　頁97-145

王淑蕙　〈隱藏的參與者——《臺灣府志》纂修與沈光文貢獻研究〉《臺陽文史研究》第3期　2018年1月　頁67-100

王淑蕙　〈《臺灣文藝叢誌》第壹期徵文〈孔教論〉之「孔教」觀探究〉《變動時代的經學與經學家》第五冊　臺北市　萬卷樓圖書公司　2014年12月　頁161-186

王雅儀　〈讀小報似墜五里香霧，辨身分如遊仙境迷航——《三六九小報》編輯「贅仙」本名之查考〉　《東海大學圖書館館刊》第4期　2016年4月　頁13-25

王建竹　〈清代臺灣科舉制度與臺中地區中舉者姓名表〉　《臺灣文獻》，30卷3期　1979年9月　頁104-110

任建雲　〈方志源流與縣志編纂〉　《江西社會科學院》1997年第11期　頁67-72

朴峀鈙、金程序　〈「筆端三昧，遊戲自在」：淺談韓國集句詩〉《古典文學知識》第3期　2011年7月　頁123-128

李　楠　〈上海小報中城市空間的下移與平面化展示——兼談報刊的研究方法〉　《蘇州科技學院學報（社會科學版）》第21卷第2期　2004年5月　頁127-136

李　楠　〈於現代市民文化變遷中安身立命——論上海小報的文化定位、生存境遇和策略〉　《中國現代文學研究叢刊》第4期2003年　頁101-122

李珊珊　〈淺談明清傳奇中的集句詩〉　《中國古代文學研究》第34期　2008年12月　頁49-50

李明輝　〈李春生與儒家思想〉　《儒家思想在現代東亞：中國大陸與臺灣篇》臺北市　秀威資訊　2004年12月　頁229-254

何懷宏　〈人累科舉〉　《二十一世紀雙月刊》　香港　香港中文大學中國文化研究所　1997年2月　第39期　頁107-117

何信華　〈旅遊者的地方感與空間再現〉　《巴黎視野》2014年第9期　頁11-19

何義麟　〈《臺灣日日新報》到《臺灣新生報》〉　《臺灣學通訊》第85期　2015年1月　頁26-27

吳文星　〈日據時代台灣書房之研究〉　《思與言》第16卷第3期　1978年9月　頁75-79

吳進安　〈清領時期臺灣書院教育的儒學思想〉　《漢學研究集刊》創刊號　雲林縣　國立雲林科技大學漢學應用研究所　2005年12月　頁111-131

吳進安　〈清朝臺灣儒學中的朱子學意涵與詮釋〉　《漢學研究集刊》第8期　雲林縣　國立雲林科技大學漢學應用研究所　2009年6月　頁53-75

林美容　〈殖民者對殖民地的風俗記錄──佐倉孫三所著《臺風雜記》之探討〉　收入佐倉孫三著　《白話圖說臺風雜記：臺日風俗一百年》　臺北市　國立編譯館出版　2007年12月　頁10-23

林麗月　〈衣裳與風教──晚明的服飾風尚與「服妖」議論〉　《新史學》1999年第3期　頁111-157

周婉窈　〈陳第〈東番記〉──十七世紀初臺灣西南平原的實地調查報告〉　《海洋與殖民地臺灣論集》　臺北市　聯經出版事業股份有限公司　2012年3月　頁107-150

季宵瑤　〈近代上海小報的話語策略與自我定位──以1920年代上海《晶報》為個案〉　《新聞大學》2006年第1期（總第87期）　2006年　頁45-53

孟兆臣　〈中國近代小報研究發凡〉　《長春師範學院學報（人文社會科學版)》第24卷第4期　2005年7月　頁89-91

施懿琳、陳曉怡　〈日治時期府城士紳王開運的憂世情懷及其化解之
　　　道〉　《台灣學誌》第2期　2010年10月　頁49-77

徐國章　〈拉攏臺灣仕紳、富豪人心的紳章制度〉　《國史館臺灣文
　　　獻館電子報》第47期　2010年1月29日　https://www.th.gov.
　　　tw/epaper/site/page/47/624

翁聖峰　〈日據末期的台灣儒學──以「孔教報」為論述中心〉
　　　《第1屆台灣儒學研究國際學術研討會論文集》　臺南市　成
　　　功大學中文系　1997年4月　頁27-50

翁聖峰　〈日據時期臺灣的儒學與儒教──以《臺灣民報》為分析場
　　　域（1920-1932）〉　《臺灣文獻》第51卷第4期　2000年12月
　　　頁285-308

翁聖峰　〈日據時期台灣儒教與新舊文學論爭之糾葛〉　《儒學與社
　　　會實踐──第3屆台灣儒學研究國際學術研討會論文集》　臺
　　　南市　成功大學中文系　2002年9月　頁377-422

翁聖峰　〈一九三〇年臺灣儒學、墨學論戰〉　《國立臺北教育大學
　　　學報》第19卷第1期　2006年3月　頁1-21

翁聖峰　〈日治時期臺灣孔教宗教辨──以臺灣文社及崇文社為論述
　　　中心〉　《文學視域》　臺北市　臺灣學生書局　2009年3
　　　月　頁399-424

許丙丁　〈五十年來南社的社員與詩〉　《臺南文化》第3卷第1期
　　　1953年6月30日　頁4-17

許俊雅　〈《洪水報》《赤道》對中國文學作品的轉載──兼論創造社
　　　在日治台灣文壇〉　《台灣文學研究學報》第14期　2012年
　　　4月　頁169-218

許建崑　〈《三六九小報・史遺》寫作之探析〉　《東海大學文學院
　　　學報》第51卷　2010年7月　頁29-58

郭齊勇　〈東亞儒學核心價值觀及其現代意義〉　《現代儒家與東亞

文明：問題與展望》　臺北市　秀威資訊　2004年12月　頁7-32

商衍鎏　〈科舉考試的回憶〉　劉海峰編《二十世紀科舉研究論文選編》《歷代科舉文獻整理與研究叢刊》　武昌市　武漢大學出版社　2009年9月　頁149-158

葉純芳　〈郭明昆的生平及其《儀禮·喪服》的研究〉　《儒學研究論叢》第1期　2008年12月　頁163-178

楊永彬　〈日本領臺初期日臺官紳詩文唱和〉　收入若林正丈主編《臺灣重層近代化論文集》　臺北市　新自然主義出版社2000年8月　頁105-181

楊名龍　〈張純甫《非墨十說》之非墨觀點〉　《儒學研究論叢》第1期　2008年12月　頁67-87

鍾淑敏　〈《臺灣日日新報》漢文部主任尾崎秀真〉　《臺灣學通訊》第85期　2015年1月29日　頁8-9

張孟珠、楊文山、莊英章　〈日治時期新地區妾婚現象的歷史人口學分析〉　《人文及社會科學集刊》第23卷第2期　2011年6月頁243-284

張素卿　〈張純甫《是左十說》析論〉　《儒學研究論叢》第1期2008年12月　頁47-65

張建民　〈飢荒與斯文：清代荒政中的生員賑濟〉　《武漢大學學報（人文科學版）》2006年第59卷第1期　頁47-55

馮曉庭　〈臺儒洪棄生論《詩》、《書》〉　《儒學研究論叢》第1期2008年12月　頁13-29

黃美娥　〈久保天隨與臺灣漢詩壇〉　《臺灣學研究》第7期　2009年6月　頁1-28

黃麗生　〈近代臺灣客家儒紳海洋意識的轉變：從吳子光到丘逢甲〉《海洋文化學刊》第2期　2006年12月　頁123-173

黃淑清　〈談臺灣孔廟與清代儒學〉　《臺北文獻》第91期　1990年
　　　　3月　頁95-104

黃慶聲　〈論《李卓吾評點四書笑》之諧擬性質〉　《中華學苑》第
　　　　51期　1998年2月　頁79-130

蔡相輝　〈明末清初臺海政局之演變與臺灣社會之變遷〉《臺灣文
　　　　獻》36卷3期1985年12月　頁357-388

葉憲峻　〈清代臺灣儒學教育設施〉　《臺中師院學報》第13期
　　　　1999年6月　頁187-203

黃淑清　〈談臺灣孔廟與清代儒學〉　《臺北文獻》第91期　1990年
　　　　3月　頁95-104

謝宗榮　〈臺灣儒教的傳承與發展〉　《宗教大同》第8期　2009年
　　　　12月　頁25-56

謝宗榮　〈臺灣儒教的祀神與祭儀〉　《宗教大同》第10期　2011年
　　　　12月　頁30-65

簡宗梧　〈臺灣登鸞降筆賦初探──以《全臺賦》及其影像集為範
　　　　圍〉　《長庚人文社會學報》第3卷第2期　2010年10月　頁
　　　　275-302。

顧敏耀　〈感謝詩人洪鐵濤先生家屬捐贈珍貴文物一批〉　《台灣文
　　　　學館通訊》第42期　2014年3月　頁108-110

釋明瑛　〈被遺忘的豪商郭春秧：以日治時期活動為主題〉　《臺灣
　　　　學研究》第20期　2016年12月　頁31-68

五　學位論文

江昆峰　《《三六九小報》之研究》　臺北市　私立銘傳大學應用語
　　　　文研究所・中國文學組碩士論文　2004年7月

吳毓琪　《台灣南社研究》　臺南市　成功大學中國文學研究所碩士
　　　　論文　1998年6月

李添進　《日治時期臺灣儒學代表人物之研究》　臺北市　臺北教育
　　　　大學應用語言文學研究所碩士論文　2005年

李建德　《清代臺灣儒學研究》　彰化市　國立彰化師範大學國文學
　　　　系博士論文　2017年

林建廷　《臺南士紳王開運社會活動與文學作品研究》　臺南市　成
　　　　功大學臺灣文學研究所碩士論文　2012年7月

林翠鳳　《施梅樵及其漢詩研究》　高雄市　國立中山大學中國文學
　　　　研究所博士論文　2009年7月

柯喬文　《《三六九小報》古典小說研究》　嘉義縣　南華大學文學
　　　　研究所碩士論文　2003年6月

陳露菜　《清領時期臺灣書院的儒學思想》　雲林縣　國立雲林科技
　　　　大學漢學應用研究所碩士論文　2014年

劉慧婷　《趙鍾麒及詩學研究》　臺中市　東海大學中國文學系碩士
　　　　論　2012年

顏菊瑩　《蕭永東研究──以《三六九小報》為探討文本》　臺南市
　　　　成功大學台灣文學系碩士論文　2000年7月

潘豐慶　《清代臺灣書院的儒學教育及其影響之研究》　高雄市　國
　　　　立高雄師範大學國文學系碩士論文　2009年

潘　勳　《伊澤修二對臺教育政策之儒教利用》　臺北市　淡江大學
　　　　日本語文學系碩士班　2010年

廖于蘋　《臺灣婦人慈善會研究》　新竹市　清華大學歷史研究所學
　　　　位論文　2014年1月

六　網路資料庫

中央研究院‧臺灣史研究所《臺灣總督府職員錄系統》http://who.ith.
　　　　sinica.edu.tw/mpView.action

「文化協會在台南」數位典藏詮釋計畫　https://catalog.digitalarchives.
　　　　tw/item/00/66/9d/e3.html

文化部國家文化資料庫 http://nrch.culture.tw/

臺灣文學期刊目錄資料庫 http://dhtlj.nmtl.gov.tw/opencms/journal/Journ
　　　al005/

臺灣詩社資料庫索引 http://xdcm.nmtl.gov.tw/twp/pclub/srch_list_result.
　　　aspx?PID=000023

智慧型全臺詩資料庫 http://xdcm.nmtl.gov.tw/twp/TWPAPP/ShowAuthor
　　　Info.aspx?AID=1025

台灣古典詩主題詩選資料庫 https://ipoem.nmtl.gov.tw/nmtlpoem?uid=12
　　　&pid=458

瀛社官網 http://www.tpps.org.tw/forum/forum.php?mod=viewthread&tid=
　　　22&extra=page%3D1

簡偉斯、郭珍弟　《Viva Tonal 跳舞時代》紀錄片　臺灣　2003年

七　國外著作

〔日〕國分直一　《壺を祀る村：南方台灣民俗考》　東京　法政大
　　　學出版　1981年12月

〔日〕仲摩照久主編，葉婉奇翻譯　《南台灣風土探勘》收入日本時
　　　代《台灣地理風俗大系・資料彙編02》　臺北市　原民文化
　　　2002年4月

〔日〕伊澤修二　《伊澤修二先生と臺灣教育》　臺北市　臺灣教育
　　　會　1944年4月

〔日〕木下知威編　《伊沢修二と台湾》　臺北市　國立臺灣大學出
　　　版中心　2018年11月

〔日〕駒込武　《植民地帝国日本の文化統合》　東京　岩波書店
　　　2004年4月

〔日〕佐倉孫三著，林美容譯　《白話圖說臺風雜記：臺日風俗一百
　　　年》　臺北市　國立編譯館出版　2007年12月

〔英〕必麒麟（W. A. Pickering）著，陳逸君譯述，劉還月導讀

《歷險福爾摩沙》　臺北市　原民文化事業有限公司　1999
年1月

〔英〕甘為霖（William Campbell）著，林弘宣等譯，阮宗興校註
《素描福爾摩沙：甘為霖台灣筆記》　臺北市　前衛出版
2009年10月

〔英〕麥嘉溫（J. Macgowan）著，朱濤、倪靜譯　《中國人生活的
明與暗》　新竹市　花神出版社　2002年10月

〔英〕克里斯・簡克斯（Chris Jenks∇）著，俞智敏、陳光達、王淑
燕　《文化 Culture》　臺北市　巨流圖書有限公司　2002
年9月

〔美〕盧葦菁著、秦立彥譯　《矢志不渝——明清時期的貞女現象》
南京市　江蘇人民出版社　2012年1月

〔美〕歐陽泰（Tonio Andrade）著，鄭維中譯　《福爾摩沙如何變成
臺灣府》　臺北市　遠流出版公司　2007年2月

〔美〕史蒂瑞著，林弘宣譯，李壬癸校註　《福爾摩沙及其住民：19
世紀美國博物學家的台灣調查筆記》　臺北市　前衛出版
2009年12月

〔美〕羅莎琳・邁爾斯（Rosalind Miles），刁筱華譯　《女人的世界
史》　臺北市　麥田出版社　2006年5月

〔美〕約瑟芬・多諾萬（Josephine Donovan）　《女權主義的知識分
子傳統》　南京市　江蘇人民出版社　2003年1月

〔美〕理查德・利罕著，吳子楓譯　《文學中的城市：知識與文化的
歷史》　上海市　上海人民出版社　2009年10月

〔美〕費德廉、羅效德編譯：《看見十九世紀台灣——十四位西方旅
行者的福爾摩沙故事　臺北市　如果出版社　2006年12月

〔美〕本杰明・艾爾曼（Benjamin Elman）　《經學・科舉・文化
史——艾爾曼自選集》　北京市　中華書局　2010年4月

〔法〕維克・勒高夫（Jacques Le Goff）　《歷史與記憶》　北京市
　　中國人民大學出版社　2010年6月

經學研究叢書·經學史研究叢刊 0501028

全臺首學：府城科舉制度與文化影響

作　　　者	王淑蕙
責任編輯	呂玉姍
發 行 人	林慶彰
總 經 理	梁錦興
總 編 輯	張晏瑞
編 輯 所	萬卷樓圖書股份有限公司
排 　 版	林曉敏
印 　 刷	百通科技股份有限公司
封面設計	菩薩蠻數位文化有限公司

發　　　行　萬卷樓圖書股份有限公司
　　　臺北市羅斯福路二段 41 號 6 樓之 3
　　　電話 (02)23216565
　　　傳真 (02)23218698
　　　電郵 SERVICE@WANJUAN.COM.TW
香港經銷　香港聯合書刊物流有限公司
　　　電話 (852)21502100
　　　傳真 (852)23560735

ISBN 978-986-478-331-1
2020 年 1 月初版
定價：新臺幣 780 元

如何購買本書：
1. 劃撥購書，請透過以下郵政劃撥帳號：
　　帳號：15624015
　　戶名：萬卷樓圖書股份有限公司
2. 轉帳購書，請透過以下帳戶
　　合作金庫銀行　古亭分行
　　戶名：萬卷樓圖書股份有限公司
　　帳號：0877717092596
3. 網路購書，請透過萬卷樓網站
　　網址 WWW.WANJUAN.COM.TW

大量購書，請直接聯繫我們，將有專人為
您服務。客服：(02)23216565 分機 610

如有缺頁、破損或裝訂錯誤，請寄回更換
版權所有·翻印必究
Copyright©2020 by WanJuanLou Books CO., Ltd.
All Right Reserved　　　　　Printed in Taiwan

國家圖書館出版品預行編目資料

全臺首學：府城科舉制度與文化影響 / 王淑
蕙著.-- 初版.-- 臺北市：萬卷樓, 2020.01

　面；　公分.--(經學研究叢書. 經學史研究
叢刊；501028)
ISBN 978-986-478-331-1(平裝)
1.科舉 2.歷史 3.文集 4.臺南市

573.441　　　　　　　　　　　108022150